AF894168

Julius Hagen
Die Nebenklage im Gefüge strafprozessualer Verletztenbeteiligung

Juristische Zeitgeschichte
Abteilung 3, Band 53

Juristische Zeitgeschichte
Hrsg. von Prof. Dr. Dr. Dr. h.c. Thomas Vormbaum
(FernUniversität in Hagen, Institut für Juristische Zeitgeschichte)

Abteilung 3:
Beiträge zur modernen deutschen Strafgesetzgebung
Materialien zu einem historischen Kommentar
Hrsg. von Prof. Dr. Dr. Dr. h.c. Thomas Vormbaum

Band 53

Redaktion: Katharina Lukoschek

De Gruyter

Julius Hagen

Die Nebenklage im Gefüge strafprozessualer Verletztenbeteiligung

Der Weg in die viktimäre Gesellschaft. Gesetzgebung und Reformdiskurs seit 1870

De Gruyter

Die Arbeit wurde von der Rechtswissenschaftlichen Fakultät der FernUniversität in Hagen als Dissertation angenommen.

Gedruckt mit Unterstützung des Förderfonds Wissenschaft der VG Wort.

ISBN 978-3-11-071324-4
e-ISBN (PDF) 978-3-11-071329-9
e-ISBN (EPUB) 978-3-11-071349-7

Library of Congress Control Number: 2021940956

Bibliografische Information der Deutschen Nationalbibliothek

Die Deutsche Nationalbibliothek verzeichnet diese Publikation in der Deutschen Nationalbibliografie; detaillierte bibliografische Daten sind im Internet über http://dnb.dnb.de abrufbar.

© 2021 Walter de Gruyter GmbH, Berlin/Boston

MIX
Papier aus verantwortungsvollen Quellen
FSC® C083411
www.fsc.org

Druck und Bindung: CPI books GmbH, Leck

www.degruyter.com

Vorwort

Die vorliegende Studie über die Nebenklage von ihren unscheinbaren Ursprüngen im 19. Jahrhundert bis zu ihrer gegenwärtigen, hypertrophen Form wurde zwischen Juni 2017 und August 2019 an der Juristischen Fakultät der FernUniversität in Hagen angefertigt. Ohne die Unterstützung zahlreicher Personen hätte sie in dieser Form nicht realisiert werden können. Für die vielfältig erfahrene Hilfe möchte ich mich an dieser Stelle sehr herzlich bedanken:

Mein Dank gilt zunächst meiner Doktormutter Prof. Dr. Gabriele Zwiehoff, die dieses umfangreiche Forschungsprojekt in jeder Phase mit Rat und Hilfe unterstützt hat. Besonders bedanken will ich mich für die Freiheit, die sie mir während des gesamten Forschungsprojektes gewährte, was maßgeblich zum Gelingen dieser Arbeit beitrug. Ebenso danke ich Prof. Dr. Dr. Dr. h.c. Thomas Vormbaum, der diese Arbeit als Zweitgutachter betreut und in die Reihe „Juristische Zeitgeschichte“ aufgenommen hat.

Für vielfältige Unterstützung bin ich besonders meinen Kolleginnen und Kollegen an der FernUniversität in Hagen verbunden: Jan Leven, Carmen Leto, Ann-Christin Schmidt, Christoph Hagemann, David Schnitzler, Dr. Stefan Kracht, Gerald Schmitz, Jennifer Kuprat, Julia Wolf, Kerstin Sternberger, Maria Naman, Meliz-Sema Kaygusuz, Nimal Nithiyanantham und Vladimir Denisenko. Prof. Dr. Martin Hochhuth danke ich für zahlreiche Hinweise und Anregungen, die zu meinem besseren Verständnis insbesondere der politischen, ideengeschichtlichen und staatsrechtlichen Grundfragen des 19. Jahrhunderts beigetragen haben.

Beim Förderungsfonds Wissenschaft der VG Wort bedanke ich mich für die finanzielle Unterstützung dieser Arbeit.

Im Übrigen danke ich meiner Frau Dr. Jennifer Apolinário-Hagen. Für alles.

Neuss, im Mai 2021 *Julius Hagen*

https://doi.org/10.1515/9783110713299-202

Inhaltsverzeichnis

ANHANG

Erstes Kapitel:
Einleitung

A) Problemstellung

Gegenstand der vorliegenden Untersuchung ist die Reformgeschichte der Nebenklage im Zeitraum von 1870 bis 2019. Sie findet ihren Ausgangspunkt mit der Entstehung der Reichsstrafprozessordnung und endet mit der Gesetzgebung und Reformdiskussion in der 18. Wahlperiode des Deutschen Bundestags.

Die Nebenklage durchlebte in dem knapp hundertfünfzig Jahre umspannenden Zeitraum der Untersuchung einen beachtlichen Bedeutungswandel. Im Gefüge der RStPO handelte es sich noch um eine Marginalie[1], ein Residuum von Privatklage und Klageerzwingungsverfahren mit geringer praktischer Bedeutung, das aus eher rätselhaften Gründen[2] Eingang in das deutsche Strafverfahrensrecht fand. Die Randständigkeit der Nebenklage spiegelte dabei die Rolle des Verletzten im materiellen Strafrecht wider, der im Rechtsgutsbegriff objektiviert und anonymisiert wurde.[3] Seit dem Inkrafttreten der RStPO forderte das herrschende Schrifttum regelmäßig, die Nebenklage als gesetzgeberische Fehlkonzeption aus dem Strafverfahrensrecht zu entfernen. Bis in die Mitte der 1980er Jahre trat die bei Staatsanwälten, Richtern und Verteidigern gleichermaßen unpopuläre Figur des Nebenklägers vorwiegend auf Geheiß von Versicherungsgesellschaften in Strafverfahren wegen fahrlässigen Körperverletzungen im Straßenverkehr auf, um eine günstige Ausgangslage für die anschließende Erhebung zivilrechtlicher Schadensersatzklagen zu schaffen. Es überrascht insofern, dass die Nebenklage mit dem Opferschutzgesetz[4] vom 18. Dezember 1986 in das Zentrum des strafprozessualen Reformdiskurses rückte. Die wichtigsten Fragen, die in der Bearbeitung stets wiederkehren werden, lauten wie folgt:

1. Die Reformgeschichte der Nebenklage lässt sich vornehmlich anhand des Kreises der zum Anschluss Berechtigten nachvollziehen. Daher wird untersucht, welchen natürlichen und juristischen Personen und welchen nichtstaatlichen und staatlichen Akteuren das Privileg einer Anschlussbefugnis zugewiesen wurde. In systematischer Hinsicht soll

1 *Weigend*, Deliktsopfer und Strafverfahren, S. 146.

2 A.a.O., S. 131.

3 *Jung*, ZStW 1981, S. 1151, 1160, 1175.

4 BGBl. I, S. 2496.

https://doi.org/10.1515/9783110713299-001

gefragt werden, welche Institute der Strafprozessordnung mit einer akzessorischen Nebenklagebefugnis verknüpft wurden. Nicht zuletzt soll das wechselhafte Ensemble von Straftatbeständen verfolgt werden, die zum Anschluss des Verletzten an die öffentliche Klage berechtigen.

2. Hieran anknüpfend wird erläutert, welche prozessualen Handlungsspielräume den Anschlussberechtigten zugewiesen wurden. Dabei sollen die Mitwirkungsrechte des Nebenklägers an den Verfahrensrechten von Staatsanwaltschaft und Angeklagtem bemessen werden.

3. Zudem soll der Funktionswandel der Nebenklage beobachtet werden. Aus den unterschiedlichen Anschlussvarianten der Nebenklage werden üblicherweise eine Kontroll-, Genugtuungs-, Schutz-, Wiedergutmachungs-, Restitutions-, Aufklärungs- und Unterstützungsfunktion abgeleitet,[5] deren konkrete Gewichtung sich mehrfach verschob. Im Anschluss an die Darstellung der geschichtlichen Entwicklung soll gefragt werden, welche der gegenwärtig angeführten Funktionen einer historischen Auslegung standhalten.

B) Forschungsstand

Die Menge zeitgeschichtlicher Momentaufnahmen zum Rechtsinstitut der Nebenklage ist schwer überschaubar. Der Reformprozess insbesondere der letzten vier Dekaden wurde von einer kontroversen Debatte in der juristischen Fachliteratur begleitet. Ausführungen zur Reformgeschichte der Nebenklage blieben aber die Ausnahme.

Der Großteil der einschlägigen Veröffentlichungen widmet sich der allgemeinen Geschichte der Stellung des Verletzten im Strafverfahren. Das Opus magnum *Schmidts* erzählt jedenfalls auch die Geschichte des Opfers seit der Frühzeit der deutschen Strafrechtspflege als eine Geschichte seiner Verdrängung aus derselben.[6] Sie reicht bis zum Ende des Nationalsozialismus.[7] Eine bis Mitte der 1980er Jahre reichende, umfassende Historie der Stellung des Verletzten im Strafverfahren hat *Weigend* 1986 mit seiner Habilitationsschrift „Deliktsopfer und Strafverfahren" vorgelegt.[8] Bis 2010 reicht eine Untersuchung *Herrmanns*.[9] Die wenigen Untersuchungen zur spezifischen Reformgeschichte der Nebenklage selbst entstanden im Zuge der Reformdebatte der 1980er Jahre, sodass die Gesetzgebung seit dem Opferschutzgesetz weitestgehend unberücksichtigt blieb. Ausführlichere Befunde hierzu lassen sich der 1980 erschienenen Dissertation Hölzels entnehmen.[10] Eine kursorische Untersuchung Heidemeiers reicht bis

---

5 Vgl. exemplarisch *Schroth / Schroth*, Rechte des Verletzten, S. 169f.; KK-*Walther*, Vor § 395, Rn. 1; HK-*Rössner*, § 395, Rn. 3; MüKo-*Valerius*, § 395, Rn. 4ff.; BeckOK-*Weiner* StPO § 395 Rn. 1ff.

6 *Weigend*, Deliktsopfer und Strafverfahren, S. 20.

7 *Schmidt*, Einführung in die Geschichte der Deutschen Strafrechtspflege.

8 *Weigend*, Deliktsopfer und Strafverfahren, S. 28–167.

9 *Herrmann*, ZIS 2010, S. 236–245.

10 *Hölzel*, Nebenklage, S. 3–74.

1985.[11] Zechmann hat die Entwicklung der Nebenklage bis 1996 grob nachgezeichnet.[12] Die benannten Veröffentlichungen haben keinen rechtshistorischen Schwerpunkt und verzichten auf eine Auswertung einschlägiger Materialsammlungen und unveröffentlichter Quellen.

C) Gang der Untersuchung

Die Darstellung verläuft insgesamt chronologisch, wobei die Kapitel einzelne Phasen der rechtlichen Diskussionen zusammenfassen. Jedem Kapitel geht eine summarische Darstellung des jeweiligen zeitgeschichtlichen Kontextes voran. Die Entstehung und Inhalte der einzelnen Entwürfe und Änderungsgesetze werden unter Auswertung veröffentlichter und unveröffentlichter Gesetzgebungsmaterialien dargestellt, bevor einschlägige Stimmen aus dem zeitgenössischen Schrifttum zu Wort kommen. Kurze Zusammenfassungen am Ende jedes Kapitels sollen nicht die spätere Würdigung vorwegnehmen, sondern dem Leser das Verständnis der Diskussionen im Zusammenhang erleichtern.

Zunächst wird die Bedeutung der Gesetzgebung der deutschen Partikularstaaten und die Diskussion um die Beteiligung des Verletzten im Strafverfahren in ihrem Einfluss auf die Entstehung der RStPO dargestellt. Es sollen gesetzlich normierte Vorbilder und relevante Vorüberlegungen identifiziert werden (2. Kapitel). Anschließend wird der Entstehungsprozess der Nebenklage der Reichsstrafprozessordnung nachgezeichnet (3. Kapitel). Ausgehend von der Nebenklagekonzeption der RStPO wird die Entwicklung der Nebenklage und ihrer Bezugspunkte in der Reformdebatte des deutschen Kaiserreichs bis zum Ausbruch des Ersten Weltkriegs (4. Kapitel), der Weimarer Republik (5. Kapitel), der Zeit des Nationalsozialismus (6. Kapitel) und der Bundesrepublik seit ihrer Gründung bis in die Mitte der 1980er Jahre (7. Kapitel) untersucht. Im 8. Kapitel über die Gesetzgebung und Reformdiskussion in der von Teilen der Literatur postulierten „viktimären Gesellschaft" werden eingangs die gesellschaftspolitischen Bedingungen und maßgeblichen Akteure benannt, die zur vielbeschworenen Renaissance des Opfers beigetragen haben, bevor die Entwicklungslinien in Gesetzgebung und Reformdiskussion bis in die Gegenwart abgebildet werden.

D) Eingrenzung des Forschungsgegenstandes

Die Einbettung der Nebenklage in die wechselhaften Gefüge strafprozessualer Verletztenbeteiligung führt zu zwei Konsequenzen. Einerseits ist eine von anderen, opferbezogenen Instituten isolierte Betrachtung der Nebenklage nicht möglich, ohne entscheidende Zusammenhänge zu unterschlagen oder zu verkürzen. Auch im Zuge einer dem Sparsamkeitsgebot verpflichteten Betrachtung ist der Rückgriff auf die systemischen Bezüge der Nebenklage zu der

11 *Heidemeier*, Nebenklage, S. 58–100.

12 *Zechmann*, Nebenklage, S. 39–62.

öffentlichen Klage, der Privatklage, dem Adhäsionsverfahren, der Geltendmachung materieller Bußansprüche, dem Klageerzwingungsverfahren und die mit dem Opferschutzgesetz eingeführten Verletztenrechte angezeigt.

Andererseits würde der Anspruch einer vollständigen Untersuchung aller denkbaren Zusammenhänge den Umfang der Untersuchung uferlos gestalten. Die Beschränkung auf ein systemisches Minimum zwingt daher zu einer Reihe von Konzessionen. Die Entwicklung der Nebenklage im jugendgerichtlichen Verfahren und im Strafbefehlsverfahren[13] bleiben außer Betracht. Zeugenschutz ist der polizeilichen Gefahrenabwehr zuzuordnen und berührt das Strafverfahrensrecht nur, soweit die Verfügbarkeit des Zeugen für die Zwecke des Strafverfahrens oder seine Zeugentauglichkeit dadurch beeinträchtigt wird.[14] Zwar überschneiden sich Fragen der Gefahrenabwehr und der strafprozessualen Verletztenbeteiligung in einigen Regelungen über den Schutz des Verletztenzeugen. Die Reform der Zeugenschutzgesetzgebung soll jedoch nur bedacht werden, soweit sie in einem ausreichend engen Zusammenhang mit der Reform der Nebenklage steht. Für die Entwicklung der Nebenklage ist die Entwicklung des Strafantragsrechts nur mittelbar von Bedeutung. Allenfalls höchst hilfsweise kann auf den Prozess der europarechtlichen Harmonisierung des strafprozessualen Opferschutzes hingewiesen werden.[15] Es ist auch nicht Ziel dieser Untersuchung, das Evaluationsdefizit auf dem Gebiet opferbezogener Strafprozessgesetzgebung der jüngeren Zeit zu beheben. Rechtstatsächliche Untersuchungen und viktimologische Befunde zur Nebenklage finden nur insoweit Berücksichtigung, als dass sie in der Gesetzgebungsdiskussion aufgegriffen werden. Das Strafverfahrensrecht der DDR blieb ohne ersichtlichen Einfluss auf die bundesrepublikanische Reformdebatte und findet daher keine Berücksichtigung.[16] Die gebühren- und berufsrechtlichen Auswirkungen opferbezogener Strafprozessgesetzgebung finden nur am Rande Eingang in die Untersuchung. Zuletzt wird der Begriff der Genugtuung nicht näher konkretisiert. Die Begriffsgeschichte des strafrechtlichen Genugtuungsbegriffes war stets vom jeweiligen, zeitgeschichtlichen Kolorit geprägt und bedürfte einer eigenen, umfassenden Analyse. Für die weitere Untersuchung soll es genügen, dass Genugtuung ein Gefühl innerer Befriedigung des Verletzten durch die Bestrafung der Tat ist.

---

13 S. hierzu *Metz*, JR 2019, S. 67ff.

14 *Böttcher*, FS Schüler-Springorum, S. 541.

15 S. hierzu *Bock*, Internationale Perspektiven, S. 43ff.

16 S. hierzu *Luther*, JR 1984, S. 312ff.

Zweites Kapitel: Historische Grundlegung

A) Einleitung

Der Begriff der Nebenklage findet 1870 handschriftlich im revidierten Entwurf einer Straf-Prozeß-Ordnung für den Norddeutschen Bund erstmalig Verwendung. Positives Recht wurde das Institut der Nebenklage erst ca. sieben Jahre später mit dem Inkrafttreten der RStPO am 1. Februar 1877. Ihre Entstehung geht auf Grundsatzfragen aus der strafprozessualen Reformdebatte des 19. Jahrhunderts zurück, die eng mit der allmählichen Ablösung des Inquisitionsverfahrens durch den reformierten, anklageförmigen Inquisitionsprozess in den deutschen Partikularstaaten verknüpft sind. Die Entstehung der Nebenklage ist eine Antwort des historischen Gesetzgebers auf die Frage nach der Kompetenzverteilung zwischen einer staatlichen Anklagebehörde und anderen Verfahrensbeteiligten. Sie ist Teil einer Antwort auf die Frage nach dem zulässigen Maß einer Berücksichtigung der Genugtuung des Verbrechensopfers nach der Verstaatlichung des Strafrechts. Sie ist aber auch Teil einer Antwort auf die Grundfrage der liberal-rechtsstaatlichen Epoche nach einer Kontrolle staatlicher Strafverfolgungstätigkeit.

Die Entstehung der Nebenklage lässt sich nur vor dem Hintergrund der Entstehung der Staatsanwaltschaften in den Partikularstaaten des 19. Jahrhunderts verstehen. Über die Geschichte der Einführung der Staatsanwaltschaften in Deutschland gibt es zwei große, höchst unterschiedliche Erzählungen.

Die erste Geschichte wird von *Schmidt* erzählt. Es ist die Geschichte eines rechtspolitischen Fortschritts. Danach handelte es sich beim geheimen, schriftlichen Inquisitionsprozess um das strafprozessrechtliche Äquivalent zum absolutistischen Herrschaftsstaat. Der abhängige, mit Strafmacht ausgestattete Richter erschien nicht als Hüter des Rechts und der Freiheit, sondern als „Machtexponent der herrschenden Gewalt".[1] Der Inquisitionsprozess ließ schützende Formen vermissen. Die Persönlichkeit, die moralische Verfassung und das Gewissen des Monarchen bildeten nur unzureichende, politische Garantien gegen die sonst schrankenlose Gewalt des Inquirenten. Der Inquisitionsprozess litt an dem Kardinalsfehler, dass die Rollen des „Angreifers", des

1 *Schmidt*, Einführung, S. 324.

https://doi.org/10.1515/9783110713299-002

„Verteidigers" und des „Kampfrichters" in einer Person vereint waren. Diese dreifache Stellung führte zu dem psychologisch unlösbaren Konflikt, dass dieselbe Person objektiv über die eigenen, oft im Wege der Folter gewonnenen Ermittlungsergebnisse zu urteilen hat. Gegen die Gebrechen des Inquisitionsprozesses formierte sich dann Anfang des 19. Jahrhunderts eine u.a. von *Zachariae* und *Mittermaier* angeführte Reformbewegung, deren Kritik durch eine breite Rezeption des französischen Strafverfahrens in den deutschen Partikularstaaten begünstigt wurde.[2] Demnach sollte der Inquisitionsprozess durch ein öffentliches und mündliches Strafverfahren ersetzt werden, in dem die Dreifachrolle des Inquisitionsrichters unter scharfer Trennung von Justiz und Verwaltung auf verschiedene Akteure verteilt wird. Die Staatsanwaltschaft sollte als Wächterin der Gesetze die Funktion des Ermittlers in einem inquisitorischen Vorverfahren und des Anklägers in einem akkusatorischen Hauptverfahren einnehmen.[3] Über das Vorbringen der Anklagebehörde sollte ein unabhängiges Gericht unter Beteiligung von Geschworenen ein Urteil fällen.[4] Um die Durchsetzung dieser Grundsätze wurde seit den 30er und 40er Jahren des 19. Jahrhunderts in allen deutschen Staaten gerungen.[5] Sie fand in der Verabschiedung der RStPO ihren vorläufigen Abschluss.

Die zweite, große Geschichte über die Entstehung der Staatsanwaltschaften wird von *Collin* erzählt.[6] Sie zeigt am Beispiel Preußens auf, dass die Ministerialbürokratie die Staatsanwaltschaft durch das Gesetz vom 17. Juli 1846 anhand eigener Bedürfnisse entwarf. Der preußischen Regierung sei es in erster Linie darum gegangen, eine Behörde zu schaffen, die ein Gegengewicht zu den als politisch unzuverlässig verdächtigten Gerichten darstellte, deren Tätigkeit initiierte, kontrollierte und wenn nötig korrigierte.[7] Den Anlass für die Einführung der preußischen Staatsanwaltschaft bildete ein schon in der Vorbereitung aufgedeckter Aufstand polnischer Nationalisten im Winter 1846. Von der Mitwirkung einer Anklagebehörde versprach man sich eine zügigere Aburteilung der Aufständischen.[8] Das Rechtsmittelrecht der Staatsanwaltschaft ermöglichte der Regierung potentiell eine Korrektur politisch unerwünschter

2 A.a.O., S. 325.

3 A.a.O., S. 328.

4 A.a.O., S. 327.

5 A.a.O., S. 329.

6 *Collin*, Wächter der Gesetze, S. 401ff.

7 *Collin*, forum historiae iuris 2001, Rn. 37.

8 A.a.O., Rn. 33.

Urteile. Die selektive Einlegung von Rechtsmitteln in „geschickt ausgewählten Fällen“ begünstigte eine regierungskonforme Rechtsprechung.[9]

In keiner der beiden Erzählungen nimmt der Verletzte eine exponierte Stellung ein. Dies lag im Interesse sowohl der bürgerlich-liberalen Kritiker des Inquisitionsverfahrens als auch im Interesse der Befürworter einer auf monarchistisch-antiliberale Staatsräson zugeschnittenen Staatsanwaltschaft. Denn das Auftreten des Verletzten im Strafprozess verhieß einerseits einen Rückschritt in die Epoche des überkommenen, germanischen Rechtsdenkens und gefährdete die mühsam errungene Verstaatlichung des Strafrechts. Eine eigene Anklagetätigkeit des Verletzten begrenzte andererseits zugleich die Einflusssphäre einer regierungskonform agierenden Anklagebehörde. Nach fast einhelliger Ansicht verblieb also wenig Raum für eine Beteiligung des Verletzten am Strafverfahren. Die überschaubaren Ansätze einer Tätigkeit des Verletzten neben der Staatsanwaltschaft sollen in den folgenden Abschnitten untersucht werden.

B) Code d'instruction criminelle

Das französische Strafverfahren des C.d'I.C. vom 16. November 1808 galt in den linksrheinischen Staaten und Teilstaaten Deutschlands, die nach den Friedensschlüssen von Campoformio und Lunéville erst zu Frankreich gehört und 1815 dann die französische Strafprozessgesetzgebung beibehalten hatten.[10] Die Rezeption des öffentlichen, mündlichen und anklageförmigen französischen Strafprozesses, der die freiheitlichen Elemente der Revolutionsperiode mit den autoritären Tendenzen des napoleonischen Frankreich verband, war maßgeblicher Bezugspunkt der deutschen Gesetzgebung und Reformdebatte.[11] Dies galt nicht nur für die dem französischen Modell nachgebildeten Staatsanwaltschaften, sondern auch für die Implementierung der Verletztenbeteiligung in das anklageförmige Strafverfahren.

Nach dem C.d'I.C. war die französische Staatsanwaltschaft (*ministère public*) bürokratisch und streng hierarchisch organisiert. Die nach dem Prinzip der Zentralisation und der stufenweisen Unterordnung organisierte Behörde war unmittelbar dem Justizminis-

---

9 Ebd.

10 *Elling*, Staatsanwaltschaft, S. 57; *Schmitt*, GS 1849, S. 291f.; *Landau*, Reichsjustizgesetze, S. 162; vgl. *Dettmar*, Opportunität und Legalität, S. 20, Fn. 20; *Vormbaum*, Strafrechtsgeschichte, S. 149ff.

11 *Schmidt*, Einführung, S. 259; *Keller*, Staatsanwaltschaft, S. 17; *Mittermaier*, Mündlichkeit, S. 4; *Savigny*, GA 1859, S. 583; *Rüping / Jerouschek*, Grundriss, S. 99; *Vormbaum*, Strafrechtsgeschichte, S. 149.

ter unterworfen, der auch für die Ernennung der Beamten (*procureurs*) zuständig war.[12] Zweck des *ministère public* war die umfassende Wahrnehmung der Interessen des Staates in öffentlichen Angelegenheiten. Im Vergleich mit der überwiegenden Zahl der deutschen Staaten des 19. Jahrhunderts war der Wirkungskreis der französischen Staatsanwaltschaften außerordentlich umfassend. Die Beamten des *ministère public* fungierten in Zivilsachen als Staatsbehörde, in Strafsachen als Anklage- und Vollstreckungsbehörde und als Aufsichtsorgan über die Polizeibehörden und Gerichte.[13] Zudem gaben sie den Gerichten gegenüber Gesetze, Rundschreiben, Gutachten des Justizministeriums kund.[14] Insgesamt regelte der C.d'I.C. die Machtverhältnisse zwischen Anklagebehörde, Verletztem und Untersuchungsrichter deutlich zugunsten der *procureurs* und zu Lasten sowohl des Verletzten, als auch des Untersuchungsrichters.[15] Die Strafverfolgungsinitiative des Untersuchungsrichters bestand nur ausnahmsweise in Fällen des auf frischer Tat entdeckten Verbrechens (*flagrant délit*).[16]

Die Beteiligungsrechte des Verletzten am Strafverfahren waren ebenso überschaubar. Der C.d'I.C. zeichnete sich durch eine deutliche Unterscheidung zwischen der *action publique*, d.h. der öffentlichen Anklage zur Wahrnehmung des Staatsinteresses und der *action civile* zur Wahrnehmung des Privatinteresses durch die *plainte* aus.[17] Die *action publique* zielte auf die Verhängung einer Strafe ab. Die *action civile* fand ihren Grund in der erlittenen Beschädigung und zielte auf die Zahlung von Schadensersatz.[18] Gegenstand der *plainte*[19] war allein das Wiedergutmachungsinteresse des Verletzten.[20] Es handelte sich nicht um ein Privatklagerecht im Sinne eines Rechts des Verletzten zur Erhebung Strafklage, denn die Unterlassung der *plainte* hatte keinerlei Auswirkungen auf die Eröffnung oder Durchführung des Strafverfahrens.[21] Die *action civile* war der Funktion nach auch keine Spielart der Nebenklage, sondern ein Adhäsionsverfahren.[22]

---

12 *Elling*, Staatsanwaltschaft, S. 57f; *Schmitt*, GS 1849, S. 279f.; *Frey*, Staatsanwaltschaft, S. 210ff.; *Zachariae*, Handbuch I, S. 200ff.

13 *Frey*, Criminal-Verfassung, S. 220ff.

14 A.a.O., S. 226f.

15 *Schmidt*, Staatsanwalt und Privatkläger, S. 113f.

16 Art. 59 C.d'I.C.

17 *Seckendorff*, Gutachten, S. 181f.

18 A.a.O., S. 183; *Schmitt*, GS 1849, S. 277.

19 Art. 63–70 C.d'I.C.

20 *Daniels*, Grundzüge, S.82.

21 *Schmitt*, GS 1849, S. 278.

22 *Schmidt*, Staatsanwalt und Privatkläger, S. 119. Vgl. dagegen die verwirrende Terminologie in der Übersetzung von *Daniels* (*ders.*, Criminal-Verfassung, S. 18f.), der von der *action civile* als einer „Criminal-Klage" spricht und *Seckendorff*, der sie als Privatklage bezeichnet (*ders.*, Gutachten, S. 181 Fn. 3).

In der Regel konnte sich der Verletzte[23] mit der *plainte* auch nicht unmittelbar an das Strafgericht wenden. Er musste die *plainte* vor dem *procureur* erheben und sich dadurch als Zivilpartei (*partie civile*) konstituieren.[24] Eine Ausnahme bestand nur für Vergehen (*délits*) und Übertretungen (*contraventions*), für die das *tribunal correctionnel* zuständig war.[25] Dort konnte die Zivilpartei dann auch die unmittelbare Ladung von Zeugen durch den Untersuchungsrichter herbeiführen.[26] Das Gericht informierte jedoch wiederum die *ministère public*. Nach der Eröffnung des Strafverfahrens durch die *procureurs* konnte sich der Verletzte dem Verfahren in jedem Stadium bis zum Schluss der öffentlichen Verhandlungen durch ausdrückliche Erklärung (*déclarent formellement*) als *partie civile* anschließen.[27] Die Initiative der Strafverfolgung selbst lag allein bei der *ministère public*. Die *action civile* war davon abhängig, dass entweder der *procureur* oder der Untersuchungsrichter es für angezeigt hielt, die Untersuchung der Sache überhaupt zu veranlassen.[28] Das Rechtsmittel der *partie civile* gegen die strafgerichtlichen Endurteile beschränkte sich auf die gerichtliche Entscheidung über die Entschädigungsforderung.[29]

C) Badische Strafprocess-Ordnung vom 6. März 1845

Als Vorbild der Nebenklage wird regelmäßig § 328 der Badischen Strafprozessordnung vom 6. März 1845 genannt.[30] Die Regelung ist das Ergebnis der Arbeiten einer am 9. Februar 1843 eingesetzten Gesetzgebungskommission an einem Strafgesetzbuch, einer Strafprozessordnung und einem Gerichtsverfassungsgesetz.[31] Nach Beratungen der beiden Kammern der badischen Ständeversammlung über die Entwürfe wurde der Kommissionsentwurf als Gesetz verkündet. Die verabschiedete Strafprozessordnung trat jedoch nie in Kraft.[32]

> „Da die neue Gerichtsverfassung Neubauten sowohl organisatorischer als auch technisch-baulicher Art erforderte, waren die Kodifikationen noch nicht in Kraft getreten, als das Jahr 1848 mit seinen Revolutionen in die deutschen Lande hereinbrach und der weiteren Entwicklung in Baden vorerst Einhalt gebot. Die StPO von

23 Bzw. gem. dem Wortlaut des Art. 63 derjenige, der durch ein Verbrechen oder Vergehen zu Schaden gekommen zu sein behauptet.

24 Art. 64 Abs. 1, 66 C.d'I.C.

25 Art. 64 Abs. 2, 179ff. C.d'I.C.

26 Art. 64, 145, 182ff. C.d'I.C.

27 Art. 67 C.d'I.C.

28 *Schmidt*, Staatsanwalt und Privatkläger, S. 116.

29 Art. 202, 373, 412, 413 C.d'I.C; *Braun*, Hauptstücke, S. 121.

30 Zuletzt von *Arnold*, 40. Strafverteidigertag, S. 118f. *Hettinger* spricht lapidar von einer Nebenklage (*Ders.*, Fragerecht der Verteidigung, S. 25).

31 *Mittermaier*, Mündlichkeit, S. 138; ausführlich zur Vorgeschichte *Hettinger*, Fragerecht der Verteidigung, S. 19ff.

32 *Ignor*, Geschichte, S. 259.

1845 ist auch nach Beendigung der 'Wirren' von 1848/49 als geschlossenes Werk nicht zur Geltung gelangt."[33]

Ein nach dem großen republikanischen Aufstand im Mai 1849 und dessen Niederschlagung durch preußische Truppen verabschiedetes Gesetz über die Einführung des Strafgesetzbuchs, des neuen Strafverfahrens und der Schwurgerichte im Großherzogtum Baden vom 5. Februar 1851 übernahm jedoch Fragmente des Gesetzes von 1845, darunter auch dessen Regelungen über die Beteiligung des Verletzten am Strafverfahren.[34]

I. Systematik

Das badische Strafverfahren in der Fassung von 1845 bediente sich einer Anklageform, wies dem Staatsanwalt jedoch bewusst eine vergleichsweise schwache Stellung zu.[35] Zentralfigur des Untersuchungsverfahrens war der mit Strafklagerecht ausgestattete Untersuchungsrichter, der vom Staatsanwalt lediglich unterstützt und kontrolliert werden sollte.[36] Eine Verletztenbeteiligung war in Gestalt einer Anschließung des Beschädigten an die öffentliche Klage und einer prinzipalen Privatklage vorgesehen. Dem Wortlaut des § 328 lässt sich entnehmen, dass die Anschließung die Regel und die prinzipale Privatklage die Ausnahme sein sollte.

II. Anschluss des Beschädigten

Der Anschluss des Beschädigten an das Strafverfahren gem. § 328 der badischen Strafprozessordnung war überwiegend den Regelungen über die Adhäsion der *partie civile* des französischen Strafverfahrens nachempfunden.[37] Die Nähe der badischen Anschlussregelungen zum Adhäsionsverfahren zeigte sich insbesondere darin, dass der Anschlussberechtigte als Beschädigter und nicht etwa als Verletzter bezeichnet wurde und er im Wege des Anschlusses auch Schadensersatzansprüche im Strafverfahren geltend machen konnte.[38] Hinsichtlich der Entschädigungsansprüche sah der badische Gesetzgeber neben dem Wiedergutmachungsinteresse des Beschädigten immer auch das öffentliche Interesse betroffen, da die Höhe eines durch eine Straftat entstandenen

---

33 *Hettinger*, Fragerecht der Verteidigung, S. 22.

34 Vgl. § 27 d.G.v. 5. Februar 1851; ausführlich A.a.O., S. 25ff. Die folgenden Ausführungen beschränken sich auf die Gesetzesfassung von 1845.

35 *Hölzel*, Nebenklage, S. 13; Diskussionen der 2. Kammer 1844, 55. und 124. Sitzung; *Seckendorff*, Gutachten, S. 189.

36 *Zentner*, Privatanklage, S. 248; Bad. Stände-Versammlung 1844, S. 100; *Mittermaier*, GS 1858, S. 183; *Elling*, Staatsanwaltschaft, S. 71; *Bekk*, Vorträge, S. 18.

37 *Arnold*, 40. Strafverteidigertag, S. 119.

38 *Bekk*, Vorträge, S. 118.

Schadens zugleich für die Strafzumessung relevant war.[39] Leitgedanke war jedoch, dem Beschädigten auf dem einfachsten und kürzesten Wege zu seiner Schadloshaltung zu verhelfen.[40] Gleichzeitig wollte der badische Gesetzgeber vermeiden, dass sich widersprechende Entscheidungen von Zivil- und Strafgerichten entstehen.[41]

Die Anschlussbefugnis des Beschädigten bestand im Gegensatz zum französischen Vorbild ausdrücklich unabhängig vom Entschädigungsverlangen. Mit der Trennung von Entschädigungs- und Genugtuungsverlangen[42] wurde ein über das Wiedergutmachungsinteresse des Verletzten hinausgehendes Genugtuungsinteresse gewürdigt.[43]

Jeder Beschädigte konnte sich dem von Amts wegen eingeleiteten Strafverfahren frühestens im Untersuchungsstadium und spätestens bis zum Ende der Schlussverhandlung durch dementsprechende Erklärung anschließen.[44] Die Anschlussbefugnis war nicht auf bestimmte Deliktsklassen beschränkt. Der Anschluss vermittelte dem Beschädigten umfassende Parteirechte.[45] Er hatte ein eigenes Akteneinsichtsrecht, das er, wenn nicht besondere Gründe entgegenstanden, schon während des Untersuchungsverfahrens wahrnehmen konnte.[46] Dieses Akteneinsichtsrecht wurde insbesondere damit begründet, dass der Beschädigte etwaige Entschädigungsansprüche erst nach Kenntnis der Aktenlage aufstellen und begründen könne.[47] Der Beschädigte hatte darüber hinaus ein eigenes Antragsrecht in Bezug auf Tatsachen, die für die Strafbarkeit oder das Bestehen und die Höhe zivilrechtlicher Entschädigungsansprüche relevant sind.[48] Er hatte das Recht, seine Anträge zu begründen[49] und während der Verhandlung Erklärungen abzugeben.[50] Im Gegensatz zum Privatkläger oblag es jedoch nicht dem Beschädigten, die erforderlichen Beweise beim Untersuchungsrichter zu beantragen, da im Untersuchungsverfahren von Amts wegen durch den Untersuchungsrichter ermittelt wurde.[51] Das Anhörungsrecht bestand uneingeschränkt, ungeachtet der Häufigkeit der Wortmel-

39 A.a.O., S. 119f; Bad. Stände-Versammlung 1844, S. 117; *Thilo*, Strafprozeßordnung, S. 266.

40 *Thilo*, Strafprozeßordnung, S. 266.

41 A.a.O., S. 268; *Weizel*, Commissions-Bericht, S. 77.

42 §§ 328, 329 BadStPO1845.

43 § 328 BadStPO1845.

44 *Bekk*, Vorträge, S. 116, 118, 120; Bad. Stände-Versammlung 1844, S. 117; *Seckendorff*, Gutachten, S. 189.

45 *Seckendorff*, Gutachten, S. 189.

46 *Bekk*, Vorträge, S. 119.

47 *Weizel*, Commissions-Bericht, S. 76.

48 *Bekk*, Vorträge, S. 119.

49 Ebd.

50 § 331 Abs. 2 BadStPO1845.

51 *Bekk*, Vorträge, S. 116.

dungen oder des Verfahrensstadiums und erstreckte sich auch auf rechtliche Ausführungen zur Straffrage.[52] Am Schluss der Untersuchung fertigte der Richter eine Zusammenstellung aller auf den Tatbestand des Verbrechens mit seinen erschwerenden oder mildernden Umständen sowie der entscheidungsrelevanten Be- und Entlastungsbeweise an.[53] Diese Zusammenstellung war dem Beschädigten zugänglich zu machen. Er wurde am Schluss der Untersuchung nach weiteren Beweisen gefragt[54] und in jeder Instanz vorgeladen.[55] Der Beschädigte hatte ein Anwesenheitsrecht während der gesamten Verhandlung. Dieses Recht bestand auch dann, wenn er zugleich in der Rolle des Zeugen auftrat.[56] Der Beschädigte hatte ein Recht auf anwaltliche Vertretung. Zugleich konnte er sich eines anwaltlichen Beistands bedienen. Der Beschädigte hatte ein Befragungsrecht. Den Angeklagten konnte er durch den Präsidenten befragen lassen. Zeugen konnte er direkt befragen. Er hatte das Recht, ein Schlussplädoyer zu halten.[57] Er hatte ein beschränktes Recht zur Einlegung bestimmter Rechtmittel, mit denen er Beschwerde wegen ungebührlicher Behandlung, der Beschränkung in Ausübung seines Rechts auf Gehör und der Verwerfung seiner Anträge im Hinblick auf den Entschädigungspunkt führen konnte.[58] Anders als dem Privatkläger stand dem Beschädigten keine Beschwerde gegen die Ablehnung von Anträgen auf gerichtliche Ermittlungsmaßnahmen zu, da er kein Recht der selbstständigen strafgerichtlichen Verfolgung hatte, sondern den Untersuchungsrichter nur durch Mitteilungen in seiner eigenen amtlichen Tätigkeit unterstützte.[59] Der Beschädigte konnte sein Verfolgungsbegehren dem Hofgericht vorlegen, wenn der Untersuchungsrichter sich weigerte, die Untersuchung von Amtswegen einzuleiten.[60]

III. Prinzipale Privatklage

Die prinzipale Privatklage war für leichtere Fälle der Körperverletzung,[61] der Selbsthilfe,[62] bei Ehrenkränkungen, Verleumdungen und falschen Beschuldigungen zulässig.[63] Der Privatkläger konnte die Durchführung einer Untersu-

52 A.a.O., S. 119; *Weigend*, Deliktsopfer, S. 109.

53 § 204 BadStPO1845.

54 § 329 Abs. 2 BadStPO1845.

55 § 330 S. 1 BadStPO1845.

56 § 331 BadStPO1845. Dies galt auch für den Ausnahmefall der geheimen Verhandlung (vgl. §§ 225, 227 Abs. 2 BadStPO1845).

57 § 331 BadStPO1845.

58 §§ 338, 337 BadStPO1845; *Tippelskirch*, GS 1859, S. 246.

59 *Thilo*, Strafprozeßordnung, S. 276.

60 *Bekk*, Vorträge, S. 116.

61 §§ 225–238 BadStGB1845.

62 § 279 BadStGB1845.

63 §§ 284–325 BadStGB1845; *Zentner*, Privatanklage, S. 249; *Bekk*, Vorträge, S. 18. Die Gesetzesfassung von 1851 sah für Privatklagen wegen Ehrenkränkungen einen vorherigen Versöhnungsversuch vor, vgl. § 33 d.G.v. 5. Februar 1851.

chung beim Bezirksstrafgericht anregen, woraufhin der Amtsrichter über die Vornahme der Ermittlungen entschied.[64] Ratio legis war die Schaffung einer Reihe von Ausnahmen, in denen das private Genugtuungsinteresse gegenüber dem Interesse des Staates an der Verfolgung überwog. Dadurch versprach sich der badische Gesetzgeber eine klare Grenze zu den übrigen Delikten, in denen das öffentliche Interesse für die Strafverfolgung maßgeblich sein sollte.[65] Über die Zulassung der Privatklage entschied der Untersuchungsrichter.[66] Die vergleichsweise schwache Position des Privatklägers wurde mit Missbräuchen[67] des Beschuldigtenprozesses durch den Privatkläger in der Geltungszeit des 8. Organisations-Ediktes begründet.[68]

Privatklageberechtigt war in der Regel der Verletzte.[69] Das badische Strafverfahren erweiterte die Privatklageberechtigung zudem auf bestimmte Verwandte.[70] Die Zurückweisung der Privatklage durch den Richter war möglich, wenn nach dem eigenen tatsächlichen Vortrag des Anklägers in rechtlicher Hinsicht kein Vergehen vorlag.[71] Der Privatkläger konnte die Privatklage formlos vor dem Untersuchungsrichter erheben. Das Vergehen musste nur so weit konkretisiert werden, dass der Untersuchungsrichter die eigene Untersuchung einleiten konnte.[72] In Fällen von Körperverletzungen, die keine bleibenden Schäden hinterlassen,[73] im Affekt[74] oder fahrlässig[75] begangen wurden, konnte der Verletzte zwischen einem gerichtlichen Untersuchungsverfahren oder der Privatklage wählen, indem er entweder klagte oder Anzeige erstattete.[76] Zweck dieser Regelung war, dem Verletzten die Verfolgung zu erleichtern.[77] Die bloße Anzeige hatte den Vorteil, dass der Untersuchungsrichter die Sammlung des Prozessstoffes übernahm und im Gegensatz dazu der Privatkläger die Beweismittel selbst sammeln musste.[78] Zudem trug der Kläger das Kostenrisiko der Privatklage selbst und konnte nicht als Zeuge auftreten.[79]

---

64 *Weigend*, Deliktsopfer, S. 109.

65 *Zentner*, Privatanklage, S. 252; *Bekk*, Erläuterungen, S. 40 m.w.N.

66 *Zentner*, Privatanklage, S. 253; *Thilo*, Strafprozeßordnung, S. 142.

67 *Haager*, Strafrechtspflege in Deutschland 1861, S. 232f., 238.

68 *Thilo*, Strafprozeßordnung, S. 269.

69 §§ 238, 279, 315 BadStGB1845.

70 §§ 316, 321 BadStGB1845.

71 *Bekk*, Vorträge, S. 31.

72 *Zentner*, Privatanklage, S. 250.

73 § 227 BadStGB1845.

74 § 232 Nr. 4 BadStGB1845.

75 § 237 BadStGB1845.

76 § 238 BadStGB1845.

77 *Zentner*, Privatanklage, S. 251.

78 *Bekk*, Vorträge, S. 18ff.

79 A.a.O., S. 19.

Ungewöhnlich war das Privatklagesystem des badischen Strafverfahrens nach 1845 auch insofern, als dass auch der Staatsanwalt bei der Verfolgung von gegen Amtsträger gerichteten Ehrkränkungen in die Rolle des Privatklägers verwiesen wurde.[80] Für den Staatsanwalt galten in diesen Fällen konsequenterweise nicht die allgemeinen Bestimmungen über die Staatsanwaltschaft, sondern allein die besonderen Regelungen über die Privatanklage, da er hier nur namens des beleidigten öffentlichen Dieners oder auswärtigen Regenten oder ihrer Familienangehörigen bzw. ihrer Gesandten klagte.[81] Zugleich wurden dem Privatkläger unabhängig von der Frage, ob es sich um den Beschädigten oder einen Staatsanwalt handelt, eine Reihe von sonst nur der Staatsbehörde zufallenden Rechten und Pflichten zugewiesen.[82]

D) Preußische Gesetzgebung der 1840er bis 1850er Jahre

In der Gesetzgebung der Partikularstaaten stach Preußen mit einer rigorosen Ausprägung des staatsanwaltschaftlichen Anklagemonopols[83] und damit einhergehend einer fast vollständigen Neutralisierung des Verletzten im Strafverfahren hervor:

> „Der Verfasser der Verordnung vom 3. Jan. 1849 hat sich die Tragweite des Artikels 1. sicherlich nicht klargemacht und noch weniger solche gewollt. Den Gerichten kurzweg (mit Weglassung der Ermäßigungen des Code) die Befugnis zum Einschreiten gegen strafbare Handlungen zu nehmen, sie dem Staatsanwalt ausschließlich geben, und den Staatsanwalt zur absoluten Disposition des konstitutionellen Ministers stellen, war der kürzeste Prozess, der sich mit der Rechtsordnung eines deutschen Staates machen ließ."[84]

Mit der Verordnung vom 3. Januar 1849 und dem Zusatzgesetz vom 3. Mai 1852 perpetuierte Preußen die schon im Inquisitionsprozess angelegte Verdrängung des Verletzten aus dem Strafverfahren und erwähnte diesen nicht einmal negatorisch.[85] Zugleich wurde das Untersuchungsprinzip insgesamt aufgehoben.[86] An die Stelle der untersuchungsrichterlichen Initiative trat die Strafverfolgung durch die Staatsanwaltschaft von Amts wegen. Den Gerichten war jedwede Ermittlungstätigkeit versagt. Etwaige Verdachtsmomente waren der Staatsanwaltschaft zu melden.[87] Die Privatanklage des Beschädigten vor den Strafgerichten war ebenso unzulässig wie eine Dienstaufsichtsbe-

80 § 317 BadStGB1845.

81 *Zentner*, Privatanklage, S. 255; *Keller*, Staatsanwaltschaft, S. 68f.

82 *Seckendorff*, Gutachten, S. 189.

83 *Keller*, Staatsanwaltschaft, S. 162.

84 *Gneist*, Vier Fragen, S. 40.

85 *Hölzel*, Nebenklage, S. 16.

86 § 5 Ges. v. 1846 und § 5 VO1849. Eine Ausnahme bestand nur für Fälle der Gefahr im Verzug.

87 §§ 5, 10, 12, 25, 49, 113 Ges. v. 1846; §§ 1, 2, 5, 9, 28, 39 VO1849; Art. 120, 122, Ges. v. 1852.

schwerde oder ein Klageerzwingungsverfahren.[88] Ein Adhäsionsverfahren war nicht vorgesehen.[89] Für Ehrenverletzungen und leichte Misshandlungen war die Injurienklage statthaft.[90]

Überraschenderweise können jedoch einige Strukturelemente der Nebenklage dem administrativen Strafverfahrensrecht bei Zuwiderhandlungen gegen Zoll- und Steuergesetze gem. Art. 145 des Gesetzes vom 3. Mai 1852 entnommen werden. Für Zuwiderhandlungen gegen die Vorschriften über die Erhebung öffentlicher Abgaben war ein besonderes Verfahren vorgesehen, in dem eine subsidiäre Anklagekompetenz der Finanzbehörden in Steuerstrafsachen für Fälle bestand, in denen die Staatsanwaltschaft keine öffentliche Klage erhob.[91] Insofern gab es zwar auch in Preußen Regelungen, die das Anklagemonopol der Staatsanwaltschaft relativierten, allerdings nur zugunsten des Fiskus als Verletztem, d.h. einem anderen, staatlichen Akteur.

Die subsidiäre Anklagebefugnis der Finanzbehörden stand unter dem Vorbehalt des staatsanwaltschaftlichen Übernahmerechts. Die Staatsanwaltschaft war befugt, die von der Behörde erhobene Anklage in jedem Verfahrensstadium bis zur rechtskräftigen Entscheidung zu übernehmen und die Finanzbehörde aus der Stellung des Anklägers zu verdrängen.[92] Eine Übernahme des Strafverfahrens durch die Staatsanwaltschaft wurde dann wiederum durch ein jederzeitiges Anschlussrecht der Finanzbehörde ausgeglichen.[93] Nach erfolgter Anschließung standen der Behörde weiterhin dieselben prozessualen Handlungsspielräume wie dem Ankläger zu.[94]

Mit diesen Sonderregelungen sollte das Finanzstrafverfahren in den Bereich der Injurien gerückt und der Finanzbehörde größere Spielräume für eine einvernehmliche, unauffällige, schnelle und niedrigschwellige[95] Beilegung von Steuerstrafsachen eingeräumt werden. Das fiskalische Interesse der Finanzbehörde wurde auch dogmatisch vom öffentlichen Strafverfolgungsinteresse der Staatsanwaltschaft getrennt. Der Fiskus stehe als juristische Person mit seinen Ansprüchen auf Zahlung von Abgaben dem Bürger wie ein Privateigentümer

---

88 *Seckendorff*, Gutachten, S. 190; §. 10 Ges. v. 1846, §. 9 VO v. 3. Januar 1849.

89 *Groß*, Gutachten, S. 150, 157.

90 §§ 20–22 VO2.1.1849; §§ 20–22 VO2.1.1849; §§ 16ff. PrEinfGStGB1849; *Weigend*, Deliktsopfer, S. 107; *Fliegel*, Der Preußische Bagatell- und Injurienprozess, S. 336ff.

91 Art. 138 d. G. v. 3. Mai 1852; s.a. *Müller*, Preußische Strafproceßordnung, S. 194ff.

92 Art. 144 d. G. v. 3. Mai 1852.

93 Art. 145 S. 1 d. G. v. 3. Mai 1852.

94 Insbesondere wurden ihr Bemerkungen und Anträge gestattet, vgl. Art. 145 S. 2, 3 d. G. v. 3. Mai 1852; *Müller*, Preußische Strafproceßordnung, S. 196.

95 D.h. vorzugsweise per Strafbefehl oder im Submissionsverfahren.

gegenüber.[96] Die Beeinträchtigung der Ansprüche des Fiskus auf Zahlung der festgelegten Abgaben habe deshalb „einigermaßen die rechtliche Natur von Privatstrafen". Insofern müssten der Finanzbehörde mit ihren fiskalischen Interessen eigene, von der Staatsanwaltschaft unabhängige Handlungsspielräume gewährt werden. Das quasi-private fiskalische Interesse bedinge auch den besonderen Charakter des Abgabenstrafrechts, der eher in der Nähe von Ehrverletzungen und leichten Misshandlungen des Verletzten als bei den Offizialdelikten zu verorten sei.

Verständlicher wird die Sonderrolle des Finanzstrafverfahrens im Kontext der während des Gesetzgebungsverfahrens angeführten Erwägungen:

> „Zweckmäßig erscheint die Beibehaltung des in Rede stehenden administrativen Strafverfahrens im Interesse der Strafrechtspflege, weil bei den Gegenständen desselben es oft auf technische Fragen ankommt und durch dasselbe schleunigere Bestrafung und mit geringerem Aufwande von Kosten und Arbeitskräften herbeigeführt werden kann, aber auch im Interesse der Angeschuldigten, weil bei jenem Verfahren keine Gebühren berechnet werden und die Steuerbehörden befugt sind, bei der Entscheidung Billigkeits-Rücksichten obwalten zu lassen, welche die Gerichte bei ihren Entscheidungen nicht beachten können."[97]

Der besonderen Verfahrensgestaltung des Steuerstrafverfahrens lag die Überlegung zugrunde, dass das Ziel des Strafverfahrens vorrangig vom Abgaben-Interesse des Staates bestimmt wurde und regelmäßig nur ein sekundäres Interesse an der Bestrafung des Beschuldigten bestand. Zwischen dem Finanzministerium und dem Justizministerium bestand in Steuerstrafsachen ein Zielkonflikt: Die Verurteilung des Angeklagten zu einer Freiheitsstrafe konnte aus Sicht eines allein dem Legalitätsprinzip verpflichteten Staatsanwalts als erfolgreich abgeschlossenes Verfahren aufgefasst werden. Das Vorgehen der Staatsanwaltschaft konnte aber die fiskalischen (Restitutions-)Interessen der Finanzbehörden beeinträchtigen, denn mit der Verurteilung allein war in fiskalischer Hinsicht wenig gewonnen. Und potentiell wirkte sich eine Freiheitsstrafe negativ auf den künftigen Steuerertrag aus. Aufgrund dieser vorprogrammierten „Differenzen" sollte der Steuerverwaltung das Mittel gewährt werden, unabhängig von den Ansichten der Staatsanwaltschaft das Interesse der Steuerbehörde zu verfolgen.[98]

---

96 Diese Konstruktion wurde auch im Finanzstrafrecht des Deutschen Reiches übernommen. In diesem Sinne z.B. *Goldschmidt*: „Von dem übrigen Verwaltungsstrafrecht unterscheidet sich das Finanzstrafrecht dadurch, dass an Stelle des öffentlichen Wohls, welches hier durch das Medium der Staatsverwaltung geschützt wird, das Wohl des Privatrechtssubjekts Staat (Steuerfiskus) tritt, während es sonst regelmäßig eben das öffentliche, d.h. das Wohl des kein Rechts- geschweige denn ein Privatrechtssubjekt darstellenden Publikums ist." (*Goldschmidt*, Verwaltungsstrafrecht, S. 419).

97 *Müller*, Preußische Strafproceßordnung, S. 193f; *Könen* in: Vollst. Materialien zum Ges. v. 3. Mai 1852, S. 683.

98 *Könen* in: Vollst. Materialien zum Ges. v. 3. Mai 1852, S. 683; *Stosch* in: Vollst. Materialien zum Ges. v. 3. Mai 1852, S. 684; a.A. *Stenglein*, GS 1883, S. 274f.

E) Reformdiskurs der 1850er bis in die 1870er Jahre

In der unübersichtlichen, zeitgenössischen Literatur der 1850er bis in die 1870er Jahre über die Stellung des Verletzten im Strafverfahren lassen sich im Wesentlichen drei Strömungen (I.–III.) identifizieren:

I. Konservativ-autoritäre Linie

Eine erste, staatstragende Strömung verquickte das Legalitätsprinzip mit absoluten Straftheorien und verstand das Strafverfahren als reformierten Inquisitionsprozess, der anklageförmig arrangiert wurde, aber nicht dem Anklageprinzip verpflichtet war. Diese meist hegelianisch konnotierte Strömung wurde v.a. durch *Köstlin, Sundelin, Schwarze* und *Groß* vertreten und betonte die Bedeutung des staatlichen Strafverfolgungsmonopols für die Strafrechtspflege. Das Recht auf Strafe sei ein ausschließliches Recht des Staates, nicht ein Recht des Verletzten.[99] Gegenstand des staatlichen Strafverfolgungsmonopols sollte ausschließlich das absolute, kriminelle Unrecht sein, das sich nicht nur relativ gegen Ansprüche Einzelner, sondern gegen die Rechtsordnung insgesamt richte.[100] Die Bestrafung kriminellen Unrechts beruhe auf einer „höheren Notwendigkeit", die der „subjektiven Willkür" des Einzelnen übergeordnet sei. Kriminelles Unrecht sei nicht positivistisch anhand „zufälliger" Bestimmungen des Gesetzes zu bestimmen, sondern bestehe „objektiv", „an sich" und aus „sittlicher Notwendigkeit".[101] Kriminelles Unrecht könne als Negation des Rechts nur durch die Negation der Negation kompensiert werden.[102] Die Repression des kriminellen Unrechts erfolge durch den Staat, weil in „ihm allein das Recht im objektiven Sinne zur Geltung gelangen und er den verbrecherischen Willen der Gerechtigkeit unterordnen kann".[103] Strafprozessuale Verletztenbeteiligung im Allgemeinen und Privatklage- und Popularklagesysteme im Besonderen bedeuteten daher, der Willkür des kriminellen Unrechtes die Willkür des Verletzten entgegenzustellen,[104] wordurch die Strafe ihren „wah-

---

99 *Groß*, Strafrechtspflege in Deutschland 1860, S. 391; *Sundelin*, Schwurgerichtszeitung 1859, S. 241f; *Sundelin*, Deutsche Staatsanwaltschaft, S. 298.

100 *Stemann*, GA 1863, S. 535.

101 *Anonymus II*, Princip, S. 260.

102 *Sundelin*, Allgemeine Deutsche Strafrechtszeitung 1861, S. 300; *Stemann*, GA 1863, S. 533.

103 *Anonymus II*, Princip, S. 259.

104 A.a.O., S. 259, 290; *Sundelin*, Schwurgerichtszeitung 1859, S. 242; *Sundelin*, Allgemeine Deutsche Strafrechtszeitung 1862, S. 130.

ren Charakter“ verliere.[105] Da sich die Bestrafung des Rechtsbruchs als höhere Notwendigkeit darstellte, musste das öffentliche Interesse an der unverbrüchlichen Geltung des Gesetzes durch die uneingeschränkte Bindung der Staatsanwaltschaften an das Legalitätsprinzips abgesichert werden.[106]

Das Anklageamt der Staatsanwaltschaft repräsentierte nach diesem Verständnis das unparteiische, öffentliche Interesse an der Negation der Negation des Rechts.[107] Da der Staat seinem rechtlichen Wesen nach nicht Partei sein konnte,[108] sollte auch der Staatsanwalt als Vertreter der staatlichen Anklagebehörde auch nicht die „Rolle“[109] einer Partei innehaben.[110] Insofern sollten sich auch Verteidigung und Anklage nicht unter Bedingungen der Waffengleichheit gegenüberstehen.[111] Die Asymmetrie von Anklage und Verteidigung sollte durch den zu Neutralität, Objektivität und zur Erforschung der materiellen Wahrheit verpflichteten Ankläger kompensiert werden,[112] der be- wie entlastende Umstände berücksichtige.[113] Der Staatsanwalt diene im Ermittlungsverfahren als Richter vor dem Richter und während der Hauptverhandlung zur Unterstützung und Kontrolle richterlicher Tätigkeit.[114] Demnach stellte sich jedwede Form der Privatbeteiligung und insbesondere die Privatklage als Implementierung systemwidriger, kontradiktorischer Elemente dar.[115] Mit der Ablehnung von Privatbeteiligungselementen sollte verhindert werden, dass das Strafverfahren zu einem „Schauspiel eines Parteienwettkampfes“[116] wird.

Die rechtsphilosophische Begründung einer umfassenden Neutralisierung des Verletzten im Strafverfahren wurde von praktische Erwägungen flankiert. Die Privatklage könne aus „selbstsüchtigen Leidenschaften“[117] und als „gefährliches Werkzeug der Lüge und des Hasses“[118] gegen potentielle Beschuldigte erhoben werden. Unter Verweis auf das römische Delatorenunwesen und die

105 *Anonymus II*, Princip, S. 260.

106 *Sundelin*, Allgemeine Deutsche Strafrechtszeitung 1861, S. 307.

107 *Sundelin*, Schwurgerichtszeitung 1859, S. 243.

108 *Schwarze*, Allgemeine Deutsche Strafrechtszeitung 1866, S. 192.

109 *Sundelin*, Schwurgerichtszeitung 1859, S. 244.

110 *Schwarze*, GS 1859, S. 8.

111 *Sundelin*, Schwurgerichtszeitung 1859, S. 247.

112 A.a.O., S. 243.

113 *Schwarze*, GS 1864, S. 445f.

114 *Schwarze*, GS 1859, S. 14.

115 Dieser war von den Befürwortern der Parteistellung der Staatsanwaltschaft ausdrücklich gewollt:„Dem tüchtigsten Kämpfer ist am Wohlsten, wenn er einem ebenbürtigen Gegner sich gegenüber findet. Die Vorbedingung dazu ist die Gleichberechtigung durch das Gesetz.“ (*Lewald*, PrGZ 1860, S. 165f.).

116 *Sundelin*, Schwurgerichtszeitung 1859, S. 243.

117 *Anonymus I*, Prinzip, S. 137.

118 A.a.O., S. 136f.

englische Reformdiskussion[119] befürchteten die Fürsprecher der Staatsanwaltschaft, die Privatanklage sei der Leidenschaftlichkeit und Gemeinheit des Verletzten preisgegeben.[120] Die Alternative zum staatsanwaltschaftlichen Anklagemonopol sei die „Gewerbefreiheit im Anklagen".[121] Die Staatsanwaltschaft bilde für dem Angeklagten insofern eine nicht zu unterschätzende Garantie, dass das Strafverfahren gerade keinen Privatinteressen diene. In abgeschwächter Form lautete das Argument: Das Anklagemonopol der Staatsanwaltschaft habe den Vorteil, dass eine unparteiische Behörde den Beschuldigten vor unbegründeter Behelligung durch Anklagen und Untersuchungen schützt. Denn schon die Durchführung einer Hauptverhandlung bedeute für potentielle Beschuldigte, d.h. letztlich jeden Staatsbürger, auch dann einen Nachteil, wenn sie mit einem Freispruch endet und von vornherein unbegründet war.[122] Dies gelte umso mehr, wenn die Privatklagebefugnis missbräuchlich als Mittel zu Erpressungen und Kränkungen gegen die „Schwachen" und „Schüchternen" eingesetzt werde.[123] Abhilfe könne nur der unparteiische Blick des Staatsanwalts schaffen.[124] Teile der Literatur prognostizierten, eine Ausweitung der Verletztenbeteiligung werde dem Querulantentum Vorschub leisten. Eine Instanz zur Prüfung des Strafverfolgungsinteresses sei notwendig, um die Menge der von vornherein aussichtslosen Klagen einzudämmen. Es sei nicht selten, dass nicht der Bruch des Rechts, sondern die Weigerung oder das Unvermögen des Beschuldigten, dem Verletzten nach dessen Verlangen eine Geldbuße zu zahlen, die Anklage des Verletzten und die Bestrafung des Beschuldigten herbeiführe. Folge des Missbrauchs sei die Demoralisierung des Verletzten und eine Herabwürdigung der Strafjustiz. Teilweise unterstellte man dem Verletzten auch eine berechtigte und tief verwurzelte Scheu vor dem Auftreten als Ankläger.[125] Das staatsanwaltschaftliche Anklagemonopol entspreche damit der „Volksanschauung", die ihrerseits die „richtige" Auffassung des Charakters des Verbrechens sei. Eine Ausdehnung der Verletztenbeteiligung bedeute letztlich einen Rückschritt in die Richtung des überkommenen Systems der Privatstrafen und Privatanklagen.[126] Die legitime Mitwirkung des

---

119 *Anonymus II*, Prinzip, S. 266; *Keller*, Staatsanwaltschaft, S. 205.

120 Vgl. *Anonymus II*, Prinzip, S. 262; *Anonymus I*, Prinzip, S. 136; *Stemann*, GA 1863, S. 536; *Schmidt*, Staatsanwalt und Privatkläger, S. 21.

121 *Groß*, Strafrechtspflege in Deutschland 1860, S. 406.

122 *Groß*, Gutachten, S. 149.

123 So auch *Schwarze*, GS 1864, S. 438; vgl. *Glaser*, 2. DJT Bd. 2, S. 339.

124 *Groß*, Strafrechtspflege in Deutschland 1860, S. 390; zustimmend *Seckendorff*, Gutachten, S. 208f.

125 A.a.O., S. 263.

126 *Anonymus II*, Prinzip, S. 262.

Verletzten beschränkte sich nach dieser Auffassung auf die Rolle des Beweismittels. Darüber hinaus konnte er nur als Ärgernis und potentieller Störer des reibungslosen Ablaufs des Strafverfahrens und als Gefahr für die Ermittlung der materiellen Wahrheit gewertet werden.

Die Genugtuung des Verletzten konnte nach diesem Verständnis im Strafverfahren dementsprechend nicht oder nur begrenzt Berücksichtigung finden. Sie sei angesichts der Befriedungswirkung des staatlichen Gewaltmonopols nicht einmal Nebenzweck des Strafverfahrens, sondern allenfalls dessen berechtigte Nebenwirkung.[127] Teilweise wurde das Genugtuungsinteresse des Verletzten negiert oder auf das Wiedergutmachungsinteresse reduziert.[128] *Sundelin* räumte dem Verletzten zwar ein berechtigtes Interesse an der Strafverfolgung ein, meinte aber, dass „das unmittelbarste und höchstberechtigte" staatliche Interesse stets so weit im Vordergrund stehe, dass nur der Staatsanwalt als Ankläger in Betracht komme.[129]

Die Strafverfolgung sei allenfalls dann dem Privatbeteiligten zu überantworten, wenn das materielle Strafgesetz gewisse Verbrechen wesentlich als Verletzungen des Rechtskreises eines Privaten charakterisiere und dabei den Gesichtspunkt, dass der öffentliche Rechtszustand durch die gedachten Verbrechen verletzt sei, in den Hintergrund treten lasse.[130] Dies sei allenfalls bei wenigen Delikten, namentlich den Injurien, der Fall.[131] Bedingung für jedwede Verletztenbeteiligung sei insofern, dass sie die Ausnahme von der Regel staatlicher Strafverfolgung bildete.[132]

II. Liberal-rechtsstaatliche Linie

Eine liberale Gegenströmung wollte den Inquisitionsprozess möglichst durch ein kontradiktorisches, dem Anklageprinzip verpflichtetes Verfahren abgelöst sehen und kritisierte das französische Modell der Staatsanwaltschaft ebenso wie deren preußisches Pendant.

Die Organisation der Staatsanwaltschaft war in vielen Partikularstaaten mehr oder weniger dem französischen *ministère public* nachgebildet, limitierte dessen Kompetenzen jedoch in der Regel auf das Gebiet der Strafrechtspflege.[133] Die Einrichtung von Staatsanwaltschaften gehörte indes niemals zu den Kernanliegen des liberalen Bürgertums, sondern galt als Annex zu der primär geforderten Einführung des Anklageprin-

---

127 A.a.O., S. 392.

128 *Stemann*, GA 1863, S. 534.

129 *Sundelin*, Die Staats-Anwaltschaft in Deutschland, S. 25.

130 *Groß*, Strafrechtspflege in Deutschland 1860, S. 391.

131 A.a.O., S. 392.

132 *Anonymus II*, Princip, S. 261.

133 *Elling*, Staatsanwaltschaft, S. 55.

zips, des Öffentlichkeits- und Mündlichkeitsgrundsatzes und der Geschworenengerichte.[134] Die streng hierarchische Behördenorganisation der Staatsanwaltschaft unter dem Weisungsrecht des Justizministers galt als Einfallstor für politische Einflussnahme der Regierung auf die Strafrechtspflege.[135] Der politische Charakter der Staatsanwaltschaft trübte die Hoffnung auf eine politisch unabhängige Justiz. Die Erinnerung an die Instrumentalisierung der *accusateurs public* als „furchtbarem Werkzeug des Terrorismus" im revolutionären Frankreich ließ besorgen, dass auch die deutschen Staatsanwaltschaften zum Einfallstor für eine politische Strafjustiz werden können, in der die Staatsanwälte die gesamten Strafgesetze als „Clubredner und Gesetzeswächter in einer Person" oder zumindest als „willenloses Werkzeug der Regierung" nur noch für, nicht aber gegen die herrschende Partei anwenden.[136]

Die defensive Modernisierung der deutschen Partikularstaaten im Anschluss an die napoleonische Besetzung, ein wachsender, antifranzösischer Affekt der Deutschen und die Frustration des nationalliberalen Bürgertums durch die Ereignisse von 1848/49 keimten in Forderungen nach einer Reform der Strafrechtspflege, in der die Idee der Gewaltenteilung Niederschlag finden sollte und die Rechtssphäre des Bürgers gegenüber der Allmacht des Polizeistaates erweitert und gesichert wurde.[137] Dem französischen Strafverfahren wurden das englische und schottische Popularklagesystem als positive Gegenentwürfe und als Ausdruck bürgerlicher Selbstregierung gegenübergestellt.[138]

---

134 A.a.O., S. 27.

135 *Anonymus I*, Princip, S. 84.

136 *Zachariae*, Handbuch I, S. 200; *Haager*, Strafrechtspflege in Deutschland 1861, S. 531; *Schwarze*, GS 1864, S. 401; *Gneist*, Verfassungsrecht, S. 704; *Gneist*, Vier Fragen, S. 22.; *Anonymus I*, Prinzip, S. 91; *Mittermaier*, GS 1858, S. 163. *Anonymus I*, Prinzip, S. 93; *Mittermaier*, GS 1858, S. 176; karikierend *Schwarze*, GS 1864, S. 402.

137 *Elling*, Staatsanwaltschaft, S. 52ff.

138 *Anonymus I*, Princip, S. 74; *Elling*, Staatsanwaltschaft, S. 55; *Glaser*, das Englisch-Schottische Strafverfahren; *Mittermaier*, Das Englische, Schottische und Nordamerikanische Strafverfahren. Zu dieser progressiven Strömung zählte *Mittermaier*, der mit seiner Übersetzung von *Francis* „Bürgerliche Freiheit und Selbstverwaltung" und einer Abhandlung über das Englische, Schottische und Nordamerikanische Strafverfahren zur Rezeption des anglo-amerikanischen Strafverfahrens in Deutschland beitrug. Als Anhänger der „englischen" Staatsidee trat auch *Gneist* zunächst als Vorkämpfer für den Gedanken einer allgemeinen Popularklage in Strafsachen hervor. S.a. *Elling*, Staatsanwaltschaft, S. 28. Die Ideen des anglo-amerikanischen Strafverfahrens fanden selten Beachtung in den parlamentarischen Debatten und keinen Eingang in die deutsche Gesetzgebung des 19. Jahrhunderts. Die herrschaftskritischen Impulse und insbesondere die Kritik am Anklagemonopol der Staatsanwaltschaft führten jedoch dazu, dass eine Ausweitung verschiedener Modelle strafprozessualer Verletztenbeteiligung verstärkt in den Fokus der Reformdiskussion geriet. Als Auslöser einer massiven Verdichtung der Diskussion um die Stellung des Verletzten im Strafverfahren können letztlich zwei vielbeachtete Aufsätze aus dem Jahr 1859 identifiziert werden. Ein anonymer Verfasser forderte in der Deutschen Vierteljahrsschrift in dem Aufsatz „Das Princip der Strafverfolgung" die Rückkehr zum „altgermanischen System der prinzipalen Bürgerklage"

Die von vertragstheoretischen Ideen inspirierte Gegenströmung stellte in Frage, ob überhaupt ein anderes als ein privates Interesse an der Strafverfolgung bestehen könne und befürwortete die Einführung eines Popular- oder Privatklagesystems als „Imperativ des wahren Liberalismus“.[139] Demnach stellte sich jedes Verbrechen als eine Verletzung privater Interessen dar, während der Staat oder die Allgemeinheit in der Regel nur nachrangig betroffen seien.[140] Unter den Bedingungen des staatsanwaltschaftlichen Anklagemonopols dränge der Staat in den Rechtskreis des Verletzten.[141] Die strafrechtliche Relevanz von Rechtsverletzungen bemesse sich unter den Bedingungen von Privat- und Popularklage allein am Interesse des Verletzten an der Bestrafung des Täters. Der Privat- oder Popularkläger habe dabei die freie Wahl zwischen einer strafrechtlichen und einer zivilrechtlichen Interessendurchsetzung. Eine „Privatisierung der Strafverfolgung“ durch Einführung eines „reinen Privatklageverfahrens“ bedinge auch kein Minus an Rechtssicherheit. Das Gesetz und sein Arm da seien, wo man seiner bedürfe.[142] Im Gegensatz hierzu stünde das staatliche Strafverfolgungsmonopol, das jede Rechtsverletzung allein um ihretwillen ausgleiche und die Strafverfolgung zum Selbstzweck mache.[143] Das staatsanwaltschaftliche Anklagemonopol lasse erwarten, dass die konzentrierte Regierungsgewalt über eine hierarchisch organisierte Strafverfolgungsbehörde einen Konflikt zwischen der Gerechtigkeit und dem Eigeninteresse staatlicher Akteure zu Lasten der Gerechtigkeit und zugunsten des Staatsinteresses lösen würde.[144]

Mit der Diskussion um die Gefahr der sog. „negativen Strafjustiz“ wurde die Beteiligung des Verletzten am Strafverfahren als Möglichkeit einer Kontrolle der Staatsanwaltschaft durch private Akteure entdeckt. Der Begriff der negati-

---

(*Weigend*, Deliktsopfer, S. 118) und provozierte damit eine lange Serie von Repliken – oft unter gleichem Titel (vgl. *Glaser*, Handbuch I, S. 178f.). Daran schloss sich ein zweiter, ebenso anonym verfasster und ähnlich stark rezipierter Essay „Das Institut der Staatsanwaltschaft in Deutschland“ in den nationalliberalen Preußischen Jahrbüchern an (vgl. *Glaser*, AÖGZ 1860; *Groß*, Strafrechtspflege in Deutschland 1860; *Anonymus II*, Princip; *Tippelskirch*, Schwurgerichtszeitung 1860; *Liszt*, Princip). Die 1859 angestoßene Diskussion fand ihren Höhepunkt in den Verhandlungen des Zweiten Deutschen Juristentages 1861. Die Wirkgeschichte dieser Aufsätze lässt sich bis in den Entstehungsprozess der RStPO hinein verfolgen.

139 *Schmidt*, Staatsanwalt und Privatkläger, S. 13.

140 *Anonymus I*, Princip, S. 125.

141 A.a.O., S. 82, 87f., 257.

142 So auch *Tippelskirch*, Schwurgerichtszeitung 1860, S. 4.

143 *Anonymus I*, Princip, S. 127.

144 A.a.O., S. 89f.

ven Strafjustiz ist spiegelbildlich zur politischen Strafjustiz zu verstehen: Während in der politischen Justiz die Gefahr einer aktiven Verfolgung von politischen Minoritäten durch die Strafverfolgungsbehörden durch die Grundsätze der Waffengleichheit, Öffentlichkeit und Mündlichkeit abgesichert werden sollten, betraf die negative Strafjustiz die Frage, inwieweit sich der Bürger gegen politisch motivierte Einstellungsentscheidungen der Staatsanwaltschaft auf Veranlassung des Justizministers zur Wehr setzen und damit eine Gleichheit in der Anwendung der Strafgesetze hergestellt werden kann.

Als besonders anfällig für negative Strafjustiz galt die Handhabung der Vereins- und Vereinspolizeigesetze, der Pressegesetze, der Strafgesetzgebung zur Sicherung freier Wahlen und der Amtsdelikte. So wurde in Frage gestellt, ob eine Ministerverwaltung gegen solche Vereinigungen einschreiten würde, die auf Initiative der Regierung gegründet wurden.[145] Kontrollbefugnisse zur Durchsetzung des Strafrechts gegen den Willen des Staatsanwalts wurden auch für Amtsdelikte, also die strafrechtliche Verantwortlichkeit der Staatsbeamten für die Überschreitung ihrer Kompetenz, gefordert.[146] Teilweise wurde angemerkt, dass die strafrechtliche Verfolgung von Beamten als Angriff auf die staatliche Autorität verstanden werden könnte und strafrechtlich relevante Handlungen deshalb vorzugsweise disziplinarisch gehandhabt werden sollten. Zum Schutz des Ansehens des Staates und seiner Beamten könne negative Strafjustiz so als Angelegenheit des öffentlichen Interesses verklärt werden. Aber auch sonstige Strafnormen könnten unter der Bedingung einer ministeriell angeleiteten Staatsanwaltschaft zum Gegenstand negativer Strafjustiz werden. Es bestünden keine Garantien gegen ein bewusstes und von den Regierungsparteien erwünschtes Absehen von der Verfolgung in Fällen politisch motivierter, sonstiger Kriminalität aus dem Bereich des Land- und Hausfriedensbruchs oder der Gewaltdelikte.[147]

---

145 *Gneist*, Vier Fragen, S. 26; *Gneist*, Verfassungsrecht, S. 704.

146 *Gneist*, Vier Fragen, S. 27; vgl. auch für die Situation in Preußen *Collin*, Wächter der Gesetze, S. 333–338 m.w.N.

147 *Gneist*, Vier Fragen, S. 28. Obwohl der Machtmissbrauch durch Instrumentalisierung der französischen Staatsanwaltschaft weitestgehend zugestanden wurde, zweifelten Teile der Literatur an der Übertragbarkeit der Erfahrungen in Frankreich auf die deutsche Konzeption. Ursache für den politischen Machtmissbrauch in Frankreich sei das die auf die Staatsanwaltschaft übertragene Disziplinaraufsicht über die Mitglieder der Gerichtshöfe. Dieses bestehe nach der deutschen Konzeption nicht oder nicht weitgehend (*Anonymus II*, Prinzip, S. 268; *v. Buttel*, Schwurgerichtszeitung 1857, S. 15f.). Gelegentlich wurde die Ursache der Gebrechen des französischen Strafverfahrens im französischen Nationalcharakter verortet. In den Rheinprovinzen habe man „erfreulichere Resultate“ erzielt als in Frankreich (*Anonymus II*, Prinzip, S. 269; *Sundelin*, Schwurgerichtszeitung 1859, S. 249). Teilweise wurde das Problem der negativen Strafjustiz schlicht bagatellisiert. Zum einen handle es sich bei der negativen Strafjustiz nicht um ein Sonderproblem der Staatsanwaltschaft selbst, sondern um ein ubiquitäres Problem (*Schwarze*, GS 1864, S. 180; *Sundelin*, Allgemeine Deutsche Strafrechtszeitung 1862, S. 197). Der Staat und auch die Justiz in ihrer Gesamtheit galten als missbrauchsanfällig. Eine wirksame Sicherung gegen „faule politische Zustände“ lasse sich ohnehin niemals vollständig durch „irgendwelche Einrichtungen“ erreichen. Letztlich

Kontrollrechte des Privatbeteiligten sollten garantieren, dass auch den politischen Minoritäten die Möglichkeit einer Durchsetzung des staatlichen Strafanspruchs eröffnet wird.[148] Die Verletztenbeteiligung unter dem Gesichtspunkt der negativen Strafjustiz sollte den Verletzten in ein gesamtgesellschaftliches Kalkül einbeziehen und diente nur mittelbar seinem Genugtuungsinteresse.[149]

III. Opportunitätsprinzip und Verletztenbeteiligung

Eine dritte, von *Glaser* begründete Strömung propagierte die Einführung des Opportunitätsprinzips im Bagatellbereich unter gleichzeitiger Kompensation lückenhafter Strafverfolgung durch eine subsidiäre Strafverfolgungstätigkeit des Verletzten. *Glaser* nahm einen vermittelnden Standpunkt ein, indem er zwischen dem Recht und der Pflicht zur Strafverfolgung differenzierte. Damit entstand Raum für eine Ausweitung der Verletztenbeteiligung neben, anstelle oder subsidiär zu einer grundsätzlich allzuständigen Anklagebehörde, ohne dass das staatliche Strafverfolgungsmonopol in Frage gestellt werden musste. Die allmähliche Einführung der Anklageform bot demnach eine neue Gelegenheit, den Interessen des Verletzten ausreichend Rechnung zu tragen. Ausgangspunkt der Überlegungen *Glasers* bildete die Feststellung, dass der Beschädigte durch die Verstaatlichungsbewegung des Strafrechts beiseite

---

lasse sich jede „Form und Norm" „brutal und listig" missbrauchen (*Sundelin*: Allgemeine Deutsche Strafrechtszeitung 1861, S. 35; *Sundelin*, Schwurgerichtszeitung 1859, S. 251f.). Teile der Literatur vertraten die Ansicht, politischen Übeln wie der negativen Strafjustiz sei vorzugsweise politisch zu begegnen (*Keller*, Staatsanwaltschaft, S. 213.). Der Kampf gegen den politischen Missbrauch der Strafverfolgungsbehörde sei nicht präventiv durch „mechanische Garantien", sondern repressiv zu führen (*Groß*, Strafrechtspflege in Deutschland 1860, S. 409; *Schwarze*, GS 1864, S. 415). Auch wurde vertreten, das Disziplinarrecht bilde eine ausreichende Garantie gegen die Gefahr negativer Strafjustiz. Strafrechtliche und disziplinarische Vorschriften bildeten einen zureichenden Schutz gegen den Missbrauch der staatsanwaltschaftlichen Stellung (*Rumpelt*, Strafrechtspflege in Deutschland 1861, S. 51; *Sundelin*, Schwurgerichtszeitung 1859, S. 251). *Groß* betonte, das Aufsichtsrecht des Justizministers betreffe zwar das Recht, die Geschäftsführung der Staatsanwaltschaft zu überwachen und zu regeln. Er disponiere aber nicht in dem Umfang, der dem einzelnen Staatsanwalt selbst eingeräumt werde. Daraus, dass der Justizminister formell zu allen Verfügungen an die Staatsanwaltschaft legitimiert sei, könne man nicht schließen, dass er auch materiell alle Verfügungen erlassen könne und die Handhabung der Strafgesetze nach politischen Gesichtspunkten und Zweckmäßigkeitserwägungen bestimmen könne. Anderes gelte allenfalls für die überschaubare Gruppe der sog. Berichtsverbrechen, für deren Verfolgung eine ministerielle Genehmigung einzuholen sei (*Groß*, Strafrechtspflege in Deutschland 1860, S. 398, 408).

148 *Gneist*, Vier Fragen, S. 26; *Gneist*, Verfassungsrecht, S. 704.

149 *Schmidt*, Staatsanwalt und Privatkläger, S. 44f.

gedrängt worden sei.[150] Der Verletzte sehe sich in die Position des unbeteiligten Zuschauers verwiesen und tauche im Strafverfahren allenfalls in der Rolle des Zeugen auf.[151] Die schwache Stellung des Verletzten in den reformierten Strafprozessordnungen der deutschen Partikularstaaten sah *Glaser* als Erblast des Inquisitionsverfahrens an, das sowohl den Beschuldigten als auch den Verletzten zu bloßen Erkenntnisquellen des Richters degradiert habe.[152] Die Strafrechtspflege habe dem staatlichen Strafverfolgungsmonopol dergestalt Rechnung getragen, dass sie das Recht auf und Pflicht zur Strafverfolgung amalgamiert habe und sich damit gezwungen sehe, ausnahmslos jeden Verstoß gegen eine Strafnorm zu ahnden.[153] Zugleich habe die Gesetzgebung dem Genugtuungsinteresse nur noch marginal durch das Recht auf Denunziation Rechnung getragen.[154] Aus der Neutralisierung des Verletzten im Inquisitionsprozess und ihrer Fortsetzung im reformierten Strafprozess folge die Dauergefahr einer Wiederkehr der Selbstjustiz durch die nachhaltige Frustration des Verletzten.[155]

Sowohl der Staat als auch der Verletzte haben *Glaser* zufolge spezifische und legitime Interessen an der Strafverfolgung. Der Verletzte habe ein berechtigtes Genugtuungs- und ein Wiedergutmachungsinteresse. *Glaser* begründete die Legitimität des Genugtuungsinteresses kantisch: Wer vom Verletzten ein „ruhiges Hinnehmen erlittener Verletzungen, Verzicht auf Rache und Vergeltung" fordere, verwechsle rechtliche und moralische Gebote. Die Feindesliebe entspreche zwar dem christlichen Ideal und einem zur „höchsten Reinheit" gebrachten Sittengesetz. Der Staat dürfe moralische Gebote jedoch nicht „in eine erzwingbare Rechtspflicht" ummünzen.[156] Nach Ansicht *Glasers* bestehe selbstverständlich auch ein übergeordnetes öffentliches Interesse an der Strafverfolgung. Denn jedes „wirkliche" Verbrechen enthalte immer auch etwas, das über die Sphäre des durch dasselbe verletzten Privatrechtes weit hinausreiche.[157] Selbst dann, wenn der Verletzte das Verbrechen ruhig hinnehme und keine Genugtuung begehre, sei eine staatliche Strafverfolgung zur Aufrechterhaltung der öffentlichen Ordnung erforderlich. Das Verbrechen sei ein Übel, das

---

150 *Glaser*, AÖGZ 1860, S. 345; ähnlich *Sundelin*, Allgemeine Deutsche Strafrechtszeitung 1861, S. 307.

151 *Glaser*, AÖGZ 1860, S. 345.

152 A.a.O., S. 346.

153 A.a.O., S. 349.

154 *Glaser*, Strafrechtspflege in Deutschland 1861, S. 43; *Keller*, Staatsanwaltschaft, S. 210.

155 *Glaser*, AÖGZ 1860, S. 345f.

156 *Glaser*, AÖGZ 1860, S. 346.

157 A.a.O., S. 345.

immer auch das Selbsterhaltungsinteresse des Staates als des Wahrers der bürgerlichen Gesellschaft betreffe. Die Aufrechterhaltung der öffentlichen Ordnung sei dabei dem Privatinteresse übergeordnet und entspreche zugleich dem Interesse aller Staatsbürger.[158] Denn jedes Mitglied der bürgerlichen Gesellschaft habe ein Eigeninteresse an der Wahrung des Gesellschaftsvertrags.[159]

Das öffentliche Interesse sei dem privaten Wiedergutmachungs- und Genugtuungsinteresse zwar grundsätzlich übergeordnet. Aus dieser Hierarchie lasse sich aber kein Exklusivitätsverhältnis zwischen privater und staatlicher Strafverfolgungsinitiative ableiten. Vorzugswürdig sei ein Nebeneinander von privater und staatlicher Strafverfolgungsinitiative.

Die konkrete Gewichtung von öffentlichem und privatem Interesse an der Strafverfolgung solle darüber entscheiden, inwieweit die Strafverfolgung zwingend durch staatliche Akteure erfolgen müsse oder der Initiative des Verletzten oder Dritter überantwortet werden dürfe. *Glaser* skizzierte hierzu drei Deliktsgruppen. Die erste Gruppe von Straftatbeständen betreffe Handlungen, deren Bestrafung zu erwirken zugleich das Recht und die Pflicht der Staatsgewalt sei.[160] Zur Aufrechterhaltung des öffentlichen Friedens fielen hier das Recht und die Pflicht des Staates zur Strafverfolgung zusammen.[161] Weder könne hier eine Strafverfolgung von der Initiative des Verletzten abhängig gemacht werden, noch bestehe Raum für „Opportunitätsrücksichten". Die zweite Gruppe umfasse solche Delikte, bei denen sich die Rücksicht auf die Gefährdung der Rechtsordnung einerseits und auf das verletzte Privatrecht andererseits das Gleichgewicht halten.[162] Eine große Anzahl von Eingriffen in Privatrechte sei nur deshalb in den Bereich der Strafrechtspflege einbezogen worden, weil der Ausgleich des begangenen Unrechts mit einem zivilprozessualen Instrumentarium entweder überhaupt nicht oder doch nur ausnahmsweise zu erreichen sei.[163] Bei Delikten der zweiten Gruppe sei die Strafverfolgung im Einzelfall nicht im öffentlichen Interesse erforderlich, solle aber möglich sein.[164] Die dritte Gruppe umfasste Delikte, bei denen das das private Genugtuungsinteresse gegenüber dem öffentlichen Strafverfolgungsinteresse deutlich überwiege und nur ausnahmsweise das Interesse der Staatsgewalt die Bestrafung fordere.[165]

---

158 A.a.O., S. 345.

159 Darüber hinaus sei mit jeder Verletzung des öffentlichen immer auch ein Privatinteresse tangiert. Es sei also nicht zu vermeiden, dass Verletzungen von Privatinteressen in den Bereich des Strafrechts mit hineinreichen, sodass zwingend auch ein privates Genugtuungsinteresse an der Strafe bestehe (*Glaser*, Strafrechtspflege in Deutschland 1861, S. 40). Mit dieser These unterschlug *Glaser* – im Gegensatz zu *Anonymus I* – die Gruppe der opferlosen Straftaten, mit denen allein das unpersönliche, öffentliche Interesse pönalisiert wird.

160 *Glaser*, AÖGZ 1860, S. 350.

161 Ebd.

162 *Groß*, Strafrechtspflege in Deutschland 1860, S. 393.

163 *Glaser*, AÖGZ 1860, S. 350.

164 Ebd.

165 Ebd.; *Groß*, Strafrechtspflege in Deutschland 1860, S. 393.

Hier beschränke sich das Interesse der öffentlichen Rechtsordnung darauf, dem Privaten durch Bereitstellung einer Justizinfrastruktur zu seinem Recht zu verhelfen. Die öffentliche Rechtsordnung sei nicht schon in dem Augenblick gebrochen, in dem das Recht des Privaten durch ein geringes Vergehen verletzt wurde, sondern nur dann, wenn er vergebens nach Genugtuung verlange.[166] Die strafrechtliche Verfolgung könne hier vom Willen des Beschädigten abhängig gemacht werden.[167]

Hieran anknüpfend konstatierte *Gneist*, die Bindung an das Legalitätsprinzip stehe im Widerspruch zu der täglichen Praxis der Staatsanwaltschaft.[168] Zwingende Konsequenz des Opportunitätsprinzips sei eine lückenhafte Strafverfolgung, die entweder der Rücksicht auf z.B. die Familie und die Persönlichkeit des Verletzten oder im Grenzbereich von Straf- und Zivilrecht dem mangelnden öffentlichen Interesse an der Strafverfolgung Rechnung trug.[169] Es müsse verhindert werden, dass die Staatsanwaltschaft in kleinliche, pedantische Verfahren und „endlose Weitläufigkeiten" geraten würde.[170]

Die Beteiligung des Verletzten am Strafverfahren stellte sich bei *Glaser* als Ausgleich einer aus Opportunitätsrücksichten lückenhaften Strafverfolgung durch eine staatliche Strafverfolgungsbehörde dar. Eine strenge Bindung des staatlichen Strafverfolgungsorgans an das Legalitätsprinzip könne gerade dann, wenn kein öffentliches Interesse an der Strafverfolgung besteht, zu den damit verbundenen Opfern außer Verhältnis stehen und sich als unbillig erweisen.[171] Bei gewissen Straftaten sei die Verletzung des öffentlichen Rechtsgefühls zu gering, um sie von Amts wegen zu verfolgen, aber zu hoch, um sie zu erlauben. Daher biete es sich an, sie stillschweigend unverfolgt zu lassen. Auch die Distributivgerechtigkeit verlange eine zurückhaltende Strafverfolgungspraxis. In vielen Fällen beeinträchtige die Verhängung einer Strafe die Würde der Staatsgewalt und die Achtung vor der öffentlichen Moral. Auch die Rücksicht auf die Interessen des Verletzten gebiete gelegentlich den Verzicht auf die Strafverfolgung.[172]

Zur Einführung des Opportunitätsprinzips wurden verschiedene Instrumente diskutiert. Einerseits konnte die Strafverfolgung von einer umfassenden Ermessensentscheidung des Staatsanwalts oder einem Strafantrag abhängig gemacht werden. Teilweise wurde vertreten, dem Staatsanwalt solle eine Ermächtigung nach dem Grundsatz minima non curat praetor erteilt werden, sodass nur noch Straftaten von einer gewissen Erheblich-

---

166 *Glaser*, AÖGZ 1860, S. 350.

167 *Groß*, Strafrechtspflege in Deutschland 1860, S. 393.

168 *Gneist*, Vier Fragen, S. 32.

169 *Anonymus II*, Princip, S. 261f.

170 *Gneist*, Vier Fragen, S. 32.

171 *Glaser*, AÖGZ 1860, S. 350.

172 A.a.O., S. 351.

keit vor die Strafgerichte getragen werden.[173] Vorrangig erwog man jedoch die Einführung der subsidiären und prinzipalen Privatklage, der Dienstaufsichtsbeschwerde, des Klageerzwingungsverfahrens oder der Nebenklage.

IV. Subsidiäre Privatklage

Die subsidiäre Privatklage war Hauptstreitpunkt in der Reformdiskussion über die Implementierung verletztenfreundlicher Institute in den reformierten Strafprozess.[174] Die subsidiäre Privatklage hatte zwei Funktionen, zwischen denen nicht immer deutlich getrennt wurde:

Primär wurde der subsidiären Privatklage eine politische Funktion zugeschrieben. Der überwiegende Teil ihrer Befürworter vertrat die Ansicht, sie diene der Kontrolle des staatlichen Anklägers durch eine eigene Strafverfolgungstätigkeit des Verletzten.[175] Sie sollte den Zugang jeden Staatsbürgers zu gerichtlichem Gehör sichern, damit einer Praxis negativer Strafjustiz entgegenwirken und dadurch ein bürgerlich freies Rechtsleben befördern.[176] Nach diesem Verständnis trat der subsidiäre Privatkläger nicht allein in seinem privaten Interesse, sondern zugleich als Anwalt des Allgemeininteresses an einer konsequenten Strafverfolgung auf.[177] Dieser Begründungszusammenhang stieß auf den Widerstand sowohl der konservativen Vertreter des staatsanwaltschaftlichen Anklagemonopols als auch der radikalliberalen Befürworter der subsidiären Popularklage. Den Vertretern des staatsanwaltschaftlichen Anklagemonopols preußischer Machart ging die subsidiäre Privatklage zu weit. So wurde sie unter Verweis auf deren Unverträglichkeit mit der „modernen Staatsentwicklung" abgelehnt. Aus ihrer Sicht handelte es sich bei der subsidiären Privatklage um einen Notbehelf, eine systemwidrige Anomalie und eine „Abweichung von der bisherigen Entwicklung des Strafrechts".[178] Den konsequenteren Vertretern der subsidiären Popularklage ging die subsidiäre Privatklage dagegen nicht weit genug. Einigkeit zwischen den Vertretern des staatsanwaltschaftlichen Anklagemonopols und der subsidiären Popularklage bestand dahinge-

173 *Groß*, Strafrechtspflege in Deutschland 1861, S. 34, Anm. (1).

174 *Keller*, Staatsanwaltschaft, S. 207; *Koewius*, Rechtswirklichkeit, S. 19.

175 *Sundelin*, Allgemeine Deutsche Strafrechtszeitung 1861, S. 44; *Schwarze*, GS 1864, S. 437; *Schwarze*, Allgemeine Deutsche Strafrechtszeitung 1866, S. 184, 188; *Haager*, Strafrechtspflege in Deutschland 1861, S. 526, 530; *Schmidt*, Staatsanwalt und Privatkläger, S. 31; *Koewius*, Rechtswirklichkeit, S. 22.

176 *Sundelin*, Allgemeine Deutsche Strafrechtszeitung 1861, S. 44; *Tippelskirch*, GS 1859, S. 185ff.

177 *Weigend*, Deliktsopfer, S. 130.

178 *Groß*, Gutachten, S. 146.

hend, dass die subsidiäre Privatklage als politische „Warntafel" für den Staatsanwalt nicht wirksam sei.[179] Bei einer Vielzahl von Delikten, die sich als anfällig für staatsanwaltschaftliche Machtmissbräuche im Sinne negativer Strafjustiz darstellen, gebe es keinen individuellen Verletzten. Die mit der subsidiären Privatklage intendierte Kontrollfunktion sei also letztlich nur durch ein subsidiäres Popularklagerecht zu erreichen.[180]

Sekundär sollte die subsidiäre Privatklage dem Verletzten eine Möglichkeit bieten, sein Genugtuungsinteresse nach einer staatsanwaltschaftlichen Einstellungsentscheidung verfolgen zu können.[181] Dies betraf unter den Bedingungen einer dem Legalitätsprinzip verpflichteten Staatsanwaltschaft die Möglichkeit einer eigenen Strafverfolgungstätigkeit des Verletzten, wenn die Strafverfolgungsbehörde hinreichende Verdachtsmomente verneinte. Die subsidiäre Privatklage wurde aber auch von den Vertretern des Opportunitätsprinzips als Mittel des Ausgleichs für Einstellungsentscheidungen der Staatsanwaltschaft wegen mangelnden öffentlichen Interesses entdeckt. Befürworter des Opportunitätsprinzips sahen in der subsidiären Privatklage ein Instrument zur Entlastung der Justiz unter Wahrung des privaten Genugtuungsinteresses des Verletzten.[182] Die subsidiäre Privatklage ermögliche es dem Staatsanwalt zudem, eine dem öffentlichen Interesse angemessene Milde zu üben.[183]

Trotz der kontroversen Diskussion im Schrifttum war der Widerstand gegen die Einführung der subsidiären Privatklage letztlich vergleichsweise gering. Denn aus Sicht der Vertreter der subsidiären Popularklage konnte die Einführung der subsidiären Privatklage als erster Baustein einer schrittweisen Einführung eines Popularklagesystems aufgefasst werden. Die Befürworter des staatsanwaltschaftlichen Anklagemonopols erkannten, dass die Radikalität der subsidiären Privatklage nur eine scheinbare war und erwarteten, dass der beschwerliche Weg des Privatklageverfahrens langfristig zu einer Verkümmerung von Privatbeteiligungselementen im Strafverfahren führen würde.[184] Wer die subsidiäre Popularklage ablehnte, musste sich von der subsidiären Privat-

---

179 A.a.O., S. 146f.

180 *Groß*, Strafrechtspflege in Deutschland 1860, S. 409f.; *Gneist*, Staatsanwaltschaft, S. 52; *Schmidt*, Staatsanwalt und Privatkläger, S. 32ff.

181 Dieser Gedanke entsprach auch der Konzeption *Glasers* als des „geistigen Urhebers der subsidiären Privatklage" (vgl. *Koewius*, Rechtswirklichkeit, S. 22f.).

182 *Glaser*, vgl. *Schmidt*, Staatsanwalt und Privatkläger, S. 41.

183 *Sundelin*, Allgemeine Deutsche Strafrechtszeitung 1861, S. 44.

184 *Mittelstädt*, Allgemeine Deutsche Strafrechtszeitung 1861, S. 738; *Weigend*, Deliktsopfer, S. 130; Tippelskirch, GS 1859, S. 183, 282f.

klage nicht bedroht fühlen und konnte sich *Mittelstädts* zynischem Urteil anschließen:

> „Die dürftigen Resultate, welche die subsidiäre Privatanklage ihrer Natur nach nur darbieten kann, werden unfehlbar später als Beweismittel dafür dienen müssen, dass die Privatanklage überhaupt für den deutschen Strafprozess nicht passe, und sie jeden Sinn und Neigung für die private Strafverfolgung verkümmere. Man irrt sich, wenn man die subsidiäre Privatanklage für den Anfang und den Keim der wirklichen Privatanklage[185] hält. Beide haben eigentlich nichts mit einander gemein, als einen trügerischen Namen."[186]

Streit herrschte insofern vorrangig hinsichtlich der wünschenswerten Reichweite der subsidiären Privatklage. *Tippelskirch* wollte die subsidiäre Klage für Antragsdelikte aus dem Bagatellbereich zulassen, die nicht schon der prinzipalen Privatklage zugewiesen sind.[187] Die Anklage bei dieser Deliktgruppe solle sowohl dem Staatsanwalt als auch dem Verletzten offen stehen. In diesen Fällen solle der Staatsanwalt das Recht, nicht aber die Pflicht zur Klageerhebung haben. Zudem müsse der Staatsanwalt die seinerseits erhobene Klage bis zum Urteil zurückziehen können. Der Staatsanwalt könne sich mit Hilfe der Verweisung auf den Privatklageweg der „Zudringlichkeit" von Denunzianten erwehren, ohne dass sich die Staatsanwaltschaft dem Vorwurf der Verweigerung der Rechtshilfe gefallen lassen muss.[188] *Schwarze* räumte zwar ein, die subsidiäre Privatklage könne einen „willkommenen Schutz gegen die Verdächtigung ihrer Resolutionen seitens böswilliger oder hartnäckiger Denunzianten" bilden. Gleichwohl werde die Privatklage immer ein mangelhaftes Institut bleiben und könne niemals die Staatsanwaltschaft ersetzen oder ihr in ihrer Wirksamkeit gleichkommen.[189]

V. Klageerzwingungsverfahren und Dienstaufsichtsbeschwerde

Als Alternative zur subsidiären Privatklage sympathisierten Teile der Literatur mit einer Kontrolle staatsanwaltschaftlicher Einstellungsentscheidungen durch die Dienstaufsichtsbeschwerde und das Klageerzwingungsverfahren.[190] Für die Dienstaufsichtsbeschwerde sprach die Aussicht auf eine Entlastung der Gerichte. Ein mit Initiativrechten ausgestatteter Privatbeteiligter könne den gerichtlichen Instanzen „mit seinen Querelen unnötige Arbeit" machen. Die Beschwerde des Verletzten verweise den Querulanten auf den Beschwerdeweg vom Staatsanwalt zum Oberstaatsanwalt und schließlich zum Justizminister und entlaste dadurch die Gerichte.[191] Die Entscheidung über die Klageerhe-

185 Gemeint war die (subsidiäre) Popularklage.

186 *Mittelstädt*, Allgemeine Deutsche Strafrechtszeitung 1861, S. 740.

187 *Tippelskirch*, GS 1859, S. 279.

188 A.a.O., S. 280f; ähnlich *Schwarze*, GS 1864, S. 441.

189 *Schwarze*, GS 1864, S. 402, 429, 437f, 441f.

190 *Rumpelt*, Strafrechtspflege in Deutschland 1861, S. 54; *Stemann*, GA 1863, S. 536.

191 *Groß*, Strafrechtspflege in Deutschland 1860, S. 390.

bung verblieb dabei in der Hand des Justizministers. Für das Klageerzwingungsverfahren sprach, dass sich der Bürger mit seinem Strafverfolgungsbegehren an einen politisch unabhängigen Richter wenden konnte. Gegen das Klageerzwingungsverfahren wurde angeführt, die Anklageerhebung auf Geheiß des Gerichts bringe den Staatsanwalt in eine „schiefe Stellung", ein Strafverfahren führen zu müssen, von dessen Erfolgsaussichten er nicht überzeugt sei.[192] Zudem unterwarf das Klageerzwingungsverfahren die Staatsanwaltschaften wieder der Macht der Gerichte und verhieß damit eine Rückkehr zu den Strukturen des Inquisitionsprozesses. Gemessen am Klageerzwingungsverfahren stellte die subsidiäre Privatklage also einen geringeren Eingriff in die staatsanwaltschaftliche Autonomie dar.[193]

VI. Prinzipale Privatklage

Weniger umstritten war die prinzipale Privatklage. Dies hing einerseits damit zusammen, dass der prinzipalen Privatklage keine politische Funktion zukam. Zweck der prinzipalen Privatklage war das legislatorische Anliegen, den Strafverfolgungszwang zumindest im Grenzbereich zwischen Zivil- und Strafrecht durch eng umgrenzte Ausnahmen vom Legalitätsprinzip aufzulockern.[194] Andererseits stand sie hinsichtlich ihres Gegenstandbereichs in einem engen Konnex mit der historisch gewachsenen und allgemein anerkannten Injurienklage.[195] Weitgehender Konsens herrschte darüber, dass die Verfolgung von Delikten zum Schutz der Ehre und leichte Körperverletzungen dem Privatkläger als alltägliche Vorfälle unter Ausschluss der Staatsanwaltschaft überantwortet werden können.[196] Teile der Literatur befürworteten daher eine zurückhaltende Ausdehnung der prinzipalen Privatklagedelikte. Für den Privatklageweg eigneten sich nach Ansicht *Tippelskirchs* insbesondere ausgewählte Antragsdelikte.[197] Merkmal der prinzipalen Privatklagedelikte sollte sein, dass sie für den Staat keinen und für den Verletzten nur einen subjektiven

192 *Glaser*, 2. DJT, Bd. 2, S. 338; *Lewald*, Preußische Gerichts-Zeitung 1860, S. 165. *Haager* erwiderte wiederum, das Problem des vom Gericht zur Erhebung der Klage gezwungenen Staatsanwalts könne darüber gelöst werden, dass das Justizministerium auf Antrag des Beteiligten einen unbefangenen Staatsanwalt mit der Anklage zu beauftragt (*ders.*, Strafrechtspflege in Deutschland 1861, S. 533).

193 *Mittelstädt*, Allgemeine Deutsche Strafrechtszeitung 1861, S. 739f.

194 *Koewius*, Rechtswirklichkeit, S. 27.

195 *Weigend*, Deliktsopfer, S. 123, 125; *Koewius*, Rechtswirklichkeit, S. 38; *Gerland*, GS 1902, S. 167.

196 *Anonymus II*, Prinzip, S. 295; *Weigend*, Deliktsopfer, S. 123.

197 *Tippelskirch*, GS 1859, S. 261; *Groß*, Strafrechtspflege in Deutschland 1860, S. 400f.

oder ideellen Wert haben.[198] Verbrechen im engeren Sinne seien, vorbehaltlich der Adhäsion des Verletzten, vom Staatsanwalt zu verfolgen, sobald der Strafantrag gestellt sei, wenn Verhandlungen des Angeschuldigten mit dem Verletzten nicht zu wünschen seien oder der Ernst und die Wichtigkeit des Verfahrens es erfordern, die Anklageerhebung in die Hände eines mit den gesetzlichen Formen hinlänglich vertrauten Beamten zu legen.[199] Demgegenüber könne bei einzelnen Antragsdelikten, an deren Verfolgung der Staat gar kein oder nur ein sehr geringes Interesse hat, die Erhebung der öffentlichen Klage dem Verletzten vollends überlassen werden. Denn vom Staat dürfe nicht verlangt werden, dass er Strafverfolgung in ausschließlichem Privatinteresse oder in Bagatellfällen auf Kosten der Allgemeinheit betreibe.[200]

Die von pragmatischen Erwägungen[201] getragene Ausweitung der prinzipalen Privatklagedelikte in den Strafprozessordnungen einzelner Partikularstaaten führte jedoch zu Folgeproblemen eigener Art, aufgrund derer Teile der Literatur die Abschaffung der prinzipalen Privatklage forderten.[202] Bei einer Ausweitung der prinzipalen Privatklage stellte sich die Frage, ob die dergestalt ausgesonderten Delikte noch in ausreichender Frequenz verfolgt werden.[203] *Liszt* äußerte Vorbehalte, das Genugtuungsinteresse des Verletzten über Gebühr in das rechtspolitische Kalkül einzubeziehen:

> „Die Kohlhaase sind nicht so dicht gesät in unserem Vaterlande, um sie als vollwichtigen Faktor bei der Reform unserer Strafrechtspflege in Rechnung zu ziehen."[204]

Daneben trat die Sorge, der beschwerliche Weg der prinzipalen Privatklage könne zu sozialer Ungleichheit im Zugang zum Richter führen, da der Privatkläger in der Regel die Kosten und das Kostenrisiko der Rechtsverfolgung selbst aufbringen müsse.[205] Teile der Kritik an der prinzipalen Privatklage beruhten auf der grundsätzlichen Erwägung, dass ihre strukturelle Nähe zu den als überkommen empfundenen Injurien nicht mit dem Charakter des reformierten Strafverfahrens zu vereinbaren war.[206] Teilweise wurde eingewendet, dass die Erhebung und Fortführung der Anklage nicht der Privatwillkür überlassen werden dürfe, sodass der Staat auch im Privatklageverfahren einen

198 *Tippelskirch*, GS 1859, S. 261.

199 A.a.O., S. 278.

200 Ebd.

201 *Weigend*, Deliktsopfer, S. 125f.

202 So z.B. *Schwarze*, GS 1864, S. 434.

203 *Weigend*, Deliktsopfer, S. 124.

204 *Liszt*, GS 1877, S. 211.

205 A.a.O., S. 212; skeptisch *Sundelin*, Allgemeine Deutsche Strafrechtszeitung 1861, S. 45; *Janka*, Klagemonopol, S. 43.

206 *Weigend*, Deliktsopfer, S. 126; *Liszt*, GS 1877, S. 204, 214; *Sundelin*, Allgemeine Deutsche Strafrechtszeitung 1861, S. 45f.

amtlich verpflichteten Vertreter erhalten müsse.[207] Durch die Nähe der prinzipalen Privatanklage zu der Injurienklage werde der Unterschied zwischen kriminellem und zivilem Unrecht verwischt und das zivile Unrecht systemwidrig in den Bereich des Strafrechts verlagert.[208]

VII. Nebenklage

Eher beiläufig wurden nebenklageähnliche Institute in der Reformliteratur erwähnt. Hierbei lassen sich zwei Strömungen identifizieren. Die erste Strömung bediente sich der badischen Rezeption des französischen Strafverfahrens. Die zweite Strömung orientierte sich an den Regelungen des preußischen Steuerstrafverfahrensrechts.

1. Anlehnung an die französische partie civile

Eine Strömung entlehnte die Idee einer Prozesstätigkeit des Privatbeteiligten neben der Staatsanwaltschaft der *partie civile* des Code d'instruction criminelle. Da es sich bei der *partie civile* streng genommen um einen bloßen Adhärenten handelte, konnte eine Vorbildfunktion zwar nicht hinsichtlich des Zwecks der Privatbeteiligung, wohl aber hinsichtlich der prozessualen Handlungsspielräume des Privatbeteiligten bestehen. Die Idee einer um eine Genugtuungsfunktion erweiterten Variante des Adhäsionsverfahrens war bereits in der breit rezipierten badischen Strafprozessordnung von 1845 normiert und erprobt worden. So sprach sich *Haager* als ausgewiesener Kenner des badischen Strafverfahrens für eine Kontrolle der Staatsanwaltschaft durch den Anschluss des Beteiligten aus.[209] Der Privatbeteiligte solle nach erfolgter Anschlusserklärung mit seinen Anträgen gehört, am Ende der Verhandlung wegen fernerer Beweise befragt und zur Hauptverhandlung vorgeladen werden. Er solle ein Anwesenheitsrecht erhalten und nicht nur hinsichtlich etwaiger Entschädigungsansprüche, sondern auch gegen Erkenntnisse über die Einstellung des Verfahrens und das Urteil selbst Rechtsmittel ergreifen können.[210]

Ähnliche Überlegungen äußerten auch *Glaser* und *Lewald*, die von einer Ersetzung und Ergänzung des staatlichen Anklägers oder der Einbeziehung einer Zivilpartei neben der Staatsanwaltschaft sprachen.[211] Dass auch *Groß*, der als

207 *Zachariae*, Handbuch, S. 44.

208 *Liszt*, GS 1877, S. 207.

209 Allerdings hatte *Haager* hier ein vorangegangenes, erfolglos durchgeführtes Klageerzwingungsverfahren im Sinn (*Haager*, Strafrechtspflege in Deutschland 1861, S. 525).

210 *Haager*, Strafrechtspflege in Deutschland 1861, S. 533.

211 *Glaser*, AÖGZ 1860, 345; *Lewald*, Preußische Gerichts-Zeitung 1860, S. 165.

Gegner der Idee einer Genugtuungsfunktion des Strafverfahrens und ambitioniertem Verfechter des Anklagemonopols einer dem Legalitätsprinzip verpflichteten Staatsanwaltschaft hervorgetreten war, mit dem Auftreten des Verletzten neben der Staatsanwaltschaft sympathisierte, mag zunächst überraschen. *Großs* Ansatz beruhte letztlich auf der Überlegung, dass in einer Mitwirkung des Privatbeteiligten die Überparteilichkeit der Staatsanwaltschaft symbolisch bestätigt würde:

> „Der Staatsanwalt würde, abgesehen von seinen eigenen Anträgen, auch die Anträge des Beteiligten oder seines Vertreters zu begutachten haben. Seine Stellung würde durch einen solchen Gegensatz, bezüglich Beistand, nur umso reiner und richtiger hervortreten.“[212]

Die Zivilpartei solle nach der Konzeption *Großs* kein eigenes Strafklagerecht erhalten. Er solle sich aber, nachdem die Staatsanwaltschaft von ihrem Initiativrecht Gebrauch gemacht hat, zur Verfolgung des „in der Strafe enthaltenen Moments der Genugtuung und zur Geltendmachung vermögensrechtlicher Ansprüche“ durch eine eigene, prozessuale „Vertretung des Verletzten“ Geltung verschaffen dürfen.[213] Die Partizipationsrechte der Zivilpartei sollten sich auch nach der Vorstellung *Großs* am französischen Modell orientieren.[214]

2. Anlehnung an das preußische Steuerstrafverfahrensrecht

Einen anderen Weg schlug der Stettiner Staatsanwalt *Tippelskirch* ein, der die Grundlegung einer Nebenklage mit bezeichnender Ähnlichkeit zu den ersten Entwürfen der RStPO anhand des Art. 145 des preußischen Gesetzes vom 3. Mai 1852 entwickelte.[215] Hierzu musste letztlich nur das quasi-private fiskalische Mitwirkungsinteresse der Finanzbehörden durch das private Genugtuungsinteresse des Verletzten ersetzt werden.

Der Verletzte sollte hierbei ein prinzipales Privatklagerecht in Bagatellfällen und daneben ein subsidiäres Privatklagerecht erhalten. Um Strafverfolgungslücken durch das Ausbleiben oder den nachträglichen Ausfall des Privatklägers zu vermeiden, solle das öffentliche Interesse an der Strafverfolgung wiederum durch ein Recht der Staatsanwaltschaft zur Übernahme der Anklage abgesichert werden. Die Staatsanwaltschaft solle über den Verlauf von Privatklageverfahren informiert werden und das Verfahren jederzeit überwachen können. Zudem solle er sich dem Verfahren anschließen können, um eigene Anträge zu

212 *Groß*, Strafrechtspflege in Deutschland 1860, S. 392.

213 Ebd.

214 Ebd.

215 *Tippelskirch*, GA 1854, S. 38.

stellen, wenn „er sieht, dass die Verhandlungen mit dem Privatkläger zu keinem Zwecke führen.“ Der Staatsanwalt solle die Strafverfolgung anstelle des Privatbeteiligten auch dann fortsetzen, wenn der Privatkläger entweder keine Anklage erhebe, die Klage ausdrücklich fallen lasse oder durch sein Nichterscheinen in der Hauptverhandlung zu erkennen gebe, dass er kein Interesse an der Fortsetzung des Verfahrens habe.[216]

Aus der spiegelbildlichen Konstellation eines ursprünglich von der Staatsanwaltschaft eingeleiteten Strafprozesses ergab sich dann eine nebenklageähnliche Regelung:

> „Umgekehrt würden wir aber auch Jedem, der als Privatkläger aufzutreten berechtigt ist, gestatten, sich der Klage des Staatsanwaltes anzuschließen […], und allenfalls auch eine vom Staatsanwalt bereits aufgegebene Anklage wieder aufzunehmen; endlich, wenn der Ankläger eine bereits eingeleitete Anklage aufgibt, noch dem Angeklagten (ähnlich wie im Zivilprozess) das Recht zugestehen, die Fortsetzung der Sache zu verlangen, um sich entweder vollständig rechtfertigen oder doch gegen künftige Verfolgungen wegen der in der Anklage behaupteten Handlung sicher stellen zu können.“[217]

Dadurch könne das Recht des Verletzten auf Strafverfolgung restituiert werden, ohne Abstriche hinsichtlich des öffentlichen Interesses an der Bestrafung des Beschuldigten machen zu müssen.[218] Von der Mitwirkung des Privatbeteiligten neben der Staatsanwaltschaft versprach sich *Tippelskirch* praktische Vorteile, die bereits für die Privatklage aufgeführt wurden. Insbesondere könne der Nebenkläger aufgrund seines Eigeninteresses an der Verurteilung des Beschuldigten neue und von den Ermittlungsbehörden übersehene Beweise in die Hauptverhandlung tragen.[219]

3. Vorbehalte

Über eine Verletztenbeteiligung neben der Staatsanwaltschaft äußerten sich letztlich nur *Sundelin* und *Keller* explizit ablehnend, Letzterer auch nur lakonisch:

> „Cicero schon sagt, es gäbe keine schlimmere Einrichtung, als wenn auf der einen Seite zwei Advokaten handelten.“[220]

---

216 A.a.O., S. 37.

217 A.a.O., S. 38.

218 *Tippelskirch*, GS 1859, S. 277.

219 A.a.O., S. 277f.; *Tippelskirch*, GA 1854, S. 36; ähnl. *Hye-Glunek*, Grundsätze, S. 126f.

220 *Keller*, 2. DJT Bd. 2, S. 351.

Sundelin zweifelte insgesamt am Nutzen eines Nebeneinander von Staatsanwaltschaft und Privatbeteiligtem in der Hauptverhandlung,[221] da eine Anklageerhebung bereits sichergestellt sei:

> „Wird aber bei allen dazu nach ihrem Gegenstand geeigneten Verbrechen die Verfolgung vom Antrage des Beteiligten abhängig gemacht und außerdem Jedermann die Anbringung von Anklagen beim Richter für den Fall gestattet, dass die Staatsbehörde sich ihrer weigert, so ist ein Mitwirken des Beteiligten neben dem Staatsanwalt ohne allen Sinn und Nutzen, im Gegenteil nur nachteilig. Wo die Staatsbehörde einmal die Verfolgung Kraft ihres Berufs übernommen hat und die Anklage erhebt, ist nicht einzusehen, was eine nebenher noch eintretende Mittätigkeit eines Privatklägers nützen soll. Ihn bloß mit seinen Anträgen zu hören, Angaben von Beweismitteln und Ausschlüsse jeder Art von ihm zu erlangen, dies alles liegt im Beruf und im Interesse des Staatsanwalts, enthält aber keine Veranlassung, Jenem irgendein besonderes Recht der Mitwirkung ausdrücklich zu geben. Ein solches förmliches Recht könnte höchstens die einheitliche und fachkundige Leitung der Verfolgung durch den Staatsanwalt hemmen und kreuzen. Das Recht zu Beschwerden steht Jedermann zu, hängt also nicht mit einer besonderen Stellung zur Sache zusammen."[222]

F) Erster und zweiter Deutscher Juristentag

Die Diskussion über die Beteiligung des Verletzten am Strafverfahren wurde auch auf dem ersten und zweiten Deutschen Juristentag geführt. *Lewald* beantragte auf dem ersten Deutschen Juristentag 1860 unter ausdrücklicher Berufung auf *Glaser*:

> „Der Juristentag wolle als seine Rechtsüberzeugung aussprechen:
>
> 1. Jedem Privatbeteiligten ist die Erhebung der Anklage in solchen Fällen zu gestatten, wo sich die Staatsanwaltschaft dessen weigert;
>
> 2. in allen Fällen sind neben der Staatsanwaltschaft den Privatbeteiligten die vollen Rechte einer Partei, welche nicht bloß die Zuerkennung einer Entschädigungssumme, sondern die Verurteilung des Angeklagten erstreben darf, einzuräumen. […]"[223]

Damit forderte *Lewald* mit der Ziff. 1.) die Einführung einer subsidiären Privatklage und mit Ziff. 2) eines Adhäsionsverfahrens sowie einer Art der Verletztenbeteiligung neben der Staatsanwaltschaft zur Verfolgung des privaten Genugtuungsinteresses.

---

221 *Sundelin*, Allgemeine Deutsche Strafrechtszeitung 1861, S. 42.

222 A.a.O., S. 45.

223 1. DJT, S. 70f.

Die subsidiäre Privatklage stand weiterhin im Zentrum der Kontroverse. Die Beteiligung des Verletzten neben dem Staatsanwalt wurde nur rudimentär diskutiert. Der Antrag *Lewalds* und die eingegangenen Änderungsanträge konnten aus Zeitgründen nicht mehr erschöpfend im Plenum erörtert werden.[224] Der Antrag wurde an die ständige Deputation zur Prüfung und zum Vortrag beim nächsten Juristentag zu überwiesen.[225] *Groß* und *Seckendorff* verfassten daraufhin vorbereitende Gutachten über die Anträge. *Groß* sprach sich in seinem Gutachten erwartungsgemäß gegen die Ziff. 1.) und damit gegen die subsidiäre Privatklage aus. Er empfahl aber die Annahme der Ziff. 2.) des Antrags[226] und umriss dabei eine Einbeziehung des Verletzten neben der Staatsanwaltschaft:

> „In den Fällen, wo das öffentliche und ideale Moment überwiegt, steht aber doch gewiss nichts im Wege, für das in der Strafe enthaltene Moment der Genugtuung, ebenso wie für das neben der Strafe hergehende vermögensrechtliche Interesse des Beteiligten eine prozessualische Vertretung zuzulassen, welche zwar einen eigenen Strafprozess nicht unternehmen, aber doch nachdem der Staatsanwalt einmal von seiner Initiative Gebrauch gemacht hat, neben demselben sich unterstützend geltend machen kann."[227]

Seckendorff unterstützte beide Anträge, formulierte aber eigene Empfehlungen,[228] so auch zu einer nebenklageähnlichen Beteiligung des Verletzten neben dem Staatsanwalt:

> „Zu jeder Hauptverhandlung vor dem erkennenden Gericht sind der Staatsanwalt, der Privatkläger oder der von ihm bevollmächtigte Rechtsanwalt, und der Angeschuldigte vorzuladen. Dieselben, so wie der Verteidiger des Angeschuldigten, können darin (nach näheren Vorschriften) Beweise vorbringen und Fragen und Anträge sowohl über die Strafbarkeit als über die Entschädigungs-Verbindlichkeit des Angeschuldigten stellen und am Schlusse der Beweisverhandlungen mündlich auszuführen suchen. Der Staatsanwalt hat hierbei zuerst, der Angeschuldigte und sein Verteidiger zuletzt das Wort."[229]

Auf der Grundlage der Gutachten wurde die Frage nach der Verletztenbeteiligung in der ständigen Deputation des Deutschen Juristentags diskutiert. Die prinzipale Privatklage wurde dabei für besonders geringe Verbrechen übereinstimmend befürwortet.[230] Hinsichtlich der subsidiären Privatklage herrschte

---

224 A.a.O., S. 262.

225 A.a.O., S. 346.

226 *Groß*, Gutachten, S. 159.

227 Ebd.

228 *Seckendorff*, Gutachten, S. 210–213.

229 A.a.O., S. 209f. Im Sinne dieser Lesart s.a. *Hölzel*, Nebenklage, S. 22f.

230 2. DJT Bd. 1, S. 243.

Uneinigkeit zwischen den Mitgliedern der ständigen Deputation. Ein Teil der Mitglieder befürwortete die subsidiäre Privatklage unter der Voraussetzung, dass die Staatsanwaltschaft die Strafverfolgung verweigert und der durch die strafbare Handlung Beschädigte eine gerichtliche Entscheidung über die Eignung des Falles zur strafgerichtlichen Verfolgung herbeigeführt hat. Dabei sollte der Staatsanwaltschaft das Recht eingeräumt werden, sich der Sache wieder anzunehmen und sie weiter zu betreiben, wenn die Ergebnisse der Verhandlung oder „etwaige Zwischenvorfälle“ hierzu Anlass geben.[231] Andere Mitglieder der ständigen Deputation sprachen sich gegen die subsidiäre Privatklage und für ein Klageerzwingungsverfahren aus.[232] Einigkeit bestand zwar darüber, dass dem Beschädigten der Anschluss an das Strafverfahren zur Geltendmachung von Schadensersatzansprüchen zu gestatten ist. Umstritten war aber die Frage nach den Mitwirkungsrechten des Adhäsionsklägers. Ein Teil der ständigen Deputation wollte dem Beschädigten umfassende Beweisantragsrechte zur Verfolgung seiner Schadensersatzansprüche zubilligen. Andere Mitglieder sprachen sich gegen eine solche Mitwirkung aus und wollten die Verurteilung zum Schadensersatz auf Fälle beschränken, in denen die Frage nach Art und Höhe des Schadens ohnehin für die Frage nach Schuld und Strafmaß beantwortet werden muss.[233]

Umstritten war auch die Frage nach einer weitergehenden Mitwirkung des Beschädigten neben der Staatsanwaltschaft, sofern sie über die Geltendmachung von Schadensersatzansprüchen hinausgehen sollte. Ein Teil der Deputation wollte dem Beschädigten die Befugnis einräumen, einen Antrag auf Verurteilung insbesondere dann zu stellen und zu begründen, wenn die Staatsanwaltschaft den Freispruch beantragt.[234] Dem Verletzten solle ein selbstständiges Recht auf strafgerichtliche Ahndung der Verletzung zugebilligt werden. Andere Mitglieder der Deputation schlossen sich der Argumentation *Sundelins* an und wollten dem Beschädigten keine Parteirechte zur Herbeiführung der Verurteilung in der Strafsache einräumen. Eine Mitwirkung des Beteiligten als Partei neben dem Staatsanwalt sei unstatthaft und unnütz:

> „Es würde hierdurch das der Staatsanwaltschaft übertragene Amt in seiner innersten Natur alteriert und der Staatsanwalt in eine Stellung gedrängt werden, welche das Ansehen und die Bedeutung seines Amtes und hiermit auch das Vertrauen auf dasselbe untergraben würde. Hierzu kommt, dass die einheitliche und sachkundige Leitung der Verfolgung durch den Staatsanwalt leicht gehemmt und gekreuzt wür-

231 A.a.O., S. 244.

232 Ebd.

233 A.a.O., S. 245.

234 Ebd.; *Sundelin*, Allgemeine Deutsche Strafrechtszeitung 1861, S. 466f.

de, wenn der Private unkundig des Planes der staatsanwaltschaftlichen Verfolgung, nach eigenem Gutdünken auf die Beweisaufnahme selbstständig einwirken könnte."[235]

Die Mitglieder des deutschen Juristentags stimmten auf der Versammlung des Zweiten Deutschen Juristentags 1861 letztlich für die prinzipale Privatklage bei besonders geringen Verbrechen, für die subsidiäre Privatklage unter vollem Kostenrisiko des Privatklägers und für das Adhäsionsverfahren.[236] Die Versammlung stimmte gegen den Antrag *Lewalds* und damit gegen weitergehende Mitwirkungsrechte des Verletzten, soweit sie über sein Wiedergutmachungsinteresse hinaus auch seinem Genugtuungsinteresse dienen sollten. Der Beschädigte sollte jedoch einen Antrag auf Verurteilung stellen dürfen:

„Dem Beschädigten ist die Befugnis einzuräumen, einen Antrag auf Verurteilung, insbesondere gegenüber dem Antrag des Staatsanwalts auf Freisprechung, vor dem erkennenden Gericht zu stellen und zu begründen."[237]

G) Preußischer Entwurf eines Gesetzes, betreffend die Anklagebefugnis des Verletzten im Strafverfahren

Die Beschlüsse des zweiten deutschen Juristentags blieben auch in Preußen nicht ohne Wirkung.[238] Dort arbeitete die Kommission des preußischen Abgeordnetenhauses für das Justizwesen Anfang 1862 einen „Entwurf eines Gesetzes, betreffend die Anklagebefugnis des Verletzten im Strafverfahren" aus.[239] Dieser beinhaltete in seiner ursprünglichen Fassung nur Regelungen über die Einführung eines Klageerzwingungsverfahrens.[240] Eine weitergehende Beteiligung des Verletzten am Strafverfahren durch Einführung eines Adhäsionsverfahrens oder einer subsidiären Privatklage wurde aus Sicht der Kommission als zu einschneidender Eingriff in das preußische Strafverfahrenssystem angese-

---

235 2. DJT Bd. 1, S. 267.

236 A.a.O., S. 427ff.

237 A.a.O., S. 429.

238 GA 1862, S. 202.

239 Abgedr. mitsamt Motiven in ArchPrStr1862, S. 148–152; s.a. *Rosenfeld*, Nebenklage, S. 65, Fn. 115; *Hahn*, Materialien I, S. 281; *Schulz*, Beiträge zur Nebenklage, S. 50, *Hölzel*, Nebenklage, S. 24ff. In den Motiven zeigte die Kommission jedoch ein besonderes Sensorium für den später in der RStPO unkritisch verwendeten, aber durchaus problematischen Begriff des Begriffs des „Verletzten": „Die Fassung verletzt erscheint ist in der Absicht gewählt, anzudeuten, dass es nicht sowohl auf den stringenten Beweis der behaupteten Verletzung, sondern nur darauf ankomme, ob, die Richtigkeit der angezeigten Tatsachen vorausgesetzt, auf Seiten des dadurch Betroffenen nach dem gewöhnlichen Laufe der Dinge eine Verletzung seiner besonderen Rechte wahrscheinlich ist."

240 GA 1862, S. 148f.

hen und sollte einer späteren, vollständigen Revision der Strafprozessordnung vorbehalten bleiben.[241] Ein Teil der Abgeordneten und ein Kommissionsmitglied waren jedoch der Ansicht, dass der Entwurf nicht weit genug ging und insbesondere dem Bedürfnis nach Garantien gegen negative Strafjustiz nicht ausreichend Rechnung trug.[242]

In der Spezialdiskussion wurden dann gegen den Willen der Regierung Regelungen über eine subsidiäre Privatklage, ein Klageerzwingungsverfahren und über den Anschluss des Beschädigten an das Strafverfahren in den Gesetzesentwurf aufgenommen.

Bemerkenswert war die völlig neue Konzeption der subsidiären Privatklage im Anschluss an ein erfolgreich durchgeführtes Klageerzwingungsverfahren. Der Verletzte konnte, nachdem erst der zuständige Staatsanwalt die Anklageerhebung verweigerte und eine Dienstaufsichtsbeschwerde vor dem Oberstaatsanwalt ohne Erfolg blieb, einen Beschluss des zuständigen Strafgerichts über die Einleitung des mündlichen Verfahrens erzwingen.[243] Nach dem erfolgreich durchgeführten Klageerzwingungsverfahren konnte der Verletzte dann an Stelle der Staatsanwaltschaft als Privatkläger auftreten.[244] Wollte das Gericht die Anklage nicht zulassen, konnte sich der Beschwerdeführer wiederum an das Appellationsgericht wenden.[245]

Ungeachtet dessen konnte der Verletzte der von der Staatsanwaltschaft erhobenen Anklage beitreten und nach seinem Beitritt selbstständig Beweisanträge stellen und plädieren. Dabei stand der beigetretene Verletzte unter Anwaltszwang,[246] wurde aber im Gegensatz zum Privatkläger nicht mit dem Kostenrisiko im Falle des Freispruchs belastet.[247] Da der beigetretene Privatbeteiligte zunächst nur mit der Behauptung auftrat, in einem seiner Rechte verletzt worden zu sein, konnte die Staatsanwaltschaft oder das Gericht den Beitritt verweigern, wogegen ihm wiederum der Beschwerdeweg offen stand.[248]

Der Abstimmung über die Novelle kam jedoch letztlich die Auflösung der Regierung zuvor. Die Reform scheiterte.[249]

---

241 A.a.O., S. 150, 203.

242 A.a.O., S. 204.

243 § 13 Abs. 1 PrE1862.

244 § 1 Abs. 1 PrE1862.

245 §§ 3f., 13 PrE1862.

246 § 11 PrE1862.

247 § 17 Abs. 3 PrE1862.

248 §§ 12, 1ff. PrE1862.

249 RStPOE1873/1 Anlagen, S. 177.

Der 1865 erschienene Entwurf einer Strafprozessordnung für den Preußischen Staat räumte dem Verletzten im Vergleich mit den Gesetzen von 1849/52 größere Handlungsspielräume ein, blieb aber weit hinter dem Gesetzesvorschlag des preußischen Abgeordnetenhauses von 1862 zurück.[250]

Die Entwurfsfassung sah eine ausnahmsweise Durchbrechung des staatsanwaltschaftlichen Anklagemonopols[251] durch eine prinzipale und eine subsidiäre Privatklage unter vollem Kostenrisiko des Privatklägers vor.[252] Die prinzipale Privatklage sollte bei Ehrenkränkungen und leichten Körperverletzungen und nach vorgeschaltetem Schiedsverfahren statthaft sein.[253] Zweck der prinzipalen Privatklage war keineswegs die Stärkung der Rechte des vormaligen Injurienklägers, sondern ein eher pragmatischer Versuch, eine Injurienklage mit den Mitteln des Strafrechts zu konstruieren und dabei eine konturierte Grenze zwischen zivilem und kriminellem Unrecht zu zeichnen.[254] Der Richter sollte von den „Schranken der Verhandlungsmaxime" befreit werden. Durch die Möglichkeit des Richters, sich die erforderlichen Unterlagen von Amts wegen zu verschaffen, sollte verhindert werden, dass „frivole Injurienklagen" allein wegen eines nachlässigen Prozessverhaltens des Angeklagten zu einer Verurteilung führen.[255] Die subsidiäre Privatklage des Antragsberechtigten[256] war der Versuch, die Formen der prinzipalen Privatklage auszudehnen. Der Entwurf räumte ein, dass mit der Ausdehnung Privatklage die „Reinheit" der Grundsätze des preußischen Strafverfahrens getrübt werde. Bei Antragsdelikten überwiege aber das Privatinteresse des Verletzten gegenüber dem öffentlichen Interesse.[257] Mit Ausnahme der einfachen Beleidigung[258] war die Staatsanwaltschaft jederzeit berechtigt, ein Strafverfahren im Interesse der öffentlichen Ordnung selbst einzuleiten[259] oder an der Hauptverhandlung teilnehmen und dort eigene Anträge stellen.[260] Gleichwohl konnte die Staatsanwaltschaft den Privatkläger nicht aus der Stellung des Anklägers verdrängen. Die Ideen des Entwurfs von 1862 über ein Beitrittsrecht des Verletzten wurden

250 *Dalcke*, GS 1965, S. 209f.

251 § 2 PrStPOE1865; *Dalcke*, GS 1965, S. 209, 212; *Rubo*, GS 1866, S. 328.

252 *Abegg*, Entwurf, S. 135.

253 §§ 501 Nr. 1–2, 507, 523 PrStPOE1865, §§ 187, 102f., 152–156, 343 PrStGB.

254 *Abegg*, Entwurf, S. 136.

255 Motive PrStPOE1865, S. 240.

256 § 501 Nr. 3 PrStPOE1865.

257 Motive PrStPOE1865, S. 240f.

258 § 343 PrStGB.

259 § 502 PrStPOE1865.

260 § 516 PrStPOE1865.

nicht aufgegriffen. Ein Adhäsionsverfahren war ebenso wenig vorgesehen wie ein Klageerzwingungsverfahren.[261] Die Regelungen über die Mitwirkungsrechte der Finanzbehörde des Gesetztes vom 3. Mai 1852 wurden dagegen nahezu wortgleich in die Entwurfsfassung eingearbeitet.[262]

Die nachfolgende Strafprozeß-Ordnung für die durch das Gesetz vom 20. September 1866 und die beiden Gesetze vom 24. Dezember 1866 mit der Monarchie vereinigten Landestheile vom 25. Juni 1867 wich nur unwesentlich vom Entwurf von 1865 ab.[263]

H) Badische Strafprozessordnung vom 18. März 1864

Das Einführungsgesetz vom 5. Februar 1851 wurde durch die badische Strafprozessordnung vom 18. März 1864 abgelöst. Die badische Prozessordnung von 1864 wies nur geringe Ähnlichkeiten zu der Strafprozessordnung von 1845 auf und orientierte sich weitgehend an der Struktur der jüngeren Strafprozessordnungen der deutschen Partikularstaaten.[264]

Sie stärkte die Stellung der Staatsanwaltschaft[265] und berücksichtigte das Genugtuungsinteresse des Beschädigten nicht mehr. Die Anschlussbefugnis des Beschädigten war nur bis zur Hauptverhandlung möglich. Sie diente ausschließlich der Geltendmachung von Entschädigungsansprüchen. und konnte mit der Erhebung der Privatklage verbunden werden.[266] Die Partizipationsrechte des Beschädigten wurden inhaltlich auf sein Wiedergutmachungsinteresse und prozessökonomisch durch die Erfordernisse des Beschleunigungsgrundsatzes begrenzt. Die Akteneinsicht bestand regelmäßig nur noch nach Eröffnung der Hauptverhandlung.[267] Andererseits wurde die prinzipale Privatklage[268] auf die Delikte der Gewalttätigkeit[269], der fahrlässigen Körperverletzung[270] und im Bereich der gewerblichen Schutzrechte auf den Gebrauch fremder Warenstempel oder Fabrikzeichen[271] und den Verrat von Fabrikgeheimnissen[272] ausgedehnt. Auch weiterhin konnte sich der Staatsanwalt der Privatklage anschließen.[273] Das Gericht

---

261 § 10 PrStPOE1865; *Dalcke*, GS 1965, S. 216f.

262 §§ 485–500 PrStPOE1865; Motive PrStPOE1865, S. 235ff.

263 RStPOE1873/1 Anlagen, S. 178.

264 *Sundelin*, Allgemeine Deutsche Strafrechtszeitung 1863, S. 306f.

265 *Keller*, Staatsanwaltschaft, S. 75ff.

266 § 329 BadStPO1864.

267 § 330 BadStPO1864.

268 §§ 317–328 BadStPO1864.

269 § 278 BadStGB1845.

270 §§ 227, 232 Ziff. 4 BadStGB1845.

271 § 444 BadStGB1845.

272 § 545 BadStGB1845.

273 § 317 BadStPO1864; s.a. *Sundelin*, Allgemeine Deutsche Strafrechtszeitung 1863, S. 308.

durfte nicht über den Antrag des Privatklägers hinaus erkennen.[274] Der Beschädigte konnte sich, wenn er nicht zur Erhebung der Privatklage berechtigt war, mit einer Beschwerde an das Gericht wenden.[275]

I) Revidierte Strafprozessordnung des Königreichs Sachsen vom 1. Oktober 1868

Eine im Kontext der Nebenklage stark rezipierte Ausdehnung der Verletztenbeteiligung findet sich in der revidierten Strafprozessordnung des Königreichs Sachsen vom 1. Oktober 1868. Die Stellung der Staatsanwaltschaft wurde im Wesentlichen aus der Vorgängerregelung übernommen.[276] Das Strafverfahren war anklageförmig organisiert und ging von der Einleitung des Strafverfahrens durch die Staatsanwaltschaft aus.[277]

Neu war die Unterscheidung zwischen dem strafantragsberechtigten Verletzten im Allgemeinen und dem Privatkläger im Speziellen.[278] Bezugspunkt der Verletztenbeteiligung war die negatorische Bestimmung des neu eingeführten Art. 30b. Danach fand eine „besondere Mitwirkung" des strafantragsberechtigten Verletzten im Strafverfahren zwar nicht weiter statt. Wohl aber erhielt er eine Rechtsmittelbefugnis gegen freisprechende Erkenntnisse, ein Anwesenheitsrecht und ein Nebenbeteiligungsrecht für die zweite Instanz.[279] Er war über den Hauptverhandlungstermin zu informieren.[280] Ein Akteneinsichtsrecht war dagegen nicht vorgesehen. Nur die für seine Rechtsmittelbefugnis relevanten Beschlüsse und Entscheidungen des Gerichts waren ihm bekannt zu machen.[281] Der strafantragsberechtigte Verletzte war dazu berechtigt, zur Wahrnehmung seiner Rechte mit einem Sachwalter oder einen männlichen Angehörigen zu erscheinen oder diesen zu bevollmächtigen. Dieses Vertretungsrecht galt allerdings nicht, soweit er – was den Regelfall dargestellt haben dürfte – als Zeuge angehört werden sollte.[282] Praktisch bedeutete Art. 30b zwar

274 Eine Ausnahme bestand nur, wenn die Staatsanwaltschaft als Privatkläger auftrat, vgl. §§ 327, 249 BadStPO1864.

275 §§ 62–64 BadStPO1864; *Sundelin*, Allgemeine Deutsche Strafrechtszeitung 1863, S. 310.

276 *Schwarze*, Allgemeine Gerichtszeitung für das Königreich Sachsen 1868, S. 269.

277 Art. 2, 358 SäStPO1868.

278 Art. 30b, 37, 43 Abs. 1, 29 SäStPO1868.

279 Art. 30b, 91, 103ff. SäStPO1868; *Schwarze*, Allgemeine Gerichtszeitung für das Königreich Sachsen 1868, S. 321, 323.

280 Art. 30b Abs. 3 SäStPO1868.

281 Art. 30b Abs. 2 SäStPO1868.

282 Art. 43 Abs. 1 SäStPO1868.

eine Aufwertung der prozessualen Stellung des strafantragsberechtigten Verletzten, jedoch nur außerhalb der erstinstanzlichen Hauptverhandlung, die vom Gericht, der Staatsanwaltschaft und der Verteidigung geprägt wurde.

Den Gesetzgebungsmaterialien zu der Novelle ist zu entnehmen, dass die Vorschrift ohnehin nicht auf das dringende Bedürfnis nach einer Aufwertung der verfahrensrechtlichen Stellung des Verletzten zurückzuführen ist. Im Gegenteil ging es den Erstellern des Entwurfs vorrangig darum, den Befürwortern der subsidiären Privatklage durch ein niedrigschwelliges Zugeständnis entgegenzukommen:

> „Man hat jedoch geglaubt, gegenwärtig, wo nur eine Revision der Strafprozessordnung beabsichtigt ist, mit Einführung dieser Privatanklage aber das System der Strafprozessordnung und die durch dasselbe bedingte Stellung der Staatsanwaltschaft wesentlich alteriert werden würde, auf diese Frage nicht weiter eingehen zu sollen, jedoch die Befugnisse des Verletzten zur selbsteigenen Vertretung seiner Interessen insoweit bereits jetzt zu erweitern, als dies in dem Art. 30b vorgeschlagen worden.“[283]

Auch die außerordentliche Deputation der Zweiten Kammer des Abgeordnetenhauses betonte zwar, dass es sich bei der Novelle um eine bedeutende Ausdehnung der Rechte des Antragsberechtigten handle. Zugleich bekundete man aber dem Verletzten sein Misstrauen und erklärte, dass die subsidiäre Privatklage unerwünscht sei:

> „Da jedoch auch nach Ansicht der Deputation der Antragsteller ein wesentliches Interesse daran haben muss, dass auf seinen Antrag allenthalben das Gesetzliche verfügt und weder eine von ihm beantragte Untersuchung ohne genügende Gründe eingestellt, noch der Angeklagte ohne genügende Gründe freigesprochen werde, so war man, selbst auf die Gefahr hin, dass eine öfters unbegründete Einwendung von Rechtsmitteln von dem in seinen Rechten sich verletzt meinenden Antragsteller erfolgen könne, mit der vorgeschlagenen Neuerung allseitig einverstanden, musste sich aber auch gegen die das System unserer Strafprozessordnung ändernde sogenannte subsidiäre Privatanklage erklären, die dem Verletzten bei Ablehnung der Anklage durch den Staatsanwalt in allen Fällen, das Vergehen möge auf Antrag oder Amtswegen strafbar sein, die weitere Verfolgung gestattet.“[284]

Die „sehr wichtige, dieses System wesentlich ändernde Bestimmung“[285] des Art. 30b letztlich war insofern als subsidiäre Privatklage zweiter Klasse konzipiert. Die Norm würdigte nicht das Genugtuungsinteresse des Verletzten.

---

283 Motive zur SäStPO1868 abgedr. in den Landtags-Acten 1. Abteilung, 3. Band, S. 763. Dort verwies man auf eine entsprechende Passage in einem Aufsatz von *Schwarze* (GS 1864, S. 437), der zu den vehementen Gegnern der subsidiären Privatklage zählte.

284 Bericht der außerordentlichen Deputation der zweiten Kammer in den Landtags-Acten, Beilage zur 3. Abteilung, 3. Band, S. 674.

285 *Schwarze*, Allgemeine Gerichtszeitung für das Königreich Sachsen 1868, S. 271.

Zweck der Regelung war die Kontrolle der Justiz durch den Verletzten, ohne dass die Tätigkeit der Staatsanwaltschaft in der Hauptverhandlung gestört oder ihm ein unmittelbarer Zugang zum erstinstanzlichen Richter eröffnet wird.

Daneben war gegen Einstellungsentscheidungen eine Dienstaufsichtsbeschwerde erst vor dem Generalstaatsanwalt und dann vor dem Justizministerium statthaft.[286] Für bestimmte Delikte aus dem Bagatellbereich, dem familiären Nahbereich, dem Gebiet der Injurien und dem Bereich des gewerblichen Rechtsschutzes war weiterhin die prinzipale Privatklage unter Ausschluss der Staatsanwaltschaft vorgesehen.[287] In den neuen Bestimmungen wurden die Passagen über die leichten Körperverletzungen und die gegen Beamte gerichteten Ehrverletzungen anders gefasst und um die einfache Hausfriedensstörung erweitert.[288] Dabei stellte der Privatkläger seinen Antrag unmittelbar bei dem zuständigen Gericht und nahm die prozessuale Stellung des Staatsanwalts ein, hatte jedoch vergleichsweise eingeschränkte Befugnisse.[289] Die Staatsanwaltschaft hatte im Privatklageverfahren ein eigenes Akteneinsichtsrecht.[290] Der prinzipale Privatkläger war kein notwendiger Verfahrensbeteiligter. Auch während seiner Abwesenheit konnte das Gericht Beweise erheben und in der Sache entscheiden.[291]

J) Zusammenfassung

In der Gesetzgebung der Partikularstaaten bildeten Varianten des Strafantrags, des Klageerzwingungsverfahrens, der subsidiären und prinzipalen Privatklage sowie des Adhäsionsverfahrens die verbreiteten Formen der Verletztenbeteiligung. Vorbilder der Nebenklage können aber der badischen Strafprozessordnung von 1845, dem preußischen Strafprozessordnungsentwurf von 1862 und der königlich-sächsischen Strafprozessordnung von 1868 entnommen werden.[292]

---

286 Art. 30a Abs. 2 SäStPO1868.

287 Art. 31 Abs. 1 und 4 SäStPO1868: Leichte Körperverletzung gem. Art. 167, 169, 176, 199 SäStGB; Ehrverletzungen, Körperverletzungen aus Unbedachtsamkeit gem. Art. 175, 176, 199 SäStGB; Hausfriedensstörung gem. Art. 151 SäStGB; Selbsthilfe gem. Art. 247 SäStGB; Ehebruch gem. Art. 259 SäStGB und bösliche Veranlassung hierzu gem. Art. 265ff. SäStGB; Entfremdung gem. Art. 302 SäStGB; Entwendung von Gegenständen zum alsbaldigen Genuss gem. Art. 303, Entwendung von unschätzbaren Gegenständen gem. Art. 330 Abs. 1 bis 4 SäStGB; Gebrauch fremder Warenbezeichnungen gem. Art. 312 SäStGB und Beeinträchtigung fremden Grundeigentums gem. Art. 332 SäStGB; Verbreitung nachteiliger Gerüchte gem. Art. 338 SäStGB; Verletzungen der Dienstpflicht gem. Art. 371 SäStGB und pflichtmäßiger Verschwiegenheit gem. Art. 372 SäStGB; unbefugtes Eindringen in fremde Geheimnisse gem. Art. 373 SäStGB.

288 *Schwarze*, Allgemeine Gerichtszeitung für das Königreich Sachsen 1868, S. 265f., 323.

289 Art. 31 Abs. 2, 32 Abs. 1, 33 Abs. 2 SäStPO1868.

290 Art. 31 Abs. 4 SäStPO1868.

291 Art. 33 Abs. 1 SäStPO1868.

292 A.A. *Stenglein*, der sie als völlig neues Institut bezeichnete (*Stenglein*, GS 1883, S. 271).

Die französische Strafprozessgesetzgebung stand Modell für die sukzessive Einführung verschiedenster Varianten des reformierten Strafverfahrens in den deutschen Partikularstaaten.[293] Eine Beteiligung des Verletzten neben der Staatsanwaltschaft war nur in Gestalt der *partie civile* möglich. Diese war als Vorbild für die Nebenklage insoweit untauglich, als dass sie nur das Wiedergutmachungsinteresse des Verletzten betraf.[294] Allerdings konnten zumindest die Handlungsspielräume des Adhärenten – wie im Badischen Strafverfahren von 1845 – aufgegriffen werden.[295]

Das positive Recht Preußens zeichnete sich durch eine besonders verletztenfeindliche Rezeption des französischen Strafverfahrensrechts aus und verdrängte den Verletzten mit der Verordnung vom 3. Januar 1849 und dem Gesetz vom 3. Mai 1849 vollends aus dem nunmehr reformierten Strafverfahren. Die Regelungen über das administrative Steuerstrafverfahrensrecht des Gesetzes vom 3. Mai 1849 fanden fast wortgleich Eingang in den Entwurf des Jahres 1865, die Strafprozessordnung vom 25. Juni 1867 und letztlich auch in die RStPO und ihre Vorentwürfe. Dass mit der Regelung des Art. 145 des Gesetzes vom 3. Mai 1852 ein taugliches Normgerüst für eine Kombination von Privat- und Nebenklage des Verletzten vorgelegt wurde, erkannte *Tippelskirch* bereits in einem 1854 erschienenen Aufsatz. Die naheliegende These, die Nebenklage der RStPO sei allein oder überwiegend dem preußischen Steuerstrafverfahrensrecht nachempfunden, lässt sich jedoch nicht anhand der Materialien belegen.

Der Nachweis einer Vorläuferstellung lässt sich jedoch hinsichtlich des preußischen Strafprozessordnungsentwurfs von 1862 erbringen. Einerseits wurde der Entwurf im Entstehungsprozess der RStPO ausdrücklich berücksichtigt. Andererseits wies er auch inhaltlich eine unzweideutige Nähe zu den Bestimmungen der RStPO über die Nebenklage auf. Das gilt insbesondere für die Idee einer Verletztenbeteiligung im Anschluss an ein erfolgreich durchgeführtes Klageerzwingungsverfahren, die in der RStPO-Fassung nach der zweiten Lesung eingeführt wurde.

Die badische Strafprozessordnung von 1845 berücksichtigte das Genugtuungsinteresse des Verletzten in einmaliger Weise und wertete seine prozessuale Stellung erheblich auf.[296] Dies geschah anhand einer verletztenfreundlichen Rezepti-

293 *Glaser*, Handbuch I, S. 168; *Mittermaier*, Mündlichkeit, S. 201, *Mittermaier*, Gesetzgebung, S. 147; *Sundelin*, Allgemeine Deutsche Strafrechtszeitung 1861; *Otto*, Staatsanwaltschaft; *Haager*, GS 1869, S. 373; *Kries*, Lehrbuch, S. 62; *Ullmann*, Lehrbuch, S. 222.

294 So auch *Steinglein*, Nebenklage, S. 271.

295 Ähnlich *Knötzinger*, Rechtsmittel, S. 9.

296 *Schulz*, Beiträge zur Nebenklage, S. 50; *Weigend*, Deliktsopfer, S. 109; *Hölzel*, Nebenklage, S. 13.

on des Code d'instructions criminelle. Einerseits verzichtete Baden auf eine konsequente Einführung des staatsanwaltschaftlichen Anklagemonopols. Andererseits übernahm der badische Gesetzgeber die Figur der *partie civile* und ergänzte sie um prozessuale Mitwirkungsrechte, mit denen der „Beschädigte" ein über sein Wiedergutmachungsinteresse hinausgehendes Genugtuungsinteresse wahrnehmen konnte. Obwohl das badische Modell in der zeitgenössischen Literatur überwiegend positiv aufgenommen wurde, bleibt ein unmittelbarer Einfluss auf die Entstehung der RStPO eher unwahrscheinlich. Die Ministerialkommission unter dem Vorsitz *Leonhardts* hatte bei Erstellung des Ersten Entwurfs rechtsvergleichende Gutachten über die Verletztenbeteiligung in den bestehenden Strafprozessordnungen der deutschen Partikularstaaten erstellt. Das badische Strafverfahren von 1845 war aber schon 1864 von einer neuen Strafprozessordnung abgelöst worden und fand wohl deshalb keine Berücksichtigung.[297]

Art. 30b der sächsischen Strafprozessordnung von 1868 vermittelte dem strafantragsberechtigten Verletzten eine Rechtsmittelbefugnis gegen freisprechende Erkenntnisse, ein Anwesenheitsrecht und ein Nebenbeteiligungsrecht für die zweite Instanz. Teile der Literatur wollen Art. 30b der sächsischen Strafprozessordnung von 1868 als Vorläufer der Nebenklage der RStPO sehen und behaupten, die Reichgesetzgebung sei dem sächsischen Vorbild mit „frappierender Ähnlichkeit" gefolgt.[298] Die Regelung wird überwiegend als „bedeutendes Recht des Verletzten"[299], als „entscheidender weiterer Schritt im Ausbau des Nebenklagerechts"[300], als „Vorbild für die Nebenklage in der StPO von 1877"[301] und als „erfolgreicher Widerhall des Appells des zweiten Deutschen Juristentags"[302] bezeichnet. Für diese Kontinuitätsthese streitet jedoch allein der Umstand, dass die Norm in den Gesetzgebungsmaterialien zitiert wird. Diese Einordnung bestreiten *Hölzel* und *Heidemeier* richtigerweise mit dem Hinweis auf den Inhalt der Regelung.[303] Es handelt sich um ein untaugliches Vorbild, das vorrangig der Vermeidung der Einführung der subsidiären Privatklage diente und gerade keine Mitwirkung des Verletzten in der erstinstanzlichen Hauptverhandlung zuließ.

---

297 Tatsächlich fanden nur gültige Strafprozessordnungen Berücksichtigung in den Anlagen zum Ersten Entwurf. Die einzige Ausnahme bildete Preußen.

298 *Rosenfeld*, Nebenklage, S. 66ff.

299 *Kempfler* macht sich hier den Wortlaut der Motive zu eigen (*ders.*, Nebenkläger, S. 23).

300 *Knötzinger*, Rechtsmittel, S. 10.

301 *Kempfler*, Nebenkläger, S. 24, Fn. 2; *Riemann*, Nebenklage, S. 2; *Koch*, Nebenkläger, S. 18f.

302 *Koch*, Nebenkläger, S. 18.

303 *Hölzel*, Nebenklage, S. 27f.; *Heidemeier*, Nebenklage, S. 70.

Drittes Kapitel:
Die Entstehung der RStPO

A) Einleitung

Schon vor Gründung des Norddeutschen Bundes gab es mehrere, aber vorerst vergebliche Versuche, eine gesamtdeutsche Strafprozessordnung auszuarbeiten.

Einen wichtigen Impuls für die Bestrebungen, ein einheitliches Verfahrensrecht für alle deutschen Staaten einzuführen, lieferten nicht zuletzt die Radikaldemokraten um *Struve* in der Frankfurter Nationalversammlung.[1] In einem Erlass Königs *Wilhelm I. von Preußen* vom 25. Februar 1861 hatte dieser den Auftrag erteilt, eine gemeinsame Strafprozessordnung für die gesamte Monarchie zu entwerfen.[2] Mit dem Strafprozessordnungsentwurf von 1865 hatte Preußen den Versuch unternommen, eine Grundlage für ein gesamtdeutsches Strafverfahren zu schaffen.[3] Eine Förderung der Rechtseinheit war zudem schon in § 1 der Statuten des Deutschen Juristentags vorgesehen.[4]

Die 1866 erfolgte Gründung des Norddeutschen Bundes als Bundesstaat bildete die Grundlage für die Vereinheitlichung des Verfahrensrechts der deutschen Bundesstaaten durch eine gemeinsame Bundesgesetzgebung.[5] Denn die Verfassung des Norddeutschen Bundes vom 26. Juli 1867 sah in Art. 4 Nr. 13 eine Gesetzgebungszuständigkeit u.a. auf den Gebieten des Verfahrensrechts und des Strafrechts vor.[6] Dementsprechend beantragten die nationalliberalen Abgeordneten *Planck* und *Wagner* am 30. März 1868 im Reichstag, dieser möge den Bundeskanzler auffordern, „Entwürfe eines gemeinsamen Strafrechtes und eines gemeinsamen Strafprozesses, so wie die dadurch bedingten Vorschriften der Gerichtsorganisation baldthunlichst vorbereiten und dem Reichstage vorlegen zu lassen".[7] Der Reichstag nahm den nationalliberalen Initiativantrag am 18. April 1868 an.[8] Der Justizausschuss verfasste daraufhin einen kurzen Bericht über die vom Reichstag angeregte Vereinheitlichung des Straf- und Strafprozessrechts. Er schlug dem Plenum vor, den Bundeskanzler zu ersuchen, den

---

1 *Landau*, Reichsjustizgesetze, S. 162f.

2 *Otto*, Staatsanwalt, S .118f.

3 *Landau*, Reichsjustizgesetze, S. 166.

4 2. DJT, Bd. 1, S. 277.

5 *Landau*, Reichsjustizgesetze, S. 166.

6 G.B.NDB 1867, S. 4; *Voitus*, Strafprozeßordnung, S. IX.

7 *Schubert / Regge*, Strafprozessordnung, S. 4f.; *Schmidt*, Geschichte, S. 343, 345.

8 Sten. Berichte über die Verhandlungen des Reichstags, Session 1868, Bd. 1, S. 124ff.

https://doi.org/10.1515/9783110713299-003

Entwurf eines StGB und anschließend einer gemeinsamen Strafprozessordnung ausarbeiten zu lassen und dem Bundesrat zur weiteren Beschlussfassung vorzulegen. Der Bundesrat nahm die Vorschläge des Justizausschusses am 5. Juni 1868 unverändert an.[9] Nach der Fertigstellung des StGB-Entwurfs im Juli 1869 ersuchte *Bismarck* am 12. Juli 1869 den preußischen Justizminister *Leonhardt*, in seinem Ministerium einen StPO-Entwurf erstellen zu lassen.[10] *Leonhardt* nahm diesen Auftrag am 24. Juli 1869 an.[11]

B) Vorentwurf einer Strafprozessordnung für den Norddeutschen Bund

Leonhardt ließ die Entwürfe einer Strafprozessordnung vom damaligen Vortragenden Rat im preußischen Justizministerium und späteren Justizminister Preußens *Friedberg* ausarbeiten. *Friedberg* legte zunächst einen handschriftlich verfassten Entwurf einer Strafprozessordnung für den Norddeutschen Bund vor.[12]

I. Systematik

Thema des Vorentwurfs war die weiterhin hochumstrittene Frage nach der Kompetenzverteilung zwischen Staatsanwaltschaft und Privatankläger. Der Vorentwurf sah dabei eine weitgehende Gleichrangigkeit zweier Ankläger zur Durchsetzung des staatlichen Strafanspruchs in einem anklageförmigen Verfahren vor. Die Unterfälle der Strafklage bildeten die öffentliche Strafklage und die Privatstrafklage.[13] Die Staatsanwaltschaft sollte grundsätzlich dem Legalitätsprinzip verpflichtet sein.[14] Das Legalitätsprinzip fand in dem Vorentwurf jedoch zwei wesentliche Ausnahmen. Zum einen konnte die Staatsanwaltschaft bei Vergehen und Übertretungen von der öffentlichen Strafklage Abstand nehmen, wenn wegen der besonderen Geringfügigkeit oder Unerheblichkeit der Tat kein Interesse der öffentlichen Ordnung an der Bestrafung besteht.[15] Zum anderen kehrte der Entwurf für eine Reihe leichter Vergehen den Legalitätsgrundsatz um und wies die Staatsanwaltschaft an, die Anklage

---

9 *Schubert / Regge*, Strafprozessordnung, S. 5.

10 BArch R 1401, Nr. 569, Bl. 11f.

11 A.a.O., Bl. 13.

12 BArch R 1401, Nr. 573.

13 § 1 Abs. 2 VorE-StPO.

14 § 68 VorE-StPO.

15 § 70 Abs. 1 VorE-StPO.

nur dann zu erheben, wenn das Interesse der öffentlichen Ordnung die Bestrafung gebietet. In diesen Fällen sollte die Erhebung der Strafklage grundsätzlich dem prinzipalen Privatankläger obliegen.[16] Von der Erhebung der Anklage bei Injurien sollte die Staatsanwaltschaft wiederum vollständig ausgeschlossen sein.[17] In seinen Bestimmungen über den Anwendungsbereich der Privatanklage ließ der Vorentwurf eine hohe Schnittmenge mit demjenigen der öffentlichen Strafklage zu und nahm eine weitgehende Verdoppelung der Anklägerstellung in Kauf. Jede öffentliche Strafklage ließ den fakultativen Anschluss des Privatanklageberechtigten zu. Die Erhebung der prinzipalen und subsidiären Privatanklage verpflichtete die Staatsanwaltschaft zur Teilnahme an der Hauptverhandlung.[18] Die Teilnahme der Staatsanwaltschaft am Privatanklageverfahren war dagegen für Injurienklagen ausgeschlossen, für Strafsachen vor dem Amtsrichter fakultativ und in allen übrigen Strafsachen obligatorisch. Sie war jedoch während des gesamten Verfahrens berechtigt, nachträglich eine öffentliche Klage zu erheben, ohne dass für diese Fälle eine Änderung der Verfahrensstellung des Privatanklägers vorgesehen war.[19] In Fällen einer ausdrücklichen oder stillschweigenden Rücknahme der Privatanklage durch den Privatankläger konnte die Staatsanwaltschaft innerhalb einer zehntätigen Frist die öffentliche Strafklage erheben und damit die gerichtliche Einstellung des Verfahrens verhindern.[20]

Die eigentümliche Regelungsstruktur des Vorentwurfs spiegelte sich auch in seinen vierzehn Titeln wider. Nach einer Reihe nicht betitelter, einleitender Vorschriften, einem ersten Titel über die Gerichte und einem zweiten Titel über die Staatsanwaltschaften widmete sich der dritte Titel des Entwurfs der Privatanklage. Schon die Stellung des dritten Titels gleich hinter den Regelungen über die Staatsanwaltschaft und noch vor dem vierten Titel, der die Rechte des Beschuldigten[21] regelte, spricht dafür, dass dem Verletzen in der Rolle des Anklägers eine ungewohnt hohe Bedeutung im Strafverfahren beigemessen wurde. Der Entwurf endete mit einem dreizehnten Titel über die Geltendmachung vermögensrechtlicher Ansprüche im Strafverfahren und einem als „Privatstrafklage wegen Beleidigung oder leichter Körperverletzung" bezeichneten Injurienprozesses mit gemischt zivil- und strafrechtlichen Formen im vierzehnten Titel.[22]

16 § 69 VorE-StPO.

17 § 484 Abs. 1 VorE-StPO.

18 § 97 E-Friedberg.

19 § 97 VorE-StPO.

20 § 99 VorE-StPO.

21 Der Entwurf spricht von einem „Bezüchtigten".

22 Vgl. BArch 1401, Nr. 573, Bl. 159ff.

II. Anschluss des Privatanklägers an die öffentliche Strafklage

Jeder Privatanklageberechtigte sollte sich der öffentlichen Strafklage als nicht notwendig Beteiligter anschließen können.[23] Die Befugnis, als Privatankläger aufzutreten, sollte grundsätzlich dem Verletzten jedes vollendeten oder versuchten Delikts zustehen. Einschränkungen hinsichtlich der Deliktsart waren nicht vorgesehen. Nach dem Tod des Verletzten ging die Privatanklageberechtigung auf jeden seiner Erben über.[24] Prozessfähige Gesellschaften, Vereine, Minderjährige unter achtzehn Jahren, Geisteskranke und Taubstumme waren privatanklageberechtigt und konnten ihre Befugnisse in Strafsachen durch ihre im bürgerlichen Recht vorgesehenen Vertreter ausüben.[25] Mehrere Verletzte bzw. zur Ausübung der Privatanklagebefugnisse Berechtigte konnten ihre Befugnisse ungeteilt und unabhängig voneinander ausüben.[26] Der Anschluss erfolgte im Wege einer Anschlusserklärung zu gerichtlichem Protokoll oder in einer von einem Rechtsanwalt verfassten Schrift.[27] Er konnte sich auf einen Teil der angeklagten Straftaten oder das Strafverfahren gegen einzelne unter mehreren Angeklagten beschränken.[28] Der Anschluss konnte in jeder Lage des Verfahrens sowie zur Einlegung aller der Staatsanwaltschaft zustehenden Rechtsmittel erfolgen.[29] Der Privatanklageberechtigte konnte sich eines mittels gerichtlicher oder notarieller Vollmacht bestellten Rechtsanwalts bedienen. Der Anwalt konnte mehrere Privatanklageberechtigte zugleich vertreten.[30] Die Anschlusserklärung vermittelte dem Privatankläger das Recht, Anträge zu stellen und jederzeit Auskunft über die Lage der Sache zu fordern. Er hatte Anspruch auf Zuziehung zum Verfahren. Sein Anwalt durfte in der Gerichts-Registratur Einsicht in die Akten nehmen. Erklärungen, die einer Bekanntmachung an die Staatsanwaltschaft bedürfen, mussten auch dem Privatankläger bekannt gemacht werden.[31]

---

23 § 83 Abs. 1 VorE-StPO.

24 § 78 VorE-StPO.

25 §§ 79f. VorE-StPO.

26 § 81 VorE-StPO.

27 § 84 VorE-StPO.

28 § 82 Abs. 2 VorE-StPO.

29 §§ 83, 87 VorE-StPO.

30 § 86 VorE-StPO.

31 § 87 VorE-StPO.

III. Privatanklage

Die Fälle, in denen der Privatankläger sich nicht nur an die öffentliche Klage anschließen, sondern selbst die Strafklage erheben kann, betrafen die prinzipale und subsidiäre Privatanklage sowie eine Injurienklage mit den Mitteln des Strafrechts. Die Erhebung der prinzipalen Privatanklage sollte in Fällen der Beleidigung, der Beschimpfung des Andenkens eines Verstorbenen, der vorsätzlichen Körperverletzung und der fahrlässigen Körperverletzung, soweit sie nur auf Antrag verfolgt wird, der einfachen Sachbeschädigung, des Hausfriedensbruchs, der Verletzung fremder Geheimnisse, des strafbaren Eigennutzes und des Nachdrucks grundsätzlich dem Privatanklageberechtigten überlassen bleiben, ohne dass es einer vorherigen Anrufung der Staatsanwaltschaft bedurfte.[32] Die Staatsanwaltschaft sollte die öffentliche Strafklage nur dann selbst erheben, wenn das Interesse der öffentlichen Ordnung die Bestrafung gebot.[33]

Für die Befugnis zur Erhebung der subsidiären Privatanklage waren zwei Varianten vorgesehen. Die erste Variante erfasste Fälle, in denen die Staatsanwaltschaft nach zugegangener Anzeige einer Straftat die Erhebung der öffentlichen Strafklage ablehnte. In der zweiten Variante war die Staatsanwaltschaft auf die Anzeige hin untätig geblieben. Bei der Untätigkeitsvariante sah der Vorentwurf eine dreimonatige Wartezeit vor Erhebung der subsidiären Privatanklage vor.[34]

Die Erhebung der prinzipalen und subsidiären Privatanklage war an strenge Voraussetzungen geknüpft. Der Privatankläger musste nachweisen, dass er zum Kreis der Berechtigten gehört, den Beschuldigten und seinen Aufenthalt benennen, die strafbare Handlung bezeichnen, die Beweismittel für die Überführung des Beschuldigten angeben und nachweisen, dass die Staatsanwaltschaft durch einen an ihn erlassenen Bescheid die Erhebung der Strafanklage abgelehnt hat. Des Nachweises einer zuvor erfolglos eingelegten Dienstaufsichtsbeschwerde gegen den zuständigen Staatsanwalt bedurfte es ausdrücklich nicht.[35] Ließ das Amts- oder Landgericht die Privatanklage zu, sollte der Privatankläger binnen einer vom Gericht bestimmten Frist Sicherheit für die voraussichtlichen Kosten des Verfahrens leisten, eine von einem Rechtsanwalt verfasste Untersuchungs- bzw. Anklageschrift einreichen und in Verfahren im Zuständigkeitsbereich des Landgerichts durch gerichtliche oder notarielle

32 §§ 183ff., 165, 218, 228, 300, 121, 296, 282 des Entwurfs eines Strafgesetzbuchs für den Norddeutschen Bund in der Fassung der 2. Lesung nach den Beratungen der Bundesratskommission (abgedr. in *Schubert / Vormbaum*, Entstehung des Strafgesetzbuchs, Bd. 1, S. 427ff.) mit Ausnahme der §§ 191f. a.a.O.

33 §§ 69, 90 Nr. 1 VorE-StPO.

34 § 90 Nr. 2 VorE-StPO.

35 § 91 VorE-StPO.

Vollmacht einen Rechtsanwalt mit der Ausübung seiner Befugnisse beauftragen.[36] Hinsichtlich der Rechte des Privatanklägers in der Hauptverhandlung und der Rechtsmittel verwies der Entwurf auf die Regelungen über den Anschluss des Privatanklägers an die öffentliche Strafklage.[37]

Die Erhebung eines als Privatstrafklage bezeichneten Injurienprozesses wegen Beleidigungen, der Beschimpfung des Andenkens Verstorbener und leichter Körperverletzungen sollte dem Privatanklageberechtigten vorbehalten bleiben.[38] Der Amtsrichter sollte jedoch befugt sein, die Akten der Staatsanwaltschaft zur Einsicht vorzulegen. Die Staatsanwaltschaft konnte in diesem Fall die Strafklage erheben, woraufhin das durch den Privatkläger veranlasste Verfahren einzustellen war.[39] Diese Sonderregelungen sind vor dem Hintergrund des besonderen Verfahrens der Privatanklage bei Injurien zu verstehen, das Elemente des Parteiprozesses vorsah[40], eine Widerklage des Angeklagten zuließ[41] und nach erfolglosem Sühneversuch vor dem Amtsrichter[42] unter Zuziehung zweier Schöffen[43] stattfand. Die Prozessstruktur der Injurienklage war nicht auf das sonstige Strafverfahren zugeschnitten, sodass in Fällen, in denen das Gericht feststellt, dass eine andere Straftat vorliegen könnte, das Verfahren durch Urteil einzustellen und der für die anderweitige Verfolgung zuständigen Staatsanwaltschaft zuzustellen war.[44]

IV. Adhäsionsverfahren

Der Verletzte konnte vermögensrechtliche Ansprüche als Civilpartei im Strafverfahren geltend machen.[45] Das Auftreten des Verletzten als Civilpartei konnte unabhängig vom Anschluss als Privatankläger oder der Erhebung einer Privatanklage erklärt werden. Die Civilpartei sollte in der Hauptverhandlung die Rechte des Privatanklägers nach erfolgtem Anschluss an die öffentliche Strafklage mit Ausnahme der Rechtsmittel haben.[46]

---

36 § 94 Abs. 1 VorE-StPO.

37 § 96 VorE-StPO.

38 § 483 Abs. 1 VorE-StPO.

39 § 484 VorE-StPO.

40 Vgl. § 496 VorE-StPO.

41 § 489 VorE-StPO.

42 § 488 VorE-StPO.

43 § 491 VorE-StPO.

44 § 394 Abs. 1 VorE-StPO.

45 § 472 Abs. 1 VorE-StPO.

46 § 474 Abs. 2 VorE-StPO. Hinsichtlich der Rechtsmittel der Civilpartei sah der Entwurf eine Reihe komplizierter Zuständigkeitsregelungen für die gesonderte Anfechtung der zivil- und des strafrechtlichen Teile des Urteils vor, in denen sich die Gründe für die spätere Beseitigung des Adhäsionsverfahrens durch den Justizausschuss des Bundesrats bereits abzeichnen.

C) Entwurf einer Strafprozessordnung für den Norddeutschen Bund

Aus den innerministeriellen Beratungen über den Vorentwurf ging der revidierte „Entwurf einer Straf-Prozeß-Ordnung für den Norddeutschen Bund“[47] vor, in dessen § 411 der Begriff der „Nebenklage“ erstmals Verwendung in einem deutschen Gesetzesentwurf fand. Der revidierte Entwurf wurde in zwei Lesungen[48] beraten.[49] Aus den zwei Lesungen ging der Entwurf einer Strafprozessordnung für den Norddeutschen Bund vom November 1870 hervor.[50]

I. Systematik

Die gravierenden Unterschiede der verfahrensrechtlichen Stellung des Verletzten zwischen dem Vorentwurf *Friedbergs* und dem E1870 lassen sich nur vor dem Hintergrund der veränderten Stellung der Staatsanwaltschaft in den beiden Entwürfen verstehen. Die Staatsanwaltschaft des E1870 war streng dem Legalitätsprinzip verpflichtet.[51] Die im Vorentwurf zugrunde gelegten Opportunitätsvorschriften fanden keinen Eingang in den E1870. Dementsprechend lag dem E1870 zwar kein Anklagemonopol, wohl aber ein Anklagevorrecht zugrunde.[52] Das Leitmotiv eines Anklagevorrechts der Staatsanwaltschaft führte notwendig zu einer Neuverortung der Kompetenzverteilung zwischen dem öffentlichen Ankläger und dem Privatkläger. So wurde die Privatklage in der Einleitung des E1870 als die von der Staatsanwaltschaft abgelehnte Erhebung der Klage durch den durch die strafbare Handlung Verletzten legal definiert.[53] Die Vorrangstellung der Staatsanwaltschaft und der Wegfall des Opportunitätsprinzips erklären, dass der E1870 die prinzipale Privatklage nur noch für das Gebiet der Injurien vorsah. Neben der subsidiären und prinzipalen Privatklage sah der E1870 weiterhin den nunmehr zur Hervorhebung der Vorrangstellung der Staatsanwaltschaft als Nebenklage bezeichneten Anschluss

47 BArch 1401, Nr. 574.

48 Der Entwurf zweiter Lesung befindet sich in BArch R 1401, Nr. 575, Bl. 1–88. Redaktionelle Änderungen der Druckfassung befinden sich in BArch R 1401, Nr. 575, Bl. 89–124.

49 Änderungen im Gefüge strafprozessualer Verletztenbeteiligung waren redaktioneller Natur und bieten keine Erkenntnisse, die eine gesonderte Darstellung der Einzelfassungen rechtfertigen würden. Die folgenden Ausführungen beziehen sich daher auf den November-Entwurf.

50 Abgedr. in *Schubert / Regge*, Strafprozessordnung, S. 48ff.

51 § 150 E1870.

52 § 2 Abs. 1 E1870.

53 § 3 E1870.

des Privatanklageberechtigten an die öffentliche Klage und ein Adhäsionsverfahren, neuerdings aber auch eine Nebenklage der Verwaltungsbehörde vor. Das Verweissystem des Entwurfs ging systematisch von einem Grundstock an Regelungen im Abschnitt über die subsidiäre Privatklage aus, auf den jeweils in den Abschnitten über die prinzipale Privatklage und die Nebenklage verwiesen wurde. Der Adhärent hatte die Rechte des Nebenklägers. Die Beteiligung des Verletzten am Strafverfahren war nun in einem vierten von sechs Büchern und damit erst nach den Vorschriften über die Stellung der Gerichte, der Staatsanwaltschaft und den Beschuldigten geregelt. Das vierte Buch des Entwurfs normierte zunächst die subsidiäre Privatklage, danach die prinzipale Privatklage wegen Beleidigungen und Körperverletzungen, erst dann die Nebenklage und zuletzt das Adhäsionsverfahren.

II. Privatklage

Der personale Anwendungsbereich der subsidiären Privatklage wurde gegenüber dem Vorentwurf nur unwesentlich geändert. Ihr sachlicher Anwendungsbereich umfasste nunmehr jedoch nur noch vollendete Straftaten.[54] In den Regelungen über die subsidiäre Privatklage verlieh der E1870 der Vorrangstellung der Staatsanwaltschaft schärfere Konturen. Die Staatsanwaltschaft musste in subsidiären Privatklageverfahren weiterhin in der Hauptverhandlung vertreten sein. Sie war zu einer Mitwirkung in jeder Lage des Verfahrens berechtigt, nicht aber ausdrücklich verpflichtet.[55] Sie konnte in jeder Lage der Sache bis zum Eintritt der Rechtskraft des Urteilt die Verfolgung übernehmen. In der Einlegung eines Rechtsmittels war die Übernahme der Verfolgung enthalten.[56] Infolge der Übernahme der Verfolgung durch die Staatsanwaltschaft erhielt der bisherige Privatkläger die prozessuale Stellung des Nebenklägers. Die Statsanwaltschaft konnte den Privatkläger damit zumindest symbolisch aus der „Hauptklage“ drängen.[57] Die subsidiäre Privatklage war darüber hinaus im Gegensatz zur prinzipalen Privatklage nicht mehr vererblich.

Der Entwurf übernahm in den Regelungen über die Privatklage bei Beleidigungen und Körperverletzungen nach vorgeschaltetem Sühneverfahren die Grundzüge des Vorentwurfs. Ihr Anwendungsbereich umfasste Beleidigungen und Körperverletzungen, deren Verfolgung nur auf Antrag eintritt. Die Privatklagebefugnis bei der Beschimpfung des Andenkens Verstorbener war nicht mehr vorgesehen. Auch war die Anklage von Injurien nicht mehr ausschließlich dem Privatkläger vorbehalten. Ausnahmsweise konnte die

54 § 347 StPO-E1870.

55 § 369 StPO-E1870.

56 § 369 Abs. 1 Satz 1 StPO-E1870.

57 § 370 StPO-E1870.

Staatsanwaltschaft die öffentliche Klage erheben, wenn dies aus Gründen des öffentlichen Wohls geboten erscheint.[58] Zuständig war nicht mehr der Amtsrichter unter Zuziehung zweier Schöffen, sondern allein der Amtsrichter.[59] Stellte sich im Laufe des Verfahrens heraus, dass nicht nur Injurien, sondern andere Straftaten in Rede stehen, war der Amtsrichter zur Einstellung des Verfahrens durch einen Beschluss verpflichtet.[60]

III. Nebenklage

Der erhobenen, öffentlichen Klage konnte sich auch weiterhin derjenige, der als Privatkläger aufzutreten befugt sein würde, d.h. grundsätzlich jeder Verletzte einer vollendeten Straftat, durch schriftliche Erklärung anschließen.[61] In den Regelungen über die Nebenklage wurde das Verweisungssystem des Vorentwurfs umgekehrt. Die Rechte des Privatklägers bestimmten sich nicht mehr nach den Regelungen über den Anschluss an die öffentliche Klage. Die Rechte des Nebenklägers wurden nunmehr von den Rechten des Privatklägers abgeleitet.[62] Im Gegensatz zum Privatkläger sollte der Nebenkläger nicht zur Erbringung einer Sicherheitsleistung verpflichtet sein.[63] Anders als im ersten Entwurf war eine gerichtliche Entscheidung über die Anschlussbefugnis des Nebenklägers vorgesehen. Das Gericht entschied über die Zulassung des Nebenklägers nach Anhörung der Staatsanwaltschaft durch Beschluss.[64]

IV. Adhäsionsverfahren

Der Entwurf sah mit dem Anschluss des Verletzten als Civilkläger weiterhin ein Adhäsionsverfahren vor.[65] Hinsichtlich der prozessualen Rechte verwies der Entwurf jedoch nun auf die Rechte des Nebenklägers.[66]

---

58 § 371 StPO-E1870.

59 § 373 Abs. 1 StPO-E1870.

60 § 380 StPO-E1870.

61 § 382 StPO-E1870. Noch in den Korrekturanmerkungen der Druckfassung des E1870 belegen allerdings einige Randanmerkungen, dass die bereits stark beschränkten Institute der subsidiären Privat- und Nebenklage sowie des Adhäsionsverfahrens auch noch in diesem späten Beratungsstadium erheblichen Vorbehalten begegneten (vgl. BArch 1401, Nr. 575, Bl. 123, S. 1, 3, 88).

62 § 384 Abs. 1 StPO-E1870.

63 § 382 Abs. 3 StPO-E1870.

64 § 383 Abs. 2 StPO-E1870.

65 §§ 390ff. StPO-E1870.

66 § 395 StPO-E1870.

V. Nebenklage der Verwaltungsbehörde

Ein neuer Abschnitt über das Verfahren bei Zuwiderhandlungen gegen die Vorschriften über die Erhebung öffentlicher Abgaben und Gefälle enthielt Regelungen, die auch manchen Verwaltungsbehörden eine Verfahrensbeteiligung in Gestalt einer subsidiären Privat- bzw. Nebenklagebefugnis im Bereich des administrativen Steuer- und Zollstrafrechts einräumten.[67] Der Abschnitt entsprach ideell dem preußische Steuerstrafverfahrensrecht von 1852 und rechtstechnisch den Regelungen über die Privat- und Nebenklagebefugnis des Verletzten. In Fällen, in denen die zuständige Verwaltungsbehörde von ihrer Befugnis, einen Strafbescheid zu erlassen, keinen Gebrauch macht und die Staatsanwaltschaft einen an sie gerichteten Antrag auf Verfolgung des betreffenden Vergehens ablehnt, war die Verwaltungsbehörde selbst zur Erhebung der Anklage befugt.[68] Für die Anklage durch die Verwaltungsbehörde sollten dann die Regelungen über die Privatklage gelten.[69] In Fällen, in denen entweder der Beschuldigte gegen einen Strafbescheid der Verwaltungsbehörde eine gerichtliche Untersuchung beantragt hat oder die Staatsanwaltschaft die Anklage erhoben hat, sollte die Verwaltungsbehörde sich der Verfolgung anschließen können. Auf den Anschluss der Verwaltungsbehörde an die öffentliche Klage sollten dann die Regelungen über den Anschluss des Verletzten als Nebenkläger Anwendung finden.[70]

VI. Dienstaufsichtsbeschwerde

Außerhalb des vierten Buchs fanden Regelungen über die Dienstaufsichtsbeschwerde neuerdings ausdrücklich Erwähnung. Gegen die Einstellung eines Strafverfahrens nach erfolgter Anzeige war die Staatsanwaltschaft verpflichtet, den Anzeigenden unter Angabe der Gründe zu bescheiden. Gegen die Einstellungsentscheidung stand dem Anzeigenden die Beschwerde bei dem vorgesetzten Beamten der Staatsanwaltschaft zu. Weitere Rechtsbehelfe gegen die Zurückweisung der Beschwerde waren nicht gestattet.[71] Der Ablehnungsbescheid bildete jedoch den Nachweis für die Berechtigung zur Erhebung der subsidiären Privatklage.

---

67 §§ 404–412 StPO-E1870.

68 § 408 Abs. 1 StPO-E1870.

69 § 409 StPO-E1870.

70 § 410 StPO-E1870.

71 § 155 StPO-E1870.

D) Erster Entwurf

Der E1870 wurde zunächst preußischen Juristen zur vertraulichen Begutachtung vorgelegt und dann von einer Ministerialkommission unter dem Vorsitz *Leonhardts* geprüft und umgearbeitet.[72] Die Arbeit an der daraus entstandenen Strafprozessordnung war im September 1871 im Wesentlichen abgeschlossen.[73] Die zwischenzeitlich durch den Krieg mit Frankreich und die Gründung des Deutschen Reichs unterbrochenen Beratungen der Ministerialkommission wurden im Oktober 1872 wieder aufgenommen und abgeschlossen. Der regelmäßig als „Erster Entwurf" oder „Januar-Entwurf" bezeichnete Entwurf einer Deutschen Strafprozeß-Ordnung wurde Anfang 1873 von *Bismarck* an den Bundesrat überwiesen und veröffentlicht.[74] Er erschient mitsamt Anlagen und Motiven, die erstmals die wesentlichen Erwägungen hinter den Regelungen erkennen lassen.

I. Systematik

Der Entwurf war systematisch und inhaltlich weitgehend dem Entwurf von 1870 nachempfunden, nahm aber eine Reihe von Änderungen in der Ausgestaltung der Privat- und Nebenklage sowie des Adhäsionsverfahrens vor. Zudem wurde das Verfahren zur Geltendmachung der im Strafgesetzbuch vorgesehenen materiellen Bußansprüche in den Entwurf integriert.

II. Privatklage

Die Motive zu den Regelungen über die Privat- und Nebenklage erteilten dem Ruf der Reformliteratur nach einer Kontrolle der Staatsanwaltschaft durch den Privatbeteiligten im Interesse der Allgemeinheit eine deutliche Absage.

> „Die Privatklage bezweckt die Bestrafung im eigenen Interesse des Verletzten, und nur ihre Verwirklichung erfolgt gleichzeitig im öffentlichen Interesse."[75]

Die Verfasser des Entwurfs argumentierten, eine Kontrolle der Staatsanwaltschaft sei ohnehin nicht durch die subsidiäre Privatklage, sondern nur durch die Einführung der subsidiären Popularklage zu gewährleisten. Schon die in der subsidiären Privatklage angelegte Beschränkung des Strafklagerechts auf den Verletzten unterminiere die von Teilen der Literatur propagierte Kontroll-

---

72 *Landau*, Reichsjustizgesetze, S. 173; *Dochow*, Strafprozessordnung. S. 108.

73 *Schubert / Regge*, Strafprozessordnung, S. 8.

74 *Glaser*, Handbuch I, S. 190.

75 *Mayer*, Entwurf, S. 310.

wirkung. Denn bei politischen Delikten wie dem strafbaren Kauf von Wahlstimmen oder der Fälschung öffentlicher Wahlergebnisse gebe es keinen privatklageberechtigten Verletzten.[76] Die alternativ denkbare Einführung der subsidiären Popularklage befinde sich jedoch im „grellstem Widerspruch“ mit „den heutigen deutschen Rechtsanschauungen“.[77] Streng genommen bleibe für die Privatklage unter den Bedingungen des staatsanwaltschaftlichen Anklagemonopols und unter Zugrundelegung einer Kontrollfunktion zwar „kein Raum mehr übrig“. Dennoch wurde die strafprozessual zu berücksichtigende Anerkennung des privaten Genugtuungsinteresses aus den Regelungen des Strafgesetzbuches über die Antragsdelikte und der Möglichkeit, bei einigen Delikten auf eine dem Verletzten zu zahlenden Buße zu erkennen, abgeleitet. Der Januar-Entwurf beschränkte den Anwendungsbereich der subsidiären Privatklage gegenüber dem E1870 dementsprechend auf Delikte, bei denen das Strafgesetzbuch ein überwiegendes Privatinteresse des Verletzten und die Nachrangigkeit des öffentlichen Interesse an der Strafverfolgung vorzeichnete.[78] Die Motive zu den Vorschriften über die subsidiäre Privatklage lesen sich als Dokument des Misstrauens gegenüber der sichtlich unerwünschten Figur des subsidiären Privatklägers. Zulässig war die Klageerhebung entsprechend der Strafantragsfrist des Strafgesetzbuchs nur noch innerhalb von drei Monaten, nachdem die Staatsanwaltschaft zuvor die Erhebung der öffentlichen Klage abgelehnt hat.[79] Die Untätigkeitsvariante fand keinen Eingang in den Entwurf, was mit dem Erfordernis zeitintensiver Ermittlungen insbesondere bei schweren Verbrechen und gegen unbekannte Täter begründet wurde.[80] Die Motive legten dem Entwurf eine Parteistellung des Privatklägers zugrunde.[81] Für den subsidiären Privatkläger herrschte Anwaltszwang.[82] Damit sollte gewährleistet werden, dass Obliegenheiten, die sonst der Staatsanwaltschaft zufallen, von einer rechtskundigen Person erfüllt werden.[83] In Abgrenzung zum Inquisitionsprozess und um Missbräuche des Klagerechts vorzubeugen war der Privatkläger verpflichtet, das Prozessmaterial selbstständig zu sammeln und dem Richter vorzulegen, der dann über die Eröffnung des Hauptverfahrens ent-

76 RStPOE1873/1 Motive, S. 245.

77 A.a.O. S. 246.

78 Ebd.

79 § 282 Abs. 1 RStPOE1873/1; RStPOE1873/1 Motive, S. 248.

80 RStPOE1873/1 Motive, S. 247f.

81 A.a.O., S. 255.

82 § 285 RStPOE1873/1.

83 RStPOE1873/1 Motive, S. 249.

schied.[84] Die Zurücknahme der Privatklage schloss eine zukünftige Klageerhebung aus.[85] Der Missbrauchsgefahr waren auch die umfassenden Partizipationsrechte der Staatsanwaltschaft im Privatklageprozess geschuldet.[86] Die Staatsanwaltschaft war zur Mitwirkung im Verfahren berechtigt und musste in der Hauptverhandlung vertreten sein.[87] Zugleich konnte die Staatsanwaltschaft die Verfolgung der Privatklage in jeder Lage der Sache bis zum Eintritt der Rechtskraft des Urteils durch ausdrückliche Erklärung übernehmen.[88] Damit wurde eine Konstellation antizipiert, in der ein Privatkläger erpresst oder genötigt wird, einen Freispruch herbeizuführen, die Staatsanwaltschaft aber einen Antrag auf Bestrafung für begründet hält.[89]

Die prinzipale Privatklage des Verletzten war weiterhin nur für Beleidigungen und Körperverletzungen, deren Verfolgung nur auf Antrag eintritt, statthaft.[90] Der Aussonderung dieser Delikte lag die Wertung zugrunde, dass es sich um alltägliche Vorkommnisse handle, die das allgemeine Wohl der bürgerlichen Gesellschaft nicht oder wenig berühren und für die Beteiligten in der Regel eine nur geringe Bedeutung haben. Die prinzipale Privatklage gestaltete sich als Surrogat der im Entwurf einer Zivilprozessordnung nicht vorgesehenen Injurienklage.[91] Die strafrechtliche Verfolgung von Injurien durch die Staatsanwaltschaft sollte nur ausnahmsweise aus Gründen des öffentlichen Wohls eintreten.[92] Dementsprechend stand die prinzipale Privatklage unter dem Vorbehalt des staatsanwaltschaftlichen Übernahmerechts.[93] Das Erfordernis eines vor Klageerhebung erfolglos durchgeführten Sühneverfahrens war als zusätzliches Hindernis im Vorfeld letztlich unerwünschter Verfahren zu verstehen.[94] Dem lag das stillschweigende Anerkenntnis zugrunde, dass bei den erfassten Bagatellen die Beseitigung des Klagerechts durch einen Vergleich dem Interesse des Staats mehr entspreche als die Verhängung einer Strafe.[95] Dem mangelnden öffentlichen Interesse an der Verfolgung der prinzipalen Privatklagedelikte und ihrer Entstehung als „Injurienklage mit den Mitteln des Strafrechts“ waren auch die Annäherungen an das Zivilverfahren[96] geschuldet. Bei wechselseitigen Beleidigungen oder Körperverletzungen konnte der Beklagte bis zum Schluss der Hauptverhandlung mittels einer Widerklage die Bestra-

84 A.a.O., S. 250.

85 § 301 RStPOE1873/1; RStPOE1873/1 Motive, S. 256.

86 RStPOE1873/1 Motive, S. 258.

87 § 303 RStPOE1873/1.

88 § 304 RStPOE1873/1.

89 RStPOE1873/1 Motive, S. 258.

90 § 305 Abs. 1 RStPOE1873/1.

91 RStPOE1873/1 Motive, S. 262.

92 A.a.O., S. 259.

93 A.a.O., S. 261.

94 § 307 RStPOE1873/1.

95 RStPOE1873/1 Motive, S. 259.

96 A.a.O., S. 262.

fung des Klägers beantragen.[97] Der Privatkläger stand bei der prinzipalen Privatklage nicht unter Anwaltszwang.[98]

III. Nebenklage

Der Januar-Entwurf übernahm die Nebenklagekonzeption des E1870. Die Motive zum Januar-Entwurf charakterisierten die Nebenklage als „Nebeneinanderwirken des Staatsanwalts und des Verletzten“ mit jeweils eigenen, berechtigten Interessen.[99] Die Motive betonten die Neuartigkeit der Nebenklage, die keine Entsprechung in den bekannten Partikularrechten finde. Eine Ähnlichkeit zur Nebenklage sei allenfalls Art. 30b der sächsischen Strafprozessordnung und § 11 des Gesetzesvorschlags des preußischen Abgeordnetenhauses von 1862 zu bescheinigen.[100] Nebenklageberechtigt war weiterhin, wer privatklageberechtigt ist. Privatklageberechtigt waren allerdings nur noch der Verletzte bei Antragsdelikten[101] und der Bußberechtigte.[102] Die Nebenklage setzte eine erhobene öffentliche Klage voraus. Die Mitwirkungsrechte des Nebenklägers entsprachen im Wesentlichen den Rechten des Privatklägers.[103] Damit waren zwei Konstellationen erfasst. Einerseits war der Anschluss des Nebenklägers in Fällen der von vornherein durch die Staatsanwaltschaft erhobenen, öffentlichen Anklage möglich. Dies betraf zwei Fälle: Die Staatsanwaltschaft sollte die öffentliche Klage bei Antragsdelikten gegen die körperliche Unversehrtheit und Beleidigungen erheben, wenn über den hinreichenden Tatverdacht hinaus auch „Gründe des öffentlichen Wohls“ vorliegen. Daneben sollte die Erhebung der öffentlichen Klage bei allen übrigen Antragsdelikten und im Falle einer Bußberechtigung erfolgen, wenn die Staatsanwaltschaft nach erfolgtem Strafantrag den Verdacht einer Straftat gegen eine bestimmte Person für begründet erachtete.[104] Andererseits konnte der Privatkläger, der die Position des Anklägers nach Übernahme des Privatklageverfahrens durch die Staatsanwaltschaft verloren hatte, durch den Anschluss als Nebenkläger weiterhin an dem Verfahren mitwirken.[105] Die Nebenklage sollte eine Regelungs-

97 § 311 RStPOE1873/1.

98 § 306 RStPOE1873/1.

99 RStPOE1873/1 Motive, S. 264.

100 A.a.O., S. 265.

101 Hierzu zählten auch die durch Beleidigungen und Antragsdelikte gegen die körperliche Unversehrtheit nach § 305 RStPOE1873/1.

102 § 314 RStPOE1873/1.

103 § 316 RStPOE1873/1.

104 § 143 Abs. 1 RStPOE1873/1.

105 §§ 304 Abs. 2, 313 Abs. 1 RStPOE1873/1.

lücke schließen, die mittels eines Schlusses a maiore ad minus[106] begründet wurde:

> „Wird neben dem öffentlichen Interesse an der Strafverfolgung in gewissen Fällen ein eigenes Recht des Verletzten auf Verfolgung des Übeltäters anerkannt, so muss man Sorge tragen, dass in diesen Fällen der Verletzte auch in dem auf erhobene öffentliche Klage eingeleiteten Verfahren alles zur Geltung bringen könne, was er neben den Maßnahmen des Staatsanwalts und vielleicht abweichend von der Meinung des letzteren zur Überführung des Beschuldigten für geeignet erachtet.“[107]

Im Nebeneinanderwirken von Staatsanwalt und Nebenkläger wurden zwei voneinander unabhängige Interessen verfolgt. Während der Staatsanwalt das öffentliche Interesse an der Strafverfolgung vertrat, verfolgte der Nebenkläger entsprechend der Motive zum Zweck der Privatklage allein das private Genugtuungsinteresse. Auch die Nebenklage war ausweislich der Motive nicht als legislatives Misstrauensvotum gegen den Staatsanwalt zu verstehen. Denn Aufgabe des Nebenklägers war gerade nicht die Kontrolle der Staatsanwaltschaft.[108] Die Nebenklage sollte lediglich sicherstellen, dass der privatklageberechtigte Verletzte nicht durch die Staatsanwaltschaft vom Verfahren ausgeschlossen oder verdrängt werden konnte. Die Nebenklage war insofern auch als Ausgleich für das Übernahmerecht der Staatsanwaltschaft bei Privatklagedelikten konzipiert.[109]

Der Anschluss erfolgte durch gerichtlichen Beschluss über die schriftliche Anschlusserklärung nach Anhörung der Staatsanwaltschaft.[110] Das Erfordernis einer schriftlichen Anschlusserklärung wurde damit begründet, dass das Gericht durch den Anschluss zu Benachrichtigungen und Bekanntmachungen an den Nebenkläger verpflichtet wird.[111] Der Nebenkläger war ausdrücklich nicht zur Erbringung einer Sicherheitsleistung verpflichtet und unterlag keinem Anwaltszwang,[112] da von seiner Beteiligung am Strafverfahren keine erheblichen Mehrkosten erwartet wurden. Zudem sollte dem Nebenklageberechtigten der Anschluss nicht erschwert werden. Insgesamt sollte die Nebenklage dem Verletzten nur Rechte, aber keine Pflichten vermitteln.[113] Andererseits sollte

---

106 *Hölzel*, Nebenklage, S. 32.

107 RStPOE1873/1 Motive, S. 264.

108 Ebd.

109 A.a.O., S. 264f.

110 § 315 RStPOE1873/1.

111 RStPOE1873/1 Motive, S. 266.

112 §§ 314 Abs. 3, 316 S. 2 RStPOE1873/1.

113 RStPOE1873/1 Motive, S. 266.

das Verfahren durch den Nebenkläger als nicht notwendig Beteiligtem nicht verzögert werden.[114]

IV. Adhäsionsverfahren

Die Regelungen über das Adhäsionsverfahren entsprachen im Wesentlichen dem E1870. Die Motive charakterisierten das Adhäsionsverfahren als Wahrnehmung des Interesses des Beschädigten durch den Strafrichter. Die Civilklage war nicht als Vehikel zur Verfolgung des privaten Genugtuungsinteresses angelegt. Maßgebend für die Einführung des Adhäsionsverfahrens waren die Überlegung, dass dem Beschädigten zu einem möglichst raschen Schadensersatz verholfen wird und das Interesse der öffentlichen Rechtsordnung an einem Gleichlauf gerichtlicher Entscheidungen über die zivil- und strafrechtlichen Folgen strafbarer Handlungen.[115] Die Anschlusserklärung des Civilklägers sollte im Gegensatz zur Anschlusserklärung des Nebenklägers den Charakter einer Klageschrift haben.[116] Trotz unterschiedlicher Zielrichtungen legten die Motive der Stellung des Civilklägers und des Nebenklägers in der Hauptverhandlung eine äußerlich gleichartige Stellung zugrunde, weshalb ein Gleichlauf der Vorschriften über die prozessuale Stellung beider Akteure zweckmäßig erschien.

Neu in den Abschnitt über das Adhäsionsverfahren integriert wurde jedoch das Verfahren zur Geltendmachung materieller Bußansprüche durch den Verletzten.[117] Trotz dieser systematischen Stellung sollten die Bestimmungen über die Civilklage auf die Bußklage keine Anwendung finden. Da die Buße prozessual wie die Strafe behandelt wurde, sollte der Verletzten bei der Geltendmachung materieller Bußansprüche die Verfahrensstellung des Privat- bzw. Nebenklägers haben. Dies entspreche dem Privatstrafen-Charakter der Bußansprüche.[118]

V. Nebenklage der Verwaltungsbehörde

Die wörtlich dem E1870 entnommenen Vorschriften über die Nebenklage der Verwaltungsbehörde waren ausweislich der Motive Art. 145 d. G. v. 3. Mai 1852 dem preußischen Partikularrecht nachgebildet[119] und wurden nun

114 A.a.O., S. 264.

115 A.a.O., S. 270.

116 A.a.O., S. 273.

117 § 336 RStPOE1873/1.

118 RStPOE1873/1 Motive, S. 278.

119 § 352 Abs. 2 RStPOE1873/1 lag Art. 145 d. G. v. 3. Mai 1852 zugrunde (vgl. RStPO-E1873/1 Motive, S. 285).

im Gegensatz zum preußischen Vorbild mit einem Mitwirkungsinteresse der Behörde und einer Aufklärungsfunktion begründet:

> „Auch dann, wenn die Staatsanwaltschaft die Strafverfolgung betreibt, kann die Verwaltungsbehörde ein Interesse daran haben, selbst in dem Verfahren mitzuwirken, um ihre Ansichten unmittelbar vor dem Gericht zu entwickeln, sei es, weil die Sache eingehende technische Erörterungen erfordert, sei es, weil sie für die Verwaltung von einer grundsätzlichen Wichtigkeit ist."[120]

Das Klage- und Nebenklagerecht der Verwaltungsbehörde bildete eine bewusste Ausnahme von dem Grundsatz, dass die Rechte anderer Behörden durch die Amtspflicht der Staatsanwaltschaft ausreichend gewahrt bleiben.[121]

VI. Dienstaufsichtsbeschwerde

Die Dienstaufsichtsbeschwerde[122] diente nicht dem Genugtuungsinteresse des Verletzten und sollte diesem auch keine wirksame Kontrolle staatsanwaltschaftlicher Einstellungsentscheidungen ermöglichen. Die Regelung diente allein dem Interesse der vorgesetzten staatsanwaltschaftlichen Instanz an einem Einblick in die Amtsführung der untergeordneten Beamten und sollte eine „wünschenswerte Gleichmäßigkeit in der Handhabung der Strafverfolgung" befördern.[123]

VII. Rezeption

Die Verfasser des RStPOE1873 nahmen unter Bezugnahme auf die entsprechenden Stellungnahmen bei *Groß* zutreffend an, dass die Nebenklage den Befürwortern der subsidiären Privatklage entgegenkam und gleichzeitig auch von den Gegnern der subsidiären Privatklage ohne Zugeständnisse befürwortet werden konnte.[124] Während die Regelungen über die Nebenklage milde kritisiert oder wohlwollend zur Kenntnis genommen wurden, fiel insbesondere die Kritik an der Konzeption der subsidiären Privatklage ungleich deutlicher aus.

Betzold und *Ullmann* kritisierten die Regelungen über die Beteiligung des Verletzten am Strafverfahren in der Tradition der anglophilen Autoren der 1860er Jahre. Die Staatsanwaltschaft sei nicht nach englischem, sondern nach dem Vorbild der „keineswegs besonders zu lobenden französischen Gesetzge-

---

120 RStPOE1873/1 Motive, S. 285.

121 A.a.O., S. 249.

122 § 142 Abs. 2 RStPOE1873/1.

123 RStPOE1873/1 Motive, S. 109.

124 A.a.O., S. 265, Fn. 1.

bung“ konzipiert.[125] Die Privatklageelemente des Entwurfs seien angesichts der Übermacht der Staatsanwaltschaft so stark eingeschränkt, dass das Fünfte Buch des Entwurfs insgesamt keine Zustimmung verdiene.[126] *Betzold* wertete auch die Nebenklage als zu schwach ausgeprägten Anklang an das Akkusationsprinzip.[127] *Ullmann* und *Wahlberg* verwiesen auf die einfacheren, folgerichtigeren und „freisinnigeren“ Regelungen des österreichischen Entwurfs von 1872.[128] *Bar* prognostizierte, dass sich die Bestimmungen über die Beteiligung des Verletzten am Strafverfahren als praktisch völlig bedeutungslos und schädlich erweisen würden.[129]

Der eingeschränkte Spielraum für die subsidiäre Privatklage konnte nach Ansicht des überwiegenden Teils der Literatur keine wirksame Kontrolle staatsanwaltschaftlicher Einstellungsentscheidungen „aus irgendwelchen ‘höheren Rücksichten’ oder dergleichen“ gewährleisten.[130] *Geyer* befürchtete, dass der Entwurf die Macht des Staatsanwalts in bedenklicher Weise steigern, Missbräuchen in der staatsanwaltschaftlichen Strafverfolgungspraxis Vorschub leisten und die Selbsttätigkeit des Privatbeteiligten unterminieren würde.[131] Als Alternativen kämen nur eine Ausweitung der subsidiären Privatklage als praktisch unbedeutender, aber symbolisch wirksamer „Warntafel“ für den Staatsanwalt oder die Einführung der subsidiären Popularklage für Delikte ohne individualisierbaren Verletzten in Frage.[132] Gleichwohl räumte zumindest *Wahlberg* ein, der Entwurf stelle gegenüber vergleichbaren Vorgängerregelungen einen Fortschritt dar.[133] *Ullmann* sah in einer umfassenden, subsidiären Privatklage nicht nur ein Kontrollinstrument, sondern auch – im Sinne *Glasers* – einen Ausgleich für die seines Erachtens nach wünschenswerte Implementierung von Opportunitätsregeln.[134]

125 *Ullmann*, Allgemeine Deutsche Strafrechtszeitung 1873, S. 298.

126 *Betzold*, Entwurf I, S. 318; *Ullmann*, Allgemeine Deutsche Strafrechtszeitung 1873, S. 298.

127 *Betzold*, Entwurf I, S. 319.

128 *Ullmann*, Allgemeine Deutsche Strafrechtszeitung 1873, S. 298; *Wahlberg*, Kritik, S. 35.

129 *Bar*, Kritik, S. 6.

130 *Betzold*, Entwurf I, S. 319; *Ullmann*, Allgemeine Deutsche Strafrechtszeitung 1873, S. 298; *Geyer*, KrivV 1873, S. 520.

131 *Geyer*, KrivV 1873, S. 516.

132 *Bar*, Kritik, S. 12; *Wahlberg*, Kritik, S. 31; *Geyer*, KrivV 1873, S. 517; *John*, Allgemeine Deutsche Strafrechtszeitung 1973, S. 232.

133 *Wahlberg*, Kritik, S. 33.

134 *Ullmann*, Allgemeine Deutsche Strafrechtszeitung 1873, S. 298f.

Einhellig wurden die Antragsdelikte als Anknüpfungspunkt für den personalen Anwendungsbereich der subsidiären Privatklage als willkürlich, dogmatisch unhaltbar und bedenklich abgelehnt.[135] Wenn der Grund der Privatbeteiligung ein strafrechtliches Parteiinteresse des Verletzten sei, so sei nicht einzusehen, warum ein solches nicht generell bei jedem Verletzten vorliegen solle.[136] Bei einer Reihe von Antragsdelikten überwiege das öffentliches Interesse an der Strafverfolgung gegenüber dem privaten Genugtuungsinteresse. Das Antragserfordernis beruhe gelegentlich nur auf einer Rücksichtnahme auf den Verletzten.[137] Auch die Kontrolle der Staatsanwaltschaft im Interesse des Verletzten könne die subsidiäre Privatklage nur dann wirksam entfalten, wenn sie sich auch auf Offizialdelikte erstrecke.[138] *John* forderte infolgedessen eine Ausdehnung der Privatklageberechtigung auf jeden Anzeigenden nach Verweigerung der Strafverfolgung durch die Staatsanwaltschaft.[139] Die subsidiäre Privatklageberechtigung bei Antragsdelikten sei zwar angemessen bei Delikten, die das Interesse der staatlichen Ordnung nicht berühren. Das Strafantragserfordernis falle aber nicht immer mit dem mangelnden öffentlichen Interesse zusammen. Vielmehr habe der Gesetzgeber ein Strafantragserfordernis bei z.B. „Unzuchtsverbrechen“ und Hausdiebstählen aus Rücksichtnahme auf das Interesse des Verletzten daran, die „Kundbarmachung zu hindern“, eingefügt. Dadurch, dass die Staatsanwaltschaft auf den beschwerlicheren Privatklageweg verweisen könne, werde der Verletzte bei einigen Antragsdelikten durch die subsidiäre Privatklage insofern schlechter gestellt.[140]

Wahlberg beklagte zudem Unklarheiten des Privatklagesystems um Zusammenspiel mit den Regelungen des Strafgesetzbuchs. Letzteres habe den Verletzten nur in den §§ 102, 103, 170, 182, 189, 195, 288 genau bezeichnet, bei den übrigen Antragsdelikten jedoch nicht. Nicht immer sei der unmittelbar Verletzte auch gleichzeitig der Antragsberechtigte. Teilweise sei nicht der Verletzte selbst, sondern dessen gesetzlicher Vertreter antragsberechtigt. Dadurch bleibe es in einzelnen Fällen zweifelhaft, wer als Verletzter, beziehungsweise Antragsberechtigter, zu erklären sei, und dadurch, wem die

135 *Meyer*, Beitrag, S. 69; *Wahlberg*, Kritik, S. 33; *John*, Allgemeine Deutsche Strafrechtszeitung 1973, S. 208; *Bar*, Kritik, S. 6.

136 *John*, Allgemeine Deutsche Strafrechtszeitung 1973, S. 208f.

137 *Wahlberg*, Kritik, S. 41.

138 A.a.O., S. 34.

139 *John*, Allgemeine Deutsche Strafrechtszeitung 1973, S. 233.

140 *Bar*, Kritik, S. 6f. unter Verweis auf *Hälscher*, GA19, S. 366ff.

Privat-, die Nebenklageberechtigung oder die Geltendmachung von Schadensersatzansprüchen im Adhäsionsverfahren zustehe.[141]

Die Kritik an den Regelungen über die Übernahme des Verfahrens durch die Staatsanwaltschaft erfolgte anhand zweier Argumentationslinien. *Geyer* anerkannte die Nebenklage als „Schutzmittel gegen die willkürliche Vertretung der Anklage durch die Staatsanwaltschaft“. Ohne die Nebenklage habe die Staatsanwaltschaft es sonst in der Hand, den Verletzten durch die Übernahme der Strafverfolgung von der ferneren Beteiligung an dem Verfahren auszuschließen. Man könne der Nebenklage daher „nicht allen Wert absprechen“.

> „Ihr notwendiges Korrelat wäre aber eben die subsidiäre Privatanklage für den Fall, als die Staatsanwaltschaft die Verfolgung ablehnt.“[142]

Dagegen lehnten *John* und *Wahlberg* das Recht der Staatsanwalt auf Übernahme des Privatklageverfahrens grundsätzlich ab. Die Staatsanwaltschaft könne sich durch die Vorarbeit des Privatklägers zu einem „mühelosen Triumph“ verhelfen, indem sie das Verfahren übernimmt und den Privatkläger in die prozessuale Stellung des Nebenklägers „herabdrücke“.[143] Dadurch, dass die Staatsanwaltschaft zu einer Mitwirkung in jeder Lage des Verfahrens berechtigt sei, stehe auch das Privatklageverfahren jederzeit unter der Kontrolle der Staatsanwaltschaft.[144] Die Staatsanwaltschaft solle statt des Vorbehalts der Übernahme der Privatklage die Möglichkeit des Anschlusses als Nebenklägerin erhalten.[145]

Wahlberg und *John* kritisierten, dass zu hohe Hürden für die Erhebung der subsidiären Privatklage aufgestellt wurden. Das Erfordernis der Sicherheitsleistung und der mit der Privatklage verbundene Beweiserhebungsaufwand könnten den Berechtigten von der Erhebung der Privatklage abhalten.[146] In Fällen nicht erteilten Armenrechts könne das staatsanwaltschaftliche Anklagemonopol ohne Korrektiv bleiben.[147] Verschärfend trete der Anwaltszwang hinzu.[148] Der Nebenklage sei zugute zu halten, dass sie die Mitwirkung des Privatbeteiligten erleichtere. Es sei naheliegend, dass die in Folge eines Verbrechens entstehenden Entschädigungsansprüche in der leichtesten Weise dann durchgeführt werden könne, wenn sie auch in prozessualem Zusammenhang mit der

---

141 *Wahlberg*, Kritik, S. 37.

142 *Geyer*, KrivV 1873, S. 520.

143 *John*, Allgemeine Deutsche Strafrechtszeitung 1873, S. 202, 205; *Wahlberg*, Kritik, S. 35.

144 *Wahlberg*, Kritik, S. 35.

145 *John*, Allgemeine Deutsche Strafrechtszeitung 1873, S. 234.

146 A.a.O., S. 197.

147 *Wahlberg*, Kritik, S. 34.

148 Ebd.

Verfolgung des diese Beschädigung veranlassenden Verbrechens gebracht werden. *Wahlberg* befürchtete aber, dass die Regelungen über den Anschluss des Privatklageberechtigten an eine bereits erhobene Privatklage als Nebenkläger zu Verfahrensverschleppungen führen können.[149]

E) Zweiter Entwurf

In seiner Sitzung vom 13. Mai 1873 beschloss der Bundesrat auf Antrag des Justizausschusses, den E 1873/1 einer elfköpfigen Sachverständigenkommission zur Beratung zu überweisen.[150] Die Kommission tagte unter dem Vorsitz *Friedbergs* zwischen dem 17. April 1873 und dem 3. Juli 1873. Aus diesen Beratungen über den Ersten Entwurf ging der regelmäßig als „Zweiter Entwurf" oder „revidierter Entwurf" bezeichnete[151] „Entwurf einer Strafprozessordnung nach den Beschlüssen der vom Bundesrath eingesetzten Kommission" (E 1873/2) hervor. Insgesamt wurden nur geringfügige, vorwiegend redaktionelle Änderungen des Fünften Buchs vorgenommen.[152]

I. Änderungsversuche

Schwarze beantragte eingangs ohne Erfolg die Streichung des § 288 E1873/1, nach dem die Privatklage an demjenigen Gericht zu erheben war, an dem die Staatsanwaltschaft die Klage hätte erheben müssen. Auch der Antrag *Schwarzes*, nach dem der Privatkläger dem Beschuldigten nur auf dessen Gesuch hin durch den Vorsitzenden Fragen stellen lassen kann, wurde abgelehnt. *Bingner* beantragte ohne Erfolg, die Privatklagebefugnis des § 282 E1873/1 nicht dem „Verletzten", sondern dem „unmittelbar Verletzten" zuzuweisen. Abgelehnt wurden auch drei Anträge *Schwarzes*, 1. die Privatklagebefugnis des Bußberechtigten, 2. den Abschnitt I des 5. Buches über die subsidiäre Privatklage insgesamt und 3. die Privatklagebefugnis für Antragsdelikte zu streichen.[153] *Schwarze* scheiterte auch mit einem weiteren Antrag, die prinzipale Privatklage auf „Ehebruch, Hausfriedensbruch, Nötigung, Hinterziehung der Hülfsvollstreckung, Verletzung des Briefgeheimnisses und der Verschwiegenheit, Vic-

---

149 A.a.O., S. 43.

150 *Hahn*, Materialien I, S. 72. Mitglieder der Kommission waren *Friedberg* (als Vorsitzender), *Foerster*, *Mager* (als Berichterstatter), *Zachariae*, *Wiener*, *Staudinger*, *Schwarze*, *Binder*, *Bingner*, *Zentgraf*, *Mittelstädt*, *Loewe* (als Schriftführer), *Polenz* (als Schriftführer) (*Schubert / Regge*, Strafprozessordnung, S. 149f.).

151 *Glaser*, Handbuch I, S. 192.

152 So auch die Anm. in GA22, S. 326, Fn. *.

153 *Schubert / Regge*, Strafprozessordnung, S. 226f.

tualiendiebstahl" auszudehnen.[154] Die Kommission stimmte zudem gegen den Antrag *Bingners*, das Erfordernis eines obligatorischen Sühneversuchs nach § 307 E1873/1 auf „Beleidigungen, welche nicht gegen eine der im § 196 des Strafgesetzbuchs bezeichneten Personen begangen sind", zu beschränken.[155]

Zu Beginn der Beratung über die Nebenklage wurde zunächst der Antrag gestellt, den Abschnitt über die Nebenklage ersatzlos aus dem Entwurf zu streichen.[156] Dieser Antrag wurde jedoch zurückgezogen.[157] Gleiches gilt für den Antrag *Schwarzes*, die Nebenklageberechtigung von der Privatklageberechtigung zu lösen und auf alle Antragsdelikte zu erstrecken.[158] *Schwarze* wollte den Antrag auf Zuerkennung einer Buße gesondert geregelt wissen und beantragte die Streichung des § 336 E1873/1. Nach den von *Schwarze* entworfenen „Bestimmungen über das Verfahren bei Anträgen auf Zuerkennung einer Buße"[159] sollte sich das Verfahren nicht *nur* „nach den für die Privatklage und den Anschluss des Verletzten als Nebenkläger gegebenen Vorschriften" rich-

---

154 *Schwarze*, Nr. 383 in: A.a.O., S. 228.

155 *Bingner* Nr. 357 in: Ebd.

156 A.a.O., S. 229.

157 Unklar ist, wer Urheber des Antrags war.

158 *Schwarze* Nr. 387 in: *Schubert / Regge*, Strafprozessordnung, S. 229.

159 „§ 1. Der Antrag des Beleidigten oder Verletzten auf Zuerkennung einer Buße kann bis zur Eröffnung der Hauptverhandlung mit der Privatklage verbunden oder im Wege der Nebenklage geltend gemacht werden. Der Antrag ist dem Staatsanwalt und dem Angeschuldigten mitzutheilen.

§ 2. Der Antragsteller hat den Betrag, welchen er als Buße verlangt, und die Beweismittel anzugeben.

§ 3. Der Antrag kann bis zum Schlusse der Hauptverhandlung zurückgenommen, ein zurückgenommener Antrag kann nicht erneuert werden.

§ 4. Auf einen höheren Betrag der Buße, als den beantragten, darf nicht erkannt werden. – Wird der Angeschuldigte freigesprochen oder die Sache ohne Urtheil erledigt, so gilt der Antrag (ohne weitere Entscheidung) für erloschen.

Der Anspruch auf Buße kann von den Erben des Verletzten nicht erhoben oder fortgesetzt werden.

§ 5. Gegen die Abweisung des Anspruchs durch das Strafgericht hat der Antragsteller nur insofweit das Rechtsmittel der Revision, als er behauptet, daß die Abweisung auf einer falschen Anwendung einer Rechtsnorm des materiellen Rechts beruhe.

§ 6. Eine Geltendmachung des Anspruchs, soweit er die civilrechtlich verfolgbare Schäden-Forderung übersteigt, vor dem Civilgerichte ist unzulässig.

§ 7. Im Übrigen leiden die Bestimmungen §§ 328, 329, 332 entsprechende Anwendung. Die Vollstreckung des Urtheils bezüglich der Buße erfolgt nach den Vorschriften in §§ 363 ff." *Schubert / Regge*, Strafprozessordnung, S. 230.

ten.[160] Die Kommission entschied sich jedoch gegen den Antrag *Schwarzes* und für die Fassung des § 336 E1873/1.

II. Änderungen

Der Anwaltszwang für den subsidiären Privatkläger wurde auf den nach § 284 E1873/1 beigetretenen Privatkläger ausgeweitet.[161] Mehrere Privatkläger sollten sich dabei gebündelt von einem gemeinschaftlichen Anwalt oder durch verschiedene Anwälte vertreten lassen können.[162]

In § 297 E1873/1 wurde klargestellt, dass der Privatkläger der gesamten Verhandlung auch dann beiwohnen darf, wenn er als Zeuge vernommen wird.[163] Damit wurde die Frage beantwortet, wie damit umzugehen sei, dass die Zeugenaussage des Privatklägers regelmäßig ein wichtiges Beweismittel ist, er sich aber als Prozesspartei den Vorwurf der Voreingenommenheit gefallen lassen muss. Mit der Änderung des § 297 E1873/1 machte die Kommission deutlich, dass die Voreingenommenheit des Privatklägers nicht dazu führen solle, dass er als Zeuge von vornherein disqualifiziert ist. Denn schon der potentiell gleichermaßen parteiische Denunziant könne als Zeuge auftreten. Dass der Privatkläger „Zeuge in eigener Sache“ sei, solle vorrangig bei der Beweiswürdigung im Rahmen der Glaubwürdigkeit berücksichtigt werden.[164]

Auf Antrag *Bingners* wurde der Staatsanwaltschaft eine Mitwirkungsmöglichkeit auch bei prinzipalen Privatklageverfahren eingeräumt[165] und § 305 E1873/1 dahingehend geändert, dass die Staatsanwaltschaft die öffentliche Klage bei prinzipalen Privatklagedelikten nur dann erheben soll, wenn dies „im öffentlichen Interesse liegt“.[166] Ein öffentliches Interesse bei Körperverletzungsdelikten solle z.B. dann bestehen, wenn „auf öffentlicher Straße Personen angefallen oder misshandelt werden, ohne ihrerseits hierzu irgendwie Anlass gegeben zu haben“. Erfasst werden sollten auch Fälle, in denen Eltern ihre unmündigen Kinder misshandeln, letztere aber paradoxerweise im Privatklageverfahren von ihren Eltern vertreten werden müssten. Bei Privatbeleidigungen bestehe ein öffentliches Interesse bei einer „besonderen Verwerflichkeit der Hand-

---

160 „Der Antrag des Beleidigten oder Verletzten auf Zuerkennung einer Buße kann bis zur Eröffnung der Hauptverhandlung *mit der Privatklage verbunden* oder *im Wege der Nebenklage* geltend gemacht werden.“ [Hervorhebungen von mir.] *Schubert / Regge*, Strafprozessordnung, S. 230.

161 A.a.O., S. 226.

162 E1873/2 Motive, S. 181.

163 *Schubert / Regge*, Strafprozessordnung, S. 227.

164 E1873/2 Motive, S. 183.

165 *Bingner* Nr. 356 (3) in: *Schubert / Regge*, Strafprozessordnung, S. 228.

166 Statt: „[…] wenn dies durch Gründe des öffentlichen Wohls geboten erscheint.“ *Bingner* Nr. 356 (2) in: Ebd.

lungsweise des Täters oder wegen fortgesetzter Begehung gleichartiger Vergehen". Auch in Fällen, in denen vorerst unklar bleibe, ob eine von Amts wegen zu verfolgende Amtsbeleidigung oder eine bloße Privatbeleidigung vorliege, solle das Verfahren unter den Vorbehalt staatsanwaltschaftlicher Mitwirkung gestellt werden. Eine Differenzierung zwischen Körperverletzungen und Beleidigungen war nach Ansicht der Kommissionsmehrheit insofern nicht geboten, als dass Uneinigkeit darüber bestehen könne, ob eine Tathandlung als tätliche Beleidigung oder als Körperverletzung zu qualifizieren sei.[167] Zugleich wurde der obligatorische Sühneversuch bei prinzipalen Privatklagen wegen Beleidigungen auf Fälle beschränkt, in denen die Parteien auch in demselben Gemeindebezirk wohnen.[168]

Der personale Anwendungsbereich der Nebenklage nach § 314 E1873/1 wurde neu gefasst und verwies nun nur noch auf die prinzipale, aber nicht mehr auf die subsidiäre Privatklage. Die Nebenklagebefugnis wurde jedoch auf den Bußberechtigten ausgeweitet.[169] Praktisch wurde damit die auch vor Erhebung der Privatklage bestehende Nebenklageberechtigung für Antragsdelikte ausgeschlossen. Bei der subsidiären Privatklage bestand die Nebenklagebefugnis nur noch dann, wenn der die Privatklage tatsächlich erhoben, dann aber von der Staatsanwaltschaft übernommen wurde.[170]

III. Rezeption

Nach Ansicht *Geyers* brachte der zweite Entwurf der Strafprozessordnung keine tiefgreifenden Besserungen gegenüber dem Vorentwurf mit sich.[171] Nach Ansicht *Nissens* stellte sich das System der Verletztenbeteiligung als für den juristischen Laien zu intransparent, beschwerlich und kompliziert dar. Der Entwurf zeige eine „ersichtliche Abneigung" gegen die Privatklage.[172] Die Gestaltung der Privatklage in der Entwurfsfassung habe Ähnlichkeit mit einer „Attrappe".[173]

Geyer wollte vorzugsweise die subsidiäre Popularklage eingeführt sehen, um einen wirksamen Ausgleich für die Implementierung des Opportunitätsprinzips zu schaffen.[174] Ohne die subsidiäre Popularklage müsse sich die Staatsanwalt-

---

167 E1873/2 Motive, S. 188.

168 § 314 E1873/2.

169 *Schubert / Regge*, StPO, S. 229.

170 § 310 Abs. 2 E1873/2.

171 *Geyer*, KritV 1874, S. 341.

172 *Nissen*, Bemerkungen, S. 73.

173 A.a.O., S. 68.

174 A.a.O., S. 67.

schaft auf den Standpunkt des Legalitätsprinzips stellen.[175] *Nissen* forderte zur Prävention negativer Strafjustiz die Einführung der Popularklage in allen Fällen, in denen es keinen konkreten Verletzten gibt. *Mayer* kritisierte dagegen den zu eng gefassten Spielraum für die subsidiäre Privatklage. Solle dieses Institut eine wirkliche Bedeutung haben, so müsse sie die Privatklageberechtigung auf alle schweren Verbrechen ausgedehnt werden.[176]

Betzold begrüßte jede Erleichterung der Privatklage durch den neuen Entwurf und damit auch den Wegfall der Notwendigkeit einer förmlich durch den Privatkläger einzureichenden Anklageschrift.[177] Seine Zustimmung fand zudem die neu eingeführte Möglichkeit, dass auch der Privatkläger eidlich als Zeuge vernommen werden, aber zugleich der ganzen Verhandlung beiwohnen konnte.[178]

Über die Einschränkung des obligatorischen Sühneversuchs bei der prinzipalen Privatklage herrschte Uneinigkeit. *Mayer* wollte den Sühneversuch ganz beseitigt sehen. Der Sühneversuch habe eine „recht bedenkliche Schattenseite“, da er eine Einwirkung auf diejenige Partei bezwecke, die eine gütliche Einigung verweigere. Infolgedessen sei die gütliche Erledigung selten eine tatsächliche Aussöhnung. Ein unter dem psychologischen Druck erzwungener gütlicher Ausgleich sei insofern oft der „Keim zu neuen Konflikten und Klagen“.[179] In Verbindung mit der zusätzlichen Erschwernis der Sicherheitsleistung zeige sich, wie wenig Vertrauen der Entwurf in die gedeihliche Entfaltung der prinzipalen Privatklage setzte. Unter diesen Bedingungen sei es zweckmäßiger, die prinzipale Privatklage vollständig abzuschaffen.[180] Weniger streng fiel das Urteil *Geyers* aus. Da ein Sühneversuch nur noch dann erforderlich war, wenn es sich um Privatbeleidigungen handelte und die Parteien in demselben Gemeindebezirk wohnen, sei die Regelung letztlich akzeptabel. Denn unter diesen Voraussetzungen bürde er den Parteien nur wenig Mühe, Kosten und Zeitverlust auf.[181]

Mayer wertete die Regelungen Zweiten Entwurfs über die Anschlussberechtigung zur Nebenklage gegenüber dem ersten Entwurf als Rückschritt. Praktisch sei der Anwendungsbereich auf die Delikte der prinzipalen Privatklage zurückgestutzt worden.[182] Nach Ansicht *Geyers* und *Mayers* stellte insbesondere der neue § 320 eine negative Änderung des Zweiten Entwurfs dar. Es sei nicht einzusehen, warum sich nicht jeder Privatkläger dem Verfahren als Nebenkläger anschließen könne. Eine Begründung für diese Entscheidung suche man

175 *Geyer*, KritV 1874, S. 342.

176 *Mayer*, Entwurf, S. 348.

177 *Betzold*, Entwurf II, S. 641; vgl. § 293 RStPOE1873/2.

178 *Betzold*, Entwurf II, S. 641.

179 *Mayer*, Entwurf, S. 403.

180 A.a.O., S. 373.

181 *Geyer*, KritV 1874, S. 346.

182 *Mayer*, Entwurf, S. 375.

vergebens. Die Neuregelung des § 320 widerspreche zudem dem in den Motiven zum Ersten Entwurf angegebenen Grund für die Nebenklage, die ein Schutzmittel gegen die willkürliche Vertretung der Anklage durch die Staatsanwaltschaft bilden sollte. Warum dieses Schutzmittel nicht bei allen Antragsdelikten gewährt werde, bleibe unverständlich. Wenn schon nicht eine allgemeine subsidiäre Privatklage eingeführt werde, solle zumindest der Zustand des ersten Entwurfs wiederhergestellt werden.[183] Der Anschluss des Verletzten als Nebenkläger werde auf ein so bescheidenes Maß zurückgeführt, dass an der praktischen Relevanz der Nebenklage überhaupt zu zweifeln sei. Denn in den von § 320 erfassten Fällen werde es regelmäßig nicht mehr zur Erhebung der öffentlichen Anklage kommen. In der Kommissionsfassung könne die Nebenklage in ihrer „problematischen Existenz" ebenso gut ganz aus dem Entwurf gestrichen werden.[184]

Auch das neu eingeführte Mitwirkungsrecht der Staatsanwaltschaft bei prinzipalen Privatklageverfahren wurde abgelehnt. Hierdurch werde der prinzipale Privatkläger aus „seiner wohlerworbenen, prozessualen Rolle" verdrängt.[185]

> „Die Einmischung der Staatsanwaltschaft in die Privatklage alteriert den Charakter derselben, sie beeinträchtigt das Gleichgewicht zwischen den Parteien, stört die zwischen den letzteren und dem Richter aus dem unmittelbaren Meinungsaustausche hervorgehende Harmonie, welche das Vertrauen auf dessen Urteilsspruch sichert. Als ein fremdes, der Privatklage widerstrebendes Element wirkt sie um [sic!] störender, als es doch schließlich nur besondere Fälle sein werden, an deren Verhandlung Teil zu nehmen die Staatsanwaltschaft sich ausnahmsweise bemüßigt finden und dadurch diesen Verhandlungen einen exzeptionellen Charakter aufdrücken wird."[186]

Mayer wollte ein Strafverfolgungsrecht der Staatsanwaltschaft bei Ehrkränkungen, die im Wege der prinzipalen Privatklage verfolgt werden, weiterhin ausgeschlossen wissen.[187] Durch die Nebenklage nach Übernahme des Privatklageverfahrens durch die Staatsanwaltschaft sei ein beständiger Rollenwechsel der Parteien zu besorgen. Vorzugswürdig sei es, dass sich die Staatsanwaltschaft nach dem Anschluss des Nebenklägers vollständig aus dem Verfahren zurückziehe. Die Strafverfolgung werde so von Zufälligkeiten abhängig gemacht und der Beschuldigte durch die „doppelte Anklage" schlechter gestellt. Ähnlich verhalte es sich mit dem von der Staatsanwaltschaft unabhängigen

183 *Geyer*, KritV 1874, S. 347.

184 *Mayer*, Entwurf, S. 334.

185 A.a.O., S. 370.

186 A.a.O., S. 375.

187 A.a.O., S. 368.

Rechtsmittel des Nebenklägers. Denn wenn auf ein nur vom Nebenkläger eingelegtes Rechtsmittel die angefochtene Entscheidung wieder aufgehoben werde, falle der fernere Betrieb wieder der Staatsanwaltschaft zu. In der Rechtsmittelinstanz werde die Staatsanwaltschaft so zum Ausführungsorgan des Neben- oder Privatklägers wider Willen.[188]

Nach Ansicht *Mayers* setzte der Entwurf falsche Anreize für den Privatbeteiligten, sich der Nebenklage statt der Privatklage zu bedienen. Im Gegensatz zum Privatkläger müsse der Nebenkläger keine Sicherheit leisten und könne die Sammlung des Prozessstoffes auf den Staatsanwalt abwälzen.[189]

Einen völlig anderen Weg schlug *Ortloff* ein, der die Nebenklage für überflüssig hielt, da ihr Zweck vollständig durch das Adhäsionsverfahren in Kombination mit der subsidiären Privatklage erreicht werden könne.[190] Die Nebenklage könne ganz und gar zur Vereinfachung der Sache beseitigt werden, wenn die Verfolgung der Buße neben der öffentlichen Klage auf Bestrafung auch durch Adhäsion des Verletzten erreicht werde. Dazu müsste aber die Buße wie ein zivilrechtlicher Anspruch unter die freie Disposition des Verletzten gestellt werden. Der Abschnitt des Entwurfs über das Adhäsionsverfahren müsse hierzu lediglich entsprechend angepasst und ergänzt werden.[191]

F) Dritter Entwurf

Noch im Herbst 1873 wurde der E1873/2 dem Bundesrat vorgelegt und von diesem dem Justizausschuss zur Beratung überwiesen.[192] Aus den dortigen Beratungen im Zeitraum vom 27. Februar1874 bis zum 3. Mai 1874 ging die regelmäßig als „Dritter Entwurf" bezeichnete[193] Reichstagsvorlage hervor.

Hinsichtlich der prinzipalen und der subsidiären Privatklage wurde eine Reihe von Feinkorrekturen vorgenommen. In § 299 E1873/2 wurde klargestellt, dass eine Privatklagesache vor dem Schwurgericht nicht gleichzeitig mit einer auf öffentliche Klage anhängig gemachten Sache verhandelt werden kann.[194] Die prinzipale Privatklage

---

188 A.a.O., S. 375f.

189 A.a.O., S. 404.

190 *Hölzel*, Nebenklage, S. 37. Die Prämisse *Ortloffs* war, dass sich das praktische Interesse primär auf Ersatzansprüche beschränke und den sekundären Interessen des Verletzten im Rahmen des Adhäsionsverfahrens Rechnung getragen werden könne (vgl. *ders.*, GA 22, S. 479).

191 Ebd.

192 *Schubert / Regge*, Strafprozessordnung, S. 16, 364.

193 *Glaser*, Handbuch I, S. 193.

194 GA 22, S. 379.

wurde auf Antrag Württembergs über leichte Körperverletzungen und Beleidigungen hinaus auch auf den Bußberechtigten ausgedehnt.[195] Ebenso auf Antrag Württembergs wurde die Pflicht des prinzipalen Privatklägers zur Sicherheitsbestellung nunmehr in Abweichung zu der Regelung der Sicherheitsleistung bei der subsidiären Privatklage nach den minder strengen Grundsätzen der Zivilprozessordnung bestimmt.[196] Auf den Antrag des Referenten hin[197] wurde auch die Regelung über den Sühneversuch modifiziert. Die Vergleichsbehörde, die für den obligatorischen Sühneversuch der Parteien vor Erhebung der prinzipalen Privatklage zuständig war, sollte nicht mehr von der Landesgesetzgebung zu bestellen, sondern durch die Landesjustizverwaltung zu bezeichnen sein.[198] § 318 E1873/2 wurde dahingehend modifiziert, dass die Staatsanwaltschaft nunmehr informiert werden sollte, wenn das im Wege der prinzipalen Privatklage angeklagte Delikt nach Ansicht des Gerichts den eng umgrenzten Anwendungsbereich der prinzipalen Privatklage überschritt.[199] Damit sollte sichergestellt werden, dass das Verfahren im Anschluss an die per gerichtlichem Beschluss festgestellte Unstatthaftigkeit der Privatklage auch fortgeführt wird.[200]

Die eklatanteste Veränderung des Dritten Entwurfs war die Entfernung des Adhäsionsverfahrens aus dem System der Verletztenbeteiligung.[201] Hintergrund dieser weitreichenden Änderung war, dass das Adhäsionsverfahren nach Ansicht der Subkommission nur unter der Voraussetzung einer Gleichartigkeit des zivilprozessualen und des strafprozessualen Rechtsmittelsystems zulässig sei. Nach den Beschlüssen des Justizausschusses traf diese Voraussetzung nun nicht mehr zu.[202] Deshalb beschlossen die Mitglieder der Subkommission für Strafprozeß und für Civilprozeß einstimmig die Abschaffung des Adhäsionsverfahrens.[203]

Dadurch wurden die Verweise des Adhäsionsverfahrens auf die Regelungen über die Nebenklage hinfällig. Der Rechtsfolgenverweis des § 341 E1873/2 wurde folgerichtig als § 320a in den Abschnitt über die Nebenklage eingefügt. § 320a bestimmte, dass sich ein Verletzter, der in einem auf erhobene öffentliche Klage anhängigen Verfahren die Zuerkennung einer Buße beanspruchen will, zu diesem Zwecke der Klage als Nebenkläger anschließen muss.[204] In § 322 E1873/2 wurde auf Antrag der Subkommission für

195 Ebd.; *Schubert / Regge*, Strafprozessordnung, S. 366.

196 GA 22, S. 379; E1874 Motive, S. 225.

197 *Schubert / Regge*, Strafprozessordnung, S. 366, 393.

198 GA 22, S. 379.

199 Ebd.

200 *Schubert / Regge*, Strafprozessordnung, S. 416.

201 GA 22, S. 379; *Voitus*, Strafprozeßordnung, S. XI.

202 Bemerkung 3) von *Schelling*, *Beyerle*, *Held*, *Loé* und *Oehlschläger* in: *Schubert / Regge*, Strafprozessordnung, S. 417.

203 *Schelling*, *Beyerle*, *Held*, *Loé* und *Oehlschläger* in: A.a.O., S. 425.

204 GA 22, S. 379. Die Bußberechtigung bestand in folgenden Fällen: Die Beleidigung, die gem. § 186f. RStGB strafbar ist, wenn die Beleidigung nachteilige Folgen für die Ver-

Strafprozeß hin klargestellt, dass der Nebenkläger an den Erklärungen über die Annahme oder Ablehnung der Geschworenen nicht teilnehmen sollte.[205]

G) Verhandlungen der Reichstagskommission

Der Reichskanzler legte den E1873 mit Schreiben vom 29. Oktober 1874 dem Reichstag vor. Beigefügt waren die umgearbeiteten Motive nebst Anlagen, die schon der Erste Entwurf enthalten hatte.

I. Erste Lesung der Justizkommission des Reichstags

Auf Antrag *Gneists* setzte der Reichstag am 26. November 1874 nach Abschluss der ersten Lesung eine Kommission ein. Die Kommission tagte ab dem 11. Juni 1875 in mehr als 70 Sitzungen.

1. Einführung des Klageerzwingungsverfahrens

Durch die Dienstaufsichtsbeschwerde nach § 146 Abs. 2 der Entwurfsfassung konnte sich der Verletzte gegen eine Einstellungsentscheidung der an den vorgesetzten Beamten der Staatsanwaltschaft wenden. Eine weitere Beschwerde war unstatthaft. Die Abgeordneten *Klotz, Herz* und *Eysoldt* beantragten auf der 50. Sitzung vom 30. Juni 1875 die Einführung eines Klageerzwingungsverfahrens:

> „Dem Verletzten steht die Beschwerde bei dem Gerichte zu."[206]

Herz begründete den Antrag mit dem Bedürfnis nach einer gerichtlichen Kontrolle staatsanwaltschaftlicher Einstellungsentscheidungen durch einen unabhängigen Richter zur Prävention negativer Strafjustiz.[207] Demgegenüber vertraten *Schwarze, Struckmann, Amsberg* und *Puttkamer* die Ansicht, das Klageerzwingungsverfahren mache das

---

mögensverhältnisse, den Erwerb oder das Fortkommen des Beleidigten mit sich bringt (§ 188 RStGB); in allen Fällen der Körperverletzung, ohne verstehende Beschränkung (gem. § 231 RStGB); gem. § 18 des Reichsgesetzes vom 11. Juni 1870, betreffend das Urheberrecht an Schriftwerken usw.; gem. § 15 des Reichsgesetzes vom 30. November 1874 über den Markenschutz; gem. § 16 des Reichsgesetzes vom 9. Januar 1876 über das Urheberrecht an Werken der bildenden Künste; gem. § 9 des Reichsgesetztes vom 10. Januar über den Schutz von Photographien; gem. § 14 des Reichsgesetztes vom 11. Januar 1876 über das Urheberrecht von Mustern und Modellen; und kurz nach Einführung der RStPO dann auch gem. § 36 des Reichspatentgesetztes vom 25. Mai 1877 (vgl. *Stenglein*, GS 1883, S. 282).

205 GA 22, S. 379; *Schubert / Regge*, Strafprozessordnung, S. 415.

206 *Klotz, Herz* und *Eysoldt* in: *Hahn*, Materialien I, S. 728. Unter dem „Verletzten" sollte hierbei „jeder Beschädigte" zu verstehen sein (*Oehlschläger* in: A.a.O., S. 728).

207 *Herz* in: A.a.O., S. 728.

gesamte Institut der Staatsanwaltschaft „ziemlich unbrauchbar".[208] Dabei wiederholten sie die schon während der 1860er Jahre vorgebrachten Argumente gegen das Klageerzwingungsverfahren: Die gerichtliche Überprüfung staatsanwaltschaftlicher Entscheidungen führe zu einer Vermischung richterlicher und staatsanwaltschaftlicher Funktionen und bedeute so eine Rückkehr zu den überkommenen Strukturen des Inquisitionsprozesses.[209] Es drohe eine Überlastung der Gerichte durch Beschwerden. Der Staatsanwalt werde durch das Klageerzwingungsverfahren gezwungen, als „Diener des Richters" ein Strafverfahren gegen die eigene Überzeugung zu betreiben.[210] *Schwarze* ergänzte, der Antrag von *Klotz* weite die Beschwerdemöglichkeit über den Antragsberechtigten auf jeden Verletzten aus und gehe über die für die Privatklage vorgesehenen Kontrollmöglichkeiten weit hinaus.[211] *Gaupp* und *Grimm* wollten nur unter der Bedingung der Ausdehnung der Privatklagemöglichkeiten auf die Einführung eines Klageerzwingungsverfahrens verzichten.[212] Letztlich stimmte die Reichstagskommission für die Einführung des Klageerzwingungsverfahrens in der von *Klotz*, *Herz* und *Eysoldt* vorgeschlagenen Form.

Die Einführung des Klageerzwingungsverfahrens führte aus Sicht der Kommission zu eigenen Folgeproblemen, die einer Kontroll- und Genugtuungsfunktion der Verletztenbeteiligung zuwiderliefen: Zunächst stellte sich das bekannte Problem des Staatsanwalts, der durch das Beschwerdeverfahren gegen die eigene Überzeugung zur Erhebung der öffentlichen Anklage gezwungen werde. Hier musste dem begründeten Misstrauen des Beschwerdeführers Rechnung getragen werden. Die Schieflage des Klageerzwingungsverfahrens wurde dadurch verschärft, dass der Beschwerdeführer im Gegensatz zum subsidiären Privatkläger keine Möglichkeit hatte, auf das von ihm erzwungene Verfahren Einfluss zu nehmen. Zuletzt überformte das Klageerzwingungsverfahren nach den Kommissionsbeschlüssen der 50. Sitzung die subsidiäre Privatklage.

2. Modifizierung des Klageerzwingungsverfahrens

Wolffson beantragte daher auf der 75. Sitzung vom 18. September 1875, das Klageerzwingungsverfahren um Kontrollelemente zu ergänzen[213] und im Gegenzug die subsidiäre Privatklage aus der Entwurfsfassung zu streichen:

> „§ a. Gibt die Staatsanwaltschaft einem bei ihr angebrachten Antrage auf Erhebung der öffentlichen Klage keine Folge, oder verfügt sie nach dem Abschluss der Er-

---

208 *Schwarze* in: Ebd.

209 *Struckmann* in: A.a.O., S. 729f.; *Hanauer* in: A.a.O. S. 731.

210 *Puttkamer* in: A.a.O., S. 731.

211 *Schwarze* in: A.a.O., S. 729.

212 *Gaupp* in: A.a.O., S. 731f.; 733. *Grimm* in: A.a.O., S. 732f.

213 *Struckmann* in: A.a.O., S. 1081.

mittlungen die Einstellung des Verfahrens, so hat sie den Antragsteller unter Angabe der Gründe zu bescheiden.

§ b. Dem Antragsteller[214] steht gegen diesen Bescheid die Beschwerde bei dem Gerichte zu. [...]

§ c. Ergibt sich kein genügender Grund zur Erhebung der öffentlichen Klage, so verwirft das Gericht die Beschwerde und gibt dem Beschwerdeführer sowie dem Beschuldigten Kenntnis davon. Dem ersteren steht gegen diesen Beschluss die sofortige Beschwerde zu. [...]

§ d. Erachtet dagegen das Gericht die Beschwerde für begründet, so beschließt es je nach Lage der Sache, die Voruntersuchung oder das Hauptverfahren zu eröffnen. [...]

§ e. Das Gericht kann von Amts wegen oder auf Antrag des Beschwerdeführers den unmittelbaren Vorgesetzten desjenigen Staatsanwaltes, welcher die Erhebung der Anklage verweigert hat, ersuchen, einen anderen Staatsanwalt mit der Erhebung der Anklage zu beauftragen. Der Vorgesetzte hat diesem Ersuchen Folge zu geben. [...]

§ f. Das Gericht kann auch auf Antrag des Beschwerdeführers einen Rechtsanwalt, der sich zur Führung der Sache bereit erklärt, mit der Vertretung der Staatsanwaltschaft beauftragen. Die Kosten dieser Vertretung fallen dem Beschwerdeführer zur Last und hat derselbe auf Verlangen des Rechtsanwalts Sicherheit für die Kosten zu leisten. [...]“[215]

Das Klageerzwingungsverfahren nach dem Modell *Wolffsons* wurde verabschiedet, aber gleichzeitig durch eine Reihe von Kommissionsbeschlüssen erschwert: Der Beschwerdeführer musste sich danach vor der Beschwerde zunächst an den vorgesetzten Beamten der Staatsanwalt wenden.[216] Über die

---

214 Bemerkenswert war dabei, dass das Klageerzwingungsverfahren nach dem System *Wolffsons* nicht nur dem Verletzten zustehen sollte: „Anknüpfend an den Beschluss zu § 146 wolle er Jedermann, ohne Rücksicht darauf, ob er der Verletzte ist oder nicht, das Recht der Beschwerde an das Gericht gewähren, wenn einer Anzeige wegen strafbarer Handlung seitens des Staatsanwalts ein Folge nicht gegeben wurde.“ (*Wolffson* in: A.a.O., S. 1069) Dagegen wendete *Puttkamer* ein, das Klageerzwingungssystem *Wolffsons* sei nicht als Surrogat der von *Gneist* vorgeschlagenen subsidiären Popularklage mitsamt ihrer politischen Funktion zu verstehen, sondern allenfalls ein „erweitertes Denunziationsrecht“ (*Puttkamer* in: A.a.O., S. 1069).

215 *Wolffson* in: A.a.O., S. 1067f.

216 A.a.O., S. 1082. Damit beendete die Einführung des Klageerzwingungsverfahrens zugleich die Diskussion um die subsidiäre Popularklage. Um die Mitte der 1870er Jahre herum schien ein Popularklagesystem nach dem altgermanischen System der prinzipalen Bürgerklage unerreichbar (*Weigend*, Deliktsopfer, S. 118). Die Staatsanwaltschaft hatte sich in den deutschen Partikularstaaten seit zweieinhalb Jahrzehnten sukzessive etablieren können. Zugleich war sich die zeitgenössische Debatte der Defizite der subsidiären Privatklage als Instrument zum Schutz des persönlichen Rechtskreises gegen die Allgewalt der Staatsanwaltschaften sehr bewusst und verlangte auch weiterhin wirksame Garantien gegen die Macht des Justizministeriums über das reformierte

Beschwerde sollte vor dem Oberlandesgericht entschieden werden. Die Beschwerdeschrift musste von einem Rechtsanwalt unterzeichnet und innerhalb dreier Monate nach Empfang des ablehnenden Bescheides der Staatsanwaltschaft eingelegt werden. Das Gericht könne dem Beschuldigten die Beschwerdeschrift unter Bestimmung einer Frist zur Erklärung mitteilen.[217] Zuletzt schloss sich die Kommission einem Antrag *Schwarzes*, *Struckmanns* und *Pfafferotts* auf Streichung des gesamten § f. an.[218]

Durch § e. sollte das Problem des „widerwilligen Staatsanwalts“ gelöst werden. Nach der Beschlusslage wurde der erfolgreiche Beschwerdeführer jedoch vollständig vom weiteren Verfahren ausgeschlossen.

3. Beistandsrecht des Beschwerdeführers

Bähr beantragte daher in der 77. Sitzung vom 21. September 1875 in Ergänzung des Antrags *Wolffson* erfolglos ein Beteiligungsrecht des Beschwerdeführers als „Beistand“ des Staatsanwalts im Anschluss an das erfolgreich durchgeführte Klageerzwingungsverfahren:

> „§ g. Der Antragsteller, welcher den in § d. bezeichneten Beschluss des Gerichts erwirkt hat, ist befugt, dem Staatsanwalt oder dem Vertreter desselben in dem eröffneten Verfahren Beistand zu leisten.“

Dabei sollte der Antragsteller unter Anwaltszwang stehen, dafür aber am Ende der Voruntersuchung und während der Hauptverhandlung ein eigenes Akteneinsichts- sowie ein Antrags- und Beschwerde- und Rechtsmittelrecht erhalten, ohne dass ihm die durch die Beistandsleistung entstandenen Kosten erstattet werden.[219] *Bähr* wollte dem Beschwerdeführer damit die Möglichkeit geben,

---

Strafverfahren (*Gneist* in: 12. DJT, Bd. 2, S. 190). Diese Ausgangslage verschaffte der Idee der subsidiären Popularklage eine neue Konjunktur. Die maßgebliche Vorarbeit hatte *Gneist* mit seinem epochalen Aufsatz über die „Vier Fragen zur Deutschen Strafprozeßordnung“ geleistet und die Forderung nach einer Einführung der subsidiären Popularklage in die Verhandlungen des zwölften Deutschen Juristentags in Nürnberg getragen, wo er am 27. August 1875 *Holtzendorff* als Referenten vertrat und beantragte: „Die Privatanklage ist im deutschen Strafverfahren nicht nur für Beleidigungen einzuführen, sondern als allgemeine Ergänzung der Anklage des Staatsanwalts zur Aufrechterhaltung des öffentlichen Rechts“ (*Gneist* in: 12. DJT, Bd. 2, S. 190, 210f.). Der Antrag wurde mit „großer Majorität“ angenommen (12. DJT, Bd. 2, S. 211.). Mit dieser Rückendeckung forderte *Gneist* dann auch die Einführung der subsidiären Popularklage in die RStPO und fand insbesondere die Unterstützung *Puttkamers*, *Windhorsts* und *Schwarzes*, konnte sich aber letztlich nicht durchsetzen (*Hahn*, Materialien I, S. 544, 1063, 1064, 1078.).

217 *Hahn*, Materialien I, S. 1082.

218 A.a.O., S. 1084.

219 *Bähr* in: A.a.O., S. 1087. *Klotz*, *Herz* und *Eysoldt* beantragten eine funktional gleich gelagerte Ergänzung des Klageerzwingungsverfahrens um folgende Regelung: „Der

auch nach erfolgreich durchgeführtem Klageerzwingungsverfahren neben der Staatsanwaltschaft auf das Verfahren einzuwirken, um der Besorgnis zu begegnen, dass „der Staatsanwalt die Sache nicht mit der gehörigen Energie durchführen werde".[220] Durch das Erfordernis des Anwaltszwangs und die Nichterstattung der Auslagen sollte die Mitwirkung des Beschwerdeführers wiederum an „erschwerende Formen" geknüpft werden.[221]

Forcade de Biaix sah das Misstrauen gegen den durch Beschwerde zur Anklage gezwungenen Staatsanwalt dagegen als unbegründet an und sprach sich gegen den Antrag *Bährs* aus. Es lasse sich dadurch Abhilfe schaffen, dass man in diesen Fällen die Voruntersuchung obligatorisch mache. Dann würde alles in der Hand des Untersuchungsrichters liegen, der Staatsanwalt überhaupt nicht in der Lage sein, säumig sein zu können.[222] Dagegen ging *Klotz* der Antrag *Bährs* nicht weit genug. Dem vom Antragsteller bestellten Rechtsanwalt müsse eine dem Staatsanwalt analoge Stellung eingeräumt werden, um dem Gericht das nötige Prozessmaterial selbst vorlegen zu können.[223] Zum Schutz des Angeklagten solle der Antragsteller im Gegenzug zu einer Sicherheitsleistung verpflichtet werden. Die Kommission stimmte letztlich gegen den Antrag *Bährs*.[224]

4. Das Ende der subsidiären Privatklage

Mit der Einführung des Klageerzwingungsverfahrens schien die subsidiäre Privatklage unhaltbar geworden zu sein. *Pfafferott* beantragte ihre Entfernung aus dem Entwurf. Sie stelle den Privatklageberechtigten gegenüber dem Beschwerdeberechtigten schlechter. Ohnehin sei die Verknüpfung von subsidiärer Privatklage und Antragsdelikten dogmatisch nicht haltbar. Bei der Einführung der Antragsdelikte habe der Gesetzgeber die Strafverfolgung nur nicht gegen den Willen eintreten lassen wollen. Keineswegs habe man dem Verletzten von Antragsdelikten ein eigenes Strafverfolgungsrecht einräumen wol-

---

Beschwerdeführer ist berechtigt, auf seine Kosten einen Rechtsanwalt zur Vertretung der Anklage zu ernennen. Derselbe hat für diese Funktion die Rechte des Staatsanwalts und ist insbesondere zur Stellung von Anträgen befugt."

220 *Bähr* in: A.a.O., S. 1088.

221 *Bähr* in: Ebd. *Bähr* äußerte während der Beratungen Zweifel, ob er den Antrag nicht auf den Verletzten beschränken solle, habe sich aber namentlich mit Rücksicht auf die hier eingeschlagenen Ausführungen *Gneists* entschieden, den Antrag in seiner gegenwärtigen Gestalt vorzulegen. Als alternative Gestaltungsmöglichkeit sei allerdings auch ein generelles Anschlussrecht des Antragsberechtigten oder des Verletzten für Fälle denkbar, in denen der Staatsanwalt die Sache freiwillig übernommen habe, der Antragsteller bzw. der Verletzte aber die Besorgnis habe, dass der Staatsanwalt die Sache nicht mit der gehörigen Energie durchführen werde (*Bähr* in: A.a.O., S. 1088f.).

222 *Forcade de Biaix* in: A.a.O., S. 1089.

223 *Klotz* in: A.a.O., S. 1089.

224 Ebd.

len.[225] Dem schloss sich *Reichensperger* an. Zweck der subsidiären Privatklage sei die Durchbrechung des staatsanwaltschaftlichen Anklagemonopols gewesen. Dieser Zweck sei bereits durch die Einführung des Klageerzwingungsverfahrens erreicht.[226]

Herz hielt dagegen an der subsidiären Privatklage fest. Das Klageerzwingungsverfahren und die subsidiäre Privatklage schließen einander nicht per se aus. *Bähr* beharrte darauf, dass dem Verletzten eine Möglichkeit gewährt werden müsse, in irgendeiner Weise in dem Verfahren selbstständig mitwirken zu können.[227] *Puttkamer* ergänzte, die subsidiäre Privatklage werde durch die Einführung des Klageerzwingungsverfahrens zwar nicht mehr von großem praktischen Interesse sein. Das Institut der subsidiären Privatklage habe aber eine wünschenswerte politische Bedeutung und sei deshalb beizubehalten.[228] Weiterhin betrachtete *Grimm* die subsidiäre Privatklage als ein Experiment, dessen Bewährung abzuwarten sei.[229]

Im Ergebnis entschied sich die Kommission trotz dieser Einwände für die ersatzlose Streichung des gesamten Abschnitts über die subsidiäre Privatklage.[230] Die so geschaffene StPO-Konzeption warf jedoch die Frage nach einem Ausgleich für den Wegfall der subsidiären Privatklage und den dadurch bedingten Ausschluss des Beschwerdeführers aus der Hauptverhandlung auf.

5. Erster Versuch einer Ausweitung der Nebenklage

Pfafferott und *Wolffson* wollten nun die mit der subsidiären Privatklage entfallenen Partizipationsmöglichkeiten des Privatbeteiligten durch eine Erweiterung der Nebenklage kompensieren.[231] Dadurch werde erreicht, dass überall, wo ein öffentliches Interesse bestehe, der Staatsanwalt die Strafverfolgung übernehme und der Privatbeteiligte weiterhin selbst Einfluss auf die Sache ausüben könne. Dementsprechend lautete der Antrag *Wolffsons* auf der 78. Sitzung vom 22. September 1875 auf Änderung des § 366 des Entwurfs:

> „Wer durch eine strafbare Handlung in seinem Leben, seiner Gesundheit, seiner Freiheit, seiner oder seiner Verwandten Ehre, seinem Personenstand oder seinen

225 *Pfafferott* in: A.a.O., S. 1090.
226 *Reichensperger* in: A.a.O., S. 1091.
227 *Bähr* in: Ebd.
228 *Puttkamer* in: Ebd.
229 *Grimm* in: Ebd.
230 A.a.O., S. 1093.
231 *Wolffson* in: A.a.O., S. 1107.

Vermögensrechten verletzt oder gefährdet worden ist, kann sich der erhobenen öffentlichen Klage in jeder Lage des Verfahrens als Nebenkläger anschließen.“ [232]

Hierzu wurden zwei Alternativen zur Diskussion gestellt: *Bähr*, der den Antrag *Wolffsons* grundsätzlich unterstützte, wollte die Nebenklageberechtigung schlichter auf den „Verletzten“ beschränken.[233] *Schwarze* beantragte, den Kreis der nach § 366 Nebenklageberechtigten nach dem Vorbild des nunmehr entfallenen Katalogs der subsidiär Privatklageberechtigten zu formulieren.[234]

Bähr argumentierte, nach der Streichung der subsidiären Privatklage sei eine wesentliche Lücke insofern entstanden, als der Verletzte zwar gegen die Untätigkeit des Staatsanwalts Beschwerde bei Gericht erheben und hierdurch die Einleitung einer Untersuchung verlangen, sich dann aber an dem Verfahren selbst in keiner Weise beteiligen könne. Das Bedürfnis, dem Verletzten außer der ihm gewährten Beschwerde an das Gericht auch eine Beteiligung an dem auf seine Beschwerde hin eingeleiteten Strafverfahren zu ermöglichen, sei unverkennbar, wenn man in Betracht ziehe, dass der Staatsanwalt, der die durch Gerichtsbeschluss zur Erhebung der Anklage gezwungen sei, vielleicht an gegenteilige Instruktionen seiner Vorgesetzten gebunden sei und durch den Gerichtsbeschluss allein schwerlich zu einer anderen Ansicht über die Verfolgbarkeit der Tat belehrt werden kann.[235] Nach Ansicht *Grimms* erschöpfe sich der Zweck der Verletztenbeteiligung nicht allein in der Durchbrechung des staatsanwaltschaftlichen Anklagemonopols, die durch das Klageerzwingungsverfahren erreicht sei. Vielmehr sei darüber hinaus neben dem Initiativrecht auch ein Recht des Privatbeteiligten auf eine Mitwirkung beim „Fortbetrieb der Sache“ beabsichtigt gewesen. Durch die Erweiterung der Nebenklage könne dieser Zweck erreicht werden.[236]

---

232 A.a.O., S. 1105.

233 *Bähr* in: A.a.O., S. 1109.

234 Der Antrag bestimmte die Nebenklageberechtigung wie folgt: „Bei strafbaren Handlungen, deren Verfolgung nur auf Antrag eintritt, oder bei denen der Strafrichter neben der Strafe auf eine an den Verletzten zu erlegende Buße erkennen kann, ist der Verletzte befugt, sich der erhobenen öffentlichen Klage in jeder Lage des Verfahrens als Nebenkläger anzuschließen“ (*Schwarze* in: A.a.O., S. 1106). Mit dieser Fassung wollte *Schwarze* einen Mittelweg zwischen der Beschränkung der subsidiären Privatklage auf die zur prinzipalen Privatklage berechtigten Personen und der Erweiterung der subsidiären Privatklage auf alle „Verletzten“ einschlagen (*Schwarze* in: A.a.O., S. 1106). *Grimm* wies jedoch darauf hin, dass mit dem Antrag *von Schwarzes* die Nebenklageberechtigung erneut an den Begriff der Antragsdelikte gekoppelt wurde, wodurch der Kreis der Berechtigten willkürlich bestimmt werde (*Grimm* in: A.a.O., S. 1106).

235 *Bähr* in: A.a.O., S. 1105.

236 *Grimm* in: A.a.O., S. 1106.

Amsberg, Oehlschläger, Forcade de Biaix, Reichensperger und *Hanauer* wollten die Nebenklageberechtigung auf die prinzipale Privatklage- und den Bußberechtigten beschränkt sehen. Eine Erweiterung der Berechtigung auf den Verletzten führe zu einer unüberschaubaren Ausweitung des personalen Anwendungsbereichs der Nebenklage.[237] *Hanauer* befürchtete, dass bei einer Erweiterung der Nebenklageberechtigung auf den Kreis der Verletzten hunderte von Nebenklägern in Fällen betrügerischen Bankrotts auftreten könnten.[238] Die Definition *Wolffsons* sei so allgemein, dass insbesondere bei Verbrechen gegen den Staat die Zahl der Nebenkläger ohne Grenze wäre.[239] Dieses Problem lasse sich auch nicht dadurch lösen, dass sich eine größere Zahl von Nebenklägern durch einen einzigen Anwalt vertreten lassen könne.[240] Denn gegen die Vertretung mehrerer Nebenkläger durch einen einzigen Rechtsanwalt spreche, dass die Interessen der verschiedenen Nebenkläger diametral auseinander gehen könnten.[241] Letztlich führe die Unbestimmtheit des Verletztenbegriffs mittelbar zu einer „Popularnebenklage" bzw. einer „generellen Privatnebenklage" und restituiere damit das zuvor abgelehnte Popularklageystem *Gneists*,[242] allerdings ohne deren politischen Überbau anzuerkennen und infolgedessen als „*Gerippe ohne Fleisch und Blut.*"[243] Die Zulassung zahlreicher mit Beschwerde- und Informationsrechten sowie Rechtsmittelbefugnissen ausgestatteter Nebenkläger, deren Interessen zudem kollidieren können, hemme die Tätigkeit des Staatsanwalts und des Untersuchungsrichters gleichermaßen.[244]

Aber auch das Interesse des Angeklagten werde durch die Erweiterung der Nebenklage „auf alle mögliche Weise gefährdet". Durch eine Erweiterung der Nebenklage sei der Angeklagte „allen Schikanen des persönlichen Gegners ausgesetzt".[245] Dem Verletzten wolle man jetzt das Recht geben, als Nebenkläger jedes Rechtsmittel gegen den Angeklagten zu benutzen, obgleich dessen Stellung die objektive Handhabung der Rechtsmittel viel weniger erwarten lasse als die Stellung der Staatsanwaltschaft. Auf diesem Wege begünstige man die „Privatrache" und verschlechtere die Lage des Angeklagten.[246]

237 *Amsberg* in: Ebd.

238 *Hanauer* in: A.a.O., S. 1107.

239 *Reichensperger* in: A.a.O., S. 1109.

240 So der Vorschlag von *Klotz* in: Ebd.

241 *Amsberg* in: A.a.O., S. 1110.

242 *Hanauer* und *Amsberg* in: A.a.O., S. 1106f.

243 *Forcade de Biaix* in: A.a.O., S. 1108.

244 *Oehlschläger* in: Ebd.

245 *Reichensperger* in: A.a.O., S. 1109.

246 *Forcade de Biaix* in: A.a.O., S. 1108.

Schließlich schaffe man durch die Erweiterung der Nebenklage die beste Gelegenheit zur Kollusion zwischen dem Angeklagten und dem Nebenkläger.[247] Dem Brandstifter werde es z.B. nicht schwerfallen, sich unter den durch die Brandstiftung gefährdeten Verwandten einen oder mehrere Nebenkläger zu bestellen, die sich dann in dieser Eigenschaft jederzeit Kenntnis von der Lage der Untersuchung verschaffen können, um das Strafverfahren zu vereiteln.[248]

Schließlich zog *Bähr* seinen Antrag zurück. Die Kommission stimmte gegen die Anträge *Wolffsons* und *Schwarzes* und damit für den § 366 in der Entwurfsfassung.[249]

6. Rechtmittel des Nebenklägers

Zu § 373 beantragte *Struckmann*, als Abs. 3 beizufügen:

> „Erhebt gegen dasselbe Urteil einer Strafkammer oder eines Schöffengerichts der Angeklagte die Berufung und der Nebenkläger die Revision, so findet die Vorschrift des § 299 Abs. 2 entsprechende Anwendung.“[250]

Zur Begründung führte *Struckmann* die technische Überlegung an, der beantragte Zusatz sei Konsequenz früherer Beschlüsse. Da der Nebenkläger nur die Rechtsmittel habe, die auch dem Staatsanwalt zustehen, sei eine Kollision zwischen der Revision des Nebenklägers und der Berufung des Angeklagten denkbar. Der Antrag *Struckmann* wurde angenommen.[251]

II. Zweite Lesung der Justizkommission des Reichstags

Gneist beantragte die Wiederherstellung der subsidiären Privatklage als Mitwirkungsmöglichkeit des erfolgreichen Beschwerdeführers:

> „§ 335 Gibt die Staatsanwaltschaft einem bei ihr angebrachten Antrag auf Erhebung der öffentlichen Klage keine Folge, oder verfügt sie nach dem Abschluss der Ermittlung die Einstellung des Verfahrens (§ 147), so ist der Antragsteller befugt, an Stelle der Beschwerde gegen den ablehnenden Bescheid der Staatsanwaltschaft (§ 148) die Privatanklage zu erheben. […]“[252]

Zur Begründung führte *Gneist* an, er beabsichtige, mit dem Antrag die Lücke zu füllen, die aus den Beschlüssen der Kommission über die Erweiterung des

---

247 *Oehlschläger* in: Ebd.

248 *Oehlschläger* in: A.a.O., S. 1108.

249 A.a.O., S. 1110.

250 *Struckmann* in: A.a.O., S. 1113.

251 Ebd.

252 *Hahn*, Materialien II, S. 1438f.

Klageerzwingungsverfahrens folge.[253] *Amsberg* wies darauf hin, dass mit der Wiedereinführung der subsidiären Privatklage die von *Gneist* verfolgten politischen Zwecke nicht zu erfüllen seien. Die Funktion einer umfassenden, politischen Kontrolle der Staatsanwaltschaft sei mit dem Institut der Privatklage nicht zu erreichen. Der Antrag *Gneists* führe zu einer „unheilvollen" Vermischung des Klageerzwingungs- und Privatklagesystems.[254] *Lasker* und *Schwarze* unterstützten den Vorschlag *Gneists*, hielten eine derartig durchgreifende Änderung des in der ersten Lesung entworfenen Systems im nunmehr fortgeschrittenen Beratungsstadium für bedenklich.[255] Der Antrag *Gneists* wurde mit 14 gegen elf Stimmen abgelehnt.[256]

Nachdem nun die Chance einer Verletztenbeteiligung durch Wiederherstellung der subsidiären Privatklage endgültig nicht mehr durchzusetzen war, wollte *Lasker* mit der Ausweitung der Nebenklage einen Ausgleich für die Neutralisierung des Verletzten in der Hauptverhandlung schaffen, indem er eine Neufassung des § 366 beantragte:

> „Wer nach Maßgabe der Bestimmung des § 356 als Privatkläger aufzutreten berechtigt ist, oder wer durch eine strafbare Handlung in seinem Leben, seiner Gesundheit, seiner Freiheit, seiner verstorbenen Verwandten Ehre, seinem Personenstand oder seinen Vermögensrechten verletzt oder gefährdet worden ist *und durch einen Antrag auf gerichtliche Entscheidung die Erhebung der Klage herbeigeführt hat,* kann sich der erhobenen öffentlichen Klage in jeder Lage des Verfahrens als Nebenkläger anschließen."[257]

Durch den Antrag *Laskers* sollte der Beschwerdeführer im Erfolgsfall ein Nebenklagerecht erhalten. Damit sollte sichergestellt werden, dass das Recht, eine öffentliche Klage durch ein Beschwerdeverfahren herbeizuführen, um ein Mitwirkungsrecht des Beschwerdeführers im weiteren Verfahren ergänzt wird.[258]

Durch die Verknüpfung von Klageerzwingungsverfahren und Nebenklage wollte *Lasker* den Kreis der Nebenklageberechtigten von zwei Voraussetzungen abhängig machen. Es müsse ein berechtigtes Interesse am Ausgang der Sache bestehen und der Nebenkläger müsse durch die vorherige Beschwerde „Urheber der Anklage" geworden sein.[259]

---

253 *Gneist* in: A.a.O., S. 1439f.

254 *Amsberg* in: A.a.O., S. 1440.

255 *Schwarze* und *Lasker* in: Ebd.

256 Ebd.

257 *Lasker* in: A.a.O., S. 1446. Hervorhebung im Original.

258 Ebd.

259 Ebd.

Dabei ging *Lasker* mit großem, diplomatischem Gespür die Befindlichkeiten der verhärteten Lager in einem weit fortgeschrittenen Beratungsstadium vor. In der vorgeschlagenen Konstellation sollte die Verletztenbeteiligung keine gesetzlich verankerte Misstrauensbekundung gegen die Staatsanwaltschaften sein, da der Betrieb der Anklage durch den Staatsanwalt im Gegensatz zur subsidiären Privatklage weiterhin unentbehrlich bleibe. Der Staatsanwalt könne gerade nicht, wie in der 1. Lesung vorgeschlagen, durch einen richterlichen Beamten oder einen Rechtsanwalt ersetzt werden. Auch konkurriere der Staatsanwalt nicht, wie in der Konstellation einer subsidiären Popularklage oder einer Popularnebenklage, mit einem Vertreter der Allgemeinheit.[260] Die Ausgleichsfunktion der Nebenklage war nach der Begründung *Laskers* gerade auf die Besonderheiten der Konstellation des vorangegangenen, erfolgreich durchgeführten Beschwerdeverfahrens zugeschnitten. Dem Staatsanwalt werde durchaus unterstellt, dass er die durch Beschwerde gegen seinen Willen erzwungene Anklage zweckdienlich verfolgen und seinen „subjektiven Standpunkt" unterdrücken wird.[261] Es gebe aber ein Bedürfnis für ein Korrektiv der staatsanwaltschaftlichen Tätigkeit, die eine Mitwirkung des Beschwerdeführers rechtfertigen. Denn insbesondere in der Konstellation des Klagerzwingungsverfahrens sei der Verletzte besonders schutzwürdig:

> „Nicht selten gestalte sich das Verhalten des Staatsanwalts derartig, dass der Verletzte, welcher als Zeuge auftrete und sein Recht nicht selbstständig wahrnehmen könne, moralisch in die Rolle eines Angeklagten gerate. Aus den Beziehungen, welche zwischen dem Verfolgten und dem Verletzten vielfach zu bestehen pflegen, entwickeln sich häufig Kollisionen, welche, wenn durch eine zu Gunsten des Verfolgten gestimmte Auffassung des Staatsanwalts unterstützt, den Verletzten einer nachteiligen Beurteilung aussetzen. Dadurch gerate nicht selten der der Verletzte als Zeuge in eine weit schlimmere Situation, als der Verfolgte, ohne dass ihm Mittel der Abwehr zu Gebote stehen, welche die Verteidigung darbietet."[262]

Weiterhin wandle sich mit der Erzwingung der Anklage das Verfolgungsinteresse in ein Mitwirkungsinteresse des Verletzten um:

> „Aber auch abgesehen von diesen subjektiven Momenten müsse dem Verletzten, welcher durch Antrag auf gerichtliche Entscheidung die Erhebung der Klage herbeigeführt habe, das Recht eingeräumt werden, neben dem Staatsanwalt im Prozesse selbstständig in Aktion zu treten. In einem solchen Falle bestehe unzweifelhaft ein legitimes Interesse des Antragstellers an der Durchführung der Anklage, und dieses Interesse, welches durch das publizistische nicht völlig gedeckt werde, dürfe

260 Ebd.

261 Ebd.

262 *Lasker* in: A.a.O., S. 1447.

auch in den späteren Stadien des Verfahrens nicht lediglich dem Vertreter der öffentlichen Klage anheimgegeben sein."[263]

Die Schutzbedürftigkeit sei insbesondere hinsichtlich der Rechtsmittelbefugnis gegeben:

> „Wenn die Rechtsfrage zweifelhaft sei, und der Staatsanwalt sich für die dem Angeklagten günstige Ansicht entschieden habe, werde er im Falle der Freisprechung die Einwendung eines Rechtsmittels unterlassen, obschon die wichtigsten Interessen des Verletzten auf dem Spiel stehen können. Der Staatsanwalt handle, sobald er freie Hand erhalte, nach seiner Überzeugung. In dieser könne er durch Rücksichten auf den Verletzten ebenso wenig beschränkt werden, wie durch die auf sein Verhalten in der Hauptverhandlung sich beziehenden Weisungen der Vorgesetzten, welche Weisungen die Kommission durch den zu § 118 GVG gefassten Beschluss als unverbindlich erklärt habe."[264]

Einen Ausgleich für die erweiterten Mitwirkungsrechte wollte *Lasker* dadurch schaffen, dass er sich zwischen der Rolle des Zeugen und der Rolle des Nebenklägers entscheiden müsse:

> „Wähle der Verletzte die Rolle des Nebenklägers, so soll er, nach der Idee des Antrages, dadurch zur Partei in der Untersuchung werden und nicht befähigt sein, als Zeuge vernommen zu werden. Er halte es für ungestattet, dass eine Person in demselben Verfahren Parteirechte geltend mache und Zeugnis leise. Der Verletzte müsse sich gleich anfänglich darüber klarwerden, welche von diesen beiden Rollen ihm besser passe."[265]

Gegen den Protest *Hanauers*[266] und die Forderung *Bährs* nach einer über den Antrag hinausgehenden Ausweitung der Nebenklage[267] wurde der Antrag *Laskers* angenommen.[268]

---

263 Ebd.

264 *Lasker* in: A.a.O.

265 *Lasker* in: A.a.O., S. 1446f.

266 *Hanauer* sah die Mitwirkung eines oder mehrerer Nebenkläger am Strafverfahren weiterhin als Misstrauensbekundung gegen die Staatsanwaltschaft und als Gefährdung der Interessen des Angeklagten an. Das Argument *Reichenspergers*, eine Mitwirkung des Verletzten neben dem Staatsanwalt habe sich in der *partie civile* des französischen Strafverfahrens bewährt, wies *Hanauer* mit der Begründung zurück, bei der Zivilpartei des Code d'Instructions Criminelle handle es sich um einen Adhärenten, der ausschließlich zur Geltendmachung von Schadensersatzansprüchen mitwirke (vgl. den Wortwechsel von *Hanauer* und *Reichensperger* in: A.a.O., S. 1447f.).

267 *Bähr* wollte die Nebenklage vom Erfordernis eines zuvor durchgeführten Klageerzwingungsverfahrens lösen und damit jedem Verletzten einräumen (*Bähr* in: Ebd.).

268 A.a.O., S. 1448.

III. Weiteres Gesetzgebungsverfahren

Die Regierungen der Länder wollten im weiteren Verfahren die in erster Lesung beschlossene Neuregelung des Klageerzwingungsverfahrens wieder rückgängig machen und die in der Vorlage vorgesehene Dienstaufsichtsbeschwerde vom Verletzten auf den Antragsteller ausdehnen. Infolgedessen sollte auch die Anschlussberechtigung des Nebenklägers nach erfolgreich durchgeführtem Klageerzwingungsverfahren entfallen.[269] Zur Begründung führte *Hanauer* in der wiederholten Beratung der Kommission namens der Regierungen aus, die Zuständigkeit des Oberlandesgerichts für Beschwerdesachen belaste dieses mit „massenhaft zugehenden Querelen". Sie bezweifelten ein praktisches Bedürfnis für eine derartige Vorsorge gegen eine „unrichtige Auffassung der Staatsanwaltschaft betreffs der Verfolgungsfrage". Ein derart weitgehendes Beschwerderecht lade zum Missbrauch ein und solle nicht „jedwedem aus dem Volk" zustehen. Insofern solle die Dienstaufsichtsbeschwerde des Dritten Entwurfs wiederhergestellt und gleichzeitig auf den Antragsteller ausgeweitet werden. Zugleich erklärten sich die Regierungen bereit, der Wiederherstellung der subsidiären Privatklage der Entwurfsfassung zuzustimmen.[270] Nach dem Ende der Diskussion beschloss die Kommission, dass das Klageerzwingungsverfahren zur Abwehr von Querulanten modifiziert werden solle: Der Antrag des Beschwerdeführers müsse mit einer Begründung versehen und von einem Anwalt unterschrieben werden. Der Richter könne nach Befinden der Umstände dem Antragsteller die Kosten auferlegen und das Beschwerdeverfahren gegebenenfalls von der Erbringung einer Sicherheitsleistung abhängig machen. Der ursprüngliche Antrag wurde abgelehnt und das in erster und zweiter Lesung beschlossene Modell des Klageerzwingungsverfahrens modifiziert.[271]

In der darauffolgenden Beratung billigte die Kommission einen Antrag *Laskers*, nach dem der nicht nebenklageberechtigte Beschwerdeführer vor der gerichtlichen Entscheidung über die Kosten angehört werden muss.[272] Damit sollte vermieden werden, dass ein Beschwerdeführer, der nicht durch eine strafbare Handlung gegen sein Leben, seine Gesundheit, seine Freiheit, seinen Personenstand oder seine Vermögensrechte verletzt ist, ohne rechtliches Gehör hinsichtlich der Frage über die Kosten eines erfolglos durchgeführten Klageerzwingungsverfahrens bleibt, nachdem der Angeschuldigte außer Verfolgung

269 A.a.O., S. 1621.

270 *Hanauer* in: A.a.O., S. 1653.

271 A.a.O., S. 1655.

272 *Lasker* in: A.a.O., S. 1680, 1682.

gesetzt, der Angeklagte freigesprochen oder das Verfahren eingestellt wurde.[273] Einfacher gesagt sollte jeder Beschwerdeführer angehört werden und dadurch der redliche, womöglich aus „patriotischem“ Pflichtgefühl[274] handelnde, aber letztlich erfolglose Beschwerdeführer nach richterlichem Ermessen von der unbilligen Härte[275] der Kostenlast verschont werden können.[276]

Das Plenum des Reichstags stimmte auf der 23. Sitzung vom 2. Dezember 1876 in zweiter und der 36. Sitzung vom 21. Dezember 1876 in dritter Beratung ohne weitere Diskussion für die aus den Kommissionsberatungen hervorgegangene Fassung des Fünften Buchs der RStPO.[277]

H) Rezeption

Das Urteil über die Nebenklage in der Praxis fiel fast einhellig negativ aus. *Voitus* prognostizierte in seinem schon 1877 erschienenen Kommentar, die Nebenklage werde für die strafrechtliche Praxis

> „von geringer Bedeutung sein, da die Staatsanwaltschaft sich zur Erhebung der öffentlichen Klage bei prinzipalen Privatklagedelikten nur ausnahmsweise veranlasst sehen und der Fall einer Nötigung [sic!] der Staatsanwaltschaft zur Erhebung einer Anklage durch Beschluss des Oberlandesgerichts selten eintreten und noch seltener Erfolg haben wird.“[278]

Ein Jahrzehnt später sprach man bereits von einen „totgeborenen Institut“ und legislativem „Fiasko“.[279] Die Nebenklage werde praktisch selten angewendet und sei unbeliebt bei Gericht und Staatsanwaltschaft.[280] Sie sei legislativ undurchdacht und ungenügend ausgebaut.[281] *Stenglein* konstatierte, die Nebenklage habe sich insgesamt nicht in der Praxis bewährt.[282] Einzig relevanter

---

273 *Lasker* in: A.a.O., S. 1680; vgl. §§ 366, 148, 148c, 424a der nach zweiter Lesung abgeänderten Kommissionsfassung.

274 *Becker* in: A.a.O., S. 1681.

275 *Reichensperger* in: A.a.O., S. 1682.

276 Das Alternativmodell *Bährs*, nach dem jedem Beschwerdeführer in der adressierten Konstellation die sofortige Beschwerde über die nachteilige Kostenentscheidung zustehen sollte, wurde abgelehnt (*Bähr* in: A.a.O., S. 1681). Ebenso scheiterte ein auf Streichung von § 424a gerichteter Antrag von *Hänel*, *Herz*, *Klotz* und *Eysoldt* während der zweiten Beratungen im Plenum des Reichstags (A.a.O., S. 1864–1879).

277 A.a.O., S. 1995, 2117f., 2132.

278 *Voitus*, Kommentar, S. 440.

279 *Stenglein*, GS 1889, S. 166.

280 *Rosenfeld*, Nebenklage, S. 208f.

281 Ebd.

282 *Stenglein*, GS 1889, S. 166.

Anwendungsfall sei die Geltendmachung von Bußansprüchen.[283] Bei Beleidigungen trete der Gesichtspunkt der Buße in den Hintergrund, sodass der Anschluss allenfalls dann erklärt werde, wenn die Staatsanwaltschaft eine prinzipale Privatklage übernehme. Praktisch völlig bedeutungslos sei die Nebenklage im Anschluss an das Klageerzwingungsverfahren.[284]

Oppenheim mahnte noch 1889 zur Zurückhaltung. Es handle sich um ein neues Institut, „an dessen Anwendung Rechtsanwälte und Publikum sich erst gewöhnen, dessen Brauchbarkeit sie erst im Laufe der Zeit erproben müssen", sodass Zurückhaltung bei der Bewertung der Nebenklage geboten sei.[285] Der Wert der Nebenklage im Anschluss an ein erfolgreich durchgeführtes Klageerzwingungsverfahren sei ohnehin nicht mit der Häufigkeit im Gerichtsalltag, sondern – wie bei der subsidiären Privatklage – psychologisch durch ihre Warntafelfunktion gegenüber der Staatsanwaltschaft zu begründen.[286] *Dochow* dagegen bestritt, dass die Regelungen der RStPO über die Beteiligung des Verletzten am Strafverfahren eine Bedeutung als Korrektiv gegen die Macht der Staatsanwaltschaft bei der Strafverfolgung habe.[287]

Der geringen praktischen Bedeutung der Nebenklage stand ein hohes, wissenschaftliches Interesse an dem Institut gegenüber. *Stenglein* stellte in seinen Rezensionen zu den Abhandlungen *Wolffings* und *Rosenfelds* fest, dass „jeder Buchstabe des Gesetzes eine Kontroverse" biete, die Literatur aber schon 1901 in einer „mit der Bedeutung des Instituts nicht ganz im Verhältnis stehenden Weise angewachsen" sei.[288] Da Sinn und Zweck der Nebenklage sich nicht von selbst erschlossen und die Gesetzgebungsmaterialien im Großen und Ganzen unergiebig blieben, fand in der Literatur ein (pseudo-)philosophischer[289] Diskurs über das „Wesen der Nebenklage" statt. Kern des Literaturdiskurses bildete die Frage, ob es sich bei der Nebenklage überhaupt um eine Klage handle. *Stenglein* reduzierte den Gehalt der Nebenklage formal auf die Konsequenzen der Anschlusserklärung, d.h. auf eine prozessuale Erklärung, durch die ein bisher am Verfahren höchstens als Zeuge Beteiligter sich vorbehält, unter Umständen von gewissen, prozessualen Rechten Gebrauch machen zu wollen,

---

283 Ebd.; so auch *Oppenheim*, Nebenklage, S. 86.

284 *Stenglein*, GS 1889, S. 167.

285 *Oppenheim*, Nebenklage, S. 86.

286 A.a.O., S. 78, 86.

287 *Dochow*, Beteiligung des Verletzten, S. 353.

288 *Stenglein*, GS 1901, S. 465, 476.

289 Exemplarisch *Wolffing*, Stellung, S. 38.

ohne dass hierdurch eine Pflicht des Gebrauchs entsteht.[290] Um eine Klage handle es sich nicht. Denn die Nebenklage sei „weder bestimmt, ein gerichtliches Verfahren einzuleiten, noch die Verhängung einer Strafe anzuregen". Sie setze vielmehr eine Klage bzw. Anklage als bereits gegeben voraus.[291] Hieran anschließend ordnete *Oetker* den Nebenkläger als einen „Parteigehilfen mit selbstständiger Berechtigung" ein.[292] *Wolffing* definierte den Nebenkläger in gleicher Stoßrichtung als einen „mit selbstständigen Rechten ausgerüsteten Gehilfen der durch den jeweiligen Staatsanwalt verkörperten Partei, der prozessunfähigen staatlichen Anklagebehörde".[293] Eine Hauptströmung der Literatur sprach dem Nebenkläger dagegen ein selbstständiges, von dem der Staatsanwaltschaft verschiedenes Recht zur Klageerhebung mit einem von der öffentlichen Klage zu unterscheidenden, besonderen Klagezweck zu.[294] Der nebenklageberechtigte Verletzte müsse sich daher auch von vornherein entscheiden, ob er als Zeuge oder in der Stellung einer Prozesspartei „neben dem gesetzlich berufenen Vertreter der Anklage" als „weiterer Ankläger" operieren wolle.[295] Die Nebenklage habe keinen anderen Hauptzweck als die „Hauptklage". Der Nebenkläger habe keineswegs nur eine untergeordnete Stellung eines Assistenten, Sekundanten oder Nebenintervenienten.[296] Die Nebenklage sei analog zur Staatsanwaltschaft als eine völlig selbstständige Art der Verfahrensbeteiligung zu verstehen, was sich auch den durch den Anschluss vermittelten Mitwirkungsrechten niederschlage.[297] Der Anschluss des Nebenklägers bedeute letztlich eine „Verdoppelung der Anklägerrolle". Er fungiere als „Streitgenosse des Staates".[298] Ähnlich deuteten *Menzel, Süß* und *Glaser* die Nebenklage ausgehend von der prinzipalen Privatklage als „akzessorische Privatklage" mit dem Zweck, dass der Nebenkläger sein privates Genugtuungsinteresse verfolgen könne.[299]

---

290 *Stenglein*, GS 1883, S. 273.

291 A.a.O., S. 271. Der Ansicht *Stengleins* folgten auch *Löwe* und *Dochow* (LRR-Löwe, 5. Aufl. S. 766; *Dochow*, Strafprozessordnung, S. 370).

292 *Oetker*, Der Rechtsgang 1922, S. 153.

293 *Wolffing*, Stellung, S. 57.

294 *Glaser*, Handbuch I, S. 20; *Zimmermann*, GS 1919, S. 498f.

295 *Zimmermann*, GS 1919, S. 499; ähnlich *Osterrieth*, Nebenkläger, S. 22, 35. A.A. u.a. *Oppenheim*, Nebenklage, S. 5.

296 *Zimmermann*, GS 1919, S. 503; *Benecke*, Lehrbuch, S. 662.

297 *Zimmermann*, GS 1919, S. 499. A.A. *Oppenheim*, Nebenklage, S. 12f.

298 *Beling*, Reichsstrafprozeßrecht, S. 462, 131.

299 *Glaser*, Handbuch, S. 20; Süß, Die Stellung der Parteien im modernen Strafprozeß, S. 202; *Menzel*, Privatklage, S. 1ff. A.A. *Oppenheim*, Nebenklage, S. 7ff. unter Zugrundelegung einer a.A.

Nach Ansicht von *Kries, Bennecke* und *Zimmermann* handle es sich bei der Nebenklage nur in Fällen der Bußklage um eine wirkliche Klage, da der Nebenkläger nur in dieser Fallgruppe einen eigenen materiell-rechtlichen Anspruch geltend mache.[300] Nach Ansicht *Rosenfelds* handelte es sich bei der Nebenklage der RStPO ohnehin nicht um ein einheitliches Institut, sondern um verschiedene Beteiligungsformen von „fundamentaler Gegensätzlichkeit" mit dem gemeinsamen Namen als alleinigem, gemeinsamen Nenner.[301] *Rosenfeld* ordnete die Nebenklage in der Nähe des Klageerzwingungsverfahrens als gegen die Staatsanwaltschaft gerichtete „Zwangs- und Druckmaßregel" ein.[302] Nach dem ahistorischen Ansatz *Freudensteins* handle es sich bei der Nebenklage dagegen um ein der zivilprozessualen akzessorischen Intervention analoges Institut.[303]

Sehr unterschiedlich fielen auch die Wortmeldungen zur Reform der Nebenklage aus. *Rosenfeld* forderte die Beseitigung der Nebenklage aus dem System der RStPO. Der Satisfaktionstrieb des Verletzten habe keine guten Seiten, sobald er in den Dienst öffentlicher Interessen gestellt werde.[304] Der Anwendungsbereich der prinzipalen Privatklage sei zu erweitern.[305] Das staatsanwaltschaftliche Übernahmerecht in Fällen des öffentlichen Interesses solle nicht mehr durch eine Nebenklagebefugnis des vormaligen Privatklägers kompensiert werden. Das Klageerzwingungsverfahren sei durch die subsidiäre Privatklage zu ersetzen.[306] Die Bußbestimmungen seien abzuschaffen und durch ein Adhäsionsverfahren zu ersetzen.[307]

Oppenheim plädierte für eine Kontrolle staatsanwaltschaftlicher durch die Einführung einer „Popularnebenklage". Jeder Verletzte, bzw. jeder „aus dem Volke" solle das Recht erhalten, als Nebenkläger aufzutreten. Dies sei schon der gesetzgeberische Grund für die Nebenklage der Verwaltungsbehörde und

---

300 *Kries*, Lehrbuch, S. 215; *Zimmermann*, GS 1919, S. 499. A.A. *Eichardt*, Rechtsmittel, S. 10.

301 *Rosenfeld*, Nebenklage, S. 199. A.A. *Oppenheim*, Nebenklage, S. 11.

302 *Rosenfeld*, Nebenklage, S. 208.

303 *Freundenstein*, System, S. 193. A.A. *Oppenheim*, Nebenklage, S. 10; *Eichardt*, Rechtsmittel, S. 5, *Gerland*, ZStW 1937, S. 130; *Stenglein*, GS 1889, S. 169.

304 *Rosenfeld*, Nebenklage, S. 62ff., 210.

305 Und zwar auf die gefährliche Körperverletzung (§ 223a StGB), den Hausfriedensbruch (§ 123 StGB), Sachbeschädigung (§ 303 StGB), Bedrohung (§ 241 StGB), Pfandbruch (§ 289 StGB), Jagdfrevel (§§ 292, 293 StGB), unberechtigtes Fischen (§§ 370 Ziff. 4, 296 StGB), Brieföffnung (§ 299 StGB), Ehebruch (§ 172 StGB) und ggf. auf §§ 366 Ziff. 3, 6–8, 367 Ziff. 10, 370 Ziff. 1–6, *Rosenfeld*, Nebenklage, S. 210f.

306 *Rosenfeld*, Nebenklage, S. 211.

307 A.a.O., S. 211f.

des Verletzten nach erfolgreich durchgeführtem Klageerzwingungsverfahren. Diese Funktion lasse sich aber auch auf andere Fälle der Nebenklage übertragen. Es sei nicht einzusehen, warum die Nebenklage des Beschwerdeführers in ihrem personalen Anwendungsbereich auf die in ihrem Recht auf Leben, Gesundheit, Freiheit, Personenstand oder Vermögensrechte Verletzten beschränkt werde. Für eine Ausdehnung der Nebenklage spreche, dass hierdurch das Genugtuungsinteresse berücksichtigt werden könne. Dadurch sei es möglich, Fälle von Selbstjustiz einzudämmen. Auch könnten Fehler, die sich aus den persönlichen Unzulänglichkeiten oder Rechtsansichten des Staatsanwalts ergeben können, durch die Tätigkeit des an der Verfolgung teilnehmenden Verletzten korrigiert werden. Eine „Popularnebenklage" könne zudem dem Ruf nach der Einführung der subsidiären Popularklage „den Boden entziehen" und biete insgesamt die Vorteile der subsidiären Popularklage. Daneben forderte *Oppenheim* die Einführung des Anwaltszwanges auch für den Nebenkläger. Zudem sollte die Nebenklageberechtigung an „gewisse Verwandte" vererbt werden können.[308]

Den Vorschlägen *Oppenheims* trat *Stenglein* vehement entgegen, der zwar eine behutsame Ausdehnung des Katalogs der nebenklagefähigen Delikte befürwortete, eine Funktionalisierung der Nebenklage mit der Zielrichtung der subsidiären Popularklage aber ablehnte. Unter den „verwickelten Verhältnissen des heutigen Verkehrs- und Erwerbslebens" käme eine Popularnebenklage einem „Bankrott" gleich. Einerseits sei das Volk an die Offizialverfolgung gewöhnt. Andererseits werde dem Querulantentum und dem Missbrauch der Nebenklage Vorschub geleistet. Die Popularnebenklage privilegiere letztlich nur die Wohlhabenden, sodass eine „Ungleichheit im Rechtsschutz" eintreten werde. Auch die Einführung des Anwaltszwanges lehnte *Oppenheim* ab, da auch der juristische Laie im einzig relevanten Anwendungsfall in der Lage sei, die Höhe der geltend gemachten Buße selbst zu benennen und letztlich eine Schadloshaltung des Verletzten gerade ohne „langwierige und kostspielige Entschädigungsklagen" beabsichtigt sei.[309]

Allein *Wolffing* zeigte sich mit der Konzeption der Nebenklage der RStPO im Wesentlichen zufrieden und schlug für eine eventuelle Revision der Strafprozessordnung lediglich eine präzisere und genauere Normierung der dem Träger der Nebenklage zustehenden Befugnisse vor.[310]

---

308 *Oppenheim*, Nebenklage, S. 78ff.

309 *Stenglein*, GS 1889, S. 162ff.

310 *Wolffing*, Stellung, S. 110.

I) Zusammenfassung

Die Nebenklage der RStPO hat eine nur uneigenständige und ursprünglich von der Privatklage abgeleitete Bedeutung. In der Nebenklage laufen die Entwicklungslinien der subsidiären Privatklage, der prinzipalen Privatklage, der Behördenbeteiligung des preußischen Steuerstrafverfahrensrechts und der durch das RStGB vorgesehen Bußberechtigung zusammen. Daraus ergibt sich kein gemeinsamer Grund für eine Beteiligung eines eigenständigen Akteurs neben dem Staatsanwalt. Einheitlich sind aber die prozessualen Handlungsspielräume des Nebenklägers, die ihrerseits von der Privatklage abgleitet werden. Der Privatkläger hat die Befugnisse des Staatsanwalts, insoweit diese nicht spezifischer Ausdruck der Amtsstellung der Staatsanwaltschaft sind.[311]

Die Nebenklage des prinzipal Privatklageberechtigten (§ 435 Abs. 1 Satz 1 RStPO) ist eine um das Initiativrecht gekürzte Privatklage.[312] Die prinzipale Privatklage ist wiederum eine „Injurienklage mit den Mitteln des Strafrechts".[313] Die Nebenklage des prinzipalen Privatklägers entspringt der justizentlastenden Funktion[314] der prinzipalen Privatklage und dient dem Zweck, die unbillige Wirkung des staatsanwaltschaftlichen Übernahmevorbehalts bzw. der ausnahmsweise erfolgten Erhebung der öffentlichen Klage ausgleichen. Die Nebenklage ist Ausdruck des gesetzgeberischen Willens, die Mitwirkungsrechte des „verdrängten" prinzipalen Privatklägers in der Hauptverhandlung abzusichern.[315] Die Nebenklage des erfolgreichen Beschwerdeführers im Klageerzwingungsverfahren (§ 435 Abs. 2 Satz 1 RStPO) dient als Surrogat der in den ersten Entwürfen der RStPO vorgesehenen Nebenklage des subsidiären Privatklägers. Sie ist das blasse Echo einer in den 1840er Jahren angestoßenen, grundsätzlichen Auseinandersetzung um die Verteilung politischer Macht zwischen der Staatsanwaltschaft und einem emanzipierten, anglophilen Bürgertum.[316] Zweck der Anschlussvariante ist es, die Mitwirkungsrechte des ehemaligen Beschwerdeführers als des „Urhebers des Strafprozesses"[317] in der Hauptverhandlung abzusichern und dem begründeten Misstrauen des vormaligen Beschwerdeführers gegen den per Gerichtsbe-

311 *Rosenfeld*, Nebenklage, S. 162.

312 Ähnlich *Rosenfeld*, Nebenklage, S. 161.

313 RStPOE1873/1 Motive, S. 262.

314 *Heidemeier*, Nebenklage, S. 81f.

315 *Zechmann*, Nebenklage, S. 46.

316 *Heidemeier*, Nebenklage, S. 81f.

317 *Glaser*, Handbuch II, S. 217.

schluss zur Klageerhebung gezwungenen Staatsanwalt Rechnung zu tragen.[318] Für den Bußberechtigten (§ 443 RStPO) war die Nebenklage dagegen nur ein Instrument, seinen im materiellen Strafrecht vorgesehenen Anspruch auf Zahlung einer Buße auch prozessual durchsetzen zu können.[319] Die Nebenklage der Verwaltungsbehörde (§ 467 RStPO) sollte eine Mitwirkung der Behörde nach Übernahme eines vormals administrativen Steuerstrafverfahrens durch die Staatsanwaltschaft ermöglichen.

---

318 *Zechmann*, Nebenklage, S. 46.

319 A.a.O., S. 48. Dabei konnte die Buße aber auch in den mittels der Privatklage in den zur Erhebung dieser geeigneten Fälle geltend gemacht werden (§ 446 RStPO; s.a. *Stenglein*, GS 1883, S. 314).

Viertes Kapitel: Kaiserreich

A) Einleitung

Im Zeitraum von 1870 bis zum Ausbruch des Ersten Weltkriegs beschleunigte sich die Transformation des Deutschen Kaiserreichs vom Agrar- zum kapitalistischen Industriestaat.[1] Die zunehmende Verstädterung und ein rasantes Bevölkerungswachstum führten nicht nur zu einer erhöhten Wirtschaftsleistung, sondern auch zu ungeahnter Vermassung, einem Nachlassen stadtbürgerlicher Bindungen und Verpflichtungen, urbaner Anonymisierung, Verelendung und einer wachsenden, proletarisch geprägten Massenkriminalität.[2] Damit einhergehend veränderten sich sowohl das Kriminalitätsverständnis als auch die Kriminalpolitik des Kaiserreichs. Während die vom vormärzlichen Liberalismus geprägte, klassische Schule die Aufgabe der Strafrechtspflege in der Einhaltung der Rechtsordnung und in der Sicherung bürgerlicher Freiheit verortete, begriff die von *Liszt* begründete[3], moderne Schule die Aufgabe der Kriminalpolitik als zweckrational-interventionistische Bekämpfung des Verbrechens als sozialem Phänomen.[4] Zugleich bildete sich in der Zeit bis 1914 nicht nur ein sozialer Wohlfahrtsstaat,[5] sondern auch ein illiberaler, bürokratischer und antidemokratischer Interventionsstaat heraus.[6] Im Bereich des materiellen Strafrechts begegnete der Gesetzgeber dem sozialen und gesellschaftlichen Wandel durch eine Expansion des Polizeistrafrechts und Nebenstrafrechts in Gestalt insbesondere abstrakter Gefährdungs- und Fahrlässigkeitsdelikte. Die Expansion des Strafrechts bedeutete eine erhebliche Mehrbelastung einer Strafjustiz, die sich mit dem Vorwurf kleinlicher Verfolgungssucht konfrontiert sah und eine Entlastung in einer Anpassung des Strafprozessrechts suchte.[7]

1 *Wehler*, Kaiserreich, S. 48.

2 *Reinke*, Kriminalpolitik im Kaiserreich, S. 17; *Grünhut*, Kriminalpolitik, S. 786ff.; *Schmidt*, Einführung, S. 401ff.

3 *Grünhut*, Kriminalpolitik, S. 787.

4 *Reinke*, Kriminalpolitik im Kaiserreich, S. 16f.; *Vormbaum*, Strafrechtsgeschichte, S. 131ff.

5 *Schmidt*, Einführung, S. 354.

6 *Wehler*, Kaiserreich, S. 59; *Schmidt*, Einführung, S. 353.

7 *Vormbaum*, Strafrechtsgeschichte, S. 138f.

https://doi.org/10.1515/9783110713299-004

Die Diskussion über die Beteiligung des Verletzten am Strafverfahren konzentrierte sich auch weiterhin vornehmlich auf die Reform der Privatklage. Die strafprozessuale Mitwirkung des Verletzten wurde aber zum einen vermehrt unter dem Blickwinkel sozialer Ungleichheit betrachtet. Die Frage nach den Auswirkungen der unterschiedlichen, wirtschaftlichen Leistungsfähigkeit insbesondere des Privatklageberechtigten war für sich genommen nicht neu.[8] Die Sensibilität für die Folgen struktureller Ungleichheit war jedoch merklich gestiegen.[9] Privatbeteiligungselemente wurden verstärkt darauf geprüft, ob sie zu sozialen Härten oder Ungleichheit in der Strafverfolgung führen, Akte von Selbstjustiz begünstigen und den sozialen Frieden stören können.[10] Zum anderen geriet die liberale Kritik an politischer Justiz und negativer Strafjustiz in den Hintergrund der Reformdiskussion. Als wirkmächtiger Motor einer sozialverträglichen Ausgestaltung strafprozessualer Verletztenbeteiligung erwies sich die Sorge vor den Folgen sozialistischer Agitation, die darauf abzielte, den Justizapparat des Kaiserreichs mit dem Vorwurf einer gegen die Arbeiterbewegung gerichteten „Klassenjustiz" zu diskreditieren.[11]

B) Neunzehnter Deutscher Juristentag

Auf dem 19. Deutschen Juristentag 1888 wurde eine Erweiterung der prinzipalen Privatklagedelikte und damit mittelbar auch der Nebenklageberechtigung[12] diskutiert. *Stenglein* verfasste hierzu ein Gutachten über die Frage, ob die prinzipale Privatklage auf die gefährliche Körperverletzung, die Sachbeschädigung und den Hausfriedensbruch auszudehnen sei. *Stenglein* argumentierte unter der Prämisse, dass grundsätzlich nur Antragsdelikte zur Erhebung der Privatklage berechtigen sollen. In geeigneten Fällen sei aber in Betracht zu ziehen, Antragsdelikte der Privatklage zuzuweisen.[13]

Stenglein warf die Frage auf, ob hinsichtlich der 1876 eingeführten gefährlichen Körperverletzung gem. § 223a StGB[14] als einem Offizialdelikt eine Aus-

---

8 So befürchteten bereits *Sundelin*, *Mittermaier*, *Stemann* und *Glaser*, dass mit der Einführung der Privatklage die „Macht des Besitzes" über die Verwirklichung des staatlichen Strafanspruchs entscheiden würde (*Mittermaier*, Gesetzgebung, S. 293; *Sundelin*, Die Staats-Anwaltschaft in Deutschland, S. 43; *Glaser*, 2. DJT Bd. 2, S. 295f; *Stemann*, GA 1863, S. 537).

9 S. hierzu die Überlegungen *Liszts* (*Liszt*, GS 1877, S. 212).

10 *Liszt*, GS 1877, S. 213.

11 *Wehler*, Kaiserreich, S. 131ff.; *Blasius*, Politische Kriminalität, S.55ff.; *Sellert / Rüping*, Geschichte, S.119f.

12 Dass *Stenglein* auch eine Ausdehnung der Nebenklage im Blick hatte, legte er ein Jahr später in einem Aufsatz dar (vgl. *Stenglein*, GS 1889, S. 168).

13 *Stenglein*, Gutachten, S. 249ff.

14 § 223a StGB (i.d.F. d. RGBl. I 1876, S. 39).

nahme gemacht werden könne, verneinte diese Frage aber im Ergebnis.[15] Die gefährliche Körperverletzung sollte nach dem Willen des Gesetzgebers die Lücke zwischen der einfachen und der schweren Körperverletzung schließen. Mit der Einführung der gefährlichen Körperverletzung habe der Gesetzgeber dem Umstand Rechnung tragen wollen, dass der Verletzte gerade bei den in § 223a StGB erfassten Rohheitsdelikten den Strafantrag aus Furcht vor weiterer Gefährdung durch den sich durch Rohheit und Rauflust hervortuenden Angreifer unterlasse und ihm deshalb die Disposition über den Eintritt der Strafverfolgung entzogen werden solle.[16] Zudem sei man allgemein zu der Ansicht gekommen, dass die Ahndung einer „überhandnehmenden Rohheit" nicht mit der nötigen Energie betrieben werde.[17] Da es sich schon nicht um ein Antragsdelikt handle und nach dem Willen des Gesetzgebers stets ein öffentliches Interesse an der Strafverfolgung bestehe, komme auch die Zuordnung zu den Privatklagedelikten nicht in Frage. Wohl aber solle der Verletzte seine Interessen als Nebenkläger geltend machen können.[18]

Auch bei Diebstählen, Unterschlagungen und Betrug unter Verwandten oder bei geringwertigen Sachen durch Lehrlinge und Dienstboten sowie den Jagdvergehen Angehöriger gem. § 292 StGB sei die Privatklage nicht zweckmäßig. Hier beruhe das Antragsrecht auf dem persönlichen Verhältnis zwischen Täter und Opfer. Der Gesetzgeber habe das Gefühl der Verletzten schonen wollen, indem er diesen nicht habe zumuten wollen, gegen Angehörige als Zeugen aufzutreten.[19]

Bei den Sittlichkeitsverbrechen gem. §§ 170, 172, 179, 182, 236, 237 StGB beruhe das Antragserfordernis auf der Rücksichtnahme auf das sittliche Gefühl der Beteiligten und einem gesteigerten Bedürfnis nach Diskretion. Weil die Sittlichkeitsdelikte geeignet seien, die Grundlage der Sitte, der Familie, der „heiligsten Familienrechte" zu beeinträchtigen und die Gefahr der Ausbeutung Beteiligter bestehe, seien auch diese Delikte nicht der Privatklage zuzuweisen.[20]

Raum für die Zuweisung zur Privatklage bestehe aber bei den Antragsdelikten nach §§ 123, 288, 289, 299, 300, 301, 303, 370 Ziff. 5, 6 StGB. Hier finde nicht selten eine Versöhnung oder ein Vergleich der Beteiligten statt. Auch

---

15 *Stenglein*, Gutachten, S. 252.

16 „Da, wo die Rohheitsdelikte häufig vorkommen, herrscht eine Art Terrorismus, der das Recht der Antragstellung unterdrückt.", *Stenglein*, Gutachten, S. 251.

17 *Kronecker* in: Verhandlungen des 19. DJT, Bd. 3, S. 277.

18 *Stenglein*, Gutachten, S. 251f.

19 Ebd.

20 A.a.O., S. 254.

bestehe in der Regel kein öffentliches Interesse an der Strafverfolgung. Dennoch äußerte *Stenglein* Bedenken, dass die Ausweitung der prinzipalen Privatklage einer „Durchlöcherung" des Legalitätsprinzips Vorschub leisten könne und der überlastete Staatsanwalt sich möglicherweise zu leicht der „unbequemen Pflichterfüllung" entziehen könne.[21]

Eine ähnliche Interessenlage bestehe bei den seit 1867 erlassenen Strafnormen zum Schutz geistigen Eigentums.[22] Die erfassten Delikte dienten letztlich nur dem Schutz privater Güter. Ihre Pönalisierung solle die Monetarisierung der Erzeugnisse geistiger Tätigkeit gewährleisten. Die zivilprozessualen Formen des Privatklageverfahrens seien zur Ahndung von Verletzungen gewerblicher Schutzrechte besonders geeignet. Der Staat habe ein nur sehr geringes Interesse an einer strafrechtlichen Ahndung dieser Delikte, solange der Verletzte die Möglichkeit habe, die Verfolgung selbst in die Hand zu nehmen.[23]

Insgesamt kam *Stenglein* zu dem Ergebnis, dass für eine Ausdehnung des Privatklageverfahrens kein dringendes Bedürfnis bestehe und die Einführung eines erweiterten Privatklagekatalogs daher auch zu einem späteren Zeitpunkt im Rahmen einer Gesamtrevision der RStPO erörtert werden könne.[24] Gleichwohl beantragte er einen wie folgt gefassten Beschluss des Deutschen Juristentags:

> „Der deutsche Juristentag hält es für angemessen, dass bei Gelegenheit einer umfassenden Revision der Reichsstrafprozessordnung die Ausdehnung des Privatklageverfahrens in seiner jetzigen Form, wenn auch mit systematischerer Durchführung der Einzelbestimmungen in das Auge gefaßt wird und zwar auf folgende Delikte:
>
> 1. Hausfriedensbuch, Beleidigung, vorsätzliche und fahrlässige Körperverletzung und Sachbeschädigung, insofern diese Delikte nur auf Antrag verfolgbar sind;
>
> 2. ferner die Delikte der §§ 288, 289, 299, 300, 301, 302, 370, Ziffer 5 und 6 des Strafgesetzbuchs, endlich,

---

21 A.a.O., S. 254f.

22 *Stenglein* nannte das Reichsgesetz vom 11. Juni 1870, betreffend das Urheberrecht an Schriftwerken, Abbildungen, musikalischen Compositionen und dramatischen Werken (Bundes-Gesetzblatt des Norddeutschen Bundes 1870, S. 339.), das Reichsgesetz vom 30. November 1874 über Markenschutz (RGBl. 1874, S. 143), das Reichsgesetz vom 9. Januar 1876 betreffend das Urheberrecht an Werken der bildenden Künste (RGBl. I 1876, S. 4.), das Reichsgesetz vom 10. Januar 1876 betreffend den Schutz der Photographien gegen unbefugte Nachbildung (RGBl. 1876, S. 8), das Reichsgesetz vom 11. Januar 1876, betreffend das Urheberrecht an Mustern und Modellen (RGBl. 1876, S. 11) und das Reichs-Patent-Gesetz vom 25. Mai 1877 (RGBl. I 1877, S. 501), vgl. *Stenglein*, Gutachten, S. 255.

23 *Stenglein*, Gutachten, S. 255f.

24 A.a.O., S. 256f.

> 3. die nach den Reichsgesetzen vom 12. Juni 1870, 30. November 1874, 9., 10. und 11. Januar 1876 und 25. Mai 1877 strafbaren Handlungen."[25]

Die vierte Abteilung des Deutschen Juristentags lehnte auf ihrer Sitzung vom 13. September 1888 den Antrag *Stengleins* ab und entschied sich gegen eine katalogmäßige Erweiterung der privatklagefähigen Delikte und für eine von *Olshaufen* vorgeschlagene Formulierung:

> „Eine spezielle Bezeichnung einzelner Delikte, auf welche die prinzipale Privatklage auszudehnen sei, empfiehlt sich nicht. Die Frage, welche Ausdehnung dem Privatklageverfahren bei etwaiger Reform des Strafprozesses zu geben sei, erheischt eine prinzipielle Lösung."[26]

C) Entwurf von 1895

Am 6. Dezember 1894 wurde dem Reichstag der Entwurf eines Gesetzes betreffend Änderungen und Ergänzungen des Gerichtsverfassungsgesetzes und der Strafprozeßordnung (E1895) vorgelegt.[27] Der E1895 sah eine Ausweitung der prinzipalen Privatklage und damit mittelbar auch der Nebenklage vor.[28] Die vormals auf Injurien beschränkte Privatklage wurde durch den Entwurf auf den einfachen Hausfriedensbuch, die Bedrohung mit Begehung eines Verbrechens, die gefährliche Körperverletzung, den strafbaren Eigennutz und die einfache Sachbeschädigung ausgedehnt. Ziel der Ausweitung des Katalogs der Privatklagedelikte war die Entlastung der Staatsanwaltschaft. Die prinzipale Privatklage sollte die Staatsanwaltschaft von der Verfolgung „leichter Verletzungen der Privatrechtssphäre" entbinden, ohne dass hierdurch das Legalitätsprinzip aufgegeben werden musste. Bemerkenswert bleibt bei dem Privatklagekatalog der Umstand, dass mit §§ 241, 223a StGB a.F. Delikte aufgenommen wurden, die keine Antragsdelikte waren. Begründet wurde dieser Schritt damit, dass die „Frage der Verfolgbarkeit von Amtswegen sich mit derjenigen, ob bestimmte Fälle wegen mangelnden öffentlichen Interesses dem Betriebe durch den Verletzten überlassen werden dürfen, sich nicht not-

25 A.a.O., S. 257f.

26 Verhandlungen des 19. DJT, Bd. 3, S. 299. Grund für die kurze und vergleichsweise unkonzentrierte Diskussion dürfte Zeitdruck gewesen sein (vgl. *Olshaufen* in: A.a.O., S. 294f.).

27 RT-Drucks. 1985/97, Nr. 73. S. hierzu *Bolder*, Versuch, S. 71ff.

28 § 414 E1895.

wendig" decke.[29] Die Verabschiedung des Entwurfs scheiterte in der dritten Beratung des Reichstags am 15. Dezember 1896 endgültig.[30]

D) Gesetz zur Bekämpfung des unlauteren Wettbewerbs

Mit dem Gesetz zur Bekämpfung des unlauteren Wettbewerbs vom 27. Mai 1896[31] wurde der sachliche Anwendungsbereich der prinzipalen Privatklage im Nebenstrafrecht ausgedehnt[32] und eine Bußberechtigung für strafbare Wettbewerbsverstöße[33] eingeführt.[34] Die Nebenklage zur Geltendmachung von Bußansprüchen wegen Verletzungen gewerblicher Schutzrechte war schon bei Verabschiedung der RStPO üblich. Insoweit fügte sich die UWG-Novelle in die bisherige Gesetzgebung zum Schutz gewerblichen Schaffens ein.[35] Das prinzipale Privatklageverfahren für das Gebiet des gewerblichen Rechtsschutzes war in der Reichsgesetzgebung aber neu.[36]

E) Vorbereitung einer Gesamtreform

Zur Vorbereitung einer Gesamtreform des Straf- und Strafprozessrechts beschloss der Reichstag am 19. April 1902, die verbündeten Regierungen zu ersuchen, baldmöglichst einen Entwurf zur Änderung des Gerichtsverfassungsgesetzes und der Strafprozessordnung zu erarbeiten.[37] Die daraufhin gebildete Kommission zur Reform des Strafverfahrens setzte sich aus Richtern, Staatsanwälten, Rechtsanwälten und Rechtslehrern zusammen, sodass alle relevanten, juristischen Berufsgruppen vertreten waren.[38] In der Zusammensetzung der Kommissionsmitglieder überwog das „konservative Element

---

29 E1895 Begründung, S. 68.

30 Zum Gang des Gesetzgebungsverfahrens s. die umfassende Darstellung bei *Bolder*, Versuch, S. 82–95; *Intrator*, Strafprozeßentwurf, S. 13.

31 RGBl. I 1896, S. 145.

32 § 12 UWG in der Fassung vom 27. Mai 1896.

33 § 14 UWG in der Fassung vom 27. Mai 1896.

34 RGBl. 1896, S. 145–149.

35 Z.B. gem. § 11 Gebrauchsmustergesetz (RGBl. 1891, S. 290), § 37 Patentgesetz (RGBl. 1891, S. 79), § 18 Warenzeichengesetz (RGBl. 1894, S. 441), § 18 Urheberrechtsgesetz (BGBl. 1870, S. 339).

36 *Stechow*, UWG, S. 213.

37 Protokolle der Reformkommission, Bd. 1, S. 1; Verhandlungen des Reichstags 1900/03 Bd. 6, S. 4933; *Wach*, ZStrW 1903, S. 344.

38 *Wach*, ZStrW 1903. 348; *Zacharias*, Strafgerichtsverfassung, S. 28.

der Praktiker" gegenüber Vertretern der Wissenschaft.[39] Die Reformkommission tagte im Zeitraum vom 10. Februar 1903 bis zum 1. April 1905 und beriet sich in zwei Lesungen. Die Kommissionsbeschlüsse wurden im Schrifttum kontrovers diskutiert und bildeten einen Schwerpunkt der Verhandlungen der IKV und des neunundzwanzigsten Deutschen Juristentags.

Innerhalb der Kommission bestand Einigkeit darüber, dass eine übermäßige Zahl von Verurteilungen in der Gerichtspraxis einen Missstand darstelle. Eine Strafverfolgung liege in vielen Fällen nicht im staatlichen Interesse, sodass eine Bestrafung bei „Geringfügigkeit der Tat" oder der „besonderen Lage der Sache" als Ungerechtigkeit erscheine.[40] Die Staatsanwaltschaft sei dem Vorwurf kleinlicher Verfolgungssucht ausgesetzt.[41] Mitursache dieser Fehlentwicklung sei die Zunahme polizeilicher Strafbestimmungen unter den Bedingungen eines weitgehend uneingeschränkten Legalitätsprinzips.[42] Eine zunehmende Sorge vor den Folgen sozialistischer Agitation, schuf einen ausreichenden Anreiz, den Gesichtspunkt der Sozialverträglichkeit des Strafverfahrens in die Reformdiskussion einzubeziehen.[43]

I. Opportunitätsprinzip und Verletztenbeteiligung

Uneinigkeit herrschte über den geeigneten Hebel, um die benannten Missstände zu beseitigen. Eine Minderheit der Kommission, Teile der Literatur und der 29. DJT wollten eine Entlastung der Staatsanwaltschaften durch schärfer konturierte Tatbestandsmerkmale der Straftatbestände des materiellen Rechts und eine Ausdehnung der Antragsdelikte erreichen.[44] Die Überlastung der Staatsanwaltschaften sei vorrangig durch eine Anpassung des Strafrechts zu beheben, nicht aber durch die Abschaffung des Legalitätsprinzips.[45] Im Übrigen sei die Begnadigung das geeignete Mittel, um unbillige Härten zu mildern. Die Mehrheit der Reformkommission und ein beachtlicher Teil der Literatur sprachen sich jedoch für eine zurückhaltende Perforation des Legalitätsprinzips und damit für einen strafprozessual orientierten Lösungsansatz aus. Durch begrenzte Einschränkungen des Legalitätsprinzips sollte verhindert werden,

39 *Nagler*, GS 1909, S.102.

40 Protokolle der Reformkommission, Bd. 1, S. 136.

41 A.a.O., S. 138f.

42 Protokolle der Reformkommission, Bd. 2, S. 37.

43 *Gerland* in: 29. DJT, Bd. 5, S. 493; *Nagler*, GS 1909, S. 170.

44 29. DJT, Bd. 5, S. 870.

45 *Thiersch*, Legalitätsprinzip, S. 205; *Fuld*, Gestaltung, S. 608f.; *Lilienthal* in: 29. DJT, Bd. 5, S. 494; *Nagler*, GS 1909, S. 169; *Gleispach* in: 29. DJT, Bd. 5, S. 449, 456.

dass Anklagen erhoben werden, wenn weder ein öffentliches, noch ein privates Interesse an der Strafverfolgung besteht.[46] Nach herrschender Auffassung sollten etwaige Ausnahmen keineswegs das Legalitätsprinzip als „wichtigster Garantie einer gleichmäßigen, unabhängigen Rechtsprechung und des Vertrauens des Volkes in die Strafrechtspflege" in Frage stellen.[47] Ausnahmen vom Legalitätsprinzip sollten zugelassen werden, soweit „der Rechtsgüterschutz als solcher durch das Strafgesetz unmittelbar nur im Interesse des einzelnen Verletzten vom Staate gewährt" und ein Ausgleich durch die Ausdehnung der prinzpalen Privatklage geschaffen werde.[48]

Insoweit stellte sich die Frage, wie eine maßvolle Aufweichung des Legalitätsprinzips prozessual durchzuführen war. Ob eine Einschränkung des Legalitätsprinzips ohne den gleichzeitigen Ausgleich durch dem Verletzten zugewiesene Kontrollinstrumente zugelassen werden sollte, war innerhalb der Reformkommission lebhaft umstritten.[49] In zweiter Lesung beschloss die Kommissionsmehrheit eine Aufhebung des Legalitätsprinzips bei Übertretungen und damit eine partielle Aufhebung des bislang engen Konnexes von Opportunitätsprinzip und Kontrollrechten des Verletzten. Ein Einschreiten des Staatsanwalts bei Übertretungen sollte unterbleiben können, wenn kein öffentliches Interesse an der Strafverfolgung im konkreten Fall bestand.[50]

46 Protokolle der Reformkommission, Bd. 1, S. 136.

47 Protokolle der Reformkommission, Bd. 1, S. 135, 137, Bd. 2, S. 37; 29. DJT, Bd. 5, S. 869. *Mittermaier*, Legalitätsprinzip, S. 157; *Schmidt-Ernsthausen*, Legalitätsprinzip, S. 166; *Thiersch*, Legalitätsprinzip, S. 218; *Fuld*, Gestaltung, S. 604f.; *Ullmann*, Gutachten, S. 76; *Dietz*, Gutachten, S. 89; *Kahl* in: 29. DJT, Bd. 5, S. 489; *Bruck*, ZStrW 1906, S. 677.

48 29. DJT, Bd. 5, S. 869.

49 Protokolle der Reformkommission, Bd. 1, S. 139f.

50 Protokolle der Reformkommission, Bd. 2, S. 37. Insgesamt hatten die Befürworter des Opportunitätsprinzips zwar merklich an Boden gewonnen. Z.B. *Kade*, der in der Presse und Öffentlichkeit ein brauchbares Gegengewicht zum Opportunitätsprinzip sah (*Kade* in: 29. DJT, Bd. 5, S. 496); *Aschrott*, Mitteilungen der IKV 1907, S. 229; *Stenglein*, DJZ 1903, S. 12; *Schmidt-Ernsthausen*, Legalitätsprinzip, S. 193; *Ullmann*, Gutachten, S. 76. Überblick über den Diskussionsstand bei *Dettmar*, Legalität, S. 126ff. Der weit überwiegende Teil der Literatur hatte jedoch erhebliche Skrupel vor einer Durchbrechung des Legalitätsprinzips. Dies zeigte sich schon in der deutlichen Ablehnung gegenüber der von der Kommission beschlossenen Ausdehnung des Opportunitätsprinzips auf die Übertretungen. *Schmidt-Ernsthausen*, Legalitätsprinzip, S. 195f.; *Ullmann* befürwortete die Einführung des Opportunitätsprinzips bei Übertretungen, forderte im Gegenzug aber die Einführung einer prinzipale Privatklage des Verletzten und, sollte ein solcher nicht auffindbar sein, eine Popularklage, die jedes Gemeingemitglied erheben können sollte (*Ullmann*, Gutachten, S. 77f.). *Thiersch* lehnte den Kommissionsbeschluss insgesamt ab. Die Ausdehnung des Opportunitätsprinzips auf alle Übertretungen sei zu verwerfen, weil keine Kontrolle der Staatsanwaltschaft möglich sei und die

Eine weitergehende Einschränkung des Legalitätsprinzips sollte nach Ansicht der Kommissionsmehrheit von erweiterten Kontrollrechten des Verletzten flankiert werden. Die Kommission verwarf in beiden Lesungen mit jeweils großer Mehrheit die Einführung der subsidiären Privatklage.[51] Eine Erweiterung des Klageerzwingungsverfahrens auf staatsanwaltschaftliche Einstellungsentscheidungen sei unter den Bedingungen des Opportunitätsprinzips nicht empfehlenswert, da es die Gerichte zu Zweckmäßigkeitskontrollen, d.h. zur Prüfung kriminalpolitischer und kriminalistischer Gesichtspunkte, ermächtige.[52] In Strafverfahren gegen Jugendliche räumte die Reformkommission dem Verletzten ein Dispositionsrecht über die Einstellung des Verfahrens ein. Bei Jugendlichen unter vierzehn Jahren sollte die Einstellung des Verfahrens wegen mangelnden, öffentlichen Interesses vom Einverständnis des Verletzten abhängig gemacht werden.[53] Jede weitergehende Einschränkung des Legalitätsprinzips sollte durch eine Erweiterung der Privatklage erfolgen.[54]

---

geringe Verfolgungsdichte zu Autorität des Gesetzes untergraben würde (*Thiersch*, Legalitätsprinzip, S. 210). Der 29. DJT, *Gleispach* und *Feisenberger* forderten die Entfernung der Polizeiübertretungen aus dem Strafrecht und Strafverfahren und damit eine konturierte Trennung von kriminellem und „polizeilichem" Unrecht (*Gleispach* in: 29. DJT, Bd. 5, S. 449, 456; *Feisenberger* in: 29. DJT, Bd. 5, S. 464. A.A wohl nur *Nagler*, GS 1909, S. 175; 29. DJT, Bd. 5, S. 870).

51 Protokolle der Reformkommission, Bd. 1, S. 135ff, 140, Bd. 2, S. 41 ff.

52 Protokolle der Reformkommission, Bd. 1, S. 171f.

53 Protokolle der Reformkommission, Bd. 2, S. 41.

54 Protokolle der Reformkommission, Bd. 1, S. 286. Nach wie vor war die prinzipale Privatklage nicht unumstritten. Wie schon in der Mitte des 19. Jahrhunderts fürchtete man den Missbrauch der Privatklage durch den Verletzten. Eine größere Gewichtung räumte die Kommission jedoch den sozialpolitischen Auswirkungen der Privatklage ein. Nicht nur sei die Privatklage den „ärmeren Volksklassen infolge der damit verbundenen Kosten" schwerer zugänglich. Der Angeklagte werde durch die Privatklage schlechter gestellt als im Offizialverfahren, da er mit den Kosten der Privatklage belastet werde. Dies könne zu einer völligen Verarmung des Angeklagten führen. Auch könne die Ausdehnung der Privatklage praktisch dazu führen, dass ganze Deliktsgruppen praktisch nicht mehr verfolgt werden und die Strafandrohungen so „ihre vorbeugende Wirkung" verlieren könnten. Teile der Literatur lehnten die prinzipale Privatklage als eine „in jeder Form verfehlte Einrichtung" ab (*Nagler*, GS 1909, S. 172). Dies wurde einerseits mit der Befürchtung begründet, die Verweisung auf den Privatklageweg sei gleichbedeutend mit dem Verzicht auf Strafverfolgung (*Nagler*, GS 1909, S. 173). Da der wirtschaftlich Schwächere die Kosten des Privatklageverfahrens schwerer aufbringen könne und dem Angeklagten im Falle einer Verurteilung zusätzlich die Kosten des Privatklägers aufgebürdet würden, führe die Privatklage zu sozialer Ungleichheit in der Strafverfolgung (*Bruck*, ZStrW 1906, S. 678).

II. Privatklagedelikte

Schwierigkeiten bereitete weiterhin die Frage, ob eine Erweiterung des sachlichen Anwendungsbereichs der prinzipalen Privatklage auf einzelne Delikte beschränkt oder anhand allgemeiner Gesichtspunkte vorgenommen werden sollte. Die noch vom 19. DJT geforderte „prinzipielle Lösung" wurde aber auch in der Literatur entweder als verklausulierte[55] Paraphrase des Begriffs des „öffentlichen Interesses" präsentiert oder rein kasuistisch bestimmt. Auch die Kommission nahm letztlich eine fragmentarische Bestimmung des Privatklagekatalogs vor. Dies beruhte wesentlich auf dem in dem Institut angelegten Grundkonflikt, dass sich die Frage nach dem öffentlichen Interesse an der Strafverfolgung nur schwer in eine Schablone zwingen ließ.[56] Für eine kasuistische Eignung von Strafnormen für einen erweiterten Privatklagekatalog entwickelte nur *Schmidt-Ernsthausen* ein konkretes Programm: Das Vergehen dürfe sich erstens nicht in seiner regelmäßigen Erscheinungsform als eine Betätigung niedriger Gesinnung darstellen. Die Folgen des Vergehens müssten sich zweitens regelmäßig in solchen Schranken halten, dass die Straftat nicht als eine Gefährdung der allgemeinen Sicherheit erscheint. Die Beschaffung des Beweismaterials müsse drittens typischerweise ebenso einfach sein wie der tatsächliche Hergang.[57]

1. Hausfriedensbruch

Die Kommissionsmehrheit sprach sich für die Ausdehnung des Privatklagekatalogs auf den einfachen und qualifizierten, d.h. bewaffneten oder von mehreren gemeinschaftlich begangenen, Hausfriedensbruch gem. § 123 StGB aus.[58] Der Beschluss wurde auch im Schrifttum überwiegend befürwortet.[59] Umstritten waren nur die Fälle des qualifizierten Hausfriedensbruchs. Da die Grenze zwischen dem Grunddelikt und Qualifikationen fließend sei, sollte die Privatklage nach Ansicht *Schmidt-Ernsthausens* auch auf diese Fälle ausgedehnt werden. Dies gelte insbesondere für den Hausfriedensbuch unter Mitführung einer Waffe, da der Begriff der Waffe nach der Rechtsprechung bereits jedes

---

55 So z.B. bei Gleispach, der „leichteste Verletzungen höchstpersönlicher Interessen" der prinzipalen Privatklage zuweisen wollte (*Gleispach* in: 29. DJT, Bd. 5, S. 456, 837).

56 *Schmidt-Ernsthausen*, Legalitätsprinzip, S. 166f.; ähnlich *Gleispach* in: 29. DJT, Bd. 5, S. 449f.

57 *Aschrott*, Legalitätsprinzip, S. 75.

58 Protokolle der Reformkommission, Bd. 1, S. 288, Bd. 2, S. 43.

59 *Schmidt-Ernsthausen*, Legalitätsprinzip, S. 183; *Thiersch*, Legalitätsprinzip, S. 210f.; *Dietz*, Gutachten, S. 81. A.A. *Feisenberger* in: 29. DJT, Bd. 5, S. 468; *Bruck*, ZStrW 1906, S. 680.

gefährliche Werkzeug umfasse.[60] Das Beweismaterial sei auch in diesen Fällen leicht zu beschaffen.[61] Demgegenüber wandte *Thiersch* ein, dass gerade Fälle des § 123 Abs. 2 StGB auf Geheiß politischer, religiöser oder wirtschaftlicher Verbände eingesetzt würden, um Druck auf politische Gegner auszuüben. Es bestehe die Gefahr, dass die Staatsanwaltschaften durch eine nicht gleichmäßige Strafverfolgung dem Vorwurf der Parteilichkeit ausgesetzt werden.[62]

2. Einfache Körperverletzung

Die Kommission befürwortete die Aufnahme der einfachen Körperverletzung in den neuen Privatklagekatalog.[63] *Fuld* äußerte Vorbehalte, die Körperverletzungsdelikte dem prinzpalen Privatklageverfahren zu unterstellen. Die „manchesterlichen" Prämissen der Privatklage liefen jedenfalls dem Gedanken des Kinderschutzes entgegen.[64] Als Ausgleich für die intendierte Entlastung der Staatsanwaltschaften sei es angemessen, Kinderschutzorganisationen eine Verbandsprivatklage zur Verfolgung von Kindesmisshandlungen zuzubilligen.[65]

3. Fahrlässige Körperverletzung

Der Antrag auf Ausdehnung der prinzipalen Privatklage auf die fahrlässige Körperverletzung nach § 230 StGB wurde zunächst in erster Lesung abgelehnt.[66] De lege lata waren Körperverletzungen nur dann Privatklagedelikte, soweit es sich um Antragsdelikte handelte. Fahrlässige Körperverletzungen unter Verletzung einer Amts-, Berufs- oder Erwerbspflicht wurden als Offizialdelikt verfolgt. Da es in der Praxis oft vom Zufall abhänge, ob die Verfolgung fahrlässiger Körperverletzungen als Antrags- oder als Offizialdelikt verfolgt werde, sei die Aufnahme aller Fälle der fahrlässigen Körperverletzung in den Privatklagekatalog geboten. Nach Ansicht der Kommissionsmehrheit lief eine derartige Erweiterung der Privatklage dem Sicherheitsinteresse der Allgemeinheit respektive dem Gedanken der Unfallverhütung entgegen.[67] Der Wertungswiderspruch, dass die einfache Körperverletzung generell, die fahrlässige Körperverletzung dagegen nur unter Umständen der prinzipalen Privat-

---

60 *Schmidt-Ernsthausen*, Legalitätsprinzip, S. 183; zust. *Bruck*, ZStrW 1906, S. 680.

61 *Schmidt-Ernsthausen*, Legalitätsprinzip, S. 184.

62 *Thiersch*, Legalitätsprinzip, S. 211.

63 Protokolle der Reformkommission, Bd. 1, S. 290.

64 *Fuld*, Gestaltung, S. 605.

65 A.a.O., S. 607.

66 Protokolle der Reformkommission, Bd. 1, S. 290.

67 A.a.O., S. 289.

klage zugewiesen war, wurde dann aber in zweiter Lesung beseitigt.[68] Die Mehrheit der Literatur lehnte den Kommissionsbeschluss ab. Die qualifizierten, fahrlässigen Körperverletzungen eigneten sich nach Ansicht *Schmidt-Ernsthausens* nicht für den Privatklageweg. Diese umfassten Kunstfehler von Ärzten, Hebammen, Naturheilkundigen, Architekten und Ingenieuren, die fahrlässige Überschreitung des Züchtigungsrechts, die aberratio ictus, gewerbliche Unfälle und die mit dem Straßenverkehr zusammenhängenden Körperverletzungen. Bei fahrlässigen Körperverletzungen im Straßenverkehr seien fast immer zugleich Übertretungen polizeilicher Verkehrsvorschriften oder andere gesetzliche Bestimmungen berührt. Es handle sich vielfach um sehr komplizierte Prozesse und schwierige technische Fragen, bei denen Ortsbesichtigungen und Sachverständigengutachten erforderlich seien.[69] *Fuld* lehnte eine Ausweitung der prinzipalen Privatklage auf die fahrlässige Körperverletzung unter dem Blickwinkel des Arbeitnehmerschutzes ab. Wegen der strukturellen Übermacht des Arbeitgebers sei es nach Ansicht *Fulds* praktisch ausgeschlossen, dass der Arbeitnehmer im Wege der Privatklage gegen einen Arbeitgeber wegen einer strafbaren Verletzung von Arbeitssicherheitsvorschriften vorgehe.[70] Mittelbar betreffe der Kommissionsbeschluss auch Gemeinden, Armenverbände, Krankenkassen und sonstige Unterstützungskassen, soweit diese wegen eines fahrlässig herbeigeführten Unfalls eines Mitglieds etwaige Regressansprüche gegen einen Unternehmer geltend machen wollen.[71] Ein ähnlich gelagertes Interesse bestehe in Fällen ärztlicher Kunstfehler.[72] Die Gegenströmung in der Literatur untermauerte die Ansicht der Kommissionsmehrheit, dass alle vorsätzlichen leichten und fahrlässigen Körperverletzungen qua Privatklage verfolgt werden sollen.[73] Gerade bei fahrlässig und bei Übertretung einer Amts-, Berufs- oder Gewerbepflicht begangenen Körperverletzungen werde in der Praxis ein großer Missbrauch mit der Stellung des Strafantrags getrieben. So werde häufig Ärzten gegenüber die Drohung, Strafantrag wegen fahrlässiger Körperverletzung durch Behandlungsfehler zu stellen, als Erpressungsmittel angewendet. Die Ermittlungsergebnisse der Staatsanwaltschaft dienten dazu, dem Verletzten die Grundlage künftiger Schadensersatzprozesse zu verschaffen.[74]

68 Protokolle der Reformkommission, Bd. 2, S. 44.

69 *Schmidt-Ernsthausen*, Legalitätsprinzip, S. 182.

70 *Fuld*, Gestaltung, S. 608.

71 A.a.O., S. 608f.

72 A.a.O., S. 610.

73 *Dietz*, Gutachten, S. 81; *Bruck*, ZStrW 1906, S. 680.

74 *Thiersch*, Legalitätsprinzip, S. 212f.

4. Gefährliche Körperverletzung

Die Kommission beschloss die Ausdehnung des Privatklagekatalogs auf die gefährliche Körperverletzung.[75] Nach den Kommissionsbeschlüssen in erster Lesung sollten zunächst alle Fälle, in denen der Gebrauch einer Stoß-, Hieb- oder Schusswaffe oder eine das Leben gefährdende Behandlung in Frage stehe, weiterhin dem Legalitätsprinzip unterfallen.[76] Damit sollte einem besonderen, sozialpolitisch begründeten Interesse Rechnung getragen werden.[77] In zweiter Lesung hob die Kommission diese Einschränkungen wieder auf. Nach Ansicht der Mehrheit der Mitglieder erfasse die Tatbestandsvariante „mittels eines gefährlichen Werkzeugs" zu viele Fälle von geringem, öffentlichen Interesse. Ein großer Teil der Verurteilten werde unter der Annahme mildernder Umstände ohnehin nur zu bloßer Geldstrafe oder geringer Freiheitsstrafe verurteilt. Unbeschadet dessen könne die Staatsanwaltschaft in Fällen öffentlichen Interesses weiterhin einschreiten.[78] Der Kommissionsbeschluss wurde in der Literatur scharf kritisiert. *Nagler* zufolge handelte es sich bei dem Kommissionsbeschluss um die Fortwirkung des „Erbfehlers" deutscher Gesetzgebung, die körperliche Unversehrtheit geringer zu schätzen als das Vermögen.[79] *Bruck* lehnte die Ausweitung der Privatklage auf die gefährliche Körperverletzung ab. Sie schaffe soziale Ungleichheit in der Strafverfolgung. Der Verletzte und Zeugen hätten gerade bei § 223a StGB die Rache des Täters zu fürchten.[80] Nach Ansicht *Thierschs* habe der Gesetzgeber mit der Einführung des § 223a StGB ein erhebliches Interesse an der Verfolgung der erfassten Delikte bekundet.[81] *Schmidt-Ernsthausen* sah Schwierigkeiten, bei der gefährlichen Körperverletzung Fälle, in denen ein öffentliches Interesse vorliegt, zu identifizieren.[82] Einerseits seien Fälle besonderer Rohheit dem Legalitätsprinzip zu unterstellen. Der Tatbestand der gefährlichen Körperverletzung sei aber so

---

75 Protokolle der Reformkommission, Bd. 1, S. 290.

76 A.a.O., S. 291.

77 A.a.O., S. 290f. Im Übrigen griff die Kommission in der Diskussion die Überlegungen *Stengleins* und des E1896 auf.

78 Protokolle der Reformkommission, Bd. 2, S. 44f.

79 *Nagler*, GS 1909, S. 175. Und weiter: „Der Ruf 'Haltet den Dieb' elektrisiert heute offenbar noch ebenso wie zu Dickens Zeiten den Mann der Straße wie den Gesetzgeber, während das 'Haltet den Messerhelden' weit weniger Eindruck macht!" (*Nagler*, GS 1909, S. 175).

80 *Bruck*, ZStrW 1906, S. 681.

81 *Thiersch*, Legalitätsprinzip, S. 212.

82 Eingehend *Schmidt-Ernsthausen*, Legalitätsprinzip, S. 176ff. Zust. *Dietz*, Gutachten, S. 82.

weit gefasst, dass er auch Bagatellfälle mit der Qualität einfacher Körperverletzungen umfasse.[83]

5. Sachbeschädigung

Die Kommission wies die Sachbeschädigung den Privatklagedelikten zu.[84] An der Verfolgung von Sachbeschädigungen bestehe ein ähnlich geringes, öffentliches Interesse wie an der Ahndung von Beleidigungen und Körperverletzungen.[85] Die Mehrheit der Literaturstimmen pflichtete dem Kommissionsbeschluss bei. Die meisten Sachbeschädigungen träten statistisch in einem Konglomerat von Beleidigungen, Bedrohungen, Körperverletzungen und Widerstandleistungen auf.[86] Ein öffentliches Interesse bestehe nur ausnahmsweise. Fälle von unzweifelhaftem, öffentlichem Interesse seien bereits in § 304 StGB geregelt.[87] Die finanzielle Belastung des Privatklägers sei hier nicht unbillig.[88] Dagegen wandte *Thiersch* ein, dass Sachbeschädigungen oft von mittellosen Personen begangen werden, der Privatkläger daher nicht die mit der Privatklage verbundenen Kosten tragen wolle und die Strafandrohung damit leerlaufe.[89] *Feisenberger* sah auch bei der Sachbeschädigung ein erhöhtes staatliches Interesse an einem umfassenden Eigentumsschutz.[90]

6. Mundraub und Futterdiebstahl

Ein Antrag auf Ausdehnung der prinzipalen Privatklage auf den Mundraub nach § 370 Nr. 5, 6 StGB wurde ohne weitere Diskussion angenommen.[91] *Thiersch* befürchtete, mit der Aufnahme des Mundraubs und des Futterdiebstahls in den Privatklagekatalog werde die Strafdrohung praktisch leerlaufen.

83 *Schmidt-Ernsthausen*, Legalitätsprinzip, S. 178ff.; *Hamm* in: 29. DJT, Bd. 5, S. 484f.

84 Protokolle der Reformkommission, Bd. 1, S. 294, Bd. 2, S. 47.

85 Protokolle der Reformkommission, Bd. 1, S. 294. Ein Antrag auf Ausdehnung der prinzipalen Privatklage auf den § 368 Nr. 9 StGB wurde zurückgezogen (Protokolle der Reformkommission, Bd. 1, S. 296).

86 *Schmidt-Ernsthausen*, Legalitätsprinzip, S. 185. Zust. *Dietz*, Gutachten, S. 81; *Bruck*, ZStrW 1906, S. 680.

87 *Schmidt-Ernsthausen*, Legalitätsprinzip, S. 186.

88 A.a.O., S. 187.

89 *Thiersch*, Legalitätsprinzip, S. 213.

90 *Feisenberger* in: 29. DJT, Bd. 5, S. 468.

91 Protokolle der Reformkommission, Bd. 1, S. 294, Bd. 2, S. 49.

Wegen der geringen Schäden werde der Privatkläger nur ein geringes Interesse an der Erhebung der Klage haben.[92]

7. Bedrohung

Die Kommission wies die Bedrohung den Privatklagedelikten zu. Zwar bedeute eine Bedrohung gelegentlich eine Gefährdung des Rechtsfriedens. In der Regel habe das Vergehen aber einen harmlosen Charakter, der dem einer Beleidigung nahe komme.[93] Die Bedrohung eignete sich nach Ansicht *Schmidt-Ernsthausens* ebenso gut wie die Beleidigung zur Verfolgung im Wege der Privatklage. Die Mehrzahl der Fälle stelle sich als „eine beleidigende, großsprecherische Redensart dar, die häufig eines geradezu phantastischen Aufputzes nicht entbehrt".[94] Aus Sicht der Staatsanwaltschaft handle es sich um einen „unrentablen Massenartikel", der in 50–60% der Fälle eingestellt werde. Der Inhalt der Bedrohung werde nur selten umgesetzt. Auch im gemeinen Recht sei die Bedrohung als Injurie qualifiziert worden.[95]

8. Strafbarer Eigennutz

Der Antrag auf Ausdehnung der prinzipalen Privatklage auf den strafbaren Eigennutz im Fall des § 289 StGB wurde abgelehnt.[96] Der Hauptfall des § 289 StGB sei die Verletzung des dem Vermieter an den eingebrachten Sachen des Mieters zustehenden Pfandrechts. Die Bestrafung dieses Vergehens habe eine erhebliche sozialpolitische Bedeutung, sodass eine Strafverfolgung von Amts wegen aus generalpräventiven Gründen geboten sei. Ein Teil der Kommission wandte sich gegen den Antrag, weil sie eine Ausdehnung der prinzipalen Privatklage auf Vermögensdelikte per se ablehnte.[97] In der Literatur wurde der Beschluss dagegen fast einhellig befürwortet.[98] Der häufigste Fall der „Besitzentwendung" sei das „Rücken" des Mieters. Dabei handle es sich aber um einen einfachen Sachverhalt ohne Bedeutung für die Allgemein-

---

92 *Thiersch*, Legalitätsprinzip, S. 213. A.A. *Fuld*, Gestaltung, S. 611; *Bruck*, ZStrW 1906, S. 680f. Unter dem Aspekt des staatlichen Interesses am Eigentumsschutz i.E. zust. *Feisenberger* in: 29. DJT, Bd. 5, S. 468.

93 Protokolle der Reformkommission, Bd. 1, S. 292, Bd. 2, S. 46.

94 *Schmidt-Ernsthausen*, Legalitätsprinzip, S. 184.

95 A.a.O., S. 184f. Zust. *Dietz*, Gutachten, S. 81; *Bruck*, ZStrW 1906, S. 680. A.A. *Feisenberger* in: 29. DJT, Bd. 5, S. 468.

96 Protokolle der Reformkommission, Bd. 1, S. 292.

97 A.a.O., S. 293f.

98 A.A. nur *Nagler:* „Ein paar Mark Miete oder ein gescheuchtes Häslein sind wertvoller wie die gefundenen Knochen des Menschen!" (*ders.*, GS 1909, S. 176).

heit, der vom Privatkläger leicht nachgewiesen werden könne.[99] *Thiersch* wollte den Privatklagekatalog aufgrund der vergleichbaren Interessenlage zudem um § 288 StGB ergänzt wissen.[100]

9. Jagdwilderei

Jagdvergehen nach § 292 StGB sollten nach Ansicht der Kommissionsmehrheit dagegen weiterhin der Offizialverfolgung unterliegen.[101] Die Wilderei verursache erhebliche, volkswirtschaftliche Schäden. Eine Verfolgung von Wilderern durch den Privatkläger müsse praktisch an der Schwierigkeit des Nachweises der Gewerbsmäßigkeit scheitern. Die Überführung des Wilderers gelinge selten ohne Anwendung strafprozessualer Zwangsmaßnahmen, die dem Privatkläger nicht zur Verfügung stünden. Der Privatkläger habe zudem die Rache des Wilderers zu fürchten.[102] Der überwiegende Teil der Literatur schloss sich der Linie der Kommission an.[103] Allein *Dietz* wendete ein, dass das öffentliche Interesse am Schutz des Jagdrechts in einer Vielzahl von Konstellationen überschätzt werde. Kein öffentliches Interesse bestehe bei der Aneignung von Fallwild, wenn Wild ohne Aneignungsabsicht zur Vermeidung von Wildschäden erschossen oder ein bereits auf dem eigenen Jagdgebiet angeschossenes Tier auf fremdem Gebiet erschossen werde.[104]

10. Pressevergehen

Die Kommissionsmehrheit entschied sich gegen eine Ausdehnung des erweiterten Privatklagekatalogs auf §§ 11, 19 Nr. 3 des Gesetzes über die Presse vom 11. März 1874.[105] Eine Offizialverfolgung sei im Hinblick auf die ruf- und existenzbedrohenden Auswirkungen unwahrer Behauptungen in der Presse gerechtfertigt. Man fürchtete, dass die „Kraft der Strafdrohung" abgeschwächt werde. Eine antragsgemäße Änderung könne bedeuten, dass der Staatsanwalt

---

99 *Schmidt-Ernsthausen*, Legalitätsprinzip, S. 187; *Dietz*, Gutachten, S. 82f.; *Feisenberger* in: 29. DJT, Bd. 5, S. 457, 468.

100 *Thiersch*, Legalitätsprinzip, S. 224.

101 Protokolle der Reformkommission, Bd. 1, S. 294.

102 A.a.O., S. 293f.

103 *Schmidt-Ernsthausen*, Legalitätsprinzip, S. 188; *Thiersch*, Legalitätsprinzip, S. 214. Zust. *Feisenberger* in: 29. DJT, Bd. 5, S. 468.

104 *Dietz*, Gutachten, S. 83.

105 Protokolle der Reformkommission, Bd. 1, S. 294.

zugunsten beteiligter Behörden und Beamten eingreifen, Privatpersonen aber regelmäßig auf den Privatklageweg verwiesen würden.[106]

11. Gewerbliche Schutzrechte

Die Kommission lehnte eine Ausdehnung der Privatklage auf Verletzungen des geistigen Eigentums in beiden Lesungen ab.[107] Eine Kommissionsminderheit argumentierte, die einschlägigen Antragsdelikte dienten vorrangig dem Schutz gewerblicher Sonderinteressen von Privatpersonen, an deren Ahndung nicht per se ein öffentliches Interesse bestehe. Der Strafantrag bei den Delikten nach § 40 PatG und § 16 WZG werde in der Regel nicht gestellt, um eine Bestrafung des Täters herbeizuführen. Der Verletzte wolle die Ergebnisse staatsanwaltschaftlicher Ermittlungen zur Vorbereitung einer zivilrechtlichen Interessendurchsetzung nutzen. Gelegentlich diene der Strafantrag als Druckmittel, um die Vergleichs- oder Entschädigungsbereitschaft des Beschuldigten zu erhöhen.[108] Vor diesem Hintergrund sei verständlich, dass Anzeigen in der Praxis regelmäßig zurückgenommen werden. Das private Interesse stehe zudem in einem Missverhältnis zum staatsanwaltschaftlichen Ermittlungsaufwand. Die Verweisung auf den Privatklageweg setze auch den in den Strafprozessordnungen der deutschen Partikularstaaten eingeschlagenen Weg fort. Im Übrigen könne die Staatsanwaltschaft bei besonders schweren Verstößen weiterhin von Amts wegen einschreiten. Die Kommissionsmehrheit bejahte jedoch ein überwiegendes, öffentliches Interesse an der Strafverfolgung zum Schutz der Industrie und des Handels in ihrer Gesamtheit. Insbesondere der „kleine Gewerbetreibende" sei finanziell oft nicht in der Lage, die Privatklage

106 A.a.O., S. 295; Protokolle der Reformkommission, Bd. 2, S. 47f.

107 Protokolle der Reformkommission, Bd. 1, S. 296. Der Antrag in erster Lesung lautete nun auf Ausdehnung des Anwendungsbereichs der prinzipalen Privatklage auf § 14 des Reichsgesetzes, betreffend das Urheberrecht an Mustern und Modellen vom 11. Januar 1876, §§ 36, 40 des Patentgesetzes vom 7. April 1891, § 10 des Reichsgesetztes, betreffend den Schutz von Gebrauchsmustern vom 1. Juni 1891, §§ 14, 15, 16 des Reichsgesetzes zum Schutze der Warenbezeichnungen vom 12. Mai 1895 (vgl. Protokolle der Reformkommission, Bd. 2, S. 47). Ein in zweiter Lesung eingebrachter Antrag lautete nun auf Ausdehnung des Anwendungsbereichs der prinzipalen Privatklage auf § 14 des Reichsgesetzes, betreffend das Urheberrecht an Mustern und Modellen vom 11. Januar 1876, §§ 36, 40 des Patentgesetzes vom 7. April 1891, § 10 des Reichsgesetztes, betreffend den Schutz von Gebrauchsmustern vom 1. Juni 1891, §§ 14, 15, 16 des Reichsgesetzes zum Schutze der Warenbezeichnungen vom 12. Mai 1895 (vgl. Protokolle der Reformkommission, Bd. 2, S. 47). Aus dem Antrag in zweiter Lesung wurden Zuwiderhandlungen gegen Urheberrechtsgesetze, die wissenschaftliche oder künstlerische Interessen schützen, ausgenommen.

108 Protokolle der Reformkommission, Bd. 2, S. 47.

zum Schutz seiner Erfindungen zu finanzieren. Die Sammlung des Prozessstoffes sei mit großen Schwierigkeiten verbunden und nur durch Beschlagnahmen und Durchsuchungen wirksam zu gewährleisten. Die Zahl der Verfahren sei zudem so überschaubar, dass eine Entlastung der Justiz durch den Antrag nicht erreicht würde. Wegen der oft schwierigen Rechtsfragen sei die Deliktsgruppe der Straftaten zum Schutz gewerblicher Schutzrechte ohnehin nicht für die Privatklage geeignet.[109] Der überwiegende Teil der Literatur und der 29. DJT stimmten im Wesentlichen mit dem Kommissionsbeschluss überein.[110] Eine Gegenströmung in der Literatur räumte zwar ein gewisses Interesse des Staates an der Bestrafung dieser Delikte im Hinblick auf die Gefährdung der Sicherheit von Handel und Gewerbe ein.[111] Demgegenüber überwiege aber das Privatinteresse des Verletzten an der Bestrafung.[112] Oft wolle der Gewerbetreibende durch die Strafanzeige die Kosten von Sachverständigengutachten auf die Staatsanwaltschaft abwälzen.[113] *Thiersch* attestierte den Staatsanwaltschaften zudem eine „gewisse Unlust bei der Bearbeitung dieser Sachen".[114] Die Staatsanwaltschaften befänden sich nicht in „fortwährender Berührung mit den Erwerbsverhältnissen der großen und kleinen Kaufleute und Gewerbetreibenden" und unterschätzten die Bedeutung des geistigen Eigentums für das Erwerbsleben oder die Existenz der Gewerbetreibenden. Auch habe sich die Einführung der Privatklage bei Wettbewerbsdelikten bereits praktisch bewährt. Eine Aufnahme der Delikte in den Privatklagekatalog mache den kaufmännischen und gewerblichen Konkurrenzneid zum „treuesten

109 Vgl. § 3 BadStPO1864, der den „Gebrauch fremder Warenstempel und Fabrikzeichen" und in Art 31 SäStPO1868, der den „Gebrauch fremder Warenbezeichnungen" der Privatklage zuwies (vgl. A.a.O., S. 48).

110 29. DJT, Bd. 5, S. 870; *Schmidt-Ernsthausen*, Legalitätsprinzip, S. 189.

111 *Thiersch*, Legalitätsprinzip, S. 215; *Dietz*, Gutachten, S. 85; *Feisenberger* in: 29. DJT, Bd. 5, S. 457, 467, 512f. Zust. *Hamm* in: 29. DJT, Bd. 5, S. 487. Für eine Entkriminalisierung dagegen z.B. *Gerland* in: 29. DJT, Bd. 5, S. 491.

112 *Thiersch*, Legalitätsprinzip, S. 215; *Dietz*, Gutachten, S. 85.

113 *Dietz*, Gutachten, S. 85; *Hamm* in: 29. DJT, Bd. 5, S. 488. Das Missbrauchspotential ließ sich nach Ansicht *Schmidt-Ernsthausens* auch ohne die Verfolgung im Wege der Privatklage eindämmen: Der Staatsanwaltschaft sei das Recht einzuräumen, in Fällen, die umfangreiche Beweiserhebungen zum Zwecke der Feststellung eines streitigen Zivilrechtsverhältnisses erfordern oder die Richtigkeit einer Rechnung zu Gegenstand haben, das Verfahren ruhen zu lassen mit der Eröffnung an den Antragsteller, dass es nur nach Beibringung eines rechtskräftigen Zivilurteils über das streitige Rechtsverhältnis fortgesetzt werde. Hierdurch seien auch Widersprüche zwischen den Entscheidungen der Straf- und Zivilgerichte zu erreichen (*Schmidt-Ernsthausen*, Legalitätsprinzip, S. 189).

114 *Thiersch*, Legalitätsprinzip, S. 215.

Hüter des Gesetzes".[115] Das von der Kommission vorgesehene Recht des Privatklägers, die Vornahme einzelner Beweiserhebungen oder Ermittlungen schon nach Erhebung der Privatklage zu beantragen, ermögliche die Sammlung des Prozessstoffes bereits vor der Hauptverhandlung.[116] Zudem sollten wegen der in rechtlicher Hinsicht oft schwierigen Fragen die mittleren Schöffengerichte als erste Instanz zuständig sein. Bei Vergehen nach § 40 des Patentgesetzes, die sich nicht nur gegen einzelne Gewerbetreibende, sondern gegen eine ganze Klasse von Gewerbetreibenden wendet, sei die Privatklage – wie bei den Delikten des unlauteren Wettbewerbs – auch Verbänden zur Förderung gewerblicher Interessen einzuräumen.[117]

12. Begünstigung

Die Kommissionsmehrheit lehnte die Aufnahme der Begünstigung in den Katalog der Privatklagedelikte ab.[118] Soweit der Täter durch eine Begünstigung der Bestrafung entzogen werde, richte sich die Begünstigung nicht gegen den durch die Haupttat Verletzten, sondern gegen den Strafanspruch des Staates.[119] Hinsichtlich der Begünstigung stimmte *Schmidt-Ernsthausen* den Überlegungen der Kommission zu.[120] *Thiersch* dagegen sah bei der Begünstigung nicht nur den Strafanspruch des Staates, sondern mittelbar das Interesse des Verletzten berührt.[121]

13. Sonstige Delikte

Die herrschende Literaturströmung forderte übereinstimmend die Aufnahme des von der Kommission unbeachteten Tatbestands der unbefugten Eröffnung eines Briefes gem. § 299 StGB in den Privatklagekatalog.[122] In der Praxis handle es sich bei diesen Delikten meist um „Liebes- oder Familienangelegenheiten", die keine besonderen Schwierigkeiten bieten. Zwar verlange das

---

115 Ebd. Vergehen nach § 16 des Warenzeichengesetzes eigneten sich nach Ansicht *Thierschs* nicht für die Privatklage, da bei der missbräuchlichen Verwendung von Staats-, Gemeinde- oder Ortswappen immer ein öffentliches Interesse an der Verfolgung vorliege (A.a.O., S. 217).

116 Ebd.; *Dietz*, Gutachten, S. 85.

117 *Thiersch*, Legalitätsprinzip, S. 217.

118 Protokolle der Reformkommission, Bd. 2, S. 46.

119 A.a.O., S. 47.

120 *Schmidt-Ernsthausen*, Legalitätsprinzip, S. 189.

121 *Thiersch*, Legalitätsprinzip, S. 218.

122 *Schmidt-Ernsthausen*, Legalitätsprinzip, S. 189; *Thiersch*, Legalitätsprinzip, S. 218; *Dietz*, Gutachten, S. 83; *Feisenberger* in: 29. DJT, Bd. 5, S. 457, 468.

Briefgeheimnis einen besonders strengen Schutz. Aber eine Strafverfolgung im Wege der Privatklage sei bereits in der badischen Gesetzgebung in Fällen der Eröffnung oder Wegnahme fremder Briefe oder anderer versiegelter Urkunden und in der sächsischen Gesetzgebung bei unbefugtem Eindringen in fremde Geheimnisse vorgesehen gewesen.[123] Teilweise wurde eine Ausdehnung der Privatklage auf die Verleumdung Verstorbener und die nach § 21 des Preßgesetzes strafbaren Beleidigungen empfohlen.[124] *Dietz* forderte die Ausweitung des Privatklagekatalogs auf die fahrlässige Beförderung der Entweichung eines Gefangenen durch einen Nichtbeamten gem. § 121 Abs. 2 StGB.[125] Auch bei der widernatürlichen Unzucht gem. § 175 StGB eignete sich nach Ansicht *Dietzs* der Privatklageweg. Die Drohung mit Strafanzeigen sei ein beliebtes Erpressungsmittel, das den Erpressten schlimmstenfalls in den Selbstmord treiben könne.[126]

III. Akteneinsicht und Beweisantragsrecht des Privatklägers

Ein Antrag, dem Privatklageberechtigten die Möglichkeit zu gewähren, durch Anträge bei den Polizeibehörden und den Amtsgerichten vor Erhebung der Privatklage eine Aufklärung der Sache herbeizuführen, wurde zurückgezogen. Zugunsten des Antrags wurde argumentiert, der Staat müsse den Verletzten bei der Aufklärung des Sachverhalts und der Person des Täters unterstützten, da der Privatkläger nicht nur sein eigenes Interesse, sondern auch den öffentlichen Strafanspruch verfolge. Es sei nicht wünschenswert, dass der Verletzte in derartigen Fällen die Hilfe von Privatdetektivbüros in Anspruch nehmen müsse. Dem wurde entgegengehalten, dass man die staatlichen Organe bei fehlendem öffentlichen Interesse an der Strafverfolgung nicht in den Dienst der Privaten stellen dürfe. Die Behörden würden sonst, ohne die Erheblichkeit der Anträge immer prüfen zu können, mit zahlreichen, oft zur Verfolgung anderer Zwecke unternommenen Beweiserhebungen in geringfügigen oder aussichtslosen Sachen belästigt werden. Damit werde der Zweck der Justizentlastung letztlich konterkariert.[127] Der Antrag, dem Verletzten oder dessen Vertreter auf dessen Verlangen Einsicht der bisherigen Ermittlungen für die Fälle zu gestatten, in denen die Staatsanwaltschaft die Erhebung der öffentlichen Klage zuvor abgelehnt hat, wurde als milderes Mittel zum Vorantrag einstimmig ange-

---

123 *Schmidt-Ernsthausen*, Legalitätsprinzip, S. 189f.

124 A.a.O., S. 190; *Dietz*, Gutachten, S. 86.

125 *Dietz*, Gutachten, S. 82. A.A. *Feisenberger* in: 29. DJT, Bd. 5, S. 468.

126 *Dietz*, Gutachten, S. 84. A.A. *Feisenberger* in: 29. DJT, Bd. 5, S. 468.

127 Protokolle der Reformkommission, Bd. 1, S. 296.

nommen.[128] Das beschränkte Akteneinsichtsrecht solle sich nicht auf andere amtliche Aufzeichnungen, Briefe oder sonstige Teile der Akten erstrecken, deren Geheimhaltung aus irgendwelchen Gründen wünschenswert sein könne.[129] In Zweiter Lesung wurde ergänzt, dass dieses Einsichtsrecht nur „innerhalb der für die Privatklage festgesetzten Frist“ verlangt werden kann.[130] Die Kommission beschloss, dem Privatkläger ein Beweisantragsrecht vor dem Amtsrichter bereits nach Einreichung der Privatklage und nicht erst in der Hauptverhandlung zuzubilligen.[131] In der Praxis seien Privatklagesachen häufig nicht genügend vorbereitet mit der Folge, dass Hauptverhandlungen des Öfteren vertagt werden müssten. Gegen die Ablehnung von Beweiserhebungen durch den Amtsrichter sollte dem Privatkläger keine Beschwerde zustehen, da es sich um geringfügige Straftaten handle und Beweiserhebungen in der Hauptverhandlung nachgeholt werden könnten.[132] Die Erweiterung der Rechte des Privatklägers fand in der Literatur insgesamt Zustimmung. [133] Es sei allerdings nicht einzusehen, weshalb dem Privatkläger eine Beschwerde gegen die Ablehnung seiner Beweisanträge zustehen solle. Der Antrag könne in der Hauptverhandlung nachgeholt, gegen eine Ablehnung des Beweisantrags in der Hauptverhandlung könne Beschwerde eingelegt werden. Der Privatkläger sei in dieser Hinsicht nicht besser zu stellen als der Angeschuldigte.[134]

IV. Obligatorischer Anschluss des Privatklägers als Nebenkläger

Die Kommission lehnte einen Antrag ab, nach dem der Privatkläger sich nach der erfolgten Übernahme zu erklären habe, ob er sich dem Verfahren als Nebenkläger anschließen wolle und er zu dieser Erklärung aufzufordern sei.[135] Dem Antrag lag die Überlegung zugrunde, dass es unbillig sei, dem bisherigen Privatkläger die Rolle eines Nebenklägers aufzuzwingen. Seine Interessen würden ausreichend gewahrt, wenn er das Recht habe, sich als Nebenkläger anzuschließen und er hierauf hingewiesen werde. Nach Ansicht der Kommissionsmehrheit war die gegenwärtige Rechtslage aber weniger umständlich. Ein praktisches Bedürfnis für eine Änderung sei nicht ersichtlich. Der Privatkläger

---

128 A.a.O., S. 298.

129 Ebd.

130 Protokolle der Reformkommission, Bd. 2, S. 57.

131 Protokolle der Reformkommission, Bd. 1, S. 304, Bd. 2, S. 59.

132 Protokolle der Reformkommission, Bd. 1, S. 305, Bd. 2, S. 59f.

133 *Friedländer*, Gestaltung, S. 590ff.; zust. auch *Bruck*, ZStrW 1906, S. 688.

134 *Friedländer*, Gestaltung, S. 592.

135 Protokolle der Reformkommission, Bd. 1, S. 299.

habe in der Regel den Wunsch, sich dem Verfahren als Nebenkläger anzuschließen, weil er nur als solcher verlangen könne, dass die Kosten der Privatklage dem Angeklagten aufgebürdet werden.[136]

V. Nebenklage der Polizeibehörde

Mit einem weiteren Antrag sollte der Polizeibehörde, die eine Strafverfügung erlassen hat, oder deren vorgesetzter Behörde die Befugnis eingeräumt werden, sich dem Verfahren als Nebenkläger anzuschließen. Der Antrag wurde damit begründet, dass schon nach geltendem Recht Verwaltungsbehörden, die einen Strafbescheid erlassen haben, eine entsprechende Befugnis bereits eingeräumt sei. Mit einer gleich gelagerten Befugnis sollten die Polizeibehörden dem Gericht die Gründe für den Erlass von Polizeiverfügungen darlegen können. Dabei handle es sich häufig um verwaltungsrechtliche Angelegenheiten, die von der Staatsanwaltschaft übersehen werden könnten und die nicht immer mit dem „wünschenswerten Nachdruck" verfolgt würden. Müsse die Polizei die Staatsanwaltschaft erst informieren, so erfordere dies vermeidbaren, bürokratischen Aufwand. Die Polizeibehörde solle insbesondere befugt sein, Rechtsmittel auch bei gegenteiliger Rechtsauffassung der Staatsanwaltschaft einlegen zu dürfen. Der Antrag fand in der ersten Lesung keine Mehrheit in der Kommission und wurde in der zweiten Lesung nicht wieder aufgegriffen. Die Nebenklage der Verwaltungsbehörde sei nicht mit der beantragten Nebenklage der Polizeibehörde vergleichbar. Erstere diene vorrangig der Aufklärung technischer Fragen. Es erscheine bedenklich, einen zweiten Anklagevertreter neben dem Staatsanwalt zu schaffen. Die Stellung des Angeklagten werde verschlechtert, wenn Polizeivertreter ihre „bisweilen einseitige Auffassung" dem Gericht nicht als Zeuge, sondern als ein „mit Staatsautorität umkleidetes Organ der Rechtspflege" vortrage. Dies gelte umso mehr, wenn Laienrichter zur Entscheidung berufen seien. Für den Angeklagten entstehe eine größere Belastung dadurch, dass er der Polizeibehörde die notwendigen Auslagen zu erstatten habe. Aufgrund der „Hartnäckigkeit, mit welcher manche Polizeibehörde auf ihrer Ansicht zu beharren geneigt sei", befürchtete die Kommissionsmehrheit eine Zunahme der Rechtsmittelverfahren. Habe das Rechtsmittel der Polizeibehörde Erfolg, befinde sich die Staatsanwaltschaft in einer „ihrer Stellung nicht angemessenen Lage", ein zweitinstanzliches Strafverfahren gegen die eigene Überzeugung vorantreiben zu müssen. Im Übrigen bestehe kein prakti-

136 Ebd. Vgl. RGEntsch. GA48, S. 438.

sches Bedürfnis für eine Nebenklage der Polizeibehörde. Letztere solle die Staatsanwaltschaft über ihren Standpunkt informieren.[137]

Im Schrifttum schenkte allein *Nagler* der Idee einer Nebenklage der Polizeibehörde Beachtung. Dem seiner Ansicht nach „höchst beachtlichen Vorschlag" sei zugute zu halten, dass er das Problem der „Ressorteifersucht" zwischen und die gelegentlichen „Reibungen" zwischen anderen Verwaltungsbehörden und der Staatsanwaltschaft thematisiere.[138]

F) Entwurf einer Strafprozeßordnung und Novelle zum Gerichtsverfassungsgesetz vom 9. Juli 1908

Der Entwurf einer Strafprozeßordnung und Novelle zum Gerichtsverfassungsgesetz nebst Begründung wurde am 9. Juli 1908 dem Bundesrat vorgelegt.[139] Der Ausschuss des Bundesrats für Justizwesen modifizierte die Entwurfsfassung mit Antrag vom 10. März 1909 nur unerheblich.[140] Der hieraus hervorgegangene „Entwurf einer Strafprozeßordnung" wurde dem Reichstag in der vom Plenum des Bundesrats beschlossenen Fassung am 23. November 1909 vorgelegt.[141]

I. Inhalt des Entwurfs

Mit dem E1909 lag der erste Gesetzesentwurf vor, der eine Ausdehnung des Opportunitätsprinzips vorsah, ohne dass die Privatklage das zentrale Instrument zur Kontrolle der staatsanwaltschaftlichen Einstellungspraxis bildete. Ausweislich der Motive wurden die Öffentlichkeit und innerbehördliche Aufsichtsmaßnahmen wieder als systemimmanente Kontrollmomente herangezogen. Unabhängig von den Regelungen über das Klageerzwingungsverfahren und die Privatklage sah der Entwurf eine mehrfache Durchbrechung des Legalitätsprinzip vor.[142] So konnte die Staatsanwaltschaft in Fällen der Geringfü-

137 Protokolle der Reformkommission, Bd. 1, S. 347f.

138 *Nagler*, GS 1909, S. 153f.

139 *Schubert*, Entwürfe einer Strafprozessordnung, S. 5ff.

140 A.a.O., S. 223.

141 Im Folgenden „E1909". Stenographische Protokolle des Reichstags, 12. Legislaturperiode, I. Session 1907/1909, Nr. 1310, S. 7845ff. Im Folgenden E1909. Abgedr. in: *Schubert*, Entwürfe einer Strafprozessordnung, S. 243ff. Inhaltlich entsprach die Bundestagsvorlage in den wesentlichen Zügen und der Gesetzesbegründung der Bundesratsvorlage von Juli 1908. Insofern wird zugunsten einer konzentrierten Darstellung nur die Bundestagsvorlage erörtert.

142 *Schubert*, Entwürfe einer Strafprozessordnung, S. 396; eingehend zu den versch. Konstellationen s. *Dettmar*, Legalität, S. 146–151.

gigkeit der Verfehlung von der Klageerhebung absehen. War die Verfolgung allerdings vom Verletzten beantragt, musste dieser der Einstellung zustimmen. Eine Einstellung war zudem für Fälle vorgesehen, in denen die Strafe, die der Verdächtige wegen einer anderen Tat zu verbüßen oder zu erwarten hat, nicht ins Gewicht fällt, wenn die Tat zugleich im Inland und im Ausland begangen wurde und inländische Rechtsgüter nicht verletzt sind, wenn die Strafbarkeit einer Tat von dem Ausgang eines anhängigen Strafverfahrens abhängig war, dem Verfahren ein Hindernis in der Person des Verdächtigen entgegenstand oder wenn in einem Verfahren gegen einen Jugendlichen Erziehungs- und Besserungsmaßregeln einer Bestrafung vorzuziehen sind.[143]

Durch einen neu gefassten Katalog wurde der Anwendungsbereich der Privatklage erweitert. Im Wege der Privatklage konnten nun der Hausfriedensbruch, die Beleidigung, die Vergehen der einfachen, fahrlässigen und gefährlichen Körperverletzung, die Bedrohung, die Verletzung fremder Geheimnisse, das Vergehen der Sachbeschädigung, alle nach dem Gesetz gegen den unlauteren Wettbewerb strafbaren Vergehen sowie alle Verletzungen des literarischen, künstlerischen und gewerblichen Urheberrechts durch Vergehen verfolgt werden.[144] Den Kreis der Privatklagedelikte verband aus Sicht der Verfasser des Entwurfs die Gemeinsamkeit, dass das öffentliche Interesse hinter dem Privatinteresse des Verletzten, der Genugtuung sucht, erheblich zurücktrete. Häufig stünden die einzelnen Delikte untereinander und mit den bisherigen Privatklagedelikten in engem Zusammenhang, sodass bei Verfolgung des einen Delikts sich weitere Delikte ergeben. Die Beweisführung der Privatklagedelikte sei in der Regel nicht so schwierig, dass die Mitwirkung der Staatsanwaltschaft unentbehrlich wäre. Die Häufigkeit der Strafverfolgung stehe bei den erfassten Vergehen in einem so großen Missverhältnis zu der geringen Anzahl der Verurteilungen und der durchschnittlichen Höhe der erkannten Strafen, dass die Belastung der Anklagebehörde mit einer unbedingten Verfolgungspflicht durch das öffentliche Interesse nicht erforderlich sei. Insofern erübrigte sich sowohl die Beschränkung des Privatklagekatalogs auf Antragsdelikte oder Vergehen. Die Verfasser des Entwurfs gaben mit der Erfassung der gefährlichen Körperverletzung bewusst die Begrenzung des sachlichen Anwendungsbereichs der prinzpalen Privatklage auf Antragsdelikte oder Vergehen auf. Hinsichtlich der Aufnahme der Verletzung fremder Geheimnisse stützte sich der Entwurf auf die Überlegungen der herrschenden Literatur. Die Aufnahme der Verletzungen

143 Vgl. §§ 153, 154, 155, 156, 157, 365 E1909.

144 § 377 E1909.

literarischer, künstlerischer und gewerblicher Urheberrechte widersprach hingegen den Beschlüssen des 29. DJT, der herrschenden Literaturmeinung und den Kommissionsbeschlüssen.[145]

Der Entwurf sah erstmals ein begrenztes Akteneinsichtsrecht des Privatklageberechtigten vor, das inhaltlich den Kommissionsbeschlüssen entsprach.[146] So sollte der Privatklageberechtigte Erklärungen des Verdächtigen und Aussagen von Zeugen oder Sachverständigen, die bei den Ermittlungen eingereicht oder amtlich aufgezeichnet wurden, einsehen dürfen.[147] Der Entwurf folgte den Kommissionsbeschlüssen auch dahingehend, dass der Amtsrichter auf Antrag des Privatklägers Ermittlungen von Amts wegen anzustellen hat.[148]

Die neu gefasste Aufzählung der Anschlussgründe wurde übersichtlicher gestaltet. Eine inhaltliche Änderung wurde im Bereich der praktisch kaum angewendeten Nebenklage im Anschluss an das erfolgreich durchgeführte Klageerzwingungsverfahren vorgenommen. Während sich nach § 435 Abs. 2 RStPO der ehemalige Beschwerdeführer nur dann als Nebenkläger anschließen konnte, wenn er durch eine strafbare Handlung gegen sein Leben, seine Gesundheit, seine Freiheit, seinen Personenstand oder seine Vermögensrechte verletzt war, dehnte der E1909 die Berechtigung auf jeden Verletzten aus.[149] Diese Ausdehnung wurde damit begründet, dass die in der RStPO vorgenommene Differenzierung in der Rechtsprechung keine erhebliche Bedeutung gefunden hatte.[150] Der Entwurf regelte zudem erstmals die „lebhaft umstrittene Frage" [151], wie im Fall der Übernahme des Privatklageverfahrens durch die Staatsanwaltschaft zu verfahren ist und stellte klar, dass der Privatkläger nach der Übernahme des Verfahrens ohne das Erfordernis einer Anschlusserklärung automatisch Nebenkläger wird.[152]

---

145 *Schubert*, Entwürfe einer Strafprozessordnung, S. 581ff.

146 *Heinemann*, DJZ 1908, S. 1144; *Schubert*, Entwürfe einer Strafprozessordnung, S. 585.

147 § 380 Abs. 2 S. 2 E1909. Die Entwurfsbegründung entsprach inhaltlich den Überlegungen der Kommission (*Schubert*, Entwürfe einer Strafprozessordnung, S. 588).

148 § 387 E1909. Bislang konnte der Amtsrichter über derartige Anträge nach eigenem Ermessen entscheiden.

149 § 403 Nr. 3 E1909.

150 *Schubert*, Entwürfe einer Strafprozessordnung, S. 597.

151 *Heinemann*, DJZ 1908, S. 1144.

152 § 394 Abs. 3 E1909; *Schubert*, Entwürfe einer Strafprozessordnung, S. 590.

II. Schicksal und Scheitern der Bundestagsvorlage

Nach kontroverser Debatte verwies der Reichstag den Entwurf an eine Kommission aus 28 Mitgliedern zur Beratung.[153] Hierbei wurden neben einigen Änderungen über das Opportunitätsprinzip[154] auch Modifikationen des Privatklagekatalogs, des Privatklageverfahrens und der Nebenklage vorgenommen.

Ein Antrag auf Ausdehnung der Privatklage auf die Beleidigung ausländischer Fürsten und Gesandten wurde abgelehnt, da das vorwiegend politische Interesse an der Verfolgung und die Rücksicht auf die Persönlichkeit der Verletzten diese Delikte ungeeignet für den Privatklageweg mache.[155] Ein Antrag auf Beschränkung der Privatklage auf Köperverletzungen, deren Strafverfolgung nur auf Antrag eintritt, hatte Erfolg.[156] Der Antrag wurde damit begründet, dass bei den damit ausgenommenen Körperverletzungen, die mit Übertretung einer Amts-, Berufs- oder Gewerbepflicht begangen wurden, stets öffentlichrechtliche Pflichten verletzt und der öffentliche Verkehr gefährdet werde.[157] In erster Lesung abgelehnt wurde zudem ein Antrag auf Entfernung der gefährlichen Körperverletzung aus dem Privatklagekatalog.[158] Der Besorgnis des Antragstellers, durch den E1909 werde die öffentliche Sicherheit durch eine lückenhafte Strafverfolgung gefährdet, wurde entgegengehalten, dass der Entwurf weiterhin in Fällen öffentlichen Interesses ein Einschreiten der Staatsanwaltschaft zulasse und das Privatklageverfahren wesentlich erleichtere.[159] In zweiter Lesung setzte sich dann die Gegenauffassung durch, nach der der E1909 bewirke, dass der mittellose Verletzte gefährlichen Körperverletzungen schutzlos ausgeliefert sei und hierdurch ein Anreiz für die Vermehrung von Rohheitsdelikten geschaffen werde.[160] Ein Antrag auf Entfernung der Verletzung des Briefgeheimnisses wurde mit dem Hinweis auf das öffentliche Interesse am Schutz des Briefgeheimnisses begründet, im Ergebnis aber abgelehnt. Auch an der Sachbeschädigung als Privatklagedelikt wollte die Kommissionsmehrheit festhalten. Das Delikt tangiere fast durchweg nur Privatinteressen. Die betreffenden Strafverfahren ließen sich sehr häufig im Wege eines Ver-

---

153 *Schubert*, Protokolle, S. 59.

154 Eingehend *Dettmar*, Legalität, S. 163–169.

155 *Schubert*, Protokolle, S. 355.

156 Ebd.

157 Ebd. Als Fallgruppen wurden hier nicht mehr nur Verkehrsunfälle, sondern auch unmäßige, körperliche Züchtigungen von Schülern durch Lehrer aufgeführt.

158 A.a.O., S. 356.

159 Ebd.

160 A.a.O., S. 358.

gleichs beenden. Unverändert angenommen wurde auch die Auflistung von Vergehen gegen literarische, künstlerische und gewerbliche Urheberrechte und den gegen unlauteren Wettbewerb.[161]

Der personale Anwendungsbereich der Privatklage wurde auf Minderjährige, die das achtzehnte Lebensjahr vollendet haben, ausgedehnt. Hiermit sollte dem Umstand Rechnung getragen werden, dass die wirtschaftliche Entwicklung immer mehr dazu geführt habe, dass die Arbeits- und Dienststellen von Minderjährigen von ihrem gesetzlichen Vertreter in weiter Entfernung befänden und insbesondere ausländische, minderjährige Arbeiter wirtschaftlich vollkommen selbstständig seien. Dem habe auch das Bürgerliche Gesetzbuch Rechnung getragen.[162]

Das beschränkte Akteneinsichtsrecht des Privatklägers sollte durch einen Antrag dergestalt ausgedehnt werden, dass der Privatkläger auch die Erteilung von Abschriften der Erklärungen und Aussagen verlangen dürfe. Zur Begründung wurde ausgeführt, das im E1909 vorgesehene Akteneinsichtsrecht sei unzureichend. Zur Vorbereitung der Privatklage bedürfe es oft eines längeren und genaueren Studiums des Akteninhalts. Daher müsse dem Antragsberechtigten ein Recht auf Erteilung von Abschriften gewährt werden. Die Regierungsvertreter traten dem entgegen. Der Privatkläger solle sich die erforderlichen Auszüge selbst anfertigen.[163] Der Antrag wurde abgelehnt.

Ebenso ohne Erfolg blieb ein Antrag, nach dem auch „Personen, die demselben Beruf wie der Privatkläger angehören sowie von der Berufsorganisation, der er angehört, angestellte Beamte (z.B. Arbeitersekretäre)“ als Vertreter des Privatklägers im Privatklageverfahren zugelassen werden können. Damit sollte den Angehörigen der arbeitenden Bevölkerung die Möglichkeit gegeben werden, Vertrauenspersonen des gleichen Berufsstands oder den Vertreter einer „Berufsorganisation“ statt eines Rechtsanwalts hinzuzuziehen. Dem wurde entgegengehalten, dass ein Anlass für eine derartige Privilegierung der Arbeiterklasse nicht bestehe.[164]

Im Regelungskomplex über die Nebenklage wurden mit einer Ausnahme nur redaktionelle Änderungen vorgenommen. In § 404 E1909 wurde eine sofortige Beschwerde gegen die Ablehnung des Anschlusses als Nebenkläger durch das Gericht eingeführt.[165]

Am 18. Januar 1909 erstattete die Kommission dem Reichstag Bericht. Die zweite Lesung der Vorlage begann am 6. Februar 1909. Noch während der Beratung des

161 A.a.O., S. 356.

162 A.a.O., S. 359.

163 A.a.O., S. 360.

164 Ebd.

165 A.a.O., S. 369.

Gerichtsverfassungsgesetzes wurde die Beratung abgebrochen, ohne dass die Stellung des Verletzten im Strafverfahren Gegenstand der Beratungen wurde.[166]

G) Zusammenfassung

Der Fokus der Diskussion und der Gesetzgebungstätigkeit zur Zeit des Deutschen Kaiserreichs lag auf einer Reform des Privatklagerechts. Die Auswirkungen einer Reform der Privatklage auf das marginale Feld der Nebenklage wurden in der Regel mitberücksichtigt. Insgesamt bildete die strafprozessuale Verletztenbeteiligung einen Nebenschauplatz. Eine Reform des Fünften Buchs der RStPO wurde als wenig drängend betrachtet. Die Gesetzgebungstätigkeit fiel zurückhaltend aus. Im Bereich der Gesetzgebung wurde der sachliche Anwendungsbereich der Privat- und Nebenklage infolge der beginnenden Expansion des Nebenstrafrechts erweitert. Die Privatklagebefugnis wurde in der Regel bei Strafnormen zum Schutz geistigen Eigentums und des Wettbewerbs erteilt. Der sachliche Anwendungsbereich der Nebenklage wurde zudem durch die Einführung materieller Bußansprüche im Wirtschaftsstrafrecht erweitert. Im Zuge der erstmaligen Vorbereitung einer Gesamtreform des Strafverfahrens bestand Einigkeit darüber, dass der sachliche Anwendungsbereich der Privatklage zur Entlastung der Justiz erweitert werden soll. Taugliche Delikte wurden dadurch charakterisiert, dass sie sich nicht als Betätigung niedriger Gesinnung darstellten, in ihren Auswirkungen eher das private als das öffentliche Interesse berührten und prozessual leicht zu beweisen und zu bewältigen sind.[167] In der Gesetzgebung blieb der personale Anwendungsbereich der Nebenklage unberührt. Vereinzelte Vorschläge einer Nebenklagebefugnis der Polizeibehörden und der Einführung einer Verbandsprivat- und Nebenklage zum Zwecke des Kindes-, Mieter- und Arbeitnehmerschutzes blieben folgenlos. Während die prozessuale Stellung des Privat- und Nebenklägers von der Gesetzgebung unberührt blieben, forderten Teile des Schrifttums die Einführung eines Akteneinsichtsrechts des Privatklägers, eines Beweisantragsrechts bereits im Vorverfahren, den obligatorischen Anschluss des Privatklägers als Nebenkläger nach Übernahme des Verfahrens durch die Staatsanwaltschaft und ein eigenes Recht des Privatklägers, die Vornahme polizeilicher Ermittlungshandlungen zu beantragen.

166 *Intrator*, Strafprozeßentwurf, S. 61; *Schubert*, Protokolle, S. 833ff.; *Müller-Meiningen*, Scheitern, S. 1528f.

167 Vgl. nochmals *Aschrott*, Legalitätsprinzip, S. 75.

Fünftes Kapitel: Weimarer Republik

A) Einleitung

In der Weimarer Republik setzte sich der Gesetzgebungstrend der Vorkriegs- und Kriegszeit fort.[1] Eine Reihe sozialer, wirtschaftlicher, innen- und außenpolitischer Krisen[2] führte dazu, dass das Ideal eines liberalen und sozialverträglich ausgestalteten Strafverfahrens einem in der Strafrechtswissenschaft dominanten Antiliberalismus[3] und in der Gesetzgebung dem Erfordernis der Vereinfachung und Kosteneinsparung weichen musste. Die Beteiligung des Verletzten am Strafverfahren wurde vorrangig aus dem Blickwinkel einer unter Bedingungen der Ressourcenknappheit arbeitenden Strafrechtspflege betrachtet.

B) Kriegsstraftatengesetz

Eine Nebenklagebefugnis mit zeitlich und sachlich eingeschränktem Anwendungsbereich lässt sich dem Gesetz zur Verfolgung von Kriegsverbrechen und Kriegsvergehen vom 18. Dezember 1919[4] entnehmen. Nach dem Kriegsstraftatengesetz konnten sich der Verletzte, seine Erben und andere, vom Reichsminister der Justiz bestimmte Personen einem Verfahren wegen durch deutsche Militärangehörige während des Ersten Weltkriegs begangener Verbrechen und Vergehen gegen feindliche Staatsangehörige oder feindliches Vermögen

1 *Vormbaum*, Strafrechtsgeschichte, S. 158.

2 Nur behelfsweise sei auf die Folgen des Kriegsausganges (vgl. A.a.O., S. 158), den Kapp-Putsch (vgl. *Rentzel-Rothe*, Goldschmidt-Entwurf, S. 188ff.), die mit dem „schwarzen Freitag" einsetzende Weltwirtschaftskrise (*Nobis*, Notverordnung, S. 7ff.) verwiesen.

3 *Vormbaum*, Strafrechtsgeschichte, S. 153.

4 RGBl. I 1919, S. 2125. Im Folgenden: Kriegsstraftatengesetz. Die nachträglichen Änderungen durch das „Gesetz zur Ergänzung des Gesetzes zur Verfolgung von Kriegsverbrechen und Kriegsvergehen vom 24. März 1919" (RGBl. 1920, S. 341–343) und das „Gesetz zur weiteren Ergänzung des Gesetzes zur Verfolgung von Kriegsverbrechen vom 12. Mai 1921" (RGBl. 1921, S. 508) wirkten sich nicht auf die Stellung des Nebenklägers aus und bleiben im Folgenden unberücksichtigt (s.a. hierzu *Hankel*, Leipziger Prozesse, S. 63ff.).

https://doi.org/10.1515/9783110713299-005

als Nebenkläger anzuschließen.[5] Prima facie lässt der Wortlaut des Gesetzes eine Aufwertung der Stellung des Verletzten oder seiner Erben in Strafverfahren zur Ahndung und Aufarbeitung deutscher Kriegsverbrechen während des Ersten Weltkriegs vermuten. Tatsächlich sollte die Anschlussbefugnis die Beteiligung von Vertretern der Alliierten an innerdeutschen Kriegsverbrecherprozessen ermöglichen.[6] Die damit beabsichtigte apokryphe Nebenklage der Entente lässt sich nur vor dem Hintergrund des Vertrags von Versailles und der Leipziger Prozesse verstehen.[7]

Am 28. Juni 1919 unterzeichnete Deutschland den Friedensvertrag von Versailles. Mit Inkrafttreten des Vertrags am 10. Januar 1920 wurde den alliierten und assoziierten Mächten die Befugnis eingeräumt, die wegen eines Verstoßes gegen die Gesetze und Gebräuche des Krieges angeklagten Personen vor ihre Militärgerichte zu ziehen und hierzu die Auslieferung von Beschuldigten zu verlangen.[8] Die Einführung von Strafbestimmungen in den Friedensvertrag von Versailles war ungewöhnlich und wich von der üblichen Praxis gegenseitiger Amnestien für während des Krieges begangener Straftaten ab.[9] Nach Ansicht der Alliierten erschien es aber notwendig, über die materielle Wiedergutmachung hinaus auch Kriegsverbrecher zur Rechenschaft zu ziehen.[10] Die hierzu eingesetzte Commission des responsabilités erarbeitete einen Katalog mit Verstößen gegen das Kriegsrecht, der als Grundlage für die strafrechtliche Ahndung deutscher Kriegsverbrecher dienen sollte.[11] Die Kommissionsmehrheit befürwortete materiell-rechtlich eine unbeschränkte und individuelle strafrechtliche Haftung, die prozessual vor den Zivil- oder Militärgerichten der Siegermächte oder einem internationalen Tribunal durchgesetzt werden sollte.[12]

---

5 § 6 d.G.v. 18.12.1919. Feindliche Staatsangehörige im Sinne des Gesetzes sind die Angehörigen aller Staaten, denen von Deutschland der Krieg erklärt worden ist oder die ihn an Deutschland erklärt haben. Feindliches Vermögen ist nicht nur das Vermögen feindlicher Staatsangehöriger sondern auch öffentliches und privates Vermögen, das dem feindlichen Staat selbst, seinen Kommunen, den in ihm ansässigen Gesellschaften und Kirchengemeinschaften gehört (vgl. *Feisenberger*, DStrZ 1920, S. 20).

6 *Wiggenhorn*, Verliererjustiz, S. 43.

7 Eine Darstellung kann im Rahmen dieser Arbeit nur überschlägig erfolgen. Insoweit sei ausdrücklich auf die Werke von *Hankel* und *Wiggenhorn* hingewiesen.

8 Art. 228ff. des Vertrags von Versailles.

9 *Hankel*, Leipziger Prozesse, S. 31, 33 m.w.N.; *Wiggenhorn*, Verliererjustiz, S. 7f. m.w.N.

10 Zu den Gründen s. *Hankel*, Leipziger Prozesse, S. 33ff.

11 *Wiggenhorn*, Verliererjustiz, S. 18 m.w.N.

12 A.a.O., S. 18ff. m.w.N.

In Deutschland herrschte derweil zwar eine denkbar geringe Bereitschaft vor, gegen eigene Kriegsverbrecher vorzugehen. Die Auslieferung eigener Soldaten an die Siegermächte wollte man jedoch um jeden Preis vermeiden. Der Entwurf eines Gesetzes zur Verfolgung von Kriegsverbrechen und Kriegsvergehen vom 11. Dezember 1919[13] diente insofern dem außenpolitischen Zweck, der Entente durch die einseitige Anerkennung „völkerrechtswidriger Straftaten" und deren Verurteilung durch das Reichsgericht eine Brücke für den Verzicht auf angekündigte oder schwebende Auslieferverlangen zu bauen.[14]

Ausweislich der amtlichen Begründung, die nur dem Reichsrat und dem Oberreichsanwalt, aber bewusst nicht der Nationalversammlung vorgelegt wurde, sollte der hierzu verfasste Gesetzesentwurf vor der breitesten Öffentlichkeit unzweideutig zum Ausdruck bringen, dass für die Strafverfolgungsbehörden unter allen Umständen die Verpflichtung bestehe, deutsche Kriegsverbrechen während des Ersten Weltkriegs nachträglich zu verfolgen. Gleichwohl behauptete der Reichsjustizminister in der Begründung, die „zur Kenntnis der deutschen Behörden gelangten Verbrechen und Vergehen, die Deutsche im Zusammenhang mit dem Kriege im In- und Ausland begangen haben", seien bereits „pflichtgemäß verfolgt und zur Aburteilung gebracht worden".[15] Auch die ausschließliche Sonderzuständigkeit des Reichsgerichts in erster und letzter Instanz[16] ist in diesem Kontext als „Köder"[17] einzuordnen, der den Alliierten eine ernsthafte Bereitschaft zur effektiven Strafverfolgung suggerieren sollte. Der Entwurf verpflichtete den zuständigen Oberreichsanwalt ausdrücklich und uneingeschränkt dem Legalitätsprinzip auch bei Auslandstaten, für die gem. § 4 RStPO das Opportunitätsprinzip galt.[18] Der Anwendungsbereich wurde in zeitlicher Hinsicht auf Vorgänge bis zum 28. Juni 1919 beschränkt.[19]

In der Nationalversammlung betonte der Berichterstatter *Dohna* eingangs, die „schweren Bedenken" gegen die Vorlage seien „aus vaterländischen Gründen" zurückgestellt worden. Im Übrigen werde eine Verpflichtung zur Verfolgung von „Vergehen und Verbrechen"[20] nicht etwa statuiert; eine solche habe schon

---

13 Reichstagsprotokolle, 1919/20,15, Nr. 1741.

14 *Wiggenhorn*, Verliererjustiz, S. 7f. m.w.N.; andeutungsweise auch *Feisenberger*, DStrZ 1920, S. 20.

15 *Wiggenhorn*, Verliererjustiz, S. 43.

16 § 1 d.G.v. 18.12.1919.

17 *Wiggenhorn*, Verliererjustiz, S. 44.

18 § 2 d.G.v. 18.12.1919.

19 § 1 d.G.v. 18.12.1919.

20 Und nicht etwa „*Kriegs*verbrechen und -vergehen".

immer bestanden.[21] Die Regelungen über die Nebenklage wurden im Bericht *Dohnas* nur paraphrasiert und anschließend ohne inhaltliche Debatte verabschiedet.[22] Noch vor Inkrafttreten des Gesetzes am 18. Dezember 1919 wurde der Generalsekretär der Friedenskonferenz über die Verabschiedung in Kenntnis gesetzt und auf dessen Bedeutung hingewiesen.[23]

Ungeachtet der Frage, ob das Gesetz vom 18. Dezember 1919 hierzu letztlich den entscheidenden Ausschlag gab, verzichteten die Alliierten schließlich vorläufig auf die Auslieferung deutscher Kriegsverbrecher. Am 16. Februar 1920 ließen sie der deutschen Regierung eine Note zukommen, in der sie einer innerdeutschen Ahndung deutscher Kriegsverbrechen zustimmten.[24]

Der Staatssekretär im Reichsjustizministerium erweiterte wenige Tage vor Beginn der Leipziger Prozesse[25] den Kreis der Nebenklageberechtigten auf alliierte Regierungsvertreter. Das Auswärtige Amt und das Reichsjustizministerium drängten dann Kronanwalt *Pollock*, den Leiter der Britischen Delegation, als Nebenkläger aufzutreten, um die Alliierten rechtlich, aber eben auch politisch in die anstehenden Verfahren zu verstricken und so den Urteilen des Reichsgerichts die Anerkennung der Entente zu sichern.[26] Im Ergebnis verzichtete die Entente auf den Anschluss eines Vertreters als Nebenkläger. Stattdessen einigte man sich darauf, dass *Werner* als Vertreter des Reichsjustizministeriums etwaige Fragen *Pollocks* informell an den Oberreichsanwalt weiterleiten sollte.[27] Ironischerweise nahm Kronanwalt *Pollock* noch am ersten Verhandlungstag letztlich doch neben dem Oberreichsanwalt auf dem Podium Platz. Diese Entscheidung war aber nicht etwa einem Umdenken innerhalb der Entente geschuldet – die katastrophale Akustik im Verhandlungssaal hatte verhindert, dass *Pollock* den Zeugenvernehmungen auf dem ihm zugewiesenen Platz vor der Richterbank folgen konnte.

C) Goldschmidt-Entwurf

Der regelmäßig als *Goldschmidt*-Entwurf bezeichnete „Entwurf eines Gesetzes über den Rechtsgang in Strafsachen und eines Gesetzes zur Änderung des Gerichtsverfassungsgesetzes" (E GRSt) bildete den ersten und einzigen Versuch einer sozial-liberalen Gesamtreform des Strafverfahrens in der Weimarer

21 *Dohna* in: Nationalversammlung – 129. Sitzung, Sonnabend, den 13.12.1919, S. 4041. Die Vermarktung der mit dem Gesetz verfolgten Zugeständnisse wurde allerdings durch Wortmeldungen des USPD-Abgeordneten *Cohn* gestört (vgl. a.a.O., S. 4043).

22 A.a.O., S. 4042, 4048.

23 *Wiggenhorn*, Verliererjustiz, S. 48.

24 *Hankel*, Leipziger Prozesse, S. 46ff. m.w.N.

25 A.a.O., S. 58ff., 91ff.

26 *Wiggenhorn*, Verliererjustiz, S. 155 m.w.N.

27 A.a.O., S. 156 m.w.N.

Republik.[28] Das System der Verletztenbeteiligung des E GRSt knüpfte im Wesentlichen an die Reformbestrebungen der Vorkriegszeit an. Gleichzeitig griffen seine Verfasser auf Konzepte der liberal-rechtsstaatlichen Reformbewegung des 19. Jahrhunderts zurück.[29]

I. Inhalt

Der E GRSt übernahm in Anlehnung an die Beschlüsse der 7. Kommission die bereits geltenden Bestimmungen über die Nebenklage ohne wesentliche Änderungen.[30] Die in der RStPO vorgesehenen Bezugspunkte der Nebenklage wurden jedoch erweitert und modifiziert. Die Nebenklagebefugnis knüpfte auch weiterhin an die prinzipale Privatklage, die Bußklage und das Klageerzwingungsverfahren an. Die Nebenklage der Verwaltungsbehörde entsprach im Wesentlichen der bestehenden Rechtslage.[31] In dem Entwurf wurde jedoch die Idee der subsidiären Popularklage im Bereich der Übertretungen wieder aufgegriffen und mit der Nebenklage prolongiert. An Stelle des Bußanspruchs sollte der Verletzte auch Schadensersatzansprüche mit den prozessualen Handlungsspielräumen des Privat-, bzw. Nebenklägers geltend machen können.

Der erweiterte und neugefasste Katalog der prinzipalen Privatklagedelikte bot angesichts der vorangegangenen Reformdiskussion keine über die Bezeichnung als „Eigenklage“ hinausgehenden Überraschungen und war weitestgehend dem E 1909 nachempfunden.[32] So wurden der Hausfriedensbruch, die Beleidigungsdelikte mit Ausnahme von gegen politische Körperschaften gerichteten Beleidigungen, die einfache, gefährliche und fahrlässige Körperverletzung ohne Übertretung einer Amts-, Berufs- oder Gewerbepflicht, die Bedrohung, Verletzung fremder Geheimnisse, Sachbeschädigung sowie Vergehen nach dem Gesetz gegen den unlauteren Wettbewerb oder gegen literarische, künstlerische und gewerbliche Urheberrechte nur in Fällen öffentlichen Interesses von der Staatsanwaltschaft verfolgt und andernfalls dem Privatklageweg zugewiesen.[33] Die prinzpale Privatklage konnte vom Verletzten[34] oder seinem gesetzlichen Vertreter innerhalb von drei Monaten nach

28 *Rentzel-Rothe*, Goldschmidt-Entwurf, S. 40ff.

29 *Schmidt*, Einführung, S. 417; *Sellert / Rüping*, Geschichte, S.179.

30 *Schubert / Regge*, Quellen, I. Abt. Bd. 4, S. 215.

31 A.a.O., S. 223.

32 A.a.O., S. 210; *Rentzel-Rothe*, Goldschmidt-Entwurf, S.103f.

33 § 364 E GRSt.

34 Erfasst wurde auch der minderjährige Verletzte, der das 18. Lebensjahr vollendet hat.

Erlangung der Kenntnis der Tat und der Person des Täters erhoben werden.[35] In Abweichung zur RStPO bestand für den Privatkläger kein Anwaltszwang. Der Privatkläger wurde dem Angeklagten insoweit gleichgestellt, als dass er sich der Hilfe aller Personen bedienen konnte, die auch zum Verteidiger gewählt werden konnten.[36] Das Verhältnis zwischen Staatsanwalt und prinzipalem Privatkläger entsprach den Regelungen der RStPO.[37] Die Regelung über die Übernahme des Privatklageverfahrens durch die Staatsanwaltschaft entsprach dem E1909.[38]

Die subsidiäre[39] Popularklage bildete den Ausgleich zur Einführung eines verschärften Opportunitätsprinzips im Bereich der geringfügigen Übertretungen.[40] Der Entwurf hielt zwar grundsätzlich an der Geltung des Legalitätsprinzips fest,[41] konstatierte aber ein Anklageverbot für die Staatsanwaltschaft bei Übertretungen, wenn die Schuld des Täters gering ist und die Folgen der Tat nur unbedeutend waren.[42] Nach der Ablehnung der Strafverfolgung durch die Staatsanwaltschaft konnte eine subsidiäre Popularklage erhoben werden. Klageberechtigt war nicht nur der Verletzte, sondern jeder Anzeigeerstatter, der eine Übertretung angezeigt und zugleich ein „berechtigtes Interesse“ an der Verfolgung der Tat hat.[43] Mit diesem bewussten „Schritt auf dem Weg zu der vielfach angefochtenen Popularanklage“ wurde der personale Anwendungsbereich über bisherige Strafprozessordnungskodifikationen hinaus bis an die Grenze zum Jedermannsrecht ausgedehnt.[44] Trotz eines eher begrenzten sachlichen Anwendungsbereichs sollte mit der subsidiären Popularklage des E GRSt ein vereinzelter Grundstein für die Wiederbelebung der von *Gneist* vorgezeichneten Idee der Selbstregierung im deutschen Strafprozessrecht gelegt werden.[45] Die Regelung diente als Richtungsschild mit dem Zweck, dem Staatsbürger „den Weg zu weisen, der einem Gemeinwesen entspricht, das auf der Übernahme einer verantwortlichen Selbsttätigkeit durch jeden einzelnen beruht.“[46]

35 § 365f. E GRSt.

36 § 367 E GRSt; *Schubert / Regge,* Quellen, I. Abt. Bd. 4, S. 210.

37 *Schubert / Regge,* Quellen, I. Abt. Bd. 4, S.212.

38 A.a.O., S. 213.

39 A.a.O., S. 162.

40 A.a.O., S. 215. Zum Opportunitätsprinzip im E GRSt insgesamt s.a. *Dettmar*, Legalität und Opportunität, S. 179ff.

41 *Goldschmidt*, Reform, S. 95; *Rentzel-Rothe*, Goldschmidt-Entwurf, S. 95ff.

42 § 177 Abs. 1 E GRSt; *Rentzel-Rothe*, Goldschmidt-Entwurf, S. 96.

43 § 389 E GRSt.

44 *Schubert / Regge,* Quellen, I. Abt. Bd. 4, S. 162.

45 *Goldschmidt*, Reform, S. 22; *Rentzel-Rothe*, Goldschmidt-Entwurf, S. 96.

46 *Schubert / Regge,* Quellen, I. Abt. Bd. 4, S. 162.

Der E GRSt verbesserte den Rechtsschutz gegen die staatsanwaltschaftliche Einstellung des Verfahrens mangels hinreichenden Tatverdachts, indem der personale Anwendungsbereich des Klageerzwingungsverfahren über den verletzten Antragssteller hinaus auf jeden Anzeigenden mit berechtigtem Interesse an der Strafverfolgung ausgedehnt wurde.[47] Das Klageerzwingungsverfahren wurde für den Verletzten durch die Beseitigung der Vorschaltbeschwerde vereinfacht.[48]

Materielle Bußansprüche mussten auch weiterhin im Wege der prinzipalen Privatklage oder durch den Anschluss als Nebenkläger verfolgt werden.[49] Neu war jedoch die Wiedereinführung des Adhäsionsverfahrens. Der Verletzte einer Straftat konnte seine zivilrechtlichen Schadensersatzansprüche im Strafverfahren bis zu einer Kappungsgrenze in Höhe von zwanzigtausend Mark geltend machen.[50] Die Geltendmachung der Ansprüche erfolgte – wie bei der Bußklage – im Wege der Privatklage bzw. durch den Anschluss als Nebenkläger.[51] Schadensersatz und Buße konnten nicht nebeneinander verlangt werden.[52] Der Begründung des Entwurfs lässt sich eine deutliche Präferenz zugunsten des Adhäsionsverfahrens entnehmen. Die Bußklage schien seinen Verfassern eher unerwünscht und war nur deshalb in den Entwurfstext aufgenommen worden, weil sie durch das materielle Strafrecht vorgezeichnet war.[53]

II. Schicksal und Scheitern

In einer vom bayrischen Staatsministerium der Justiz am 22. Januar 1920 einberufenen, mündlichen Besprechung lehnte die Mehrheit der bayrischen Oberstaatsanwälte, Oberlandesgerichtspräsidenten, Landgerichtspräsidenten und Professoren der juristischen Fakultät der Universität München die Erweiterung des Gebiets der Eigenklage vehement ab und begründete ihre Auffassung mit „schlechten Erfahrungen mit der Eigenklage", die „weit mehr als die öffentliche Klage Hass und Feindschaft weckt und nährt und zu erbitterten Auseinandersetzungen vor Gericht" geführt habe.[54] Hamburg und Württemberg beantragten, den Eigenkläger und seinen Vertreter bei der Akteneinsicht

47 *Rentzel-Rothe*, Goldschmidt-Entwurf, S. 97, § 177 E GRSt; § 179 RStPO.

48 *Schubert / Regge*, Quellen, I. Abt. Bd. 4, S. 162f.

49 § 397 E GRSt.

50 § 400 E GRSt.

51 §§ 400f. i.V.m. § 397 E GRSt.

52 § 402 E GRSt.

53 *Schubert / Regge*, Quellen, I. Abt. Bd. 4, S. 216.

54 A.a.O., S. 234f.

rechtlich mit dem Beschuldigten und dessen Vertreter gleichzustellen.[55] Württemberg beantragte zudem eine Beschränkung des personalen Anwendungsbereichs der subsidiären Popularklage bei Übertretungen auf denjenigen, der „die Tat angezeigt hat, wenn er durch die Tat verletzt ist."[56] Zur Begründung wurde ausgeführt, die subsidiäre Popularklage könne dazu führen, dass Verbände und Einzelpersonen sich in einer noch gar nicht übersehbaren Ausdehnung in Verfolgung ihrer besonderen Zwecke in die Strafrechtspflege drängen und die Bestrafung auch da durchsetzen würden, wo der Staat sie gerade nicht wolle. Eines Korrektivs staatsanwaltschaftlicher Einstellungsentscheidungen durch beliebige Dritte bedürfe es nicht. Eine Durchbrechung des staatsanwaltschaftlichen Anklagemonopols sei nur ausnahmsweise zuzulassen, wenn besondere, persönliche Interessen dies rechtfertigten. Vorstellbar sei allenfalls eine Beschränkung des personalen Anwendungsbereichs auf ein „eigenes, berechtigtes Interesse". Alternativ sei denkbar, einen staatsanwaltschaftlichen Anklageverzicht von der Zustimmung des Verletzten abhängig zu machen.[57]

Der Entwurf des E GRSt stieß bereits im Reichsrat auf Widerstand gelangte nicht an die Nationalversammlung.[58] Die Gerichtsverfassung der Entwürfe war insbesondere nach Ansicht Preußens zu kompliziert und unter den durch den Kriegsausgang geschaffenen Verhältnissen zu teuer,[59] weshalb sich der Entwurf nicht zur Weiterberatung eignete.[60]

---

55 „§ 372 Abs. 2 ist dahin zu fassen: Der Vertreter des Eigenklägers ist befugt, die Akten und Beweisstücke an der Amtsstelle einzusehen. Dem Eigenkläger kann gestattet werden, Akten und Beweisstücke unter Aufsicht eines Beamten an der Amtsstelle einzusehen."; A.a.O., S. 265, 299f. Hinzu kam ein eher technischer Antrag Hamburgs, als § 380a einzustellen: „Stellt sich im Verlauf des Verfahrens heraus, dass es sich um eine Straftat handelt, die durch Eigenklage nicht verfolgt werden kann, so hat das Gericht der Staatsanwaltschaft die Akten vorzulegen zur Entscheidung darüber, ob sie das Verfahren übernehmen will. – Übernimmt die Staatsanwaltschaft das Verfahren, so hat das Gericht in der Sache zu entscheiden, falls es sachlich zuständig ist und der Angeklagte zustimmt. – Entscheidet das Gericht nicht in der Sache, dann verfährt es nach § 256 Abs. 2 Satz 2." Zu Begründung wurde angeführt, dass § 380 nur den Fall regle, dass die von der Staatsanwaltschaft übernommene Anklage unter dem bisherigen Gerichtspunkt, nämlich wegen einer Verfehlung aufrechterhalten werde, die im Wege der Eigenklage verfolgt werden kann. Denn nur dann könne der bisherige Eigenkläger ohne weiteres Nebenkläger werden. Es sei notwendig, eine Regelung für den Fall zu treffen, dass die Tat im Verlauf des Verfahrens sich als eine solche herausstellt, die im Wege der Eigenklag nicht verfolgt werden kann. Für diesen Fall die Einstellung des Verfahrens vorzuschreiben sei nicht empfehlenswert. Der vorgeschlagene § 380a gebe in Anlehnung an §§ 429 und 436 die Möglichkeit, dass das Verfahren von der Staatsanwaltschaft übernommen und in der Lage fortgesetzt werde, in der es sich bedingt. Der bisherige Eigenkläger werde in diesem Falle nicht ohne weiteres Nebenkläger (A.a.O., S. 265f.).

56 A.a.O., S. 300.

57 Ebd.

58 *Vormbaum*, Lex Emminger, S. 48.

59 *Schubert / Regge*, Quellen, I. Abt. Bd. 4, S. 302.

Der preußische Justizminister befürchtete, dass die politische und wissenschaftliche Debatte über den Entwurf den Gesetzgebungsprozess zu stark verzögern werde.[61]

III. Rezeption

Sontag befürwortete die subsidiäre Popularklage bei Übertretungen. Eine „Ausbeutung dieses Rechtes zur Erpressung und Schikane" sei angesichts des geringen Anwendungsbereichs nicht zu erwarten. Allerdings sei es sachgemäß, gerade für die erfassten, geringfügigen Sachen eine Vergleichsmöglichkeit einzuräumen. Zudem seien das Kostenrisiko und der Anwaltszwang dem Popularkläger nicht zuzumuten.[62] *Wach* sah die Idee eines „Gemeinwesens, das auf der Übernahme einer verantwortlichen Selbsttätigkeit durch jeden einzelnen beruht," durch den Entwurf nur inkonsequent umgesetzt. Folgerichtig wäre die „generelle" Popularklage gewesen.[63] *Gleispach* befürwortete, dass der Entwurf die subsidiäre Popularklage bei Übertretungen und das Klageerzwingungsverfahren vom Begriff des Verletzten löse. Damit seien endlich auch Fälle erfasst, in denen ein Verletzter nicht vorhanden sei. Gerade hier sei die Überprüfung der Entschließungen der Staatsanwaltschaft besonders notwendig.[64] *Preiser,* der ein dezidierter Befürworter des Opportunitätsprinzips war, deutete die Regelungen über die subsidiäre Popularklage bei Übertretungen nicht unter dem Aspekt der Verletztenbeteiligung, sondern als materiellrechtliche Quasi-Entkriminalisierung von Bagatelldelikten mit nicht absehbaren Folgen. Seiner Lesart nach lautete der Inhalt der Norm:

> „Übertretungen – natürlich auch die zahllosen Übertretungen aus den Nebengesetzen – sind nur strafbar, wenn die Schuld des Täters nicht gering ist und die Folgen seiner Tat nicht unbedeutend sind."[65]

Preiser forderte die Ausdehnung der Regelung auf manche Vergehen, bei denen die Schuld des Täters genauso gering sein kann wie bei Übertretungen.[66] *Sontag* und *Gleispach* lehnten die Ausdehnung der Eigenklage auf die gefähr-

---

60 *Vormbaum*, Lex Emminger, S. 48.

61 *Schubert / Regge,* Quellen, I. Abt. Bd. 4, S. 301.

62 *Sontag*, GA 68, S. 322f.

63 *Wach*, Deutsche Strafrechtszeitung 1920, S. 83.

64 *Gleispach*, Schweizerische Zeitschrift für Strafrecht 1920, S. 273f.

65 *Preiser*, ZStW 1920, S. 383.

66 A.a.O., S. 383f. *Preisers* Regelungsvorschlag lautete: „Bei Vergehen – ausgenommen bei gemeingefährlichen Vergehen und bei Vergehen, die von einem Beamten in Ausübung oder in Veranlassung der Ausübung seines Amtes begangen sind – und bei Übertretungen kann die StA ein Einschreiten ausnahmsweise dann unterlassen, wenn es sich um einen besonders leichten Fall handelt und die Straffverfolgung nicht im öffentlichen Interesse liegt (A.a.O., S. 384).

liche Körperverletzung ab.[67] Angesichts der volkswirtschaftlichen Schäden und der „symptomatischen Bedeutung" gefährlicher Körperverletzungen sei die Verfolgung von Rohheitsdelikten nicht vom Interesse des Verletzen abhängig zu machen.[68] Nach Ansicht *Gleispachs* sei der Entwurf sozial ungerecht, da seiner Einschätzung nach die Hälfte der Kriminalität der Eigenklage zugeordnet werde. Dieses Verhältnis zwischen öffentlicher Anklage und Eigenklage sei undemokratisch.[69] *Preiser* befürwortete die Ausdehnung des sachlichen Anwendungsbereichs der prinzipalen Privatklage und schlug die Aufnahme des Ehebruchs und der Nötigung in den Privatklagekatalog vor.[70] *Gleispach* befürwortete die Wiedereinführung des Adhäsionsverfahrens.[71]

D) Gesetz zur Entlastung der Gerichte vom 11. März 1921

Das Gesetz zur Entlastung der Gerichte vom 11. März 1921[72] war als Notgesetz angelegt und hatte sich daher von allen Grundsatzfragen absichtlich ferngehalten.[73] Das Gesetz baute auf den Bestimmungen des Gesetzes zur Vereinfachung der Strafrechtspflege[74] vom 21. Oktober 1917 auf.[75] Ziel des Gesetzes war eine Entlastung der Strafrechtspflege angesichts einer in der Nachkriegszeit stark angewachsenen Massenkriminalität.[76] Das Gesetz erweiterte den sachlichen Anwendungsbereich der Privatklage entsprechend den Vorschlägen des E GRSt. Insbesondere von der Einbeziehung der gefährlichen Körperverletzung in den Privatklagekatalog versprach man sich eine erhebliche Entlastung der Staatsanwaltschaften.[77] Die Ausdehnung der Privatklagedelikte wurde nicht mit Änderungen des Privatklage- oder Nebenklageverfahrensverknüpft, hatte aber mittelbar zur Folge, dass auch der Anwendungsbereich der Nebenklage erheblich erweitert wurde.

---

67 *Sontag*, GA 68, S. 324; *Gleispach*, Schweizerische Zeitschrift für Strafrecht 1920, S. 269.

68 *Gleispach*, Schweizerische Zeitschrift für Strafrecht 1920, S. 269f.

69 A.a.O., S. 272f.

70 *Preiser*, ZStW 1920, S. 378.

71 *Gleispach*, Schweizerische Zeitschrift für Strafrecht 1920, S. 290.

72 RGBl. 1921, S. 229.

73 *Kiesow*, JW 1921, S. 376.

74 RGBl. 1917, S. 1037.

75 *Kiesow*, JW 1921, S. 376; *Vormbaum*, Lex Emminger, S. 48f.

76 *Kiesow*, JW 1921, S. 376; *Schubert / Regge*, Quellen, I. Abt. Bd. 4, S. XVI m.w.N.

77 *Kiesow*, JW 1921, S. 376.

E) Lex Emminger

Mit der als *lex Emminger* oder *Emminger*-Verordnung bezeichneten Verordnung über Gerichtsverfassung und Rechtspflege vom 4. Januar 1924[78] wurde das Opportunitätsprinzip im Bereich der Übertretungen und Vergehen in die StPO eingeführt, ohne dass der zwischen den Staatsanwaltschaften und Gerichten verteilte Machtzuwachs durch die gleichzeitige Einführung verletztenfreundlicher Kontrollinstitute kompensiert wurde. Die *Emminger*-VO ging aus den Beratungen der Reichsratsausschüsse über den Entwurf zu einer Verordnung zur Vereinfachung der Gerichtsverfassung vom 29. Oktober 1923 hervor, in denen Inhalt und Umfang der Opportunitätsregelungen noch stark umstritten waren.[79] *Emminger* übernahm den nach den Wünschen der Reichsratsausschüsse abgeänderten Entwurf, ohne die Regelungen über das Opportunitätsprinzip bei Übertretungen oder die Privatklage zu ändern.[80] Die Verordnung über Gerichtsverfassung und Strafrechtspflege wurde am 7. Januar 1924 im Reichsgesetzblatt verkündet.

I. Inhalt

Die Verordnung führte mit § 153 StPO weitreichende „Lockerungen"[81] des Legalitätsprinzips für Geringfügigkeitsfälle ein. Bei Einstellungsentscheidungen sollten sich Richter und Staatsanwälte – je nach Verfahrensstadium – gegenseitig kontrollieren: Für Übertretungen galt im Grundsatz ein Verfolgungsverbot für Fälle, in denen die Schuld des Täters gering ist und die Folgen der Tat unbedeutend sind. Von diesem Strafverfolgungsverbot konnte die Staatsanwaltschaft nur dann abweichen, wenn ein öffentliches Interesse an der Herbeiführung einer gerichtlichen Entscheidung besteht. Diese Idee entsprach inhaltlich dem *Goldschmidt*-Entwurf mit der Ausnahme, dass eine Ahndung von Übertretungen durch eine subsidiäre Privat- oder Popularklage nicht vorgesehen war. Für Vergehen ermächtigte der neu gefasste § 153 StPO die Staatsanwaltschaft, von der Klageerhebung abzusehen, wenn die Schuld des Täters gering ist und die Folgen der Tat unbedeutend sind. Vor der Einstellung des Verfahrens musste die Staatsanwaltschaft jedoch die Zustimmung des Amtsrichters einholen. Nach Erhebung der Klage ging die Befugnis zur Verfahrenseinstellung auf die Gerichte über. Die gerichtliche Einstellungsbefugnis wurde

---

78 RGBl. I 1924, S. 15.

79 *Schubert / Regge,* Quellen, I. Abt. Bd. 4, S. 573ff., 604ff.

80 Vgl. *Vormbaum*, Lex Emminger, S. 54.

81 So die euphemistische Formulierung *Bumkes*.

ihrerseits von der Zustimmung der Staatsanwaltschaft abhängig gemacht. Etwaige Kontroll-, Mitwirkungs- oder Dispositionsbefugnisse des Verletzten über die jeweilige Einstellungsentscheidung waren nicht vorgesehen.[82]

Gleichzeitig erschwerte die Verordnung die Privatklage durch eine Ausdehnung des Erfordernisses eines vorgeschalteten Sühneversuchs auf Bedrohungen, Sachbeschädigungen und die Verletzung fremder Geheimnisse. Zudem wurde der Landesjustizverwaltung die Befugnis eingeräumt, die Tätigkeit der Vergleichsbehörde von der Zahlung eines angemessenen Kostenvorschusses abhängig zu machen.[83]

II. Rezeption

Die *Emminger*-Verordnung traf auf ein durchwachsenes Echo.[84] *Bender* konstatierte, die Rechtsentwicklung scheine in Richtung des Opportunitätsprinzips zu drängen.[85] Die Entwicklung sei schon in den Entwürfen von 1909 und 1919 vorgezeichnet gewesen.[86] *Nagler* ordnete die Durchbrechung des Legalitätsprinzips als Fortsetzung eines schon im JGG eingeschlagenen Wegs ein.[87] Teilweise wurde eine über die Verordnung hinausgehende Ausweitung des Opportunitätsprinzips vorgeschlagen.[88] Teile der Wissenschaft und Berufsverbände erkannten aber, dass der strafprozessuale Teil der Verordnung einen Wendepunkt mit ungeahnten Folgen markierte. Zwar wurde die Notwendigkeit einer sparsameren und effektiveren Ausgestaltung des Strafverfahrens vor dem Hintergrund der angespannten, wirtschaftlichen Verhältnisse der Weimarer Republik – für sich genommen – nicht in Frage gestellt. Teile der Literatur ahnten jedoch, dass der Preis für die erhoffte Justizentlastung in der harten Währung rechtsstaatlicher Verfahrensgarantien beglichen worden war.[89]

Pestalozza verwies in seinem Bericht für die Strafrechtsgruppe des Deutschen Anwaltvereins darauf, dass die Einschränkung des Legalitätsprinzips den

82 § 23 Emminger-VO.

83 § 36 Emminger-VO.

84 Zur Rezeption insg. *Vormbaum*, Lex Emminger, S. 166ff.; *Dettmar*, Legalität, S. 211ff. jew. m.w.N.

85 *Bender*, JW 1924, S. 1652.

86 Ebd.; ähnlich *Bumke*, Verordnung, S. 72.

87 Vgl. § 32 JGG idF v. 10. Februar 1923; *Nagler*, GS 1924, S. 423; ähnlich *Friedersdorff*, JW 1929, S. 2694; *Bumke*, Verordnung, S. 72.

88 Zu der analogen Bestimmung des Entwurfs einer Verordnung zur Vereinfachung der Strafrechtspflege: *Ebermayer*, JW 1924, S. 251.

89 Exemplarisch *Loening*, JR 1925, S. 340.

Staatsanwaltschaften die Möglichkeit zur Unterdrückung von Strafverfahren gebe. Das hieraus folgende Missbrauchspotential wirke „schlechthin demoralisierend" und ermögliche die Bevorzugung einzelner Personen, Klassen und Richtungen.[90] Die Frage der Anklageerhebung werde zu einem „Handelsobjekt" gemacht.[91] Die Durchbrechung des Legalitätsprinzips dürfe nicht in die Hand des örtlich zuständigen Staatsanwalts gelegt werden.[92] Im Berliner Anwaltverein vertrat *Rosenberg* die Ansicht, der Machtzuwachs der örtlichen Staatsanwälte und ihrer Vorgesetzten bedeute eine Gefahr für die Einheit der Rechtsprechung. Hinter den Staatsanwälten stünden die Justizminister der Länder, die in der Regel ausgesprochene Parteipolitiker seien.[93] Auch der preußische Richterverein warnte nachdrücklich vor einer Überspannung des § 153 StPO. Die Norm setze den Anreiz, Strafsachen immer dann durch Einstellung zu erledigen, wenn sie verwickelt oder unübersichtlich geworden seien. Die Regelung sei geeignet, das Vertrauen in eine unparteiische Rechtspflege zu erschüttern. Insofern seien dringend einschränkende Ausführungsbestimmungen zu § 153 StPO zu erlassen.[94]

Teile des Schrifttums bemäkelten den Verzicht des Verordnungsgebers auf die gängigen „Sicherheitsventile" wie der subsidiären Privatklage, mit denen die Gefahren einer Durchbrechung des Legalitätsprinzips hätten kompensiert werden können.[95] In diese Kerbe schlug beispielsweise *Mannheim*, nach dessen Ansicht der „Kautschukbegriff" des „öffentlichen Interesses" für das beschränkte Gebiet der bisherigen Privatklage, nicht aber für das gesamte Gebiet der Übertretungen und Vergehen brauchbar sei.[96] Mit der Verordnung sei der Schutz des Verletzten gegen die missbräuchliche Handhabung staatsanwaltschaftlicher Einstellungsbefugnisse größtenteils beseitigt, die Allgewalt des Staatsanwalts hergestellt und die Entrechtung des Verletzten vervollständigt.[97] Teilweise wurde bezweifelt, ob die Durchbrechung des Legalitätsprinzips durch Mitwirkungs- und Kontrollrechte des Verletzten überhaupt noch kompensiert werden könne oder praktisch schon daran scheitern müsse, dass angesichts der allgemeinen Verarmung der Privatkläger die Gefahr, die Kosten des

90 DAV, JW 1924, S. 1645; *Pestalozza*, JW 1924, S. 286; ähnlich *Nagler*, GS 1924, S. 424.

91 *Dittenberger*, JW 1924, S. 1653f.; DAV, JW 1924, S. 1645.

92 *Dittenberger*, JW 1924, S. 1655; DAV, JW 1924, S. 1641.

93 *Rosenberg*, JW 1924, S. 1655.

94 *Schimmack*, JW 1924, S. 1660.

95 DAV, JW 1924, S. 1645; *Mannheim*, JW 1924, S. 1648.

96 *Mannheim*, JW 1924, S. 1647; ähnlich *Nagler*, GS 1924, S. 424.

97 *Mannheim*, JW 1924, S. 1648.

Verfahrens bei Freisprechung des Angeklagten tragen zu müssen, in den meisten Fällen nicht auf sich nehmen werde.[98]

Mannheim wies unter Berufung auf *Bumke* darauf hin, dass durch die Ausdehnung des Opportunitätsprinzips in Gestalt des § 153 StPO das Klageerzwingungsverfahren bei Vergehen vollständig beseitigt und bei Übertretungen dahingehend eingeschränkt worden sei, dass der Berechtigte sich nur noch auf die Behauptung stützen könne, die Schuld des Täters sei fälschlich als gering oder die Folgen der Tat seien fälschlich als unbedeutend gewertet worden.[99] Insofern habe die Verordnung nicht nur unzulängliche Sicherungen gegen das Opportunitätsprinzip geschaffen, sondern zugleich schon bestehende Sicherungen preisgegeben.[100] Dass das Klageerzwingungsverfahren bei Übertretungen, nicht aber bei Vergehen statthaft sein solle, erscheine zudem befremdlich. Die mit der Emminger-VO eintretende Schieflage könne zwar dadurch behoben werden, dass via ministerieller Verordnung die Staatsanwaltschaften angewiesen werden, von der Strafverfolgung nur mit Zustimmung des Verletzten abzusehen, sodass das Klageerzwingungsverfahren insgesamt hinfällig werde. Ein Gesetz dürfe aber nicht Unmöglichkeiten enthalten, zu deren Korrektur es erst einer Ministerialverordnung bedürfe.[101] *Nagler* sah die Dienstaufsichtsbeschwerde als letzte, verbliebene Möglichkeit einer Überprüfung staatsanwaltschaftlicher Einstellungsentscheidungen durch den Verletzten an.[102]

Ein Einfluss des Nebenklägers auf die Einstellung des Verfahrens wurde nur von Teilen der Literatur konstruiert. Allerdings war umstritten, ob nach erhobener Klage die Einstellung des Verfahrens durch das Gericht nicht nur die Staatsanwaltschaft, sondern auch der Nebenkläger der Einstellung zustimmen müsse.[103] Hier vertrat zumindest *Loening* die verletztenfreundliche Mindermeinung, nach Erhebung der öffentlichen Klage sei das Gericht an die Zustimmung des Nebenklägers gebunden.[104]

---

98 A.a.O., S. 1650.

99 A.a.O., S. 1649; *Bumke*, Verordnung, S. 74f.; ähnlich *Nagler*, GS 1924, S. 425f.

100 *Mannheim*, JW 1924, S. 1649.

101 Ebd.; a.A. wohl *Friedersdorff*, JW 1929, S. 2694.

102 *Nagler*, GS 1924, S. 425.

103 *Loening*, JR 1925, S. 347.

104 Zur Argumentation s. A.a.O., S. 347ff. Hierbei setzte sich letztlich bis heute die Ansicht durch, dass eine Verfahrenseinstellung durch das Gericht nach § 153 StPO auch ohne die Zustimmung des Nebenklägers zulässig sei.

F) Nebenklage in Verkehrs- und Wirtschaftsstrafsachen

Auf der Suche nach neuen Betätigungsfeldern wurde die Nebenklage Ende der 1920er Jahre von Vertretern der Anwaltschaft „wiederentdeckt". Nicht ohne Eigeninteresse forderten vereinzelte Stimmen aus der Praxis eine Anpassung des eher unbekannten und vernachlässigten Rechtsinstituts an die Erfordernisse von Verkehrs- und Wirtschaftsstrafverfahren.[105]

Mit zunehmendem Gebrauch von PKW im Straßenverkehr hatten sich sowohl die Häufigkeit, als auch die Schadensintensität von Verkehrsunfällen insbesondere in den Städten drastisch erhöht.[106] Infolgedessen nahm auch die Relevanz des Straßenverkehrsstrafrecht und insbesondere der fahrlässigen Körperverletzung und Tötung erheblich zu.[107] Praxisnahe Stimmen sahen deshalb die Gelegenheit einer Umfunktionierung der Nebenklage zur Privilegierung des Verletzten in Automobilstrafsachen.[108] Den Hauptanwendungsfall bildete das Privatklagedelikt der fahrlässigen Körperverletzung.[109] Da die Nebenklage aber nicht auf die besonderen Erfordernisse des Verkehrsstrafrechts zugeschnitten war, führte der neu erschlossene Anwendungsbereich zu einer Vielzahl von Friktionen.[110] Nach Ansicht des verkehrsrechtlichen Ausschusses und

105 *Lebrecht*, Verkehrsrechtliche Rundschau 1930, S. 488; *May*, DAR 1928, S. 4; *Brandt*, Autorechtl. Rundschau 1929, S. 1.

106 Eingehend *Asholt*, Straßenverkehrsstrafrecht, S. 75ff. m.w.N.

107 *Hodenberg*, JW 1929, S. 350.

108 *Proskauer*, JW 1929, S. 2795.

109 *Brandt*, Autorechtl. Rundschau 1929, S. 1f.; bestätigend auch *Niederreuther*, GA 1935, S. 312.

110 *Proskauer*, JW 1929, S. 2795; *Brandt*, JW 1930, S. 893. So konnte sich der Verletzte einem Verfahren wegen fahrlässiger Körperverletzung als Nebenkläger anschließen, weil er zur Erhebung der Privatklage berechtigt ist. Dies galt wiederum nicht für Fälle, in denen die fahrlässige Körperverletzung zufällig durch einen Berufskraftfahrer erfolgte (*Gelbert*, Deutsche Justiz 1937, S. 971; *Brandt*, JW 1930, S. 891). In diesen Fällen ermöglichte der Anspruch auf Zahlung einer Buße den Anschluss (*Brandt*, Autorechtl. Rundschau 1929, S. 1). Der Anspruch auf Zahlung der Buße bildete zwar den rechtlichen Grund des Anschlusses. Das tatsächliche Motiv für den Anschluss bildete aber die Vorbereitung eines gesonderten, zivilrechtlichen Verfahrens. Denn die Geltendmachung des Bußanspruchs war für den Verletzten unvorteilhaft, da ein diesbezüglicher Antrag eine Sperrwirkung für die zivilrechtliche Geltendmachung von (der Höhe nach unbegrenzten) Schadensersatzansprüchen entfaltete (*Lebrecht*, Verkehrsrechtliche Rundschau 1930, S. 487; *May*, DAR 1928, S. 4). Der Verletzte handelte insofern rational, wenn er sich der prozessualen Handlungsspielräume des Nebenklägers bediente, ohne jedoch den gesetzgeberisch vorgesehenen Zweck zu verfolgen (*Brandt*, Autorechtl. Rundschau 1929, S. 1). Systemwidrig gestaltete sich in Verfahren wegen fahrlässiger Tötung auch die in Teilen der Rechtsprechung anerkannte Möglichkeit einzelner Angehöriger, eine Anschlussberechtigung über den Umweg des Strafantrags und

der Verkehrsrechtsgruppe des Deutschen Anwaltvereins sowie Teilen der Literatur sollte die Nebenklage daher bei allen Körperverletzungen ohne Rücksicht auf das Antragsrecht, die Antragsfrist oder den Bußanspruch gewährt werden, damit der Verletzte sein „Interesse an der Klärung des Sachverhalts“ wahrnehmen kann. Deshalb sollte sie auf Fälle der fahrlässigen Tötung in jedem Fall und ohne Rücksicht darauf, ob Antrag auf gerichtliche Entscheidung gestellt wurde oder Eingriffe in unmittelbare Vermögensrechte erfolgt sind, erweitert werden. Darüber hinaus sollte die Nebenklage „verselbstständigt“ und § 399 Abs. 2 StPO a.F. gestrichen werden.[111] *Rothbarth* forderte, die Nebenklagebefugnis für Fälle fahrlässiger Tötungen auf Angehörige auszuweiten.[112]

Nach dem Ansatz *Springmanns* eignete sich eine Anschlussberechtigung des Verletzten in komplizierten Wirtschaftsstrafsachen als ein „hervorragendes Betätigungsgebiet“ für Anwälte. Seiner Ansicht nach überforderten insbesondere Strafverfahren wegen Kreditbetrugs, Konkursverbrechen und Konkursvergehen die Staatsanwaltschaften und Gerichte. Staatsanwälte ohne besondere Kenntnisse auf dem Gebiet des Wirtschaftslebens, der kaufmännischen Technik und der Buchführung neigten dazu, sich der jeweiligen Akten im Wege der Einstellung zu entledigen. Auch den Gerichten unterstellte *Springmann* eine Überforderung mit Wirtschaftsstrafsachen und die Tendenz, die eigene Entscheidungskompetenz indirekt an Sachverständige zu delegieren. Ein Nebenkläger könne vermittels eines rechtskundigen Beraters rechtzeitig die Akten einsehen und zur Aufklärung des Sachverhalts beitragen. Die Vernehmung des Geschädigten *nur* als Zeugen werde den besonderen Erfordernissen von Wirtschaftsstrafverfahren nicht gerecht. Ein Anwaltszwang für diese Fallgruppe sei

---

des Klageerzwingungsverfahrens zu erhalten (*Rothbarth*, DJZ 1929, S. 1050f.; *Lebrecht*, Verkehrsrechtliche Rundschau 1930, S. 487; RGSt 62, 209f.; RGSt 43, 262; BayOLG Urt. v. 9.7.08, Amtl. Samml. St. 8, S. 371; *Brandt*, Autorechtl. Rundschau 1929, S. 2; *Gelbert*, Deutsche Justiz 1937, S. 971). Die unzulängliche Konzeption der Nebenklage führte zu dem nicht nachvollziehbaren Ergebnis, dass sich der Ehemann als einziger Angehöriger dem Verfahren als Nebenkläger beitreten konnte, wenn die durch einen Unfall verletzte Ehefrau tot ist und er zuvor erfolgreich ein Klageerzwingungsverfahren durchgeführt hatte. Hatte er aber das Pech, dass der Täter nicht Amateur, sondern Berufsfahrer ist, so ist für die Nebenklage des Ehemannes kein Raum (*Brandt*, Autorechtl. Rundschau 1929, S. 2).

111 *Proskauer*, JW 1929, S. 2796; *Brandt*, JW 1930, S. 893f.

112 Der Formulierungsvorschlag für neu einzufügende Abs. 3 und 4 des § 395 StPO lautete: „Die Angehörigen von Personen, die durch eine vorsätzliche oder fahrlässig strafbare Handlung getötet worden sind, können sich der erhobenen öffentlichen Klage wegen fahrlässiger oder vorsätzlicher Tötung in jeder Lage des Verfahrens als Nebenkläger anschließen. Angehörige i.S. des Abs. 3 sind der überlebende Ehegatte und die Kinder des Getöteten und, wenn weder ein Ehegatte noch Kinder vorhanden sind, die Eltern des Getöteten.“ (*Rothbarth*, DJZ 1929, S. 1049).

in Betracht zu ziehen. Soziale Härten seien durch die Zubilligung des Armenrechts auszugleichen.[113]

Keiner der beiden Ansätze wurde in den zeitgenössischen Gesetzesentwürfen ausdrücklich berücksichtigt. Bemerkenswert war jedoch das ersichtlich neue, unmittelbare Interesse am Institut der Nebenklage. In keinem der Vorschläge bestand ein irgendwie geartetes Interesse am Klageerzwingungsverfahren, dem materiellen Bußanspruch oder der Privatklage, die sonst den Schwerpunkt der Reformdiskussion bildeten. Beabsichtigt war vielmehr eine Privilegierung bestimmter Verletztengruppen. Während bei der Nebenklage in Automobilstrafsachen das Wiedergutmachungsinteresse des Verletzten im Fokus stand, sollten der Nebenkläger und insbesondere der Nebenklagevertreter in Wirtschaftsstrafsachen als Quasi-Gehilfen des Staatsanwalts dem öffentlichen Aufklärungsinteresse und der Justizentlastung dienen.

G) Reichsabgabenordnung

Die in der Weimarer Republik beschleunigte Emanzipation des Steuerstrafverfahrensrechts vom Strafprozessrecht wurde von sukzessiven Einschränkungen der Regelungen über die Nebenklage der Verwaltungsbehörde in der RStPO flankiert.[114] Vor dem Inkrafttreten der Reichsabgabenordnung vom 13. Dezember 1919 am 23. Dezember 1919[115] (RAO1919) beruhte das Strafverfahren auf den in den Grenzen der §§ 458ff. RStPO erlassenen, landesrechtlichen Vorschriften.[116] Mit der RAO1919 wurde der Anwendungsbereich der Regelungen der RStPO über die Nebenklage der Finanzbehörde überformt.[117] Das Verhältnis von Staatsanwaltschaft und Finanzbehörde als Anklägerin bzw. Nebenklägerin im gerichtlichen Verfahren wurde jedoch übernommen und in die RAO1919 verschoben.[118] Diese Entwicklung wurde mit der Verordnung des Reichspräsidenten zur Sicherung von Wirtschaft und Finanzen vom 1. Dezember 1930[119] in der Fassung der Neubekanntmachung der Reichsabgabenordnung vom 22. Mai 1931[120] nochmals bestätigt.[121] Damit galten die

113 *Springmann*, DJZ 1931, S. 1077f.

114 Vgl. *Giese*, Abgabenordnung, S. 47f.

115 RGBl. 1919, S. 1993.

116 Wie z.B. dem preußischen „Gesetz betreffend das Verwaltungsstrafverfahren bei Zuwiderhandlungen gegen Zollgesetze und sonstige Vorschriften über indirekte Reichs- und Landesabgaben" vom 26. Juli 1897 (Pr. Ges. Samml., S. 237ff.); *Flacke*, Finanzverwaltung, S. 42.

117 § 449 S. 1 RAO1919.

118 Vgl. §§ 430, 432, 437 RAO1919.

119 RGBl. I, S. 517.

120 RGBl. I, S. 161ff.

121 A.A. *Hölzel*, Nebenklage, S. 55.

Regelungen der RStPO nur noch in einem marginalen Anwendungsbereich, d.h., soweit bei Zuwiderhandlungen gegen Gesetze über Gemeindeabgaben, die nicht zu den Realsteuern gehörten, und Kirchensteuern das Verwaltungsstrafverfahren anwendbar war.[122]

Die Funktion der Nebenklage des Finanzamtes erhielt dabei eine neue Prägung. Wurde die Nebenklage der Finanzbehörde mit dem Preußischen Gesetz vom 3. Mai 1852 noch mit einem quasi-privaten, fiskalischen Interesse und die entsprechenden Regelungen der RStPO mit einer Aufklärungsfunktion begründet, dienten die Nebenklageregelungen der RAO nun der Schaffung einer erhöhten Gewähr für richtige Straferkenntnisse auf dem der Staatsanwaltschaft ferner liegenden Gebiet des Steuerstrafrechts.[123] Das Finanzamt wurde als ein der Staatsanwaltschaft ähnliches, staatliches Strafverfolgungsorgan, unter Umständen als Beherrscher des ganzen steuerlichen Strafverfahrens vor den ordentlichen Gerichten mit einer Zwitterstellung aus Sachverständigem und Strafverfolgungsbehörde verstanden.[124]

H) Entwurf eines Einführungsgesetzes zum AStGB

Ein weiterer Anlauf zur Reform des Strafverfahrens wurde mit dem amtlichen Entwurf eines Einführungsgesetzes zum Allgemeinen Deutschen Strafgesetzbuch und zum Strafvollzugsgesetz vom 11. April 1929 (EStGB1929) unternommen.[125] Der EStGB1929 wurde am 25. April 1929 den Vereinigten Ausschüssen VII, III und V überwiesen, die daraufhin am 2. Juli 1929 einen Unterausschuss einsetzten und sich zwischen November 1929 und Januar 1930 berieten.[126] Aus den Beratungen des Unterausschusses ging die Reichstagsvorlage des Entwurfs eines Einführungsgesetzes zum Allgemeinen Deutschen Strafgesetzbuch und zum Strafvollzugsgesetz vom 20. Mai 1930 (EStGB1930) hervor.[127] Auch dieser neuerliche Anlauf einer Reform des Strafverfahrensrechts scheiterte. Der Verabschiedung des EStGB1930 kam die Auflösung des Reichstags am 30. Juli 1930 zuvor.

122 *Fuchs*, Nebenklagerecht, S. 3; *Giese*, Abgabenordnung, S. 27. Auch diese praktisch unbedeutenden Regelungen wurden mit dem Gesetz zur Widerherstellung der Rechtseinheit vom 12. September 1950 (BGBl. I 1950, S. 455ff.) aufgehoben.

123 Vgl. RGSt 48/340, RGSt 57/255.

124 RGSt 57/255; *Flacke*, Finanzverwaltung, S. 57, 67.

125 *Schubert / Regge,* Quellen, I. Abt. Bd. 5, S. 207–300; s.a. *Dürr*, Reform, S. 1434.

126 *Schubert / Regge,* Quellen, I. Abt. Bd. 5, S. XX.

127 Im Folgenden werden beide Entwürfe gemeinsam abgehandelt. Auf etwaige Unterschiede der Entwürfe wird bei gegebenem Anlass hingewiesen.

I. Veto des Verletzten gegen Einstellungsentscheidungen

Mit dem EStGB1929 wurden Modifikationen an den Opportunitätsregelungen vorgenommen.[128] Das mit der *Emminger*-VO eingeführte Opportunitätsprinzip bei Übertretungen und Vergehen wurde auf alle Vergehen ausgeweitet. Einen Ausgleich für diesen Machtzuwachs der Staatsanwaltschaft bildeten einerseits das Erfordernis einer amtsrichterlichen Zustimmung. Andererseits wurde dem Verletzten ein Dispositionsrecht eingeräumt. Vor Einstellung des Verfahrens sollte dem Verletzten eine Gelegenheit zur Äußerung gegeben werden, bei der er der Einstellung widersprechen konnte.[129] Das Opportunitätsprinzip sollte insofern für Vergehen gelten, bei denen weder die Staatsanwaltschaft, noch das Gericht, noch der Verletzte ein Interesse an der Strafverfolgung hat. Die Verfasser des Entwurfs umgingen das Problem einer Kontrolle staatsanwaltschaftlicher Verfolgungstätigkeit durch Privatbeteiligte bei Delikten ohne individualisierbaren Verletzten: In der Begründung stellte man sich schlicht auf den Standpunkt, dass sich die Mehrzahl der erfassten Delikte gegen einen bestimmten Verletzten richtete. Der Verletzte brauche nach Ansicht der Verfasser des Entwurfs nicht immer eine natürliche Person sein. Auch juristische Personen – insbesondere des öffentlichen Rechts – wie Gemeinden, Länder oder das Reich könnten „verletzt" sein.[130]

Nach den Vorschlägen des Unterausschusses wurde das Dispositionsrecht des Verletzten über die Einstellung des Verfahrens wegen mangelndem, öffentlichen Interesse abgeschafft. Die Staatsanwaltschaft sollte lediglich prüfen, ob ein berechtigtes Interesse des Verletzten an der Strafverfolgung bestehe. Eine Anhörung des Verletzten sollte nicht zwingend, sondern nur „wenn möglich" erfolgen.[131]

II. Privatklage

Der EStGB1929 sah geringfügige Modifikationen des Privatklagekatalogs vor. Die bislang erfassten Urheberrechtsverletzungen wurden aus dem Kreis der Privatklagedelikte entfernt. Damit sollte dem „dringenden Wunsch der betroffenen Urheber, insbesondere der Künstler" entsprochen werden. Die Verfolgung von strafbaren Urheberrechtsverletzungen bedeute eine erhebliche finanzielle Last. Wegen der „allgemein bekannten Not der geistigen Arbeiter"

128 Hierzu eingehend *Dettmar*, Legalität, S. 225–241.

129 § 153 Abs. 2 S. 1 EStGB1930.

130 *Schubert / Regge,* Quellen, I. Abt. Bd. 5, S. 359.

131 § 153 StPO nach dem EStGB1930; a.a.O., S. 481, 626.

und der vielfach vorhandenen Aussichtslosigkeit eines Kostenersatzes durch den Täter seien die Betroffenen selten imstande, die strafrechtliche Verfolgung selbst zu übernehmen. Zudem tendiere die Verwaltungspraxis zu einer faktischen Rückkehr zur Offizialklage, da einige Landesregierungen die Staatsanwaltschaften bereits anwiesen hatten, bei der Prüfung des öffentliches Interesse nicht „engherzig" zu verfahren und von Fall zu Fall sorgfältig zu prüfen, ob besondere Umstände gegeben sind, die die Annahme eines öffentlichen Interesses an der Strafverfolgung rechtfertigten.[132] Ein Antrag der Reichsregierung, die Delikte des Urheberrechts ausschließlich im Wege der öffentlichen Klage verfolgbar zu machen, fand im Unterausschuss keine Mehrheit.[133] Der Unterausschuss hielt im Ergebnis also am Privatklagekatalog de lege lata fest.[134]

Zudem wurde die Befugnis zur Erhebung der Privatklage allen Personen zugebilligt, die das Recht haben, die Strafverfolgung zu verlangen. Dieses Recht wurde mit dem Entwurf nicht nur dem Verletzten, sondern im Falle seines Todes auch seinem Ehegatten oder seinen Kindern oder, falls er beides nicht hinterlassen hat, seinen Eltern, Großeltern, Enkeln oder Geschwistern eingeräumt.[135] Das Privatklageverfahren sollte nunmehr auch nach dem Tod des Privatklägers durch dessen Angehörige fortgesetzt werden können.[136]

III. Adhäsion und Bußnebenklage

Die EStGB1929 und EStGB1930 entfernten die Bußansprüche aus dem materiellen Strafrecht und ersetzten die Bußklage durch ein Adhäsionsverfahren.[137] Die prozessualen Rechte des Adhärenten wurden wiederum durch Verweis auf die Nebenklage bestimmt. Die Einführung des Adhäsionsverfahrens erfolgte aus prozessökonomischen Gründen und dem Interesse des Verletzten. Der Verletzte sollte in wesentlich größerem Umfang als bisher, i.e. über die Fälle der §§ 231, 188 des Strafgesetzbuchs und die einschlägigen, strafrechtlichen Nebengesetze hinaus, auch bei sonstigen strafbaren Handlungen seine zivilrechtlichen Entschädigungs- und Herausgabeansprüche im Strafverfahren geltend machen können.[138]

---

132 A.a.O., S. 384.

133 A.a.O., S. 464.

134 § 374 StPO nach dem EStGB1930; A.a.O., S. 493, 643.

135 §§ 374 Abs. 2, 157b EStGB1930; A.a.O., S. 384.

136 § 393 EStGB1929; A.a.O., S. 385.

137 §§ 403–406 EStGB1929; A.a.O., S. 417.

138 A.a.O., S. 385f.

IV. Unselbstständige Feststellungsnebenklage

In der Literatur des frühen 19. Jahrhunderts wurde der Informativprozess als Instrument des strafprozessualen Ehrschutzes und als ein bislang unbekannter Modus der Beteiligung des Verletzten im Strafverfahren u.a. von *Beling*, *Otto* und *Liepmann* entwickelt. Gegenstand des Informativprozesses waren Mitwirkungsrechte des Verletzten in Verfahren wegen übler Nachrede.[139] Ausgangspunkt war die Überlegung, dass es Verletzten in Strafverfahren wegen Verleumdung regelmäßig nicht auf die Verurteilung des Angeklagten, sondern primär auf die Wiederherstellung der Ehre durch Feststellung der Unwahrheit der kundgegebenen Tatsache ankomme.[140] Im geltenden Recht sei die Feststellung der Unwahrheit aber nur implizit und in „unnatürlicher Verquickung" mit der aus Sicht des Verletzten oft entbehrlichen öffentlichen Strafe möglich.[141] Durch die über den Verleumder verhängte Strafe könne allenfalls der Vergeltungstrieb des Verletzten Befriedigung erfahren, nicht aber der Glaube Dritter an die Beschuldigung beeinflusst werden.[142] Mangelhaft sei der strafprozessuale Ehrschutz insbesondere in Fällen der fahrlässigen oder schuldlos begangenen Verleumdung.[143] Der Strafantrag, die Privat- oder Nebenklage seien als Instrumente zur Wiederherstellung der Ehre ungeeignet, da keine Feststellung der Wahrheit oder Unwahrheit der behaupteten, ehrenrührigen Tatsache erforderlich sei.[144] Der Verletzte habe in diesen Fallkonstellationen keine Möglichkeit, den Inhalt der Behauptung oder deren Verbreitung als falsch zu erweisen und damit öffentlich richtigzustellen.[145] Bei üblen Nachreden bestehe insofern ein schützenswertes, spezifisches Interesse an der Gewährung eines von gegnerischem Verschulden und der Strafwürdigkeit des Verleumders unabhängigen, nicht bloß vermögensrechtlichen Anspruchs.[146] Diese Lücke des strafprozessualen Ehrschutzes begünstige womöglich Akte der Selbstjustiz.[147] Der zu Unrecht Verleumdete werde zur „Flucht in die Öffentlichkeit" verleitet: Dem Verleumdeten bleibe häufig kaum etwas Anderes übrig, als seinerseits den Verleumder unter Bezugnahme auf die strittige Sachlage zu beleidigen und so auf Strafklage gegen sich selbst zu provozieren mit dem Ziel, sein Beweisma-

139 *Friedmann*, Recht der Wahrheit, S. 5.

140 *Beling*, Informationsprozesse, S. 341.

141 *Friedmann*, Recht der Wahrheit, S. 26.

142 A.a.O., S. 23.

143 *Beling*, Informationsprozesse, S. 322.

144 *Friedmann*, Recht der Wahrheit, S. 8, 17.

145 *Beling*, Informationsprozesse, S. 322.

146 *Friedmann*, Recht der Wahrheit, S. 22ff.

147 A.a.O., S. 21.

terial verteidigungsweise als Angeklagter in einem weiteren Strafverfahren auszubreiten und die Verleumdung unter Inkaufnahme einer Verurteilung wegen formeller Beleidigung richtigzustellen.[148] Dem berechtigten Interesse des Diffamierten an einer Wiederherstellung oder Erhaltung seines Ansehens sollte daher ein Verfahren Rechnung tragen, das im Gegensatz zum sonstigen Strafverfahren auf Klarstellung der Sachlage, d.h. die „bloße" Feststellung von Tatsachen, gerichtet ist.[149] Die Feststellung der Wahrheit oder Unwahrheit einer ehrrührigen Tatsache sei als selbstständiger Ausspruch in die Urteilsformel aufzunehmen.[150] Es sei ein Konnex der Feststellungsklage mit der strafrechtlichen Verleumdungsklage herzustellen.[151] Der Anspruch auf Feststellung der Unwahrheit der verleumderisch behaupteten Tatsache sei unabhängig von der Frage nach der Schuld und dem Vorsatz des Angeklagten und neben der Strafe zu gewähren.[152]

Mit dem EStGB1930 wurde die Idee des Informativprozesses im Strafverfahren dann erstmals kodifiziert.[153] Der durch üble Nachrede Verletzte konnte nach dem neuen Regelungskonvolut des E1930 gegen jeden, der die ehrenrührige Behauptung aufgestellt oder verbreitet hat, die Feststellung beantragen, dass der Inhalt der Behauptung unwahr ist. Der EStGB1930 gliederte den Regelungskomplex über den Informativprozess unter der Überschrift „Feststellungsantrag bei übler Nachrede" an die Bestimmungen über die Nebenklage und die Privatklage an.[154] Der Feststellungsantrag modifizierte den Urteilsspruch in drei Varianten: Wenn die Unwahrheit des Inhalts der aufgestellten oder verbreiteten Behauptung erwiesen werde, so sei dies im Urteil auszuspre-

148 *Beling*, Informationsprozesse, S. 323.

149 A.a.O., S. 324; *Glässer*, Indiskretionstatbestand, S. 50. *Friedmann*, Recht der Wahrheit, S. 25, 34. Allerdings äußerte *Beling* grundsätzliche Bedenken, dass der Strafprozess seines „wahren Charakters entkleidet" werden könne, wenn dem Beweis der Wahrheit in vollem Umfang Raum verschafft würde (*Beling*, Informationsprozesse, S. 324). Dem Verletzten sei daher zur Rufreparation vorzugsweise ein eigens zur Aufklärung der tatsächlichen Lage der Sache zugeschnittenes Verfahren vor einer eigens einzurichtenden Informativprozesskammer der Landgerichte zur Verfügung zu stellen (A.a.O., S. 324, 352). Unbedenklich sei aber eine Inzident-Informativklage, die sich als Tatsachenfeststellungsprozedur in den Strafprozess einschöbe, sodass das Verfahren dabei seinen Charakter nicht verlöre, insbesondere in Ansehung der Voraussetzungen ihrer Zulässigkeit, sowie so, dass sie den Gang und den Abschluss des Strafprozesses nicht beeinflusste und das Verfahren nicht verzögerte (A.a.O., S. 360).

150 *Liepmann*, DJZ 1906, S. 936.

151 *Friedmann*, Recht der Wahrheit, S. 29.

152 A.a.O., S. 23, 26.

153 §§ 402a–402m E1930.

154 *Glässer*, Indiskretionstatbestand, S. 52.

chen. Werde die Wahrheit erwiesen, so sei der Antrag abzuweisen. Außerdem sei, wenn es der Beklagte bis zur Beendigung der Schlussvorträge beantragt, auszusprechen, dass die Wahrheit des Inhalts der Behauptung erwiesen ist. Lasse sich weder die Unwahrheit noch die Wahrheit des Inhalts der Behauptung erweisen, so sei im Urteil auszudrücken, dass der Beweis der Wahrheit misslungen sei. Das Verfahren stand dem Verletzten vor Beginn der Hauptverhandlung in einem selbstständigen Verfahren offen. Nach Erhebung einer Privatklage musste der Antrag mit dem Privatklageverfahren verbunden werden. Mit Erhebung der öffentlichen Klage konnte der Antrag nur nach erfolgtem Anschluss des Berechtigten als Nebenkläger gestellt werden. Der Feststellungsantrag erweiterte die Handlungsspielräume des Privat- und Nebenklägers in Verfahren wegen übler Nachrede dahingehend, dass immer dann, wenn für den Privatbeteiligten absehbar ist, dass das Verfahren auf einen Freispruch wegen z.B. der Wahrnehmung berechtigter Interessen hinausläuft, die Feststellung beantragt werden kann.[155]

V. Nebenklage der Verwaltungsbehörde

Mit der Entfernung des Verfahrens bei Zuwiderhandlungen gegen die Vorschriften über die Erhebung öffentlicher Abgaben und Gefälle[156] wurde die Strafprozessordnung an die Novelle der Reichsabgabenordnung von 1930 angepasst.[157] Damit wurde das Finanzstrafverfahren allein in der Reichsabgabenordnung geregelt. Durch den Entwurf sollte die Reichsabgabenordnung dahin geändert werden, dass das Steuerstrafverfahrensrecht der Reichsabgabenordnung für alle Steuern des Reichs, der Länder, der Gemeinden, der Gemeindeverbände und der Religionsgesellschaften des öffentlichen Rechts galt und dass die Vorschriften über das gerichtliche Verfahren in Steuerstrafsachen und über die Zulässigkeit unmittelbar oder sinngemäß für alle öffentlichrechtlichen Abgaben gelten.[158]

VI. Nebenklage

Änderungen der Nebenklage waren im EStGB1929 nicht vorgesehen. Erst der Unterausschuss schlug mehrere Änderungen der Nebenklage vor, die an den Umbau der Regelungen über Opportunitätsentscheidungen und Beteiligungsformen des Verletzten anknüpften. Die Aufzählung der Anschlussgründe wur-

155 A.a.O., S. 68f.

156 §§ 419–429 StPO.

157 *Schubert / Regge,* Quellen, I. Abt. Bd. 5, S. 428.

158 A.a.O., S. 391.

de neu gefasst und um das neu eingefügte Adhäsionsverfahren ergänzt.[159] Zudem wurde ausdrücklich klargestellt, dass der Verletzte auch dann kein Dispositionsrecht über die Einstellung des Verfahrens aus Opportunitätsgründen hat, wenn er sich dem Verfahren als Nebenkläger angeschlossen hat. Eine Einstellung des Verfahrens durch eine gerichtliche Ermessensentscheidung sollte nur von der Zustimmung der Staatsanwaltschaft abhängig gemacht werden.[160]

VII. Rezeption

Die Einführung des Adhäsionsverfahrens fand allgemeinen Zuspruch in der Literatur, während die Modifikationen von Privat- und Nebenklage und die Verbesserung des Ehrschutzes in der Literatur wenig beachtet wurden.[161] Den Schwerpunkt der Diskussion bildete die stärkere Berücksichtigung des Verletzten. *Mannheim* begrüßte die Hinzuziehung des Verletzten bei Einstellungsentscheidungen im EStGB1929; seine Entrechtung de lege lata sei auf Dauer unerträglich.[162] Dagegen lehnte *Klann* die Gestaltung der Verletztenbeteiligung in beiden Entwürfen ab. Dem Dispositionsrecht über die staatsanwaltliche Einstellungsentscheidung bei Vergehen im EStGB1929 hielt er entgegen, die Regelung widerspreche der im Entwurf des Strafgesetzbuchs vorgesehenen Möglichkeit des Gerichts, von der Strafe abzusehen, die „durch die Hintertür der Unterlassung eines ausdrücklichen Widerspruchs des Verletzten" gegenstandslos gemacht werde.[163] Noch bedenklicher sei allerdings das Missbrauchspotential der Regelung, die zum „übelsten Handel" zwischen dem Beschuldigten und dem Verletzten über die Zustimmung zur Einstellung insbesondere in Wirtschaftsstrafsachen verleite.[164] Auch sei nicht nachvollziehbar, weshalb die Interessen des Verletzten bei Übertretungen überhaupt nicht berücksichtigt werden.[165] Dagegen werde der Verletzte in der Fassung des EStGB1930 nicht ausreichend geschützt.[166] Nach Ansicht *Schmidts* wurde durch den § 153 StPO nach dem EStGB1929 das Opportunitätsprinzip über das Maß der *Emminger*-VO hinaus erweitert und damit ein Zustand geschaf-

159 § 395 StPO nach dem EStGB1930; A.a.O., S. 494, 644.

160 § 153 Abs. 3, 4 i.V.m. § 397 StPO nach dem EStGB1930. Vgl. *Hofmann*, JR 1930, S. 140ff.; *Jacoby*, JR 1930, S. 21f.

161 *Kern*, JW 1929, S.2671; *Mannheim*, JW 1929, S. 2676; *Schmidt*, GS 1930, S. 34f.

162 *Mannheim*, JW 1929, S. 2675.

163 *Klann*, DJZ 1931, S. 1007f.

164 A.a.O., S. 1007; ähnlich *Schmidt*, GS 1930, S. 21.

165 *Klann*, DJZ 1931, S. 1007.

166 A.a.O., S. 1008f.

fen, dessen Wirkung in der Praxis schwer zu berechnen sei.[167] Zudem sei bei einer Vielzahl von Vergehen unklar, wer „Verletzter" sei.[168]

Mannheim befürwortete den neuen § 225a StPO des EStGB1929, nach dem die Staatsanwaltschaft den Verletzten von dem Hauptverhandlungstermin zu benachrichtigen hatte.[169] Nach Ansicht *Weys* trug der Entwurf dem Informationsinteresse des Verletzten nicht ausreichend Rechnung. Zwar sei dem Verletzten nun von dem Termin zur Hauptverhandlung Nachricht zu geben und der Anzeigende sei im Falle der Einstellung des Verfahrens zu benachrichtigen. Entsprechende Benachrichtigungen sollten jedoch auch im Zwischenverfahren erfolgen. Dadurch würde insbesondere dem Nebenklageberechtigten die fristgemäße Einlegung von Rechtsmitteln gegen den Beschluss ermöglicht.[170]

I) Notverordnungskaskaden

In der Spätphase der Weimarer Republik wurden die Privat- und Nebenklage weiter erschwert und das Opportunitätsprinzip ohne einen Ausgleich durch Kontrollrechte des Verletzten ausgeweitet. Mit der Dritten Verordnung des Reichspräsidenten zur Sicherung von Wirtschaft und Finanzen und zur Bekämpfung politischer Ausschreitungen vom 6. Oktober 1931[171] wurde das Legalitätsprinzip weiter eingeschränkt.[172] Unter anderem sollte das Gericht nunmehr befugt sein, Privatklageverfahren bis zur Verkündung des Urteils erster Instanz und, soweit zulässig Berufung eingelegt wurde, bis zur Verkündung des Urteils zweiter Instanz per Beschluss ohne Zustimmung des Privatklägers oder der Staatsanwaltschaft einzustellen. Gegen die Einstellung des Verfahrens konnte sich der Privatkläger mit sofortiger Beschwerde wenden.[173] Von der ebenso vorgesehenen Beschränkung der Revision bei Privatklageverfahren wurde die Nebenklage ebenso ausgenommen wie Privatklagen wegen Verletzungen gewerblicher Schutzrechte.[174] Mit der Vierten Verordnung des Reichspräsidenten zur Sicherung von Wirtschaft und Finanzen und zum Schutze des inneren Friedens vom 8. Dezember 1931[175] wurden zwei neue Delikte

167 *Schmidt*, GS 1930, S. 21.

168 A.a.O., S. 21f.; s.a. *Lobe*, GS 1928, S. 44.

169 *Mannheim*, JW 1929, S. 2676.

170 *Wey*, JW 1930, S. 890.

171 RGBl. I 1931, S. 537.

172 *Nobis*, Notverordnung, S. 42f.; *Hagemann*, DJZ 1931, S. 1441f.

173 § 7 d. VO v. 6.10.1931.

174 § 8 Abs. 2 d. VO v. 6.10.1931.

175 RGBl. I 1931, S. 743.

zum Schutz der Ehre von im öffentlichen Leben stehenden Personen geschaffen, für die ein materieller Bußanspruch vorgesehen war.[176] Mit der Verordnung des Reichspräsidenten über Maßnahmen auf dem Gebiete der Rechtspflege und Verwaltung vom 14. Juni 1932[177] wurden die Vorschriften über den Gebührenvorschuss bei Privat- und Nebenklagen dahingehend geändert, dass bei nicht pünktlicher Zahlung des Vorschusses an die Staatskasse nicht mehr nur ein Stillstand des Verfahrens eintrat, sondern Klagen und Rechtsmittel ungeprüft abgewiesen oder verworfen wurden.[178]

J) Zusammenfassung

Die apokryphe Nebenklage der Entente bildete einen zeitlich und sachlich begrenzten, auf den Legitimationszweck der Leipziger Prozesse zugeschnittenen Sonderanwendungsfall der Nebenklage, der historisch einmalig und praktisch folgenlos blieb. Die Vorarbeiten zur Ausdehnung des Privatklagekatalogs mit dem Zweck einer Entlastung der Justiz aus der Zeit des Kaiserreichs wurden mit dem Gesetz zur Entlastung der Gerichte vom 11. März 1921 verwirklicht. Der neu gefasste Katalog der Privatklagedelikte, der bis zur Verabschiedung des Opferschutzgesetzes von 1986 weitestgehend unangetastet bleiben sollte, erweiterte die Privatklage im Bereich des Bagatell- und Wirtschaftsstrafrechts. Damit einhergehend wurde auch der sachliche Anwendungsbereich der Nebenklage über die Injurien hinaus ausgedehnt. Die Ehrschutzfunktion der Nebenklage trat damit gegenüber der Justizentlastungsfunktion in den Hintergrund. Der ursprüngliche Konnex von Verletztenbeteiligung und eng gefassten Ausnahmen vom Legalitätsprinzip wurde vorerst aufrechterhalten. Mit der Reform der Reichsabgabenordnung wurde der Anwendungsbereich der Nebenklage der Verwaltungsbehörde stark verkürzt. Die Regelungen über eine Nebenklage der Finanzbehörde wurden weitestgehend in die Reichsabgabenordnung umverlagert.

Die Einführung des Opportunitätsprinzips im Bereich der Übertretungen und Vergehen durch die Lex *Emminger* bedeutete einen massiven Machtzuwachs für die Staatsanwaltschaften und Gerichte. Das entsprechend erhöhte Kontrollbedürfnis des Verletzten wurde erstmalig nicht durch einen

---

176 § 3 d. VO v. 17.11.1931.

177 RGBl. I 1932, S. 285.

178 *Nobis*, Notverordnung, S. 40; *Knözinger*, Rechtsmittel des Nebenklägers, S. 32.

Zuwachs von Kontrollbefugnissen kompensiert. Im Einvernehmen zwischen Staatsanwaltschaft und Gericht getroffene Einstellungsentscheidungen aus mangelndem, öffentlichen Interesse konnten vom Verletzten im Gegensatz zur Verfahrenseinstellung mangels hinreichenden Tatverdachts nicht im Wege des Klageerzwingungsverfahrens überprüft werden. Vereinzelte Vorschläge, dem Verletzten bzw. dem Nebenkläger ein Dispositionsrecht über die Einstellung des Verfahrens zuzubilligen, blieben unerhört. Als folgenlose Reminiszenz an die Ideen der liberal-rechtsstaatlichen Epoche fanden die Erweiterung der Kontrollbefugnisse des Nebenklägers mit der in Ansätzen vom Goldschmidt-Entwurf vorgesehenen Popularnebenklage bei Übertretungen und der gleichzeitigen Ausdehnung des personalen Anwendungsbereichs der Nebenklage im Anschluss an das erfolgreich durchgeführte Klageerzwingungsverfahren auf Vertreter der Allgemeinheit mit berechtigtem Interesse keinen Eingang in die Gesetzgebung der Weimarer Republik.

Die Notverordnungen in der Spätphase der Weimarer Republik stellten sich als Radikalisierung der Tendenz des Gesetzgebers zu Einsparungs- und Vereinfachungsmaßnahmen auf Kosten des Verletzten dar.

Entsprechend der nie verabschiedeten Entwürfe eines Einführungsgesetzes zum AStGB sollten die prozessualen Handlungsspielräume des Nebenklägers erweitert, die Eignung der Nebenklage als Instrument der Wiederherstellung der Ehre und des guten Rufs verbessert und die Ehrschutzfunktion der Nebenklage gestärkt werden.

Nach weit herrschender Meinung sollte die Entschädigung des Verletzten auch weiterhin durch den Anschluss des Verletzten als Nebenkläger prozessual durchgesetzt werden. Dabei wurde die Geltendmachung materiellerrechtlicher Bußansprüche als Fehlkonstruktion betrachtet. Nach weit herrschender Auffassung im Schrifttum, den Vorschlägen des Goldschmidt-Entwurfs und der Entwürfe eines Einführungsgesetzes zum AStGB sollte die Bußnebenklage daher vorzugsweise einem Adhäsionsverfahren mit den Mitteln der Nebenklage weichen.

Teile der Literatur forderten erstmals die Umfunktionierung der Nebenklage zur Ahndung von Verkehrs- und Wirtschaftsstrafsachen. Mit von Teilen der Anwaltschaft geäußerten Vorschlägen zu einer Nebenklage in Verkehrsstrafsachen sollte der personale Anwendungsbereich der Nebenklage auf Körperverletzungs- und Tötungsdelikte ausgedehnt werden. Die Anschlussbefugnis sollte bei Tötungsdelikten auch den Angehörigen des Getöteten zustehen. Der Zweck dieser Umfunktionierung war erstmals die Privilegierung konkreter, als besonders schutzwürdig erachteter Verletztengruppen unter Aufgabe jedes Bezugs der Nebenklage zur Privatklage. Vereinzelte Forderungen nach einer Nebenklage im Wirtschaftsstrafrecht zielten dagegen auf die Umfunktionierung der Nebenklage zur Unterstützung staatsanwaltschaftlicher Strafverfolgungstätigkeit ab.

Sechstes Kapitel: Zeit der NS-Herrschaft

A) Einleitung

Die Ernennung *Hitlers* zum Reichskanzler am 30. Januar 1933 kündigte den Zusammenbruch einer deutschen Strafrechtspflege an, die diese Bezeichnung verdient. Der Nationalsozialismus negierte eine eigenständige Funktion des Rechts in einem gewaltenteilenden Staat.[1] Zutreffend stellt *Koch* fest, dass sich die Reform des Strafverfahrens durch die Nationalsozialisten keineswegs als „Druckmesser" staatlicher Macht geschweige denn zur Veranschaulichung der besonderen Pathologien nationalsozialistischer Unrechtsherrschaft eignet.[2] Diese Feststellung muss umso mehr für die Reformdiskussion und Gesetzgebungstätigkeit des NS-Staates im vergleichsweise marginalen Bereich der Verletztenbeteiligung gelten. Die Machtergreifung führte gleichwohl nicht zum Stillstand von Gesetzgebung und Schrifttum. Entsprechend der Losung „Anderer Staat – anderer Strafprozess"[3] arbeiteten Teile der Wissenschaft einer Anpassung des Strafverfahrensrechts an die herrschenden Ideologeme zu, die im Folgenden kurz umrissen und in ihrem Auswirkungen auf die Vorarbeiten einer Gesamtreform sowie die mit Kriegsbeginn einsetzende, umfassende Gesetzgebungstätigkeit auf dem Gebiet der strafprozessualen Verletztenbeteiligung erläutert werden soll.

B) Topoi nationalsozialistischer Reformliteratur

Zum Kernbestand nationalsozialistischer Reformliteratur gehörten antiliberale Bekenntnisse und damit einhergehend der Ruf nach einer Überwindung des „liberalistisch-positivistischen Prozessrechts" der Weimarer Republik.[4] Als spezifisch liberale Strukturen des Strafverfahrens wurden insbesondere die Grundsätze der Waffengleichheit, Elemente des Parteiprozesses und jedwede Einschränkung staatsanwaltschaftlicher und richterlicher Befugnisse zugunsten

1 *Kühne*, LR-StPO Einl. F, Rn. 46; *Schmidt*, Einführung, S. 440.

2 *Koch*, Reform, S. 246.

3 *Exner*, ZStW 1935, S. 4.

4 *Siegert*, ZStW 1935, S 17; *Schneider*, Deutsche Rechtswissenschaft 1936, S. 157.

https://doi.org/10.1515/9783110713299-006

subjektiver Abwehrrechte identifiziert.[5] Eng mit dem antiliberalen Ressentiment verzahnt waren anti-individualistische Stellungnahmen.[6] Das geltende Strafverfahrensrecht wurde als „letzter Hort“ eines zu überwindenden Individualismus verstanden, dem die Idee eines völkisch-kollektivistischen Strafverfahrens als positiver Gegenentwurf gegenübergestellt wurde.[7] Die neuen staatspolitischen Anschauungen sollten das Verhältnis von Gesamtheit und Individuum von Grund auf verschieben. Dem Interesse der „organischen Volksgemeinschaft“[8] als „konkreter und lebendiger Ordnung“[9] an einer straff zusammengefassten, zielsicheren Prozessführung wurde höherer Stellenwert eingeräumt als der „peinlichen Sorge um die Freiheitsrechte des Individuums“.[10]

Dem „volksgebundene Führerstaat“[11] entsprach die Idee einer Verwirklichung des sog. „Führerprinzips“ im Strafverfahren. Von einer hierarchisch geordneten „Gleichrichtung der im Strafprozess wirksamen Kräfte“ versprachen sich Teile der Literatur eine Vereinfachung und wirksamere Gestaltung des Verfahrens.[12] Die „Hemmungsapparatur“ der RStPO mit ihrem ständigen Mit- und Gegeneinander der Verfahrensbeteiligten sollte durch ein klares Befehlsverhältnis von Führern und Geführten ersetzt werden.[13] Der Staatsanwalt sollte als „Untersuchungsführer“ die Herrenstellung im Vorverfahren einnehmen. In der Hauptverhandlung sollte der Richter als „Verhandlungsführer“ agieren.[14] Der Verletzte sollte dagegen die Rolle des Geführten einnehmen. Eine misstrauische Überwachung der Rechtspflege durch das Volk sei im „wahren Volksstaat“ verzichtbar.[15]

---

5 *Henkel*, Deutsche Justiz 1935, S. 131; *Schäfer*, Deutsches Strafrecht 1935, S. 248; *Dahm*, Staatsanwalt, S. 258.

6 *Schneider*, Deutsche Rechtswissenschaft 1936, S. 157f.; *Schäfer*, Deutsches Strafrecht 1935, S. 248.

7 *Dahm / Schaffstein*, Liberales oder autoritäres Strafrecht? S. 25; *Exner*, ZStW 1935, S. 11; *Siegert*, ZStW 1935, S 15; *Peters*, ZStW 1937, S. 35; zusammenfassend *Koch*, Reform, S. 44ff.

8 *Rüping*, GA 1984, S. 297.

9 *Dahm*, Staatsanwalt, S. 262.

10 *Exner*, ZStW 1935, S. 11.

11 *Peters*, ZStW 1937, S. 67.

12 *Henkel*, ZStW 1935, S. 35; *Exner*, ZStW 1935, S. 4; *Henkel*, ZStW 1937, S. 228; *Henkel*, Deutsche Justiz 1935, S. 131, 145; *Dahm*, Staatsanwalt, S. 261.

13 *Exner*, ZStW 1935, S. 5f.

14 A.a.O., S. 7; *Henkel*, ZStW 1935, S. 36; *Siegert*, ZStW 1935, S 17; *Henkel*, Deutsche Justiz 1935, S. 141f.

15 *Siegert*, ZStW 1935, S 30.

Die zeitgenössische Reformliteratur zielte zudem auf eine Auflockerung und volkstümliche Ausgestaltung des Strafverfahrens ab.[16] Mit der Auflockerung des Verfahrens ging eine Abkehr von prozeduralen Gerechtigkeitsvorstellungen zugunsten einer effektiven Durchsetzung materieller Gerechtigkeit im Strafverfahren einher.[17] Anstatt in „amtliche“ Verfahrensrollen mit detailliert bestimmten Befugnissen und Pflichten wollte man vermehrt auf die Persönlichkeit, die Durchsetzungsfähigkeit, aber auch das Einfühlungsvermögen von Richtern und Staatsanwälten vertrauen. Im vergleichsweise zurückhaltender Diktion forderte *Henkel* einen maßvollen Abbau „übertriebener formaler Sicherungen“ durch eine „Erweiterung des Ermessensspielraumes der staatlichen Organe“.[18] Radikalere Stimmen wie *Siegert* polemisierten gegen den „falsch verstandenen Gründlichkeitsfanatismus“ der „individualistischen Zeit“ und verlangten eine radikale Abkehr von „jedem Formalismus in Prozess, von jeder Prinzipienreiterei“.[19]

C) Reformdiskussion im Schrifttum

Im Schrifttum herrschten heterogene Vorstellungen über die Stellung des Verletzten im kommenden Strafverfahren.[20] Die Aussicht auf eine baldige Gesamtreform des Strafverfahrens ließ dem Problem der Beteiligung des Verletzten am Strafverfahren jedoch wieder eine grundsätzliche Bedeutung zukommen.[21] Einigkeit bestand zumindest bei den Forderungen nach einer antiliberal-antiindividualistischen Neuverortung des Verletzten im Strafverfahren.[22] Der „moderne“ Verletztenbegriff im Strafprozessrecht fußte aus Sicht der Nationalsozialisten auf einem „typisch liberalen Misstrauen in die Haltung des abhängigen Staatsanwalts“.[23] Der Verletztenbegriff der StPO korrespondiere zudem mit dem angeblich[24] liberalen Rechtsgüterschutzgedanken, der auf den

---

16 *Schneider*, Deutsche Rechtswissenschaft 1936, S. 159f.

17 *Schäfer*, Deutsches Strafrecht 1935, S. 248.

18 *Henkel*, ZStW 1937, S. 228.

19 *Siegert*, ZStW 1935, S 16f.

20 *Henkel*, ZStW 1937, S. 229f.

21 *Deimling*, Stellung des Verletzten, S. 1.

22 Weniger wirkmächtig (aber eben doch präsent) war die von *Dahm* und *Schaffstein* vertretene Strömung, die das nationalsozialistische Recht nicht nur vom Liberalismus, sondern auch vom „konservativ-organischen Rechtsdenken“ in der Tradition *Savignys* und *Hegels* abgegrenzt wissen wollte (*Dahm / Schaffstein*, Liberales oder autoritäres Strafrecht? S. 5).

23 *Wolff*, DJZ 1936, S. 1259.

24 *Vormbaum*, Einführung, S. 179.

Schutz bloß privater Interessen abzielte.[25] Da der Einzelne nach nationalsozialistischer Anschauung nur als organisches Glied der Volksgemeinschaft aufgefasst wurde und das Strafverfahren anhand der Idee des „Volksganzen als Verletztem"[26] unter dem Gesichtspunkt des Gemeinschaftsschutzes ausgerichtet werden sollte, musste auch der Verletztenbegriff neu bestimmt werden.[27]

Teile der Literatur betonten den autoritären Charakter des nationalsozialistischen Staates, wollten das Führerprinzip im Strafverfahren verwirklicht sehen und befürworteten einen weitgehenden Rückbau der Mitwirkungsrechte des Verletzten. Da der nationalsozialistische Staat ein Autoritätsstaat sei, käme die „amtliche" Teilnahme einer Privatperson am Strafverfahren nicht in Frage.[28] Nationalsozialistisches Rechtsdenken betrachtete die Volksgemeinschaft als den allein anerkennungswürdigen Verletzten. Das Strafrecht habe nicht die Aufgabe, dem verletzten Individuum Genugtuung, d.h. die Befriedigung seines „individuellen Vergeltungs- und Rachebedürfnisses" zu verschaffen.[29] Die Mitwirkung des Einzelnen am Strafverfahren sollte zuvorderst darauf gerichtet sein, die Strafverfolgungsbehörde zu unterstützen, ohne in ihre Rechte einzugreifen.[30]

Eine insbesondere von *Henkel* vertretene Gegenströmung im nationalsozialistischen Schrifttum wollte sich von blankem Autoritarismus abgegrenzt wissen und sah Raum für eine paternalistisch-wohlwollende Einbindung des verletzten Volksgenossen in das Strafverfahren. Es sei falsch, jeden Einfluss des Verletzten auf das Strafverfahren als Zugeständnis an individualistische Gedankengänge anzusehen. Der völkische Staat dürfe seine Aufgabe nicht darin sehen, die Persönlichkeit und ihren Wert einem „öden Kollektivum" oder „einem formalen Machtapparat" zu opfern.[31] Allerdings müsse die Rechtsstellung des Verletzen neu hergeleitet werden. Dass sich nach nationalsozialistischem Verständnis jedes Verbrechen unmittelbar gegen die Volksgesamtheit richte, schloss *Henkel* zufolge nicht aus, dass man es dort, wo es unmittelbar und sichtbar in die Einzelsphäre eingreife, auch in dieser besonderen Auswirkung beachte. Denn die Aufgabe des Strafverfahrens sei eine umfassende Bekämpfung des Rechtsbruches und seiner Auswirkungen. Eine Mitwirkung des Verletzten am Straferfahren würdige seinen rechtlichen Selbstbehaup-

25 *Deimling*, Stellung des Verletzten, S. 11.
26 *Wolff*, DJZ 1936, S. 1259.
27 *Freisler*, GA 1935, S. 230.
28 *Riemann*, Nebenklage, S. 59.
29 *Wolff*, DJZ 1936, S. 1262.
30 *Deimling*, Stellung des Verletzten, S. 12.
31 *Gemmingen*, ZStW 1937, S. 250.

tungswillen und stärke dadurch wiederum die Volksgemeinschaft. Dem Verletzten seien Handlungsbefugnisse jedoch nur insoweit einzuräumen, als dass sie „mit dem rechtlichen Denken der Volksgesamtheit“ im Einklang stehen.[32]

I. Nebenklage

Der überwiegende Teil des Schrifttums sprach sich für die ersatzlose Beseitigung der Nebenklage aus.[33] Die Nebenklage sei in ihren Bezügen zum Privatklage- oder Klageerzwingungsverfahrens Ausdruck des überkommenen, liberalen Misstrauens des Bürgers gegen den Staat.[34] Auch leiste die Nebenklage dem Parteigedanken in der Verfahrensgestaltung Vorschub.[35] Darüber hinaus wurden auch rechtstechnische Einwände geäußert. Ein großer Teil der mit der Nebenklage verbundenen Rechte sei zur angemessenen Wahrung der Rechte des Verletzten weder notwendig noch sachdienlich. Ihre Ausübung belaste den Verfahrensgang unnötig, schaffe Konflikte, erschwere die Verfahrensleitung und lähme dadurch die „sachliche Energie der Strafverfolgung“ durch eine uneinheitliche Klageführung.[36] Im Übrigen seien die bisherigen Anschlussgründe im kommenden Strafverfahren kaum beizubehalten.[37] Durch das Rechtsmittelrecht erhalte der Nebenkläger die Möglichkeit, systemwidrig und ohne sachlichen Nutzen die Stellung des Hauptklägers in der zweiten Instanz zu erlangen.[38] Die Nebenklage widerspreche zudem der Zielvorgabe einer volkstümlichen Ausgestaltung des Strafverfahrens.[39] Zwar könne der Verletzte als wesentliche Hilfe für die Staatsanwaltschaft in Betracht kommen, indem er Argumente für die Schuld des Angeklagten liefere oder dessen Gegenargumente abwehre. Es sei aber nicht erforderlich, ihm hierzu eine amtliche Stellung einzuräumen.[40]

---

32 *Henkel*, ZStW 1937, S. 228ff.

33 *Freisler*, GA 1935, S. 235; *Deimling*, Stellung des Verletzten, S. 15; *Riemann*, Nebenklage, S. 5. 59.

34 *Wolff*, DJZ 1936, S. 1262; *Deimling*, Stellung des Verletzten, S. 15; *Riemann*, Nebenklage, S. 56ff.

35 *Henkel*, ZStW 1937, S. 249.

36 A.a.O., S. 248; *Oetker*, GS 1935, S. 182.

37 *Niederreuther*, GA 1935, S. 313.

38 *Oetker*, GS 1935, S. 182, 187.

39 *Riemann*, Nebenklage, S. 7.

40 A.a.O., S. 59.

Die Gegenströmung war der Nebenklage nicht prinzipiell abgeneigt,[41] argumentierte aber unter dem Vorbehalt, dass eine Reihe schwerer Mängel der bestehenden Regelung zu beheben sei.[42] So zeigte sich insbesondere *Henkel* offen für eine Verfahrensbeteiligung des Verletzten neben der Staatsanwaltschaft als anerkennenswertem Ausdruck seines rechtlichen Selbstbehauptungswillens, in dem sich der Gedanke autoritärer Strafverfolgung mit dem Gedanken der staatlicher Rücksichtnahme verbinde.[43] Die Nebenklage sei zunächst aus dem liberalistischen Kontext des Klageerzwingungsverfahrens und der Privatklage herauszuschälen. Ihr personaler Anwendungsbereich sei umfassend zu erweitern. Denn das geltende Nebenklagerecht verleihe dem Verletzten gerade in den weniger bedeutenden Strafsachen ein Übermaß an Verfahrensrechten. In den schwersten Verbrechensfällen dagegen werde ihm jedwede Mitwirkung an der Hauptverhandlung untersagt.[44] Eine Mitwirkung des Verletzten an der Hauptverhandlung müsse dazu dienen, dass er die Überzeugung gewinnen kann, der Rechtsbruch werde gesühnt. Dieses Ziel lasse sich durch ein Anwesenheitsrecht in der Hauptverhandlung erreichen. Seine zeitweilige Ausschließung aus der Hauptverhandlung dürfe nur insoweit zulässig sein, als dass durch seine Anwesenheit der Beweiswert seiner Zeugenaussage beeinträchtigt würde. Dem Verletzten sei der Hauptverhandlungstermin mitzuteilen. Die Vernehmung zu Beginn der Hauptverhandlung gebe ihm ausreichend Gelegenheit, den Tathergang, den ideellen und materiellen Schaden zu schildern und Beweismittel zu benennen. Darüber hinaus sei der Verletzte nach dem Ermessen des Vorsitzenden zu hören.[45]

II. Nebenklage der Verwaltungsbehörde

Wohlwollender fielen die wenigen Wortmeldungen zur Nebenklage der Verwaltungsbehörde aus. Schon zur Sicherung der Staatseinnahmen sei den für die Erhebung der Abgaben verantwortlichen Behörden ein gewisser Einfluss auf die Verfolgung der Finanzdelikte zu gewähren.[46] Zwar könne das Verfahren durch das Nebeneinander von Haupt- und Nebenklage erschwert, verlängert oder mit Ressortkonflikten belastet werden. Diese Gefahren hätten aber nur

---

41 So z.B. *Siegert*, der zulassen wollte, dass der Verletzte dem Staatsanwalt im nationalsozialistischen Strafverfahren helfend als Nebenkläger stehen möge (*Siegert*, ZStW 1935, S 20.).

42 *Gemmingen*, ZStW 1937, S. 254.

43 *Henkel*, ZStW 1937, S. 245.

44 A.a.O., S. 247f.

45 A.a.O., S. 249.

46 *Oetker*, GS 1935, S. 177; ähnlich *Riemann*, Nebenklage, S. 60.

eine untergeordnete Bedeutung, da die Verwaltungsbehörde und die Staatsanwaltschaft gleichermaßen auf das öffentliche Wohl bedacht seien und insofern identische Ziele verfolgten.[47]

III. Klageerzwingungsverfahren

Die herrschende Literatur sprach sich für die Beseitigung des Klageerzwingungsverfahrens aus.[48] Das „wenig praktische und komplizierte" [49] Beschwerdeverfahren beruhe auf einer Kontrollfunktion des Verletzten mit einer nur auf Grund einer individuellen Rechtsgutsverletzung anzuerkennenden Privatklageinitiative.[50] Der Staatsanwalt als Vertreter der Staatsführung müsse die ausschließliche Verfahrensherrschaft im Vorverfahren haben.[51] Gegen unrichtige Entscheidungen des Staatsanwalts sei künftig durch eine Dienstaufsichtsbeschwerde bzw. durch ein förmliches Beschwerdeverfahren vor dem vorgesetzten Staatsanwalt Abhilfe zu schaffen.[52] Der Begriff des Verletzten sei zudem schwer zu bestimmen.[53] Der konservativ-reaktionäre *Oetker* schlug in Anerkennung des Klageerzwingungsverfahrens als Ausdruck der Rücksichtnahme auf berechtigte Verletzteninteressen vor, die Rechte des Beschwerdeführers im Anschluss an das erfolgreich durchgeführte Klageerzwingungsverfahren auf ein Anwesenheitsrecht und auf Gehör nach dem Ermessen des Vorsitzenden zu beschränken, die Nebenklage in diesen Fällen aber zu beseitigen.[54]

IV. Privatklage

Ein überwiegender Teil der Literatur sprach sich für die Beseitigung der Privatklage aus.[55] Ankläger dürfe künftig allein der Staatsanwalt sein. Nur das Interesse der Volksgemeinschaft an der Strafverfolgung dürfe über die Erhe-

---

47 *Oetker*, GS 1935, S. 178.

48 *Henkel*, ZStW 1937, S. 240; *Freisler*, GA 1935, S. 245; *Gallas*, ZStW 1939, S. 650; *Gemmingen*, ZStW 1937, S. 251; *Siegert*, ZStW 1935, S 21; zust. *Deimling*, Stellung des Verletzten, S. 24; *Schäfer*, Deutsches Strafrecht 1935, S. 251; *Dahm*, Staatsanwalt, S. 264.

49 *Wolff*, DJZ 1936, S. 1263.

50 A.a.O., S. 1264.

51 *Henkel*, ZStW 1937, S. 241; *Freisler*, GA 1935, S. 245.

52 *Henkel*, ZStW 1937, S. 242; *Gemmingen*, ZStW 1937, S. 252; *Deimling*, Stellung des Verletzten, S. 24.

53 *Töwe*, GS 1936, S. 289ff.

54 *Oetker*, GS 1935, S. 183; *Oetker*, GS 1935, S. 375f.

55 *Henkel*, ZStW 1937, S. 244; *Freisler*, GA 1935, S. 235; *Dohna*, ZStW 1938, S. 161; *Wolff*, DJZ 1936, S. 1264; *Niederreuther*, GS 1939, S. 220.

bung der Anklage entscheiden.[56] Die Privatklage wiederspreche dem Grundsatz, dass einer Privatperson in einem Strafverfahren keine amtliche Stellung zukommen soll.[57] Ein Teil der Literatur wollte die Privatklage nicht ersatzlos beseitigt sehen, sondern befürwortete die Einführung eines friedensrichterlichen Verfahrens für Bagatellen, das nicht auf die Verhängung von Strafen, sondern auf eine Versöhnung der Parteien ausgerichtet ist.[58] Das friedensrichterliche Verfahren entkriminalisiere bagatellhafte Angriffe auf den nachbarlichen Frieden.[59] Gleichwohl sollte der Verletzte – wie bei der Privatklage – nach Ablehnung der Strafverfolgung durch die Staatsanwaltschaft den Friedensrichter anrufen können.[60] Teile der Literatur sprachen sich gegen die Einführung eines friedensrichterlichen Verfahrens aus.[61] Bei einer gewissenhaften und richtigen Handhabung des Legalitätsprinzips werde in Zukunft alles kriminelle Unrecht vor den Strafrichter gelangen.[62] Bagatellsachen seien vielmehr dem Verwaltungsstrafverfahren zuzuweisen.[63]

V. Bußnebenklage und Adhäsionsverfahren

Im Schrifttum herrschte auch weiterhin Einigkeit darüber, dass die Bußnebenklage der RStPO ein legislativer Fehlgriff sei.[64] Sie beruhe auf dem Gedanken eines Privatstrafensystens und sei insofern mit dem Zweck des Strafverfahrens nach nationalsozialistischer Auffassung unvereinbar.[65] Eine derartige Genugtuungswährung durch den Strafrichter bagatellisiere und materialisiere den Sühnegedanken und damit den Ernst der Strafe.[66] Der „Trieb“, dem gekränkten Selbstgefühl des Verletzten eine „Lustprämie“ in Gestalt der Erniedrigung des Angeklagten zu verschaffen, sei „durch und durch undeutsch“.[67] Daneben wurden rechtstechnische Einwände geltend gemacht. Die Bußnebenklage der RStPO habe zu der schon in Weimarer Zeiten bekannten Situation geführt,

56 *Siegert*, ZStW 1935, S 20; *Henkel*, ZStW 1935, S. 43.

57 *Thierack*, Zeitschrift für Deutsches Recht 1935, S. 94; *Riemann*, Nebenklage, S. 59.

58 *Henkel*, ZStW 1937, S. 245; *Gemmingen*, ZStW 1937, S. 252; *Freisler*, GA 1935, S. 235; *Deimling*, Stellung des Verletzten, S. 33; *Hinze*, Deutsches Strafrecht 1941, S. 163.

59 *Deimling*, Stellung des Verletzten, S. 33.

60 *Dohna*, ZStW 1938, S. 163.

61 *Niederreuther*, GS 1939, S. 221.

62 *Deimling*, Stellung des Verletzten, S. 35.

63 A.a.O., S. 37.

64 *Henkel*, ZStW 1937, S. 249; *Deimling*, Stellung des Verletzten, S. 16.

65 *Deimling*, Stellung des Verletzten, S. 16.

66 *Wolff*, DJZ 1936, S. 1263.

67 Ebd.

dass der Bußnebenkläger das Strafverfahren regelmäßig auch dann beeinflusse, wenn er ersichtlich kein Interesse an der Geltendmachung des materiellen Bußanspruchs habe.[68] Die Rücknahme des Bußanspruchs wirke nicht auch gleichzeitig als Rücknahme der Nebenklage, sodass der Bußnebenkläger selbst dann noch auf das Verfahren einwirken konnte, wenn er ersichtlich kein Interesse an Verwirklichung des Bußanspruchs hatte.[69]

Ob die Bußnebenklage ersatzlos zu beseitigen oder durch das Adhäsionsverfahren zu ersetzen sei, war in der Literatur nach wie vor umstritten. So lehnte *Wolff* das Adhäsionsverfahren prinzipiell ab und wollte die Wiedergutmachung aller erlittenen ideellen und materiellen Verbrechensschäden ausschließlich zivilgerichtlich behandelt sehen.[70] Gegen das Adhäsionsverfahren wurde vorgebracht, dass die Zeugen- und Parteistellung des Adhärenten schwer zu vereinbaren seien, das Strafverfahren mit zivilrechtlichen Fragestellungen belastet und damit das Wesen des Strafverfahrens verwässert werde.[71] Die Vermengung der Zeugen- mit der Adhärentenstellung sei auch im Hinblick auf die Rechtsmittelfrage und die Akteneinsicht problematisch.[72] Nach Ansicht einer insbesondere von *Niederreuther* und *Oetker* vertretenen Gegenströmung seien diese Risiken insgesamt hinzunehmen.[73] Das Adhäsionsverfahren bedeute gerade keine Ausnahme vom staatsanwaltschaftlichen Anklagemonopol und sei daher mit den Grundsätzen des nationalsozialistischen Strafverfahrens zu vereinbaren.[74] Das Adhäsionsverfahren sei volkstümlich.[75] Die Befürworter des Adhäsionsverfahrens verstanden die Adhäsion als Ausdruck sozialer Fürsorge und wollten zivilrechtliche Ansprüche des Verletzten in einem möglichst einfach gestalteten Verfahren behandelt sehen.[76] Der Verletzte solle seinen Antrag vorzugsweise mündlich in der Hauptverhandlung stellen.[77] Die Entscheidung des Gerichts über den Ersatzanspruch sei in den Urteilstenor aufzunehmen. Weise

---

68 Dieses Interesse entfiel beispielsweise dann, wenn ein zivilrechtlicher Schadensersatzanspruch den materiellen Bußanspruch übersteigt, der zivilrechtliche Ersatzanspruch aber unter den Bedingungen des Beibringungsgrundsatzes erheblich schwerer und / oder umständlicher zu beweisen ist. Dann schaffte das Bußnebenklagesystem den Anreiz, sich des Amtsermittlungsgrundsatzes im Strafverfahren zu bedienen, auf das Verfahren als Bußnebenkläger einzuwirken, den Bußanspruch aber anschließend zurückzunehmen, um die von Amts wegen durchgeführten Beweiserhebungen aus dem Strafverfahrens im Rahmen einer zivilrechtlichen Geltendmachung von Ersatzansprüchen wiederzuverwerten.

69 *Oetker*, GS 1935, S. 191f.

70 *Wolff*, DJZ 1936, S. 1264.

71 *Niederreuther*, GA 1935, S. 315; zusammenfassend *Schönke*, Deutsches Strafrecht 1935, S. 486ff.

72 *Deimling*, Stellung des Verletzten, S. 30.

73 *Niederreuther*, GA 1935, S. 315; *Oetker*, GS 1935, S. 190ff.

74 *Deimling*, Stellung des Verletzten, S. 17.

75 *Riemann*, Nebenklage, S. 59.

76 *Schäfer*, Deutsches Strafrecht 1935, S. 255; *Ambrosius*, GS1936, S. 147.

77 *Schäfer*, Deutsches Strafrecht 1935, S. 255f.

das Gericht den Adhäsionsantrag zurück, könne der Verletzte seinen Anspruch hilfsweise vor den Zivilgerichten verwirklichen.[78] *Oetker* drängte auf eine Entkopplung von Adhäsionsverfahren und Nebenklage.[79] Eine Adhäsion ohne Nebenklagebezug begünstige eine „glatte Erledigung" der Strafsachen und vermeide unnötige Umständlichkeiten.[80] Die Verfolgung des Straf- und des Zivilanspruches solle in derselben Hand liegen, ohne dass zwei Kläger nebeneinander auftreten.[81]

VI. Strafantrag

Dass große Teile der nationalsozialistischen Reformliteratur zu einer umfassenden Beseitigung verletztenfreundlicher Regelungen neigten, zeigte sich nicht zuletzt in der Forderung nach einer Abschaffung des Strafantragsrechts, das nach verbreiteter Ansicht im Widerspruch mit dem autoritären Strafverfahrensgedanken stehe.[82] Der Strafantrag fuße auf der liberalen Rechtsgüterlehre, nach der gewisse Delikte ausschließlich dem Schutz privater Rechtsgüter dienten.[83] Ob ein Strafverfahren stattfinde, dürfe nur „vom Gemeinschaftsinteresse aus" bzw. durch die hierzu berufenen, staatlichen Organe entschieden werden.[84] Im geltenden Strafantragsrecht werde das Interesse der Allgemeinheit dem Willen des Einzelnen untergeordnet.[85] Da man die Belange des Verletzten aber nicht vollends übergehen dürfe, sei der Verletzte bei einigen Delikten vor oder bei Beginn der Strafverfolgung zu anhören. Damit könne der Verletzte informell und in angemessenen Grenzen die Entscheidung über die Verfolgung oder Nichtverfolgung beeinflussen und andererseits durch eine Sachdarstellung und die Angabe von Beweismitteln den weiteren Gang der Ermittlungen frühzeitig fördern.[86] Zudem könne angeordnet werden, dass die Strafverfolgung in gewissen Fällen nur im äußersten Fall gegen den Widerspruch des Verletzten verfolgt werden solle.[87]

---

78 *Henkel*, ZStW 1937, S. 249; *Niederreuther*, GA 1935, S. 314.

79 *Oetker*, GS 1935, S. 189; ähnlich *Schäfer*, Deutsches Strafrecht 1935, S. 255.

80 *Schäfer*, Deutsches Strafrecht 1935, S. 255.

81 *Oetker*, GS 1935, S. 190.

82 *Henkel*, ZStW 1937, S. 231; *Wolff*, DJZ 1936, S. 1264; *Freisler*, GA 1935, S. 231; *Deimling*, Stellung des Verletzten, S. 15; *Dohna*, ZStW 1938, S. 163.

83 *Deimling*, Stellung des Verletzten, S. 15.

84 *Peters*, ZStW 1937, S. 55; *Henkel*, ZStW 1937, S. 234.

85 *Henkel*, ZStW 1937, S. 236f.; *Deimling*, Stellung des Verletzten, S. 15.

86 *Henkel* schlug für folgende Delikte eine vorherige Anhörung vor: Eheerschleichung, Ehebruch, Beischlafserschleichung, Verführung, Entführung, Diebstahl, Unterschlagung, Betrug, Wild- und Fischfrevel gegenüber Angehörigen, Notentwendung, Notbetrug, Verrat von Berufsgeheimnissen (ZStW 1937, S. 239).

87 A.a.O., S. 240.

D) Beratungen der Kleinen Strafprozesskommission

Bereits kurz nach der Machergreifung setzten erste Bemühungen um eine Gesamtreform des Strafverfahrensrechts parallel zur Vorbereitung der Revision des materiellen Strafrechts ein. Auf der Sitzung des Reichskabinetts vom 22. April 1933 hatte *Gürtner* die „Umgestaltung des Strafgerichtsverfahrens" als vordringliche Aufgabe nationalsozialistischer Gesetzgebungstätigkeit gekennzeichnet.[88] Zu diesem Zweck sollte zunächst eine „Kleine" Strafprozesskommission in aller Stille einen Vorentwurf ausarbeiten.[89] Die Einsetzung der Kommission geht auf ein Schreiben *Gürtners* vom 25. September 1933 an *Frank* und die Justizminister Preußens, Bayerns und Sachsens zurück, in dem er um die Benennung von Kommissionsmitgliedern bat.[90] Der justizamtlichen Strafprozesskommission gehörten als Mitglieder neben den Sachbearbeitern des RJM auch sechs Strafrechtspraktiker an.[91] Die Grundzüge der Gesamtreform wurden in den Beratungen der kleinen Strafprozesskommission unter der Leitung *Schäfers* am 4., 5., 11., 12. und 13. Dezember 1933 nach ersten Sitzungen am 2. und 20. November 1933 festgelegt.[92] Die erste Lesung der auszuarbeitenden Vorlagen begann im März und Juni 1934 und war am 15. Dezember 1934 abgeschlossen. Die zweite Lesung begann am 1. April 1935 und endete am 27. Februar 1936.[93] Der hieraus hervorgegangene Entwurf einer Strafverfahrensordnung (E1936) wurde am 9. Mai 1936 an die Ministerien und andere Institutionen versandt.[94]

I. Die Stellung des Verletzten im E1936

Während die RStPO als Ergebnis eines liberal-konservativen Kompromisses mit konservativem Überhang entstand, lässt sich der E1936 als konservativ-nationalsozialistischer Kompromiss mit konservativem Überhang charakterisieren.[95] Es kann dahinstehen, welche Regelungen und Strukturen eine spezifisch nationalsozialistische Handschrift trugen und an welcher Stelle sich die von *Koch* attestierte „widerwillig aufgebrachte Bereitschaft" des aus Weimarer

88 *Gruchmann*, Justiz im Dritten Reich, S. 981.

89 A.a.O., S. 982; *Kühne*, LR-StPO Einl. F, Rn. 65; *Henkel*, Deutsche Justiz 1935, S. 129.

90 *Schubert*, Quellen, III. Abt. Bd. 1, S. VIII.

91 *Koch*, Reform, S. 172. Zu den Personalien s. *Gruchmann*, Justiz im Dritten Reich, S. 981.

92 Zit. nach *Gruchmann*, Justiz im Dritten Reich, S. 981; Deutsche Justiz 1934, S. 721.

93 *Schubert*, Quellen, III. Abt. Bd. 1, S. VIII.

94 A.a.O., S. VIIIf.

95 *Kühne*, LR-StPO Einl. F, Rn. 59.

Zeiten übernommenen Personalbestandes zeigt, „aus nationalsozialistischen Weisungen von oben das Beste zu machen".[96] Der Entwurf demonstrierte jedenfalls erstens eine offene Bereitschaft, den neuen Strafprozess stärker nach staatsautoritären Gesichtspunkten auszurichten.[97] Zweitens kann dem E1936 eine begrenzte Eigenständigkeit gegenüber dem geltenden Strafverfahrensrecht und den bisherigen Versuchen einer Gesamtreform bescheinigt werden. Aus Sicht der Kleinen Strafprozesskommission lagen für die Gesamtreform des Strafverfahrensrechts mit nationalsozialistischem Impetus nur wenige verwertbare Vorarbeiten vor, da die Entwürfe der Vor- und Nachkriegszeit weitestgehend von „liberalistischen Gedankengängen beherrscht" waren.[98]

Der E1936 war der mit Abstand konsequenteste Versuch einer Neutralisierung des Verletzten im Strafverfahren seit dem Inkrafttreten der RStPO. Dabei stand der Entwurf dem Verletzten jedoch keineswegs indifferent oder feindlich gegenüber. Eine Reihe von Regelungen bekundet eine paternalistisch-wohlwollende Verletztenzuwendung. Schon in den Grundsätzen des E1936 wurde eingeräumt, dass das Strafverfahren jedenfalls *auch* die Aufgabe habe, dem Verletzten Genugtuung zu verschaffen und für die Wiedergutmachung des ihm zugefügten Schadens Sorge zu tragen, soweit dies im Strafverfahren ohne Beeinträchtigung seines Hauptziels geschehen könne.[99] Der Auftrag einer Berücksichtigung des Genugtuungsinteresses vermittelte dem Verletzten jedoch keine Mitwirkungsrechte im Strafverfahren, sondern unterstellte die Würdigung der Verletzteninteressen dem Ermessen des Gerichts und der Staatsanwaltschaft. Damit blieb weder Raum für eine Mitwirkung des Verletzten bei Einstellungsentscheidungen noch für ein Klageerzwingungsverfahren.[100] An Stelle des Klageerzwingungsverfahrens konnte der Verletzte sich jedoch auch weiterhin im Wege der Dienstaufsichtsbeschwerde an den vorgesetzten Staatsanwalt wenden.[101]

Die umfassende Neutralisierung des Verletzten im neuen Strafverfolgungssystem zeigte sich vielleicht am deutlichsten dadurch, dass die Abschaffung des Strafantrags im materiellen Recht antizipiert wurde.[102] Entsprechend der Entwürfe der Strafrechtskommission solle die Staatsanwaltschaft bei einer Reihe von Delikten erst nach Anhörung des Verletzten über die Verfolgung der Tat entscheiden. Widersprach der Verletz-

96 *Koch*, Reform, S. 172; *Niethammer*, SJZ 1948, S. 191ff.

97 *Koch*, Reform, S. 172.

98 *Schubert*, Quellen, III. Abt. Bd. 1, S. 5ff; *Gruchmann*, Justiz im Dritten Reich, S. 981.

99 § 9 E1936.

100 §§ 23–32 E1936; *Schubert*, Quellen, III. Abt. Bd. 1, S. 7.

101 § 288 E1936.

102 Zur Begründung s. *Schäfer*, Beteiligung des Verletzten, S. 564ff.

te der Tat ausdrücklich, sollte die Staatsanwaltschaft zwischen dem Interesse der Volksgemeinschaft an der Strafverfolgung und dem Interesse des Verletzten an der Nichtverfolgung abwägen.[103]

Obwohl als „weitere Neuerung“[104] beschrieben, orientierte sich das Feststellungsverfahren des E1936 an der bekannten Idee des Informativprozesses. Der Informativprozess des E1936 wurde im Gegensatz zu seinem Pendant aus dem EStGB1930 allerdings nicht vom Verletzten selbst, sondern vom Staatsanwalt betrieben.[105] Die Mitwirkung des Verletzten erschöpfte sich in einem beschränkten Anhörungsrecht.[106] Der Verletzte sollte zwar Erklärungen abgeben können. Eine besondere Rechtsstellung ähnlich der des Nebenklägers sollte ihm nicht eingeräumt werden.[107] Er sollte insbesondere kein eigenes Plädoyer zur Straffrage halten können.[108]

Die Privatklage wurde beseitigt und durch ein friedensrichterliches Verfahren ersetzt.[109] Der Friedensrichter agierte bei leichten vorsätzlichen und fahrlässigen Körperverletzungen, Ehrabschneidungen und Beleidigungen, der Beschimpfung Verstorbener, Hausfriedensbrüchen, Verletzungen des Briefgeheimnisses oder bei Sachbeschädigungen in einem nichtöffentlichen und aufgelockerten Verfahren, wenn die Ahndung der Tat nach Ansicht der Staatsanwaltschaft mit den Mitteln des Strafrechts nicht geboten erschien.[110] Die Staatsanwaltschaft wirkte im friedensrichterlichen Verfahren niemals mit, konnte das Verfahren aber jederzeit an sich ziehen und die verfahrensgegenständlichen Taten im Strafverfahren als kriminelles Unrecht ahnden.[111]

An die Stelle der Bußnebenklage trat die Einführung eines Adhäsionsverfahrens, in dem der Verletzte zivilrechtliche Entschädigungsansprüche innerhalb der Wertgrenzen der amtsgerichtlichen Zuständigkeit geltend machen könnte.[112] Im Unterschied zu den Vorentwürfen des Kaiserreichs und der Weimarer Republik handelte es sich jedoch um eine „Adhäsion ohne Nebenklage“. Entsprechend der Linie *Oetkers* knüpften die prozessualen Handlungsspielräume

103 § 28 E1936.

104 *Schubert*, Quellen, III. Abt. Bd. 1, S. 11.

105 §§ 397–400, 85, 77 E1936; *Schubert*, Quellen, III. Abt. Bd. 1, S. 11f.

106 § 397 Abs. 2 E1936.

107 *Lautz* in: *Schubert*, Quellen, III. Abt. Bd. 2 Teil 2, S. 161.

108 *Schafheutle* in: *Schubert*, A.a.O., S. 161.

109 § 290 E1936 i.V.m. § 1 FROE1936; *Gruchmann*, Justiz im Dritten Reich, S. 993.

110 § 29 Abs. 1 E1936, §§ 1, 19 Abs. 1 FROE1936.

111 § 16 Abs. 1 FROE1936.

112 §§ 401–410, 421 E1936; *Gruchmann*, Justiz im Dritten Reich, S. 992.

des Adhärenten nicht mehr an die Verfahrensrechte des Nebenklägers (oder des Privatklägers) an. Der Anspruch des Verletzten gegen den Angeklagten wurde durch einfachen Antrag geltend gemacht[113] und bildete einen abgeschlossenen Regelungskomplex.

Die mit dem E1936 avisierte Neuordnung der Verfahrensstellung des Verletzten bot folgerichtig auch keinen Raum für eine Nebenklage, waren doch mit dem Klageerzwingungsverfahren, den materiellen Bußansprüchen, der Privatklage und der – unkommentiert entfernten – Anschlussbefugnis der Verwaltungsbehörde ihre Bezugspunkte beseitigt.

II. Stellungnahme der Akademie für Deutsches Recht

Der von der Akademie für Deutsches Recht (ADR) gebildete Unterausschuss für Strafprozessrecht unter der Leitung *Oetkers* – und nach dessen Tod *Schoetensacks* – begann seine Beratungen bereits am 12. Oktober 1934 – zunächst ohne konkrete Kenntnis der Vorentwürfe.[114] Als die ADR Ende April 1936 den E1936 für die Beratungen ihres eigenen Ausschusses für Strafprozessrecht erbat, entschloss sich das Ministerium, den Entwurf nunmehr schon vor der intensiven Durcharbeitung im eigenen Hause anderen Stellen mitzuteilen, um deren Meinungen möglichst frühzeitig einzuholen und damit die Gesetzgebungsprozedur zu beschleunigen.[115] Eine Stellungnahme der ADR zum E1936 lag dann im Herbst 1937 vor. Die einzelnen Reformvorschläge der ADR entsprachen weitgehend der Linie *Oetkers*. Sie waren nicht genuin nationalsozialistisch, sondern entsprachen einem konservativ-staatsautoritären Weltbild.

Nach der im Wesentlichen vor Erhalt des E1936 entwickelten Beschlusslage der ADR handelte es sich bei der Privatklage um ein „berechtigtes und unentbehrliches Gebilde", soweit ihr Anwendungsbereich sachlich auf den Ehrschutz und funktional auf die Justizentlastung beschränkt werde.[116] Die Privatklage sei 1921 mit dem Gesetz zur Entlastung der Gerichte weit über die

---

113 § 401 Abs. 1 E1936.

114 Die Beratungsergebnisse der ADR konnten von der kleinen Strafprozesskommission für den in erster Lesung fertiggestellten Entwurf vom Dezember 1934 noch nicht verwertet werden. Bei der zweiten Lesung des Entwurfs im Frühjahr 1935 hatte die Kommission die Ergebnisse der laufenden Arbeiten des Strafrechtsausschusses der ADR und die veröffentlichten Beiträge zum Thema berücksichtigen können.

115 *Gruchmann*, Justiz im Dritten Reich, S. 993.

116 *Schubert*, ADR VII, S. 42.

„natürlichen Grenzen" erweitert worden.[117] Es entspreche dem „Wesen der Ehre", dass die Initiative zu ihrer Wahrung vom Ehrträger auszugehen hat und ihm hierzu ein einfaches, volksnahes und durch Formen möglichst unbeschwertes Strafverfahren vor dem Amtsrichter eröffnet sein müsse.[118] Eine Bevormundung des Verletzten in der Wahrung seiner Ehre liege gerade nicht im öffentlichen Interesse.[119] Zudem müsse der „Reaktionstrieb des Verletzten" in eine unschädliche Bahn gelenkt werden.[120] Die Verweisung von Bagatellen auf den Privatklageweg sichere zudem die Autorität und das Ansehen der Staatsanwaltschaft. Die Privatklage schütze die Staatsanwaltschaft vor Überlastung. Mit der Verordnung zur Sicherung von Wirtschaft und Finanzen vom 6. Oktober 1933 sei aber das gegenteilige Extrem verwirklicht worden. Die Privatklage habe durch eine großzügige Anwendung der Einstellungsbefugnis nach § 153 StPO keine praktische Bedeutung mehr. Der Verletzte sei dadurch „völlig rechtlos" gestellt.[121]

Die Ablösung der Privatklage durch ein friedensrichterliches Verfahren wurde von der ADR abgelehnt. Schon mit der Bezeichnung „Friedensverfahren" werde der Ausgang der betreffenden Verfahren vorweggenommen. Es bestehe eine gewisse Versuchung für den Richter, auf das Zustandekommen eines Vergleichs ein übermäßiges Gewicht zu legen. Der Zweck eines friedensrichterlichen Verfahrens lasse sich ebenso gut durch ein dem Privatklageverfahren schon de lege lata vorgeschaltetes Schiedsverfahren erreichen.[122] Nachdem die ADR vom Inhalt des E1936 und später des E1937 Kenntnis erlangt hatte, fiel ihre Stellungnahme zum friedensrichterlichen Verfahren dementsprechend reserviert aus. Gebilligt wurde im Ergebnis nur die Grundidee der FRO.[123]

Die Einführung eines Feststellungsverfahrens vor den Strafgerichten wurde grundsätzlich gebilligt. Dafür sprächen die geschichtliche Entwicklung, die Auffassung des Volkes und die Prozessökonomie.[124] In der ADR war umstrit-

---

117 *Töwe* in: A.a.O., S. 19. Aus Sicht der ADR sollten insbesondere die Urheber- und Wettbewerbsdelikte und die gefährliche Körperverletzung aus dem Katalog der Privatklagedelikte entfernt werden (A.a.O., S. 43f.).

118 A.a.O., S. 19.

119 A.a.O., S. 42.

120 *Töwe* und ein vom Ausschuss gebilligter Leitsatz in: *Schubert*, ADR VII, S. 19. Eine Abschaffung der Privatklage begünstige Selbstjustiz. Diese Konsequenz sei letztlich auch wünschenswert: Eine Friedensliebe, die sich alles bieten lässt, sei weder für den Staat, noch für Einzelpersonen eine schätzbare Eigenschaft (A.a.O., S. 42).

121 *Töwe* und ein vom Ausschuss gebilligter Leitsatz in: A.a.O., S. 19.

122 A.a.O., S. 42f.

123 A.a.O., S. 548.

124 A.a.O., S. 310.

ten, ob dem Verletzten innerhalb des Feststellungsverfahrens Mitwirkungsrechte zugebilligt werden sollen.[125] *Schwarz* und *Töwe* wollten dem Verletzten die Initiative für die Eröffnung des Feststellungsverfahrens zuweisen.[126] Dagegen waren *Schneidenbach, Schwarz* und *Strauß* der Ansicht, dass der Regelung des E1936 der Vorzug zu geben sei, da nicht der Dispositionswille des Verletzten, sondern allein das Interesse der Volksgemeinschaft für die Eröffnung des Feststellungsverfahrens ausschlaggebend sein müsse.[127] Den berechtigten Interessen des Verletzten werde bereits durch § 398 Abs. 2 E1936 ausreichend Rechnung getragen. Die verletztenfreundliche Ansicht setzte sich letztlich durch. Dem Verletzten sollten nach den Beschlüssen der ADR letztlich ein Antrags- und Anwesenheitsrecht, das Recht auf Gehör und ein eigenes Beweisantragsrecht eingeräumt werden.[128]

Die ADR sprach sich für die Wiedereinführung des Adhäsionsverfahrens zur Vermeidung sich widersprechender Zivil- und Strafurteile, zur Erhöhung der Wirkung der Strafe und zugunsten einer volkstümlichen Ausgestaltung des Strafverfahrens aus.[129] Die Ausgestaltung des Adhäsionsverfahrens sollte insbesondere aus Sicht *Töwes* in scharfer Abgrenzung von der Nebenklage erfolgen. Der Adhärent sollte im Gegensatz zum Nebenkläger gerade kein Verfahrensbeteiligter sein und keinen Einfluss auf die Bestrafung des Täters haben. Ausführungen zur Straffrage seien aber praktisch schwer von Ausführungen zur Entschädigungsfrage zu trennen.[130] Dem Adhärenten sei ein Beschwerderecht im Stadium der Vorbereitung der Hauptverhandlung einzuräumen. Rechtsmittel sollten ihm ebenso wenig zustehen wie ein uneingeschränktes Anwesenheitsrecht in der Hauptverhandlung.[131] In Abgrenzung zur Nebenklage sollte weder ein Beistand noch ein Anwalt als Vertreter des Adhärenten zugelassen werden.[132] Die konkreten Befugnisse des Adhärenten blieben aus Sicht der ADR im E1936 zu unbestimmt und sollten von der Großen Strafprozesskommission konkretisiert werden.[133]

125 A.a.O., S. 307ff.

126 A.a.O., S. 307.

127 *Schneidenbach* in: A.a.O., S. 308f.

128 *Schwarz* in: A.a.O., S. 309f.

129 *Schoetensack* in: A.a.O., S. 311; *Thierack, Schwarz, Töwe* in: A.a.O., S. 315.

130 *Töwe* in: A.a.O., S. 314.

131 A.a.O., S. 547.

132 *Töwe* in: A.a.O., S. 315.

133 A.a.O., S. 546f.

Das Klageerzwingungsverfahren sollte nach Ansicht der ADR dergestalt umfunktioniert werden, dass nicht mehr die Kontrolle der Staatsanwaltschaft durch den Verletzten, sondern die Sicherung der Einheit der Rechtsprechung erreicht werde.[134] Ein wünschenswerter Nebeneffekt des Klageerzwingungsverfahrens bestehe nach Ansicht der ADR in einer Klärung von Rechtsfragen durch die Obergerichte, die der Wahrung der Rechteinheit zuträglich sei. Nach Ansicht des Ausschusses sei ersatzweise eine Anrufung des Reichsgerichts zu ermöglichen, wenn eine Rechtsfrage von grundsätzlicher Bedeutung noch ungeklärt ist, und zwar entweder auf Antrag einer Person, die ein berechtigtes Interesse an der Klarstellung der Rechtsfrage hat, oder auf Ersuchen der obersten Justizbehörde.[135]

III. Stellungnahme Carl Schmitts

Im Auftrag *Franks* arbeitete *Schmitt* unmittelbar nach dem Erscheinen des E1936 im Zeitraum vom 17. Juni bis zum 4. November 1936 eine vertrauliche Stellungnahme aus. Auszüge der Stellungnahme wurden 1937 im Anhang der Denkschrift des National-Sozialistischen Rechtswahrerbundes (NSRB) als Arbeit seiner Wissenschaftlichen Abteilung „unter der Leitung" *Schmitts* veröffentlicht und so einer breiteren Öffentlichkeit zugänglich gemacht.[136] Obwohl die veröffentlichte Stellungnahme – wohl aus Gründen der Diskretion – jeden konkreten Bezug zum E1936 vermied, handelte es sich de facto um eine Fundamentalkritik am Ergebnis der Beratungen der Kleinen Strafprozesskommission.[137] Nach Ansicht *Schmitts* seien die Grundlagen des Entwurfs „im Wesentlichen unverändert die Grundlagen des bisherigen Strafverfahrens". Der Entwurf zeige „keinen neuen Gestaltungsansatz".

> Das Bestreben, „überkommene Einrichtungen weiterzuführen und die Entwicklungslinie nicht zu unterbrechen, sei zwar begreiflich; doch müsse darauf geachtet werden, dass dieses Bestreben nicht etwa dazu führt, die Macht des nationalsozialistischen Reiches für spät-liberale Erneuerungswünsche einzusetzen".[138]

---

134 *Töwe* in: A.a.O., S. 171f.

135 A.a.O., S. 185.

136 *Gruchmann*, Justiz im Dritten Reich, S. 994f.; Denkschrift NSRB, S. 5ff. Obgleich unerwähnt, lässt bereits der Duktus des Textes wenig Zweifel an *Schmitts* Urheberschaft zu. Zudem teilte *Schmitt Koch* persönlich mit, die Stellungnahme sei „durchaus" sein Werk (*Koch*, Reform, S. 185). Da es sich bei der Denkschrift lediglich um einen „trüben Aufguss" (so zutreffend A.a.O., S. 188) der Stellungnahme *Schmitts* handelt, wird ihr Inhalt im Folgenden gemeinsam mit *Schmitts* Ausführungen abgehandelt.

137 A.a.O., S. 185f. Vgl. zur von *Schmitt* und *Höhn* insgesamt vertretenen Linie s. A.a.O., S. 63.

138 Vollständige Stellungnahme S. 21, zit. nach A.a.O., S. 187.

Die „neue Welt des nationalsozialistischen Rechts“ sei aber mit den „Formen des Weimarer Systems in keiner Weise auch nur zu begreifen, viel weniger zu rechtfertigen oder zu begründen“.[139] Die Gegenüberstellung von Staat und Individuum[140] als bürgerlich-legitimistischem und daher liberal-autoritärem Kompromiss[141] sollte nach Ansicht *Schmitts* im nationalsozialistischen Strafverfahren aufgehoben werden und in einer Melange aus Staat, Volk und Bewegung aufgehen.[142] Die nationalsozialistische Erneuerung der „blutleeren und abstrakten Formen der Strafprozessordnung“[143] erforderte nach Ansicht *Schmitts* dementsprechend eine doppelte Abgrenzung – das Strafverfahren sollte weder einen staatlichen, noch einen privaten Strafanspruch ermitteln, sondern die „Macht und Würde der strafenden Volksgemeinschaft“ durch „richterliches Führertum“ mediatisieren.[144]

Schmitt lehnte die Verletztenkonzeption der RStPO als zu beseitigenden Rückstand eines atomistischen Individualismus ab. Das Interesse des Verletzten werde im liberal-rechtsstaatlichen Strafverfahren ins Privatrechtliche abgedrängt. Im Strafantragsrecht, der Privat- und Nebenklage und im Klageerzwingungsverfahren behaupteten sich nach Ansicht *Schmitts* die letzten Reste einer „alten Auffassung“, die im Verletzten den natürlichen Ankläger sah. In der ökonomisch-materialistischen Denkweise erscheine der Verletzte als bloßer „Geschädigter“ und damit letztlich als Gläubiger eines Entschädigungs- oder Ausgleichsanspruchs. Seine Verletzung könne daher sofort in Zweifel gezogen werden, wenn sie im Kreislauf des geldwirtschaftlichen Systems durch Versicherungsansprüche oder auf andere Weise abgewälzt werde, wobei sich der Begriff des Geschädigten ins Grenzenlose verliere. Ein individualistischer oder ökonomischer Begriff des Verletzten sei für eine Beteiligung am staatlichen Strafverfahren ungeeignet.[145] Vor diesem Hintergrund war auch das Adhäsionsverfahren mit einem genuin nationalsozialistischen Strafverfahren unvereinbar. Das Adhäsionsverfahren zerstöre die klare Linie des Strafverfahrensrechts. Die verschiedenen Prinzipien des Zivil- und des Strafverfahrens seien nicht miteinander zu vereinbaren. Insbesondere solle das nationalsozialistische

---

139 *Schmitt*, Staat, Bewegung, Volk, S. 6.

140 A.a.O., S. 24.

141 *Schmitt*, JbAkDR 1936, S. 11; *Schmitt*, Stellungnahme, S. 82.

142 *Schmitt*, Staat, Bewegung, Volk, S. 32.

143 Denkschrift NSRB, S. 10; *Schmitt*, Stellungnahme, S. 100.

144 *Schmitt*, Stellungnahme, S. 87.

145 A.a.O., S. 104.

Strafverfahren Anklänge an das Parteiverfahren überwinden. Die Ermittlung des entstandenen Schadens belaste das Strafverfahren zu stark.[146]

Schmitt befürwortete dagegen Abschaffung des Klageerzwingungsverfahrens. Einerseits sei der Begriff des Verletzten schwer zu bestimmen. Andererseits sei das in der Praxis unbedeutende Klageerzwingungsverfahren ein überkommener Ausdruck des Misstrauens gegenüber der Staatsanwaltschaft. Eine „misstrauische Überwachung" sei „gegenüber der Staatsanwaltschaft des Dritten Reiches nicht angebracht".[147]

Schmitt stützte auch die Einführung des friedensrichterlichen Verfahrens.[148] „Wirkliche Ehrabschneidungen" seien mit den Mitteln des Strafrechts zu ahnden; alltäglicher, häuslicher Klatsch sei zur Entlastung der Strafjustiz dem Friedensrichter zu überweisen.[149] Das vorgeschaltete Sühneverfahren sei dabei dem Rechtspfleger, das friedensrichterliche Verfahren dem Amtsrichter zuzuweisen.[150] *Schmitt* hob positiv hervor, dass das friedensrichterliche Verfahren nicht mehr auf die bloße „Tatbestandlichkeit" rekurrierte, sondern auf die nationalsozialistischen Topoi des „Friedens" und es sich damit vom Gesichtspunkt der Rechtsgutsverletzung löse.[151]

Eigene Gestaltungsvorschläge *Schmitts* für eine genuin nationalsozialistische Verletztenbeteiligung beschränkten sich auf ein Innuendo. Werde der Begriff des Verletzten von den überkommenen, individualistischen Vorstellungen gelöst, so sei die in der Straftat enthaltene Verletzung eine Angelegenheit der neuen (konkreten) Lebensordnungen, die sich in nationalsozialistischen (Teil-)Kollektiven bildeten. Verletzter sei insofern weder das Abstraktum Staat noch das Verbrechensopfer, sondern die Volksgemeinschaft und als deren Teilglied der Volksgenosse, die Partei, der Stand, die Gemeinde, Sippe und die Familie.[152] Das Verfahren lasse sich dahingehend ausgestalten, dass Vertreter der jeweiligen „Gemeinschaftsbildungen" als Verfahrensbeauftragte dem Ankläger beigeordnet werden, um das jeweils verletzte Recht wahren zu können.[153]

---

146 Denkschrift NSRB, S. 79f.; *Gruchmann*, Justiz im Dritten Reich, S. 1007.

147 Denkschrift NSRB, S. 46f.

148 *Gruchmann*, Justiz im Dritten Reich, S. 1007f.

149 Denkschrift NSRB, S. 74f.

150 A.a.O., S. 75f.

151 *Schmitt*, Stellungnahme, S. 107.

152 A.a.O., S. 105; Denkschrift NSRB, S. 106.

153 *Schmitt* dachte hierbei vorläufig an die Beiordnung eines Vertreters der NSDAP, da diese in ihrer verfassungsrechtlichen Stellung bereits hinreichend gesichert erschien, vgl. *Schmitt*, Stellungnahme, S. 107.

E) Beratungen der Großen Strafprozesskommission

Mitte Dezember 1936 begann die Arbeit der Großen Strafprozesskommission. Als Beratungsgrundlage standen der Großen Strafprozesskommission der E1936 selbst, die Stellungnahmen des NSRB, der Reichsministerien, des Reichsgerichts und des Volksgerichtshofs zur Verfügung. Daneben lagen der Kommission zahlreiche wissenschaftliche Veröffentlichungen und die Beratungsergebnisse des Ausschusses für Strafprozessrecht der ADR vor.[154] *Schäfer* erörterte alle Fragen, die den Geschäftsbereich der anderen Abteilungen berührten, nochmals mit deren Leitern und Sachbearbeitern, bevor die Große Strafprozesskommission Mitte Dezember 1936 zusammentrat. Er sorgte auch dafür, dass nach Beginn der Kommissionberatungen die Referenten des Ministeriums eigene Anträge zur Behandlung in der Kommission vorlegen konnten.[155] Die Große Strafprozesskommission beriet über den E1936 in erster Lesung bis zum 23. Oktober 1937 in sechs mehrtätigen Sitzungen unter der Leitung *Gürtners*, der zeitweise von *Freisler* vertreten wurde.[156] Der aus den Beschlüssen erster Lesung hervorgegangene E1937 vom 28. Oktober 1937 wurde im April 1938 der Öffentlichkeit in einem Bericht unterbreitet. Die zweite Lesung begann am 4. Mai 1938 und mündete in den E1939 vom 14. Februar 1939, der in endgültiger, mit ausführlicher Begründung versehener Fassung am 1. Mai 1939 vorlag.[157]

Auch die Große Strafprozesskommission zielte auf eine spezifisch nationalsozialistische Ausgestaltung des Strafverfahrens ab.[158] In den Beratungen über die Stellung des Verletzten im Strafverfahren selbst überwog aber, der nationalsozialistischen Rhetorik zum Trotz, inhaltlich das konservativ-autoritäre Lager deutlich gegenüber den Vertretern genuin nationalsozialistischer Ideologie. Trotz zahlreicher Wortmeldungen konnte sich *Freisler* insgesamt nicht mit seinen Forderungen nach einer Auflockerung und Entformalisierung des Regelungen über die Stellung des Verletzten im Strafverfahren durchsetzen.[159] In den Beratungen der Kommission lässt sich im Gegenteil eine sukzessive Wiederherstellung einzelner Verfahrensrechte des Verletzten gegenüber dem E1936 und letztlich eine Wiederannäherung des E1939 an den präfaschistischen Reformdiskurs beobachten.

---

154 *Gruchmann*, Justiz im Dritten Reich, S. 1011f, 1016. Darunter war lediglich die (folgenlose) Aufforderung des Reichsgerichts, im Interesse des Ansehens der Rechtspflege das Klageerzwingungsverfahren wiedereinzuführen, relevant (A.a.O., S. 1012). Zur Besetzung s. A.a.O., S. 1015.

155 A.a.O., S. 1015.

156 *Koch*, Reform, S. 199.

157 *Gruchmann*, Justiz im Dritten Reich, S. 1017.

158 *Schubert*, NS-Zeit Entwürfe, S. 372.

159 *Koch*, Reform, S. 170f.

I. Nebenklage

Die Beseitigung der Nebenklage wurde innerhalb der Kommission einhellig befürwortet.[160] Sie habe sich insgesamt als verfehlt erwiesen und sei zum Gegenstand zahlreicher, lästiger Streitfragen und zu einer Quelle von Ärger und Zweifel geworden.[161] Dies gelte insbesondere dann, wenn die Tat, die den Gegenstand der öffentlichen Klage bildet, nicht zu den im Gesetz bezeichneten, anschlussbegründenden Verbrechen gehöre, aber Tateinheit oder Gesetzeseinheit mit einer solchen nach der Sachlage rechtlich möglich sei. Das Recht des Nebenklägers, Rechtsmittel unabhängig von der Staatsanwaltschaft zu gebrauchen, führe zu nicht nachvollziehbaren „Verwicklungen", die nur mit Mühe zu lösen seien.[162] Der „Schaden" der Nebenklage bestehe praktisch darin, dass sie die Erledigung von Strafsachen erschwere und verzögere. Zudem entziehe die geplante Abschaffung der Privatklage auch der Nebenklage den Boden.[163] Ein angemessener Ersatz für die Nebenklage sei durch die Einführung des Adhäsionsverfahrens geschaffen.[164] In ihrer Stellungnahme mahnte eine vom Volksgerichtshof gebildete Kommission an, dieses „Klagesystem auch nicht im Hinblick auf Sondergesetze, vor allem die Devisengesetzgebung, in der alten Form" wiedereinzuführen.[165]

Über ihre Beseitigung hinaus entfaltete die Nebenklage aber eine weitergehende Wirkung als negativer Referenzpunkt und Prototyp einer unerwünschten Ausgestaltung strafprozessualer Verletztenbeteiligung.[166] Angesichts der auffällig zahlreichen, meist beiläufigen Absichtserklärungen lässt sich das System der Verletztenbeteiligung der Entwürfe von 1937 und 1939 zumindest auch als umfassender Versuch einer Abgrenzung von der Nebenklage deuten.

---

160 *Freisler / Niethammer / Schafheutle* in: *Schubert*, Quellen, III. Abt. Bd. 2 Teil 1, S. 702; *Schubert*, Quellen, III. Abt. Bd. 1, S. 380.

161 *Niethammer* in: *Schubert*, Quellen, III. Abt. Bd. 2 Teil 1, S. 11.

162 *Niethammer* in: *Schubert*, A.a.O., S. 511. *Niethammer* erwähnte dabei ausdrücklich RGSt. Bd. 69, S. 244ff. und RGSt. Bd. 65, S. 60ff.

163 *Niethammer* in: *Schubert*, Quellen, III. Abt. Bd. 2 Teil 1, S. 511f.; *Niethammer* in: A.a.O., S. 11.

164 *Niethammer* in: A.a.O., S. 512.

165 *Schubert*, Quellen, III. Abt. Bd. 2 Teil 2, S. 643.

166 Einzelnachweise: Zum Klageerzwingungsverfahren: *Freisler* in: *Schubert*, Quellen, III. Abt. Bd. 2 Teil 1, S. 22. Zum Feststellungsverfahren: *Töwe* in: *Schubert*, Quellen, III. Abt. Bd. 2 Teil 2, S. 178; *Schäfer*, Wiederherstellung der Ehre, S. 35. Zum Adhäsionsverfahren: *Töwe* in: *Schubert*, Quellen, III. Abt. Bd. 2 Teil 2, S. 195; *Niethammer* in: A.a.O., S. 207, 226; *Freisler* in: A.a.O., S. 222, 224, 228; *Lichtenberger* in: A.a.O., S. 223; *Lautz* in: A.a.O., S. 195. Zur Privatklage: *Lautz* in: A.a.O., S. 368.

II. Nebenklage der Verwaltungsbehörde

Uneinigkeit bestand letztlich nur darüber, ob die Nebenklage der Verwaltungsbehörde beizubehalten sei. Nach Ansicht *Niethammers* sollte das Recht der Finanzbehörden zur Mitwirkung an Verfahren wegen Steuerzuwiderhandlungen beibehalten werden.[167] Dabei sollten nur Vorkehrungen gegen das „Gegeneinanderarbeiten" von Finanzamt und Staatsanwalt durch sich widersprechende Anträge getroffen werden.[168] Allerdings sollte die Beteiligung des Finanzamts an Steuerstrafsachen künftig vollständig in der RAO und nicht in der Strafverfahrensordnung geregelt werden. Die Nebenklage der Verwaltungsbehörde kam in keinem der Entwürfe vor.[169]

III. Klageerzwingungsverfahren

Für das Klageerzwingungsverfahren, dem auch weiterhin eine in der Praxis völlig untergeordnete Bedeutung zugemessen wurde,[170] blieb nach Ansicht der Kommissionsmehrheit „selbstverständlich" kein Raum.[171] Das Klageerzwingungsverfahren widerspreche den Grundsätzen des Anklageprozesses und sei mit der Autorität der Staatsführung ebenso unvereinbar wie mit der vorgesehenen „Herrenstellung" des Staatsanwalts im Vorverfahren.[172] Der Staatsanwalt solle nicht unter die Vormundschaft des Beschwerdegerichts gestellt werden.[173] Die Abschaffung des Klageerzwingungs- und Privatklageverfahrens sollte die „Führerstellung" des Staatsanwalts im Vorverfahren vervollständigen.[174] Es sei auch abzulehnen, dass ein Privater den Staat zur Anklage zwingen dürfe. Denn dieses System führe letztlich zur Zulassung des Verletzten zur Nebenklage.[175]

Dennoch attestierte man dem Klageerzwingungsverfahren wünschenswerte Nebeneffekte in der Praxis. Der „Warntafeleffekt" des Klageerzwingungsverfahrens habe die Staatsanwaltschaften dahingehend diszipliniert, dass einer zu großzügigen Einstellungspraxis Einhalt geboten werde. Das Klageerzwin-

167 *Niethammer* in: *Schubert*, Quellen, III. Abt. Bd. 2 Teil 1, S. 11.

168 *Niethammer* in: A.a.O., S. 11; *Niethammer* in: A.a.O., S. 512.

169 *Niethammer* in: A.a.O., S. 512; A.a.O., S. 380.

170 *Töwe* in: A.a.O., S. 22; so auch *Schäfer* in: A.a.O., S. 22; *Freisler* in: A.a.O., S. 22.

171 *Niethammer* in: A.a.O., S. 10. *Freisler* / *Niethammer* / *Schafheutle* in: A.a.O., S. 702.

172 *Dahm* in: *Schubert*, Quellen, III. Abt. Bd. 2 Teil 1, S. 22; *Schubert*, Quellen, III. Abt. Bd. 1, S. 380.

173 *Töwe* in: *Schubert*, Quellen, III. Abt. Bd. 2 Teil 1, S. 22.

174 *Schubert*, Quellen, III. Abt. Bd. 1, S. 517.

175 *Freisler* in: *Schubert*, Quellen, III. Abt. Bd. 2 Teil 1, S. 22.

gungsverfahren habe der Entlastung des Staatsanwalts gedient und den querulantischen Beschwerdeführer an die Oberlandesgerichte verwiesen.[176] Das Klageerzwingungsverfahren habe den positiven Nebeneffekt entfaltet, dass streitige Rechtsfragen durch die Herbeiführung der gerichtlichen Entscheidung schon vor Erhebung einer Anklage dem Oberlandesgericht zur Entscheidung vorgelegt werden konnten.[177] Das Klageerzwingungsverfahren habe insofern auch das „ernste Ringen um das Recht“ begünstigt, indem alle mit der Sache befassten Richter und Staatsanwälte in ihren divergierenden Rechtsansichten durch eine einheitliche Stellungnahme des Oberlandesgerichts zu streitigen Rechtsfragen in den jeweiligen Bezirken Sicherheit erhielten. Da danach gestrebt werden solle, dass das Volk zur Mitwirkung in der Strafrechtspflege möglichst weit herangezogen werden solle, gehe es nicht an, dem Volksgenossen den Zugang zum Richter zu versperren, wenn dieser geltend machen will, dass die Tat eines Anderen nach gesundem Volksempfinden Strafe verdiene.[178]

Teile der Kommission sprachen sich dafür aus, ein entsprechendes Surrogat für das Klageerzwingungsverfahren zu schaffen.[179] *Martin*, *Niethammer* und *Rempe* wollten dem Verletzten eine besondere Verfahrensbeschwerde gegen Verfügungen des Staatsanwalts neben der Dienstaufsichtsbeschwerde einräumen.[180] Dagegen plädierte *Dahm* im Ergebnis ohne Erfolg dafür, nicht nur das Klageerzwingungsverfahren, sondern darüber hinaus auch die Dienstaufsichtsbeschwerde zu beseitigen, um so die „Herrenstellung der Staatsanwaltschaft“ über das Vorverfahren zu vervollkommnen.[181] Der Schutz des Verletzten vor unbilligen Einstellungsentscheidungen der Staatsanwaltschaft solle durch eine Ausdehnung des friedensrichterlichen Verfahrens auf die Fälle des vormaligen Klageerzwingungsverfahrens geschaffen werden.[182] *Freisler* hielt es für aus-

---

176 *Niethammer* in: A.a.O., S. 510f.; *Martin* in: A.a.O., S. 22.

177 *Niethammer* in: A.a.O., S. 10.

178 *Niethammer* in: A.a.O., S. 510f.

179 *Niethammer* in: A.a.O., S. 22.

180 „§ 288 (§ 288). Verfahrensbeschwerde gegen Verfügungen des Staatsanwalts. Gegen Verfügungen des Staatsanwalts können der Beschuldigte und andere, die davon betroffen werden, die Verfahrensbeschwerde erheben, soweit das Gesetz nichts anderes bestimmt. Über die Verfahrensbeschwerde entscheidet der vorgesetzte Staatsanwalts. Gegen Verfügungen des Staatsanwalts bei dem Reichsgericht, dem Volksgerichtshof und den Oberlandesgerichten und gegen Beschwerdeentscheidungen ist keine Verfahrensbeschwerde zulässig. Die §§ 218 bis 283, 285 gelten entsprechend. Die Dienstaufsichtsbeschwerde gegen Verfügungen des Staatsanwalts bleibt unberührt.“ (A.a.O., S. 763.)

181 *Dahm* in: A.a.O., S. 26f.; ähnlich *Lautz* in: A.a.O., S. 113; *Schubert*, Quellen, III. Abt. Bd. 1, S. 380.

182 *Dahm* in: *Schubert*, Quellen, III. Abt. Bd. 2 Teil 1, S. 22.

reichend, die Staatsanwaltschaften in entsprechenden Verwaltungsvorschriften zu instruieren, die Interessen des Verletzten zu berücksichtigen.[183] Im Übrigen könne der Verletzte seine Ansprüche weiterhin zivilrechtlich durchsetzen.[184]

Im Ergebnis hielt man an der Abschaffung des Klageerzwingungsverfahrens fest, behielt aber die Dienstaufsichtsbeschwerde und eine Beschwerde gegen Verfügungen des Staatsanwalts bei. Die Beschwerde gegen Verfügungen des Staatsanwalts diente allerdings nicht der Kontrolle des Staatsanwalts. Es sollte lediglich ausdrücklich klargestellt werden, dass sämtliche dem Leiter einer Staatsanwaltschaft unterstellten Staatsanwälte bei der Wahrnehmung staatsanwaltschaftlicher Geschäfte als Vertreter des Leiters handeln und der vorgesetzte Staatsanwalt die Prüfung der getroffenen Sachentscheidung und die Erteilung eines dieser Prüfung entsprechenden Bescheides zur Pflicht macht.[185]

IV. Strafantrag

In der ersten Lesung befürwortete die Kommission noch die vom Entwurf eines Strafgesetzbuchs vorgezeichnete Abschaffung des Strafantrags.[186] Die Beseitigung des Strafantrags wurde unter anderen damit begründet, dass es mit der „Herrenstellung" der Staatsanwaltschaft im nationalsozialistischen Staat nicht zu vereinbaren sei, wenn ein rachsüchtiger Verletzter den Staatsanwalt dazu zwingen könnte, ein Strafverfahren durchzuführen.[187] Dem Interesse des Verletzten sollte nach Ansicht *Freislers* durch den Erlass entsprechender Verwaltungsanordnungen Rechnung getragen werden.[188] Verletzteninteressen sollten insbesondere dann berücksichtigt werden, wenn staatsanwaltschaftliche Ermittlungen die Intim- oder Privatsphäre berührten.[189] Durch die Anhörung des Verletzten bei bestimmten Delikten sollte der Staatsanwalt veranlasst werden können, von der Verfolgung abzusehen.[190] Insofern wurde das Anhörungsrecht lediglich an die von der Kommission vorgegebenen Emphasen

183 *Freisler* in: Ebd.

184 *Freisler* in: Ebd.

185 § 314 E1939; *Schubert*, Quellen, III. Abt. Bd. 1, S. 517.

186 *Freisler / Niethammer / Schafheutle* in: *Schubert*, Quellen, III. Abt. Bd. 2 Teil 1, S. 701; *Niethammer* in: A.a.O., S. 10.

187 *Gürtner* in: A.a.O., S. 130; *Lautz* in: A.a.O., S. 113; *Schäfer*, Beteiligung des Verletzten, S. 565.

188 *Freisler* in: *Schubert*, Quellen, III. Abt. Bd. 2 Teil 1, S. 14, 130f.; *Schäfer*, Beteiligung des Verletzten, S. 565.

189 *Schubert*, Quellen, III. Abt. Bd. 2 Teil 1, S. 130f.

190 *Töwe* in: A.a.O., S. 131.

angepasst und statt von einem Widerspruch des Verletzten von einem Antrag des Verletzten auf Nichtverfolgung gesprochen.[191]

In der Kabinettssitzung vom 9. Dezember 1937 hatte das Reichskabinett dann beschlossen, doch noch am Strafantrag festzuhalten. Die Kommission sah sich insofern gezwungen, den Entwurf entsprechend dieser Vorgaben anzupassen und ein – wenn auch eingeschränktes – Dispositionsrecht des Verletzten über die Eröffnung des Ermittlungsverfahrens wiederherzustellen.[192]

In der Begründung des E1939 stellte man sich dann auf den Standpunkt, die Verfolgung von Straftaten sei zwar Aufgabe des Staates und nicht des Einzelnen. Dieser Grundsatz erfahre aber keine wesentliche Beeinträchtigung, wenn eine Straftat nur auf Antrag des Verletzten oder eines anderen Antragsberechtigten verfolgt werden dürfe. In diesen Fällen sei zwar die Verfolgung der Tat wider den Willen des Antragsberechtigten nicht möglich. Werde aber der Antrag auf Verfolgung gestellt, so liege ihre Durchführung wiederum ausschließlich in der Hand der Strafverfolgungsbehörden.[193] Das Strafantragsrecht des E1939 bedeutete gleichwohl kein uneingeschränktes Dispositionsrecht des Antragsberechtigten über das „ob" der Strafverfolgung. Der Staatsanwalt konnte unter Abwägung der Gründe, die für und gegen die Verfolgung sprechen, trotz erfolgten Strafantrags von der Verfolgung absehen. Andernfalls könne die staatliche Strafverfolgung zur Befriedigung persönlicher Rachegelüste missbraucht werden.[194]

V. Adhäsionsverfahren

Die Mehrheit der Kommission befürwortete die Wiedereinführung des Adhäsionsverfahrens.[195] Die Entschädigung des Verletzten habe im deutschen Recht stets eine große Rolle gespielt. Es entspreche einer natürlichen, volkstümlichen Auffassung, wenn in einem Verfahren, in dem von Amts wegen alles zur Aufklärung der Straftat Erforderliche ermittelt und festgestellt wird, auch die finanziellen Folgen der Tat für den Verletzten miteinbezogen werden.[196] Zudem sei die Adhäsion wirtschaftlich und kriminalpolitisch wünschenswert, da

191 § 15 Abs. 1 E1937

192 Vgl. §§ 267–271 E1939; *Schubert*, Quellen, III. Abt. Bd. 2 Teil 3, S. 649.

193 *Schubert*, Quellen, III. Abt. Bd. 1, S. 382.

194 A.a.O., S. 394.

195 *Niethammer* in: *Schubert*, Quellen, III. Abt. Bd. 2 Teil 1, S. 512; *Gleispach* in: *Schubert*, Quellen, III. Abt. Bd. 2 Teil 2, S. 565; *Freisler* in: A.a.O., S. 192f.; *Freisler / Niethammer / Schafheutle* in: *Schubert*, Quellen, III. Abt. Bd. 2 Teil 1, S. 702.

196 *Martin* und *Gleispach* in: *Schubert*, Quellen, III. Abt. Bd. 2 Teil 2, S. 189f.; *Töwe* in: A.a.O., S. 195.

ein zivilrechtliches Folgeverfahren eingespart werde und der Entschädigungsanspruch die Wirkung der Strafe erhöhe.[197]

Teile der Kommission äußerten allerdings Vorbehalte gegen die Einführung des Adhäsionsverfahrens. Das Zivil- und Strafverfahren beruhten auf verschiedenen Grundsätzen und verfolgten verschiedene Verfahrensziele. Die unterschiedlichen Beweislastregelungen im Zivil- und Strafverfahren seien problematisch.[198] Die Verbindung beider Verfahrensarten könne dazu führen, dass der Verletzte die Frage des Schadensersatzes in den Vordergrund rücken und das „Feilschen" um die Entschädigungsansprüche die Frage nach Schuld und Strafe überschatten könne. Schwierigkeiten bereite zudem die Doppelrolle des Verletzten als Zeuge und Adhärent im Hinblick auf die Beweiswürdigung.[199] Die Kommissionsmehrheit wollte die Verfahrensbeteiligung des Adhärenten zudem deutlich in Abgrenzung zur Nebenklage beschränkt sehen. Es sei zu vermeiden, dass der Adhärent eine Parteistellung erhalte und die Macht und Bedeutung des Staatsanwalts relativiere.[200] Der Zivilspruch dürfe den staatlichen Strafanspruch nicht „überwuchern".[201] Dies gelte umso mehr, wenn eine unbestimmbare Anzahl von Gläubigern im Verfahren auftreten könne.[202] Der Adhärent solle den Richter nicht zwingen können, über den Entschädigungsanspruch zu entscheiden.[203] Selbst ein auf zivilrechtliche Aspekte beschränktes Anhörungsrecht berge Konfliktpotential, da im Zweifelsfall Ausführungen zur Schuldfrage durch den Vorsitzenden im Wege der Verweisung auf den Zivilrechtsweg unterbunden werden müssten. Auch sei in diesem Fall nicht mehr schlüssig zu begründen, warum der Adhärent sich im Hinblick auf seine Entschädigungsansprüche nicht eines Anwalts oder Beistands bedienen dürfe.[204]

Ein Teil der Kommission befürwortete daher eine eingangs noch sehr eingeschränkte Beteiligung des Adhärenten am Strafverfahren. Nach dem Leitbild insbesondere *Freislers* sollte das Adhäsionsverfahren eine „nebenbei zu erledigende Angelegenheit des Gerichts, ein nobile officium" bleiben. Der Verletzte solle keine besondere Stellung im Verfahren erhalten, im Gegenzug aber

---

197 *Gleispach* in: A.a.O., S. 565. So auch noch die Begründung des E1939, vgl. *Schubert*, Quellen, III. Abt. Bd. 1, S. 586.

198 *Martin* in: *Schubert*, Quellen, III. Abt. Bd. 2 Teil 2, S. 189.

199 *Niethammer* in: *Schubert*, Quellen, III. Abt. Bd. 2 Teil 3, S. 529.

200 *Niethammer* in: *Schubert*, Quellen, III. Abt. Bd. 2 Teil 2, S. 206f.; *Freisler* in: A.a.O., S. 192f., 222.

201 *Freisler* in: A.a.O., S. 194.

202 *Freisler* in: A.a.O., S. 224.

203 *Töwe* in: A.a.O., S. 195.

204 *Schäfer* in: A.a.O., S. 229.

mit seinem Entschädigungsantrag auch kein Kostenrisiko eingehen.[205] Rechtsausführungen solle er nicht machen dürfen. Tatsachen könne er als Zeuge vorbringen.[206] Um jede Ähnlichkeit mit der Nebenklage zu vermeiden, sollten dem Verletzten nach Ansicht der Kommissionsmehrheit Rechtsbehelfe und Rechtsmittel versagt sein.[207] *Lichtenberger* wollte dem Adhärenten in Abgrenzung zur Nebenklage auch kein Beweisantragsrecht, kein Ablehnungsrecht und keinen Schlussvortrag einräumen.[208] Denn die Ausführungen des Verletzten stünden in so engem Zusammenhang mit der Straffrage, dass ein Recht des Verletzten, Ausführungen zu seinem Anspruch zu machen, zur Einführung einer de-facto-Nebenklage führen würde.[209]

Allein *Gleispach* wendete sich gegen ein „stark verstümmeltes Anschlussverfahren"[210] und beantragte erfolglos eine Erweiterung der Verfahrensrechte des Adhärenten, die an die ersten Entwürfe der RStPO anlehnte. Der Adhärent sollte nach der Konzeption *Gleispachs* nunmehr „Nebenbeteiligter" heißen.[211] Der Anschluss sollte erleichtert, das Ablehnungsrecht, das Armenrecht nach den Vorschriften der ZPO, ein Schlussvortrag in der Hauptverhandlung, ein Beweisantragsrecht sowie Rechtsmittel gewährt werden.[212] Das Gericht sei zu verpflichten, über den Anspruch wenigstens dem Grund nach zu entscheiden. Der Verletzte solle durch eine formlose Erklärung Nebenbeteiligter werden. Dem Nebenbeteiligten seien die durch den Anschluss entstandenen Kosten und die notwendigen Auslagen zu ersetzen, wenn der Anspruch ganz oder dem Grunde nach zuerkannt wird.[213] Ob der Adhärent dadurch die „Herrschaft" über das Verfahren an sich reiße, sei eine Frage der Persönlichkeit des Staatsanwalts und des Richters. Der Verletzte könne aber erst durch umfassende Beteiligungsrechte zur Aufklärung des Sachverhalts beitragen.[214] Es sei un-

205 *Freisler* in: A.a.O., S. 194, 223. *Thierack* in: Ebd.

206 *Freisler* in: A.a.O., S. 228.

207 *Töwe* in: A.a.O., S. 195; *Niethammer* in: A.a.O., S. 207; Dagegen *Schäfer* in: A.a.O., S. 209.

208 *Lichtenberger* in: A.a.O., S. 223.

209 *Freisler* in: A.a.O., S. 224; ähnlich *Lautz* in: A.a.O., S. 195 und *Niethammer* in: A.a.O., S. 226.

210 *Gleispach* in: A.a.O., S. 231; *Gleispach* in: A.a.O., S. 565.

211 *Gleispach* in: A.a.O., S. 565.

212 *Gürtner, Glotz* und *Martin* in: A.a.O., S. 222f.; *Lichtenberger* in: A.a.O., S. 223.

213 *Gleispach* in: A.a.O., S. 565.

214 *Gleispach* in: A.a.O., S. 223.

volkstümlich und sinnlos, wenn der Verletzte einen Antrag stellen, diesen aber nicht begründen dürfe.[215]

Obwohl der Antrag *Gleispachs* keinen Erfolg hatte, setzte sich in der Kommission die Auffassung durch, dass die im E1936 vorgesehene Beschränkung der Beteiligungsrechte des Adhärenten auf die Geltendmachung des Anspruchs und die Benachrichtigung über den Hauptverhandlungstermin zu einer Verkümmerung des gesamten Instituts führen musste. Die Kommissionsmehrheit beschloss daher, dem Verletzten ein auf die Entschädigungsfrage beschränktes Anhörungsrecht zuzubilligen.[216] Die Vorstellung *Freislers* und *Niethammers*, man müsse einfach darauf vertrauen, dass der Vorsitzende möglichst formlos etwaige Entschädigungsansprüche entscheidet, den Verletzten zu einem angemessenen Zeitpunkt anhört und der Antrag möglichst nicht vom Verletzten, sondern vom Staatsanwalt gestellt werden solle, setzte sich nicht durch.[217] Vielmehr folgte man der Ansicht *Dahms*, dass gewisse Mitwirkungsrechte des Verletzten einem volkstümlichen Verfahren entsprechen würde, er mindestens zu hören und vom Termin zu benachrichtigen sei.[218]

Entgegen dem E1936 räumte man dem Adhärenten daher im E1937 ein Recht auf Rücknahme des Adhäsionsantrags,[219] ein begrenztes Anwesenheitsrecht,[220] das Recht, einen Wiederaufnahmeantrag zu stellen[221] und ein Anhörungsrecht[222] ein. Zugleich beseitigte man aber das im E1936 vorgesehene Recht des Verletzten, sich bei der Geltendmachung seiner Entschädigungsansprüche eines Rechtsanwalts als Beistand zu bedienen oder sich durch einen solchen vertreten zu lassen.[223] In der zweiten Lesung setzte sich dann die Ansicht durch, dass auch dem Erben[224] des Verletzten die Geltendmachung von Schadensersatzansprüchen im Strafverfahren zuzubilligen sei.[225]

215 *Gleispach* in: A.a.O., S. 224.

216 *Gürtner, Glotz* und *Martin* in: A.a.O., S. 222f.; *Lichtenberger* in: A.a.O., S. 223; *Dahm* in: A.a.O., S. 227.

217 *Niethammer* in: A.a.O., S. 226.

218 *Dahm* in: A.a.O., S. 227.

219 § 410 Abs. 3 E1937.

220 § 411 E1937.

221 § 415 E1937.

222 § 411 Abs. 3 E1937

223 § 404 Abs. 3 E1936; *Freisler* in: *Schubert*, Quellen, III. Abt. Bd. 2 Teil 3, S. 531.

224 Nicht aber dem Rechtsnachfolger.

225 § 438 Abs. 2 E1939. *Schafheutle*, *Freisler*, *Gleispach*, *Niethammer* in: *Schubert*, Quellen, III. Abt. Bd. 2 Teil 3, S. 523f., 529.

VI. Feststellungsverfahren

Noch augenscheinlicher als im Fall des Adhäsionsverfahrens mündete der Ausbau des Feststellungsverfahrens zu einem Wiederaufleben umfassender Beteiligungsrechte des Verletzten bei strafbaren Ehrverletzungen.[226] Hier zeigte sich der Zwiespalt der Kommission deutlich. Einerseits war man um eine größtmögliche Abgrenzung zur Nebenklage bemüht.[227] Andererseits herrschte im Bereich des Ehrschutzes traditionell eine erhöhte Bereitschaft, dem Verletzten Mitwirkungsrechte im Strafverfahren einzuräumen, denn es schien mit dem Wesen der persönlichen Ehre unvereinbar, dem Betroffenen jedwede Möglichkeit ihrer Wahrung und Wiederherstellung vorzuenthalten und seinen sozialen Geltungsanspruch von einem Staatsanwalt verteidigen zu lassen.

Zunächst einigte sich die Kommission darauf, dem Verletzten ein auf sein Feststellungsbegehren beschränktes Rechtsmittel- und Wiederaufnahmerecht analog zu den Rechten des Angeklagten einzuräumen. Dass damit Elemente des Parteiprozesses und der Waffengleichheit zwischen Angeklagtem und Verletztem restituiert wurden und ein Widerspruch zu den Grundsätzen des E1936 entstand, rationalisierte *Dahm* mit der Bemerkung, dass der Parteigedanke und der Gedanke der Waffengleichheit nicht nur auf „liberalen Vorurteilen" beruhen. Ihnen läge vielmehr eine „tiefere psychologische Weisheit" zugrunde.[228] *Schäfer* ergänzte, die Rechte des Verletzten seien im Feststellungsverfahren durch den Zweck der Ehrwahrung beschränkt und beträfen die Straffrage nicht.[229]

Die nachfolgenden Entwürfe des E1937 und E1939 sahen dann eine umfassende Beteiligung des Verletzten in Verfahren wegen Ehrkränkung und falscher Verdächtigung vor, mit denen er selbst für den Schutz und die Wiederherstellung seiner Ehre eintreten konnte.[230] Die Feststellung der Wahrheit oder Unwahrheit ehrrühriger Tatsachen erfolgte auf seinen Antrag hin.[231] So musste ihm die Erhebung der Anklage mitgeteilt werden.[232] Er musste auf Verlangen gehört werden. Er hatte ein eigenes Beweisantrags- und Anwesenheitsrecht in

---

226 *Schubert*, Quellen, III. Abt. Bd. 2 Teil 2, S. 718ff.

227 *Freisler* in: A.a.O., S. 176; Schäfer in: A.a.O., S. 178; *Töwe* in: A.a.O., S. 178; *Töwe* in: *Schubert*, Quellen, III. Abt. Bd. 2 Teil 3, S. 511; *Schäfer*, Wiederherstellung der Ehre, S. 35.

228 *Dahm* in: *Schubert*, Quellen, III. Abt. Bd. 2 Teil 2, S. 186.

229 *Schäfer*, Wiederherstellung der Ehre, S. 35.

230 Vgl. § 391 Satz 2 E1937 bzw. § 423 Satz 2 E1939.

231 § 394 Abs. 1 E1937 bzw. § 426 Abs. 1, 444 Abs. 1 E1939.

232 § 392 Satz 2 E1937 bzw. § 424 Abs. 1 Satz 1 E1939.

der Hauptverhandlung.[233] Er konnte seinen Antrag bis zur Verkündung eines Urteils im ersten Rechtszug zurücknehmen.[234] Er musste geladen werden. Im Hinblick auf sein Feststellungsbegehren sollte zwischen dem Verletzten und dem Angeklagten Waffengleichheit herrschen.[235] Der Verletzte durfte sich von einem Rechtsanwalt vertreten lassen.[236] Er konnte das Urteil mit Rechtsmitteln zumindest insoweit anfechten, als es eine Entscheidung über den Feststellungsantrag enthielt.[237] Auch weiterhin konnte er die Wiederaufnahme des Verfahrens beantragen.[238] Nach den Bestimmungen des E1939 war dem Verletzten zudem die Anklageschrift oder ein Auszug daraus mitzuteilen.[239] Infolgedessen wurde ein Zustand geschaffen, in dem die Verfahrensbeteiligung des Verletzten weitgehend den Rechten des Nebenklägers nach den Bestimmungen der RStPO entsprach.

VII. Friedensrichterliches Verfahren / Privatklage

Einhellig befürwortete die Kommission die Entkriminalisierung von Bagatellsachen durch eine Abschaffung der Privatklage und die ersatzweise Einführung des friedensrichterlichen Verfahrens.[240] Es sei prinzipiell unerwünscht, dass Privatpersonen den staatlichen Strafanspruch durchsetzen können.[241] Im friedensrichterlichen Verfahren könne der Private allenfalls die Verhängung einer „Friedensbuße" als außerstrafrechtlicher Sanktion bewirken. Mit der Einführung des friedensrichterlichen Verfahrens sollte verhindert werden, dass ein „zweiter Staatsanwalt" in Gestalt des Privat- oder Nebenklägers auftritt.[242] Die Beteiligten standen sich als gleichgestellte Personen vor dem Friedensrichter als unbeteiligtem Dritten gegenüber.[243] Das Verfahren diente dem Zweck, dem Verletzten Genugtuung zu verschaffen, den Frieden wiederherzustellen und außerstrafrechtliche Maßnahmen zu treffen, durch die künftige Friedens-

233 § 392 Satz 4 E1937 bzw. § 424 Abs. 1 Satz 3 E1939.

234 § 395 Abs. 3 Satz 1 E1937 bzw. § 426 Abs. 4 E1939.

235 § 396 E1937 bzw. § 427 Abs. 1 Satz 1 E1939.

236 § 396 Abs. 3 E1937 bzw. § 427 Abs. 2 Satz 1 E1939.

237 § 400 E1937 bzw. § 431 E1939.

238 § 402 E1937 bzw. § 433 E1939.

239 § § 427 Abs. 2 Satz 3 E1939.

240 *Niethammer* in: *Schubert*, Quellen, III. Abt. Bd. 2 Teil 1, S. 508; *Niethammer* in: A.a.O., S. 10. *Freisler* in: A.a.O., S. 13; *Töwe* in: A.a.O., S. 13f.; *Freisler / Niethammer / Schafheutle* in: A.a.O., S. 701; *Schäfer*, Beteiligung des Verletzten, S. 566f.

241 *Gürtner* in: *Schubert*, Quellen, III. Abt. Bd. 2 Teil 2, S. 366.

242 *Lautz* in: A.a.O., S. 368; *Schäfer*, Beteiligung des Verletzten, S. 566f.

243 *Gürtner* in: *Schubert*, Quellen, III. Abt. Bd. 2 Teil 2, S. 366.

störungen unter den Beteiligten vorgebeugt werden können.[244] Mit der Friedensrichterordnung sollten einheitliche Lebensvorgänge, die sowohl das Zivil-, als auch das Strafrecht berühren, in einem gelockerten und unbürokratischen Verfahren verhandelt werden und somit eine Gesamtbereinigung kleinerer Konflikte ermöglichen.[245] Durch die Einbeziehung nicht nur der Straffrage, sondern aller auch nur lose mit dem Streitfall zusammenhängender Aspekte und die Erweiterung des Verfahrens über den Antragsgegner hinaus auch auf Dritte sollte eine umfassende Befriedung bewirkt werden.[246] Von der Einführung des friedensrichterlichen Verfahrens versprach man sich eine angemessene Ungleichbehandlung von strafwürdigen und bagatellhaften Ehrverletzungen.[247] Zudem sollte der Verletzte auf legalem Weg Genugtuung erlangen können.[248] Der Staatsanwalt sollte, Ehrabschneidungen, Beleidigungen, ehrabschneidende Beschimpfungen Verstorbener, leichte vorsätzliche und fahrlässiger Körperverletzungen, Hausfriedensbrüche, Verletzungen des Briefgeheimnisses, Sachbeschädigungen und Sachentziehungen auch im E1939 nur ausnahmsweise verfolgen, wenn er eine Ahndung mit den Mitteln des Strafrechts für geboten hält.[249] Auch weiterhin sollte das friedensrichterliche Verfahren unter dem Vorbehalt staatsanwaltschaftlicher Übernahme stehen – allerdings ohne ausgleichend dem vormaligen Antragsteller in die Stellung des Nebenklägers zu verhelfen.[250]

VIII. Scheitern der Gesamtreform

Der E1939 wurde, entgegen dem sonst üblichen Verfahren, niemals den übrigen Reichsministerien zur Stellungnahme mitgeteilt. Eine Vorlage an das Reichskabinett unterblieb. Nach dem Ausbruch des zweiten Weltkriegs wurden die Arbeiten an den Reformen für Kriegsmobilmachungsmaßnahmen stillgelegt.[251] Der Kriegsausbruch bildete aber womöglich nur den äußeren

244 *Schubert*, Quellen, III. Abt. Bd. 1, S. 607, 610; *Kohlrausch* in: *Schubert*, Quellen, III. Abt. Bd. 2 Teil 2, S. 367.

245 *Schubert*, Quellen, III. Abt. Bd. 1, S.; *Kohlrausch* in: *Schubert*, Quellen, III. Abt. Bd. 2 Teil 2, S. 367.

246 *Kohlrausch* in: *Schubert*, Quellen, III. Abt. Bd. 2 Teil 2, S. 367.

247 *Gürtner* in: A.a.O., S. 365f.; *Kohlrausch* in: A.a.O., S. 367; *Schäfer*, Beteiligung des Verletzten, S. 568.

248 *Niethammer* in: *Schubert*, Quellen, III. Abt. Bd. 2 Teil 1, S. 508.

249 *Schubert*, Quellen, III. Abt. Bd. 1, S. 394

250 § 12 E1939; *Schubert*, Quellen, III. Abt. Bd. 1, S. 617f.

251 *Koch*, Reform, S. 234.

Anlass, die Arbeiten nicht fortzuführen.[252] Die Parteispitze stand dem Vorhaben reserviert gegenüber. Hinzu kamen Meinungsverschiedenheiten zwischen dem Innenministerium sowie der Polizei- und SS-Führung einerseits und dem Reichsjustizministerium andererseits.[253]

F) Gesetzgebung nach Kriegsbeginn

Trotz des Scheiterns der Gesamtreform wurden zahlreiche Vorschläge der Großen Strafprozesskommission in den einzelnen Änderungen der Strafprozessordnung während der Zeit des Zweiten Weltkriegs aufgegriffen.[254] Dabei traten Vereinfachungs- und Entlastungsmaßnahmen in den Vordergrund, die den Kriegsverhältnissen geschuldet waren.[255] Zudem hatte die Kriegsdauer die Hoffnung auf eine zeitnahe Gesamtreform des Strafverfahrens gedämpft, sodass die Beratungsergebnisse der Großen Strafprozesskommission unter dem Gesichtspunkt oder dem Vorwand einer kriegsgebotenen Vereinfachung vorweggenommen wurden, um auf Dauer berechnetes Recht zu schaffen.[256]

Durch die Verordnung zur Änderung der Strafvorschriften über fahrlässige Tötung, Körperverletzung und Flucht bei Verkehrsunfällen vom 2. April 1940[257] wurde der Katalog der Privatklagedelikte dahingehend ausgedehnt, dass die Privatklagebefugnis bei fahrlässigen Körperverletzungen nicht mehr davon abhängig gemacht wurde, ob die Körperverletzung mit Übertretung einer Amts-, Berufs- oder Gewerbspflicht begangen worden ist.[258]

Mit der Verordnung zur weiteren Vereinfachung der Strafrechtspflege vom 13. August 1942 wurde der Erlass des Führers über die Vereinfachung der Rechtspflege vom 21. März 1942[259] umgesetzt.[260] Mit der Vereinfachungsverordnung griff der Normgeber in erheblichem Umfang auf den Entwurf von 1939 zurück.[261] Mit dem Inkrafttreten der Vereinfachungsverordnung wurden Berufung und Beschwerde des Privat- und Nebenklägers von einer besonderen

---

252 *Kühne*, LR-StPO Einl. F, Rn. 65.

253 Ebd.; *Gruchmann*, Justiz im Dritten Reich, S. 1020 ff.; 1045 ff.

254 *Niethammer*, SJZ 1948, S. 193.

255 *Kühne*, LR-StPO Einl. F, Rn. 49f.

256 *Schäfer*, LRR Einl. Kap. 3, Rn. 34; *Schönke*, ZAkDR 1942, S. 259.

257 RGBl. I 1940, S. 606.

258 Art. II Ziff. 1 VO v. 2.4.1940.

259 RGBl. 1942, S. 139f.

260 RGBl. 1942, S. 508–512; *Grau*, Deutsche Justiz 1942, S. 597.

261 *Kühne*, LR-StPO Einl. F, Rn. 72.

Zulassung durch den Vorsitzenden des Gerichts abhängig gemacht. Die Zulassung sollte nur dann erteilt werden, wenn ihre Versagung unbillig wäre.[262] Weiterhin wurde das Privatklageverfahren erschwert. Wegen einfacher Beleidigung und übler Nachrede konnte die Privatklage grundsätzlich erst nach einem Monat erhoben werden, nachdem der Berechtigte von der Handlung und der Person des Täters Kenntnis erhalten hat. In anderen Privatklagesachen konnte das Gericht das Verfahren für einen Monat aussetzen, wenn zu erwarten war, dass während dieser Zeit unter den Beteiligten wieder Frieden eingetreten war.[263] Ferner wurden Versatzstücke des im E1939 vorgesehenen, friedensrichterlichen Verfahrens in das Privatklagesystem eingefügt.[264] In Privatklageverfahren konnte das Gericht einen unanfechtbaren Friedensspruch fällen, wenn die Tat nicht so ernst war, dass sich ihre strafrechtliche Ahnung als unerlässlich darstellte.[265] Das Gericht konnte durch Friedensspruch auf Verwarnung, Friedensbuße oder Friedensbürgschaft erkennen, was praktisch der Entkriminalisierung eines Großteils der Privatklagedelikte gleichkam.[266] In Anlehnung an das Feststellungsverfahren des E1939 konnte das Gericht auch Feststellungen zur Wiederherstellung des guten Rufes des Verletzten treffen.[267] Zudem wurden die Mitwirkung des Staatsanwalts im Privatklageverfahren eingeschränkt, die Widerklage erleichtert[268] und das Klageerzwingungsverfahren beseitigt.[269]

Mit der dritten Verordnung zur Vereinfachung der Strafrechtspflege vom 29. Mai 1943[270] wurde schließlich das Adhäsionsverfahren eingeführt.[271] Entgegen der Bestimmungen des E1939 wurde die Einführung des Adhäsionsver-

---

262 Art. 7 § 1 Abs. 1 VO v. 13.8.1942; *Schönke*, ZAkDR 1942, S. 260; *Grau*, Deutsche Justiz 1942, S. 600.

263 Art. 8 § 1 Abs. 1, 2 VO v. 13.8.1942; *Schönke*, ZAkDR 1942, S. 260.

264 *Kühne*, LR-StPO Einl. F, Rn. 72. Dem vorangegangen war ein 1939 veröffentlichter Appell *Freislers*, die Privatklageberechtigten mögen von ihrer Klagebefugnis möglichst zurückhaltend Gebrauch machen, während die Strafrichter die Aufgabe des Friedensrichters bereits vor Erlass der Friedensrichterordnung übernehmen sollten (*Freisler*, Deutsche Justiz 1939, S. 1538).

265 Ausgenommen waren Verfahren wegen Verletzung des Urheberrechts und wegen Verstoßes gegen das UWG, Art. 8 § 2 Abs. 1 VO v. 13.8.1942; *Schönke*, ZAkDR 1942, S. 260f.

266 Art. 8 § 3, 4 VO v. 13.8.1942; *Schönke*, ZAkDR 1942, S. 261.

267 Art. 8 § 2 Abs. 1 VO v. 13.8.1942.

268 Art. 9 § 9f. VO v. 13.8.1942.

269 Art. 9 § 2 Abs. 3 VO v. 13.8.1942; *Schönke*, ZAkDR 1942, S. 261.

270 RGBl. I 1943, S. 342.

271 *Kühne*, LR-StPO Einl. F, Rn. 73.

fahrens allerdings nicht von der Beseitigung der materiell-rechtlichen Ansprüche auf Zuerkennung einer Buße flankiert. Allein die Geltendmachung im Wege der Bußnebenklage wurde gestrichen. Statt der Vorschriften über die Nebenklage sollten für den Bußberechtigten die Regelungen über den Adhäsionsprozess entsprechend gelten.[272] Damit wurde die Geltendmachung von materiellen Buß- und Entschädigungsansprüchen endgültig aus ihrem Konnex mit der Nebenklage gelöst.

G) Zusammenfassung

In der Zeit des Nationalsozialismus bildeten die Auflockerung und Volkstümlichkeit, die Implementierung des Führerprinzips und der Rückbau schützender Formen die Zielvorgaben einer Neuverortung der Stellung des Verletzten im Strafverfahren. Die Haltung der Reformliteratur schwankte zwischen dem Postulat einer Unvereinbarkeit strafprozessualer Verletztenbeteiligung mit dem Ziel eines künftig nach staatsautoritären Gesichtspunkten auszurichtenden Strafverfahrens einerseits und wohlwollend-paternalistischer Verletztenzuwendung andererseits. Beide Strömungen wirkten in den gescheiterten Versuch einer Gesamtreform hinein. Die Kleine Strafprozesskommission hatte mit dem E1936 die nahezu vollständige Beseitigung von Mitwirkungsrechten des Verletzten im Strafverfahren vorgeschlagen. Die Große Strafprozesskommission hielt zwar an der Abschaffung von Nebenklage, Klageerzwingungsverfahren und Privatklage fest, beschloss aber letztlich im Bereich des Adhäsions- und Informativverfahrens die allmähliche Wiederherstellung begrenzter Mitwirkungsrechte des Verletzten. In der Reform- und Kommissionsdebatte nahm die Nebenklage eine gemessen an ihrer praktischen Bedeutung überraschend exponierte Stellung als vermeintlicher Prototyp einer liberalistischen, positivistischen und formalistischen Verfahrensbeteiligung ein.

In den während der Kriegszeit erlassenen Verordnungen setzte sich das schon aus der Zeit der Weimarer Republik bekannte Muster fort, dass Änderungen der strafprozessualen Beteiligung des Verletzten vornehmlich in Krisenzeiten aus dem gesteigerten Bedürfnis nach einer kurzfristigen Kosteneinsparung, Justizentlastung und Verfahrensvereinfachung einseitig zu Lasten des Privatbeteiligten erfolgten. Mit der Abschaffung des Klageerzwingungsverfahrens und der de-facto-Entkriminalisierung der Privatklagedelikte verlor die Nebenklage vorläufig ihre ohnehin eher rudimentär ausgeprägte Aussöhnungs- und Kontrollfunktion. Die nachhaltigste Änderung der Stellung der Verletz-

272 § 406d Abs. 1 VO v. 29.5.1943; *Schönke*, Deutsches Recht 1943, S. 730. Die Bußberechtigung wurde mit dem EGStGB (BGBl. I 1974, S. 469) beseitigt.

ten im Strafverfahren durch nationalsozialistische Gesetzgebungstätigkeit erfolgte in Gestalt der Einführung eines von der Nebenklage losgelösten Adhäsionsverfahrens. Die Adhäsion ohne Nebenklage fand Eingang in das postnationalsozialistische Strafverfahren. Infolgedessen verlor die Nebenklage dauerhaft den Bezug zu ihrer ansonsten historisch selbstverständlichen Entschädigungsfunktion.

Siebentes Kapitel: Entwicklung bis Ende der 1970er Jahre

A) Einleitung

Seit den 50er und frühen 60er Jahren bildete sich unter Bedingungen politischer Stabilität und wirtschaftlichen Wachstums der sog. Grundsatz der Humanität als neuer Leitgedanke der Strafrechtstheorie heraus.[1] Er besagt, dass „auch die Verhängung und Vollstreckung von Strafen die Persönlichkeit des Beschuldigten bzw. Verurteilten achten muss und dass man ihm in verantwortlicher menschlicher Zuwendung gegenüberzutreten hat, um ihn für ein Leben in der Gemeinschaft zurückzugewinnen."[2] Zwar waren spätestens in den 1960er Jahren die verschiedenen Spielarten der Vereinigungslehre in der Strafrechtswissenschaft herrschend. Die Gewichtung der unterschiedlichen Strafzwecke verlagerte sich innerhalb der Vereinigungslehren jedoch merklich zugunsten der positiven Spezialprävention, d.h. des Gedankens der Resozialisierung straffälliger Menschen.[3] Das Interesse der Rechtsgemeinschaft, den Delinquenten nach der Strafverbüßung als lebenstaugliches und rechtstreues Mitglied zurückzuerhalten, sollte dem „wahren Besten des Vorbestraften und der Idee einer dem Art. 2 GG gerecht werdenden Persönlichkeitsentfaltung" entsprechen.[4] Der Kriminelle wurde vermehrt als hilfsbedürftige Figur betrachtet. Als potentiell „sozial Schwacher und Abhängiger" wurde er Schutz- und Zugriffsobjekt des aus Art. 20 GG folgenden Sozialstaatsgebots.[5] Diese Entwicklung erschöpfte sich nicht in der Veröffentlichung eines dem Gedanken der Spezialprävention besonders verpflichteten Alternativ-Entwurfs eines Strafgesetzbuches im Jahr 1966.[6] Auch auf der Ebene der Gesetzgebung wirkte sich der Wandel der Strafzwecktheorien in einer spezialpräventiven Ausrich-

1 *Tiedemann*, ZStW 1974, S. 307.

2 *Jescheck / Weigend,* Strafrecht AT I, S. 27.

3 Ebd.; *Kaiser*, ZStW 1974, S. 353; *Krauß*, Subjekt im Strafverfahren, S. 48f., 59; *Schätzler*, Versuche gesellschaftlicher Hilfe, S. 85; *Schünemann*, NStZ 1986, S. 193; *Albrecht*, Der Weg in die Sicherheitsgesellschaft, S. 61.

4 *Roxin*, JuS 1966, S. 386.

5 Ebd.; *Tiedemann*, ZStW 1974, S. 311; *Jescheck / Weigend,* Strafrecht AT I, S. 28; ähnl. *Roxin*, JuS 1966, S. 386.

6 *Roxin*, Strafrecht AT I, S. 75.

https://doi.org/10.1515/9783110713299-007

tung des Sanktionssystems aus.[7] 1974 resümierte *Kaiser*, in den vergangenen Jahrzehnten sei das Strafrecht „im Ganzen gesehen rechtsstaatlicher, verhältnismäßiger und humaner“ geworden.[8]

Im Strafverfahrensrecht wichen Liberalisierungsbestrebungen auf dem Gebiet der Beschuldigtenrechte im Zeitraum von 1960 bis 1970 einer in den 1970er Jahren einsetzenden Ökonomisierung des Strafverfahrens, d.h. der Strafprozessreform unter den Gesichtspunkten der Verfahrensbeschleunigung und Justizentlastung.[9] Diese mit der Haftrechtsnovelle vom 7. August 1972[10] einsetzende Entwicklung wurde unter anderem mit der weiteren Aufweichung des Legalitätsprinzips durch das EGStGB vom 2. März 1974[11] und dem 1. StVRG vom 9. Dezember 1974[12] fortgesetzt.[13] Die Anpassung des Strafverfahrensrechts traf nicht nur die Rechte des Beschuldigten, sondern wirkte sich auch auf die Stellung des Verletzten im Strafverfahren aus, der vom Standpunkt der Justiz aus als Störfaktor für die Verfahrensökonomie wahrgenommen wurde.

B) Wiederherstellung der Rechtseinheit

Mit dem Entwurf eines Gesetzes zur Wiederherstellung der Rechtseinheit auf dem Gebiete der Gerichtsverfassung, der bürgerlichen Rechtspflege, des Straf-

---

7 *Tiedemann*, ZStW 1974, S. 332; *Roxin*, Strafrecht AT I, S. 75; *Hölzel*, Nebenklage, S. 199. Nur behelfsweise auf folgende Reformen hingewiesen: Das Institut der Strafaussetzung zur Bewährung wurde 1953 in das deutsche Strafrecht eingeführt. Durch das 1. StRG vom 25. Juni 1969 (BGBl. 1969 I S. 645) wurde die bisherige Grenze der Anwendung auf Freiheitsstrafen bis zu neun Monaten auf Freiheitsstrafen bis zu 2 Jahren ausgedehnt (vgl. *Tiedemann*, ZStW 1974, S. 338 m.w.N.). Mit der Schaffung der Strafaussetzung zur Bewährung und der Bewährungshilfe als fester Institution öffnete sich das Strafrecht dem Sozialstaatsgedanken (*Kaiser*, ZStW 1974, S. 351 unter Verweis auf *Württemberger*, Kriminalpolitik im sozialen Rechtsstaat. Stuttgart 1980, S. 124ff., 191ff.). Mit dem 1. StrRG wurde zudem geregelt, dass bei der Zumessung der Strafe auch die Wirkungen, die von der Strafe für das künftige Leben des Täters in der Gesellschaft zu erwarten sind, zu berücksichtigen sind. Zudem wurden mit dem 1. StrRG die kurze Freiheitsstrafe eingeschränkt und die Freiheitsstrafen vereinheitlicht (*Tiedemann*, ZStW 1974, S. 333 m.w.N.). Die Einteilung der Freiheitsstrafen in Zuchthaus, Gefängnis, Haft und Einschließung wurde zu einer Einheitsfreiheitsstrafe zusammengefasst (A.a.O., S. 334 m.w.N.). Im Zuge dieser Reformentwicklung wurden die wichtigsten Ehrenstrafen wie die Aberkennung der bürgerlichen Ehrenrechte als resozialisierungsfeindlich beseitigt A.a.O., S. 334 m.w.N.

8 *Kaiser*, ZStW 1974, S. 350; *Zipf*, Kriminalpolitik, S. 28f.

9 Vgl. *Böttger*, Entwicklung des Strafprozessrechts in den 60er und 70er Jahren, S. 249ff.; *Rieß*, ZIS 2009, S. 477.

10 BGBl. I 1972, S. 1361.

11 BGBl. I 1974, S. 469.

12 BGBl. I 1974, S. 3393.

13 Vgl. *Böttger*, Entwicklung des Strafprozessrechts in den 60er und 70er Jahren, S. 261ff.

verfahrens und des Kostenrechts vom 9. Februar 1950[14] sollte unter Aufhebung von Vorschriften, die entweder nationalsozialistisches Gedankengut enthielten oder aus dem Zwang der Kriegsverhältnisse entstanden waren, die Rechtseinheit auch auf dem Gebiet des Strafverfahrensrechts wiederhergestellt werden.[15] Die Entwurfsfassung sah die Wiedereinführung des Klageerzwingungsverfahrens vor, die bereits in den Besatzungszonen vorgenommen worden war.[16] Diese Regelung blieb vom Ausschuss für Rechtswesen und Verfassungsrecht[17] und im weiteren Gesetzgebungsverfahren unangetastet.[18] Akzessorisch hierzu wurde die Nebenklage im Anschluss an das erfolgreich durchgeführte Klageerzwingungsverfahren wiederhergestellt.[19] Das 1943 eingeführte Adhäsionsverfahren wurde im Wesentlichen unverändert als Adhäsion ohne Nebenklage in den Entwurf aufgenommen[20] und durch den Ausschuss für Rechtswesen und Verfassungsrecht[21] nur unerheblich modifiziert. Der Entwurf sah zudem ursprünglich die Beibehaltung der Nebenklage der Verwaltungsbehörde vor.[22] Auf Empfehlung des Rechtsausschusses wurde dann aber die Beseitigung des Abschnittes über das Verfahren bei Zuwiderhandlungen gegen die Vorschriften über die Erhebung öffentlicher Abgaben und Gefälle beschlossen.[23] Die Beseitigung der Nebenklage der Verwaltungsbehörde wurde im Laufe des weiteren Gesetzgebungsverfahrens nicht wieder-eingeführt.[24] Das Gesetz zur Wiederherstellung der Rechtseinheit auf dem Gebiete der Gerichtsverfassung, der bürgerlichen Rechtspflege, des Strafverfahrens und des Kostenrechts vom 12. September1950 trat am 1. Oktober 1950 in Kraft.[25]

---

14 BT-Drucks. Nr. 530.

15 BT-Drucks. Nr. 530, S. 3. Aus der Strafprozessgesetzgebung in der Zeit von 1933 bis 1945 sollten nur diejenigen Regelungen übernommen werden, die inhaltlich nicht auf nationalsozialistischen Gedankengängen beruhten, aus dem Gefüge des früheren Rechts heraus das Strafverfahrensrecht technisch weiterentwickelt hatten und überwiegend in den Besatzungszonen beibehalten worden waren (BT-Drucks. Nr. 530, S. 33).

16 Vgl. §§ 172–177 gem. Art. 3 Nr. 64.

17 BT-Drucks. Nr. 1138, S. 50.

18 Art. 3 Abs. 1 Nr. 64 Wiederherstellungsgesetz.

19 Art. 3 Abs. 1, Nr. 172 Wiederherstellungsgesetz.

20 BT-Drucks. Nr. 530, S. 34, 57f., Art. 3 Nr. 160.

21 BT-Drucks. Nr. 1138, S. 67f.

22 Vgl. BT-Drucks. Nr. 530, S. 60f, Art. 3 Nr. 163–164.

23 BT-Drucks. Nr. 1138, S. 70.

24 Art. 3 Abs. 1, Nr. 180.

25 BGBl. 1950, S. 455.

C) Das Ende der Nebenklage der Verwaltungsbehörde

Die Nebenklage verschiedener Verwaltungsbehörden wurde in der Gesetzgebung nach 1950 immer seltener zur Regelung positiver Kompetenzkonflikte[26] zwischen zwei grundsätzlich zur Anklage befugten Akteuren herangezogen und wich nach und nach einer vergleichsweise schwachen Behördenbeteiligung am Strafverfahren.

Das Gesetz zur Vereinfachung des Wirtschaftsstrafrechts vom 26. Juli 1949[27] (WStG1949) sah noch eine Nebenklage der Verwaltungsbehörde im Grenzbereich strafbarer oder ordnungswidriger Verstöße gegen das WStG1949 vor.[28] Der Entwurf eines Wirtschaftsstrafgesetzes vom 28. März 1951[29] (E-WStG1949) übernahm die Regelungen über die Nebenklage der Verwaltungsbehörde zunächst.[30] Der Rechtsausschuss empfahl aber ihre Beseitigung.[31] Auf Antrag der Fraktionen der CDU/CSU, SPD, FDP und DP[32] stimmte der Bundestag letztlich für die Beibehaltung einer Nebenklage der Verwaltungsbehörde.[33]

Nach § 19 des Entwurfs eines Gesetzes zur weiteren Vereinfachung des Wirtschaftsstrafrechts (E-WStG1954) vom 24. April 1954[34] sollte die Nebenklage der Verwaltungsbehörde erneut beseitigt werden.[35] Die Änderung wurde damit begründet, dass die Nebenklage von Verwaltungsbehörden ein Fremdkörper im allgemeinen Strafprozess sei. Aus der StPO lasse sich u.A. der Gedanke ableiten, dass die gesamte Mitwirkung des Staates im Strafverfahren monistisch von einer Behörde geleitet und verantwortet werden solle. Dadurch werde gewährleistet, dass die Beurteilung aller strafbaren Handlungen vom Standpunkt des öffentlichen Interesses aus gleichen Maßstäben folge. Je mehr in diesem Bereich staatlicher Tätigkeit das Eindringen anderer, nach Ressortgesichtspunkten interessierter Behörden und Stellen zugelassen werde, umso stärker könnten strafrechtsfremde Erwägungen auf das Verfahren Einfluss gewinnen und schließlich einer Zersplitterung der staatlichen Kriminalpolitik

26 Zur Terminologie s. *Schmidt*, LK-StPO II, Vor § 374, Rn. 3.

27 BGBl. I 1949, S. 193.

28 Vgl. §§ 54, 61 WiStG1949.

29 BT-Drucks. Nr. 2100.

30 Vgl. § 31 E-WStG1951.

31 BT-Drucks. Nr. 3148, S. 18.

32 BT-Drucks. Nr. 3149, S. 2.

33 Deutscher Bundestag – 196. Sitzung – Bonn, Donnerstag, den 28. Februar 1952, S. 8459B ff.

34 BT-Drucks. Nr. 478.

35 § 14 Abs. 2, 19 E-WStG1954; BT-Drucks. Nr. 478, S. 6.

Vorschub leisten. Zwar bestehe bei der Nebenklage der Finanzbehörde im Steuer- und Devisenstrafrecht eine langjährige Tradition. Gleiches gelte jedoch nicht für das Wirtschafsstrafrecht. Durch den Entwurf werde außerdem das Wirtschaftsstrafrecht so erheblich vereinfacht, dass die Staatsanwaltschaft in der Regel aufgrund eigener Sachkenntnis in der Lage sein sollte, die Interessen des Staates im Benehmen mit den beteiligten Behörden wahrzunehmen. Ein Bedürfnis, der Verwaltungsbehörde selbstständige Befugnisse zum Betreiben des Verfahrens einzuräumen, sei deshalb nicht mehr anzuerkennen. Die im Gesetz über Ordnungswidrigkeiten verankerte Rechtsstellung der Verwaltungsbehörde und das ihr durch den Entwurf eingeräumte Anhörungsrecht sollten ausreichen, um die Wahrung staatlicher Belange und die Berücksichtigung des Ressortstandpunktes zu gewährleisten.[36]

Die Beseitigung der Nebenklage der Verwaltungsbehörde durch das Wirtschaftsstrafgesetz 1954 fand auch den Zuspruch des Ausschusses für Rechtswesen und Verfassungsrecht.[37] Sie wurde im Bundestag ohne Einzelberatung[38] beschlossen.[39]

Eine vergleichbare Entwicklung fand auch im Bereich des Ordnungswidrigkeiten- und Abgabenrechts statt. Gem. § 31 des Entwurfs eines Gesetzes über Ordnungswidrigkeiten vom 28. März 1951[40] (E-OWiG1951) konnte sich die Verwaltungsbehörde der öffentlichen Klage entsprechend der Regelung des § 61 WStG1949[41] in jeder Lage des Verfahrens als Nebenklägerin anschließen. Der Rechtsausschuss empfahl die Beseitigung der Regelung.[42] Das Gesetz über Ordnungswidrigkeiten vom 27. März 1952[43] sah dann nur noch eine

---

36 Im Einzelnen sei die Rechtsstellung der Verwaltungsbehörde im Strafverfahren ähnlich ausgestaltet worden wie diejenige der Jugendgerichtshilfe im Jugendstrafverfahren (vgl. §§ 38, 50 Abs. 3 JGG). Vgl. BT-Drucks. Nr. 478, S. 15 f.

37 Allerdings wurde § 14 Abs. 2 E-WiStG1954 um einen Verweis auf die §§ 33, 34 des OWiG vom 25. März 1952 (BGBl. I 1952, S. 177) ergänzt. BT-Drucks. Nr. 597, S. 3.

38 2. Deutscher Bundestag – 34. Sitzung. Bonn, Sonnabend, den 19. Juni 1954, S. 1615B ff.

39 BGBl. I 1954, S. 175. Allerdings galten die Bestimmungen des Wirtschaftsstrafgesetzes in der Fassung vom 25. März 1952 und in der Fassung des Gesetzes zur Verlängerung des Wirtschaftsstrafgesetzes vom 17. Dezember 1952 weiterhin für Devisenzuwiderhandlungen im „Interzonenhandel", sodass ein marginaler Anwenungsbereich der Nebenklage der Verwaltungsbehörde verblieb (vgl. § 20 WStG 1954; *Rieß*, Gutachten, S. C28).

40 BT-Drucks. Nr. 2100.

41 A.a.O., S. 22.

42 BT-Drucks. Nr. 3148, S. 18.

43 BGBl. I 1952, S. 177.

„Beteiligung der Verwaltungsbehörde" vor.[44] Im Zuge der 1963 einsetzenden Bemühungen um eine Gesamtreform der Reichsabgabenordnung[45] wurde durch Art. 1 Nr. 1 des Gesetzes zur Änderung strafrechtlicher Vorschriften der Reichsabgabenordnung und anderer Gesetze vom 10. August 1967[46] die Nebenklage der Steuerbehörde[47] in ein im Vergleich zur Vorgängerregelung stark eingeschränktes Mitwirkungsrecht umgewandelt.[48]

D) Strafrechtsänderungsgesetz vom 30. August 1951

Mit dem Strafrechtsänderungsgesetz vom 30. August 1951[49] wurde dem Bundespräsidenten und den Mitgliedern der Gesetzgebungsorgane, der Regierung und der Verfassungsgerichte des Bundes und der Länder eine Befugnis zum Anschluss als Nebenkläger für strafbare Verunglimpfungen gem. §§ 95, 97 StGB a.F. eingeräumt.[50] Die vom Bundesrat angeregte und vom BMJ in den Rechtsausschuss eingebrachte Vorschrift diente weniger dem Schutz der persönlichen Ehre als Staatsschutzgesichtspunkten.[51] Zur Begründung führte *Dallinger* im Rechtsausschuss aus, im Anwendungsbereich des Anschlussgrundes bestehe zwar Tateinheit mit einer Beleidigung oder Verleumdung, sodass sich schon aus diesem Gesichtspunkt die Möglichkeit des Anschlusses als Nebenkläger ergebe. Die betreffenden Personen seien hinsichtlich der Beleidigungsdelikte jedoch an die Strafantragsfrist gebunden. Die betreffenden Personen würden durch die gesonderte Nebenklagebefugnis freier gestellt. Der Anschluss werde den Berechtigten insofern nicht gesondert erteilt, sondern lediglich erleichtert.[52]

---

44 Vgl. § 33 OWiG1952. Dementsprechend auch der Regelungsgehalt des § 63 OWiG.

45 Stenographische Berichte der 64. Sitzung – 4. Wahlperiode – S. 2973C; BT-Drucks. IV/1005 unter B. 2.

46 BGBl. I 1967, S. 877.

47 §§ 432, 437 RAO 1919, §§ 467, 472 RAO 1931.

48 *Joecks / Jäger / Randt-Joecks,* AO § 407, Rn. 2; *Erbs / Kohlhaas / Hadamitzky / Senge*, 221. EL August 2018, AO § 407 Rn 1.

49 BGBl. I 1951, S. 739.

50 Art. 4 Nr. 6 StRÄG. Dem § 395 wurde ein Abs. 3 in folgender Fassung angefügt: „Im Falle des § 95 des Strafgesetzbuchs steht dem Bundespräsidenten und im Falle des § 97 des Strafgesetzbuchs der betroffenen Person die Befugnis zu, sich der öffentlichen Klage als Nebenkläger anzuschließen." Vgl. BT-Drucks. Nr. 2414, S. 5f.

51 BT Drucks. Nr. 1307, S. 73.

52 120. Sitzung des 23. Ausschusses v. 3.7.1951, S. 17. PA I / 476 A1 (b), Nr. 36, S. 17. Ausschuss-Drucks. Nr. 48, S. 25 (PA I / 476 A1 (b), Nr. 37, S. 25); BT-Drucks. Nr. 2414, S. 12. (PA I / 476 A1 (b), Nr. 39, S. 12).

Die Entwurfsfassung des StRÄG[53] sah zunächst die Einführung einer unselbstständigen Feststellungsnebenklage vor. Demnach sollte die Befugnis, sich einer öffentlichen Klage als Nebenkläger anzuschließen, auch dem zustehen, der berechtigt ist, einen Feststellungsantrag wegen unrichtiger Behauptungen aufzustellen.[54] Ein Feststellungsverfahren sollte in Fällen der üblen Nachrede, der Verleumdung und der falschen Anschuldigung statthaft sein.[55] Der Informativprozess sollte mit der Privatklage verbunden werden können. Im Offizialverfahren konnte die Feststellung der Wahrheit oder Unwahrheit einer ehrenrührigen Tatsachenbehauptung nur in Verbindung mit dem Anschluss des Berechtigten als Nebenkläger gestellt werden.[56] Das Feststellungsverfahren in der Entwurfsfassung diente nicht nur dem Rehabilitationsinteresse des Verletzten, sondern auch dem mit dem Entwurf insgesamt beabsichtigten Interesse an der Absicherung der demokratischen Grundordnung. Der Staatsanwalt sollte unabhängig vom Verletzten einen Antrag auf Feststellung in Fällen der Staatsverleumdung[57], der verleumderischen Volksverhetzung[58] und der politischen Lüge[59] stellen können.[60] Das Feststellungsverfahren sollte als selbstständiges Feststellungsverfahren weitergeführt werden können, wenn sich das Strafverfahren erledigt.[61]

In seiner Stellungnahme sprach sich der Bundesrat gegen die Einführung des Feststellungsverfahrens in der Fassung des E-StrÄG aus.[62] Ersatzweise schlug der Bundesrat vor, Feststellungen über die Wahrheit oder Unwahrheit einer Tatsache ohne Mitwirkung des Verletzten dem Ermessen des Richters zu unterstellen. In Fällen der §§ 100, 130 Abs. 1 Nr. 2, 131, 164, 186 Abs. 1 oder

---

53 BR-Drucks. Nr. 366/50.

54 Art. 4 E-StrÄG, BR Drucks. Nr. 366/50, S. 18.

55 BR Drucks. Nr. 366/50, S. 51.

56 Vgl. § 402b E-StrÄG, BR-Drucks. Nr. 366/50, S. 19. Insoweit lehnte das Feststellungsverfahren konzeptionell an die Vorschläge des E1930 an, vgl. §§ 402a–402m E1930; sten. Berichte des Bundesrats, 25. Sitzung vom 23. Juni, S. 436 (A)f.

57 § 100 Abs. 4 StGB-E.

58 § 130 Abs. 2 StGB-E.

59 § 131 Abs. 3 StGB-E.

60 BR Drucks. Nr. 366/50, S. 51.

61 Damit sollten insbesondere Fälle erfasst werden, in denen es sich im Laufe des Verfahrens ergibt, dass der Beschuldigte zurechnungsunfähig ist, dass eine Amnestie der Strafverfolgung entgegensteht oder dass der Beschuldigte in Wahrnehmung berechtigter Interessen gehandelt hat. In Fällen der Verfahrenseinstellung wegen Geringfügigkeit sollte der Antrag dagegen als erledigt gelten. Damit sollte verhindert werden, dass die Gerichte mit einer Flut derartiger Anträge in Bagatellsachen überschwemmt werden, vgl. BR Drucks. Nr. 366/50, S. 19, 53.

62 BT Drucks. Nr. 1307, S. 71ff.

187 StGB a.F. sollte im Urteilsspruch ausgesprochen werden, ob die von dem Angeklagten aufgestellten oder verbreiteten Behauptungen tatsächlicher Art sich als unwahr ergeben haben oder ihre Wahrheit nicht erwiesen worden ist. Dies sollte auch dann gelten, wenn der Angeklagte lediglich in Anwendung des § 193 StGB a.F. freigesprochen wird. Die Fassung des Urteils sollte dem Ermessen des Gerichts unterliegen.[63] Der Bundestag zeigte sich an einer Verbesserung des strafprozessualen Ehrschutzes durch Feststellungen über die Wahrheit oder Nichterweislichkeit aufgestellter Behauptungen zwar interessiert. Die Aufnahme der Feststellungen in den Tenor sollte jedoch nicht vom Antrag des Verletzten abhängig gemacht werden, weil sie für den Verletzten in jedem Fall unschädlich seien.[64] Dem widersprach die Bundesregierung. Zur Verwirklichung dieses Gedankens bedürfe es einer eingehenden und dauerhaften Regelung, die Vorschriften für die Feststellungen im Rahmen des Strafverfahrens wie auch für das selbstständige Feststellungsverfahren vorsehen muss. Dabei verwies die Bundesregierung auf § 8 des Straffreiheitsgesetzes vom 31. Dezember 1949.[65]

Dem Vorschlag des Bundesrats, im Rahmen des StrÄG auf eine erschöpfende Regelung zu verzichten, wurde mit Rücksicht auf die besondere Dringlichkeit des Gesetzes nicht widersprochen.[66] Die Bundesregierung äußerte jedoch Bedenken gegen den Vorschlag des Bundesrats insoweit, als dass die Aufnahme von Feststellungen in den Urteilsspruch nicht von einem Antrag des Verletzten abhängig gemacht wird. Der Bundesrat ging nach Ansicht der Bundesregierung mit seinem Vorschlag erheblich über den Regierungsentwurf hinaus. Die Annahme, die Feststellung sei für den Verletzten auf jeden Fall unschädlich, treffe nicht zu. Könne der Nachweis der Unwahrheit einer ehrenkränkenden Behauptung nicht geführt werden, so lasse die vom Gericht in einem Strafverfahren nach einer erschöpfenden Beweisaufnahme getroffene Feststellung, dass lediglich der Beweis der Wahrheit nicht geführt werden konnte, unter Umständen eine Schädigung des Ansehens des Beleidigten zurück, die oft schwerer wiege als die Beleidigung selbst. Dem Beleidigten dürfe die Wahrheitsfeststellung nicht von Amts wegen aufgezwungen werden. Die vom Bundesrat vorgeschlagene Regelung weiche in diesem entscheidenden Punkt von sämtlichen Entwürfen ab, die sich im Laufe der Strafrechtsreform mit dem Feststellungsverfahren zum Zwecke des Ehrenschutzes befasst haben.[67] Der

63 BT Drucks. Nr. 1307, S. 72.

64 Ebd.

65 BT Drucks. Nr. 1307, S. 81. Vgl. BGBl. I 1949 S. 37.

66 BT Drucks. Nr. 1307, S. 81f.

67 A.a.O., S. 82. Diese Bemerkung war jedenfalls im Hinblick auf den E1936 unzutreffend.

Kompromissvorschlag der Bundesregierung löste sich vom Nebenklagebezug des Feststellungsverfahrens, sah aber einen Feststellungsantrag des Verletzten in Fällen der §§ 185, 186 Abs. 1, 187 StGB a.F. und einen Antrag der zuständigen, staatlichen Stelle oder der Staatsanwaltschaft vor.[68] Wegen der besonderen Dringlichkeit fand das Feststellungsverfahren letztlich keinen Eingang in das StrÄG.[69] Die Bundesregierung verzichtete vorläufig auf die Einführung eines Informativprozesses und stellte das Feststellungsverfahren bis zur angestrebten Gesamtreform des Strafrechts zurück.[70]

E) Drittes Strafrechtsänderungsgesetz vom 4. August 1953

Mit dem Dritten Strafrechtsänderungsgesetz vom 4. August 1953[71] wurden Änderungen des Klagerzwingungsverfahrens, der Privatklage und der Nebenklage verabschiedet.

I. Anschlussbefugnis der Angehörigen

Mit der Neufassung des § 395 Abs. 2 StPO wurde die Befugnis, sich als Nebenkläger anzuschließen, im Rechtsausschuss auf Anraten des BMJ[72] nunmehr auch den Eltern, Kindern, Geschwistern und den Ehegatten eines durch eine mit Strafe bedrohte Handlung Getöteten eingeräumt.[73] Die Änderung hatte vorrangig technische Gründe und sollte die Folgen der gleichzeitigen Beseitigung des selbstständigen Strafantragsrechts des Ehemannes für die Ehefrau gem. § 195 StGB a.F. kompensieren. Zur Begründung führte *Dallinger* aus, bislang sei es durch das Strafantragsrecht des Ehegatten möglich gewesen, dass sich der Ehemann in Fällen der Tötung der Ehefrau einem Strafverfahren über den Umweg der fahrlässigen Körperverletzung anschließen konnte. Demgegenüber konnten sich die Ehefrau, die Eltern, Kinder und Geschwister eines durch eine strafbare Handlung Getöteten dem Verfahren nicht als Nebenkläger anschließen.[74] Dieses Ergebnis sei von der Praxis und den Betroffenen als unbillig empfunden worden und sollte nun durch eine Ausdehnung der Anschlussbefugnis auf alle Angehörigen korrigiert werden. Für die Regelung

68 A.a.O., S. 82f. Vgl. auch BT Drucks. Nr. 563.

69 Ausschuss-Drucks. Nr. 51 (PA I / 476 A1 (b), Nr. 60).

70 *Waldow*, Ehrenschutz, S. 554; *Jeschek*, GA 1975, S. 369.

71 BGBl. I 1953, S. 735.

72 Protokoll Nr. 245 des 23. Ausschusses, S. 11 (= PA I / 476 A1, Nr. 13, S. 11).

73 *Costa*, MDR 1953, S. 581.

74 Sten. Berichte Bundestag der Sitzung vom 12. Mai 1953, S. 12999 (B).

sprachen nach Ansicht des BMJ zudem prozessökonomische Gründe und das Interesse an dem Ansehen der Justiz.[75] Durch die Einflussnahme der Angehörigen auf das Strafverfahren sollte ein Gleichlauf von Straf- und späteren Zivilurteilen begünstigt werden.[76] Ein Auseinanderfallen von zivil- und strafrechtlichem Urteil sei dem Ansehen der Justiz abträglich.[77] Von einer Beteiligung der Angehörigen am Strafverfahren versprach sich das BMJ zudem eine Förderung der Wahrheitsfindung.[78] Der Vorschlag der Bundesregierung wurde vom Rechtsausschuss begrüßt und ohne Einwendungen gegen die Formulierung gebilligt.[79]

II. Klageerzwingungsverfahren

Mit dem 3. StRÄG wurde eine Reihe von Streitfragen zum Klageerzwingungsverfahren bereinigt.[80] Darüber hinaus wurde das Klageerzwingungsverfahren für Übertretungen und Privatklagedelikte beseitigt. In den Fällen, in denen der Verletzte Privatklage erheben kann, wurde das Klageerzwingungsverfahren als entbehrlich erachtet, da der Verletzte eine gerichtliche Entscheidung im Wege der Privatklage herbeiführen könne. Das Klageerzwingungsverfahren sollte zudem in Fällen staatsanwaltschaftlicher Ermessensentscheidungen ausdrücklich unstatthaft sein.[81] In Fällen, in denen mit Zustimmung des Richters von der Erhebung der öffentlichen Klage abgesehen werden könne, bedürfe es nicht der zusätzlichen Gewähr des Klageerzwingungsverfahrens. Das Klageerzwingungsverfahren könne nicht in den Fällen Platz greifen, in denen die Staatsanwaltschaft im Rahmen der gesetzlichen Ausnahmen vom Verfolgungszwang tätig wird. Zudem wurde dem Antragsteller für das Klageerzwingungsverfahren das Armenrecht nach den Vorschriften des Bürgerlichen

75 Ebd.

76 Protokoll Nr. 245 des 23. Ausschusses, S. 11f.

77 Sten. Berichte Bundestag der Sitzung vom 12. Mai 1953, S. 12999 (B).

78 *Costa*, MDR 1953, S. 581.

79 Protokoll Nr. 245 des 23. Ausschusses, S. 12.

80 Art. 4 Nr. 25. *Costa*, MDR 1953, S. 580. Es wurde klargestellt, dass die zweiwöchige Frist für die Einlegung der Beschwerde auch dann gewahrt wird, wenn die Beschwerde bei der Staatsanwaltschaft eingelegt wird (BR-Drucks. Nr. 287/52, S. 24). Nach herrschender Auslegung des geltenden Rechts musste die Beschwerde bei dem vorgesetzten Beamten der Staatsanwaltschaft eingelegt werden. Diese Handhabung sei unpraktisch gewesen und habe mitunter zu verspäteter Einlegung und Zurückweisungen von Beschwerden geführt (BR-Drucks. Nr. 287/52, Begründung S. 72.). Die Frist sollte zudem nicht laufen, wenn die Belehrung nach § 171 Satz 2 unterblieben ist. Die Regelung diente dem Schutz des Beschwerdeführers (ebd.).

81 Art. 4 Nr. 25, bzw. § 172 Abs. 2 Satz 3 StPO i.d.F.d. 3. StRÄG.

Gesetzbuchs zugebilligt. Die Bewilligung des Armenrechts sollte einen Ausgleich für die Unterstellung des Klageerzwingungsverfahrens unter Anwaltszwang sein. Die Neuregelung wurde mit einer Entscheidung des BVerfG[82] begründet, nach der die grundsätzliche Ablehnung des Armenrechts bei gleichzeitigem Anwaltszwang einen Verstoß gegen Art. 3 Abs. 1 GG darstellt.[83] Der personale Anwendungsbereich bei der Nebenklage im Fall des erfolgreich durchgeführten Klagerzwingungsverfahrens wurde dadurch erweitert, dass in § 395 Abs. 2 der Nebensatz „wenn die strafbare Handlung gegen sein Leben, seine Gesundheit, seine Freiheit, seinen Personenstand oder seine Vermögensrechte gerichtet war“ entfernt wurde.[84] Zur Begründung wurde angeführt, die Neufassung entspreche im Wesentlichen der bisherigen Regelung. Die Einschränkung des personalen Anwendungsbereichs sei sachlich nicht gerechtfertigt und praktisch kaum bedeutsam gewesen.[85]

III. Privatklage

Der E-StrÄG1952 sah zudem eine Erweiterung des Rücknahmerechts des Privatklägers vor. Nach dem Entwurf sollte die Privatklage nunmehr in jeder Lage des Verfahrens zurückgenommen werden können. Nach Beginn der Vernehmung des Angeklagten zur Sache in der Hauptverhandlung des ersten Rechtszuges sollte die Rücknahme nur mit Zustimmung des Angeklagten zulässig sein. Das Zustimmungserfordernis sollte den Interessen des Angeklagten Rechnung tragen. Die Vorschläge des Entwurfs bedeuteten eine gewisse Annäherung des Privatklageverfahrens an den Zivilprozess.

F) E-StGB1959 und E-StGB1962

Die „unselbstständige Feststellungsnebenklage“[86] war Gegenstand der Beratungen der Großen Strafrechtskommission, die von 1954 bis 1959 tagte. Während die Kommissionsmehrheit sich für die Einführung eines Informativprozesses aussprach und hierfür die gängigen Argumente aufführte,[87] übte eine

82 BVerfGE 2, 336; vgl. *Dahs*, NJW 1952, S. 1270.

83 *Costa*, MDR 1953, S. 580.

84 Sten. Berichte Bundestag der Sitzung vom 12. Mai 1953, S. 12999 (B).

85 Protokoll Nr. 245 des 23. Ausschusses, S. 12; sten. Berichte Bundestag der Sitzung vom 12. Mai 1953, S. 12999 (B).

86 Niederschriften über die Sitzungen der Großen Strafrechtskommission, Bd. 9, S. 465; *Lackner* in: A.a.O., Bd. 9, S. 99.

87 *Lackner* in: A.a.O., S. 102; *Jeschek* in: A.a.O., Bd. 9, S. 111f.; *Bockelmann* in: A.a.O., Bd. 9, S. 112; A.a.O., Bd. 9, S. 466; zusammenfassend *Waldow*, Ehrenschutz, S. 555ff.

Kommissionsminderheit neuerdings eine ungewohnt deutliche Kritik an der Implementierung eines strafprozessualen Feststellungsverfahrens. Das Feststellungsverfahren sei ein Fremdkörper im Strafverfahren.[88] Die Wiederherstellung des guten Rufs des Verletzten sei allenfalls als Nebenergebnis, nicht aber als Zweck des Strafverfahrens einzuordnen.[89] Streitigkeiten über das Bestehen oder Nichtbestehen einer ehrenrührigen Tatsache seien zivilrechtlich zu erörtern.[90] Zwar sei der zivilrechtliche Ehrschutz in der Vergangenheit lückenhaft gewesen, weil der Widerruf einer Behauptung nur verlangt werden konnte, wenn die Beeinträchtigung noch fortbestand.[91] Dieser Missstand werde jedoch durch die anstehende Reform des Zivilrechts behoben.[92] Die private Genugtuung des Verletzten sei nicht mehr Aufgabe der Strafrechtspflege, sondern lediglich eine Reflexwirkung strafgerichtlicher Tätigkeit.[93] Das Feststellungsverfahren verkompliziere und verlängere das Strafverfahren und schaffe für den juristischen Laien intransparente Verfahrensregeln.[94] Die Einführung des Feststellungsverfahrens führe dazu, dass dem Staat durch die Übernahme einer weiteren Aufgabe nicht mehr die für dringendere Aufgaben notwendigen Mittel verbleiben. Die Einführung des Feststellungsverfahrens übe gesellschaftlichen Druck auf den Verletzten dahingehend aus, sich dieses Verfahrens zu bedienen. In der praktischen Handhabung der Amnestiegesetze sei zu beobachten gewesen, dass sich die Beschuldigten gesellschaftlich gezwungen sahen, ein selbstständiges Feststellungsverfahren zu veranlassen, während sie ansonsten die Einstellung des Verfahrens einfach hingenommen hätten.[95] Diese Einwände vermochten die Kommissionsmehrheit jedoch nicht zu überzeugen. Die Kommissionsbeschlüsse lauteten auf die Einführung so-

---

88 *Fritz* in: Niederschriften über die Sitzungen der Großen Strafrechtskommission, Bd. 9, S. 110.

89 *Lackner* in: A.a.O., Bd. 9, S. 101.

90 *Voll* in: A.a.O., Bd. 9, S. 108; *Fritz* in: A.a.O., Bd. 9, S. 110. *Voll* in: A.a.O., Bd. 9, S. 108; *Dünnebier* in: A.a.O., Bd. 9, S. 106. A.A. *Jeschek* in: A.a.O., Bd. 9, S. 111. A.A. *Jeschek* in: A.a.O., Bd. 9, S. 111.

91 *Lackner* in: A.a.O., S. 101.

92 *Lackner* in: A.a.O., S. 101; ähnlich *Dünnebier* in: A.a.O., Bd. 9, S. 106.

93 *Voll* in: A.a.O., S. 108; *Dünnebier* in: A.a.O., Bd. 9, S. 106. A.A. *Jeschek* in: A.a.O., Bd. 9, S. 111.

94 *Lackner* in: A.a.O., S. 101; *Voll* in: A.a.O., Bd. 9, S. 108f.; *Dünnebier* in: A.a.O., S. 107; *Koffka* in: A.a.O., Bd. 9, S. 109, 113. A.A. *Erdsiek* in: A.a.O., Bd. 9, S. 114; *Gallas* in: A.a.O., Bd. 9, S. 116.

95 *Dünnebier* in: A.a.O., S. 106f.

wohl eines selbstständigen, als auch eines unselbstständigen, strafrechtlichen Feststellungsverfahrens.[96]

Im nachfolgenden E-1962 wurde dann jedoch gänzlich auf die Einführung eines Feststellungsverfahrens und damit einer Feststellungsnebenklage verzichtet.[97] Mängel des zivilrechtlichen Ehrschutzes seien zwischenzeitlich durch einen Wandel in der Rechtsprechung ausgeräumt worden. Der BGH habe den negatorischen Ehrenschutz gegenüber ehrenkränkenden Tatsachenbehauptungen in Gestalt der Widerrufs- und Unterlassungsklage zureichend ausgebaut. Außerdem habe die Rechtsprechung auf dem Gebiet des Schadensersatzrechts unter Überwindung der durch die §§ 253, 847 BGB a.F. gezogenen Schranken die Möglichkeit einer Entschädigung in Geld für die durch eine Ehrverletzung hervorgerufenen, nichtvermögensrechtlichen Schäden eröffnet. Der Verletzte habe nunmehr die Möglichkeit, den Widerruf einer unwahren ehrenrührigen Tatsachenbehauptung zu verlangen. Diese Möglichkeit bestehe auch dann, wenn die Behauptung zunächst in Wahrnehmung berechtigter Interessen aufgestellt oder wiedergegeben worden war und eine Strafverfolgung deshalb nicht in Betracht komme. Die Verfolgung der bürgerlich-rechtlichen Ansprüche auf Widerruf und Unterlassung im Strafprozess sei zudem ohne gesetztechnische Schwierigkeit durch eine geringfügige Ergänzung der Vorschriften über das Adhäsionsverfahren möglich.[98]

Das strafprozessuale Feststellungsverfahren im Allgemeinen und die unselbstständige Feststellungsnebenklage im Besonderen blieben Vaporware und sind seither nicht mehr diskutiert worden.[99]

G) Erstes Gesetz zur Reform des Strafverfahrensrechts (1. StVRG) vom 9. Dezember 1974

Auf einer Sonderkonferenz der Justizminister und Senatoren in Bad Pyrmont am 4. und 5. Mai 1970 beschlossen die Landesjustizminister, zur Vorbereitung der Justizreform gemeinsame Arbeitsgruppen des Bundes und der Länder für die Zivil- und Strafgerichtsbarkeit zu bilden. Die auf Grund dieses Beschlusses tätige „Arbeitsgruppe Strafverfahrensreform", die sich aus Vertretern des BMJ und aller Landesjustizverwaltungen zusammensetzte, hatte wesentliche Teile des Regierungsentwurfs erarbeitet. In der Zeit von Juli 1970 bis April 1971

96 A.a.O., S. 119.

97 BT-Drucks. IV/650.

98 A.a.O., S. 311ff.

99 So auch *Waldow*, Ehrenschutz, S. 559.

wurden Einzelkomplexe auf der Grundlage von Referaten ihrer Mitglieder beraten. Hieraus ging der Regierungsentwurf eines Ersten Gesetzes zur Reform des Strafverfahrensrechts hervor.[100]

Die Arbeitsgruppe befürwortete die Beseitigung der Nebenklage. Sie laufe der Abkehr vom Vergeltungs- und Sühnegedanken im Strafrecht entgegen. Zudem sei es generell problematisch, dem Verletzen Verfolgungsbefugnisse zu übertragen.[101] Häufig lege der Nebenkläger Rechtsmittel nur zu dem Zweck ein, für den Angeklagten eine höhere Strafe zu erreichen. Ein anerkennenswertes Interesse hieran bestehe nicht.[102] Die Anschlussbefugnis der Verfassungsorgane und ihrer Vertreter sei abzuschaffen, da aus Sicht der Betroffenen kein Interesse an einer solchen Verfahrensbeteiligung bestehe.[103] Auch die Anschlussbefugnis des Privatklageberechtigten sollte beseitigt werden, da sie zu dem unbilligen Ergebnis führe, dass dem Verletzten bei leichten Delikten eine stärkere Stellung eingeräumt werde als den Opfern schwerster Straftaten.[104] Die Mehrheit der Arbeitsgruppe sprach sich zudem dafür aus, die Nebenklagebefugnis der nahen Angehörigen des Getöteten nicht beizubehalten.[105] Die Regelung erhöhe die Gefahr emotionaler Einflüsse auf das Strafverfahren. Hierdurch werde die Wahrheitsfindung erschwert. Außerdem sollte der Wertungswiderspruch beseitigt werden, dass das Opfer eines versuchten Mordes oder Totschlags schlechter gestellt wurde als die Angehörigen eines fahrlässig Getöteten. Die Staatsanwaltschaft verfolge Tötungsdelikte mit besonderem Nachdruck, sodass es eines Nebenklägers nicht bedürfe.[106] Die Arbeitsgruppe sprach sich dafür aus, die Anschlussbefugnis des Beschwerdeführers im Anschluss an das erfolgreich durchgeführte Klageerzwingungsverfahren zu beseitigen. Dem Beschwerdeführer sei aber ein Anhörungs-, bzw. Beteiligungsrecht nach dem Vorbild des § 441 AbgO bzw. § 76 OWiG zu gewähren, sodass er gegenüber dem Gericht Beweisanregungen vornehmen könne.[107] Die Beteiligung des Beschwerdeführers an der Hauptverhandlung sei durch ein gesteigertes Kontrollbedürfnis des Beschwerdeführers gerechtfertigt und bilde eine

100 BT-Drucks. 7/551, S. 34.

101 Niederschriften der Arbeitsgruppe „Strafverfahrensreform", Sitzungen vom 25.–27. November 1970, S. 2.

102 A.a.O., S. 2.

103 A.a.O., S. 3, Anlage, S. 2.

104 A.a.O., Anlage, S. 2.

105 A.a.O., S. 2.

106 A.a.O., S. 4.

107 A.a.O., S. 5. Eine entsprechende gesetzliche Regelung sollte ihren Standort im Rahmen der Vorschriften über das Klageerzwingungsverfahren erhalten (a.a.O., Anlage, S. 2f.).

notwendige Garantie für das einwandfreie Funktionieren der Strafrechtspflege.[108] Die Nebenklage räume dem vormaligen Beschwerdeführer in der Hauptverhandlung jedoch zu weitgehende Rechte ein.[109] Es sei zudem unbillig, dem Angeklagten im Falle der Verurteilung die notwendigen Auslagen des Nebenklägers aufzubürden. Dies führe vielfach zu einer Erschwerung der Resozialisierung des Verurteilten.[110] Gelegentlich bestehe ein krasses Missverhältnis zwischen der Strafe einerseits und den von dem Angeklagten in der Regel zu tragenden, notwendigen Auslagen des Nebenklägers.[111] Die Arbeitsgruppe schlug daher vor, dass die notwendigen Auslagen des Beschwerdeführers nicht dem Angeklagten zur Last fallen sollen. Werde der Angeklagte verurteilt, sollte die Staatskasse die notwendigen Auslagen des Verletzten tragen.[112]

I. Regierungsentwurf

Mit dem Regierungsentwurf eines Ersten Gesetzes zur Reform des Strafverfahrensrechts[113] strebte die Bundesregierung eine Beschleunigung und Straffung des Strafverfahrens an,[114] wobei die Beteiligung des Verletzten am Strafverfahren im Allgemeinen und die Nebenklage im Besonderen lediglich im Hinblick auf ihre verfahrensverzögernden Auswirkungen erörtert wurde.[115] Mit dem Entwurf sollte ausdrücklich offengelassen werden, ob die Nebenklage insgesamt zu beseitigen sei. Der Entwurf blieb insoweit hinter den Vorschlägen der Arbeitsgruppe Strafverfahrensrecht zurück.[116] Zwar wurde eingeräumt,

---

108 Dem wurde entgegengehalten, es bestehe keine Veranlassung, dem zur Objektivität verpflichteten Staatsanwalt durch die Institution eines Nebenklägers mit eigenen Antragsrechten Misstrauen entgegenzubringen. Insbesondere könne eine derartig starke Kontrollfunktion nicht dem einseitig interessierten Verletzten eingeräumt werden (A.a.O., S. 5).

109 A.a.O., S. 5.

110 A.a.O., S. 2.

111 A.a.O., S. 6.

112 A.a.O., Anlage, S. 3.

113 BT-Drucks. 7/551.

114 A.a.O., S. 31.

115 A.a.O., S. 44.

116 Die Anschlussbefugnis der Angehörigen des Getöteten wurde beibehalten und insgesamt befürwortet (A.a.O., S. 13). Der Getötete könne sich gegenüber Vorwürfen nicht mehr persönlich verteidigen, während der nicht getötete Verletzte in aller Regel schon als Tatzeuge im Mittelpunkt des Verfahrens stehe und deshalb auch ohne Befugnis zur Nebenklage das Verfahren beeinflussen könne. Bei Tötungsdeliktes sei der Angeklagte häufig bemüht, dem Getöteten eine Mit- oder Alleinschuld anzulasten. Die Angehörigen könnten hier ein erforderliches Gegengewicht bilden. Auch entspreche es dem Grundgedanken des Art. 6 GG, die familiäre Verbundenheit der Angehörigen mit dem

die Berücksichtigung des persönlichen Genugtuungsinteresses des Verletzten durch die Anerkennung seiner Nebenklagebefugnis entspreche womöglich nicht mehr dem modernen Bild eines weniger auf Sühne als auf Resozialisierung gerichteten Strafrechts und Strafverfahrens. Eine denkbare Beseitigung der Nebenklage sollte jedoch einer Gesamtrevision des Fünften Buches der Strafprozessordnung vorbehalten bleiben.[117]

1. Anschlussbefugnis des Privatklageberechtigten

Die Regierung wollte jedoch die Anschlussbefugnis des Privatklageberechtigten beseitigen. Der Anklagevorwurf in 96% aller Verfahren mit Nebenklagebeteiligung laute auf die Begehung eines Privatklagedeliktes.[118] Der überwiegende Teil dieser Verfahren habe fahrlässige Körperverletzungen im Straßenverkehr zum Gegenstand.[119] Es handle sich dabei fast ausschließlich um leichtere Straftaten, bei denen die Anklage nur dann erhoben werde, wenn die Staatsanwaltschaft ein öffentliches Interesse an der Strafverfolgung bejahe. Der Verletzte werde im Bagatellbereich gegenüber den Opfern schwerster Straftaten privilegiert. In diesen Fällen habe die Staatsanwaltschaft dem Verletzten zudem bereits die Mühe einer eigenen Privatklage abgenommen.[120]

In den Fällen des Anschlusses des Privatklageberechtigten wirkte sich die Nebenklage in allen Verfahrensstadien besonders verzögernd aus. Schon über die Anschlusserklärung müsse das Gericht durch Beschluss entscheiden. Hierzu sei die Staatsanwaltschaft zu hören. Nicht selten begehre der Anwalt des Nebenklägers Akteneinsicht. Hierdurch trete im Durchschnitt eine Verzögerung von mehreren Wochen ein. Werde der Anschluss erst kurz vor der bereits anberaumten Hauptverhandlung erklärt, so sehe sich das Gericht aus Gründen der Fürsorgepflicht genötigt, einem Antrag des Nebenklägers auf Terminverlegung zu entsprechen. Beweisanträge des Nebenklägers verzögerten zudem die Hauptverhandlung. Sie zielten oft weniger auf die Bestrafung des Angeklagten

Getöteten durch eine gesicherte, verfahrensrechtliche Stellung zu schützen (A.a.O., S. 45f). Die Anschlussbefugnis des Beschwerdeführers im Anschluss an das erfolgreich durchgeführte Klageerzwingungsverfahren wurde ebenso wenig beseitigt (A.a.O., S. 13). Es sei aufgrund des berechtigten Misstrauens des Beschwerdeführers gegenüber der zur Anklageerhebung gezwungenen Staatsanwaltschaft gerechtfertigt (A.a.O., S. 46). Von der Beseitigung der Anschlussbefugnis der Verfassungsorgane wurde im Hinblick auf ihre geringe, praktische Bedeutung abgesehen A.a.O., S. 46).

117 A.a.O., S. 44.

118 A.a.O., S. 45.

119 Ebd.

120 Ebd.

als auf die Klärung von Fragen ohne Bedeutung für den Ausgang des Verfahrens ab. Die Beteiligung des Nebenklägers wirke sich gerade in leicht zu erledigenden, erstinstanzlichen Verfahren nachteilig aus. In Verfahren wegen fahrlässiger Körperverletzung im Straßenverkehr nutze der Nebenkläger seine prozessuale Stellung auf Geheiß seiner Versicherung allein dazu, sich eine günstige Ausgangslage für spätere, zivilrechtliche Auseinandersetzungen zu schaffen.[121]

Durch die Beseitigung der Anschlussbefugnis des Privatklageberechtigten wurde eine Anpassung der Regelungen über die Übernahme des Privatklageverfahrens durch die Staatsanwaltschaft erforderlich.[122] Denn auch weiterhin sollte der Privatkläger die Stellung des Nebenklägers erlangen, wenn die Staatsanwaltschaft die Verfolgung übernimmt.[123] Der Verletzte sollte in einem solchen Fall nach Auffassung der Bundesregierung nicht von jeder weiteren Einflussmöglichkeit auf das Verfahren ausgeschlossen werden, wenn er das Verfahren als Privatkläger aus eigener Initiative und auf sein Kostenrisiko hin in Gang gebracht hat. Dies gelte umso mehr, wenn der Privatkläger den Weg der Privatklage beschritten hat, weil bestimmte Umstände ihn befürchten ließen, die Staatsanwaltschaft werde seine Interessen nicht sachgerecht vertreten. Auch in den Fällen, in denen die Staatsanwaltschaft die Übernahme der Verfolgung durch Einlegung eines Rechtsmittels zugunsten des Verurteilten erklärt, müsse der bisherige Privatkläger die Befugnis behalten, weiter im Verfahren mitzuwirken. Er werde andernfalls praktisch rechtlos gestellt.[124]

2. Rechtsmittel des Nebenklägers

Weiterhin sollten verfahrensverzögernde Auswirkungen des Rechtsmittelrechts des Nebenklägers eingedämmt werden.[125] Der Entwurf verzichtete bewusst darauf, die Anschlussbefugnis des Nebenklägers nach Verkündung des Urteils zur Einlegung von Rechtsmitteln insgesamt zu beseitigen. Es wurde befürchtet, dass die Zahl der Nebenklagen im erstinstanzlichen Verfahren zunehmen würde, weil auch diejenigen Nebenklagebefugten von ihrem Anschlussrecht Gebrauch machen müssten, die nach geltendem Recht zunächst den Ausgang des erstinstanzlichen Verfahrens abwarten und sich je nach dem Inhalt des erstinstanzlichen Urteils zum Anschluss entschließen konnten.[126]

---

121 Ebd.

122 A.a.O., S. 12.

123 A.a.O., S. 91.

124 A.a.O., S. 92.

125 A.a.O., S. 45, 93.

126 A.a.O., S. 92.

Erkläre der Nebenkläger den Anschluss zur Einlegung eines Rechtsmittels nach Verkündung des Urteils, beginne die Begründungsfrist für ihn erst mit der Zustellung des Zulassungsbeschlusses, für den das Rechtsmittelgericht zuständig ist. Habe der Nebenkläger Rechtsmittel eingelegt, so müsse ihm nach geltendem Recht zur Zahlung des Gebührenvorschusses in Höhe von nur 20,00 DM eine Frist gesetzt werden, wodurch eine weitere Verzögerung von mehreren Wochen eintreten könne. Schließlich sei über die vom Nebenkläger eingelegte Berufung auch dann sachlich zu verhandeln und zu entscheiden, wenn er in der Berufungsverhandlung weder erschienen noch vertreten ist.[127]

a) Gebührenvorschuss des Nebenklägers

Der Entwurf beseitigte daher die Regelung, wonach der Nebenkläger als Rechtsmittelführer zur Zahlung des Gebührenvorschusses nach § 113 Abs. 1 GKG eine Frist zu setzen ist mit der Androhung der Verwerfung des Rechtsmittels nach fruchtlosem Ablauf. Der mit der Fristsetzung verbundene Zeitverlust stehe in keinem Verhältnis zu der sich nur auf 20,00 DM belaufenden Gebühr.[128]

b) Rechtsmittelbegründungsfrist

Die Frist zur Begründung des Rechtsmittels sollte nach der Entwurfsfassung mit Ablauf der für die Staatsanwaltschaft laufenden Frist zur Einlegung des Rechtsmittels oder, wenn das Urteil dem Nebenkläger noch nicht zugestellt war, mit der Zustellung des Urteils an ihn auch dann beginnen, wenn eine Entscheidung über die Berechtigung des Nebenklägers zum Anschluss noch nicht ergangen ist. Es sollte verhindert werden, dass die Frist zur Begründung des Rechtsmittels erst mit der Zustellung des Zulassungsbeschlusses beginnt, den das Rechtsmittelgericht zu erlassen hat. Hierdurch sollte eine regelmäßige Verzögerung von mehreren Monaten verhindert werden. Der Nebenkläger sollte im Hinblick auf die Revisionsbegründungsfrist nicht besser gestellt werden als die übrigen Prozessbeteiligten. Da bereits die Anschlusserklärung die Rechtswirkung der Nebenklage auslöse und der Zulassungsbeschluss nur deklaratorische Bedeutung habe, erscheine diese Regelung auch dogmatisch gerechtfertigt.[129]

---

127 A.a.O., S. 45.

128 A.a.O., S. 93.

129 A.a.O., S. 13, 93.

c) Rechtsmittelfrist bei Abwesenheit des Nebenklägers während der Verkündung des erstinstanzlichen Urteils

Die Frist für die Einlegung eines Rechtsmittels sollte für den bei Urteilsverkündung weder anwesenden noch vertretenen Nebenkläger nicht mehr erst mit der Zustellung des Urteils, sondern mit der Urteilsverkündung selbst zu laufen beginnen. Nach bestehendem Recht werde der Eintritt der Rechtskraft des Urteils erheblich verzögert. Zudem habe der Nebenkläger durch seine Abwesenheit erkennbar sein Desinteresse am Ausgang des Verfahrens bekundet.[130] Nach der Entwurfsfassung sollte der Lauf der Rechtsmittelfrist auch dann mit der Verkündung des Urteils beginnen, wenn der Nebenkläger bei dieser nicht mehr zugegen oder vertreten war.[131] Dies sollte wiederum nur dann gelten, wenn der Nebenkläger zuvor in der Hauptverhandlung anwesend oder vertreten war, um zu verhindern, dass die Rechtsmittelfrist auch dann mit der Verkündung des Urteils beginnt, wenn der Nebenkläger von der Hauptverhandlung keine Kenntnis erlangt hat oder ohne sein Verschulden nicht an ihr teilnehmen konnte.[132] Zudem wurde klargestellt, dass der Nebenkläger in diesen Fällen die Wiedereinsetzung in den vorigen Stand nicht auch wegen fehlender Rechtsmittelbelehrung beanspruchen kann. War der Nebenkläger dagegen überhaupt nicht in der Hauptverhandlung anwesend oder vertreten, sollte die Rechtsmittelfrist nicht wie bisher mit der Zustellung des vollständigen Urteils, sondern mit der Zustellung der Urteilsformel beginnen.[133]

d) Ausbleiben des Nebenklägers in der Berufungsverhandlung

Das Ausbleiben des Nebenklägers bzw. Vertreters in der Berufungsverhandlung sollte automatisch zur Verwerfung der Berufung führen. Auch im Rechtsmittelverfahren könne vom Nebenkläger verlangt werden, dass er sein durch den Anschluss bekundetes Interesse am Verfahren entsprechend zur Geltung bringt und das von ihm veranlasste Berufungsverfahren nicht allein dem Staatsanwalt überlässt. Um wiederum das unverschuldete Ausbleiben des Nebenklägers in einer Berufungsverhandlung von dieser Regelung auszunehmen, sollte er die Wiedereinsetzung in den vorigen Stand beantragen können.[134]

---

130 A.a.O., S. 94.

131 A.a.O., S. 13, 94.

132 A.a.O., S. 94.

133 Ebd.

134 A.a.O., S. 13, 94.

3. Wirksamwerden der Anschlusserklärung

Der Entwurf stellte klar, dass die vor Erhebung der öffentlichen Klage eingereichte Anschlusserklärung mit der Erhebung der öffentlichen Klage wirksam wird. Die Regelung sollte der Prozessökonomie dienen, wenn der Verletzte zunächst sein Interesse am Anschluss zum Ausdruck gebracht hat, dann aber lange Zeit bis zur Erhebung der öffentlichen Klage vergangen ist. Hier wäre andernfalls das Gericht aus dem Gesichtspunkt der Fürsorgepflicht verpflichtet, bei dem Verletzten Rückfrage zu halten, ob ein Anschluss erklärt werden soll, was zu vermeidbaren Verfahrensverzögerungen führen könnte.[135]

4. Nebenklage und Opportunitätsprinzip

Der Entwurf positionierte sich zudem in der in Rechtsprechung und Schrifttum umstrittenen[136] Frage, ob dem Nebenkläger gegen einen Einstellungsbeschluss nach § 153 Abs. 3 des geltenden Rechts das Rechtsmittel der Beschwerde zusteht, im negativen Sinne.[137] Der Verletzte sei bereits nach geltendem Recht nicht befugt, gegen eine Einstellungsverfügung der Staatsanwaltschaft das Klageerzwingungsverfahren zu betreiben oder sonst eine gerichtliche Entscheidung herbeizuführen. Es bestehe ebenso wenig ein Grund, dem Nebenkläger einen Rechtsbehelf gegen einen mit Zustimmung der Staatsanwaltschaft ergangenen Einstellungsbeschluss nach den §§ 153, 153a und 153b StPO a.F. in der Fassung des Entwurfs zuzubilligen.[138]

II. Beschlüsse des Rechtsausschusses

Der Bundestag überwies den Regierungsentwurf in seiner 34. Sitzung am 18. Mai 1973 an den Rechtsausschuss. Der Rechtsausschuss beriet den Entwurf in seiner 19., 22., 25., 26., 28., 19., 30. und 41. Sitzung am 7. November und 5. Dezember 1973 sowie am 23. Januar, 13. Februar, 13. und 20. März, 24. April und 25. September 1974. Er hielt hierzu eine nichtöffentliche Anhörung von Sachverständigen zu der Einschränkung der Nebenklagebefugnis ab.[139] Angehört wurden Vertreter des DAV, des Deutschen Richterbundes, der

135 A.a.O., S. 13, 93.

136 Für die Anfechtbarkeit z.B. LR-*Kunert*, StPO, 22. Aufl., § 397 Anm. 1a; *Schmidt*, LK StPO Nachtragsband I 1967, § 153 Rn. 28.

137 BT-Drucks. 7/551, S. 13; vgl. *Rieß*, NJW 1975, S. 90.

138 BT-Drucks. 7/551, S. 93.

139 BT-Drucks. 7/2600, S. 4.

Fachgruppe Richter und Staatsanwälte in der Gewerkschaft ÖTV und der Versicherungswirtschaft.[140]

Der Rechtsausschuss lehnte die Beseitigung der Nebenklagebefugnis des Privatklageberechtigten ab. Die Mehrheit seiner Mitglieder vertrat die Ansicht, dass die Nebenkläger in Strafverfahren wegen fahrlässiger Körperverletzung insbesondere im Straßenverkehr zu einer umfassenden Sachaufklärung und damit einer Verbesserung der Wahrheitsfindung beitragen könne. Die mit der Nebenklage verbundene, stärkere Betonung zivilrechtlicher Ersatzansprüche im Straferfahren könne zu einer Verringerung nachfolgender, zivilrechtlicher Auseinandersetzungen führen.[141]

III. Anrufung des Vermittlungsausschusses

Der Bundesrat hielt hingegen an der Beseitigung der Anschlussbefugnis des Privatklageberechtigten fest und sprach sich insoweit für die Wiederherstellung der Regierungsvorlage aus. Auch nach der vom Bundestag beschlossenen Fassung verzögere die Nebenklage des Privatklageberechtigten in zahlreichen Fällen das Strafverfahren. Gegen die vorgeschlagene Einschränkung der Nebenklageberechtigung könne nicht eingewendet werden, die Nebenklage dazu bei, die Wahrheitsfindung im Strafverfahren zu verbessern. Insbesondere habe der Vertreter des HUK-Verbandes bei seiner Anhörung im Rechtsausschuss ausgeführt, dass die Nebenklage im Strafprozess im Regelfall nicht zur Aufklärung des Sachverhalts beitrage und das Strafverfahren ebenso verzögere wie die zivilrechtliche Schadensregulierung. Zugleich habe der Sachverständige der Nebenklage keine wesentliche Bedeutung für eine Erleichterung der zivilrechtlichen Schadensregulierung beigemessen.[142]

Der Vermittlungsausschuss kam in seinen Beratungen zu dem Ergebnis, dass die Nebenklagebefugnis des Privatklageberechtigten beizubehalten sei. Die mit der Regelung verbundene Entlastungsprognose sei unsicher. Es bestehe aber ein starkes Bedürfnis der durch eine Straftat verletzten Personen an der mit dem Bestreben der Nebenklage verbundenen Sachaufklärung.[143] Der Bundestag stimmte der Kompromissfassung des Vermittlungsausschusses zu.[144] Das

---

140 A.a.O., S. 8.

141 Ebd.

142 BT-Drucks. 7/2774, S. 3f.

143 Vgl. Sten. Protokolle des Bundestags, 7. Wahlperiode, 132. Sitzung v. 15. November 1974, S. 89598(D)f.

144 A.a.O., S. 89599(A).

Erste Gesetz zur Reform des Strafverfahrensrechts trat am vom 9. Dezember 1974 in Kraft.[145]

IV. Rezeption

Die geplante Einschränkung der Nebenklage stieß insbesondere auf den Widerstand von Vertretern der Anwaltschaft mit einem Tätigkeitsschwerpunkt im Straßenverkehrsrecht. Der Entwurf überschätze die verfahrensverzögernde Wirkung der Nebenklage.[146] Die Entscheidung des Gerichts über die Anschlusserklärung könne auch nach geltendem Recht ohne besondere Nachprüfung geschehen. Die Anhörung der Staatsanwaltschaft geschehe ebenso schnell und sei ohne größeren Prüfaufwand herbeizuführen. Auch die Akteneinsicht des Nebenklägers verzögere das Verfahren nicht und sei im Übrigen notwendig, damit sich der Nebenklägervertreter ein Bild von der Sach- und Rechtslage machen könne.[147] Im Gegenteil habe der Nebenkläger gerade in verkehrsstrafrechtlichen Verfahren ein erhöhtes Interesse an einem raschen Abschluss des Verfahrens, da die gegnerische Haftpflichtversicherung die abschließende Schadensregulierung in der Regel erst nach Beendigung des Strafverfahrens vornehme.[148] Auch die Einschränkungen der Rechtsmittel des Nebenklägers seien nicht gerechtfertigt. Im Bereich der Bagatellkriminalität komme es nicht selten vor, dass Verfahren nicht mit der notwendigen Gründlichkeit durchgeführt werden. Gerade hier entfalte die Nebenklage eine notwendige Kontrollfunktion.[149] Durch die Nebenklage erhalte das Strafverfahren zudem den Charakter eines Parteiprozesses. Da das Institut der Nebenklage vorerst nicht völlig beseitigt werde, müsse dem Parteicharakter des Verfahrens dahingehend Rechnung getragen werden, dass zwischen dem Nebenkläger und dem Angeklagten Waffengleichheit hergestellt werde.[150]

Besonders vehement wurde die im Regierungsentwurf vorgesehene Beseitigung der Anschlussbefugnis des Privatklageberechtigten kritisiert.[151] Die Nebenklage trage im Bereich der Privatklagedelikte zur gründlichen Klärung des Sachverhalts und prozessökonomisch zur Vermeidung von Zivilprozessen

145 BGBl. I 1974, S. 3394.

146 *Beck*, DAR 1973, S. 134.

147 *Alpers*, AnwBl 1973, S. 140.

148 *Xanke*, AnwBl 1974, S. 38.

149 Ebd.; *Bartelmann,* AnwBl 1973, S. 14; *Clausnitzer,* AnwBl 1973, S. 74; *Müller*, AnwBl 1983, S. 508.

150 *Clausnitzer*, AnwBl 1973, S. 75.

151 *Rieß*, NJW 1975, S. 89.

bei.[152] Es sei zudem unzutreffend, dass die Haftpflichtversicherungen den Verletzten zum Anschluss als Nebenkläger drängen, da sie sich mit dessen Ansprüchen überhaupt nicht zu befassen hätten.[153]

Eine Verzögerung des Verfahrens trete nicht durch den Zulassungsbeschluss ein.[154] Dieser habe nicht bereits vor dem Hauptverhandlungstermin zu ergehen, sondern könne durch einen ins Protokoll diktierten Satz in der Hauptverhandlung geschehen.[155] Der Zulassungsbeschluss habe nur deklaratorischen Charakter und werde in der Praxis vom Nebenklägervertreter nicht abgewartet, d.h. zur Voraussetzung einer Terminswahrnehmung gemacht. Zwischen der Anschlusserklärung und dem Termin liege in der Regel eine ausreichende Zeitspanne, in der die Entscheidung ebenso erledigt werden können wie auch die Akteneinsicht. Die Behauptung, die Nebenklage werde zur Verfolgung verfahrensfremder Ziele verwendet, sei unzutreffend.[156] Im Übrigen sei der Richter gehalten, unzulässige Anträge abzulehnen.[157] Bei den nebenklagefähigen Privatklagedelikten handle es sich keineswegs ausnahmslos um leichte Straftaten. Die durch einschlägige Körperverletzungsdelikte im Straßenverkehr verursachten Tatfolgen wiegten regelmäßig sehr schwer.[158] Eine Beseitigung der Anschlussbefugnis des Privatklageberechtigten widerspreche den berechtigten Interessen der Verletzten, der beteiligten Versicherungsgesellschaften und der Anwaltschaft, die mit der Einschränkung der Nebenklage ein wichtiges und legitimes Arbeitsgebiet verliere.[159] Den Partialinteressen der Anwaltschaft trat *Jung* entgegen, der die Anschlussbefugnis des Privatklageberechtigten als „Gebührenoase“ und ihre Wiederherstellung durch den Vermittlungsausschuss als Kapitulation vor den Standesinteressen der Rechtsanwälte bezeichnete.[160] Dem Regierungsentwurf hielt *Jung* zugute, er habe jedenfalls den Wertungswiderspruch beseitigt, dass dem Verletzten im Bagatellbereich eine stärkere Stellung eingeräumt werde als bei schwereren Straftaten.[161]

152 *Xanke*, AnwBl 1974, S. 38; *Bartelmann,* AnwBl 1973, S. 14; *Beck*, DAR 1973, S. 134; *Müller*, AnwBl 1983, S. 507.

153 *Xanke*, AnwBl 1974, S. 38; *Bartelmann,* AnwBl 1973, S.14.

154 *Clausnitzer*, AnwBl 1973, S. 74.

155 *Bartelmann*, AnwBl 1973, S. 14.

156 *Clausnitzer*, AnwBl 1973, S. 74.

157 *Bartelmann*, AnwBl 1973, S. 14.

158 *Xanke*, AnwBl 1974, S. 38.

159 *Clausnitzer*, AnwBl 1973, S. 74f.

160 *Jung,* JuS 1975, S. 263; zust. *Kuhlmann*, DRiZ 1982, S. 312; ähnl. *Schmid*, Strafzumessung und Wiedergutmachung, S. 74.

161 *Jung,* JuS 1974, S. 197.

V. Weitere Versuche einer Beseitigung der Anschlussbefugnis des Privatklageberechtigten

Die Bundesländer bemühten sich weiterhin, die Anschlussbefugnis des Privatklageberechtigten zu beseitigen. Bei der Beratung des Entwurfs des Strafverfahrensänderungsgesetzes 1979 bat der Bundesrat die Bundesregierung erneut, im weiteren Verlauf des Gesetzgebungsverfahrens zu prüfen, ob die Vorschriften der Nebenklage einzuschränken sind.[162] Die Bundesregierung sah jedoch keine Veranlassung, die 1974 vom Gesetzgeber getroffene Entscheidung zu korrigieren.[163] Der Rechtsausschuss des Bundestags beschloss auf seiner Sitzung vom 15. März 1979, die Prüfungsempfehlung des Bundesrats nicht aufzugreifen.[164] Auf ihrer Konferenz am 1. und 2. Oktober 1981 beschlossen die Justizminister- und Senatoren dann unter dem Tagesordnungspunkt „Maßnahmen zur Entlastung der Gerichte und Staatsanwaltschaften“, dass die Nebenklagebefugnis der zur Privatklageberechtigten entfallen solle. Im Übrigen solle die Nebenklage unverändert erhalten bleiben.[165] Der Vorschlag wurde zunächst im RefE-StVÄG 1983 aufgegriffen, ging aber schon nicht mehr in den RegE-StVÄG 1984[166] ein, ohne dass der Bundesrat dem widersprochen hätte.[167]

H) Sonstige Änderungen

Mit der Verabschiedung des Gesetzes zur Änderung der Strafprozeßordnung und des Gerichtsverfassungsgesetzes (StPÄG) vom 19. Dezember 1964[168] nahm der Gesetzgeber Änderungen des Eröffnungsbeschlusses vor und führte § 154a StPO ein. Akzessorisch hierzu wurden die Regelungen über die Privat- und Nebenklage angepasst.[169] Mit dem Gesetz über Urheberrecht und verwandte Schutzrechte (Urheberrechtsgesetz) vom 9. September 1965[170] wurde der Katalog der Privatklagedelikte in § 374 Abs. 1 Nr. 8 StPO a.F. um die Bestimmungen der §§ 106 bis 108 des UrhG a.F. ergänzt. Mit dem Gesetz über

---

162 BT Drucks. 8/976, S. 102.

163 A.a.O., S. 110.

164 Keine Benennung in: BT-Drucks.8/1844, S. 35ff.; vgl. LR-*Hilger*, 25. Aufl., Vor § 395, Rn. 5.

165 *Anonymus*, StV 1982, S. 325, 334.

166 BT-Drucks. 10/1313

167 A.a.O., S. 48, Anl. 2; LR-*Hilger*, 25. Aufl., Vor § 395, Rn. 6.

168 BGBl. 1964, S. 1067.

169 BT-Drucks. 2037, S. 11, 18, 43. Die Änderungen des StPÄG entsprachen dabei den Vorgaben des Regierungsentwurfs (BT-Drucks. 2037, BT-Drucks. IV/178, S. 41).

170 BGBl. I 1965, S. 1273.

den Schutz von Pflanzensorten (Sortenschutzgesetz) vom 20. Mai 1968 wurde der Katalog der Privatklagedelikte in § 374 Abs. 1 Nr. 8 StPO a.F. an die gleichzeitig verabschiedeten Antragsdelikte des Sortenschutzgesetzes[171] angepasst.[172] Mit dem achten Strafrechtsänderungsgesetz vom 25. Juni 1968 wurde die Anschlussbefugnis der Verfassungsorgane gem. § 395 Abs. 3 StPO a.F. redaktionell an Änderungen des materiellen Rechts angepasst.[173] Mit dem Ersten Gesetz zur Reform des Strafrechts (1. StrRG) vom 25. Juni 1969[174] wurde der Katalog der Privatklagedelikte um § 33 des Gesetztes, betreffend das Urheberrecht an Werken der bildenden Künste und der Photographie ergänzt. Mit dem Einführungsgesetz zum Strafgesetzbuch (EGStGB) vom 2. März 1974[175] erfolgte eine Anpassung des § 172 Abs. 2 Satz 3 an die neu gefassten Einstellungsregelungen in §§ 153ff. StPO. § 395 Abs. 2 StPO wurde lediglich redaktionell geändert. Mit dem Gesetz zur Ergänzung des Ersten Gesetzes zur Reform des Strafverfahrensrechts vom 20. Dezember 1974[176] wurde § 378 S. 3 StPO beseitigt, in dem auf die Vorschriften des entfallenen § 146 Abs. 2 und § 218 StPO verwiesen wurde. Mit dem Zweiten Gesetz zur Bekämpfung der Wirtschaftskriminalität (2. WiKG) vom 15. Mai 1986[177] wurde der Katalog der Privatklagedelikte des § 374 Nr. 7 StPO a.F. um den Straftatbestand der progressiven Kundenwerbung gem. § 6c UWG a.F. ergänzt. Mit dem Gesetz zur Änderung des Gebrauchsmustergesetzes vom 15. September 1986[178] wurde der Verweis auf die Strafbestimmung des § 49 PatG a.F. in § 374 StPO a.F. redaktionell an die neu gefasste Strafbestimmung des § 142 PatG a.F. angepasst.

I) Reformdiskussion

Bis in die Mitte der 1980er Jahre setzte sich der mit dem 1. StVRG angestoßene Diskurs über die Zukunft der Nebenklage fort. Teile der Literatur sprachen sich für eine Umfunktionierung der Nebenklage im Bereich des Straßenverkehrsstrafrechts aus. Eine verbreitete Gegenströmung wollte die Nebenklage weitestgehend beseitigt sehen.

---

171 Vgl. § 49f. SortSchG i.d.F. v. 20. Mai 1968.

172 BGBl. I 1968, S. 429.

173 BGBl. I 1968, S. 741.

174 BGBl. I 1969, S. 645.

175 BGBl. I 1974, S. 469.

176 BGBl. I 1974, S. 3686.

177 BGBl. I 1986, S. 721.

178 BGBl. I 1986, S. 1146.

I. Ausbau der straßenverkehrsrechtlichen Nebenklage

Die mit dem Regierungsentwurf des StVRG beabsichtigte Beseitigung der Anschlussbefugnis des Privatklageberechtigten versetzte Teile der Anwaltschaft mit einem Tätigkeitsschwerpunkt im Straßenverkehrsrecht nachhaltig in Aufruhr und führte zu einer vermehrten Würdigung der straßenverkehrsrechtlichen Nebenklage unter anderem auf dem 14. und 15. Deutschen Verkehrsgerichtstag und dem 50. DJT. Dementsprechend traten Stimmen im Schrifttum für die Beibehaltung[179] und den Ausbau der Nebenklage ein und betonten die legitime, in der Praxis gewachsene „Reparationsfunktion" der Nebenklage.[180] Die Nebenklage habe durch die Entwicklung des Straßenverkehrs eine über die vom Gesetzgeber ursprünglich vorgesehene Bedeutung erlangt.[181] Dieser Bedeutungswandel sollte in der künftigen Gesetzgebung berücksichtigt werden. Der durch eine fahrlässige Körperverletzung im Straßenverkehr Geschädigte müsse die Gewissheit behalten, dass er in Fällen ernsthafter Schädigung nicht ohne jeden Einfluss auf den Gang des Strafverfahrens bleibe.[182] Eine Beseitigung der Nebenklage gefährde und schädige zudem das Vertrauen in die Rechtsordnung.[183]

1. Verfahrensökonomie

Das Argument der Prozessverzögerung habe durch das 1. StVRG und insbesondere durch die Änderung der §§ 395 Abs. 1, 396 Abs. 1 Satz 2 StPO i.d.F.d. 1. StVRG erheblich an Bedeutung eingebüßt.[184] Eine zugegebenermaßen verfahrensverzögernde Wirkung durch die Gewährung der Akteneinsicht falle jedenfalls nicht erheblich ins Gewicht.[185] Es sei zutreffend, dass der Nebenkläger sich am Strafverfahren beteilige, um eine günstige Ausgangslage für spätere zivilrechtliche Auseinandersetzen zu schaffen. Stelle er hierzu aber ausnahmsweise doch unsachgemäße Beweisantrage, könne das Gericht die Anträge nach § 244 Abs. 3 StPO ablehnen.[186] Der Nebenkläger habe gerade

---

179 15. Verkehrsgerichtstag, S. 9; *Meisterernst*, A.a.O., S. 192, 201; *Fischer-Dorp* in: 50. DJT, Bd. 2, S. K228ff.; *Wessel* in: A.a.O., S. K231ff.; *Alpers* in: A.a.O., S. K233; *Flemm*, Strafzumessung und Wiedergutmachung, S. 66.

180 *Schulz*, Beiträge zur Nebenklage, S. 186.

181 *Meisterernst*, 15. Verkehrsgerichtstag, S. 192.

182 *Nickel*, 14. Verkehrsgerichtstag, S. 70.

183 Ebd.

184 *Berz*, 15. Verkehrsgerichtstag, S. 180.

185 A.a.O., S. 181; *Berz*, DAR 1978, S. 1f.

186 *Berz*, 15. Verkehrsgerichtstag, S. 181f.

wegen der zivilrechtlichen Auswirkungen der strafrechtlichen Entscheidungen ein hohes Interesse an der schnellen Durchführung des Strafverfahrens.[187]

2. *Aufklärungsfunktion*

Die Nebenklage habe eine zu billigende Aufklärungsfunktion.[188] Die Beteiligung des Nebenklägers trage zur Klärung des Tat- bzw. Unfallherganges bei. Die strafverfahrensrechtliche Aufarbeitung des Geschehens begünstige eine außergerichtliche Einigung über den Umfang des Schadensersatzes unter Einsparung eines langwierigen Zivilprozesses.[189] Die Nebenklage erspare der Justiz insofern die Doppelbelastung eines sonst notwendigerweise parallellaufenden Zivil- und Strafprozesses und der Justiz, den Rechtssuchenden und den Versicherern eine Fülle von prozessualen Mehrkosten.[190] Dabei sei insbesondere zu berücksichtigen, dass Strafverfahren in der Regel in einem viel kürzeren Zeitraum abgeschlossen würden als Zivilprozesse.[191]

3. *Kontrollfunktion*

Zudem entfalte die Nebenklage nicht nur des ehemaligen Beschwerdeführers im Anschluss an das erfolgreich durchgeführte Klageerzwingungsverfahren, sondern auch des Privatklageberechtigten eine zu billigende Kontrollfunktion im Bereich der Bagatellkriminalität. Denn hier gehe die Staatsanwaltschaft mit ihren Kräften besonders sparsam um.[192] Durch die Beteiligung des Verletzten als Nebenkläger erfolge regelmäßig eine umfassende Sachaufklärung, die letztlich zu der gerechten Verurteilung des Täters führe.[193]

4. *Reformvorschläge*

Einzelne Reformvorschläge zur konkreten Gestaltung einer Ausdehnung der Nebenklage waren unter den Befürwortern der straßenverkehrsrechtlichen Nebenklage umstritten. Nach einem Vorschlag *Nickels* sollte ein Anschluss

---

187 A.a.O., S. 182.

188 *Meisterernst*, A.a.O., S. 201; *Flemm*, Strafzumessung und Wiedergutmachung, S. 66.

189 *Berz*, 15. Verkehrsgerichtstag, S. 184, 190.

190 *Meisterernst*, A.a.O., S. 201.

191 Ebd.

192 *Berz*, A.a.O., S. 184; *Berz*, DAR 1978, S. 3.

193 *Berz*, 15. Verkehrsgerichtstag, S. 190; *Flemm*, Strafzumessung und Wiedergutmachung, S. 66.

des Nebenklägers auch im Ordnungswidrigkeitenverfahren möglich sein.[194] Man müsse sich von der Vorstellung befreien, nur Angriffe auf Leib und Leben rechtfertigten den Anschluss als Nebenkläger. Die entstehenden Reparaturkosten wiegten regelmäßig schwerer als leichte Verletzungen.[195] Insofern solle die Schwere erlittener Sach- oder Gesundheitsschäden über die Befugnis zum Anschluss entscheiden.[196] Dem widersprachen *Berz* und *Meisterernst*.[197] Eine Zulassung der Nebenklage im Ordnungswidrigkeitenverfahren widerspreche dem Gedanken, durch dieses Verfahren die Behandlung von Verkehrsverstößen möglichst zügig und in vereinfachter Form durchzuführen.[198]

Berz sprach sich gegen die aus seiner Sicht missliche Koppelung von Privat- und Nebenklage aus.[199] Der Kreis der Nebenklageberechtigten sei zu erweitern. Nebenklageberechtigt solle unter Aufgabe der Privatklageakzessorietät jeder sein, der durch ein strafrechtlich relevantes Verhalten verletzt oder geschädigt worden ist.[200] Im Verkehrsrecht habe dies insbesondere Bedeutung im Hinblick auf § 315c StGB, in dessen Rahmen dann auch ein Unfallbeteiligter, der nur einen Sachschaden erlitten habe, als Nebenkläger auftreten könne.[201] Dem Vorschlag einer Ausdehnung des sachlichen Anwendungsbereichs der Nebenklage auf § 315c StGB widersprachen wiederum *Tröndle* und die Mehrheit des 15. Verkehrsgerichtstags.[202] Da es sich um ein abstraktes Gefährdungsdelikt handle, das auf den Schutz der Allgemeinheit abziele, eigne es sich nicht als Nebenklagedelikt. Zudem lägen den Strafverfahren nicht notwendigerweise schwere Sachschäden zugrunde.[203] Eine Einschränkung des Nebenklagerechts auf die Fälle der fahrlässigen Tötung und der Körperverletzung mit schweren Folgen hielt die Mehrheit des 15. Verkehrsgerichtstags ebenso wenig für geboten oder zweckmäßig.[204] Die Mehrheit des 50. DJT sprach sich gegen eine Ausdehnung der Anschlussbefugnis auf alle Anzeigeerstatter aus.[205]

194 *Nickel*, 14. Verkehrsgerichtstag, S. 71.

195 *Nickel*, A.a.O., S. 70.

196 A.a.O., S. 70.

197 *Meisterernst*, 15. Verkehrsgerichtstag, S. 202; *Berz*, A.a.O., S. 182; *Berz*, DAR 1978, S. 2.

198 *Meisterernst*, 15. Verkehrsgerichtstag, S. 202.

199 *Berz*, A.a.O., S. 185; *Berz*, DAR 1978, S. 4.

200 *Berz*, DAR 1978, S. 4f.

201 *Berz*, 15. Verkehrsgerichtstag, S. 191.

202 A.a.O., S. 9.

203 *Tröndle*, 14. Verkehrsgerichtstag, S. 86.

204 15. Verkehrsgerichtstag, S. 9.

205 50. DJT, Bd. 2, S. K239.

Nach Ansicht *Berzs* sollte die Staatsanwaltschaft das Recht erhalten, sich aus dem Verfahren mit Nebenklägerbeteiligung zurückzuziehen und dem Nebenkläger die Stellung des Anklägers zu überlassen.[206] Dies könne allerdings wegen der mit der Beteiligung der Staatsanwaltschaft verbundenen Verfahrensgarantien nur in solchen Fällen geschehen, die in den Verfolgungsbereich der Amtsanwälte fallen. Hier sollte es aber keinen Unterschied machen, ob es sich bei dem angeklagten Delikt um ein reines Privatklagedelikt oder um ein Offizialdelikt handle.[207]

Eine resozialisierungshemmende Wirkung der Nebenklage wurde auch von ihren Verteidigern eingeräumt, soweit der Angeklagte wegen fahrlässiger Körperverletzung zu einer Geldstrafe verurteilt werde und die Verfahrenskosten unter Einschluss der dem Nebenkläger zu erstattenden Auslagen in keinem Verhältnis stünden.[208] Zur Lösung dieses Problems schlug *Nickel* vor, die Nebenklage als zivilrechtlich zu erstattende Schadensfolge einzugruppieren und dem Nebenkläger dabei eine Schadensminderungspflicht aufzuerlegen. Dadurch müsse der Nebenkläger die Kosten eines mutwilligen Anschlusses selbst tragen. Die Entscheidung über die Kosten würde in das Zivilverfahren verlagert. Der Strafrichter wäre von einer dementsprechenden Kostenentscheidung generell befreit. Selbst die Rechtsschutzversicherungen würden durch ersparte Nebenklagekosten entlastet, da sie als Schadensfolge von den Haftpflichtversicherungen zu tragen wären. Im Gegenzug sollten allerdings die Rechtsschutzversicherungen den Deckungsschutz auch bei aktiver Nebenklage ohne Erhöhung der Versicherungsprämie gewähren.[209]

Entgegen der Ansicht *Sauers*[210] und *Cramers*[211] sollte nach Ansicht *Berzs* jedenfalls nicht der Weg beschritten werden, die Auslagen des Nebenklägers zwischen diesem und dem Angeklagten nach ihrem Mitverschulden an dem Unfall zu teilen.[212] Eine solche Kostenverteilung würde genaue, nach zivilprozessrechtlichen Grundsätzen zu treffende Feststellungen über den Grad des Verschuldens bei dem Angeklagten und dem Nebenkläger voraussetzen und damit das Verfahren zusätzlich belasten. Auf die im Rahmen der Strafzumes-

---

206 *Berz*, DAR 1978, S. 3.

207 *Berz*, 15. Verkehrsgerichtstag, S. 190f.; *Berz*, DAR 1978, S. 4.

208 *Berz*, 15. Verkehrsgerichtstag, S. 183 unter Verweis auf *Sauer* DRiZ 1970, S. 349, *Cramer* DAR 1970, S. 325.

209 *Nickel*, 14. Verkehrsgerichtstag, S. 71.

210 *Sauer*, DRiZ 1970, S. 349.

211 *Jacobi*, MDR 1956, S. 656.

212 *Berz*, 15. Verkehrsgerichtstag, S. 183, *Berz*, DAR 1978, S. 2.

sung getroffenen Schuldfeststellungen könne dabei nicht zurückgegriffen werden, da diese unter der Geltung des Grundsatzes in dubio pro reo erfolgten und eine Mitschuld des Nebenklägers häufig nur unterstellt werde. Darüber hinaus könne eine derartige Lastenteilung die resozialisierungshemmenden Auswirkungen der Kostenregelung nur zum Teil beseitigen.[213]

Nach wohl mehrheitlicher Auffassung sollte die resozialisierungshemmende Wirkung der Nebenklage durch eine Überbürdung der Nebenklagekosten auf die Haftpflichtversicherung überwunden werden.[214] Eine solche Verlagerung der Kosten würde eine hinzunehmende Prämienerhöhung bei der Haftpflichtversicherung zur Folge haben.[215]

II. Rückbau der Nebenklage

Eine im Deutschen Richterbund[216] und im Schrifttum verbreitete Gegenströmung forderte die Beseitigung oder den Rückbau der Nebenklage auf der Argumentationslinie des 1. StRVÄG.

1. Reparationsfunktion

Die Nebenklage sei systemlos, willkürlich und ungerecht.[217] Nicht zuletzt werde die Nebenklage – oft auf Geheiß der Versicherung des Geschädigten – als Druckmittel zur schnelleren Abwicklung von Schadensersatzansprüchen und zur Erleichterung von zivilrechtlichen Auseinandersetzungen genutzt.[218] Falls die gegnerische Versicherung nicht bereit sei, vor Abschluss des noch schwebenden Strafverfahrens zu regulieren, werde nicht selten angekündigt, dass man sich dem Strafverfahren als Nebenkläger anschließen werde. In dieser Konstellation verfolge der Nebenkläger verfahrensfremde Zwecke.[219] Die von Teilen der Literatur konstruierte Reparationsfunktion sei der Nebenklage fremd. Das Strafverfahren diene einem anderen Zweck als der auf Wie-

213 *Berz*, DAR 1978, S. 2.

214 *Meisterernst*, 15. Verkehrsgerichtstag, S. 202; *Berz*, A.a.O., S. 183 unter Verweis auf *Leonhard*, NJW 1976, S. 2152; *Berz*, DAR 1978, S. 2; 15. Verkehrsgerichtstag, S. 10.

215 *Berz*, 15. Verkehrsgerichtstag, S. 183; *Berz*, DAR 1978, S. 2.

216 *Marqua*, DRiZ 1979, S. 352; *Günter* in: 55. DJT, Bd. 2, S. L61.

217 *Rüth*, JR 1982, S. 266; *Rüth*, 15. Verkehrsgerichtstag, S. 214; *Waldowski* in: 50. DJT, Bd. 2, S. K235f.

218 *Rüth*, 15. Verkehrsgerichtstag, S. 210; *Waldowski* in: 50. DJT, Bd. 2, S. K56; *Grünwald*, Gutachten, S. C84; *Prinz*, ZRP 1971, S. 128; relativierend *Bringewat*, GA 1972, S. 289.

219 *Rüth*, JR 1982, S. 266; *Rüth*, 15. Verkehrsgerichtstag, S. 207; und auch schon *Niemeyer*, MDR 49, S. 133.

dergutmachung abzielende Zivilprozess. Bei der rechtlichen Würdigung der beiden Verfahren seien unterschiedliche Wertungen entscheidend. Insbesondere sei der Nebenkläger nicht wie das Gericht oder der Staatsanwalt zu objektiven Grundsätzen verpflichtet. Er nehme vielmehr einseitig eigene Interessen wahr. Er trete aber trotzdem neben dem Staatsanwalt als Ankläger auf und nehme im Strafverfahren eine stärkere Stellung gegenüber dem Angeklagten ein als im Zivilprozess und habe darüber hinaus nicht wie im Privatklageverfahren eine Widerklage des Gegners zu befürchten.[220] Die Gegenposition beruhe auf einem naturalistischen Fehlschluss. Aus der faktischen Erleichterung zivilrechtlicher Positionen im Zuge von Strafverfahren lasse sich nicht folgern, diese bezweckten auch dogmatisch, dem Verletzten Hilfe bei der Durchsetzung seiner Reparationsinteressen zu leisten. Der Verletzte, der sich seiner Reparationsinteressen wegen am Strafverfahren beteilige und die Bestrafung des Täters lediglich als Nebeneffekt erstrebe, begebe sich in einen grundsätzlichen Widerspruch zu Aufgabe und Zweck des Strafverfahrens.[221] Zur Wiedergutmachung des durch strafbare Handlung entstandenen Schadens sei die Nebenklage im Übrigen weniger geeignet als die Instrumente der Rückgewinnungshilfe, der Schadenswiedergutmachung im Rahmen des § 153a StPO und des Adhäsionsverfahrens.[222]

2. Aufklärungsfunktion

Die Nebenklage habe keine inhärente Aufklärungsfunktion und sei der Wahrheitsfindung abträglich. Vor dem Hintergrund des Amtsermittlungsgrundsatzes bleibe für eine Sachverhaltsaufklärung durch den Nebenkläger nur dort Raum, wo er auf Tatumstände und Beweismittel verweisen könne, die er für übersehen, unausgeschöpft oder vergessen hält und hierbei wiederum insbesondere in Verfahren, bei denen eine Verurteilung des Angeklagten fraglich erscheint. Zur Sachaufklärung bedürfe es im Übrigen auch keiner gesicherten Verfahrensposition des Verletzten in Gestalt der Nebenklage.[223] Im Verkehrsrecht diene die Nebenklage seit langer Zeit ohnehin kaum mehr dem Zweck, die Bestrafung des Schädigers herbeizuführen. Eine bessere Gewährleistung der Wahrheitsfindung werde durch die Beteiligung des Nebenklägers keineswegs ermöglicht. Sollten Emotionen wie Hass, Rache, Feindschaft und Vergeltung

220 *Rüth*, JR 1982, S. 266.

221 *Schulz*, Beiträge zur Nebenklage, S. 188.

222 A.a.O., S. 190ff.

223 A.a.O., S. 180.

dennoch der Grund einer Beteiligung als Nebenkläger im Einzelfall sein, wären sie schlechte Ratgeber auf dem Weg zur Wahrheitsfindung.[224]

3. Kontrollfunktion

Nur im Fall der Nebenklage im Anschluss an das erfolgreich durchgeführte Klageerzwingungsverfahren entfalte die Nebenklage eine auch unter ihren Kritikern weitgehend anerkannte Kontrollfunktion.[225] Hier diene sie unmittelbar der Erhaltung der materiell-staatsrechtlichen Justizgewährungspflicht und insofern ausschließlich öffentlichen Interessen.[226] Anders sei die Anschlussbefugnis des Privatklageberechtigten bzw. nach Übernahme eines Privatklageverfahrens durch die Staatsanwaltschaft zu beurteilen. Die Staatsanwaltschaft müsse die Verfolgung von Privatklagedelikten erst gar nicht aufnehmen, wenn sie kein Interesse an der Verfolgung hätte.[227]

4. Genugtuungsfunktion

Gegner der Nebenklage rückten den Genugtuungsbegriff in die Nähe des Vergeltungsbegriffes und bestritten eine legitime Genugtuungsfunktion der Nebenklage und des Strafverfahrens schlechthin. Die Einbettung des Genugtuungsinteresses des Verletzten sei insgesamt überholt.[228] Bei der Genugtuung handelte es sich nach Ansicht dieser Strömung um den Wunsch nach einer Demütigung des Angeklagten durch die Bestrafung.[229] Demgegenüber habe ein etwaiges Mitwirkungsinteresse des Nebenklägers eine nur untergeordnete Bedeutung. Denn es sei schwer vorstellbar, dass der aktiv mitwirkende Nebenkläger auch noch dann Genugtuung empfindet, wenn der Angeklagte freigesprochen wird. Für ein umfassendes Strafverfolgungsinteresse[230] und ein nur untergeordnetes Mitwirkungsinteresse des Nebenklägers spreche zudem der Umstand, dass der Nebenkläger sich in der Praxis fast ausnahmslos vertreten lasse.[231] Eine aktive Beteiligung des Nebenklägers oder Nebenklägervertreters

224 *Rüth*, 15. Verkehrsgerichtstag, S. 207.

225 *Schulz*, Beiträge zur Nebenklage, S. 210, 214; *Waldowski* in: 50. DJT, Bd. 2, S. K57, K64; dementsprechend auch ein Beschluss des 50. DJT (A.a.O., S. K239) und des Deutschen Richterbundes (vgl. *Marqua*, DRiZ 1979, S. 352).

226 *Schulz*, Beiträge zur Nebenklage, S. 178.

227 *Rüth*, 15. Verkehrsgerichtstag, S. 207f.

228 *Prinz*, ZRP 1971, S. 128.

229 *Rüth*, JR 1982, S. 266; *Hölzel*, Nebenklage, S. 202.

230 *Bringewat*, GA 1972, S. 289.

231 *Hölzel*, Nebenklage, S. 194.

in der Hauptverhandlung komme in der Praxis kaum vor. Die Tätigkeit des Nebenklägers beschränke sich in der Regel darauf, sich am Ende der Beweisaufnahme den Ausführungen des Staatsanwalts hinsichtlich des Schuldspruchs anzuschließen und zum Strafmaß keine Anträge zu stellen.[232]

Insbesondere *Hölzel* zeigte auf, dass sich ein Zielkonflikt zwischen dem Genugtuungsbedürfnis des Nebenklägers und dem staatlichen Strafverfolgungs- und Sanktionssystem erst mit der Humanisierung des Strafrechts aufgetan hatte.[233] Denn solange die absoluten Straftheorien im System der Strafzwecktheorien herrschend waren, bestand zwischen dem lauteren Staatsanwalt und dem Nebenkläger kein eigentlicher Interessenkonflikt. Die Strafe als Vergeltung bedeutete für den Verletzten die erstrebte Genugtuung, d.h. „ein von der Rechtsordnung gebilligtes Pflaster auf die Wunde, die das Verbrechen geschlagen hat".[234] Trat der Nebenkläger in Ausübung dieses Vergeltungsstrebens im Strafprozess auf, so konnte er wegen des Einklangs von öffentlichem Talions- und privatem Genugtuungsinteresse niemals wie ein Fremdkörper wirken.[235]

Dieser Gleichlauf der Bestrebungen von Staatsanwaltschaft und Verletztem sei gestört worden, als sich der Gesichtspunkt der positiven Spezialprävention durch (Re-)Sozialisierung des Delinquenten mehr und mehr Eingang in das Strafverfahren verschaffte. Ein präventionsorientiertes Strafrecht frage nach den Möglichkeiten der Resozialisierung von Vorsatztätern und der Aufrüttelung von Fahrlässigkeitstätern, während der Verletzte nach wie vor die Bestrafung des Angeklagten und damit die Zufügung eines Übels erstrebe. Es genüge ihm keineswegs das Gefühl, dass sich der Staat des Täters annimmt, diesem das Unrecht seines Handelns bescheinigt und ihn dann resozialisierend über die Unrechtseinsicht zu künftigen Wohlverhalten führt.[236]

---

232 *Rüth*, 15. Verkehrsgerichtstag, S. 209; *Prinz*, ZRP 1971, S. 128; *Rüth*, JR 1982, S. 266.

233 *Hölzel*, Nebenklage, S. 199; andeutungsweise auch *Waldowski* in: 50. DJT, Bd. 2, S. K57 und *Schmidt-Leichner* in: 50. DJT, Bd. 2, S. K236.

234 *Hölzel*, Nebenklage, S. 199.

235 Ebd. Das Vergeltungsstreben des Nebenklägers war auch mit dem Strafzweck der negativen Generalprävention vereinbar. Denn wenn eine Strafe geeignet ist, die Allgemeinheit abzuschrecken, wird sie auch mit dem Vergeltungsstreben korrespondieren. Zudem fand das Opfer im Vergeltungsstrafrecht eine gewisse Beachtung. Denn, so *Hassemer*, ein auf Tatvergeltung abzielendes Strafverfahren berücksichtige das Opfer schon deshalb, weil sich für die Strafdrohung und die Strafzumessung die Größe des Schadens, die Intensität des Schmerzes, die Beschädigung der Zukunft von Opfer und Angehörigen herangezogen werden kann. Zudem blicke ein vergeltungsorientiertes Strafrecht in die Vergangenheit und spiegle das dem Opfer zugefügte Übel in einer dem Täter zuzufügenden Strafe (*Hassemer*, Einführung in die Grundlagen des Strafrechts 1981, S. 69).

236 *Hölzel*, Nebenklage, S. 199.

Unter konsequenter Anwendung des Humanitätsgrundsatzes musste die Mitwirkung des Nebenklägers am Strafverfahren insofern wie ein Anachronismus wirken. Denn im Strafverfahren gehe es nach modernem Verständnis nicht um die Erniedrigung des Angeklagten und die Befriedigung des Verletzten, sondern allein um die nüchterne Feststellung der die Anklage bildenden Tatsachen.[237] Der Nebenkläger stelle qua Anwesenheit in der Hauptverhandlung den „hocherhobenen Zeigefinger dar, der dem Angeklagten noch einmal vor Augen führen soll, wie verwerflich er doch gehandelt hat".[238] Unsachgemäße Vergeltungsinteressen des Verletzten sollten auch deshalb nicht zum Zuge kommen können, da die Strafe letztlich allein vom Gericht festgesetzt werde.[239] Es sei zwar nicht zu vermeiden, dass die vom Strafrichter ausgesprochene Rechtsfolge vom Verletzten allein unter Vergeltungsgesichtspunkten betrachtet und mehr oder weniger als befriedigend empfunden werde. Vor dem Hintergrund der Zurückdrängung des Vergeltungsgedankens sei es aber unbillig, dass der Verletzte im Offizialverfahren seinem Vergeltungsstreben als Nebenkläger einen verfahrensförmigen Ausdruck verleihen könne.[240] Und selbst wenn es dem Nebenkläger weniger auf die Strafe als auf bestimmte Aktivitäten ankomme, trete er jedenfalls für den Angeklagten und die Öffentlichkeit als nach Vergeltung strebender Beteiligter in Erscheinung. So werde es beispielsweise als bloße „Konzession an den Publikumsgeschmack" empfunden, wenn die Angehörigen, die Eltern des Getöteten, die trauernde Witwe, die unmündigen Kinder, die greisen Eltern des Getöteten als Nebenkläger vom Gericht Strafe für den Mörder verlangen können.[241]

5. Kostenlast und Resozialisierung

Die Kosten der Nebenklage wurden als resozialisierungshemmend eingeordnet. Sie übersteige regelmäßig die Kosten einer Geldstrafe sowie das Verteidigerhonorar und wirke praktisch wie eine zusätzliche Strafe.[242] Die Belastung des Verurteilten mit den Kosten der Nebenklage könne eine einschneidende

237 Schon der Gesetzgeber, so *Rüth*, habe ersichtlich das Genugtuungsinteresse nicht als die Grundlage der Nebenklageberechtigung gesehen. Andernfalls hätte er sie nicht nur bei den weniger schwerwiegenden Delikten zugelassen (*Rüth*, JR 1982, S. 266; *ders.*, 15. Verkehrsgerichtstag, S. 206).

238 *Prinz*, ZRP 1971, S. 128.

239 *Schulz*, Beiträge zur Nebenklage, S. 182f.

240 *Hölzel*, Nebenklage, S. 202f.; *Schulz*, Beiträge zur Nebenklage, S. 184.

241 *Hölzel*, Nebenklage, S. 203.

242 *Schulz*, Beiträge, S. 196; *Sauer*, DRiZ 1979, S. 349; *Cramer*, DAR 1974, S. 325; *Rüth*, 15. Verkehrsgerichtstag, S. 212; *Prinz*, ZRP 1971, S. 128; *Rüth*, JR 1982, S. 266; *Schulz*, Beiträge zur Nebenklage, S. 195f.

Wirkung auf die Biographie des Verurteilten entfalten.[243] Dies gelte umso mehr bei sozial integrierten Heranwachsenden, die in den meisten Fällen nicht über ausreichende finanzielle Reserven verfügen und durch die hohe Kostenbelastung oftmals lange Zeit außerstande gesetzt seien, sich sozial verantwortlich in die Gesellschaft einzugliedern.[244]

6. Verfahrensökonomie

Die weitgehende, prozessuale Gleichstellung von Verletztem und Staatsanwalt durch die Nebenklage wirke sich verfahrensverzögernd aus.[245] Dieser Zustand sei durch die Änderungen des 1. StVRG allenfalls teilweise behoben.[246] Allerdings erwiesen sich die prozessualen Gestaltungsrechte und insbesondere das Beweisantragsrecht des Nebenklägers weiterhin als verfahrensverzögernd.[247] Zivilrechtliche Folgeprozesse würden insbesondere nicht deshalb vereinfacht und beschleunigt, weil die strafrechtliche Wertung keine Auswirkung auf die zivilrechtliche Beurteilung insbesondere des Mitverschuldens des Verletzten habe.[248] Die Nebenklage verschleppe die Erledigung auch der zivilrechtlichen Ansprüche, wenn der Nebenkläger mit der Geltendmachung des Anspruchs bis zum Abschluss des Strafverfahrens warte.[249]

7. Reformvorschläge

Durch einen Rückbau oder die Beseitigung der Nebenklage sollte insbesondere eine Verfahrensbeschleunigung erreicht werden.[250] Der Deutsche Richterbund und

---

243 *Rüth*, JR 1982, S. 268; *Berz*, DAR 1978, S. 2. Schulz wies jedoch darauf hin, dass es bei der weit überwiegenden Zahl aller in Nebenklageverfahren Verurteilten gar keiner Resozialisierung bedürfe, da die Tat nicht Ausdruck einer „Entsozialisierung“ sei. Dies gelte insbesondere für Fahrlässigkeitsdelikte (*Schulz*, Beiträge, S. 197f.).

244 *Rüth*, JR 1982, S. 268. Aber auch umgekehrt könne eine unbillige Kostenlast den Nebenkläger unbillig treffen, wenn dieser aufgrund einer fehlerhaften subjektiven Wertung erfolglos mehrinstanzliche Verfahren betreibe (*Rüth*, JR 1982, S. 269; *Schulz*, Beiträge, S. 198).

245 *Rüth*, JR 1982, S. 267; *Schulz*, Beiträge zur Nebenklage, S. 193ff.; *Waldowski* in: 50. DJT, Bd. 2, S. K56.

246 *Schulz*, Beiträge zur Nebenklage, S. 193.

247 A.a.O., S. 194; *Rüth*, 15. Verkehrsgerichtstag, S. 208.

248 *Rüth*, 15. Verkehrsgerichtstag, S. 207.

249 A.a.O., S. 211.

250 *Bruns* in: 50. DJT, Bd. 2, S. K88.

Grünwald forderten die Beseitigung der Nebenklage mit Ausnahme der Anschlussbefugnis nach erfolgreich durchgeführtem Klageerzwingungsverfahren.[251]

Nach verbreiteter Auffassung sollte vorrangig die Anschlussbefugnis des Privatklageberechtigten beseitigt werden.[252] Die Privatklagedelikte beruhten ursprünglich auf der Überlegung, dass derjenige, der das Recht hat, selbstständig als Kläger aufzutreten, dieses Recht nicht dadurch verlieren dürfe, dass die Staatsanwaltschaft das Verfahren betreibt. Dieses Argument sei aber nur stichhaltig, wenn man das Recht zur Privatklage als Privileg betrachte. Eine solche Sicht sei historisch verständlich. Unter den gegebenen Verhältnissen stelle dieses Recht aber nichts Anderes dar, als einen unvollkommenen Ausgleich dafür, dass bei den betreffenden leichten Individualdelikten die Staatsanwaltschaft beim Fehlen eines öffentlichen Interesses die Straftat nicht verfolgt. Werde sie aber tätig, so sei die Schlechterstellung der Privatklagedelikte aufgehoben und es bestehe kein Grund, dem sonst Benachteiligten noch eine bevorzugte Stellung einzuräumen.[253] *Prinz* befürwortete daher eine „Zulassungslösung", bei der den Gerichten die Befugnis eingeräumt wird, im Einzelfall zu entscheiden, ob der Anschluss des Verletzten als Nebenkläger aufgrund der konkreten Verletzungen insbesondere im Hinblick auf ihre Schwere notwendig und angemessen sei.[254]

Teile der Literatur wollten zudem die Anschlussbefugnis der Angehörigen beseitigt sehen. Die Angehörigen seien auch als Zeugen in der Lage, einen Beitrag zur Tataufklärung zu leisten und Verantwortungszuweisungen des Angeklagten zurückzuweisen. Ein besonderes Genugtuungsbedürfnis rechtfertige den Anschlussgrund schon deshalb nicht, da es diese Regelung in der Ära des Vergeltungsstrafrechts noch nicht gegeben habe. Eine Ausnahme sei in der Aufarbeitung nationalsozialistischer Verbrechen gerechtfertigt. Dieser Anwendungsbereich sei indes zeitlich und sachlich beschränkt und werde im Laufe der Zeit hinfällig.[255]

Die Nebenklage des Bundespräsidenten und der Mitglieder staatlicher Organe bei Verunglimpfungen nach §§ 90 und 90b StGB wurde von Teilen der Literatur als aus der Zeit gefallene Regelung abgelehnt. *Grünwald* argumentierte, bei der Einführung dürfe die Erinnerung daran mitgespielt haben, in welcher Wei-

251 *Grünwald*, Gutachten, S. C92; *Marqua*, DRiZ 1979, S. 352.

252 *Schulz*, Beiträge zur Nebenklage, S. 214.

253 *Grünwald*, Gutachten, S. C84.

254 *Prinz*, ZRP 1971, S. 129.

255 *Grünwald*, Gutachten, S. C85f. A.A. *Waldowski* in: 50. DJT, Bd. 2, S. K57, K64; A.a.O., S. K239.

se die Justiz der Weimarer Republik mit den Verunglimpfungen des Reichspräsidenten und von Regierungsmitgliedern umging. Doch seien diese Erfahrungen schwerlich auf den heutigen Staat übertragbar. Sollte eine ähnliche Konstellation jemals wieder auftreten, so wäre die Nebenklagebefugnis kein wirksames Gegenmittel.[256]

Schulz ordnete die Nebenklage zwar als dringend reformbedürftig, aber als nicht reformierbar ein.[257] Da die angedachten Einschränkungen der Nebenklage zu einer drastischen Einschränkung der Mitwirkungsmöglichkeiten des Verletzten am Offizialverfahren führe, schlug er die Einführung einer alternativen Beteiligung des Verletzten am Offizialverfahren vor.[258] *Schulz* wollte in ausdrücklicher Anlehnung an *Henkel*[259], aber auch an die Regelungen über die Beteiligung von Behörden am Offizialverfahren, eine einfachere Regelung an die Stelle der Nebenklage treten lassen.[260] Die von *Schulz* vorgeschlagene Verfahrensbeteiligung eines „mitwirkungsberechtigten Verletzten“ stellte sich im Wesentlichen als Nebenklage dar, die anhand der Kritik an den verfahrensverzögernden Auswirkungen des Beweisantragsrechts und der Rechtsmittelbefugnis des Nebenklägers sowie der unbilligen Kostentragungsregeln eingeschränkt wurde.[261] Die Mitwirkungsbefugnis sollte grundsätzlich jedem Verletzten offenstehen. Der „mitwirkungsberechtigte Verletzte“ sollte qua „Mitwirkungserklärung“ in das Verfahren eingebunden werden. Der Verletzte sollte sich eines anwaltlichen Beistandes bedienen dürfen. Dem Verletztenvertreter sollte ein Akteneinsichtsrecht zustehen. Er sollte ein Anwesenheitsrecht in der Hauptverhandlung erhalten. Seine Vernehmung sollte im Gegenzug zu Beginn der Hauptverhandlung stattfinden. Er sollte ein Fragerecht gegenüber Zeugen, Sachverständigen und dem Angeklagten erhalten und vom Gericht zu hören sein. Er sollte kein Beweisantragsrecht habe, wohl aber durch Beweisanregungen zur Amtsermittlung beitragen dürfen. Nach Schluss der Beweisaufnahme sollte dem Verletzten nach dem Staatsanwalt und vor dem Angeklagten Gelegenheit zu Ausführungen und Anträgen gegeben werden. Eine Rechtsmittelbefugnis sollte dem Verletzten versagt bleiben. Der „mitwirkungsberechtigte Verletzte“ sollte nicht mit Gerichtskosten oder den notwendigen Auslagen des Angeklagten belastet werden und seine eigenen Kosten grundsätzlich selbst tragen. Nur ausnahmsweise dann, wenn der Verletzte in seiner Funktion als

256 A.a.O., S. C87.

257 *Schulz*, Beiträge zur Nebenklage, S. 19.

258 A.a.O., S. 215.

259 Vgl. nochmals *Henkel*, ZStW 1935, S. 245.

260 *Schulz*, Beiträge zur Nebenklage, S. 216, 220.

261 A.a.O., S. 216f.

Mitwirkender wesentlich zur Sachverhaltsaufklärung beigetragen hat, sollten die Auslagen des Verletzten dem Angeklagten aufgebürdet werden können.[262]

Nah an den Vorschlägen *Schulz*, aber unter nachvollziehbarer Vermeidung einer affirmativen Bezugnahme auf *Henkel* lehnte *Hölzel* zwar eine ersatzlose Beseitigung der Nebenklage ab, sprach sich jedoch für eine drastische Verkürzung der Verletztenbeteiligung aus. Sie schlug in Anlehnung an § 48 Abs. 2 S. 1 JGG vor, ein dauerndes, nur durch § 177 GVG einzuschränkendes Anwesenheitsrecht jedes Verletzten im Sinne von § 172 StPO einzuführen. An geeigneter Stelle sollte folgende Norm in die StPO eingefügt werden:

> „Dem Verletzten ist die Anwesenheit in der Hauptverhandlung gestattet."[263]

Amelunxen lehnte eine de-facto-Beseitigung der Nebenklage durch eine Beschränkung der Anschlussbefugnis auf Fälle erfolgreicher Klageerzwingungsverfahren ab. Zur Eindämmung der negativen Effekte der Nebenklage wollte er durch den Umbau des Adhäsionsverfahrens ein Anreizsystem schaffen, durch das das Interesse des Verletzten an der Nebenklage vermindert werden kann.[264]

J) Zusammenfassung

1950 wurde die Nebenklage im Anschluss an das erfolgreich durchgeführte Klageerzwingungsverfahren wiedereingeführt. Die Trennung von Adhäsion und Nebenklage durch die Dritte Verordnung zur Vereinfachung der Strafrechtspflege vom 29. Mai 1943 fand dagegen Eingang in den bundesrepublikanischen Strafprozess. Die Nebenklage von Verwaltungsbehörden wurde mit dem Gesetz zur Wiederherstellung der Rechtseinheit auf dem Gebiete der Gerichtsverfassung, der bürgerlichen Rechtspflege, des Strafverfahrens und des Kostenrechts vom 12. September 1950 aus der StPO entfernt und im Bereich des Nebenstrafrechts immer seltener zur Regelung positiver Kompetenzkonflikte zwischen zwei grundsätzlich zur Anklage befugten Akteuren herangezogen. Die Nebenklage der Verwaltungsbehörde wich im Anwendungsbereich des Wirtschaftsstrafgesetzbuchs, des Ordnungswidrigkeiten- und Steuerstrafrechts sukzessiv einer begrenzten Behördenbeteiligung am staatsanwaltschaftlich geführten Strafverfahren. Mit dem Strafrechtsänderungsgesetz vom 30. August 1951 wurde eine Anschlussbefugnis des Bundespräsidenten und von Vertretern bestimmter Verfassungsorgane aus Staats-

262 A.a.O., S. 218f.

263 *Hölzel*, Nebenklage, S. 205.

264 *Amelunxen*, Der Nebenkläger im Strafverfahren, S. 96ff.

schutzgesichtspunkten eingeführt. Die Nebenklage wurde mit dem Dritten Strafrechtsänderungsgesetz vom 4. August 1953 kompensatorisch zum Wegfall des Strafantragsrechts des Ehemannes für die Ehefrau auf die Angehörigen von Getöteten ausgedehnt, wobei auch das Schadensersatzinteresse und das zivilrechtliche Beweisinteresse für die Nebenklageberechtigung der Angehörigen sprechen sollten.[265] Mit dem E-StGB1962 fand der letzte Versuch einer Einführung der unselbstständigen Feststellungsnebenklage statt. Das Bedürfnis nach einer Einführung eines strafprozessualen Informativprozess wurde mit verbesserten, zivilprozessualen Instrumenten zur Wiederherstellung des guten Rufs verleumdeter Personen hinfällig. Der Siegeszug der positiven Generalprävention in der Strafrechtsdiskussion überschattete die strafprozessuale Verletztendiskussion. Gleichzeitig verdichtete sich im Zuge der Entstehung des Ersten Gesetzes zur Reform des Strafverfahrensrechts vom 9. Dezember 1974 die Kritik an der Nebenklage im Allgemeinen und an der Anschlussbefugnis des Privatklageberechtigten im Besonderen. Auf der Ebene der Gesetzgebung scheiterten mehrere, vorwiegend durch die Justizminister und -senatoren der Länder veranlasste Anläufe einer Beseitigung des straßenverkehrsstrafrechtlichen Hauptanwendungsfalls der Nebenklage. Die vollständige oder weitgehende Beseitigung der Nebenklage wurde überwiegend aus dem Erfordernis einer Justizentlastung, der Verfahrensbeschleunigung und einer resozialisierungshemmenden Wirkung der Nebenklage hergeleitet. Gegen die Beseitigung der Anschlussbefugnis sprachen sich vornehmlich Vertreter der Anwaltschaft mit Tätigkeitsschwerpunkt auf dem Gebiet des Straßenverkehrsrechts aus. Zahlreiche, redaktionelle Änderungen des Privatklage- und damit des Nebenklagekatalogs wurden in der Regel akzessorisch zu Gesetzesänderungen auf dem Gebiet des gewerblichen Rechtsschutzes vorgenommen.

265 *Rieß*, Gutachten, S. C31.

Achtes Kapitel: Der Weg in die viktimäre Gesellschaft

A) Einleitung

In der Mitte der 1970er Jahre setzte eine neue Entwicklung ein, die den strafprozessualen Reformdiskurs seit der Mitte der 1980er Jahre maßgeblich mitbestimmen sollte. Gemeint ist die umfassende Opferzuwendung in der gesamtgesellschaftlichen Debatte, der Kriminalpolitik und im strafverfahrensrechtlichen Reformdiskurs. Die gesellschaftliche und politische Entwicklung, die zur stärkeren Berücksichtigung des Opfers im deutschen Strafverfahrensrecht geführt hat, ist international und nichtlinear verlaufen. Mehrere oft gegenläufige Prozesse griffen ineinander, bedingten und verstärkten sich wechselseitig.[1]

Eine von *Barton* und *Kunz* angeführte Strömung im Schrifttum deutet die Opferzuwendung im Strafverfahrensrecht vor dem Hintergrund des Postulats einer „viktimären Gesellschaft". Die besondere Sensibilität für Opferbelange sei nicht auf einzelne Sektoren der Gesellschaft begrenzt, sondern habe sie in ihrer ganzen Breite erfasst.[2] In der viktimären Gesellschaft habe sich die gesellschaftliche Stellung des Opfers verändert. Das „schwache erleidende Opfer" sei dabei zum „Grundmodell der Typisierung von Individuen" geworden.[3] Merkmale des positiv konnotierten Opferstatus in der viktimären Gesellschaft beschreibt *Giglioli*:

> „Das Opfer ist der Held unserer Zeit. Opfer zu sein verleiht Prestige, verschafft Aufmerksamkeit, verspricht und fördert Anerkennung, erzeugt machtvoll Identität, Anrecht, Selbstachtung. Es immunisiert gegen jegliche Kritik, garantiert eine über jeden vernünftigen Zweifel erhabene Unschuld. Wie könnte das Opfer schuldig, gar für etwas verantwortlich sein? Es hat nichts getan, es ist ihm etwas angetan worden. Es handelt nicht, es erleidet. Im Opfer verbinden sich Mangel und Forderung, Schwäche und Anspruch, der Wunsch zu haben und der Wunsch zu sein. Wir sind nicht, was wir tun, sondern was wir erlitten haben, was wir verlieren können, was uns genommen wurde."[4]

---

1 *Kanz*, MSchkrim 2017, S. 239.

2 *Barton*, 40. Strafverteidigertag 2016, S. 45.

3 A.a.O., S. 46; *Kunz / Singelnstein*, Kriminologie, S. 375.

4 *Giglioli*, Die Opferfalle, S. 9; ähnl. *Barton*, 40. Strafverteidigertag 2016, S. 47; *Kröber*, Forens. Psychiatr Psychol Kriminol 2018, S. 84.

https://doi.org/10.1515/9783110713299-008

In der viktimären Gesellschaft werden neue, posttraumatische Krankheitsbilder entwickelt, die Opferschaft nicht mehr als eine zeitlich begrenzte Beeinträchtigung, sondern als einen permanenten Status verstehen.[5] Kultureller Viktimismus kann als Facette der postheroischen Gesellschaft verstanden werden. Nicht der überlegene Sieger, sondern die Opferschaft bilde den Referenzpunkt individueller Eigenschaften. Für die viktimäre Gesellschaft sei der Gedanke des Opferschutzes charakteristischer als das Opfersein. An die Stelle eines „Vae victis!“ heroischer Gesellschaften sei der postheroische Imperativ „Protege victimas!“ der viktimären Gesellschaft, an die Stelle des Victor die neue, sekundäre Heldenfigur des Salvator getreten.[6]

Teile der Literatur stellen zudem einen Zusammenhang zwischen der internationalen Opferzuwendung und der Transformation westlicher Industriestaaten zu Risikogesellschaften her.[7] Das wiedererwachte Interesse für das Opfer sei eine Folge weltweiter Existenz- und Abstiegsangst und des Gefühls unkontrollierbarer, ubiquitärer Bedrohungen durch Großrisiken.[8] In der Risikogesellschaft impfe sich „eine Zeit, die sich selbst Angst macht, fortlaufend mit kleinen Wirkstoffen, die die Viktimisierung bildlich vorwegnehmen, in der Hoffnung, sie damit praktisch abzuwenden“.[9] Das Opfer werde in der Risikogesellschaft nicht länger als unglücklicher Einzelfall wahrgenommen, dessen Belange im öffentlichen Interesse aufgehen. Das Opfer sei eine repräsentative Figur ge-

---

5 *Kunz / Singelnstein*, Kriminologie, S. 375. Den universalen Mechanismus, in dem sich das Opfer in seiner Opferrolle einrichtet und anschließend überhöht, veranschaulicht *Sloterdijk*: „Schon die volkstümliche Viktimologie ist über die Reaktionen der Verletzten einigermaßen im Bilde. Durch schlimme Erlebnisse werden sie aus der glücklich-vergesslichen Mitte an die abschüssigen Ränder versetzt, von denen es keine einfache Rückkehr zur Normalität mehr gibt. Man versteht die exzentrische Dynamik ohne weiteres: Den Opfern von Unrecht und Niederlagen erscheint der Trost im Vergessen nicht selten unerreichbar, und wenn unerreichbar, dann auch unerwünscht, ja unannehmbar. Daraus folgt, dass sich der Furor des Ressentiments von dem Augenblick an regt, in dem der Gekränkte beschließt, sich in die Kränkung fallen zu lassen, als ob sie eine Auserwählung sei. Den Schmerz übertreiben, um ihn erträglicher zu machen; sich aus der Depression des Leidens aufwerfen in den „Elendsübermut“ […]; das Gefühl erlittenen Unrechts zum Gebirge aufzutürmen, um sich im bitteren Triumpf auf seinen Gipfel zu stellen – solche eskalierenden und verdrehenden Bewegungen sind so alt wie das Unrecht, das seinerseits so alt scheint wie die Welt.“ *Sloterdijk*, Zorn und Zeit, S. 77f.

6 *Barton*, 40. Strafverteidigertag 2016, S. 48.

7 *Kanz*, MSchkrim 2017, S. 237. Die „viktimäre Gesellschaft“ kann als eine Facette der Risikogesellschaft eingeordnet werden.

8 *Barton*, 40. Strafverteidigertag 2016, S. 46; *Schüler-Springorum*, Kriminologische Forschungsperspektiven aus juristisch-kriminalpolitischer Sicht, in Kury, Entwicklungstendenzen kriminologischer Forschung 1986, S. 100; *Rieß*, Jura 1987, S. 283.

9 *Giglioli*, Die Opferfalle, S. 26.

worden, deren Erfahrungen eher universal und gewöhnlich als individuell und atypisch seien. Die individuelle Opfergeschichte diene als personalisierte Metonymie eines allgemeinen Sicherheitsproblems.[10] Die grassierende Verbrechensfurcht in der Risikogesellschaft beruhe dabei zu einem Großteil auf „Opferphantasien", in denen die reale Verbrechensgefährdung überschätzt werde.[11]

Als kleinsten gemeinsamen Nenner, mit dem sich ohne die Gefahr großer Widerstände Zustimmung in der Bevölkerung erzielen lässt, habe auch die Kriminalpolitik den Nutzen einer „populistischen Opferorientierung"[12] entdeckt.[13] Kein Politiker gewinne dadurch Wählerstimmen, dass er sich gegen die Wünsche von Verbrechensopfern stellt.[14] Das Argument des Opfers habe immer das Pathos des Unanfechtbaren auf seiner Seite.[15] Die Opferzuwendung in der Kriminalpolitik diene der Instrumentalisierung der Verbrechensfurcht der Bevölkerung.[16] Die „viktimistische"[17] Kriminalpolitik biete einen willkommenen Anlass, um Herrschaft durch eine populistische Law-&-Order-Politik zu verstärken und dabei das patriarchale Beschützermotiv der strafenden Staatsgewalt ins Spiel zu bringen.[18] Eine Kriminalpolitik *mit* dem Opfer verlange die Fürsorge für den Verletzten und meine in Wahrheit die Forderung nach „härterem Durchgreifen gegenüber dem Beschuldigten und nach schneidigerem Straf- und Strafverfahrensrecht".[19] Die von den Stammtischen bis in die parlamentarischen Debatten zu hörende Bemerkung, es müsse endlich einmal etwas für die Opfer und nicht immer nur für die Täter geschehen, kennzeichne diese Stimmung.[20] Hierbei bestehe zwischen einer populistischen Linken und einer populistischen Rechten kein eigentlicher Zielkonflikt. Die Zentrierung auf das Opfer bilde gewissermaßen die gemeinsame Schnittfläche dieser ansonsten auseinanderliegenden politischen Lager. Das Kriminalitätsopfer werde im Geiste dieser Grundströmung als schwach und hilfsbedürftig

10 *Garland*, Culture of Control, S. 11.

11 *Barton*, 40. Strafverteidigertag 2016, S. 48.

12 *Albrecht*, Der Weg in die Sicherheitsgesellschaft, S. 143.

13 *Kanz*, MSchkrim 2017, S. 235.

14 *Weigend*, Internationale Entwicklungen, S. 30.

15 *Giglioli*, Die Opferfalle, S. 79; ähnl. *Kröber*, Forens. Psychiatr Psychol Kriminol 2018, S. 84.

16 *Kanz*, MSchkrim 2017, S. 238; *Singelnstein / Stolle*, Die Sicherheitsgesellschaft, S. 58f.

17 *Cremer-Schäfer / Steinert*, Straflust und Repression, S. 212.

18 Ebd.; *Barton*, 40. Strafverteidigertag 2016, S. 53; *Barton / Kölbel*, Ambivalenzen der Opferzuwendung, S. 15 m.w.N; *Schöch*, NStZ 1984, S. 385; *Albrecht*, Der Weg in die Sicherheitsgesellschaft, S. 110.

19 *Rieß*, Jura 1987, S. 284.

20 Ebd.

definiert. Die Kriminalpolitik beschwöre das Bild eines Kindes, einer Frau oder trauernder Familienmitglieder als rechtschaffene Figuren, deren Leiden wahrgenommen und deren Sicherheit geschützt werden müsse.[21] Und die Hilfe müsse von Stärkeren, im Zweifel von den Herrschenden kommen.[22]

Der „politisch-publizistische Verstärkerkreislauf"[23] der diskursiven Opferzuwendung beziehe sich weniger auf reale als auf projektive Bilder virtueller, bzw. idealer Opfer. *Christie* nennt sechs Kennzeichen des „idealen Opfers": Das Opfer ist erstens schwach. Das Opfer ist zweitens einer seriösen, d.h. moralisch bzw. sozial ansehnlichen Tätigkeit nachgegangen, als es Opfer wurde. Das Opfer hat sich drittens zur Tatzeit nicht an einem zweifelhaften Ort aufgehalten. Der Täter ist viertens übermächtig und böse. Der Täter ist fünftens ein Fremder und steht in keinem persönlichen Verhältnis zum Opfer. Sechstens ist das ideale Opfer in der Lage, die eigene Viktimisierung öffentlich zu machen und den Opferstatus für sich zu beanspruchen, ohne übergeordnete Interessen zu gefährden.[24] Wird eines oder werden mehrere Kriterien des idealen Opfers nicht erfüllt, wird dem Opfer die Anerkennung seines Opferstatus potentiell verweigert, da die Verantwortung für die Tat nicht mehr ausschließlich dem Täter zugeschrieben wird.[25]

Die Opferzuwendung kann aber auch im Lichte eines seit Ende der 1970er bis in die Mitte der 1980er Jahre populären, kriminalpolitischen Kommunitarismus betrachtet werden, der auf Rückdrängung der repressiven Funktion des Strafrechts gerichtet war und dem Ausgleich zwischen Täter und Opfer als

21 *Garland*, Culture of Control, S. 11.

22 *Barton*, 40. Strafverteidigertag 2016, S. 46.

23 *Kunz / Singelnstein*, Kriminologie, S. 383.

24 *Christie*, The Ideal Victim, S. 19ff.

25 *Treibel*, Opferforschung, S. 446. Bezüglich der Anerkennung der Schädigung einer Person spielt das Geschlecht eine wesentliche Rolle. Es gibt eine hohe Kongruenz zwischen dem weiblichen Geschlechterstereotyp und dem Opferstereotyp. Frauen werden tendenziell als Opfer, Männer tendenziell als Täter wahrgenommen. Viktimisierung kann in diesem Sinne als ein feminisierender Vorgang betrachtet werden (Ebd. Zur entsprechenden Entwicklung in der österreichischen Reformdiskussion s. *Stückler*, ZfRS 2014, S. 194ff.). Daneben gehe es in den Diskursen oft um Kinder, zuweilen auch um alte Menschen oder um Opfer neuer Deliktstypen wie Stalking oder „Hassverbrechen" (*Barton*, 40. Strafverteidigertag 2016, S. 47). Es sei kennzeichnend für die viktimäre Gesellschaft, dass die öffentlichen Diskurse um die idealen Opfer kreisen, dagegen die Gruppe, die kriminologisch gesehen das höchste Opferrisiko trägt – junge Männer – kaum als mögliche Opfer behandelt wird (Ebd.). Als neue Kraft trete der Opferschützer oder Opferretter auf, dessen „Viktimisierungsprofite" umso größer seien, je idealer das Opfer und je monströser der Täter und die Tat seien (A.a.O., S. 50).

eigenständiger strafrechtlicher Maßnahme besondere Bedeutung beimaß.[26] Diese international von *Christie* angeführte Reformströmung verstand die Straftat als persönlichen Konflikt zwischen Täter und Opfer und damit die Verstaatlichung des Strafrechts als einen Akt der Enteignung, durch den der Verletzte sein Recht auf Mitwirkung an der Konfliktverarbeitung an den Berufsstand der Juristen verloren hat.[27] Im Zuge der Professionalisierung staatlichen Konfliktmanagements durch Strafrecht sei die Aufmerksamkeit für das Opfer der Straftat gesunken. Durch die Vertretung des Täters und des Opfers durch Juristen sei der persönliche Konflikt auf der Bühne des strengformalen Strafverfahrens unpersönlich und damit unsichtbar geworden.[28] Der Missstand der Konfliktenteignung sollte dann durch die „Rückgabe des Konflikts" in Gestalt weitergehender Mitwirkungsrecht des Verletzten beseitigt oder abgemildert werden. Teile der Literatur diskutierten über Alternativen zu einer justiziellen Konfliktregelung im Anwendungsbereich des Privatklageverfahrens. Besondere Aufmerksamkeit galt zudem den Möglichkeiten einer strafprozessualen, die Resozialisierung begünstigenden Konfliktverarbeitung, der Diversion und Deformalisierung des Rechts, der Reintegration des Opfers in einen auf Wiedergutmachung, Entschädigung und Befriedung gerichteten Schlichtungsprozess und der Einrichtung einer „Neighbourhood Justice" durch sog. „neighbourhood justive centers", in denen über die Konfliktbeilegung und Befriedung hinaus der Partizipations- und Gemeinschaftsgedanke im Sinne restaurativer Gerechtigkeit realisiert werden sollten.[29]

Eine international von *Garland* und im deutschsprachigen Raum von *Albrecht* angeführte Gegenströmung deutet die neue Opferzuwendung wiederum als schleichende Reprivatisierung des Strafrechts im Zuge eines „neoliberalen" Rückzugs des Staates von seinen Aufgaben.[30] Die stärkere Berücksichtigung des Verbrechensopfers in der Strafrechtspflege erscheint so als Symptom des „Wegs in die Sicherheitsgesellschaft":

---

26 *Rieß*, Jura 1987, S. 283; *Kunz / Singelnstein*, Kriminologie, S. 374.

27 *Christie*, The British Journal of Criminology 1977, S. 1, 4.

28 A.a.O., S. 5.

29 *Röhl / Röhl*, DRiZ 1979, S. 35ff.; *Jung*, ZStW 1981, S. 1158; *Rieß*, Jura 1987, S. 283; *Kanz*, MSchkrim 2017, S. 237; *Schöch*, NStZ 1984, S. 385. Eine ausführliche Bestandsaufnahme findet sich in *Weigend*, Deliktsopfer und Strafverfahren, S. 220ff. Im Deutschen Straf- und Strafverfahrensrecht mündete der kriminalpolitische Kommunitarismus in die Verankerung des Täter-Opfer-Ausgleichs mit dem Verbrechensbekämpfungsgesetz vom 28. Oktober 1994 (BGBl. I 1994, S. 3186) und dem Gesetz zur strafverfahrensrechtlichen Verankerung des Täter-Opfer-Ausgleichs und zur Änderung des Gesetzes über Fernmeldeanlagen vom 20. Dezember 1999 (BGBl. I 1999, S. 2491).

30 *Kunz / Singelnstein*, Kriminologie, S. 372.

> „In der Sicherheitsgesellschaft drängen Formen privater sozialer Kontrolle und die Kommerzialisierung von Sicherheit den öffentlichen Rechtsraum und damit das öffentliche Recht zurück. Durch die Privatisierung wird das Offizialprinzip wegökonomisiert. Strafverfolgung gerät zur Privatsache, Opferrechte werden verstärkt. Die Grenzen zwischen öffentlicher und privater Gewalt verschwimmen."[31]

Die „neoliberale Prägung der neuen Opfersensibilität" zeige sich nach Ansicht *Kunzs* und *Singelnsteins* darin, dass zum präventiven Schutz vor künftigem Opferwerden eine Eigenleistung durch private Vorsorge erwartet werde.[32]

Zuletzt lassen sich die wachsenden Rücksichten[33] auf das Opfer im Bereich des Strafverfahrensrechts auch anhand spezifischer Entwicklungen in der Geschichte der Strafrechtspflege deuten. Zwei Entwicklungen dürften die Renaissance des Opfers in der strafprozessualen Reformdebatte begünstigt haben. Zum einen stellte sich nach Abschluss der Strafvollzugsreform eine gewisse Ernüchterung hinsichtlich des eher täterorientierten Resozialisierungsgedankens der 1960er Jahre ein. Diese „Krise des Behandlungsgedankens" bereitete dann den Boden für einen neuen Ansatz.[34] Zum anderen entschloss sich der Gesetzgeber seit den 1950er Jahren zu einem Wechsel in der Reformmethode, nämlich zu einer Gesamtreform durch Teilgesetze.[35] Ausgehend von der Erkenntnis, dass die Fülle des Stoffes und die Vielzahl der zu entscheidenden Fragen eine Neukodifikation in einem Schritt unmöglich mache, ging die Absicht nunmehr dahin, die umfassende Überprüfung und Erneuerung des Strafverfahrensrechts durch eine Reihe aufeinander abgestimmter, schrittweise folgender Teilgesetze zu verwirklichen, die jeweils bestimmte Reformschwerpunkte im Auge haben sollten.[36] Der Gesetzgeber konnte dadurch systemische Fragen vor sich herschieben und auch neue Konzepte in überkommene dogmatische und systematische Zusammenhänge einbetten.[37] Zwar hätte eine Verbesserung der Stellung des Verletzten im Strafverfahren auch durch eine Gesamtreform erreicht werden können. Dabei wäre dem Gesetzgeber der einseitige Rekurs auf den Gedanken des Opferschutzes jedoch versperrt geblieben.

---

31 *Albrecht*, Der Weg in die Sicherheitsgesellschaft, S. 177; krit. hierzu *Kaiser*, FS Kury, S. 31.

32 *Kunz / Singelnstein*, Kriminologie, S. 374.

33 *Hassemer*, FS Klug, S. 226.

34 *Schünemann*, NStZ 1986, S. 194; *Hirsch*, GS Kaufmann, S. 699; *Cremer-Schäfer / Steinert*, Straflust und Repression, S. 212; *Garland*, Culture of Control, S. 8, 11; *Görgen*, Viktimologie, S. 238; *Kaiser*, FS Kury, S. 22f.; *Jung*, JR 1984, S. 309.

35 *Rieß*, ZIS 2009, S. 470.

36 Ebd.

37 A.a.O., S. 471.

B) Viktimologie und Strafrechtspflege

Die Wiederentdeckung des Opfers geht wesentlich auf die Entwicklung und Ausdifferenzierung der Viktimologie als eigenständigem, interdisziplinärem[38] Forschungszweig innerhalb oder neben der Kriminologie zurück.[39] Die Viktimologie entdeckte das in der rechtswissenschaftlichen Literatur im Rechtsgutsbegriff verborgene und dadurch neutralisierte[40] Verbrechensopfer als eigenständigen Forschungsgegenstand wieder und ergänzte den „kriminologischen Täterkult" um eine „opferfreundliche Perspektive".[41] Die Viktimologie war für sich genommen kein neues Forschungsfeld – Pionierarbeiten lassen sich am Beispiel *Hentigs* auf das Ende der 1940er Jahre zurückverfolgen.[42] Seit den 1960er Jahren ereignete sich jedoch eine „stürmische, ja mitunter explosionsartige Zunahme opferbezogener Forschung".[43] Unter dem Einfluss einer international und vor allem in den USA neu belebten Debatte[44] stießen die Befunde der Viktimologie auch in Deutschland auf ein erhöhtes Interesse.[45]

Die Viktimologie beeinflusste praktisch alle Zweige der Strafrechtswissenschaft. In der Strafzwecklehre erinnerte man sich wieder verstärkt an die Idee der Wiedergutmachung als Strafzweck.[46] Eine strafrechtliche Rezeption vik-

---

38 Am Forschungsfeld der Viktimologie sind vorwiegend Rechtswissenschaftler, Soziologen und Psychologen beteiligt (*Görgen*, Viktimologie, S. 236).

39 *Kilchling*, Veränderte Perspektiven auf die Rolle des Opfers im gesellschaftlichen, sozial-wissenschaftlichen und rechtspolitischen Diskurs, S. 43; *Hassemer*, FS Klug, S. 220; *Jung*, ZStW 1981, S. 1147; *Jung*, JR 1984, S. 309; *Prittwitz*, Buffalo Criminal Law Review 1999, S. 112; AK-stopp / *Rössner*, Vor §§ 374–406h, Rn. 2; *Weigend*, NJW 1987, S. 1170; *Kanz*, MSchkrim 2017, S. 237; *Albrecht*, Der Weg in die Sicherheitsgesellschaft, S. 110.

40 *Hassemer*, Einführung in die Grundlagen des Strafrechts 1981, S. 67ff.

41 *Kirchhoff / Sessar*, Das Verbrechensopfer, S. 4; *Weis*, Viktimologie, S. 18f.; *Sessar*, BewHi 1980, S. 333. Krit. *Fattah*, Criminologie 2000, S. 39.

42 *Kaiser*, Viktimologie an der Schwelle der 80er Jahre, S. 481. *Hassemer*, Einführung in die Grundlagen des Strafrechts 1981, S. 65; *Görgen*, Viktimologie, S. 238; *Fattah*, Criminologie 2000, S. 22. Die Bezugnahme erfolgt zumeist unter Verweis auf *Hentig*, The Criminal And His Victim. New Haven / Conn 1948. Zur Kritik der Frühgeschichte der Viktimologie s. *Mayenburg*, Rg 2009, S. 122ff.

43 *Kaiser*, Viktimologie an der Schwelle der 80er Jahre, S. 481; ähnl. *Hirsch*, GS Kaufmann, S. 699.

44 *Jung*, MSchKrim 1984, S. 126; *Müller*, DRiZ 1987, S. 469.

45 *Weigend*, ZStW 1984, S. 761. So fand vom 2. bis zum 8. September 1979 das Dritte Internationale Symposium für Viktimologie in Münster statt (*Schneider*, Das Verbrechensopfer in der Strafrechtspflege, S. V.). Die dort gegründete World Society of Victimology stand zunächst unter deutscher Leitung (*Sessar*, BewHi 1980, S. 333).

46 *Jung*, JR 1984, S. 209 (Fn. 4); *Jung*, ZStW 1981, S. 1152; *Seelmann*, Zeitschrift für evangelische Ethik 1981, S. 44.

timologischer Forschung zeigte sich in der Entstehung der Viktimodogmatik als besonderem Zweig der Strafrechtsdogmatik, der zu Beginn der 1980er Jahre mit *Hillenkamps* Habilitationsschrift „Vorsatztat und Opferverhalten“[47] erstmals eine umfassende Systematisierung erfahren, aber bereits seit der Mitte der 1980er Jahre wieder verebben sollte.[48]

Mit leichter Verzögerung setzte die Viktimologie auch in der strafprozessualen Reformdiskussion neue Impulse. Auf der Strafrechtslehrertagung 1981 stellte *Jung* fest, die Verfahrenssoziologie und Rechtstatsachenforschung, aber auch die forensische Psychiatrie und Psychologie hätten durch die „viktimologische Blende“ dem Bild des Verletzten, seinen Bedürfnissen und seinen Nöten im Prozess präzisere Konturen verliehen.[49] Das neue Forschungsinstrument der Opferbefragung und die Weiterentwicklung der empirisch-sozialwissenschaftlichen Forschung im Allgemeinen lieferten Erkenntnisse über die Auswirkungen von Straftaten und die Bedürfnisse von Opfern.[50] In Deutschland wurden gerade seit dem Ende der 1980er Jahre Viktimisierungsbefragungen durchgeführt.[51] Die Viktimologie bestätigte zudem die eminente Bedeutung der Geschädigten für die polizeiliche Arbeit und den Ermittlungserfolg.[52] Systematische Opferbefragungen ergaben, dass vermutete Aussichtslosigkeit, Skepsis gegenüber der Polizei und Scheu vor einem Strafverfahren zu den häufigsten Gründen der Nichtanzeige gehörten. Dementsprechend wurde erkannt, dass die Leistungsfähigkeit der „Verbrechensbekämpfung“ auch von der Behandlung des Verletzten im gesamten Strafverfahren abhängt.[53] Die Reform strafprozessualer Verletztenbeteiligung wurde jedoch vorrangig durch die Entdeckung der „sekundären Viktimisierung“ beeinflusst. Während primäre Viktimisierung die unmittelbaren physischen, psychischen und materiellen Folgen einer Tat meint, bezieht sich „sekundäre Viktimisie-

47 *Hillenkamp, Thomas:* Vorsatztat und Opferverhalten. Göttingen 1981.

48 *Prittwitz*, Buffalo Criminal Law Review 1999, S. 112; *Hillenkamp*, ZStW 2017, S. 598. Die viktimodogmatischen Ansätze, die teils zur Abwälzung der strafrechtlichen Verantwortung auf das Opfer führten und damit einen Teil der Entkriminalisierungsbewegung im Strafrecht bildeten, sahen sich mit dem Einwand konfrontiert, dem Täter werde durch Reduktionen des Straftatbestandes contra legem auf Kosten des Opfers Freiräume zugebilligt, sodass die viktimodogmatischen Ansätze seit Mitte der 1980er Jahre kaum mehr fortgeführt wurden (*Kaiser*, FS Schüler-Springorum, S. 7).

49 *Jung*, MSchKrim 1984, S. 133; *Hassemer*, FS Klug, S. 220; *Weigend*, ZStW 1984, S. 763; *Rieß*, Jura 1987, S. 283.

50 *Görgen*, Viktimologie, S. 253ff.; *Kury*, Viktimologie, S. 61ff.

51 *Görgen*, Viktimologie, S. 246.

52 A.a.O., S. 238; *Krauß*, FS Lüderssen, S. 273.

53 *Schöch*, NStZ 1984, S. 386.

rung" auf eine inadäquate Behandlung nach der Tat durch Strafverfolgungsbehörden, andere Institutionen, die Medien oder das soziale Umfeld.[54] Der strafprozessuale Reformdiskurs widmete sich vermehrt der besonderen Belastung des Opfers in der Rolle des Verletztenzeugen und diagnostizierte einen Missstand.[55] Erst stigmatisiere die Gesellschaft das Opfer von Straftaten und trage dadurch zu einer Re-Viktimisierung bei.[56] Häufig werde es ignoriert, finanziell belastet, fortgeschoben oder traumatisiert.[57] Die strafprozessuale Aufarbeitung des Erlebten stelle sich dann regelmäßig als zusätzlicher Sekundärschaden dar. Bei der Polizei oder vor Gericht werde dem Verletzten häufig Abneigung entgegengebracht. Ihm werde mit nicht zur Sache gehörenden, seine Persönlichkeit verletzenden Fragen begegnet, sodass er sich entwürdigt vorkommen müsse.[58] Während sich die Gesellschaft Gedanken über die Resozialisierung des Delinquenten mache und erhebliche finanzielle Mittel für diesen Zweck zur Verfügung stelle, werde kaum beachtet, dass auch Opfer der „Resozialisierung" bedürfe.[59] Der Topos der sekundären Viktimisierung wurde zur wohl wirkmächtigsten „Legitimationsformel" opferbezogener Strafprozessgesetzgebung.[60]

Der Erfolg der Viktimologie ließ sich seinerseits darauf zurückführen, dass sie von der Kriminalpolitik als Auxiliarwissenschaft und politischer Impulsgeber funktionalisiert werden konnte. Ihre Befunde konnten unmittelbar in Gestalt einer effektiven Opferhilfe eine praktische Anwendung finden.[61] *Kaiser* beklagte 1993, dass praktisch-kriminalpolitische Implikationen der Viktimologie derart in den Vordergrund rückten, dass die opferbezogene Grundlagenfor-

---

54 *Görgen*, Viktimologie, S. 236.

55 So z.B. bei *Knudten / Knudten*, Opfer- und Zeugenprogramme in den Vereinigten Staaten, S. 459ff. Bei den Opferkonstellationen standen nach wie vor die Sexualdelikte im Vordergrund (exemplarisch *Metz-Göckel*, Strukturelle und personale Gewalt gegen Frauen, S. 415ff.; *Jung*, MSchKrim 1984, S. 129).

56 *Schneider*, Opferschaden, Wiedergutmachung und Opferbehandlung, S. 365; AK-StPO / *Rössner*, Vor §§ 374–406h, Rn. 28.

57 Aus den Beschlüssen und Empfehlungen des 1. Internationalem Symposiums für Viktimologie in Jerusalem 1973 (abgedr. in *Kirchhoff / Sessar*, Das Verbrechensopfer, S. 526).

58 *Schneider*, Opferschaden, Wiedergutmachung und Opferbehandlung, S. 365f.

59 A.a.O., S. 365; *Kaiser*, Viktimologie an der Schwelle der 80er Jahre, S. 488; vgl. *Prittwitz*, Buffalo Criminal Law Review 1999, S. 123. Auch wenn diese Überlegung zunächst kontraintuitiv wirken mag – der Blick auf *Goyas* „Que sacrificio!" lässt das Resozialisierungsbedürfnis des Verletzten greifbar werden.

60 *Kölbel / Bork*, Sekundäre Viktimisierung als Legitimationsformel, S. 113f.; *Kölbel*, Instrumentalisierung, S. 213.

61 *Schneider*, Opferschaden, Wiedergutmachung und Opferbehandlung, S. 375; *Weigend*, ZStW 1984, S. 762.

schung verblasse.[62] Auf dem Gebiet der Kriminalpolitik und der Strafprozessreform zeigten Teile des Schrifttums zudem ein deutliches Bewusstsein für die Gefahr, dass man die Opferbelange „dadurch propagiere, dass man in Täterstigmatisierung zurückfalle" und insoweit auf einer „kriminalpolitischen Klaviatur spiele, die der in den letzten Jahrzehnten eingeleiteten Strafrechtsreform sehr hinderlich werden" könne.[63] Man zeigte sich besorgt, dass eine abstrakte Viktimologie zu einer reinen Lobby für das Opfer denaturieren, den kriminalpolitischen Gesamtzusammenhang aus den Augen verlieren und die Fortschritte einer liberalen Kriminalpolitik durch eine Wiederkehr der negativen Generalprävention als Mittel effektiven Opferschutzes durch eine „schärferen Gangart der Strafpraxis" zunichtemachen könne. Vor dem Hintergrund des Humanitätsgrundsatzes mahnte die viktimologisch motivierte Frage nach einem Ausbau strafprozessualer Verletztenbeteiligung zur Zurückhaltung. Denn der „Einsatz für den Täter *und* für das Opfer" lief letztlich auf eine „Antinomie der Schutzzwecke" hinaus, „weil man offenbar nicht dem einen etwas geben kann, ohne dem anderen gleichzeitig etwas zu nehmen."[64]

C) Opferentschädigungsgesetz

Die neue „Opferdiskussion" folgte dem internationalen Trend zur Herstellung eines materiellen Ausgleichs von Langzeitfolgen schwerer Gewalttaten und erkundete insofern zunächst sozialrechtliche Instrumente der Opferfürsorge als Teil staatlicher Daseinsvorsorge.[65] Die Diskussion war nicht vorrangig strafprozessual geprägt. Parallel zu den Bemühungen um eine Gesamtkodifikation des Sozialrechts rückten soziale und sozialpolitische Aspekte in den Vordergrund.[66] Bereits im Oktober 1970 sprachen sich die Justizminister und -senatoren der Länder für eine gesetzliche Regelung der Entschädigung für Opfer von gewaltsamen Straftaten aus. Das BMJ nahm daraufhin die vorbereitenden Arbeiten auf.[67] Die CDU / CSU-Fraktion brachte im Juli 1971 den Initiativantrag eines Gesetzes über Hilfe für Opfer von Straftaten in den Bundestag ein.[68] Bei der ersten Lesung am 22. September 1971 standen alle Fraktionen des Deutschen Bundestags dem Anliegen der Entschädigung der Opfer

62 *Kaiser*, FS Schüler-Springorum, S. 4.

63 *Kerner*, BewHi 1980, S. 75.

64 *Jung*, MSchKrim 1984, S. 127; *Sessar*, BewHi 1980, S. 334.

65 *Weigend*, NJW 1987, S. 1170.

66 *Schätzler*, ZStW 1974, S. 471, 473.

67 *Schoreit / Düsseldorf*, OEG, S. 15; BT-Drucks. 7/4614, S. 3.

68 BT-Drucks. VI/2420.

von Straftaten aus öffentlichen Mitteln positiv gegenüber, sahen aber die Notwendigkeit einer detaillierten Ausarbeitung.[69] 1971 wurde von SPD-Abgeordneten im Bayrischen Landtag ein Entwurf eines Bayrischen Gesetzes über staatliche Entschädigung für Verbrechensopfer eingebracht.[70] Im September 1972 behandelte die sozialrechtliche Arbeitsgemeinschaft des 49. Deutschen Juristentags Fragen der sozialen Entschädigung für Opfer von Straftaten und sprach sich für die Schaffung einer gesetzlichen Regelung aus.[71] Die Entschädigung für Opfer von Straftaten betonte *Brandt* zudem ausdrücklich in einer Regierungserklärung vom Januar 1973.[72]

Die Verlagerung der Opferdiskussion in das Sozialrecht wurde vom Schrifttum aufgegriffen und weiterentwickelt. Mitte der 70er Jahre deutete *Amelunxen* einen Wendepunkt an – im Zuge der strafrechtlichen Reformbestrebungen der letzten Jahre und der Erkenntnisse der Viktimologie sei der Standort des Opfers neu entdeckt worden.[73] *Schoreit* konstatierte, die Dogmatiker der klassischen Strafrechtsschule hätten sich in der Vergangenheit vorrangig mit der Tat und dem Täter beschäftigt, aber das Opfer der Straftat vernachlässigt.[74] *Schätzler* ergänzte, die Humanisierung des Strafrechts bleibe unvollständig, wenn man die Opfer von Straftaten ihrem Schicksal überlässt.[75] In den Zusammenhang des Deliktsverständnisses als konkrete Verwirklichung einer ubiquitären Verbrechensverwirklichungsgefahr fügt sich mosaikhaft auch die ein knappes Jahrzehnt zurückliegende „Erfindung“ der Risikoerhöhungslehre durch *Roxin* ein.[76] Die Ablehnung des Adhäsionsverfahrens in der Gerichtspraxis und die unzureichende Ausgestaltung der Adhäsion hatten nach Ansicht *Schoreits* eine Abwendung von der Idee des strafprozessualen Restitutionsgedankens begünstigt.[77] Der Staat mache den Täter im Strafvollzug regelmäßig zahlungsunfähig. Die Entschädigung des Opfers durch den Täter laufe oft schon aus diesem Grund leer.[78]

69 Vgl. stenographische Berichte des Deutschen Bundestags. 6. Wahlperiode. 134. Sitzung. Mittwoch, den 22. September 1971. S. 7812ff.; vgl. BT-Drucks. 7/4614, S. 3.

70 Bayr. LT, Drucks. 7/1412; vgl. *Schoreit / Düsseldorf*, OEG, S. 18.

71 49. DJT, Bd. II, S. P126.

72 *Schätzler*, ZStW 1974, S. 474.

73 *Amelunxen*, ZStW 1974, S. 458; *Schoreit / Düsseldorf*, OEG, S. 15f.

74 *Schoreit*, Entschädigung der Verbrechensopfer, S. 9.

75 *Schätzler*, ZStW 1974, S. 473; ähnl. *Jung*, JuS 1976, S. 478.

76 *Roxin*, ZStW 1962, S. 411ff.; dies. Verortung der Risikoerhöhungslehre bei *Prittwitz*, Strafrecht und Risiko, S. 29.

77 *Schoreit / Düsseldorf*, OEG, S. 14; *Amelunxen*, ZStW 1974, S. 466ff.

78 *Schoreit / Düsseldorf*, OEG, S. 11f. m.w.N.; zust. *Jung*, JuS 1976, S. 478; *Jung*, ZStW 1981, S. 1170.

Die Einstandspflicht des Staates für die unschuldigen[79] Opfer von Gewaltverbrechen als das Ergebnis einer allgemeinen Wohlfahrtspolitik[80] wurde vorwiegend utilitaristisch und kontraktualistisch hergeleitet.[81] Die Vergesellschaftung der Kosten von durch Gewalttaten verursachte Gesundheitsschäden wurde damit begründet, dass der Misserfolg des Staates als des Inhabers des (Straf-)Gewaltmonopols bei der Gewährung strafrechtlichen Schutzes haftungsbegründend wirken müsse.[82] Das allgemeine Risiko sollte allerdings ausnahmsweise und nur dann durch soziale Entschädigung auf die Allgemeinheit abgewälzt werden, wenn der Staat bei der Gefahrenabwehr versagt habe und sich insofern das allgemeine Lebensrisiko, Opfer einer Gewalttat zu werden, realisiert habe.[83] Das Opfer eines Gewaltverbrechens sei im Hinblick auf die Plötzlichkeit und die Unvorhersehbarkeit der Einwirkung und die körperliche Schädigung in keiner anderen Lage als das Opfer eines Arbeitsunfalls oder Verkehrsunfalls.[84] Das Ziel einer Opferentschädigung müsse in erster Linie die volle Rehabilitation, d.h. die Wiederherstellung der Erwerbsfähigkeit, sein. Rentenleistungen sollten dagegen nur hilfsweise in Betracht kommen.[85]

Am 27. August 1974 brachte die Bundesregierung den Entwurf eines Gesetzes über die Entschädigung für Opfer von Gewalttaten in den Bundestag ein.[86] Der Gesetzesentwurf zielte entsprechend der vorangegangenen Reformdebatte auf die Kompensation und Wiederherstellung der Erwerbsfähigkeit von Opfern von Gewalttaten ab, die unverschuldet erwerbsunfähig, hilflos oder pflegebedürftig werden. Die Geschädigten sollten von der Allgemeinheit in einem solchen Umfange schadlos gehalten werden, dass ein sozialer Abstieg der Betroffenen selbst, ihrer Familien und ihrer Hinterbliebenen vermieden wird.[87] Die Tatsache, dass der Staat es im Einzelfall nicht vermocht hat, durch den

79 Die regelmäßige Betonung der „Unschuld" des Opfers beruhte auf der Überlegung, dass eine soziale Opferentschädigung womöglich das Opferverhalten dahingehend beeinflussen könne, dass es, in der Absicht, in den Genuss einer Entschädigung zu kommen, an der notwendigen Abwehrbereitschaft fehlen lasse. Zudem sollten Fälle einer Gewalteinwirkung aufgrund von Notwehrhandlungen aus dem Anwendungsbereich einer zu schaffenden Entschädigungsregelung ausgeklammert werden (vgl. *Schoreit*, Entschädigung der Verbrechensopfer, S. 86f.).

80 *Schoreit / Düsseldorf*, OEG, S. 11f. m.w.N.

81 *Schoreit*, Entschädigung der Verbrechensopfer, S. 88; vgl. *Vogel* in: Sten. Protokolle des Deutschen Bundestags. 7. Wahlperiode. 219. Sitzung. Freitag, den 30. Januar 1976, S. 15244C.

82 *Schätzler*, ZStW 1974, S. 478; *Schoreit / Düsseldorf*, OEG, S. 11f. m.w.N.; *Jung*, Entschädigung des Opfers, S. 380f.

83 D.h. nach Ansicht *Rüffners* insb. bei Kriegsschäden, Tumultschäden, Schäden infolge von vorsätzlichen Straftaten und Umweltschäden (vgl. *Rüffner*, Gutachten, S. E58).

84 *Schätzler*, ZStW 1974, S. 475.

85 A.a.O., S. 475f.; *Rüffner*, Gutachten, S. E58.

86 BT-Drucks. 7/2506.

87 BT-Drucks. 7/2506, S. 7.

Schutz der Rechtsordnung den Bürger vor einem gewaltsamen Angriff zu bewahren, lasse das Bedürfnis nach einem Eintreten der Gesellschaft für Schäden aus einem solchen Angriff hervortreten. Gerade bei der Gewaltkriminalität unterscheide sich die Opferrolle wesentlich von dem Schicksal eines durch einen beliebigen schweren Unglücksfall Betroffenen. Auch bei diesem können zwar sozial erhebliche Auswirkungen auf die Erwerbsfähigkeit und die allgemeine wirtschaftliche Stellung des Betroffenen in Betracht kommen. Aber es fehle das Element des willentlichen Bruchs der Rechtsordnung durch körperliche Gewaltanwendung gegen eine Person. Es fehle die „Enttäuschung der Erwartung der Unverbrüchlichkeit dieses wesentlichen Kerns der Friedensordnung innerhalb der Gesellschaft“.[88] Der Gesetzesentwurf wurde auch im Rechtsausschuss einhellig gebilligt und befürwortet.[89] Das Gesetz über die Entschädigung für Opfer von Gewalttaten fand die absehbare Mehrheit im Bundestag und trat am 11. Mai 1976 in Kraft.[90]

Mit dem Opferentschädigungsgesetz war der Reformbedarf freilich nicht gesättigt. Die Verweisung des Verbrechensopfers auf die Bürokratie staatlicher Leistungsverwaltung ließ wesentliche Probleme ungelöst.[91] Die Entschädigungsleistungen wurden zudem in ihrer praktischen Anwendung von den Verletzten häufig als zu spät, ungenügend und unökonomisch empfunden.[92] Das Sozialrecht stellte keine Beziehung zwischen Täter und Opfer her. Auch das Interesse des Opfers an einer öffentlichen Genugtuung gegenüber dem Täter blieb unberücksichtigt.[93]

D) Opferhilfe

Einen gewichtigen Beitrag zu einer stärkeren Beachtung der Belange des Verletzten leisteten verschiedene Akteure der zivilgesellschaftlichen Opferhilfe.[94] Bis in die 1970er Jahre war das Phänomen der Opferhilfe, d.h. der Unterstützung von Opfern außerhalb des Strafverfahrens durch Beratung, Therapie und materielle Hilfe, in der Öffentlichkeit weitgehend unbekannt. Dies änderte sich seit der Eintragung des auf Initiative von *Eduard Zimmermann* gegründeten, rechtsliberalen Weißen Rings als wohl erfolgreichstem Akteur der deutschen

88 A.a.O., S. 10.

89 BT-Drucks. 7/4614, S. 3. Nur eine redaktionelle Änderung wurde vorgeschlagen, vgl. BT-Drucks. 7/4614, S. 5.

90 BGBl. I 1976, S. 1181.

91 *Weigend*, NJW 1987, S. 1170.

92 *Kaiser*, Viktimologie an der Schwelle der 80er Jahre, S. 488; *Villmow / Savinsky*, FS Wolter, S. 1243f.

93 *Krauß*, FS Lüderssen, S. 272.

94 AK-StPO / *Rössner*, Vor §§ 374–406h, Rn. 2; *Kanz*, MSchkrim 2017, S. 237.

Opferhilfe in das Vereinsregister am 24. September 1976.[95] Mit seiner Öffentlichkeitsarbeit trug der Weiße Ring zu einer Sensibilisierung für die „Belange der Opfer“ bei.[96] Der Weiße Ring konnte im Zeitraum von 1977 bis 1982 seine Mitgliederzahl von 814 auf 15.500 steigern[97] und gewann für die Betreuung von Opfern viele Ehrenamtliche, anfangs häufig pensionierte Polizisten. Der Weiße Ring setzte auf Engagement und Kompetenz rechtschaffener Laien und verzichtete seit seiner Gründung auf staatliche Förderung. Es entsprach seiner kriminalpolitischen Ausrichtung, dass seine Hilfe nur den Opfern von angezeigten Taten geleistet wurde. Die Strafanzeige wurde als Beitrag zur Verbrechensbekämpfung erwartet.[98] Der Weiße Ring forderte zunächst primär eine Novellierung des OEG, sah die Opferentschädigung allerdings nur als eine Komponente einer gesamtgesellschaftlichen Anstrengung, den Folgen von Straftaten in geeigneter Weise zu begegnen.[99] Dem Beispiel des Weißen Rings folgten bald mehrere Bundesländer. Das Land Hessen gründete mit der „Hanauer Hilfe“ einen Trägerverein und stellte ihm aus dem Etat des Justizministeriums Mittel für eine Beratungsstelle zur Verfügung.[100] 1986 wurden Opferhilfen in Berlin und Hamburg gegründet und aus Landesmitteln finanziert.[101] Mit der Gründung des „Arbeitskreises der Opferhilfen in Deutschland“ im Jahr 1988 wurde ein Dachverband für die regionalen Akteure der Opferhilfe geschaffen.[102] Infolge der internationalen Etablierung und Professionalisierung staatlicher und nichtstaatlicher Opferhilfeeinrichtungen entstand auch in Deutschland ein neuer Dienstleistungsmarkt, den *Fattah* als „Wachstumsmarkt der 90er Jahre“ bezeichnete.[103] Dabei bildeten sich neue Berufe auch außerhalb der Rechts- und Psychowissenschaften heraus, die sich speziell dem Verbrechensopfer verschrieben.[104]

95 *Gebhardt*, Die Entwicklung des Opferschutzes in Deutschland, S. 60.

96 *Huntgeburth*, Weißer Ring, S. 114; *Schöch*, NStZ 1984, S. 386.

97 Bericht der FAZ vom 10. Oktober 1982, S. 10.

98 *Gebhardt*, Die Entwicklung des Opferschutzes in Deutschland, S. 60.

99 *Huntgeburth*, Weißer Ring, S. 110f.

100 *Gebhardt*, Die Entwicklung des Opferschutzes in Deutschland, S. 65; *Schöch*, NStZ 1984, S. 386.

101 *Gebhardt*, Die Entwicklung des Opferschutzes in Deutschland, S. 65.

102 Ebd.

103 *Fattah*, Criminologie 2000, S. 37.

104 *Barton / Kölbel*, Ambivalenzen der Opferzuwendung, S. 13f.

E) Punitiver Feminismus

Seit dem Ende der sechziger Jahre trat eine neue, von den USA ausgehende Frauenbewegung einen langsamen, aber stetigen Siegeszug durch die westlichen Industrienationen an.[105] Die breite Rezeption von *Brownmillers* „Against Our Will" trug auch in der deutschsprachigen Debatte zu einer verstärkten Wahrnehmung der rechtlichen, sozialen und politischen Dimensionen sexueller Gewalt gegen Frauen bei.[106] Zu Beginn der 1980er Jahre hatte sich die Frauenbewegung in der Bundesrepublik etabliert[107] und konnte auf eine gefestigte, in der Regel selbstorganisierte und ehrenamtlich getragene Infrastruktur in Gestalt von Frauenhäusern[108], Notrufgruppen, Selbsthilfegruppen und Selbstverteidigungskursen zurückgreifen.[109] Mit dem Einzug der Grünen in den Deutschen Bundestag im Jahr 1983 erhielt die „autonome Frauenbewegung" einen parlamentarischen Ansprechpartner. Seit Ende der 1970er Jahre versuchten Rechtsanwältinnen, das dezidiert auch als Angriffsmittel verstandene Institut der Nebenklage in Vergewaltigungs- und Zuhältereiprozessen mit neuem Inhalt zu füllen.[110] Die Rolle der Nebenklage in Vergewaltigungsverfahren erfuhr zudem 1984 bis 1986 im Zuge der sog. „Berliner Gynäkologen-Prozesse"[111] eine besondere Aufmerksamkeit auch im rechtswissenschaftlichen

---

105 *Helmken*, StV 1983, S. 81; *Brüggemann*, Entwicklung und Wandel des Sexualstrafrechts, S. 99.

106 *Brownmiller, Susan:* Against Our Will. Men, Women and Rape. New York 1975. Vgl. *Helmken*, StV 1983, S. 81.

107 *Künzel*, Vergewaltigungslektüren, S. 148.

108 Das erste Frauenhaus in Deutschland wurde 1976 auf Initiative einer autonomen Frauengruppe gegründet (*Gebhardt*, Die Entwicklung des Opferschutzes in Deutschland, S. 62).

109 *Bender*, KJ 1987, S. 449; *Metz-Göckel*, Strukturelle und personale Gewalt gegen Frauen, S. 417f.

110 StV 1983, S. 174; *Frederking / Friedrichs*, STREIT 1985, S. 46ff.; *Burgsmüller*, STREIT 1985, S. 50ff. *Pötz-Neuburger*, STREIT 2/1983, S. 42. Die Nebenklage wurde in diesem Kontext von den Jurafrauen seit ihrem ersten Treffen am 28. und 29. Januar 1978 (*Ewe / Pötz-Neuburger*, STREIT 1/1983, S. 36) insbesondere am 29./30. Juni 1979 (*Pötz-Neuburger*, STREIT 2/1983, S. 42) am 14./15. Mai 1982 (*Pötz-Neuburger*, STREIT 2/1983, S. 43), am 9.–11. März 1984 (*Brandt-Jancyk*, STREIT 1984, S. 68) diskutiert. Die Auseinandersetzungen wurden zunächst – parallel zu der Diskussion um den feministischen Zugriff auf das materielle Strafrecht – von der Frage bestimmt, ob es mit dem Selbstverständnis der Jurafrauen überhaupt zu vereinbaren sei, Nebenklägerinnen zu vertreten, damit fast in die Rolle der Staatsanwaltschaft zu geraten d.h. progressive Ziele mit repressiven Mitteln zu verfolgen und sich der bürgerlichen Justiz als Widerstandsform zu bedienen (*Ewe / Pötz-Neuburger*, STREIT 1/1983, S. 37; *Pötz-Neuburger*, STREIT 2/1983, S. 42).

111 LG Berlin, Urt. v. 12.9.1984, Az (522) 64 KLs 1/84 (12/84); LG Berlin, Urt. v. 18.3.1986, Az. 64 (512) KLs 1/84 (63/85); *Goy*, KJ 1987, S. 313ff.; *Mauz*, Die großen

Schrifttum, die sich zeitlich mit einer intensivierten Reformdiskussion über die Stellung des Verletzten im Strafverfahren überschnitt.[112] Infolgedessen verlagerte sich der Schwerpunkt der rechtspolitischen Debatte über die Nebenklage von ihrem straßenverkehrsstrafrechtlichen Hauptanwendungsfall hin zu einem bislang unterrepräsentierten, sexualstrafrechtlichen Diskurs.[113]

Die Nebenklagevertretung durch Akteure der Frauenbewegung diente nicht allein der Interessenvertretung der Nebenklägerinnen, sondern auch der Politisierung von Vergewaltigungs- und Zuhältereiprozessen.[114] Der Straftatbestand der Vergewaltigung erschien „als *das* politische Delikt des Patriarchats".[115] Das Vergewaltigungsverfahren stelle sich aus Sicht der Angeklagten als „Rehabilitierungsverfahren" und aus Sicht des feministischen Schrifttums als „Prangerjustiz für die Frau", eine „sadistisch sexualisierte Veranstaltung" dar, die nur mit den „Mitteln der rituellen Ordnung" kaschiert werde.[116] Die Nebenklage sollte dazu dienen, die vielfältige physische und strukturelle Gewalt gegen Frauen durch die prozessuale Mitwirkung selbst, aber auch durch eine flankierende Öffentlichkeitsarbeit, die Schaffung einer „Frauenöffentlichkeit" in der Hauptverhandlung[117] und eine Zusammenarbeit mit Notrufgruppen öffentlich zu machen.[118] Im Rahmen ihres Schlussvortrags wollten Nebenklägervertreterinnen die männliche Definitionsmacht über sexuelle Gewalt, die gesellschaftliche Funktion der Vergewaltigung als Ausübung männlicher Herrschaft sowie misogyne Strukturen der Justiz insgesamt aufzeigen und überwinden.[119] Eine wiederholte Konfrontation der Rechtsanwender mit feministischen Argumentationsmustern sollte eine fortschrittliche Entwicklung einer

Prozesse der Bundesrepublik, S. 169ff. Der Prozess fand auch in den Beratungen über das Opferschutzgesetz Beachtung (*Mann* in: Sten. Protokolle des Rechtsausschusses, 10. Wahlperiode, 92. Sitzung vom 10. September 1986, S. 9) und wurde bis in die Gegenwart im Kontext opferbezogener Strafprozessgesetzgebung aufgeführt (so noch 2013, vgl. *Schöch*, FS Wolter, S. 1096).

112 Vgl. *Goy*, STREIT 1986, S. 35ff.; *Burgsmüller*, STREIT 1986, S. 40ff.; *Helmken*, StV 1983, S. 81; *Künzel*, Vergewaltigungslektüren, S. 150; *Bender*, KJ 1987, S. 450.

113 *Weigend*, NJW 1987, S. 1170; *Kanz*, MSchkrim 2017, S. 238; *Anders*, ZStW 2013, S. 380; *Barton / Kölbel*, Ambivalenzen der Opferzuwendung, S. 11; *Krauß*, FS Lüderssen, S. 272. Zur Reformbewegung im anglo-amerikanischen Rechtskreis s. *Helmken*, StV 1983, S. 81 m.w.N.

114 *Goy*, STREIT 1986, S. 39; *Burgsmüller*, STREIT 1986, S. 41.

115 *Bender*, KJ 1987, S. 449.

116 *Burgsmüller*, STREIT 1986, S. 40, 47.

117 *Goy*, STREIT 1986, S. 39.

118 *Pötz-Neuburger*, STREIT 2/1983, S. 42.

119 *Burgsmüller*, STREIT 1 / 1983, S. 9; *Burgsmüller*, STREIT 1984, S. 5; *Goy*, STREIT 1986, S. 39.

Rechtsprechung begünstigen,[120] die bei der Beurteilung von Vergewaltigungen „allgemeine Weiblichkeitsmythen" benutzte, den „Gedanken der Geschlechtsehre" eingeführt habe und nicht die „Sexualfreiheit der Frau" schütze, sondern „die berechtigte Verfügungsmacht von Männern über ihren Körper".[121] Der Richterschaft wurde eine selektive Vorurteilswahrnehmung in Vergewaltigungsprozessen ebenso unterstellt wie den mit aussagepsychologischen Gutachten betrauten Sachverständigen.[122]

Der Tatbestand der Vergewaltigung war nach geltendem Recht für sich genommen nicht nebenklagefähig. Der Anschluss erfolgte zumeist über den Umweg der Anschlussbefugnis bei Körperverletzungen und Beleidigungen.[123] Vor diesem Hintergrund lehnten das feministische Schrifttum, die Vereinigung Berliner Rechtsanwältinnen und die „Jurafrauen" die im Referentenentwurf des BMJ vom 30. September 1983 vorgesehene Beseitigung der Anschlussbefugnis des Privatklageberechtigten vehement ab, da die Verfasser des Entwurfs die Bedeutung der Nebenklage für die weiblichen Opfer von Sexualdelikten verkannt hätten.[124] Als Nebenklägerin könne die Verletzte an der gesamten Hauptverhandlung teilnehmen, Erklärungen in jeder Prozesssituation abgeben, Fragen an den Angeklagten, Zeugen und Sachverständige richten, die Auswahl von Sachverständigen beeinflussen, Beweisanträge stellen und Beweisanregungen geben, um eine erneute Demütigung zu verhindern und den Schutz des Persönlichkeitsrechts zu gewährleisten.[125] Die Beiordnung einer Nebenklägervertreterin versetze die Nebenklägerin in die Lage, ihre Verfahrensrechte voll wahrnehmen zu können.[126] Insbesondere könne die Nebenklägervertreterin im Namen der Zeugin diskriminierende Fragen nach dem sexuellen Vorleben der Zeugin beanstanden. Zudem bedeute bereits die Anwesenheit der Nebenklägervertreterin für die meisten Zeuginnen eine wesentliche Entlastung.[127] Die

---

120 *Burgsmüller*, STREIT 1985, S. 53.

121 *Burgsmüller*, STREIT 1/1983, S. 8; *Henry / Beyer*, MSchKrim 1985, S. 340f; *Goy*, STREIT 1986, S. 39.

122 *Goy*, STREIT 1986, S. 35; *Burghardt*, STREIT 1985, S. 3; *Krück*, Die Situation des Tatopfers im Strafverfahren unter psychologischem Aspekt, S. 63.

123 *Engel*, STREIT 1984, S. 53; *Frederking / Friedrichs*, STREIT 1985, S. 47; s.a. StV 1983, S. 174.

124 *Burgsmüller*, STREIT 1/1983, S. 8f.; *Pötz-Neuburger*, STREIT 2/1983, S. 43; *Brandt-Jancyk*, STREIT 1984, S. 68; StV 1983, S. 174; zust. *Wessel* in: 55. DJT, Bd. 2, S. L103.

125 *Brandt-Jancyk*, STREIT 1984, S. 68; *Burgsmüller*, STREIT 1/1983, S. 9; *Goy*, STREIT 1986, S. 39.

126 *Burgsmüller*, STREIT 1/1983, S. 13.

127 A.a.O., S. 9.

besondere Schutzfunktion der Nebenklage zeige sich insbesondere in Zuhältereiverfahren, in denen die schwierige Situation von Prostituierten im Verhältnis zu ihren Zuhältern durch gesonderte, wissenschaftlich untermauerte Prozesserklärungen erläutert und dadurch der Nachweis der Glaubwürdigkeit von Prostituierten als Zeuginnen erbracht werden könne.[128] Eine Beseitigung der Nebenklage sei insofern unbillig, solange nicht Gesetze geschaffen seien, die das sexuelle Selbstbestimmungsrecht der Frau uneingeschränkt schützen, Fragen nach dem sexuellen Vorleben der Zeugin verboten seien und die Unterstützung der Zeugin durch eine beigeordnete Rechtsanwältin mit entsprechenden Verfahrensrechten ermöglicht werde.[129] Reformvorschläge des feministischen Schrifttums zielten auf die Ausdehnung der Nebenklage ab. Die §§ 177, 178 StGB sollten unmittelbar und nicht mehr nur über den Umweg der im Zuge der Tatbegehung erfolgten Körperverletzungen und Beleidigungen nebenklagefähig werden.[130] Darüber hinaus sollten Beschränkungen aufgehoben werden, die sich aus dem Jugendgerichtsgesetz ergeben.[131] Zusätzlich sollte eine Verbandsnebenklage in Gestalt einer Anschlussbefugnis von Gruppen, die gegen Gewalt gegen Frauen kämpfen, geschaffen werden.[132] Teile der Literatur forderten des Weiteren eine Übernahme der Nebenklagevertretungskosten durch den Staat auch in den Fällen, in denen die Voraussetzungen für Prozesskostenhilfe nicht vorliegen.[133]

Dementsprechend fielen auch Überlegungen zur Funktion der Nebenklage aus. Neben der Aufklärungs-, Kontroll-[134] und Genugtuungsfunktion[135] diente die Nebenklage in Vergewaltigungsprozessen vorrangig dem Schutz der Opferzeugin vor einer Sekundärviktimisierung.[136] Allein die erneute Konfrontation mit dem Vergewaltiger bedeute eine besondere Belastung und versetzte die Zeugin in einen Spannungszustand, in dem der Versuch einer Verarbeitung des Geschehenen dadurch zusammenbrechen müsse,[137] dass ihr Verhalten vor, während und nach der Tat Gegenstand der Beweiserhebung sei und ihr „Tatbeitrag“, d.h. der Grad der „Geschlechtsehre“ und die Stärke des geforderten

128 *Frederking / Friedrichs*, STREIT 1985, S. 49.

129 StV 1983, S. 174.

130 *Henry / Beyer*, MSchKrim 1985, S. 346; *Engel*, STREIT 1984, S. 53f.

131 *Engel*, STREIT 1984, S. 54.

132 Ebd.

133 Ebd.; ähnl. *Bender*, KJ 1987, S. 450.

134 StV 1983, S. 174.

135 *Burgsmüller*, STREIT 1/1983, S. 8.

136 *Helmken*, StV 1983, S. 82.

137 *Burgsmüller*, STREIT 1/1983, S. 9; *Engel*, STREIT 1984, S. 53.

Widerstands, miterörtert werde.[138] Die Strategie der Verteidigung ziele regelmäßig darauf ab, die Aussage der Verletzten anhand eines stereotypen Rollenbildes der Frau als „provokanter Verführerin" anzuzweifeln, eine Täter-Opfer-Umkehr herzustellen und ihren guten Leumund durch Fragen zu ihrer sexuellen Vergangenheit zu zerstören.[139] Dabei spekuliere sie darauf, dass insbesondere Laienrichter aus einer promiskuitiven Vergangenheit negative Rückschlüsse auf die Glaubwürdigkeit und die Ernsthaftigkeit des Widerstands des Opfers ziehen.[140] Die gewalttätige Sexualität des Angeklagten und deren Entstehungsbedingungen träten in den Hintergrund, wenn sich für die Nebenklägerin im Status der Zeugin die Persönlichkeitszerstörung und Demütigung der Vergewaltigung auf einer anderen Ebene wiederhole, indem Klatsch und Tratsch über ihr Intimleben in das Verfahren transportiert oder wahre Begebenheiten in diffamierende Zusammenhänge gestellt werden.[141]

F) Entwurf eines Gesetzes zum besseren Schutz der Opfer von Sexualstraftaten vom 9. November 1983

Am 9. November 1983 brachten die Fraktionen der SPD und Grünen im Deutschen Bundestag den Entwurf eines „Gesetzes zum besseren Schutz der Opfer von Sexualdelikten" ein.[142] Neben der Pönalisierung der Vergewaltigung in der Ehe im Strafrecht und einer Erleichterung des Ausschlusses der Öffentlichkeit aus der Hauptverhandlung auf Antrag des Verletzten in Verfahren wegen Straftaten gegen die sexuelle Selbstbestimmung sah der Entwurf die Einführung eines Beistandes des Verletzten vor.[143] Demnach sollte dem Verletzten

---

138 *Engel*, STREIT 1984, S. 53; *Henry / Beyer*, MSchKrim 1985, S. 340, 345; *Burgsmüller*, STREIT 1/1983, S. 6, 9; *Goy*, KJ 1987, S. 319.

139 *Engel*, STREIT 1984, S. 53; *Krück*, Die Situation des Tatopfers im Strafverfahren unter psychologischem Aspekt, S. 63.

140 *Helmken*, StV 1983, S. 82.

141 *Burgsmüller*, STREIT 1/1983, S. 9; *Burgsmüller*, STREIT 1986, S. 42; ähnl. *Krück*, Die Situation des Tatopfers im Strafverfahren unter psychologischem Aspekt, S. 63.

142 BT-Drucks. 10/585. Dem Antrag war ein Antrag der Fraktion der SPD „Besserer Schutz der Opfer von Sexualstraftaten" vorausgegangen, in dem die Bundesregierung aufgefordert wurde, 1. in Zusammenarbeit mit den Bundesländern die Richtlinien für das Strafverfahren und das Bußgeldverfahren dahin zu ergänzen, dass zur Beurteilung der Glaubwürdigkeit der Opfer von Sexualstraftaten, insbesondere der Vergewaltigungs-Opfer, verstärkt psychologische Sachverständige herangezogen werden und 2. auf die Bundesländer einzuwirken, dass Polizeibeamte in der Vernehmung der Opfer von Sexualstraftaten gezielt ausgebildet und die so ausgebildeten Beamten vorrangig bei derartigen Vernehmungen eingesetzt werden. Zudem sollte das Vergewaltigungsopfer auf seinen Wunsch hin durch weibliche Kriminalbeamte vernommen werden (Ebd.).

143 BT-Drucks. 10/585, S. 3.

auf dessen Antrag bereits im Vorverfahren ein kostenloser Rechtsanwalt als Beistand beizuordnen sein, wenn eine Straftat gegen die sexuelle Selbstbestimmung Gegenstand des Verfahrens ist. Der Verletzte sollte über sein Antragsrecht unverzüglich belehrt werden. Der Beistand des Verletzten sollte die Rechte des Beistandes des Nebenklägers erhalten. Der Beistand sollte bei jeder, auch der polizeilichen Vernehmung des Verletzten ein Anwesenheitsrecht haben.[144] Der Entwurf fußte auf der Überlegung, dass zu den Folgen der Straftat häufig eine erhebliche seelische Belastung von Opferzeugen bei der Aufklärung hinzukomme. Dabei falle besonders ins Gewicht, dass das Opfer fremden Personen und in der Hauptverhandlung zudem der Gerichtsöffentlichkeit gegenüber deprimierende Ereignisse aus dem Intimbereich schildern müsse. Das Opfer bekomme nicht selten das Gefühl, selbst auf der Anklagebank zu sitzen. Denn der Angeklagte verteidige sich häufig mit der Behauptung, das Opfer selbst habe die Tat provoziert oder gewollt.[145] Die nach geltendem Recht bestehende Möglichkeit des Anschlusses des Verletzten als Nebenkläger sei nicht ausreichend auf die spezifische Situation des Opfer-Zeugen eines Sexualdelikts zugeschnitten. Dem Verletzten solle vielmehr das Recht der fakultativen Beiordnung eines kostenlosen Rechtsanwalts als Beistand gewährt werden, um zu verhindern, dass der Verletzte zum bloßen Objekt des Verfahrens gemacht werde.[146]

Der Entwurf fand die Zustimmung insbesondere der Vereinigung Berliner Rechtsanwältinnen,[147] sollte aber durch eine gesetzliche Regelung ergänzt werden, die ein Frage- und Beweisverwertungsverbot für an die Zeugin und Geschädigte gerichtete Fragen zum sexuellen Vorleben vorsieht.[148] Nach Ansicht *Rießs* verkannte der Entwurf, dass der Beistand regelmäßig nicht mehr Rechte als der Verletzte selbst habe, sodass die rechtspolitische Aufgabe primär in der Schaffung von Verletztenbefugnissen liege.[149] Die Bundesregierung äußerte sich wohlwollend hinsichtlich der Aufwertung der strafprozessualen Stellung des Verletzten, wollte jedoch vor einer parlamentarischen Behandlung der Vorschläge zunächst die Beschlüsse des 55. Deutschen Juristentags abwarten. Der Entwurf wurde zunächst an den Rechtsausschuss verwiesen.[150]

144 A.a.O., S. 3, 6.

145 A.a.O., S. 5.

146 Ebd.

147 *Vereinigung Berliner Rechtsanwältinnen*, STREIT 1984, S. 48; *Engel*, STREIT 1984, S. 50f.

148 *Vereinigung Berliner Rechtsanwältinnen*, STREIT 1984, S. 49.

149 *Rieß*, Gutachten, S. C120.

150 Sten. Protokolle Deutscher Bundestag – 10. Wahlperiode – 40. Sitzung. Bonn, Donnerstag, den 1. Dezember 1983, S. 2805A.

G) Verhandlungen des 55. Deutschen Juristentags

Schon die Begründung des Regierungsentwurf eines 1. StVÄG hatte ahnen lassen, dass im Zuge der „Strafprozessreform in Raten“[151] mittelfristig auch eine Gesamtrevision des fünften Buches der StPO in den Fokus der Gesetzgebung rücken würde.[152] In seinen „Prolegomena“ hatte *Rieß* bereits 1980 einige lakonische Vorüberlegungen veröffentlicht und zugleich festgestellt, dass für eine Gesamtreform des Systems strafprozessualer Verletztenbeteiligung so gut wie keine wissenschaftlichen Vorarbeiten vorhanden seien.[153] Dies sollte sich mit einer neuen Grundsatzdiskussion über die Beteiligung des Verletzten am Strafverfahren ändern, die ihren Höhepunkt in den Verhandlungen des 55. Deutschen Juristentags fand, der in einem vielbeachteten Gutachten *Rießs* vorbereitet, mit Referaten *Hammersteins* und *Oderskys* eingeleitet und von zahlreichen Beiträgen im Schrifttum begleitet wurde.

I. Funktionen strafprozessualer Verletztenbeteiligung

In seinem Gutachten mahnte *Rieß* an, man dürfe bei der Funktionsbestimmung der Verletztenbeteiligung nicht von einem einheitlichen Verletztenbild ausgehen.[154] Zu unterschiedlich sei der Grad der „emotionalen Berührtheit“ bei unterschiedlichen Verletzten durch den Normbruch. Individuelle Verletzte empfänden vor allem bei Beziehungsdelikten über den bloßen, zivilrechtlich ausgleichspflichtigen Schaden hinaus den Angriff durch die Straftat und damit die Nichtbewährung der Rechtsordnung in ihrer Person als zusätzliche Demütigung. Dem stünden, schwerpunktmäßig bei Eigentums- und Vermögensdelikten, Verletzte mit eher rationaler Einstellung gegenüber. Für den rationalen Verletzten dominiere das Wiedergutmachungsinteresse, sofern der Schaden nicht ohnehin versicherungsmäßig abgedeckt oder in einer Gesamtkalkulation wirtschaftlich aufgefangen werde. Eine rationale, womöglich professionelle Haltung werde ferner oft bei „anonymen Verletzten“ vorherrschen.[155] Als weiteres Gegensatzpaar stünden sich Verletzte mit großer und kleiner Handlungs- und Beschwerdemacht gegenüber. Hier verfüge der emotional berührte, vorwiegend von Aggressionsdelikten betroffene „persönlich“ Verletzte typischerweise über eine eher kleine Handlungskompetenz, während die des stär-

151 *Rieß*, FS Pfeiffer, S. 155.

152 Nochmals: BT-Drucks. 7/551, S. 44.

153 *Rieß*, FS Schäfer, S. 204.

154 *Rieß*, Gutachten, S. C67.

155 A.a.O., S. C64.

ker rational eingestellten, vorwiegend von Vermögensdelikten betroffenen „anonymen“ Verletzten regelmäßig größer sei.[156] Grob lasse sich die prozessuale Stellung des Verletzten mit einer Aktiv- und einer Passivposition umreißen. Bei der Aktivposition dominiere der Verfolgungswille des Verletzten. Sie werde getragen von seinem Genugtuungs- oder seinem Restitutionsbedürfnis. In der Passivposition dominiere seine Schutzbedürftigkeit und sein Informationsinteresse.[157]

Aus diesen Überlegungen leitete *Rieß* vier vom 55. DJT im Wesentlichen gebilligte, legitime Funktionen strafprozessualer Verletztenbeteiligung und -berücksichtigung ab. Das Genugtuungsverlangen des Verletzten müsse erstens im Rahmen der Zwecke des materiellen Strafrechts Berücksichtigung finden.[158] Zweitens müsse dem Schadensersatzinteresse des Verletzten entgegengekommen werden, soweit dadurch nicht vorrangige materiell-rechtliche und strafprozessuale Interessen beeinträchtigt werden.[159] Drittens müsse dem Verletzten eine Befugnis zur Kontrolle strafverfolgender Tätigkeit aus einer selbstständigen Verletztenposition heraus eingeräumt werden.[160] Viertens müsse der Verletzte eine gesicherte, mit ausreichenden Informationsbefugnissen verbundene Schutz- und Abwehrposition insbesondere gegen Verantwortungszuweisungen und Diskriminierungen erhalten.[161]

Die von *Rieß* vorgenommene Aufstellung der Funktionen strafprozessualer Verletztenbeteiligung sollte in ihrer Ausgewogenheit jedoch nicht über die klare Gewichtung der Beteiligungszwecke hinwegtäuschen. Während das Genugtuungs- Wiedergutmachungs-, Kontroll- und Mitwirkungsbedürfnis des Verletzten weiterhin mitberücksichtigt wurden, bildeten seine Schutzbedürfnisse letztlich das prägende Element im Schrifttum und auf den Verhandlungen des 55. DJT.[162] Insofern konzentrierten sich die Überlegungen auf die prozessualen Abwehrrechte, gerichtliche Fürsorgepflichten und Möglichkeiten, „den Schaden, den die justizielle Maschinerie auslöst, möglichst gering zu halten“.[163]

---

156 A.a.O., S. C67.

157 A.a.O., S. C63.

158 A.a.O., S. C65; ähnl. *Meyer-Goßner*, ZRP 1984, S. 229.

159 *Rieß*, Gutachten, S. C65.

160 Ebd.

161 Ebd.; 55. DJT, Bd. 2, S. L184.

162 *Jung*, JR 1984, S. 310; *Rieß*, Gutachten, S. C116; *Rieß*, FS Schäfer, S. 204. Schöch sprach in diesem Kontext von „defensiver Waffengleichheit“ (*Schöch*, NStZ 1984, S. 386).

163 *Jung*, ZStW 1981, S. 1150; 55. DJT, Bd. 2, S. L184; *Hammerstein* in: 55. DJT, Bd. 2, S. L26; *Odersky* in: 55. DJT, Bd. 2, S. L44. Darüber hinaus könne die Mitwirkung des Verletzten genutzt werden „für die bessere Erfassung der sozialen Wirklichkeit, zu der

II. Grenzen strafprozessualer Verletztenbeteiligung

Die Mitwirkung des Verletzten am Strafverfahren sollte nach einhelliger Meinung negativ in drei Richtungen begrenzt werden. Erstens sollte eine verstärkte Berücksichtigung der Verletzteninteressen nicht mit der Beschneidung der historisch gewachsenen Verteidigungsmöglichkeiten des Beschuldigten und dem Abbau rechtsstaatlicher Sicherungen erkauft werden.[164] Die Stellung des Verletzten solle deshalb nur behutsam und auch nur begrenzt gestärkt werden.[165] Zweitens sollte der Konflikt zwischen dem öffentlichem Aufklärungsinteresse und dem Anspruch effektiven Opferschutzes weder durch einen Wahrheitsrigorismus, noch aus Rücksicht auf den Verletzten einseitig zu Lasten der Verdachtsklärung gelöst werden. [166] Drittens sollte die Beteiligung des Verletzten den Ablauf des Verfahrens und die Ressourcen der Justiz nicht in unbilliger Weise belasten.[167]

III. Einheits- oder Zwei-Klassen-Lösung?

Im Hinblick auf die Gesamtreform des Systems strafprozessualer Verletztenbeteiligung schlug *Rieß* die weitgehende Auflösung der bestehenden Beteiligungsformen vor, um sie durch eine allgemeine Verletztenstellung zu ersetzen.[168] Ausgehend von einer für das ganze Strafverfahren geltenden Grundposition sollten aus den für die einzelnen Verfahrensabschnitte nach den spezifischen Situationen und Bedürfnissen des Verletzten entsprechende Befugnisse abgeleitet werden.[169] Jedem Verletzten sollten bestimmte Mindestrechte im Verfahren einräumt werden, ohne ihm jedoch Initiativpflichten oder

---

die Belange des Verletzten nicht minder gehören als die des Beschuldigten, der Förderung der Einsicht des Täters und damit für seine Sozialisation, der Förderung des Verständnisses des Verletzten für den Sinn und die Grenzen des staatlichen Strafverfahrens, die Förderung des Ausgleichs zwischen Täter und Verletztem und die Stärkung des Rechtsbewusstseins in der Rechtsgemeinschaft" (*Odersky* in: 55. DJT, Bd. 2, S. L44).

164 55. DJT, Bd. 2, S. L184; *Odersky* in: A.a.O., S. L32, L44; *Schöch* in: A.a.O., S. L54; *Greeven* in: A.a.O., S. L91f.; *Weigend*, ZStW 1984, S. 782; *Jung*, JR 1984, S. 310; *Rieß*, Gutachten, S. C65; *Schöch*, NStZ 1984, S. 386.

165 *Hammerstein* in: 55. DJT, Bd. 2, S. L9.

166 *Odersky* in: A.a.O., S. L44; *Rieß*, Gutachten, S. C65; *Weigend*, ZStW 1984, S. 788; *Jung*, ZStW 1981, S. 1155.

167 *Weigend*, ZStW 1984, S. 781; *Rieß*, Gutachten, S. C65, C125; 55. DJT, Bd. 2, S. L184; *Odersky* in: 55. DJT, Bd. 2, S. L44.

168 Die von *Weigend* geleistete „Schützenhilfe" für *Rieß* wird im folgenden mitverwertet; zust. auch *Schöch*, NStZ 1984, S. 389. Zur restriktiven Einheitslösung *Meyer-Goßners* s. *ders.*, ZRP 1984, S. 232.

169 *Rieß*, Gutachten, S. C116.

– wie bei der Privatklage – eine Strafverfolgungslast aufzubürden.[170] Die hieraus resultierende „Einheitslösung“ sollte einem möglichst breiten Spektrum an Opferrollen, d.h. von völliger Abstinenz bis zu größter Aktivität, im Ermittlungs-, Haupt- und Rechtsmittelverfahren einen angemessenen Raum bieten.[171]

Eine Einheitslösung war nach Ansicht *Rießs* vorrangig deshalb der vorzugswürdige Weg strafprozessualer Verletztenbeteiligung, weil eine schlüssige Auswahl zu privilegierender Verletzter scheitern müsse. So könnten normierbare und sachgerechte Kriterien für eine Begrenzung des Verletztenkreises jedenfalls nicht aus dem gegenwärtigen Stand der empirischen und viktimologischen Forschung abgeleitet werden. Auch eine gesetzessystematisch naheliegende Auswahl nach Deliktstatbeständen sei nicht optimal. Denn die für eine starke Berücksichtigung des Verletzten sprechenden Lebenssachverhalte stimmten nicht hinreichend zuverlässig mit den Deliktsbeschreibungen in den gesetzlichen Tatbeständen oder Tatbestandsgruppen überein. Hinzu kämen praktische Schwierigkeiten in der Handhabung zusammengesetzter Tatbestände oder bei Gesetzes- und Idealkonkurrenz.[172] Bei der Verletzung höchstpersönlicher Rechtsgüter oder bei Aggressions- und Gewaltdelikten, insbesondere solchen, bei denen das Handeln gegen den Willen des Opfers zum Tatbestand gehöre, sei zwar eine gesicherte Verletztenposition besonders dringlich. Doch auch bei der reinen Eigentums- und Vermögenskriminalität könnten vielfach Fälle genannt werden, in denen der Verletzte schutzbedürftig sei und einer gesicherten Rechtsstellung im Strafverfahren bedürfe. Zudem gewinne der Schadensausgleichsaspekt bei Vermögensdelikten eine besonders gravierende Bedeutung.[173] Auch der Ausschluss einer Beteiligungsbefugnis für Delikte, die nach der gesetzlichen Schwerebewertung der Tat aufgrund des Strafrahmens von geringer Bedeutung erscheinen, scheitere daran, dass Delikte ausgeblendet würden, bei denen eine besonders kritische Täter-Opfer-Beziehung geradezu typisch sei.[174] Zudem sprach sich *Rieß* gegen die von *Prinz* vorgeschlagene Zulassungslösung[175] aus. Über die bloße Leerformel hinaus, dass der Verletzte ein besonders berechtigtes Interesse an der Beteiligung geltend machen müsse, ließen sich durch den Gesetzgeber sachgerechte und praktikable Zulassungsvo-

170 *Weigend*, ZStW 1984, S. 783.

171 *Weigend*, ZStW 1984, S. 781f.

172 *Rieß*, Gutachten, S. C118f.

173 A.a.O., S. C118; zust. *Schöch* in: 55. DJT, Bd. 2, S. L106.

174 *Rieß*, Gutachten, S. C118.

175 Vgl. nochmals *Prinz*, ZRP 1971, S. 129.

raussetzungen wohl kaum beschreiben. Wären sie beschreibbar, so sei ihr Vorliegen in früheren Verfahrensstadien oft nicht zuverlässig zu beurteilen.[176]

Um einer Überbeanspruchung von Justizressourcen durch ein Mitwirkungsrecht jedes, d.h. potentiell auch einer Vielzahl von Verletzten entgegenzuwirken, verfolgte *Rieß* mehrere Ansätze. Je weiter der Kreis der beteiligungsberechtigten Verletzten gezogen werde, desto enger werde aus Sachzwängen justizökonomischer Art der Umfang ihrer Befugnisse bemessen werden müssen.[177] Insofern sollten die Vorzüge einer Einheitslösung justizökonomisch mit einer Reduktion von Mitwirkungsrechten des Verletzten insbesondere in der Hauptverhandlung erkauft werden. Alle über ein Akteneinsichtsrecht hinausgehenden Rechte sollten zudem von der Abgabe einer Anschlusserklärung nach dem Vorbild der Nebenklage abhängig gemacht werden.[178] Wegen des Ausscheidens Desinteressierter, d.h. aller Verletzten, die auf die Abgabe einer Anschlusserklärung verzichten, verringere sich das Gewicht von Praktikabilitäts- und Belastungseinwänden gegen eine einheitliche Verletztenbeteiligung.[179] Für die im Bereich der Wirtschaftsstrafsachen und Konkursdelikte absehbaren Fälle, in denen eine große Zahl von Verletzten den Anschluss erklären können, sollte vorgesehen werden, dass mehrere Verletzte ihre Befugnisse nur durch einen oder mehrere Vertreter gemeinschaftlich wahrnehmen können. Dass hierbei Interessenkonflikte auftreten oder bestimmte Verletztenpositionen sich nicht artikulieren können, sollte nach Ansicht *Rießs* zur Vermeidung einer Hypertrophie der Verletztenbeteiligung in Kauf genommen werden.[180]

Der 55. Deutsche Juristentag erteilte der von *Rieß* vorgeschlagenen Einheitslösung eine Absage.[181] Der Vorschlag, so *Hammerstein*, sei zwar eine „grandiose Vision".[182] Sie gebe aber vielen Verletzten Rechte, die sie nicht benötigen und nehme andererseits den Nebenklageberechtigten das „unentbehrliche" Beweisantragsrecht.[183] Prozessökonomisch bringe der Vorschlag für den Prozessab-

176 *Rieß*, Gutachten, S. C187.

177 A.a.O., S. C118.

178 Der Anschluss sollte in jeder Lage des Verfahrens, auch schon im Ermittlungsverfahren möglich sein, vgl. hierzu A.a.O., S. C119f., C123, C135; *Weigend*, ZStW 1984, S. 783.

179 *Rieß*, Gutachten, S. C119; *Weigend*, ZStW 1984, S. 781.

180 *Rieß*, Gutachten, S. C121f. Vgl. hierzu die Einwände *Oehlschlägers* in: *Hahn*, Materialien I, S. 1108.

181 55. DJT, Bd. 2, S. L187; *Hammerstein* in: A.a.O., S. L25; *Odersky* in: A.a.O., S. L47. Zuspruch fand die Einheitslösung dagegen bei *Schöch* (in: A.a.O., S. L106) und *Wessel* (in: A.a.O., S. L104).

182 *Hammerstein* in: A.a.O., S. L11.

183 Ebd.

lauf zu viel verfahrenshemmenden Ballast. Schon der Verletztenbegriff sei nicht in einer kurzen, abschießenden Formel zu erfassen.[184] Zudem befürchtete *Jung*, der Versuch einer Legaldefinition des „Verletzten“ werde letztlich unlösbare, begriffliche Unsicherheiten zementieren.[185] *Hamm* zufolge führe eine allgemeine Verletztenstellung potentiell zur Einführung einer Massennebenklage in Verfahren mit einer Unzahl von Verletzten. Die von *Rieß* vorgeschlagene Gruppenvertretung von Verletzten bedeute praktisch die Einführung einer abzulehnenden Verbandsnebenklage.[186] Beide Wege – also das „Nebenklägermassenverfahren“[187] und die Verbandsnebenklage – bedeuteten eine gravierende Schwächung der Rechtsposition des Beschuldigten.[188] Damit entschied sich der 55. DJT für die vergleichsweise konservative „Zwei-Klassen-Lösung“ *Hammersteins*, bei der jedem Verletzten nur ein Grundbestand von Rechten zugebilligt und ein ausgewählter Kreis von Verletzten das Privileg der Nebenklageberechtigung erhalten sollte.[189]

IV. Rechte des Verletzten „zweiter Klasse“

Ungeachtet der Nebenklageberechtigung sollte insofern jedem Verletzten ein eng umgrenzter Kreis von Verfahrensrechten eingeräumt werden. Abgesehen von der Zeugnispflicht sollte es der Entscheidung des Verletzten überlassen bleiben, ob er von den Möglichkeiten einer Beteiligung am Strafverfahren Gebrauch macht.[190] Der 55. DJT sprach sich für eine gesetzliche Regelung aus, nach der sich der Verletzte bei der Wahrnehmung seiner Rechte eines Beistands bedienen kann.[191] Als Beistand sollte jeder Rechtsanwalt gewählt werden können. Andere Personen sollten dagegen nur mit Genehmigung des Gerichts als Beistand auftreten können.[192] Der 55. DJT sprach sich gegen einen vom Deutschen Richterbund gebilligten Vorschlag[193] aus, jedem Verletzten auf dessen Antrag in Verfahren wegen einer Straftat gegen die sexuelle Selbstbestimmung bereits im Vorverfahren einen Rechtsanwalt als Beistand zu be-

184 *Odersky* in: A.a.O., S. L37.
185 *Jung*, ZStW 1981, S. 1161.
186 *Hamm* in: 55. DJT, Bd. 2, S. L159f.
187 *Rieß* in: A.a.O., S. L162.
188 *Hamm* in: A.a.O., S. L160f.
189 *Hammerstein* in: A.a.O., S. L25.
190 A.a.O., S. L184.
191 A.a.O., S. L185; ähnl. *Meyer-Goßner*, ZRP 1984, S. 232.
192 55. DJT, Bd. 2, S. L186.
193 *Günter* in: 55. DJT, Bd. 2, S. L61.

stellen.[194] *Schöch* wollte als Verletztenbeistand nicht nur Rechtsanwälte, sondern auch eine Vertrauensperson aus einer anerkannten Opferschutzvereinigung zulassen.[195] Ein dementsprechender Beschluss kam jedoch nicht zur Abstimmung. Dem Verletzten sollte in Anlehnung an § 147 StPO ein gesetzlicher Anspruch auf Einsicht in die Akten durch einen Rechtsanwalt eingeräumt werden.[196] Die Akteneinsicht sollte versagt werden können, soweit sie den Untersuchungszweck gefährde oder überwiegende Belange des Beschuldigten oder anderer Beteiligter entgegenstehen.[197] Nach einhelliger Auffassung sollten auch die Informationsrechte des Verletzten verbessert werden.[198] Der 55. DJT beschloss entsprechend einem Antrag *Hammersteins*, dass dem Verletzten auf dessen Antrag Informationsmöglichkeiten über den Stand des Verfahrens einzuräumen seien.[199] *Hammerstein* wollte die Informationsrechte auf Auskünfte über Verfahrensstand und besondere Umstände des Verfahrens, deren Kenntnis im Interesse des Verletzten liegt, beschränken.[200] Der Verletzte sollte zudem nach einem Vorschlag *Oderskys* eine Nachricht vom Ausgang des Verfahrens erhalten.[201]

Eine Mehrheit des 55. DJT und des Schrifttums wandte sich gegen Vorschläge, die Stellung des Verletzten durch eine Anpassung des Zeugenschutzes zu verbessern. So lehnte der DJT einen Antrag *Hammersteins* ab, das Auskunftsverweigerungsrecht des § 55 StPO auf Fragen auszudehnen, die zur Unehre gereichen.[202] Abgelehnt wurde zudem ein Antrag *Hammersteins*, nach dem Fragen aus dem höchstpersönlichen Lebensbereich, deren Beantwortung dem Zeugen zur Unehre gereichen kann, auf Antrag des Befragten nur durch Ver-

---

194 55. DJT, Bd. 2, S. L186.

195 *Schöch* in: 55. DJT, Bd. 2, S. L107.

196 55. DJT, Bd. 2, S. L184; *Rieß*, Gutachten, S. C119f., 123, 135.; *Weigend*, ZStW 1984, S. 783.

197 55. DJT, Bd. 2, S. L184; *Odersky* in: A.a.O., S. L36; *Hammerstein* in: A.a.O., S. L23, L27; *Franzheim* in: A.a.O., S. L78.

198 *Hammerstein* in: A.a.O., S. L27; *Meyer-Goßner*, ZRP 1984, S. 230f.

199 55. DJT, Bd. 2, S. L185; *Hammerstein* in: A.a.O., S. L27.

200 *Hammerstein* in: A.a.O., S. L27.

201 *Odersky* in: A.a.O., S. L36; Weiter gingen dagegen die Vorschläge *Weigends* und *Rießs*, dass der Verletzte im Ermittlungsverfahren vom Termin der Hauptverhandlung benachrichtigt werden sollte (*Rieß*, Gutachten, S. C136, 123; *Weigend*, ZStW 1984, S. 788; ähnl. *Meyer-Goßner*, ZRP 1984, S. 231). Zudem solle er auch in regelmäßigen, etwa vierteljährlichen Abständen über den Stand der Ermittlungen informiert und zur Abgabe etwaiger Beweisanträgen aufgefordert werden (*Weigend*, ZStW 1984, S. 783).

202 55. DJT, Bd. 2, S. L185.; *Hammerstein* in: A.a.O., S. L9, L20, L26.

mittlung des Vorsitzenden vorgelegt werden dürfen.[203] Ein Auskunftsverweigerungsrecht des Opfers bei diskriminierenden Fragen stellte insbesondere nach Ansicht *Weigends* und *Rießs* eine zu weitgehende Beeinträchtigung der Beschuldigtenrechte und des staatlichen Aufklärungsinteresses dar.[204] Vorrangig sollte nach Ansicht *Jungs* die sich aus der Sonderstellung des Verletzten als Zeuge ergebende Konfliktsituation durch die Form und den Stil der Vernehmung und den Kommunikationsstil im Gerichtssaal aufgefangen werden.[205] Während *Jung* das bestehende Instrumentarium der StPO nach den Maßgaben des BVerfG[206] als im Wesentlichen zureichend erachtete, wollte *Weigend* den Strafverfolgungsbehörden durch die Normierung eines „Grundsatzes der schonenden Behandlung" den rechten Weg aufzeigen.[207] Auch eine Ausdehnung des Anwendungsbereichs des § 68a StPO auf Fragen aus dem höchstpersönlichen Lebensbereich des Zeugen lehnte der 55. DJT ab.[208] Allerdings sollten die Belange des Verletzten bei der Anwendung des § 68a StPO stärker berücksichtigt werden. Darüber hinaus sprachen nach Ansicht der Mehrheit des 55. DJT überwiegende Bedenken gegen Beweisthemenverbote beispielsweise über die sexuelle Vergangenheit von Vergewaltigungsopfern oder über sonstige, den höchstpersönlichen Lebensbereich des Verletzten betreffende Umstände. Es sei aber gesetzlich klarzustellen, dass dem Zeugen das Recht zur Beanstandung an ihn gerichteter Fragen nach § 242 StPO zustcht.[209] Offener zeigte sich die Mehrheit des 55. DJT für Öffentlichkeitsbeschränkungen im Interesse des Verletzten. Die Möglichkeiten des geltenden Rechts, die Öffentlichkeit auszuschließen, sollten großzügiger angewendet werden. Die Abwägungsklausel des § 172 Nr. 2 GVG sei in Richtung auf eine stärkere Betonung des Persönlichkeitsschutzes aller Prozessbeteiligten zu ändern.[210]

V. Privatklage

Das Privatklageverfahren sollte nach Ansicht *Hammersteins*, *Plögers* und *Wendischs* beibehalten werden.[211] *Hammerstein* wollte die Regelungen über

---

203 A.a.O., S. L185.

204 *Weigend*, ZStW 1984, S. 784.

205 *Jung*, ZStW 1981, S. 1173.

206 Vgl. BVerfGE 33, 367.

207 *Weigend*, ZStW 1984, S. 788; *Jung*, ZStW 1981, S. 1173f.

208 55. DJT, Bd. 2, S. L185.

209 Ebd.

210 A.a.O., S. L187.

211 *Hammerstein* in: A.a.O., S. L25; *Wendisch* in: A.a.O., S. L115; *Plöger* in: A.a.O., S. L118; *Schöch* in: A.a.O., S. L124f.; *Meyer-Goßner* befürwortete vor dem Hinter-

das Privatklageverfahren um eine dem § 153a StPO entsprechende Vorschrift ergänzen.[212] *Plöger* verteidigte die Privatklage unter dem Gesichtspunkt der Mündigkeit des Bürgers. Je mehr man aus der Bevormundung des Staates ausklammern könnte, desto besser.[213] *Schöch* und *Hammerstein* argumentierten, die Beseitigung der Privatklage komme praktisch einer Verweigerung des Strafrechtsschutzes auf dem Gebiet der Ehre und der körperlichen Integrität gleich.[214] Zwar werde der Ehre eine geringere Bedeutung zugemessen als in den 1950er Jahren und die Durchsetzung des Ehrschutzes verlagere sich zunehmend auf das Gebiet des Zivilprozesses. In Grenzfällen müsse der Einzelne jedoch weiterhin selbst das Recht haben, seine Ehre durch den unmittelbaren Zugang zum Richter wiederherstellen zu lassen.[215] Der 55. DJT sprach sich jedoch für die Beseitigung der Privatklage aus, falls und sobald ein Sühne- oder Restitutionsverfahren außerhalb der Privatklage geschaffen werden kann.[216]

VI. Klageerzwingungsverfahren

Teile des 55. DJT sprachen sich für eine Beseitigung des Klageerzwingungsverfahrens aus. Nach Ansicht *Plögers* handle es sich um einen „reinen Papiertiger".[217] Die Oberlandesgerichte sähen ihre Aufgabe im Wesentlichen darin, Formalien festzustellen, die nicht eingehalten worden sind und den Antrag „abzuschmettern".[218] Stattdessen solle die subsidiäre Privatklage eingeführt werden.[219] Ein dementsprechender Antrag fand jedoch keine Mehrheit.[220] Die Mehrheit des 55. DJT und des Schrifttums vertrat die Ansicht, dass eine „Außenkontrolle"[221] staatsanwaltschaftlicher Einstellungsentscheidungen nach § 170 Abs. 2 StPO angesichts des Machtzuwachses, den die Staatsanwaltschaft seit ihrer Einführung erfahren hatte, auch weiterhin notwendig sei. Zugunsten des Klageerzwingungsverfahrens wurden die üblichen Argumente angeführt. Der Wert des Klageerzwingungsverfahrens liege gerade in seiner prinzipiellen,

---

grund der Entlastungsfunktion der Privatklage deren Ausweitung auf die Nötigung (vgl. *Meyer-Goßner*, ZRP 1984, S. 230).

212 *Hammerstein* in: 55. DJT, Bd. 2, S. L25.

213 *Plöger* in: A.a.O., S. L118.

214 *Schöch* in: A.a.O., S. L124f.; *Schöch*, NStZ 1984, S. 389.

215 *Hammerstein* in: 55. DJT, Bd. 2, S. L131f.

216 A.a.O., S. L189.

217 *Plöger* in: A.a.O., S. L116.

218 *Plöger* in: A.a.O., S. L119.

219 Ebd.; zust. *Hammerstein* in: A.a.O., S. L131; *Meyer-Goßner*, ZRP 1984, S. 231.

220 55. DJT, Bd. 2, S. L190.

221 *Jung*, ZStW 1981, S. 1165.

rechtsstaatlichen Bedeutung als „Präventivinstitution“ und gerade nicht in der Häufigkeit seiner Anwendung oder der Erfolgsquote der Beschwerden, sondern in seiner prinzipiellen, rechtsstaatlichen Bedeutung.[222] Es diene nicht nur der Kontrolle des Legalitätsprinzips, sondern auch der Kontrolle der Staatsanwaltschaft als hierarchisch aufgebauter Behörde, bei der jedenfalls prinzipiell die Möglichkeit politischer Einflussnahme auf Einstellungsentscheidungen bestehe.[223]

VII. Verletztenbeteiligung und Opportunitätsprinzip

Neben den Einstellungen nach § 170 Abs. 2 StPO stellte sich die Frage nach der Einflussnahme des Verletzten auf Einstellungsentscheidungen gem. §§ 153ff. StPO. Nach Ansicht *Weigends* könne der Verletzte durch eine ermessensfehlerhafte Verfahrenseinstellung ebenso in seinem berechtigten Verlangen nach rechtlich einwandfreier Erledigung „seines“ Falles durch die Strafjustiz beeinträchtigt sein wie durch eine Einstellung nach § 170 Abs. 2 StPO.[224] *Schöch* argumentierte, dass es sich bei Einstellungen nach §§ 153ff. StPO um routinemäßige Entscheidungen mit „eingespielten Teams“ handle, bei denen die Gefahr bestehe, dass eine „natürliche Interessenkoinzidenz zwischen Richter und Staatsanwalt mit dem Ziel, lästige Verfahren möglichst einfach zu erledigen, zu einer Beeinträchtigung der Verletzteninteressen“ führen könne.[225]

Zur Kontrolle staatsanwaltschaftlicher Ermessensentscheidungen konnten drei Modelle herangezogen werden. Zunächst kam die subsidiäre Privatklage in Betracht. In seinem Gutachten erteilte *Rieß* diesem Lösungsansatz jedoch angesichts der kriminalpolitischen Funktion der §§ 153ff. StPO eine Absage. Die subsidiäre Privatklage könne zu tiefgreifender Ungleichbehandlung in der Erledigung gleichgelagerter Fälle führen und würde nicht berücksichtigen, dass der Staatsanwaltschaft mit der Handhabung der Einstellungsvoraussetzungen ein primär von ihr zu verantwortendes kriminalpolitisches Instrumentarium in die Hand gegeben sei, das nicht durch den Verletzten unterlaufen werden dürfe.[226] Mit gleichlautender Begründung sprachen sich *Rieß* und *Weigend* gegen eine Einschränkung staatsanwaltschaftlichen Ermessens durch

222 *Doller* in: 55. DJT, Bd. 2, S. L126.

223 *Schöch* in: A.a.O., S. L123. Den „blinden Fleck“ des Klageerzwingungsverfahrens verortete *Jung* in Anlehnung an *Gneist* vorrangig im Bereich der Straftaten zum Schutz der Allgemeinheit. Eine Kontrolle sei durch eine vorsichtige Ausdehnung des Verletztenbegriffs zu erwägen (*Jung*, ZStW 1981, S. 1166).

224 *Weigend*, ZStW 1984, S. 787.

225 *Schöch* in: 55. DJT, Bd. 2, S. L124.

226 *Rieß*, Gutachten, S. C81.

eine dem Verletzten einzuräumende Vetomacht aus.[227] Vorzugswürdig erschien nach Ansicht *Rießs*, *Weigends* und *Schöchs* dagegen eine Ausdehnung des Anwendungsbereichs des Klageerzwingungsverfahrens auf Einstellungen nach §§ 153ff. StPO.[228] Nach einem Vorschlag *Weigends* sollten überflüssige Beschwerdeverfahren im Vorfeld der Verfahrenseinstellung durch eine einzuholende Stellungnahme des Verletzten vermieden werden.[229]

Eine derartige Ausdehnung des Klageerzwingungsverfahrens lehnten die Mehrheit 55. DJT und Teile des Schrifttums jedoch ab.[230] Nach Ansicht *Jungs, Oderskys* und *Hammersteins* sei ein Klageerzwingungsverfahren gegen Ermessensentscheidungen der Staatsanwaltschaft impraktikabel, weil eine richterliche Kontrolle angesichts der staatsanwaltschaftlichen Entscheidungsspielräume weitgehend leerlaufen würde.[231] Denn es fehle an sicheren Kriterien für eine Berichtigungsentscheidung durch das Oberlandesgericht. Kontrollfähig wäre nur die Rechtmäßigkeit und nicht auch die Zweckmäßigkeit der Opportunitätsentscheidung.[232] Ein Klageerzwingungsrecht des Verletzten in Fällen der §§ 153ff. StPO beeinträchtige auch zu stark die Interessen des Beschuldigten, der die notwendige Zustimmung zur Einstellung nur geben könne, wenn er auch sicher sei, dass der Einstellungsbeschluss bindend bleibt, und wenn er nicht bei einer vom Verletzten erzwungenen Fortsetzung des Verfahrens riskiere, die früher gegebene Zustimmung zur Einstellung als Schuldanerkenntnis bewertet zu sehen.[233] Das OLG würde durch querulatorische Beschwerden überflutet. Im Übrigen bilde das Erfordernis der Zustimmung des Instanzgerichts eine zureichende Kontrolle staatsanwaltschaftlichen Ermessens.[234]

---

227 *Weigend*, ZStW 1984, S. 787f.; *Rieß*, FS Schäfer, S. 204.

228 *Weigend*, ZStW 1984, S. 787; *Rieß*, FS Schäfer, S. 204; *Schöch*, NStZ 1984, S. 389 unter Verweis auf *Werner*, NStZ 1984, S. 401.

229 *Weigend*, ZStW 1984, S. 787f.; *Rieß*, FS Schäfer, S. 204.

230 55. DJT, Bd. 2, S. L190f.; *Odersky* in: A.a.O., S. L39, L47f.; *Franzheim* in: A.a.O., S. L97. Eine Ausnahme solle nach Ansicht *Hammersteins* allerdings für Beleidigungs- und Körperverletzungsverfahren gelten. Das Genugtuungsinteresse des Verletzten erfordere hier eine Einstellungskontrolle. In diesem beschränkten Rahmen empfahl Hammerstein also, den Einstellungsbeschluss nach § 153a StPO der Klageerzwingung für den Verletzten zu öffnen oder gar die Einstellung von der Zustimmung des Verletzten abhängig zu machen (*Hammerstein* in: A.a.O., S. L15).

231 *Jung*, ZStW 1981, S. 1166.

232 *Hammerstein* in: 55. DJT, Bd. 2, S. L15.

233 Ebd.

234 *Odersky* in: A.a.O., S. L39; ähnlich *Franzheim* in: A.a.O., S. L97.

VIII. Nebenklage

Nach der Beschlusslage des 55. DJT sollte die Nebenklage beibehalten, aber weitgehend neugestaltet werden.[235] Eine Neugestaltung der Mitwirkungsrechte des Nebenklägers sollte sich auf den Kreis der Anschlussberechtigten, den Zeitpunkt der Anschlussbefugnis, die Befugnisse des Nebenklägers und die Kosten der Nebenklage erstrecken.[236] Maßgeblich für die Reform der Nebenklage sollten dabei nicht mehr die Kontrolle der staatlichen Strafverfolgung, sondern vorrangig die nähere Einbeziehung des Verletzten und sein Schutz sein.[237]

1. Kreis der Anschlussberechtigten

Da mit der Entscheidung für eine Zwei-Klassen-Lösung die Anschlussbefugnis nicht allen Verletzten eingeräumt werden sollte, mussten der personale und sachliche Anwendungsbereich der Nebenklage neu geordnet werden.[238] Auch weiterhin sollte nach mehrheitlicher Ansicht des 55. DJT die Nebenklage im Anschluss an das erfolgreich durchgeführte Klageerzwingungsverfahren möglich sein.[239] Auch die Angehörigen eines durch eine rechtswidrige Handlung Getöteten sollten weiterhin nebenklagebefugt sein.[240] Da der 55. DJT sich für die Beseitigung der Privatklage und eine Trennung von Privat- und Nebenklage aussprach, sollte aber die Anschlussbefugnis des Privatklageberechtigten wegfallen. Darüber hinaus sollte auch die Anschlussbefugnis nach Übernahme der Verfolgung eines Privatklagedelikts durch die Staatsanwaltschaft beseitigt werden.[241] Der Kreis der Anschlussberechtigten sollte künftig straftatbezogen und anhand der Belange des Verletzten ausgerichtet werden.[242] Damit stellte sich die Frage, bei welchen Straftaten das – mittlerweile unzweideutig als Privileg verstandene – Nebenklagerecht vergeben werden sollte.

Einigkeit herrschte jedenfalls darüber, dass die Opfer von Vergewaltigungen und sexuellen Nötigungen unmittelbar und ohne den Umweg konkurrierender Beleidigungs- und Körperverletzungsdelikte anschlussbefugt sein sollen.[243]

---

235 *Hammerstein* in: A.a.O., S. L13.

236 5 A.a.O., S. L187.

237 *Odersky* in: A.a.O., S. L37.

238 A.a.O., S. L187.

239 A.a.O., S. L188.

240 Ebd., S. L188; a.A. *Meyer-Goßner*, ZRP 1984, S. 231.

241 55. DJT, Bd. 2, S. L187f.

242 A.a.O., S. L187.

243 *Hübner* in: A.a.O., S. L101f.; *Hammerstein* in: A.a.O., S. L26; *Odersky* in: A.a.O., S. L37.

Zutreffend stellte *Hübner* fest, dass die Stimmen für eine Beseitigung der Nebenklage gerade vor dem Hintergrund einer zunehmenden Sensibilisierung für die Stellung der Frau in Vergewaltigungsprozessen an Gewicht verloren hätten.[244] Das Institut der Nebenklage habe sich zudem in Sexualstrafverfahren insgesamt bewährt.[245] Zwar sei im Interesse des Vergewaltigungsopfers nach Ansicht *Hammersteins* zu beachten, dass der Nebenkläger in Aussage-gegen-Aussage-Konstellationen als „wertgeminderter Zeuge“ betrachtet werden könnte. Derartige Bedenken seien aber im Ergebnis zurückzustellen.[246] Außer unter den Vertretern der Einheitslösung fand die Anschlussbefugnis für Vermögensdelikte keine Befürworter.[247] Zwiegespalten zeigte sich *Odersky* im Hinblick auf die Anschlussbefugnis bei fahrlässiger Körperverletzung. Was sich in der Praxis im Bereich der Straßenverkehrsdelikte eingespielt habe, sei zwar ein Ärgernis. Aber in anderen Konstellationen, z.B. nach ärztlicher Behandlung, sei ein Bedürfnis für die Mitwirkung des Verletzten nicht zu bestreiten.[248] Bei der fahrlässigen Körperverletzung im Zusammenhang mit dem Straßenverkehr sollte die Anschlussbefugnis des Verletzten nach Ansicht *Thomas* an die tatbestandlichen Voraussetzungen des § 315c StGB geknüpft werden.[249]

Der Kreis der Anschlussberechtigten wurde im Ergebnis jedoch nicht fragmentarisch anhand einzelner Delikte, sondern – gegen die von *Rieß* geäußerten Bedenken – gesetzessystematisch bestimmt. Dabei fand ein von *Thomas* geäußerter Vorschlag, den Kreis der Verletzten anhand der in Art. 2 Abs. 2 GG und § 35 StGB genannten Rechtsgüter Leben, Leib und Freiheit zu bestimmen, keine besondere Beachtung. Anschlussberechtigt sollten nach mehrheitlicher Ansicht vielmehr alle Personen sein, die durch eine Straftat gegen höchstpersönliche Rechtsgüter verletzt sind.[250] Der Begriff der höchstpersönlichen Rechtsgüter sei bereits geläufig. Der Kreis der Anschlussberechtigten würde sich weitgehend mit den nach geltendem Recht Nebenklageberechtigten decken. Hinzu kämen jedoch die Verletzten aus Delikten gegen die persönliche Freiheit und der Verletzung der Vertraulichkeit der Privatsphäre und insbesondere gegen die sexuelle Selbstbestimmung. Die Abgrenzung nach höchstpersönlichen Rechtsgütern trage dem Umstand Rechnung, dass die persönliche und emotionale Betroffenheit, aber auch das Bedürfnis nach einem Schutz vor

244 *Hübner* in: A.a.O., S. L101f.; ähnl. *Wessel* in: A.a.O., S. L103.

245 *Hübner* in: A.a.O., S. L101.

246 *Hammerstein* in: A.a.O., S. L14.

247 *Thomas* in: A.a.O., S. L108.

248 *Odersky* in: A.a.O., S. L37.

249 *Thomas* in: A.a.O., S. L98; a.A: *Wessel* in: A.a.O., S. L103.

250 A.a.O., S. L187; *Krekeler* in: A.a.O., S. L96.

weiteren Beeinträchtigungen durch das Verfahren hier regelmäßig stärker seien. Bei der Verletzung höchstpersönlicher Rechtgüter sei weiterhin nicht zu erwarten, dass zahlreiche, vielleicht hunderte von Verletzten innerhalb eines und desselben Verfahrens auftreten.[251]

2. Rechte vor der Hauptverhandlung

Die Beteiligung des Nebenklägers sollte auf das Ermittlungs- und Zwischenverfahren vorverlagert werden. Die sog. Parteiöffentlichkeit richterlicher Ermittlungshandlungen sollte nach Ansicht *Rießs* und *Weigends* als vertrauensbildende Maßnahme auch auf den Nebenkläger erstreckt werden. Das Anwesenheits- und Fragerecht des Verletzten bei der richterlichen Vernehmung von Zeugen und Sachverständigen sollte nur bei Gefährdung des Untersuchungszwecks eingeschränkt werden können.[252] Der Ermittlungsrichter solle über die Zulässigkeit der Anwesenheit des Verletzten entscheiden.[253] Einen dementsprechenden Antrag lehnte die Mehrheit des 55. DJT jedoch ab.[254] Angenommen wurde ein Vorschlag *Oderskys*, dem Nebenkläger ein Recht auf Anhörung vor Ermessenseinstellungen nach § 153ff. StPO einzuräumen.[255]

Hinsichtlich der Rechte des Nebenklägers im Zwischenverfahren folgte der 55. DJT weitgehend den Überlegungen *Rießs* und beschloss, dem Nebenkläger Rechtsbehelfe gegen die Ablehnung der Eröffnung des Hauptverfahrens einzuräumen.[256] Ohne dass hierüber eine Beschlusslage herbeigeführt wurde, schlug *Rieß* zudem vor, dem Verletzten rechtliches Gehör hinsichtlich etwaiger, ergänzender Ermittlungshandlungen nach § 202 StPO zu gewähren.[257]

3. Rechte in der Hauptverhandlung

Die Befugnisse des Nebenklägers in der Hauptverhandlung sollten nach einhelliger Ansicht an den Belangen des Verletzten ausgerichtet und nicht durch Bezugnahme auf das Recht der Privatklage bzw. die Doppelverweisung auf die Rechte des Staatsanwalts bestimmt werden.[258] Nach Ansicht *Rießs* sollte der

---

251 *Odersky* in: 5 A.a.O., S. L37.

252 *Rieß*, Gutachten, S. C124; *Weigend*, ZStW 1984, S. 783; *Jung*, ZStW 1981, S. 1164.

253 *Rieß*, Gutachten, S. C124, 136.

254 55. DJT, Bd. 2, S. L188.

255 Ebd.; *Odersky* in: A.a.O., S. L38.

256 A.a.O., S. L189.

257 *Rieß*, Gutachten, S. C125.

258 55. DJT, Bd. 2, S. L187f.; *Rieß*, Gutachten, S. C126f; *Rieß*, FS Schäfer, S. 205; *Weigend*, ZStW 1984, S. 789.

Verletzte insbesondere verfahrenserleichternde Abweichungen vom normalen Verfahrensablauf, bei denen die StPO regelmäßig die Zustimmung der Hauptprozessbeteiligten vorsieht, nicht durch seine Zustimmungsverweigerung sperren dürfen. Eine Zustimmung des Nebenklägers solle daher nicht erforderlich sein für das Absehen von der Vereidigung, beim Verzicht auf die Verwendung präsenter Beweismittel, beim Verzicht auf eine Verlesung von Urkunden und bei der Verlesung einer richterlichen Niederschrift. In der Hauptverhandlung sollte der Verletzte seine legitimen Interessen aus einer gesicherten Position heraus wahrnehmen können. Für die Mitwirkung des Nebenklägers sollten seine Integration in den Kommunikationsprozess der Hauptverhandlung, eine Betonung seiner Abwehr- und Schutzbefugnisse und zugleich eine Reduktion der dem Nebenkläger nach geltendem Recht zustehenden Angriffsbefugnisse maßgebend sein.[259]

Der Nebenkläger sollte nach einem Beschluss des 55. DJT einen Anspruch auf Terminsmitteilung haben.[260] Er sollte das Recht auf Anwesenheit und Vertretung erhalten.[261] Der Nebenkläger solle nach einem Vorschlag *Rießs* und *Weigends* immer sogleich nach dem Angeklagten als Zeuge vernommen werden, damit er bei einem möglichst großen Teil der Verhandlung anwesend sein kann.[262] Danach sollte er wie die übrigen Prozessbeteiligten das Recht haben, an Zeugen und Sachverständige sowie an den Angeklagten Fragen zu stellen und Beweisanregungen zu geben.[263] Damit würden zwei Ziele erreicht: Einerseits könne das häufig vorhandene Sonderwissen des Verletzten über das Tatgeschehen optimal genutzt werden. Andererseits werde ihm das Gefühl vermittelt, dass er nicht als bloßes Instrument der Sachaufklärung behandelt, sondern als autonomes Verfahrenssubjekt anerkannt wird.[264] Auf Verlangen sollte der Nebenkläger ein Äußerungs- und Fragerecht erhalten.[265] Insbesondere ein Fragerecht hebe den Nebenkläger nach Ansicht *Hammersteins* aus der schwachen und ungeschützten Position des „nur" Zeugen heraus. Das Vertrauen in die Justiz wachse, wenn der Verletzte Sachverständige und Zeugen selbst befragen kann.[266] Ein Beanstandungsrecht gem. §§ 238 Abs. 2, 242 StPO sollte ihm wegen der Schutzkomponente der Verletztenposition eingeräumt wer-

259 *Rieß*, Gutachten, S. C126; *Rieß*, FS Schäfer, S. 205.

260 55. DJT, Bd. 2, S. L188.

261 Ebd.; *Rieß*, Gutachten, S. C 126, C136; *Rieß*, FS Schäfer, S. 205.

262 *Weigend*, ZStW 1984, S. 788.

263 *Rieß*, FS Schäfer, S. 205.

264 *Rieß*, Gutachten, S. C126, C136; *Weigend*, ZStW 1984, S. 788f.

265 55. DJT, Bd. 2, S. L188; *Rieß*, Gutachten, S. C 126, C136; *Rieß*, FS Schäfer, S. 205.

266 *Hammerstein* in: 55. DJT, Bd. 2, S. L13.

den.[267] Entgegen der Ansicht *Rießs*[268] sollte dem Nebenkläger jedoch nach Ansicht der Mehrheit des 55. DJT nicht das Recht auf Richterablehnung zustehen. Nach der Mehrheit des Schrifttums und des 55. DJT sollte der Verletzte kein formelles Beweisantragsrecht erhalten.[269] Wie *Rieß* war auch *Odersky* der Ansicht, dass die maßgebliche Schutzfunktion der Nebenklage auch ohne formelles Beweisantragsrecht erreicht werden könne.[270] Es obliege dem Nebenkläger, die gerichtliche Amtsaufklärungspflicht durch Beweisanregungen zu aktivieren.[271] Nach den Beschlüssen des 55. DJT sollten dem Nebenkläger die in §§ 153 ff. StPO genannten Zustimmungs- und Antragsrechte auch in der Hauptverhandlung nicht zustehen.[272] Bei einer Einstellung in der Hauptverhandlung nach § 153 StPO sei nach Ansicht *Rießs* eine Äußerungsmöglichkeit des Verletzten durch sein Anwesenheitsrecht i.V.m. § 33 StPO gegeben. Auf eine Anhörung des abwesenden und nicht in der Hauptverhandlung vertretenen Nebenklägers vor der Einstellung könne hingegen verzichtet werden.[273] Nach Ansicht *Hammersteins* sei sicherzustellen, dass Ermessenentscheidungen die Rechte und Interessen der Verletzten nicht in unangemessener Weise beeinträchtigen. § 153a StPO solle deshalb um die Formulierung erweitert werden, dass eine Einstellung nicht erfolgen könne, wenn – wie bei Beleidigungsverfahren – ein noch aktuelles Genugtuungsinteresse des Verletzten entgegensteht.[274] Die Einführung eines Schlussgehörs für den Verletzten war in dem Gutachten *Rießs* nicht angedacht.[275] Ein diesbezüglicher Beschluss wurde auch auf dem 55. DJT nicht herbeigeführt. Allein *Weigend* wollte dem Verletzten ausdrücklich das Recht einer Stellungnahme zum Schluss der Hauptverhandlung einräumen. Insbesondere solle er sich zu Art und Maß der Sanktionierung äußern können. Hierbei stehe weniger die pönologische Sachkunde des Verletzten im Vordergrund, sondern wiederum der Gedanke, dass er als Beteiligter

267 A.a.O., S. L188; *Rieß*, Gutachten, S. C126, C136.

268 *Rieß*, Gutachten, S. C126, C136.

269 55. DJT, Bd. 2, S. L188.

270 *Odersky* in: A.a.O., S. L38.

271 *Schöch* in: A.a.O., S. L106. A.A. *Hübner* vor dem Hintergrund der Funktionalisierung des Beweisantragsrechts des Nebenklägers in Vergewaltigungsprozessen (*Hübner* in: A.a.O., S. L102f.).

272 A.a.O., S. L188.

273 *Rieß*, Gutachten, S. C125, C 136.

274 *Hammerstein* in: 55. DJT, Bd. 2, S. L15.

275 *Jung*, JR 1984, S. 311.

ernst genommen, respektiert und auch mit seiner vielleicht sehr subjektiven oder emotional geprägten Meinung angehört werden soll.[276]

4. Rechtsmittel

Der angemessene Umfang der Rechtsmittel des Nebenklägers wurde unterschiedlich bemessen. *Jung* und *Meyer-Goßner* wollten dem Verletzten jedwede Rechtsmittelbefugnis verweigern.[277] *Rieß*, *Weigend* und *Schöch* wollten eine Rechtsmittelbefugnis des Verletzten im Interesse der Verfahrensökonomie und des Beschuldigten auf Konstellationen beschränken, in denen typischerweise eine spezifische Beschwer in Bezug auf seine legitimen Verfahrensinteressen gegeben ist, was vorrangig bei freisprechenden Urteilen der Fall sein sollte.[278] Da Verletzte kein legitimes Genugtuungsinteresse daran haben könne, dass die Strafe möglichst hoch ausfällt, sollte er nicht die Überprüfung von Strafzumessungsgründen in der nächsten Instanz veranlassen können. Die Festlegung der Strafhöhe sei allein Sache des Staates.[279] Eine Beschwerdemacht sollte dem Verletzten auch dann eingeräumt werden, wenn das Verfahren wegen eines Verfahrenshindernisses eingestellt wird.[280] Ein Anschluss solle auch erst zur Einlegung von Rechtsmitteln erfolgen können, da andernfalls vermeidbare Anschlusserklärungen im Vor- oder Hauptverfahren zu erwarten seien. Es sei weder dogmatisch noch rechtspolitisch zu rechtfertigen, ihn von der Revisibilität von Verfahrensverstößen auszuschließen.[281] Für die Zulassung einer Revision des Verletzten gegen freisprechende Urteile sprach nach Ansicht *Weigends*, dass dem Verletzten hierdurch das Gefühl genommen werden könne, durch eine Verschwörung der beteiligten Juristen werde unter Verletzung des Gesetzes die Sühne des ihm zugefügten Unrechts verhindert. Die Eröffnung des Revisionsverfahrens sollte seiner Ansicht nach jedoch in einem vorgeschalteten Verfahren von einer vorherigen Zulassung des Instanz- oder Revisionsgerichts abhängig gemacht werden. Eine summarische Überprüfung der Revision bewahre den Verletzten vor einer allzu großen Kostenlast im Fall offensichtlich vorhersehbaren Misserfolgs. Zudem werde ein zu langer Schwebezustand vor Eintritt der Rechtskraft eines freisprechenden Urteils vermieden.[282] Der 55. DJT folgte weitgehend den Überlegungen *Rießs* und beschloss,

276 *Weigend*, ZStW 1984, S. 789.

277 *Jung*, ZStW 1981, S. 1164; *Meyer-Goßner*, ZRP 1984, S. 230.

278 *Rieß*, Gutachten, S. C136; *Weigend*, ZStW 1984, S. 790.

279 *Schöch* in: 55. DJT, Bd. 2, S. L106; *Schöch*, NStZ 1984, S. 388.

280 *Rieß*, Gutachten, S. C128; *Weigend*, ZStW 1984, S. 788.

281 *Rieß*, Gutachten, S. C128.

282 *Weigend*, ZStW 1984, S. 790.

die Rechtsmittelbefugnis des Nebenklägers auf den Freispruch und die Einstellung des Verfahrens wegen eines Verfahrenshindernisses zu beschränken.[283]

5. *Wiederaufnahmeverfahren*

Keinesfalls sollte dem Verletzten nach Ansicht *Rießs* eine Befugnis eingeräumt werden, ein Wiederaufnahmeverfahren zuungunsten des Beschuldigten zu betreiben.[284] Im Wiederaufnahmeverfahren sollte die Anschlussbefugnis jedoch wiederaufleben, sobald der Wiederaufnahmeantrag für zulässig befunden wird.[285] Eine Rechtsmittelbefugnis in Wiederaufnahmeverfahren solle ihm wiederum nicht eingeräumt werden.[286] Eine dementsprechende Beschlusslage wurde auf dem DJT nicht herbeigeführt.

6. *Kosten*

Uneinheitlich fielen Überlegungen zu den Kosten der Verletztenbeteiligung aus. *Jung* zeigte sich offen dafür, die notwendigen Kosten der Verletztenbeteiligung regelmäßig dem Staat aufzubürden. Bei den notwendigen Kosten des Nebenklägers handle es sich um einen konkreten Anwendungsfall eines grundsätzlich vom Staat zu übernehmenden Opferrisikos.[287] In ähnlicher Wertung schlug *Weigend* vor, Prozesskostenhilfe für alle bedürftigen Verletzten zu gewähren, die sich am Verfahren mit Hilfe eines Anwalts beteiligen wollen. Darüber hinaus sollte ein Opferanwalt von Amts wegen bestellt werden, wenn dessen Mitwirkung wegen der Schwierigkeit der Sach- und Rechtslage, insbesondere im Hinblick auf den Schutz des Verletzten in seiner Rolle als Zeuge geboten erscheint. In diesen Fällen solle die Staatskasse die Anwaltskosten übernehmen, sofern deren Tragung für den Verletzten nach den Umständen eine unbillige Härte darstellen würde. Dem lag die Überlegung zugrunde, dass die Verletztenbeteiligung nicht als bloße Privatangelegenheit angesehen wird, sondern als ein wesentliches und bereicherndes Element des Prozesses, in dem sich zugleich der Respekt und die Achtung ausdrücken, die die Gemeinschaft dem verletzten Individuum entgegenbringt.[288]

---

283 55. DJT, Bd. 2, S. L189.

284 *Rieß*, Gutachten, S. C129.

285 A.a.O., S. C136.

286 A.a.O., S. C129.

287 *Jung*, ZStW 1981, S. 1165 (Fn. 63).

288 *Weigend*, ZStW 1984, S. 791f.

Demgegenüber wandte *Rieß* ein, dass der Verletzte mit seiner Beteiligung jedenfalls kein Allgemeininteresse verfolge. Eine pauschale Vergemeinschaftung der Verletztenkosten sei insofern unbillig.[289] Vorrangig verfolge der Nebenkläger eigene Interessen, die er grundsätzlich auch selbst zu tragen habe. Für eine ausnahmsweise Beteiligung des Verurteilten oder der Staatskasse an diesen Kosten bedürfe es besonderer Sachgründe. Der Verletzte solle Prozesskostenhilfe nur erhalten, soweit dies nach gerichtlichem Ermessen und unter Berücksichtigung der Umstände des Einzelfalles zur Wahrnehmung berechtigter Interessen sachgerecht und billig sei.[290] Außer in den Fällen des vom Verletzten betriebenen Rechtsmittels komme eine Kostentragungspflicht des Verletzten für dem Beschuldigten entstandene Kosten und Gerichtskosten nicht in Betracht.[291]

Gegen eine grundsätzliche Überbürdung der Nebenklagekosten auf den Verurteilten sprachen sich auch *Jung* und *Schöch* aus. Eine Kostentragungspflicht des Verurteilten errichte eine zusätzliche Hürde auf dem Weg zu Resozialisierung und Wiedergutmachung.[292] Demgegenüber hielt *Hammerstein* die Überbürdung der Nebenklagekosten auf den Verurteilten für notwendig und zumutbar. Sie sei auch Teil der Wiedergutmachung. Wolle das Gericht den Verurteilten aus Resozialisierungsgründen nicht zu stark mit Kosten belastet sehen, könne und solle es Geldstrafen niedriger ansetzen. Der Verletzte solle jedenfalls nicht mit den Kosten der erfolgreichen Nebenklage belastet werden.[293] Auch *Odersky* stimmte mit *Hammerstein* überein, dass der Angeklagte die notwendigen Auslagen des Nebenklägers erstatten solle. Einstellungen nach § 153a StPO sollten hierbei regelmäßig einbezogen werden.[294] Dieser Argumentationslinie schloss sich *Bertsch* an. Eine Ausnahme sollte seiner Ansicht nach aber dann gemacht werden, wenn eine Berufung den Schuldspruch unberührt lässt und ausschließlich auf den Rechtsfolgenausspruch beschränkt wird. Dabei handle es sich regelmäßig um Straßenverkehrsdelikte, bei denen der Angeklagte oder die Staatsanwaltschaft sich gegen die Höhe der Strafe oder gegen die Dauer einer Fahrerlaubnissperrfrist wenden. Wenn in einem solchen Fall bei einer Berufung des Angeklagten die Geldstrafe etwas heruntergesetzt werde, sei dieser Effekt oftmals dadurch vollständig aufgezehrt, dass der Angeklagte auch in diesem Fall die Kosten der Nebenklage

289 *Rieß*, Gutachten, S. C130f.

290 A.a.O., S. C136. Ähnlich *Wessel*, in: 55. DJT, Bd. 2, S. L104.

291 *Rieß*, Gutachten, S. C130f.

292 *Jung*, ZStW 1981, S. 1164; *Schöch*, in: 55. DJT, Bd. 2, S. L106f.

293 *Hammerstein* in: 55. DJT, Bd. 2, S. L14.

294 *Odersky* in: A.a.O., S. L38.

übernehmen müsse.[295] Die Kosten der Nebenklage bei Einstellungen nach § 153 StPO sollten nach Ansicht *Wessels* dem Angeklagten aufgebürdet werden können, wenn sich der Angeklagte hierzu bereit erklärt. Hierdurch werde die Staatsanwaltschaft eher geneigt sein, eine Zustimmung zu einer Einstellung zu erteilen.[296]

Die Mehrheit des 55. DJT entschied sich für die „resozialisierungsfeindliche" Strömung und gegen eine grundsätzliche Überbürdung der Kosten der Nebenklage auf den Verletzten aus. Die Kostentragungspflicht sollte im Grundsatz dem Verurteilten mit der Maßgabe aufgebürdet werden, dass das Gericht aus Billigkeitsgründen bestimmen kann, dass der Nebenkläger seine Kosten ganz oder teilweise selbst trägt. Auch bei einer Verfahrenseinstellung nach Ermessensvorschriften sollten die Notwendigen Auslagen des Nebenklägers dem Angeschuldigten auferlegt werden können.[297]

H) Opferschutzgesetz

Mit den 1984 gefassten Beschlüssen des 55. DJT schien die Reform der strafprozessualen Verletztenbeteiligung entscheidungsreif. Eine kurze „Serie" von Opferschutzgesetzentwürfen mündete in die zügige Verabschiedung des „Ersten Gesetzes zur Verbesserung der Stellung des Verletzten im Strafverfahren".

I. „Diskussionsentwurf" des BMJ

Am 21. Mai 1985 legte Bundesjustizminister *Engelhard*, der zuvor den Opferschutz als „eines der zentralen rechtspolitischen Anliegen dieser Bundesregierung"[298] bezeichnet hatte, den „Diskussionsentwurf" eines „Ersten Gesetzes zur Verbesserung der Rechte des Verletzten im Strafverfahren" vor.[299] Der Entwurf erhob den Anspruch einer weitgehenden Umsetzung der Beschlüsse des 55. DJT.[300]

---

295 *Bertsch* in: A.a.O., S. L104f.

296 *Wessel* in: A.a.O., S. L105.

297 A.a.O., S. L189.

298 Zit. nach *Damm*, BRAK-Mitt. 1986, S. 3.

299 BT-Drucks. 1/3636. Teilw. abgedr. in StV 1985, S. 436–439.

300 Begr. DiskE1985, S. 2, 12.

1. Inhalt

Entsprechend der Beschlüsse des 55. DJT für die „Zwei-Klassen-Lösung sollten bei der Neugestaltung der formellen Verletztenbeteiligung allen Verletzten gewisse Mindestbefugnisse eingeräumt werden.[301] Der Entwurf verzichtete bewusst auf eine Definition des Verletztenbegriffs, der sich auch weiterhin aus dem jeweiligen funktionalen Zusammenhang ergeben und dessen konkreter Inhalt von der Rechtsprechung ausgefüllt werden sollte.[302] Dem Verletzten sollten über die Zeugenpflicht hinaus nur fakultative Beteiligungsmöglichkeiten eröffnet werden.[303] Ihm sollten nur auf seinen Antrag hin wesentliche Verfahrensereignisse mitgeteilt werden.[304] Hierzu zählten die Klageerhebung, die Ablehnung der Eröffnung des Hauptverfahrens, der Hauptverhandlungstermin und die das Verfahren beendende gerichtliche Entscheidung. Unberührt blieb die Mitteilungspflicht des § 171 StPO. Anhand dieser Mindestinformationen sollte der Verletzte selbst entscheiden, ob er sein Akteneinsichtsrecht wahrnehmen, anwaltlichen Rat einholen, Ersatzansprüche im Adhäsionsverfahren geltend machen oder sich als Nebenkläger anschließen will.[305] Als Beistand sollte sich jeder Verletzte eines Rechtsanwalts, mit Zustimmung des Gerichts oder der Staatsanwaltschaft aber auch anderer Personen bedienen können.[306] Bei verpflichtenden Vernehmungen des Verletzten sollte dem Beistand die Anwesenheit gestattet sein. Der Beistand sollte die dem Verletzten zustehenden Rechte, d.h. den Antrag auf Ausschließung der Öffentlichkeit und der Beanstandung von Fragen, wahrnehmen können.[307] Über die Befugnisse des Zeugenbeistands hinaus sollte der Verletztenbeistand ein uneingeschränktes Anwesenheitsrecht in der öffentlichen Hauptverhandlung haben.[308] Der Entwurf räumte dem Verletzten ein Akteneinsichtsrecht ein, das den Regelungen über die Akteneinsicht durch den Verteidiger nachgebildet war. Die Akteneinsicht sollte jedoch versagt werden können, soweit überwiegende schutzwürdige Belange des Beschuldigten oder Dritter entgegenstehen oder den Untersuchungszweck gefährden würden.[309]

---

301 A.a.O., S. 4.

302 A.a.O., S. 30.

303 A.a.O., S. 29.

304 A.a.O., S. 4.

305 A.a.O., S. 32.

306 A.a.O., S. 34.

307 A.a.O., S. 36.

308 A.a.O., S. 37.

309 A.a.O., S. 6.

Die Änderungen der Nebenklage betrafen den Kreis der Anschlussberechtigten, die Befugnisse des Nebenklägers in der Hauptverhandlung, das Rechtsmittel des Nebenklägers und die Kosten der Nebenklage. Eine Anschlussberechtigung sollte Verletzten von gegen höchstpersönliche Rechtsgüter gerichtete, schwerwiegende Straftaten erteilt werden.[310] Da der Katalog der Privatklagedelikte überwiegend höchstpersönliche Rechtsgüter umfasse, sollte die Anschlussbefugnis des Privatklageberechtigten vorerst beibehalten werden. Die Trennung von Privat- und Nebenklage sollte einer späteren Reform der Privatklage vorbehalten bleiben.[311] Die Anschlussbefugnis nach Übernahme der Privatklage durch die Staatsanwaltschaft, der Angehörigen eines Getöteten und nach erfolgreichen Klageerzwingungsverfahren erschienen aus Sicht des BMJ weiterhin sachgerecht. Hinsichtlich der praktisch bedeutungslosen Anschlussbefugnis der Verfassungsorgane und ihrer Mitglieder sah das BMJ keinen Handlungsbedarf. Neuerdings sollte der Anschluss aber auch unmittelbar bei Straftaten gegen die sexuelle Selbstbestimmung, bei schweren Straftaten gegen die körperliche Unversehrtheit, den wesentlichen Straftaten gegen die persönliche Freiheit und versuchten Tötungsdelikten zulässig sein.[312]

Da nach Ansicht des BMJ die Einführung einer allgemeinen Verletztenstellung eine Vorverlegung der Anschlusserklärung des Nebenklägers in das Vorverfahren entbehrlich machte, nahm der Entwurf vorwiegend Änderungen der Befugnisse des Nebenklägers in der Hauptverhandlung vor und löste den bisherigen Konnex von Privat- und Nebenklagebefugnissen.[313] Maßstab für die Neubestimmung der Rechte des Nebenklägers sollten künftig die spezifischen, vorrangig auf Schutz vor Verantwortungszuweisungen durch den Beschuldigten gerichteten Bedürfnisse des Verletzten in seiner Stellung als „Zusatzbeteiligter neben der Anklagebehörde" sein.[314] Durch eine bloß aus gesetzestechnischen Gründen eingefügte Teilverweisung auf die Rechte des Privatklägers sollte sich der Nebenkläger des Beistands eines Rechtsanwalts bedienen oder durch einen solchen vertreten lassen können, einen Anspruch auf rechtliches Gehör, Mitteilung von Entscheidungen, Terminsmitteilung, Einhaltung der Ladungsfrist und Recht auf Akteneinsicht haben. Der Nebenkläger sollte in der

310 A.a.O., S. 5, 12.

311 A.a.O., S. 2.

312 Begr. DiskE1985, S. 16ff.

313 A.a.O., S. 13.

314 A.a.O., S. 5, 18.

Hauptverhandlung ein Äußerungsrecht, ein Fragerecht und ein Beanstandungsrecht haben.[315]

Ein Beweisantragsrecht sollte dem Nebenkläger dagegen nicht zustehen. Aus der Stellung des Nebenklägers als eines mit selbstständigen Rechten ausgestatteten Prozessbeteiligten in Verbindung mit seinem Recht auf Gehör sollte sich ohne ausdrückliche Regelung ergeben, dass er auch außerhalb der ihm eingeräumten Befugnisse durch Anträge gegenüber dem Gericht auf eine sachgerechte Ausübung der Amtsaufklärungspflicht hinwirken und etwaige Verstöße mit der Aufklärungsrüge im Rechtsmittelverfahren geltend machen kann. Der Nebenkläger könne allerdings auf Beweiserhebung gerichtete Anträge stellen, die den inhaltlichen Anforderungen an einen Beweisantrag entsprechen und die das Gericht nach den Maßstäben des Amtsaufklärungsgrundsatzes beachten müsse.[316]

Entsprechend der Beschlüsse des 55. DJT sollte der Nebenkläger ein legitimes Interesse allein daran haben, dass der Angeschuldigte wegen der Tat, aus der sich die Befugnis zum Anschluss ergibt, überhaupt verurteilt wird. Daher räumte ihm der Entwurf die Rechtsmittelbefugnis nur für Fälle ein, in denen das Gericht die Eröffnung des Hauptverfahrens ablehnt, den Angeklagten freispricht oder das Verfahren wegen eines Verfahrenshindernisses oder einer nachträglichen Gesetzesänderung einstellt. Ein legitimes Interesse des Verletzten an der Höhe der Strafe bestehe nicht, sodass ihm diesbezüglich auch keine eigene Rechtsmittelbefugnis eingeräumt wurde. Eine Rechtsmittelbefugnis bezüglich gerichtlicher Ermessensentscheidungen sollte ausdrücklich nicht bestehen.[317]

Der Entwurf führte eine eigenständige Kostenregelung für die Nebenklage ein, in die auch die Kostentragungspflicht für den Verletztenbeistand einbezogen wurde.[318] Prozesskostenhilfe wurde für den Verletzten auf dessen Antrag bei Wahrnehmung seiner Befugnisse für die Beiordnung eines Rechtsanwalts als Beistand gewährt, da allein hierdurch nennenswerte Kosten entstanden. Die Gewährung der Prozesskostenhilfe wurde dabei nicht nach dem zivilprozessualen Maßstab hinreichender Erfolgsaussichten und fehlender Mutwilligkeit geregelt.[319] Als spezifisch strafrechtlicher Maßstab wurde die General-

315 A.a.O., S. 19.

316 A.a.O., S. 20.

317 A.a.O., S. 22f.

318 A.a.O., S. 5.

319 Denn bei einer bloßen, im Wesentlichen dem Gedanken des Verletztenschutzes Rechnung tragenden Beteiligung des Verletzten am Offizialverfahren lasse sich die Frage nach der hinreichenden Erfolgsaussicht nicht sinnvoll stellen und die fehlende Mutwil-

klausel für die notwendige Verteidigung herangezogen. Ein nach seinen persönlichen und wirtschaftlichen Verhältnissen zur Kostentragung für den Verletztenbeistand unfähiger Verletzter hatte demnach Anspruch auf Beiordnung eines Verletztenbeistandes, wenn er in der Eigenwahrnehmung seiner Interessen behindert ist. Dies sollte namentlich bei schwieriger Sach- oder Rechtslage, mangelnder Eigenkompetenz des Verletzten zur Interessenwahrnehmung oder anderen wichtigen Gründen der Fall sein.[320]

Die notwendigen Auslagen des Nebenklägers sollten dem Angeklagten auferlegt werden, wenn er wegen einer Tat verurteilt wird, die den Nebenkläger oder den Verletzten betrifft. Hiervon sollte aus Billigkeitsgründen abgesehen werden können. Auch bei gerichtlichen Verfahrenseinstellungen aus Ermessensgründen sollten die notwendigen Auslagen dem Angeschuldigten unter Billigkeitserwägungen auferlegt werden können.[321]

2. Rezeption

Der Entwurf wurde von unterschiedlichen Strömungen des Schrifttums vehement kritisiert. Vor allem *Thomas* wandte sich gegen den Verzicht des BMJ auf eine einschränkende Definition des Verletzten. Die Beteiligungsbefugnis bei Vermögensdelikten steigere die bereits im geltenden Recht bekannten Missbrauchsmöglichkeiten im Bereich des Wirtschaftsstrafrechts. Vor allem im Ermittlungsstadium sei die Verletzteneigenschaft nur vorläufig oder beruhe allein auf der Sachverhaltsschilderung des potentiell Verletzten, sodass ein verschärfter Abwägungsmaßstab zwischen den Interessen des Beschuldigten und Dritter einerseits und dem angeblich Verletzten andererseits erforderlich sei. Der Verletzte erhalte durch die Regelungen des Entwurfs bei der Durchsetzung verfahrensfremder, vornehmlich zivilrechtlicher Interessen durch das Akteneinsichts- und Beistandsrecht eine erhebliche Erleichterung. Durch die Einschaltung der Staatsanwaltschaft könne der vorgeblich Verletzte nach Durchsuchungen und Beschlagnahmen im Wege der Akteneinsicht ungehemmt auf Unterlagen des zivilprozessualen Prozessgegners zurückgreifen, ohne eigene, möglicherweise ebenfalls entscheidungserhebliche Dokumente präsentieren zu müssen. Auf der Grundlage des Entwurfs könne sogar die abwegige Situation eintreten, dass dem Verteidiger die Einsicht in die Akten

---

ligkeit jedenfalls im Zeitpunkt der Inanspruchnahme der Verletztenbefugnisse regelmäßig nicht beurteilen (A.a.O., S. 40).

320 Wichtige Gründe sollten gegeben sein, wenn die Schutzbedürftigkeit des Verletzten ersichtlich ist oder wenn der Beschuldigte sich durch Verantwortungszuweisung auf Kosten des Verletzten verteidigt (A.a.O., S. 41f.).

321 A.a.O., S. 9, 49.

wegen Gefährdung des Untersuchungszwecks verweigert wird, der angeblich Verletzte hingegen uneingeschränkte Akteneinsicht erhalte, da er selbstverständlich keinen Anlass habe, die zu seinen Gunsten laufenden Ermittlungen der Staatsanwaltschaft zu „stören". Im Entwurf sei daher zumindest deutlich zu machen, dass die Verweigerung der Akteneinsicht gegenüber dem Verteidiger unter Berufung auf die Gefährdung des Untersuchungszwecks auch beinhalte, dass der angeblich Verletzte die Akten nicht einsehen darf. Neben dem Missbrauch des Akteneinsichtsrechts zur Verfolgung verfahrensfremder Ziele könne sich der Verletzte darüber hinaus umfassend auf seine Rolle als Zeuge einrichten.[322]

Der Strafrechtsausschuss der BRAK befürwortete die neuen Informationsrechte des Verletzten und wollte diese auf Einstellungsentscheidungen nach den §§ 153, 153a, 206a und 206b StPO a.F. erweitert sehen. Die Akteneinsicht des Verletzten sollte aber von der Darlegung eines berechtigten Interesses abhängig gemacht und bei überwiegenden Gegeninteressen des Beschuldigten oder Dritter, bei Gefährdung des Untersuchungszwecks oder bei erheblicher Verfahrensverzögerung versagt und nur durch einen Rechtsanwalt gewährt werden können. Zudem sollte eine Möglichkeit geschaffen werden, dem Verletzten selbst Auskünfte über das Verfahren zu erteilen. Insgesamt befürwortete die BRAK zudem die Regelungen über den Verletztenbeistand.[323] Die Vereinigung Berliner Rechtsanwältinnen kritisierte, dass das Anwesenheitsrecht des Beistands nicht polizeiliche Vernehmungen umfasste und prognostizierte durch die Einführung einer entsprechenden Regelung eine höhere Anzeigebereitschaft bei Sexualdelikten.[324]

Thomas kritisierte die Bestimmungen über die Nebenklagebefugnis als halbherzig bestimmt und inhaltlich inkonsistent. Das fortbestehende „mixtum compositum" aus Privat- und Nebenklage sei weiterhin von Willkür geprägt.[325] Zum einen umfasse der Privatklagekatalog nicht nur gegen höchstpersönliche Rechtsgüter gerichtete Straftaten. Zum anderen sei nicht ersichtlich, welche Gründe konkret gegen die Entkopplung von Privat- und Nebenklage sprechen. Im Übrigen sei die Anschlussbefugnis anhand der Rechtsgüter des Art. 2 Abs. 2 GG und des § 35 StGB zu bestimmen.[326] Der Strafrechtsausschuss der BRAK lehnte die Erweiterung der Nebenklageberechtigung ab, da

322 *Thomas*, StV 1985, S. 433f.

323 *Hammerstein*, BRAK-Mitt. 1986, S. 3.

324 *Burgsmüller / Goy*, STREIT 1985, S. 109.

325 *Thomas*, StV 1985, S. 436.

326 A.a.O., S. 434.

sie die Wahrheitsfindung gefährde und gerade in Aussage-gegen-Aussage-Konstellationen den Wert der Zeugenaussage des Nebenklägers mindere.[327]

Thomas befürwortete die Trennung von Privat- und Nebenklagebefugnissen und damit die Einschränkung der Befugnisse des Nebenklägers in der Hauptverhandlung. Die Ablehnung eines formellen Beweisantragsrechts und die Verweisung auf § 244 Abs. 2 StPO seien der Position des Nebenklägers angemessen, weil die dem Beweiserhebungsanspruch des § 244 Abs. 3 StPO zugrundeliegende Kontrollbefugnis der Staatsanwaltschaft und das berechtigte Verteidigungsinteresse des Angeklagten das strikte Verbot der Beweisantizipation rechtfertigten, das Genugtuns-, Informations-, und Aufklärungsinteresse des Nebenklägers hingegen von der Aufklärungspflicht des Gerichtes und den damit verbundenen Einwirkungsmöglichkeiten durch Beweisanregungen abgedeckt sei.[328] Gegen die Beseitigung des Beweisantragsrechts wandte sich dagegen der Strafrechtsausschuss der BRAK. Der Entwurf halte im Ergebnis am Institut der Nebenklage in ihrer bisherigen Funktion fest. Folglich sollten dem Nebenkläger auch alle prozessualen „Aktivrechte“ zustehen, um auf eine Verurteilung des Angeklagten hinwirken zu können. Es sei zudem unschlüssig, dem Nebenkläger die Aufklärungsrüge im Rechtsmittelverfahren zuzubilligen und zugleich das Beweisantragsrecht vorzuenthalten.[329] Nach Ansicht der Vereinigung Berliner Rechtsanwältinnen habe der Entwurf die Bedürfnisse von Nebenklägerinnen in Vergewaltigungsverfahren unzureichend berücksichtigt. Die Einschränkung der Befugnisse des Nebenklägers in der Hauptverhandlung dränge das Vergewaltigungsopfer in eine Opferrolle zurück.[330] Die im Diskussionsentwurf vorgesehene Beseitigung des Rechts des Nebenklägers, einen Antrag auf Unterbrechung zu stellen, die Protokollierung zu beantragen, den Verzicht auf die Vernehmung eines präsenten Beweismittels und das Absehen von der Vereidigung eines Zeugen zu sperren, bedeute einen Verstoß gegen die Grundsätze deines fairen Verfahrens.[331]

Der Strafrechtsausschuss der BRAK befürwortete die Einschränkung des Rechtsmittels des Nebenklägers. Der Strafausspruch solle von persönlichen Genugtuungsinteressen des Nebenklägers unbeeinflusst bleiben. Die Beschränkung des Rechtsmittels auf den Freispruch reiche aus, um den berechtigten Interessen Rechnung zu tragen. Durch eine in seinen Augen zu geringe

327 *Hammerstein*, BRAK-Mitt. 1986, S. 2.

328 *Thomas*, StV 1985, S. 434.

329 *Hammerstein*, BRAK-Mitt. 1986, S. 2.

330 *Burgsmüller / Goy*, STREIT 1985, S. 108.

331 A.a.O., S. 109.

Strafe sei der Nebenkläger in seinem Schutzbedürfnis nicht in einer Weise benachteiligt, die die Zulässigkeit eines Rechtsmittels begründen könnte. Nicht gefolgt werden könne dem Entwurf, soweit er für den Verletzten eine Rechtsmittelbefugnis auch dann ausschließen will, wenn der Angeklagte zwar verurteilt, aber aufgrund einer von der Anklage und dem Eröffnungsbeschluss abweichenden rechtlichen Beurteilungen nach einem milderen Gesetz bestraft werde.[332] Nach Ansicht der Vereinigung Berliner Rechtsanwältinnen beschränke es die Stellung des Nebenklägers unbillig, wenn er sich nicht mehr mit der Revision gegen eine unrichtige rechtliche Würdigung der Tat, so z.B. die Wertung einer Vergewaltigung als „minder schwerem Fall" und die Strafzumessungsgründe wenden könne.[333]

II. SPD-Entwurf eines Opferschutzgesetzes

Bereits am 10. Juli 1985 brachte die Fraktion der SPD einen (Gegen-)Entwurf eines Gesetzes zur Stärkung der Rechte des Verletzten im Strafprozeß (Opferschutzgesetz) in den Bundestag ein. Die Reformvorschläge der SPD griffen die Kritik am Diskussionsentwurf des BMJ auf und waren vorrangig auf die mutmaßlichen Bedürfnisse der Opfer von Sexualdelikten zugeschnitten. Der Entwurf lehnte an Teile des Entwurfs eines Gesetzes zum besseren Schutz der Opfer von Sexualdelikten, die Beschlüsse der Bund-Länder-Konferenz der SPD vom 30. November 1984 und einige Beschlüsse des 55. DJT an.[334]

Die SPD-Fraktion entschied sich gegen die Zwei-Klassen-Lösung des 55. DJT und wies nur einem ausgewählten Kreis von Verletzten Akteneinsichts-, Informations- und Beistandsrechte zu. Für das Beistandsrecht war ein Stufenverhältnis vorgesehen. Jeder Verletzte sollte sich entsprechend der Rechtsprechung des BVerfG eines Rechtsanwalts als Zeugenbeistand bedienen dürfen.[335] Dessen Kosten seien nicht vom Angeschuldigten zu tragen. In Verfahren, in denen die Erörterung höchstpersönlicher Umstände in der Hauptverhandlung zu erwarten sei, komme auf Antrag des Verletzten die Beiordnung eines Opfer-Anwalts in Betracht. Bei einer Straftat gegen die sexuelle Selbstbestimmung sollte eine Beiordnung fakultativ, zwingend und bereits im Vorverfahren erfolgen.[336] Der „Opfer-Anwalt" sollte die Befugnisse des Beistands des Nebenklägers haben und bei jeder Vernehmung des Verletzten anwesend sein

332 *Hammerstein*, BRAK-Mitt. 1986, S. 2f.

333 *Burgsmüller / Goy*, STREIT 1985, S. 109.

334 BT-Drucks. 10/3636, S. 7.

335 Nochmals: BVerfGE 38, 105.

336 BT-Drucks. 10/3636, S. 7.

dürfen. Er sollte unter Darlegung eines berechtigten Interesses ein Akteneinsichtsrecht erhalten, das wiederum bei Gefährdung des Untersuchungszwecks oder überwiegenden, entgegenstehenden Belangen Dritter oder des Beschuldigten versagt werden können sollte. Dem beistandsberechtigten Verletzten sollten Informationen über die Ablehnung der Eröffnung des Hauptverfahrens, die Erhebung der öffentlichen Klage, den Ort und Termin der Hauptverhandlung, das Urteil oder die sonst das Verfahren beendenden Entscheidungen unter Beschränkung auf die für ihn relevanten Passagen der Entscheidungsformel mitgeteilt werden.[337] In der Hauptverhandlung sollte der beistandsberechtigte Verletzte ein Rederecht erhalten und Fragen beanstanden dürfen. Der sachliche und personale Anwendungsbereich der Nebenklage wurde ausschließlich um eine Anschlussbefugnis des Verletzten einer Straftat gegen die sexuelle Selbstbestimmung erweitert.[338] Die prozessualen Befugnisse des Nebenklägers, d.h. auch sein Beweisantragsrecht, blieben dagegen unangetastet. Die vorgeschlagenen Regelungen über die Kosten der Nebenklage entsprachen dem Diskussionsentwurf und den Beschlüssen des 55. DJT. Der SPD-Entwurf zeigte zudem eine erhöhte Sensibilität für die Auswirkungen neuer Verletztenrechte auf die verfahrensrechtliche Stellung des Beschuldigten. In Fällen, in denen dem Verletzten ein Beistand beigeordnet wird, sollte dem Beschuldigten aus Gründen der „Fairness und Waffengleichheit" zugleich ein Pflichtverteidiger beigeordnet werden.[339]

Während der parlamentarischen Beratungen über den SPD-Entwurf am 8. November 1985 bestand eine fraktionsübergreifende Einigkeit darüber, dass die Verbesserung der Stellung des Verletzten im Strafverfahren wünschenswert sei.[340] *De With* räumte im Plenum ein, der SPD-Entwurf diene jedenfalls auch dem Zweck, der Bundesregierung im Zuge eines aus Sicht der SPD schleppenden Reformvorgangs und im Hinblick auf das nahe Ende der Legislaturperiode „Beine zu machen".[341] Aus Sicht der Regierungsparteien war der SPD-Entwurf noch zu unausgegoren. *Marschewski* hielt der SPD vor, der Entwurf beschränke die Beiordnung des Beistands einerseits zu eng auf den Bereich von Sexualstraftaten. Andererseits erfasse er Delikte, bei denen ein Verletztenbeistand nicht unbedingt erforderlich erscheine. Die Nebenklagebefugnis sei nicht nur um Straftaten gegen die sexuelle Selbstbestimmung zu

337 Art. 1 Nr. 7; BT-Drucks. 10/3636, S. 3, 8.

338 BT-Drucks. 10/3636, S. 4.

339 Art. 1 Nr. 1 lit. b.); BT-Drucks. 10/3636, S. 3, 8.

340 Sten. Protokolle des Deutschen Bundestags – 10. Wahlperiode – 196. Sitzung – Bonn, Freitag, den 8. November 1985, S. 12922Dff.

341 *De With* in: A.a.O., S. 12922D.

erweitern, sondern auf alle Straftaten gegen höchstpersönliche Rechtsgüter auszudehnen.[342] *Engelhard* ergänzte, die Vorschläge zu den prozessualen Befugnissen des Verletzten seien zum Teil unzureichend, an anderer Stelle hingegen überzogen. Informationen über behördliches Handeln und Verfahrensereignisse würden dem Verletzten nach den Vorschlägen der SPD-Fraktion aufgedrängt. Die Beiordnung eines Rechtsanwalts als Verletztenbeistand auf Kosten der Staatskasse sei nach dem Vorschlag der SPD-Fraktion auch dann möglich, wenn der Verletzte vermögend sei und einen Anwalt seiner Wahl selbst bezahlen könne.[343] Der SPD-Entwurf wurde zur Beratung an den Rechtsausschuss überwiesen.[344]

III. Regierungsentwurf

Der Regierungsentwurf eines Ersten Gesetzes zur Verbesserung der Stellung des Verletzten im Strafverfahren[345] vom 10. April 1986 (RegE-OSchG) unterschied sich in mehrfacher Hinsicht vom Diskussionsentwurf des BMJ und berücksichtigte insbesondere einige Vorschläge des Strafrechtsausschusses der BRAK. Er sah eine Einschränkung der verfahrensrechtlichen Situation des Verletzten, die Einführung privilegierender Regelungen für nebenklageberechtigte Verletzte und Modifikationen der Nebenklage vor.

1. Verletztenrechte

Der RegE-OSchG schränkte die Rechte des Verletzten gegenüber dem Diskussionsentwurf in mehrfacher Hinsicht ein. Bei den Informationsrechten wurde das Recht auf die Erteilung von Auskünften über den Ausgang des Verfahrens und die Eröffnung der Hauptverhandlung nicht mehr jedem Verletzten, sondern nur dem Antragsteller im Sinne des § 171 StPO zugewiesen. Auch weiterhin sollten die Informationen nur fakultativ erteilt werden.[346] Zudem sah der RegE-OSchG keine Mitteilung an einen gemeinsamen Zustellungsbevollmächtigten mehrerer Verletzter vor.[347] Auch die Regelungen über den Beistand des Verletzten wurden eingeschränkt. Andere Personen als Rechtsanwälte konnten nach dem RegE- OSchG nicht mehr durch das Gericht als Beistand des Verletzten zugelassen werden. Stattdessen war vorgesehen, dass bei der Verneh-

---

342 *Marschewski* in: A.a.O., S. 12922Af.; zust. *Engelhard* in: A.a.O., S. 12928Aff.

343 *Engelhard* in: A.a.O., S. 12928Aff.

344 A.a.O., S. 12929B.

345 BT-Drucks. 10/5305 vom 10. April 1986.

346 § 406f Abs. 1 StPO-E; BT-Drucks. 10/5305, S. 4f., 17.

347 Vgl. § 406d StPO nach dem Diskussionsentwurf, S. 5.

mung des Verletzten auf dessen Antrag die Anwesenheit einer Vertrauensperson gestattet werden durfte. Im Gegensatz zur Vertrauensperson sollte nur ein Rechtsanwalt das Recht des Verletzten zur Beanstandung von Fragen ausüben und den Antrag auf Ausschluss der Öffentlichkeit nach § 171b GVG stellen dürfen – allerdings auch weiterhin nicht gegen den Willen des Verletzten selbst.[348] Das Akteneinsichtsrecht des Verletzten konnte wie im Diskussionsentwurf nur durch einen Rechtsanwalt ausgeübt werden. Auf Antrag sollten dem Rechtsanwalt, soweit nicht wichtige Gründe entgegenstehen, die Akten mit Ausnahme der Beweisstücke in seine Geschäftsräume oder seine Wohnung mitgegeben werden können. Einschränkend sollte die Akteneinsicht jedoch von der Darlegung eines berechtigten Interesses abhängig gemacht werden. Zudem wurden die Regelungen über die Versagung der Akteneinsicht verschärft. Die Akteneinsicht konnte nicht nur, sondern musste versagt werden, soweit überwiegende schutzwürdige Interessen des Beschuldigten oder anderer Personen entgegenstehen. Sie konnte wiederum versagt werden, soweit der Untersuchungszweck gefährdet oder erhebliche Verfahrensverzögerungen eintreten können. Unter Darlegung eines berechtigten Interesses sollten nunmehr aber auch dem Verletzten selbst Auskünfte und Abschriften aus den Akten erteilt werden können.[349]

2. Privilegien des nebenklagebefugten Verletzten

Der RegE-OSchG sah die Einführung privilegierender Regelungen für die neue Figur eines nebenklagebefugten Verletzten vor und näherte sich damit partiell dem SPD-Entwurf an. Die Regelungen des RegE-OSchG über den nebenklagebefugten Verletzten waren dabei nicht nur als die Befugnisse des späteren Nebenklägers vor der Hauptverhandlung, sondern als Befugnisse des Nebenklageberechtigten unabhängig von der Abgabe einer Anschlusserklärung zu verstehen. Die Akteneinsicht und das Recht der Einsichtnahme in amtlich verwahrte Beweisstücke sollte für den Beistand des nebenklagebefugten Verletzten nicht von der Darlegung eines berechtigten Interesses abhängig sein.[350] Der nebenklageberechtigte Verletzte sollte sich auch vor Erhebung der öffentlichen Klage eines Rechtsanwalts als Beistand bedienen oder sich durch einen solchen vertreten lassen können. Der Rechtsanwalt sollte zur Anwesenheit in der nichtöffentlichen Hauptverhandlung berechtigt sein. Ihm sollte bei richterlichen Vernehmungen und bei der Einnahme eines richterlichen Augenscheins

348 § 406f StPO-E; BT-Drucks. 10/5305, S. 5.

349 § 406d StPO-E; BT-Drucks. 10/5305, S. 5.

350 § 406e Abs. 1 S. 2 StPO-E; BT-Drucks. 10/5305, S. 4.

die Anwesenheit gestattet sein, wenn hierdurch nicht der Untersuchungszweck gefährdet wird.[351]

3. Nebenklage

Der RegE-OSchG sah auch weiterhin die Anschlussbefugnis der Angehörigen bei Tötungsdelikten, der Verfassungsorgane und ihrer Mitglieder und im Anschluss an das erfolgreich durchgeführte Klageerzwingungsverfahren vor. Der Regierungsentwurf gab jedoch neuerdings die Globalverweisung der Nebenklage auf die Privatklage auf und bestimmte die Anschlussbefugnis in einem eigenständigen Deliktskatalog, der „nach kriminologischen Erkenntnissen besonders schutzbedürftigen Verletztengruppen" eine umfassende Beteiligungsbefugnis im gesamten Verfahren einräumen sollte. Da die Regierung die Nebenklage als eine in erster Linie dem Verletztenschutz dienende Beteiligungsbefugnis verstanden wissen wollte, sollte eine Anschlussbefugnis bei Delikten bestehen, die gegen höchstpersönliche Rechtsgüter gerichtet sind oder von ihrer Tatbestandsstruktur her typischerweise eine besondere Schutzwürdigkeit des Verletzten begründen.[352]

Der Katalog der Nebenklagedelikte umfasste wie schon der Diskussionsentwurf vor allem Straftaten gegen die sexuelle Selbstbestimmung, schwere Straftaten gegen die körperliche Unversehrtheit, die persönliche Freiheit und versuchte Tötungsdelikte. Aus dem Bestand des Privatklagekatalogs wurden die Beleidigungs- und vorsätzlichen Körperverletzungsdelikte übernommen. Nach Ansicht der Bundesregierung sei bei Beleidigungsdelikten eine Nebenklageberechtigung auch weiterhin erforderlich, weil der Verletzte wegen der Möglichkeit des Wahrheitsbeweises und des Rechtfertigungsgrundes der Wahrnehmung berechtigter Interessen einer gesicherten Rechtsstellung bedürfe.[353] Bei der fahrlässigen Körperverletzung sollte der Anschluss künftig nur noch dann zulässig sein, wenn der Anschluss aus besonderen Gründen, namentlich schwerer Tatfolgen, zur Wahrnehmung seiner Interessen geboten erscheine.[354] Mit dieser Schwereklausel sollte eine zusätzliche, vom Gericht zu prüfende materielle Voraussetzung geschaffen werden, um die Zahl der Nebenklagen in Verfahren wegen fahrlässiger Körperverletzung um Straßenverkehr einzudämmen. Vorläufig sollten auch die Straftaten gegen den gewerblichen Rechtsschutz und das Urheberrecht im Katalog der Nebenklagedelikte verblei-

---

351 § 406g StPO-E; BT-Drucks. 10/5305, S. 5.

352 BT-Drucks. 10/5305, S. 11f.

353 BT-Drucks. 10/5305, S. 12.

354 § 395 Abs. 3 StPO-E; BT-Drucks. 10/5305, S. 3.

ben. Der Fortbestand der Anschlussbefugnis des Verletzten als Nebenkläger im Bereich der gewerblichen Schutz- und Urheberrechte sollte im Zusammenhang mit einer umfassenden Neuregelung des Strafrechtsschutzes gegen die sogenannte Produktpiraterie entschieden werden. Bei den übrigen Privatklagedelikten bestand nach Ansicht der Bundesregierung kein zwingendes Bedürfnis für die Aufrechterhaltung der Nebenklagebefugnis.[355]

Die prozessualen Befugnisse des Nebenklägers in der Hauptverhandlung entsprachen den Regelungen des Diskussionsentwurfs mit einer entscheidenden Ausnahme – die Bundesregierung räumte dem Nebenkläger letztlich doch noch ein Beweisantragsrecht ein.[356]

Hinsichtlich der Rechtsmittel bestimmte der RegE-OSchG die Rechtsmittelbefugnis des Nebenklägers nicht mehr positiv, sondern negativ. Der Nebenkläger sollte das Urteil nicht mit dem Ziel anfechten können, dass eine andere Rechtsfolge der Tat verhängt wird oder dass der Angeklagte wegen einer Gesetzesverletzung verurteilt wird, die nicht zum Anschluss des Nebenklägers berechtigt.[357] Dem Nebenkläger sollte ausdrücklich die sofortige Beschwerde gegen den Beschluss zustehen, durch den die Eröffnung des Hauptverfahrens abgelehnt oder das Verfahren nach den §§ 206a, 206b eingestellt wird. Im Übrigen sollte der Einstellungsbeschluss für den Nebenkläger unanfechtbar sein.[358] Dem Nebenkläger sollte nach dem RegE-OSchG Prozesskostenhilfe nur für die Beiordnung eines Rechtsanwalts gewährt werden.[359] Über den Diskussionsentwurf hinaus sollte die Gewährung von Prozesskostenhilfe auch dann gewährt werden können, wenn die Mitwirkung eines Rechtsanwalts sachdienlich erscheint. Hinsichtlich der Kosten der Nebenklage übernahm die Bundesregierung die Regelungen des Diskussionsentwurfs, allerdings schloss die Kostenregelung nunmehr auch die notwendigen Auslagen des nebenklageberechtigten Verletzten ein.[360]

IV. Stellungnahme des Bundesrats

Die Bundesregierung stimmte einer Aufhebung der nach Ansicht des Bundesrats nicht sachgemäßen Beschränkung der Informationsrechte des Verletzten auf den Antragsteller im Sinne des § 171 StPO zu. Die Bundesregierung billig-

---

355 BT-Drucks. 10/5305, S. 11f.

356 § 397 Abs. 2 StPO-E; BT-Drucks. 10/5305, S. 3f, 13.

357 § 400 StPO-E; BT-Drucks. 10/5305, S. 4.

358 BT-Drucks. 10/5305, S. 4.

359 A.a.O., S. 14.

360 § 472 Abs. 1 Satz 1 StPO-E; BT-Drucks. 10/5305, S. 5.

te einen Vorschlag des Bundesrats, die Beleidigung der für fahrlässige Körperverletzungsdelikte vorgesehenen Schwerklausel zu unterstellen. Die Bundesregierung stimmte zudem einem Vorschlag des Bundesrats zu, das uneingeschränkte Anwesenheitsrecht des Nebenklägers in der Hauptverhandlung ausdrücklich zu normieren. In anderen Punkten widersprach die Bundesregierung den Vorschlägen des Bundesrats. Nach Ansicht des Bundesrat sollte die Anschlussbefugnis bei Straftaten gegen geistiges Eigentum und gewerbliche Schutzrechte beseitigt werden, da es sich nicht um nach kriminologischen und viktimologischen Erkenntnissen besonders schutzbedürftige Verletzte handle und auch eine vorläufige Aufnahme in den Katalog der Nebenklagedelikte nicht notwendig sei.[361] Dem hielt die Bundesregierung entgegen, die Beseitigung der Nebenklagebefugnis bei Straftaten gegen gewerbliche Schutz- und Urheberrechte stehe im Widerspruch zu der durch das Gesetz vom 24. Juni 1985[362] vorgenommenen Verschärfung des Urheberstrafrechts und den Bemühungen der Bundesregierung, für die „sich lawinenartig ausbreitenden Fälle der Produktpiraterie“ auch strafrechtliche Verschärfungen einzuführen. Bei einer Abschaffung der Nebenklagebefugnis könnten die Verletzten auch von ihrem Antragsrecht auf öffentliche Bekanntmachung der Verurteilung nicht in ausreichendem Maße Gebrauch machen. Eine abschließende Regelung sei verfrüht, ehe nicht andere Maßnahmen vergleichbarer Wirkung getroffen seien.[363] Der Bundesrat sprach sich für die Beseitigung des Beweisantragsrechts des Nebenklägers aus, das zur Wahrnehmung seiner berechtigten Belange nicht erforderlich sei.[364] Die Bundesregierung stellte sich dagegen auf den Standpunkt, das Beweisantragsrecht könne für eine wirksame Wahrnehmung der Verletzten in besonderen Fällen unerlässlich sein.[365] Der Bundesrat bat die Bundesregierung darüber hinaus, im weiteren Gesetzgebungsverfahren zu prüfen, ob vor dem Hintergrund des im Rahmen des Volkszählungsurteils des BVerfG[366] entwickelten Rechts auf informationelle Selbstbestimmung aus Gründen des Datenschutzes und des Schutzes der Persönlichkeitsrechte des Beschuldigten und Dritter eine Regelung dahingehend vorgesehen werden sollte, dass die Einsicht in die Akten zu versagen ist, wenn dem Informationsinteresse des Verletzten auch durch die Erteilung von Auskünften oder Abschriften aus den Akten Rechnung getragen

361 BT-Drucks. 10/5305, S. 28f., 33.

362 BGBl. I, S. 1137.

363 BT-Drucks. 10/5305, S. 32.

364 A.a.O., S. 29.

365 A.a.O., S. 33.

366 BVerfGE 65, S. 1ff.

werden kann.[367] Der Entwurf der SPD-Fraktion und der RegE-OSchG wurden zur Beratung an den Rechtsausschuss überwiesen.[368]

V. Öffentliche Anhörung im Rechtsausschuss

Wie sehr sich die Diskussion um die Reform strafprozessualer Verletztenbeteiligung seit dem 1. StVÄG verändert hatte, zeigte nicht zuletzt Arrangement der Sachverständigen. In der Auswahl der Anhörpersonen liefen die unterschiedlichen Reformströmungen zusammen, die zwar allesamt eine Verbesserung der Stellung des Verletzten im Strafverfahren befürworteten,[369] in der konkreten Ausgestaltung der strafprozessualen Verletztenbeteiligung aber höchst unterschiedlich unterschiedliche Ziele verfolgten. Grob lassen sich die unterschiedlichen Akteure wie folgt einteilen: *Frommel* vertrat in der Anhörung die feministische Reformströmung des Deutschen Juristinnenbundes. Mit *Goy* wurde eine Vertreterin der Berliner Rechtsanwältinnenvereinigung und des 12. Feministischen Juristinnentags angehört. Mit *Laubach* war zudem die Bevollmächtigte der hessischen Landesregierung für Frauenangelegenheiten vertreten. *Teubner* trat als Vertreterin der Projektgruppe „Vergewaltigung als soziales Problem" auf. Die feministische Reformströmung befürwortete einen Ausbau der Nebenklage zu einem Verteidigungs- und Angriffsmittel mit einem Zuschnitt auf die Bedürfnisse der Opfer von schweren, gegen höchstpersönliche Rechtsgüter gerichteten Straftaten. Ein besonderes Interesse galt hierbei der Stellung von Vergewaltigungsopfern im Strafverfahren. Das Ziel der maßgefertigten Privilegierung eines eng gefassten Kreises von Deliktsopfern bedingte Vorbehalte gegen die Einführung der im RegE- OSchG vorgesehenen, allgemeinen Verletztenstellung. Mit *Weigend* war ein Befürworter der *Rieß*'schen Einheitslösung vertreten, der eine allgemeine Verletztenstellung befürwortete, die Nebenklage dagegen vorwiegend als Verteidigungsmittel für besonders schutzbedürftige Verletzte verstand und daher Offensivrechte des Nebenklägers beseitigt sehen wollte. Als Vertreter des Weißen Rings bemühte sich *Schramm* vorwiegend um die Berücksichtigung der spezifischen Schutzbedürfnisse von Gewaltopfern und um die Einführung eines als „Opferanwalt"

367 BT-Drucks. 10/5305, S. 30.

368 Sten. Protokolle Deutscher Bundestag – 10. Wp. – 213. Sitzung. Bonn, Donnerstag, den 24. April 1986, S. 16435A.

369 BRAK in: 85. Sitzung des 6. Ausschusses v. 15.5.1986, Anl., S. 18; Weißer Ring in: A.a.O., Anl., S. 57; Deutscher Beamtenbund in: A.a.O., Anl., S. 65; *Baurmann* in: A.a.O., Anl., S. 98; ÖTV in: A.a.O., Anl., S. 80; Deutscher Juristinnenbund in: A.a.O., Anl., S. 84; *Odersky* in: 85. A.a.O., Anl., S. 154; *Büschgens* in: A.a.O., Anl., S. 220; *Goy* in: A.a.O., Anl., S. 270; *Voget* in: A.a.O., S. 2; *Schimansky* in: A.a.O., Anl., S. 207; *Undeutsch* in: A.a.O., Anl., S. 200.

bezeichneten Verletztenbeistands. *Baurmann* und *Undeutsch* ergänzten die Anhörung um eine viktimologisch orientierte Perspektive. Aus dem Bereich der Strafrechtspflege wurden der Deutsche Richterbund, der Deutsche Beamtenbund, die Richter *Tröndle* und *Odersky*, *Asbrock* als Vertreter des Fachausschusses „Richter und Staatsanwälte" der Gewerkschaft öffentliche Dienste, Transport und Verkehr, *Baurmann* als Vertreter des BKA, GStA *Büschgens* und BGH-Richter *Schimansky* angehört. Vertreter insbesondere der Richterschaft waren um eine Ausgestaltung der strafprozessualen Verletztenbeteiligung anhand justiz- und verfahrensökonomischer Erfordernisse bemüht und vertraten weitgehend die Linie der Länder. Der Deutsche Richterbund lehnte die Nebenklage weiterhin ab. Als Vertreter der Anwaltschaft wurden der DAV und für den Strafrechtsausschuss der BRAK *Hammerstein* angehört.[370]

1. Verletztenrechte

Die Einführung eines Verletztenbeistandes wurde weit überwiegend gebilligt.[371] Unterschiedlich wurde die Frage bewertet, ob das Beistandsrecht jedem oder nur einem privilegierten Kreis von Verletzten zugebilligt werden sollte. Ausdrücklich gegen eine Beschränkung des Beistandsrechts auf bestimmte Verletztengruppen waren *Odersky*, *Büschgens* und *Weigend*.[372] Letzterer äußerte Vorbehalte, die Regelungen auf besonders „populäre" Gruppen von Opfern zu beschränken.[373] Der Weiße Ring sprach sich für die Bestellung eines „Opferanwalts" bei Gewalttaten auf Staatskosten aus.[374] *Büschgens* bevorzugte die Normierung einer allgemeinen Zeugenbeistandschaft entsprechend der Rspr. des BVerfG.[375] *Voget*, *Goy* und der Deutsche Juristinnenbund sprachen sich gegen die Einführung eines Verletztenbeistandes nach dem RegE-OSchG aus, weil die Regelung den Opfern von Straftaten, deren Interessen nicht gravierend beeinträchtigt seien, die Möglichkeit gebe, sehr weitreichend auf das Verfahren Einfluss zu nehmen, ohne dass ein diesbezüglicher Regelungsbedarf

---

370 Zugleich hatten *Hammerstein* und *Odersky* maßgeblich zur Beschlusslage des 55. DJT beigetragen, sodass Ihnen die Rolle der Vertreter der Richter- bzw. Anwaltschaft nur sehr bedingt zuzuweisen ist.

371 BRAK in: A.a.O., Anl., S. 37; Weißer Ring in: A.a.O., Anl., S. 57; Deutscher Beamtenbund in: A.a.O., Anl., S. 71; *Odersky* in: A.a.O., Anl., S. 167; *Weigend* in: A.a.O., Anl., S. 185; *Schöch* in: A.a.O., Anl., S. 196; *Undeutsch* in: A.a.O., Anl., S. 206; *Voget* in: A.a.O., S. 56.

372 *Odersky* in: A.a.O., Anl., S. 167; *Büschgens* in: A.a.O., Anl., S. 251; *Weigend* in: A.a.O., Anl., S. 187.

373 *Weigend* in: A.a.O., Anl., S. 187.

374 Weißer Ring in: A.a.O., Anl., S. 57, 61.

375 *Büschgens* in: A.a.O., Anl., S. 249.

bestünde.[376] Insofern sei das Beistandsrecht auf Verletzte höchstpersönlicher Rechtsgüter zu beschränken.[377] Der Strafrechtsausschuss der BRAK sprach sich gegen die Bestellung eines Beistandes für den Verletzten im vorbereiteten Verfahren aus, solange nicht kompensatorisch für diese Fälle die Regelungen über die notwendige Verteidigung ausgedehnt werden.[378] Uneinheitlich wurde zudem das Anwesenheitsrecht des Verletztenbeistands beurteilt. Der Strafrechtsausschuss der BRAK lehnte ein Anwesenheitsrecht des Beistands des Verletzten bei der Vernehmung des Verletzten als Zeugen gem. § 406f Abs. 3 RegE-OSchG ab.[379] Der Weiße Ring und *Teubner* befürworteten eine gesetzliche Klarstellung des Anwesenheitsrechts des Verletztenbeistandes auch in polizeilichen Vernehmungen.[380]

Odersky und *Büschgens* billigten die Regelungen des RegE-OSchG über das Akteneinsichtsrecht des Verletzten.[381] *Weigend* wollte die im Bundesrat geäußerten Bedenken stärker berücksichtigt wissen.[382] Der Strafrechtsausschuss der BRAK stimmte der Tendenz zu, dem Verletzten die Akteneinsicht zu gewähren, sah aber den Bedarf strengerer Voraussetzungen für die Akteneinsicht.[383] Der Deutsche Richterbund lehnte ein Akteneinsichtsrecht des Verletzten apodiktisch ab. Nur „verantwortlichen Organen der Rechtspflege", die auch einer Standeskontrolle unterliegen, sollten gerichtliche Aktenvorgänge, in denen stets persönlichkeitsempfindliche und datenschutzsensible Inhalte vorhanden sind, übergeben werden.[384] Hinsichtlich des Akteneinsichtsrechts des Verletzten trug der DAV die Bedenken *Thomas* in die Beratung.[385] *Schimansky* wies darauf hin, dass der Wert der Zeugenaussage des Verletzten in Aussage-gegen-Aussage-Konstellationen durch die vorherige Akteneinsicht beeinträchtigt werden könne.[386]

Hinsichtlich der im RegE-OSchG vorgesehenen Informationsrechte des Verletzten wiesen insbesondere Vertreter der Richterschaft auf die zusätzliche

376 *Voget* in: A.a.O., S. 56.

377 Deutscher Juristinnenbund in: A.a.O., Anl., S. 90; *Goy* in: A.a.O., Anl., S. 279.

378 BRAK in: A.a.O., Anl., S. 47.

379 BRAK in: A.a.O., Anl., S. 47.

380 *Teubner* in: A.a.O., Anl., S. 119; Weißer Ring in: A.a.O., Anl., S. 61; ebenso *Schöch* in: A.a.O., Anl., S. 196.

381 *Odersky* in: A.a.O., Anl., S. 168; *Büschgens* in: A.a.O., Anl., S. 252.

382 *Weigend* in: A.a.O., Anl., S. 185.

383 DAV in: A.a.O., Anl., S. 26.

384 DRiB in: A.a.O., Anl., S. 6.

385 DAV in: A.a.O., Anl., S. 18; nochmals: *Thomas*, StV 1985, S. 433ff.

386 *Schimansky* in: A.a.O., S. 78; *Schimansky* in: A.a.O., Anl., S. 214.

Belastung bereits angespannter Justizhaushalte hin.[387] Für ein Äußerungsrecht des Verletzten in der Hauptverhandlung sprachen sich der Weiße Ring, *Schimansky* und *Büschgens* aus.[388] Nach Ansicht *Schimanskys* sollten Stellungnahmen des Verletzten nur nicht „zur Unzeit" erfolgen dürfen.[389] Nach Ansicht *Büschgens* sei eine Festschreibung des Äußerungsrechts nicht geboten und sollte der Leitungsbefugnis des Vorsitzenden unterstellt werden.[390] Dagegen lehnte *Odersky* ein Äußerungsrecht des Verletzten als zusätzliche Belastung der Hauptverhandlung ab.[391] Ein Beweisantragsrecht des Verletzten wurde überwiegend abgelehnt.[392]

2. Privilegien des nebenklagebefugten Verletzten

Der Weiße Ring, *Odersky*, *Büschgens* und *Goy* befürworteten die Bestimmung der Befugnisse des nebenklageberechtigten Verletzten durch den RegE-OSchG.[393] Insbesondere gewährleiste der RegE-OSchG, dass der nebenklageberechtigte Verletzte sich sogleich an einen Rechtsanwalt als Beistand wenden könne, ohne dass zunächst das umständliche und zeitraubende Verfahren zur Gewährung von Prozesskostenhilfe durchlaufen werden müsse.[394] Nach Ansicht *Büschgens* sollten die Befugnisse allerdings nicht bei fahrlässiger Körperverletzung, sondern nur den unmittelbar zum Anschluss Berechtigten eingeräumt werden.[395] *Goy* schlug vor, die Anwesenheit des Beistands des nebenklageberechtigten Verletzten auf polizeiliche Vernehmungen auszudehnen. Zudem seien die Vorschriften über die Gewährung von Prozesskostenhilfe zu restriktiv ausgestaltet. Ob eine zur Nebenklage berechtigte Person in der Lage sei, ihre Interessen selbst ausreichend wahrzunehmen, stelle sich in der Regel erst in der mündlichen Verhandlung heraus. Dass die Entscheidung über den Prozesskostenhilfeantrag nicht angefochten werden kann, sei abzulehnen. Verfahrensverzögernde Auswirkungen habe es in der Praxis durch den nach

387 *Odersky* in: A.a.O., Anl., S. 168; *Schimansky* in: A.a.O., Anl., S. 215.

388 Weißer Ring in: A.a.O., Anl., S. 61.

389 *Schimansky* in: A.a.O., Anl., S. 215.

390 *Büschgens* in: A.a.O., Anl., S. 254.

391 *Odersky* in: A.a.O., Anl., S. 168.

392 Weißer Ring in: A.a.O., Anl., S. 61; *Weigend* in: A.a.O., Anl., S. 185; *Schimansky* in: A.a.O., Anl., S. 214; a.A. *Odersky* in: A.a.O., Anl., S. 168.

393 Weißer Ring in: A.a.O., Anl., S. 60; *Odersky* in: A.a.O., Anl., S. 165; *Goy* in: A.a.O., Anl., S. 277f.

394 *Odersky* in: A.a.O., Anl., S. 165.

395 *Büschgens* in: A.a.O., Anl., S. 245.

der gegenwärtigen Lage bestehenden Rechtsbehelf nicht gegeben.[396] Allein *Schimansky* sprach sich gegen jedwede Mitwirkungsbefugnis des nebenklageberechtigten Verletzten im Vorverfahren aus. Die Mitwirkung des Beistandes am Vorverfahren verlängere die Dauer der Ermittlungsverfahren und damit potentiell auch die Dauer der Untersuchungshaft.[397] Der Deutsche Richterbund lehnte ein Anwesenheitsrecht des Beistandes des nebenklageberechtigten Verletzten bei richterlichen Vernehmungen des Beschuldigten oder von anderen Zeugen im vorbereitenden Verfahren ab, weil insoweit ein Schutzbedürfnis für den Verletzten noch nicht bestehe.[398]

3. Nebenklage

Die Wortmeldungen zur Nebenklage betrafen den Kreis der Anschlussberechtigten, die Befugnisse des Nebenklägers, das Rechtsmittel des Nebenklägers und die Kosten der Nebenklage.

a) Kreis der Anschlussberechtigten

Uneinheitlich beurteilten die Sachverständigen den von der Bundesregierung gezogenen Kreis der Anschlussberechtigten. Der Strafrechtsausschuss der BRAK sprach sich für die im RegE-OSchG vorgeschlagene Fassung aus.[399] Nach Ansicht eines Teils der Sachverständigen zog die Bundesregierung den Kreis der Anschlussberechtigten erheblich zu weit, da die im RegE-OSchG vorgesehenen Offensivrechte des Nebenklägers zu großer Zurückhaltung bei der Vergabe des Privilegs der Anschlussberechtigung zwingen mussten.[400] Der Deutsche Juristinnenbund, *Schimansky, Odersky* und *Goy* befürworteten daher den Kreis der Anschlussberechtigten nach den Vorschlägen des Bundesrats.[401] *Büschgens* befürwortete eine stringentere Begrenzung der Anschlussbefugnis auf Verletzungen höchstpersönlicher Rechtsgüter.[402] Aus Sicht der Gewerkschaft ÖTV sollte die Nebenklagebefugnis nur bei Straftaten gegen die sexuelle Selbstbestimmung, bei vorsätzlichen Angriffen auf das Leben, bei Straftaten im Amt und im Anschluss an das erfolgreich durchgeführte Klageerzwin-

396 *Goy* in: A.a.O., Anl., S. 277f.

397 *Schimansky* in: A.a.O., Anl., S. 212.

398 DRiB in: A.a.O., Anl., S. 9f.

399 BRAK in: A.a.O., Anl., S. 43.

400 *Frommel* in: A.a.O., S. 52.

401 *Schimansky* in: A.a.O., Anl., S. 212; *Goy* in: A.a.O., Anl., S. 277; *Odersky* in: A.a.O., Anl., S. 163; Deutscher Juristinnenbund in: A.a.O., Anl., S. 88.

402 *Büschgens* in: A.a.O., Anl., S. 238.

gungsverfahren zulässig sein, da in diesen Fällen eine besondere Schutzbedürftigkeit des Verletzten oder ein besonderes Kontrollbedürfnis gegenüber den Strafverfolgungsorganen bestehe.[403] Einige Sachverständige sprachen sich wiederum für eine Erweiterung der Anschlussbefugnis aus. Nach Ansicht des DAV sollten Delikte wegen falscher Verdächtigung in den Katalog der Nebenklagedelikte aufgenommen werden.[404] *Odersky* schlug vor, die Delikte gegen Geheimnisschutzvorschriften in den Katalog aufzunehmen.[405] Für die Aufnahme der Raubdelikte sprachen sich der Weiße Ring, *Odersky, Voget* und der DAV aus.[406] Praktisch sei aber über die deliktsimmanente Gewalt stets eine Nebenklagemöglichkeit über den Umweg der Körperverletzungsdelikte gegeben.[407] Der Deutsche Beamtenbund schlug eine Erweiterung der Anschlussbefugnis um versuchte Straftaten gegen die sexuelle Selbstbestimmung vor.[408] *Voget* wollte den Kreis der Anschlussberechtigten um den Tatbestand der falschen Anschuldigung ergänzt wissen.[409]

Insbesondere die Regelungen des RegE-ORG über die Anschlussbefugnis bei fahrlässigen Körperverletzungen und Beleidigungen war unter den Sacherständigen streitig. Nach Ansicht *Oderskys* und *Büschgens* war die Regelung des RegE-OSchG über die eingeschränkte Anschlussbefugnis bei fahrlässigen Körperverletzungen gelungen.[410] Während *Weigend* die Anschlussbefugnis bei fahrlässigen Körperverletzungen insgesamt ablehnte,[411] kritisierte der Deutsche Richterbund die besonderen Voraussetzungen des REgE-OSchG. Besondere Gründe für die Zulassung der Nebenklage seien nicht aus der Schadenshöhe oder des Mitverschuldens, sondern allenfalls aus dem Prozessverhalten

---

403 ÖTV in: A.a.O., Anl., S. 80.

404 DAV in: A.a.O., Anl., S. 16.

405 *Odersky* in: A.a.O., Anl., S. 164.

406 Weißer Ring in: A.a.O., Anl., S. 60; DAV in: A.a.O., Anl., S. 16; *Voget* in: A.a.O., S. 58.

407 Weißer Ring in: A.a.O., Anl., S. 60.

408 Deutscher Beamtenbund in: A.a.O., Anl., S. 70.

409 *Voget* in: A.a.O., S. 58.

410 *Odersky* in: A.a.O., Anl., S. 163; *Büschgens* in: A.a.O., Anl., S. 239. Allerdings seien die im RegE-OSchG genannten Kriterien des Mitverschuldens oder des überwiegenden Verschuldens des Verletzten nicht sachgerecht, weil sie keinen genuin strafrechtlichen Bewertungsmaßstab bilden, sondern dem Zivilrecht entnommen seien. Ein besonderes Interesse am Anschluss als Nebenkläger bestehe nur in Fällen schwerwiegender Beeinträchtigungen höchstpersönlicher Rechte. Die schweren Folgen der Straftat oder die Abwehr sichtbar gewordener oder voraussichtlicher, ungerechtfertigter Schuldzuweisungen sollten entscheidend sein. Zudem solle sich der Angeklagte vor der Entscheidung über die Anschlussbefugnis zum Vorliegen der besonderen Vorausetzungen äußern dürfen (*Büschgens* in: A.a.O., Anl., S. 240).

411 *Weigend* in: A.a.O., Anl., S. 184.

des Beschuldigten abzuleiten.[412] Der DAV sprach sich dagegen für das das Fortbestehen der „Gebührenoase“[413] der Anwaltschaft nach geltendem Recht aus und begründete seine Haltung altruistisch – eine Überprüfung der Anschlussbefugnis auf schwere Tatfolgen, Mitverschulden oder überwiegendes Verschulden des Verletzten bedeute eine erhebliche Mehrbelastung der Gerichte.[414] Der Strafrechtsausschuss der BRAK wollte das Regel-/Ausnahmeverhältnis des RegE-OSchG umkehren und nur positiv festgestellte Fälle des Missbrauchs und der „Kleinstverletzungen“ von der Nebenklagebefugnis ausnehmen.[415] Nach Ansicht *Schöchs* sollte die Anschlussbefugnis bei Beleidigungsdelikten der für fahrlässige Körperverletzungen vorgesehenen Schwereklausel unterstellt werden.[416] *Weigend* wollte die Anschlussbefugnis bei Beleidigungen vollständig beseitigt sehen.[417]

Uneinheitlich wurde das Fortbestehen der Anschlussbefugnis im Bereich des Urheberrechts und gewerblichen Rechtsschutzes beurteilt.[418] Der Deutsche Richterbund und der der Strafrechtsausschuss der BRAK befürworteten die Nebenklage für diesen Bereich.[419] *Schöch* erkannte die Systemwidrigkeit der Anschlussbefugnis bei gewerblichen Schutz- und Urheberrechten, plädierte aber für „ein klein bisschen Systemuntreue“. Die Anschlussbefugnis in diesem Deliktsbereich ähnele der Interessenlage nach der Anschlussbefugnis im Anschluss an das erfolgreich durchgeführte Klageerzwingungsverfahren. Hinter beiden Anwendungsfällen der Nebenklage stehe meist eine besondere Sachkunde und ein besonderes Engagement des Verletzten, das von den staatlichen Strafverfolgungsinstanzen nicht ausgeglichen werden könne. Allerdings sei die zivilrechtliche Interessendurchsetzung insgesamt effektiver.[420] *Büschgens* wies darauf hin, dass das Recht auf Vernichtung und ähnliche Maßnahmen bei Urheberrechtsverstößen in der Praxis durch den Nebenkläger ausgeübt werde.

---

412 DRiB in: A.a.O., Anl., S. 5.

413 An diese Formulierung *Jungs* aus den 1970er Jahren erinnerte *Schöch* in: A.a.O., Anl., S. 195.

414 DAV in: A.a.O., Anl., S. 16.

415 BRAK in: A.a.O., Anl., S. 45.

416 *Schöch* in: A.a.O., Anl., S. 195.

417 *Weigend* in: A.a.O., Anl., S. 184.

418 Hinsichtlich der künftigen Relevanz des Anschlussgrundes wurden unterschiedliche Prognosen erteilt. Während der Deutsche Richterbund eine steigende Tendenz der Kriminalitätsentwicklung im Bereich der Produktpiraterie sah, glaubte *Odersky*, der Anschlussgrund werde auch in Zukunft keine praktsiche Bedeutung gewinnen (DRiB in: A.a.O., Anl., S. 8; *Odersky* in: A.a.O., Anl., S. 167).

419 DRiB in: A.a.O., Anl., S. 8; BRAK in: A.a.O., Anl., S. 45.

420 *Schöch* in: A.a.O., S. 63; *Schöch* in: A.a.O., Anl., S. 196.

Beeinträchtigungen oder Verzögerungen des Strafverfahrens kämen hierbei nicht vor.[421] *Hammerstein* befürwortete die Anschlussbefugnis bei gewerblichen Schutzrechten. Die zugrundeliegenden Fälle des Rezeptdiebstahls und Patentmissbrauchs beruhten regelmäßig auf Industriespionage, die zivilrechtlich nicht nachzuweisen seien. Die Nebenklage ermögliche es dem Verletzten, über den Zugriff auf die im Zuge staatsanwaltschaftlicher Durchsuchungen und Beschlagnahmen erlangten Beweismittel eine Verletzung gewerblicher Schutzrechte auch in späteren Zivilprozessen nachzuweisen.[422] Der Deutsche Juristinnenbund bestritt eine besondere Schutzwürdigkeit der Verletzten in den betreffenden Deliktsgruppen und betonte die Gefahr des Missbrauchs der Nebenklage zur Durchsetzung zivilrechtlicher Interessen.[423] Zur Wahrnehmung der Rechte gem. §§ 111ff. UrhG genügten entsprechende Informationsrechte des Verletzten über den Verfahrensstand.[424] *Damm* betonte, das vorzugswürdige Mittel zur Durchsetzung von Urheber- und Wettbewerbsrechten sei nicht das Strafverfahren, sondern die einstweilige Verfügung auf Unterlassung und der Schadensersatzprozess.[425]

b) Befugnisse des Nebenklägers

Die Bestimmung der Befugnisse des Nebenklägers in der Fassung des RegE-OSchG wurde von *Büschgens*, dem Weißen Ring und dem DAV gebilligt.[426] Vertreter der Richterschaft stellten sich auf den Standpunkt, dem Nebenkläger seien aktive Beteiligungsrechte und insbesondere Offensivrechte zu versagen.[427] *Laubach*, *Frommel* und *Goy* wollten die Nebenklage als Angriffsmittel des Verletzten verstanden wissen, befürworteten insofern die Wiederherstellung des Beweisantragsrechts des Nebenklägers durch die Bundesregierung und lehnten andererseits jedwede Schlechterstellung des Nebenklägers gegenüber dem geltenden Recht ab.[428] Versage man dem Nebenkläger in Verfahren seine Angriffsmittel, degradiere man ihn zum Objekt prozessleitender Fürsor-

421 *Büschgens* in: A.a.O., Anl., S. 248.

422 *Hammerstein* in: A.a.O., S. 86.

423 *Frommel* in: A.a.O., S. 83.

424 Deutscher Juristinnenbund in: A.a.O., Anl., S. 88.

425 *Damm* in: A.a.O., S. 18.

426 *Büschgens* in: A.a.O., Anl., S. 242; Weißer Ring in: A.a.O., Anl., S. 60; DAV in: A.a.O., Anl., S. 17.

427 *Günter* in: A.a.O., S. 9; *Schimansky* in: A.a.O., S. 10.

428 *Laubach* in: A.a.O., Anl., S. 268; *Goy* in: A.a.O., Anl., S. 277; *Frommel* in: A.a.O., S. 82; Deutscher Juristinnenbund in: A.a.O., Anl., S. 88.

gemaßnahmen.[429] Insbesondere in Vergewaltigungsverfahren müsse zwischen dem Nebenkläger und dem Beschuldigten Waffengleichheit herrschen.[430] Die Gegenströmung stellte sich auf den Standpunkt des Bundesrats und lehnte ein Beweisantragsrecht des Nebenklägers ab. Nach Ansicht *Schöchs* wollten die Befürworter des Beweisantragsrechts das überkommene Genugtuungs- und Vergeltungsinteresse des Verletzten reaktivieren. Das Beweisantragsrecht des Nebenklägers sei missbrauchsanfällig und deplatziert in den Händen eines Verfahrensbeteiligten, der weder ein Kostenrisiko noch ein Risiko für den Gesamtablauf des Verfahrens geschweige denn für das psychologische Klima in der Hauptverhandlung trage.[431] Im Gegensatz zum Beschuldigten müsse sich der Nebenkläger nicht gegen ihm drohende, schwerwiegende staatliche Sanktionen zur Wehr setzen.[432] Dass das Beweisantragsrecht des Nebenklägers entgegen der Ansicht *Oderskys* nicht nur eine symbolische Bedeutung[433] hatte, zeigte *Schimansky* auf. Wenn es sich auf das Endergebnis nicht wesentlich auswirke, könne der Richter zugunsten des Angeklagten etwas als wahr unterstellen. Wenn der Nebenkläger als wahr unterstellte Tatsachen unter Beweis stelle, könne er Nebenkriegsschauplätze eröffnen und damit den Gang des Verfahrens verzögern.[434]

c) Rechtsmittel des Nebenklägers

Deutlich positiver und weniger kontrovers fielen dagegen die wenigen Wortmeldungen über die Einschränkung der Rechtsmittelbefugnis des Nebenklägers aus.[435]

d) Kosten der Nebenklage

Die Kostenregelung des RegE-OSchG fand die Zustimmung *Schöchs*, des Weißen Rings, *Büschgens* und des Strafrechtsausschusses der BRAK.[436] Der DAV, *Odersky* und *Goy* wandten sich gegen den Vorschlag, dass bei Einstellung des Verfahrens der Nebenkläger seine notwendigen Auslagen selbst zu

---

429 Deutscher Juristinnenbund in: A.a.O., Anl., S. 89; *Frommel* in: A.a.O., S. 82.

430 *Teubner* in: A.a.O., Anl., S. 118.

431 *Schöch* in: A.a.O., S. 62; *Schöch* in: A.a.O., Anl., S. 196.

432 DRiB in: A.a.O., Anl., S. 6.

433 *Odersky* in: A.a.O., Anl., S. 165.

434 *Schimansky* in: A.a.O., S. 78; zust. *Bandisch* in: A.a.O., S. 84.

435 DRiB in: A.a.O., Anl., S. 6; *Odersky* in: A.a.O., Anl., S. 164; BRAK in: A.a.O., Anl., S. 45; Deutscher Beamtenbund in: A.a.O., Anl., S. 70; *Büschgens* in: A.a.O., Anl., S. 242.

436 *Schöch* in: A.a.O., Anl., S. 196; Weißer Ring in: A.a.O., Anl., S. 60; *Büschgens* in: A.a.O., Anl., S. 247; BRAK in: A.a.O., Anl., S. 49.

tragen hat.[437] Denn es sei zu befürchten, dass der potentielle Nebenkläger im Hinblick auf das Kostenrisiko von der Beiziehung eines Beistandes absehen werde. Nach Ansicht des DAV sollte die einhellige Rechtsprechung, dass der Angeklagte die notwendigen Auslagen des Nebenklägers bei Einstellung des Verfahrens zu tragen hat, kodifiziert werden.[438] Die Vorschrift sollte nach Ansicht *Oderskys* enger dahin eingegrenzt werden, dass das Gericht eine Billigkeit „aus besonderen Gründen" feststellen müsse.[439] Nach Ansicht des Deutschen Richterbundes bot die im RegE-OSchG vorgeschlagene Formulierung vielfältige Möglichkeiten des Missbrauchs. Insbesondere sei damit zu rechnen, dass Rechtsanwälte in zahlreichen Fällen auch weiterhin nur aus bloßem Kosteninteresse den Nebenklagebeitritt erklären.[440] *Voget* und *Weigend* wollten die notwendigen Auslagen des Nebenklägers grundsätzlich der Staatskasse auferlegt sehen.[441] Aus Sicht der Gewerkschaft ÖTV sollte der Nebenkläger seine Kosten selbst tragen, da eine Kostenbelastung des Angeklagten der Schadenswiedergutmachung und Resozialisierung des Täters entgegenstünden.[442]

4. Verletztenbeteiligung und Beschuldigtenrechte

Nach Ansicht des DAV, des Deutschen Beamtenbundes, *Schimanskys* und des Deutschen Juristinnenbundes schwächte der RegE-OSchG die Stellung des Beschuldigten im Strafverfahren. Ausgleichend für den Machtzuwachs des Verletzten sollte die notwendige Verteidigung entsprechend dem SPD-Entwurf auf Fälle ausgedehnt werden, in denen der Verletzte sich eines Beistandes bedient.[443] Auch der Deutschen Juristinnenbund wollte die notwendige Verteidigung zur Herstellung einer strengen Symmetrie zwischen dem Verletzten und dem Beschuldigten ausgedehnt sehen.[444] Keinen Handlungsbedarf sah der Weiße Ring. Die Rechtsstellung des Beschuldigten sei schon bei der Erarbei-

---

437 *Goy* in: 85. A.a.O., Anl., S. 278; *Odersky* in: A.a.O., Anl., S. 166f.; DAV in: A.a.O., Anl., S. 17.

438 DAV in: A.a.O., Anl., S. 17.

439 *Odersky* in: A.a.O., Anl., S. 166f.

440 DRiB in: A.a.O., Anl., S. 8. Der Deutsche Richterbund schlug vor, die Kostenlast wie folgt zu regeln: „Die dem Nebenkläger erwachsenen notwendigen Auslagen können dem Angeklagten auferlegt werden, wenn er wegen einer Tat verurteilt wird, die den Nebenkläger betrifft. Sie sind ihm aufzuerlegen, wenn es unbillig wäre, den Nebenkläger damit zu belasten." (Ebd.).

441 *Weigend* in: A.a.O., Anl., S. 185f.; *Voget* in: A.a.O., S. 57.

442 ÖTV in: A.a.O., Anl., S. 81.

443 DAV in: A.a.O., Anl., S. 21; Deutscher Beamtenbund in: A.a.O., Anl., S. 75; *Schimansky* in: A.a.O., Anl., S. 212, 217; ähnl. *Hammerstein* in: A.a.O., S. 8.

444 Deutscher Juristinnenbund in: A.a.O., Anl., S. 90f.; *Frommel* in: A.a.O., S. 51.

tung der Vorschläge sorgfältig beachtet und gewahrt worden.[445] *Odersky* lehnte die Ausweitung der notwendigen Verteidigung als Belastung der Staatskasse ab, zeigte sich aber offen für eine Ausdehnung der notwendigen Verteidigung für Fälle, in denen der Nebenkläger durch Rechtsanwalt vertreten wird.[446]

VI. Weiteres Gesetzgebungsverfahren

Bei den weiteren Beratungen des Rechtsausschusses zeigten sich alle Beteiligten betont kompromissbereit.[447] Ursache der Verständigungsbereitschaft und zügigen Verabschiedung dürften die Verstrickung der SPD in das Gesetzgebungsverfahren durch die Einbeziehung ihres Entwurfs in die Beratungen des Rechtsausschusses, der Blick auf das drohende Ende der Legislaturperiode mit dem Wahlen am 25. Januar 1987, die Erwartungshaltung einer ungewöhnlich breiten Öffentlichkeit und eine fraktionsübergreifende Einigkeit über die Grundzüge des RegE gewesen sein.[448] Die Verhandlungen des Rechtsausschusses wurden von Sondierungsgesprächen zwischen Obleuten der CDU/CSU und der SPD einerseits und zwischen den Koalitionsfraktionen und den Ländern andererseits begleitet.[449] Nach interfraktionellen Gesprächen einigten sich die Koalition und die SPD-Fraktion unter Aufnahme einzelner Vorschläge des SPD-Entwurfs in den RegE-OSchG.[450] Die Justizministerkonferenz hatte im September 1986 beschlossen, dass der Bundesrat dem OSchG nur zustimmen werde, wenn gleichzeitig das StVÄG verabschiedet wird.[451] Nachdem die Bundesregierung eine gleichzeitige Verabschiedung des StVÄG[452] in Aussicht stellte, zeigten auch Länder eine gesteigerte Bereitschaft, das Gesetz ohne Einschaltung des Vermittlungsausschusses zu verabschieden.[453] Die Fraktionen der SPD und der Grünen kamen der Regierung

445 Weißer Ring in: A.a.O., Anl., S. 64.

446 *Odersky* in: A.a.O., Anl., S. 176.

447 *De With* in: Sten. Protokolle des Rechtsausschusses, 10. Wahlperiode., 88. Sitzung vom 18. Juni 1986, S. 10; *Marschewski* in: A.a.O., S. 11; *de With* in: Sten. Protokolle des Rechtsausschusses, 10. Wahlperiode., 92. Sitzung vom 10. September 1986, S. 7.

448 *Böttcher*, JR 1987, S. 133; *Jung*, JuS 1987, S. 158; *Rieß*, Jura 1987, S. 285.

449 *De With* in: Sten. Protokolle des Rechtsausschusses, 10. Wahlperiode., 93. Sitzung vom 24. September 1986, S. 7; *Marschewski* in: Sten. Protokolle des Rechtsausschusses, 10. Wahlperiode., 92. Sitzung vom 10. September 1986, S. 4.

450 *Rieß / Hilger*, NStZ 1987, S. 145.

451 *Kempf*, StV 1987, S. 216.

452 BGBl. I 1987, S. 475.

453 *Groß* in: Sten. Protokolle des Rechtsausschusses, 10. Wahlperiode., 92. Sitzung vom 10. September 1986, S. 14; *Böttcher*, JR 1987, S. 133; *Rieß / Hilger*, NStZ 1987, S. 145; *Rieß*, StV 1987, S. 212.

zudem dadurch entgegen, dass sie die Pönalisierung der Vergewaltigung in der Ehe zwar befürworteten, aber hinsichtlich der Verabschiedung eines Opferschutzgesetzes kein diesbezügliches Junktim aufstellten.[454] Darüber hinaus wurden mit der Teilreform das Strafantragsrecht, das Klageerzwingungsverfahren und die Zukunft der Privatklage ausgeklammert.[455]

Der Ausschuss sprach sich für eine Aufhebung der Beschränkung der Mitteilungspflichten auf den Antragsteller im Sinne des § 171 StPO aus und dehnte den Anwendungsbereich des § 406d StPO i.d.F.d. RegE damit auf alle Verletzten aus.[456] Weiterhin beschloss der Ausschuss entsprechend der Vorschläge der SPD-Fraktion, dass der Verletzte über seine fakultativen Informationsrechte zwingend zu belehren ist.[457]

Die Mehrheit des Rechtsausschusses sprach sich dafür aus, eine einstweilige Bestellung eines Verletztenbeistandes für den nebenklageberechtigten Verletzten nicht nur im Vorverfahren, sondern auch im gerichtlichen Verfahren zu ermöglichen.[458] Ferner wurde auf Wunsch der SPD-Fraktion für diejenigen Verletzten, die wegen einer Straftat gegen die sexuelle Selbstbestimmung zum Anschluss als Nebenkläger berechtigt sind, auf die Voraussetzung verzichtet, dass die einstweilige Bestellung aus besonderen Gründen geboten sein muss.[459]

Die Hauptkonfliktlinie der Verhandlungen bildete die Frage nach der Auswahl des Kreises der Nebenklageberechtigten, die in der Diskussion über die Einbeziehung der Beleidigungsdelikte ausgetragen wurde.[460] Die Regierung wollte den Kreis der Anschlussberechtigten systematisch auf Verletzte beschränken,

---

454 *Marschewski* in: Sten. Protokolle des Rechtsausschusses, 10. Wahlperiode., 92. Sitzung vom 10. September 1986, S. 7; *Mann* in: A.a.O., S. 10.

455 *Böttcher*, JR 1987, S. 133; *Rieß*, Jura 1987, S. 286; *Jung*, JuS 1987, S. 160.

456 BT-Drucks. 10/6124, S. 15.

457 A.a.O., S. 15f.; *De With* in: Sten. Protokolle des Rechtsausschusses, 10. Wahlperiode., 93. Sitzung vom 24. September 1986, S. 9; *Marschewski* in: Sten. Protokolle des Rechtsausschusses, 10. Wahlperiode., 88. Sitzung vom 18. Juni 1986, S. 12. Die Belehrungspflicht umfasste nunmehr die Belehrung über die Möglichkeit des Antrags auf Informationen über Verfahrensereignisse, das Akteneinsichtsrecht, die Befugnis, sich des Beistands zu bedienen du für den Fall seiner Vernehmung als Zeuge eine Person seines Vertrauens hinzuziehen (BT-Drucks. 10/6124, S. 16).

458 BT-Drucks. 10/6124, S. 15.

459 Damit sollte dem Umstand Rechnung getragen werden, dass diese Verletzten typischerweise besonders schutz- und beistandsbedürftig sind. BT-Drucks. 10/6124, S. 15; *de With* in: Sten. Protokolle des Rechtsausschusses, 10. Wahlperiode., 88. Sitzung vom 18. Juni 1986, S. 11.

460 *De With* in: Sten. Protokolle des Rechtsausschusses, 10. Wahlperiode., 93. Sitzung vom 24. September 1986, S. 10.

die in höchstpersönlichen Rechtsgütern verletzt sind.[461] Da es sich bei der Ehre um ein höchstpersönliches Rechtsgut handelt, sollte insofern auch eine Anschlussberechtigung für Beleidigungsdelikte bestehen. Der Beleidigte bedürfe einer gesicherten Rechtsposition, weil sich die Situation des Angeklagten und des Verletzten hinsichtlich des Wahrheitsbeweises „blitzschnell" ändern könne.[462] Auch trage eine Vertretung des Nebenklägers zur Versachlichung und damit prozessökonomisch zu einer gütlichen Beilegung des Verfahrens bei.[463] Die Fraktionen der SPD und der Grünen wollten die Anschlussberechtigung dagegen nur für besonders schwere Delikte zulassen und den Ehrschutz auf das Gebiet des Zivilprozesses umwuchten.[464] Die Länder wollten die Belastung der Justiz durch einen möglichst eng gefassten Katalog der Nebenklageberechtigten vermeiden und die Beleidigung möglichst aus dem Katalog der Nebenklagedelikte streichen.[465] Im Ergebnis folgte die Ausschussmehrheit der Regierungslinie, sodass die Beleidigungsdelikte im Katalog der Nebenklagedelikte verblieben und nicht einer Schwereklausel unterstellt wurden.[466]

Einfacher gestalteten sich die Verhandlungen über die Rechte des Nebenklägers. Zwischenzeitlich hatten sich das BMJ und die Länder darauf geeinigt, dass der Nebenkläger entsprechend dem RegE ein Beweisantragsrecht haben solle. Auf Vorschlag der Länder wurde das Anwesenheitsrecht des Nebenklägers in der Hauptverhandlung ausdrücklich normiert. Die Länder und die Regierung einigten sich darauf, dass die Prozesskostenhilfe auf die Nebenklägerschaft ausgedehnt wurde. Gegenüber dem RegE sollte in § 397a Abs. 1 StPO als Voraussetzung ergänzt werden, dass dem Verletzten eine Eigenvertretung nicht zumutbar sein dürfe. Auf Anregung der SPD-Fraktion und der Länder wurde die Aufnahme einer Belehrungspflicht gegenüber dem Nebenkläger in das Gesetz aufgenommen.[467]

---

461 *Eylmann* in: Sten. Protokolle des Rechtsausschusses, 10. Wahlperiode., 92. Sitzung vom 10. September 1986, S. 13.

462 *Rieß* in: A.a.O., S. 11.

463 *Eylmann* in: A.a.O., S. 13.

464 *Mann* in: Sten. Protokolle des Rechtsausschusses, 10. Wahlperiode., 93. Sitzung vom 24. September 1986, S. 20f; *De With* in: A.a.O., S. 20.

465 *Groß* in: Sten. Protokolle des Rechtsausschusses, 10. Wahlperiode., 92. Sitzung vom 10. September 1986, S. 14; *Marschewski* in: A.a.O., S. 5.

466 BT-Drucks. 10/6124, S. 14; *Marschewski* in: Sten. Protokolle des Rechtsausschusses, 10. Wahlperiode., 92. Sitzung vom 10. September 1986, S. 5.

467 *Marschewski* in: Sten. Protokolle des Rechtsausschusses, 10. Wahlperiode., 92. Sitzung vom 10. September 1986, S. 5f.

Die Mehrheit des Ausschusses sprach sich für den Grundsatz aus, dass bei Verfahrenseinstellungen nach §§ 153ff. StPO die Kosten der Nebenklage dem Angeschuldigten auferlegt werden.[468] Der Ausschuss beschloss ferner, die Voraussetzungen der Gewährung von Prozesskostenhilfe dadurch zu erweitern, dass sie auch dann zu bewilligen ist, wenn dem Verletzten die Wahrnehmung seiner Interessen selbst nicht zuzumuten ist.[469]

Der Rechtsausschuss beschloss die Ausdehnung der notwendigen Verteidigung für den Fall, dass dem zum Anschluss als Nebenkläger berechtigten Verletzten im Wege der Prozesskostenhilfe oder gem. § 406g Abs. 4 i.d.F.d. RegE einstweilen der Rechtsanwalt als Beistand bestellt wird. Die Ausschussmehrheit war der Auffassung, dass die vorgeschlagene Ergänzung des § 140 Abs. 2 StPO den berechtigten Belangen des Beschuldigten ausreichend Rechnung trage.[470] Ein weitergehender Antrag der SPD, die notwendige Verteidigung auf jeden Fall auszudehnen, in dem einem Verletzten ein Beistand bestellt wird, fand nicht die ausreichende Mehrheit.[471]

Das Erste Gesetz zur Verbesserung der Stellung des Verletzten im Strafverfahren (Opferschutzgesetz) wurde entsprechend der Vorschläge des Rechtsausschusses vom Bundestag am 7. November 1986 ohne Gegenstimmen verabschiedet.[472] Der Bundesrat ließ das Gesetz am 28. November 1986 ohne Einschaltung des Vermittlungsausschusses passieren.[473] Das OSchG trat am 1. April 1987 in Kraft.[474]

VII. Rezeption

Das OSchG traf auf ein höchst gemischtes Echo im Schrifttum. Wohlwollende Stimmen sahen eine Trendwende hin zu einer Integration des Verletzten in den

468 BT-Drucks. 10/6124, S. 16; *Marschewski* in: Sten. Protokolle des Rechtsausschusses, 10. Wahlperiode., 92. Sitzung vom 10. September 1986, S. 6.

469 BT-Drucks. 10/6124, S. 14.

470 A.a.O., S. 13.

471 Ebd.; *De With* in: Sten. Protokolle des Rechtsausschusses, 10. Wahlperiode., 88. Sitzung vom 18. Juni 1986, S. 11; *De With* in: Sten. Protokolle des Rechtsausschusses, 10. Wahlperiode., 93. Sitzung vom 24. September 1986, S. 12f.

472 Sten. Protokolle des Bundestags – 10. Wp. – 244. Sitzung, Freitag, den 27. November 1986, S. 18915.

473 Sten. Protokolle des Bundesrats – 571. Sitzung, 28. November 1986, S. 649.

474 BGBl. I 1986, S. 2496.

Prozess, die insgesamt eine verdiente Zustimmung erhalte.[475] Nach Ansicht *Esers* war eine angemessene Integration des Opfers in den Strafprozess dagegen noch nicht gelungen.[476] Teile der Literatur sahen nur eine punktuelle und insgesamt konzeptionslose Reform verwirklicht, die zudem zu einer unübersichtlichen Rechtslage geführt habe.[477] *Kaiser* konnte dem OSchG nur einen äußerst begrenzten, vornehmlich symbolischen Erfolg bescheinigen. Die allgemeine Appellfunktion zu opferfreundlicherem Verhalten sei die größte Errungenschaft der Reform.[478] *Schünemann* konstatierte dagegen einen „Paradigmenwandel von der Täter- zur Opferperspektive", wenngleich auch die einzelnen Punkte dieses Konzeptes die geltende Rechtslage nur fortentwickelt, aber nicht grundlegend umgestürzt hätten.[479] *Kempf* ordnete den Konnex von OSchG und StVÄG 1987 als Kompromiss von Regierung und Ländern zu Lasten der Beschuldigtenrechte ein. Die grundsätzlichen Bedenken gegen die Verbesserung der Opferposition aus Wissenschaft und Praxis seinen unberücksichtigt geblieben.[480] *Hirsch* ergänzte, die gesetzgeberische Zielvorgabe einer „begrenzten Waffengleichheit" zwischen Beschuldigtem und Verletztem beruhe auf einer Fehlvorstellung. Es könne gar keine Waffengleichheit zwischen Beschuldigtem und Verletztem in strafprozessualer Beziehung geben. Die strafrechtliche Seite des Strafverfahrens betreffe die Frage des Bestehens des staatlichen Strafanspruchs. Der Angeklagte sei deshalb derjenige, für den in dieser Hinsicht alles, der Verletzte dagegen jemand, für den verhältnismäßig wenig auf dem Spiel stehe. Das OSchG erwecke den Eindruck, dass „bei jenem Leitgedanken Vorstellungen von Sozialwissenschaftlern, die unter Verkürzung der rechtlich relevanten Gesichtspunkte meinen, Straftat und Strafverfahren im Wesentlichen aus dem Blickwinkel eines bloßen Konflikts zwischen Täter und Opfer begreifen zu können, überbewertet worden sind."[481]

Uneinheitlich wurde zudem die Frage beantwortet, welche Kräfte zur vergleichsweise zügigen Verabschiedung des Gesetzes gewirkt hatten. *Schünemann* deutete den aus seiner Sicht übereilten Gesetzgebungsvorgang als Nie-

475 *Rieß / Hilger*, NStZ 1987, S. 145; *Rieß*, Jura 1987, S. 281; *Jung*, JuS 1987, S. 160; *Schneider*, Jura 1989, S. 76; AK-StPO / *Rössner*, Vor § 395, Rn. 7; *Hirsch*, GS Kaufmann, S. 721; *Eser*, GS Kaufmann, S. 724.

476 *Eser*, ZStW 1992, S. 374.

477 *Hassemer*, Einführung in die Grundlagen des Strafrechts 1990, S. 74f.; ähnl. *Böttcher*, JR 1987, S. 141; AK-StPO / *Rössner*, Vor § 395, Rn. 7; *Weigend*, NJW 1987, S. 1176; *Nelles / Oberlies*, Reform der Nebenklage, S. 8; *Selig*, StV 1988, S. 498.

478 *Kaiser*, Die Stellung des Verletzten im Strafverfahren, S. 291.

479 *Schünemann*, NStZ 1986, S. 193, 196.

480 *Kempf*, StV 1987, S. 215ff.

481 *Hirsch*, GS Kaufmann, S. 703.

derlage „traditionsreicherer Reformanliegen" der Wissenschaft und als Ergebnis einer von politischen Erfolgshoffnungen getragenen Konzession an eine weibliche Wählerdemographie[482] und die „viktimologische Bewegung". In dieser Lesart stellte sich das OSchG als Sieg des Populismus über eine wissenschaftlich fundierte Rechtspolitik dar.[483] Gegen den Befund *Schünemanns* vermochte *Rieß* hingegen keine „pressure group" hinter dem zügigen Reformvorgang zu erkennen.[484] Zurückhaltender stellte *Hassemer* fest, der Gesetzgeber habe sich von der allgemeinen Öffentlichkeit und deren Reformwünschen tragen lassen. Dabei hätten Wissenschaft und Gesetzgeber allerdings an demselben Strang gezogen.[485]

Wohlwollende Stimmen im Schrifttum beurteilten die Einführung einer allgemeinen Verletztenstellung zurückhaltend. Der Verletzte erhalte verbesserte Chancen für eine aktivere Rolle im Strafverfahren.[486] Nach einer 1992 erschienenen Studie *Staiger-Allroggens* hatten sich im Vergleich zur Rechtslage vor Einführung des Opferschutzgesetzes bezüglich der generellen Zufriedenheit der Verletzten über den Prozessablauf keine wesentliche Änderung ergeben.[487] Nach der in demselben Jahr erschienenen Untersuchung *Kaisers* hatten auch die Rechte des nebenklageberechtigten Verletzten in keiner Weise irgendeine Bedeutung erlangt.[488] Die Mehrheit der Literaturstimmen vermochte jedoch keinen Handlungsbedarf auf der Ebene der Gesetzgebung zu erkennen. Die Neuregelungen des OSchG seien noch zu unbekannt.[489] Ursache sei ein Implementierungsdefizit, das durch verbesserte Informationsangebote im Justizwesen zu beheben sei.[490] Nach Ansicht *Weigends* stellte sich die Regelung über den Verletztenbeistand jedoch als „sozialpolitisch geradezu skandalös" dar. Den Beistand könne nur in Anspruch nehmen, wer sich einen Anwalt

---

482 Teile des feministischen Schrifttums bemängelten dagegen, im OSchG seien viele Forderungen der Frauenbewegung seien unberücksichtigt geblieben. Die Verfahrensstellung des Verletzten sei an mehreren Punkten, namentlich im Bereich der Rechtsmittel sogar verschlechtert worden (*Engel*, STREIT 1987/1, S. 27; *Nelles / Oberlies*, Reform der Nebenklage, S. 29).

483 *Schünemann*, NStZ 1986, S. 200; ähnl. *Weigend*, NJW 1987, S. 1170.

484 *Rieß*, Jura 1987, S. 283.

485 *Hassemer*, Einführung in die Grundlagen des Strafrechts 1990, S. 74.

486 A.a.O., S. 75.

487 *Staiger-Allroggen*, Auswirkungen des Opferschutzgesetzes, S. 133ff.

488 *Kaiser*, Die Stellung des Verletzten im Strafverfahren, S. 290.

489 *Kropp*, JA 2002, S. 334; *Kaiser*, Die Stellung des Verletzten im Strafverfahren, S. 289; AK-StPO / *Rössner*, Vor § 395, Rn. 24.

490 *Staiger-Allroggen*, Auswirkungen des Opferschutzgesetzes, S. 134ff.; *Kaiser*, Die Stellung des Verletzten im Strafverfahren, S. 289ff.

finanziell leisten könne. Zwar seien die Gebühren des Anwalts als Opferbeistand um die Hälfte niedriger denn als Nebenklägervertreter. Der Verletzte müsse diese Gebühren allerdings selbst aufbringen und könne hierfür keine Prozesskostenhilfe in Anspruch nehmen. Zudem sei es unbillig, dass dem Opfer das Recht verwehrt werde, anstelle eines Rechtsanwalts eine sonstige Vertrauensperson, etwa einen Angehörigen oder den Mitarbeiter einer Opferhilfe-Organisation, zur Vernehmung mitzubringen. Die Zulassung solcher Beistände stehe vielmehr im unanfechtbaren Ermessen des Vernehmenden.[491]

Kritischer fielen die Wortmeldungen zum Umbau der Nebenklage aus. Das OSchG, so *Kaiser*, habe durch die Modifikationen der Nebenklage die Belastungen der Justiz nicht etwa verringert, sondern im Gegenteil gesteigert.[492] Nach Ansicht *Rießs* verdunkle die fortbestehende Bezeichnung als Nebenklage die Bedeutung der gesamten legislatorischen Operation. Tatsächlich handele es sich bei dem neuen Katalog der Anschlussberechtigung um die Beschreibung einer hervorgehobenen Verletztengruppe, die bereits im Vorverfahren besondere Rechte erhalte. Künftig werde sich der Gesetzgeber daran messen lassen müssen, ob er die privilegierte Verletztengruppe und ihre Mitwirkungsbefugnisse kriminalpolitisch und viktimologisch sachgerecht umschreibt.[493]

Mit dem OSchG sei die Nebenklage zum Zentralinstitut des Opferschutzgesetzes gerückt,[494] ohne dass hierbei eine klare, gesetzgeberische Linie bei der Bestimmung des Kreises der Anschlussberechtigten zu erkennen sei.[495] Es sei keine eindeutige Schwereorientierung bei der Bestimmung des Kreises der Anschlussberechtigten zu erkennen. Zutreffend lasse sich lediglich feststellen, dass einige schwerwiegende Straftaten gegen höchstpersönlich Rechtsgüter hinzugekommen seien.[496] Die Aufnahme der Beleidigungsdelikte in den Kreis der Berechtigten sei verfehlt.[497] Die Raubdelikte seien in den Katalog aufzunehmen und nicht erst über den Umweg zugleich begangener Körperverletzungen zu ermöglichen.[498]

---

491 *Weigend*, NJW 1987, S. 1174.

492 *Kaiser*, Die Stellung des Verletzten im Strafverfahren, S. 290.

493 *Rieß*, Jura 1987, S. 286f.

494 *Hinz*, DRiZ 2001, S. 324.

495 *Schünemann*, NStZ 1986, S. 200; *Beulke*, DAR 1988, S. 114f.; *Rieß*, Jura 1987, S. 287; *Weigend*, NJW 1987, S. 1175f.; *Weigend*, Deliktsopfer und Strafverfahren, S. 417; *Selig*, StV 1988, S. 498.

496 *Beulke*, DAR 1988, S. 114f.; *Staiger-Allroggen*, Auswirkungen des Opferschutzgesetzes, S. 159.

497 *Staiger-Allroggen*, Auswirkungen des Opferschutzgesetzes, S. 159.

498 A.a.O., S. 160.

Die Schwereklausel für den Anschluss in Verfahren wegen fahrlässiger Körperverletzung lief den Partialinteressen von Teilen der Anwaltschaft zuwider und eröffnete eine Quelle zahlreicher Auslegungsprobleme.[499] Mit der Einführung der Schwereklausel habe der Gesetzgeber sich die Sympathien der Anwaltschaft nicht gänzlich verscherzen wollen und den „schwarzen Peter“ an die Richter weitergegeben.[500] Hinsichtlich der Rechte des Nebenklägers kritisierten Teile der Literatur, die Stellung der Nebenklage in Sexualstrafverfahren habe sich allenfalls nachteilig verändert.[501] Die Einschränkung der Rechtsmittel und die fehlenden Beteiligungsrechte des Nebenklägers bei Verfahrenseinstellungen seien „bequem unter dem breiten Banner der Prozessökonomie unterzubringen“ und es scheine, als „habe hier das Bild einer rachsüchtigen, auf Verurteilung um jeden Preis abzielenden Nebenklage Pate gestanden.“[502]

Mit dem OSchG musste zudem die Frage nach dem Fortfall einer Genugtuungsfunktion der Nebenklage neu gestellt werden. Eine verbreitete Literaturströmung stellte sich auf den Standpunkt, die Entkopplung der Nebenklage von der Privatklage sei als Absage des Gesetzgebers an ihre Genugtuungsfunktion zu deuten.[503] Für den Fortfall der Genugtuungsfunktion spreche, dass der Nebenkläger nicht mehr auf eine höhere Bestrafung im Wege des Rechtsmittelverfahrens vorgehen konnte.[504] Zweck der Nebenklage nach neuem Recht sei allein der Persönlichkeitsschutz des Verletzten gegenüber Schuldzuweisungen und Verunglimpfungen seitens des Beschuldigten.[505] Zudem habe der Gesetzgeber sich explizit gegen eine Doppelbesetzung der Anklagefunktion ausgesprochen.[506] Die in Teilen der Literatur und der Rspr. vertretene Gegenströmung argumentierte, der Fortbestand der Anschlussbefugnis im Anschluss an das erfolgreich durchgeführte Klageerzwingungsverfahren und der Angehörigen des durch vorsätzliche Straftat Getöteten lasse darauf schließen, der Gesetzgeber habe das Genugtuungsbedürfnis des Nebenklägers weiterhin mitbe-

---

499 *Weigend*, Deliktsopfer und Strafverfahren, S. 417; *Beulke*, DAR 1988, S. 115; *Staiger-Allroggen*, Auswirkungen des Opferschutzgesetzes, S. 160. Infolgedessen bemühten sich Teile der Literatur, die Schwereklausel möglichst extensiv und zivilrechtlich konnotiert auszulegen (vgl. *Liepe*, VersR 1987, S. 344.).

500 *Beulke*, DAR 1988, S. 115.

501 *Selig*, StV 1988, S. 498f.

502 A.a.O., S. 500.

503 *Zechmann*, Setzt die Nebenklagebefugnis einen Strafantrag voraus?, S. 72; AK-StPO / *Rössner*, Vor § 395, Rn. 8ff.

504 *Zechmann*, Setzt die Nebenklagebefugnis einen Strafantrag voraus?, S. 73.

505 *Hinz*, DRiZ 2001, S. 325.

506 Ebd.

rücksichtigt.[507] Die Änderungen der Nebenklage deutete *Schünemann* als Wiedereinzug des Vergeltungsgedankens durch die Hintertür eines nur vorgeblich „progressiven viktimoprozessualen Ansatzes“, der tatsächlich aber auf die Befriedigung der Vergeltungsbedürfnisse einer privilegierten „Opferelite“ abziele.[508] Hinsichtlich der Rechtsmittelbefugnis habe der Gesetzgeber jedenfalls auch von einem „legitimen Interesse“ des Verletzten an der Verurteilung gesprochen.[509] Die Nebenklagedelikte zeichneten sich zudem regelmäßig durch eine enge Täter-Opfer-Beziehung aus.[510] Die Schwereklausel für den Anschluss bei fahrlässigen Körperverletzungen lasse sich nur plausibel aus einem gesteigerten Genugtuungsbedürfnis des Verletzten heraus erklären.[511] Weiterhin stelle das Beweisantragsrecht des Nebenklägers eine typische Angriffswaffe dar, mit der der Verletzte der Anklage „auf die Sprünge helfen“, das Gericht unter Druck setzen und die Beweislage zu Lasten des Beschuldigten ändern könne.[512] Die umfassende Handlungsmacht des Nebenklägers und seine weitgehende Waffengleichheit gegenüber dem Angeklagten spreche für den Fortbestand der Genugtuungsfunktion der Nebenklage.[513]

Der Schwerpunkt der Kritik am OSchG lag im Vorwurf einer systemwidrigen Verschiebung innerprozessualer Balancen zu Lasten des Beschuldigten.[514] Entgegen der Begründung des Gesetzes bildeten nach Ansicht einer von *Schünemann* und *Kempf* angeführten Literaturströmung nicht die Schutzrechte, sondern Offensiv- und Informationsrechte des angeblich Verletzten den Kern der Reform.[515] Der unbestimmte Begriff des Verletzten konterkariere die Unschuldsvermutung des Art. 6 Abs. 2 EMRK. Denn auch weiterhin sei von einem weiten Verletztenbegriff auszugehen, unter den jede erdenkliche unmittelbare Beeinträchtigung von Rechten durch eine behauptete Straftat falle, auch, wenn die verletzte Norm nicht unmittelbar dem Schutz des Verletzten diene.[516] Vor dem Urteil kenne das Strafverfahren aber noch keinen Täter,

---

507 *Zechmann*, Setzt die Nebenklagebefugnis einen Strafantrag voraus?, S. 71; *Hinz*, DRiZ 2001, S. 326; *Schneider*, StV 1998, S. 460; *Fabricius*, NStZ 1994, S. 260, 263.

508 *Schünemann*, NStZ 1986, S. 197.

509 *Zechmann*, Setzt die Nebenklagebefugnis einen Strafantrag voraus?, S. 71.

510 *Hirsch*, GS Kaufmann, S. 714.

511 *Beulke*, DAR 1988; *Kurth*, NStZ 1997, S. 1f.

512 *Hinz*, DRiZ 2001, S. 326; *Weigend*, NJW 1987, S. 1175.

513 *Hinz*, DRiZ 2001, S. 326; *Kempf*, StV 1987, S. 216f.

514 *Schünemann*, NStZ 1986, S. 193; *Müller*, DRiZ 1987, S. 471; *Hassemer*, Einführung in die Grundlagen des Strafrechts 1990, S. 75f.; *Bender*, KJ 1987, S. 452; *Weigend*, NJW 1987, S. 1171; *Schlothauer*, StV 1987, S. 360.

515 *Schünemann*, NStZ 1986, S. 196f.

516 *Kempf*, StV 1987, S. 217.

sondern nur einen Beschuldigten, und infolgedessen auch kein Opfer. Mit dem unbestimmten Begriff des Verletzten stelle der Gesetzgeber eine systemwidrige "Opfervermutung" auf.[517] Dagegen bestritt *Rössner* eine Gefährdung der Verteidigungsrechte des Beschuldigten. Die Kritik sei allenfalls theoretisch gerechtfertigt. Eine gewisse Strukturveränderung zugunsten des Verletzten sei vom Gesetzgeber gewollt und rechtpolitisch geboten.[518]

Schünemann deutete die Akteneinsicht des Verletzten als prozessuale Aufrüstung einer höchst fragwürdigen Figur, die in die Lage versetzt werde, die eigene Aussage „lückenlos den bereits vorliegenden Beweisergebnissen anzupassen, je nach der Prozesslage stromlinienförmig auszugestalten und letztlich unter der Firma der Wissensbekundung Parteistatements zum Zweck der eigenen Interessenverfolgung in den Prozess einzuschleusen", um die „Prägewirkung des Strafverfahrens für die zivilrechtliche Rechtsverfolgung" aus der Stellung des Verletzten heraus womöglich bereits vor der rechtskräftigen Schuldfeststellung nutzbar zu machen.[519] *Kempf* wies darauf hin, dass das Akteneinsichtsrecht des Verletzten im Ergebnis nur völlig unzureichend beschränkt wurde. Die Behauptung des „berechtigten Interesses" stelle keine eigentliche Schranke des Akteneinsichtsrechts des Verletzen dar, denn der Begriff des Verletzten setze ja bereits eine unmittelbare Rechtsbeeinträchtigung voraus, sodass sich die legitime Verfolgung aus verletzten Rechtspositionen ergebender Ansprüche immer als das berechtigtes Interesse darstelle.[520] Die Gefährdung des Untersuchungszwecks als Begrenzung des Akteneinsichtsrechts laufe vor dem Hintergrund gleichgelagerter Interessen von Staatsanwaltschaft und Verletztem leer.[521] Das Akteneinsichtsrecht des Beistandes eines nebenklagebefugten Verletzten bei richterlicher Vernehmung anderer Zeuge gehe, allein wegen der ganz anderen Inhaltsbestimmung des Begriffs der Gefährdung des Untersuchungszwecks, weit über das Recht des Beschuldigten und seines Verteidigers hinaus. Es gebe dem Verletztenbeistand jedenfalls einen Informationsvorsprung, der durch legitime Schutzinteressen des Verletzten nicht mehr zu rechtfertigen sei.[522] *Kempf* und *Staiger-Allroggen* befürworteten daher eine Einschränkung des Akteneinsichtsrechts des Verletz-

517 *Schünemann*, NStZ 1986, S. 197f.; zust. *Latz*, Kritik der Nebenklage, S. 26.

518 AK-StPO / *Rössner*, Vor § 406d, Rn. 20.

519 *Schünemann*, NStZ 1986, S. 199; *Kempf*, StV 1987, S. 217; zurückhaltender *Staiger-Allroggen* mit dem Hinweis auf etwaige Gefahren für den Datenschutz und die Wahrheitsfindung (*Staiger-Allroggen*, Auswirkungen des Opferschutzgesetzes, S. 146).

520 *Kempf*, StV 1987, S. 217.

521 Ebd.

522 A.a.O., S. 218.

ten durch den Gesetzgeber.[523] Diese Vorbehalte vermochten *Schneider* nicht zu überzeugen. Nahezu jedes Recht könne missbraucht werden. Wolle man den Missbrauch von Rechten konsequent verhindern, so müsse man davon absehen, dem Verletzten überhaupt irgendwelche Rechte einzuräumen.[524] *Rössner* bestritt eine tatsächliche Beeinträchtigung von Verteidigungsinteressen unter Hinweis auf fehlende, empirische Belege.[525]

In den Regelungen über die Beistandschaft für den Verletzten und den Nebenkläger erkannte *Schünemann* die Herstellung einer „numerischen Unterlegenheit" des Angeklagten gegenüber der Besetzung der Anklagebank, die eine effektive Strafverteidigung praktisch in ihrer psychologisch-gruppendynamischen Wirkung erschwere.[526] Die Struktur des Strafverfahrens als reformiertem Inquisitionsprozess sei durch einen doppelten Antagonismus von Staatsanwaltschaft und Verteidigung einerseits und Gericht und Verteidigung andererseits geprägt. Das Hinzutreten des Nebenklägervertreters bedeute die Einführung eines dritten Antagonisten mit der Folge, dass der faktische Anteil der Verteidigung an der mündlichen Informationsgewinnung und dem „rhetorischen Spektakel der Schlussvorträge" nachhaltig reduziert werde.[527] Den Einwänden *Schünemanns* hielt wiederum *Schneider* entgegen, dass man die Sachkunde des Gerichts unterschätze, wenn man davon ausgehe, dass es sich durch die Mitwirkung des Nebenklägers in seiner Entscheidung zuungunsten des Angeklagten beeinflussen lasse.[528]

I) Gesetzgebung der 11. und 12. Legislaturperiode

Die Gesetzgebungstätigkeit zwischen dem Inkrafttreten des Opferschutzgesetzes und dem Opferrechtsreformgesetz betraf die Anschlussbefugnis bei Straftaten gegen die sexuelle Selbstbestimmung und im Bereich strafbarer Verletzungen gewerblicher Schutz- und Urheberrechte, die Rechte des Verletzten und die Beiordnung eines Nebenklägervertreters.

---

523 *Staiger-Allroggen*, Auswirkungen des Opferschutzgesetzes, S. 147f. § 147 StPO solle wie folgt ergänzt werden: „Versagt die Staatsanwaltschaft die Akteneinsicht, so kann gerichtliche Entscheidung nach Maßgabe des § 161a Abs. 3 Satz 2–4 beantragt werden; die Entscheidung des Vorsitzenden ist unanfechtbar." (*Staiger-Allroggen*, Auswirkungen des Opferschutzgesetzes, S. 148).

524 *Schneider*, Jura 1989, S. 76.

525 AK-StPO / *Rössner*, § 406e, Rn. 4.

526 *Hirsch* sprach von einer gegen den Verletzten gerichteten „Juristenübermacht" (*Hirsch*, GS Kaufmann, S. 715).

527 *Schünemann*, NStZ 1986, S. 198.

528 *Schneider*, Jura 1989, S. 76.

Mit dem Gesetz zur Stärkung des Schutzes geistigen Eigentums und zur Bekämpfung der Produktpiraterie (PrPG) vom 7. März 1990[529] erteilte der Gesetzgeber der in der Begründung des RegE-OSschG offen gelassenen Frage nach einer Beseitigung der Anschlussbefugnis im Bereich strafbarer Verstöße gegen gewerbliche Schutz- und Urheberrechte eine Absage. Bereits der Regierungsentwurf sah vor, die Nebenklagebefugnis für Verletzungen geistigen Eigentums beizubehalten. Das Interesse des Verletzten an der Beseitigung der Piratenware und der Vorrichtungen zur Herstellung von Piratenware und das Recht des Verletzten auf öffentliche Bekanntmachung der Verurteilung könne schon während der Hauptverhandlung deutlicher zum Ausdruck gebracht werden, wenn der Verletzte am Verfahren als Nebenkläger beteiligt sei. Selbst wenn der Nebenkläger allein wegen einer unterbliebenen Entscheidung über die Einziehung oder die Veröffentlichungsbefugnis nicht zustehe, sei doch davon auszugehen, dass in aller Regel schon aufgrund der begründeten Anträge des Nebenklägers eine entsprechende Entscheidung ergehe. Die Anhebung des strafrechtlichen Schutzniveaus sollte durch die Beteiligung des Nebenklägers flankiert werden. Die Bedeutung der Nebenklage werde bewusst in Strafverfahren bei Straftaten gegen Rechte des geistigen Eigentums erhöht. Die Beseitigung der Nebenklagebefugnis liefe den mit dem Entwurf verfolgten Zielen zuwider.[530] Diese Entscheidung wurde weder vom Bundesrat, noch vom Rechtsausschuss in Frage gestellt.[531] Durch die Verschärfung der Strafnormen zum Schutz gewerblicher Schutz- und Urheberrechte wurde der Katalog der Nebenklageberechtigten entsprechend angepasst.

Mit dem Gesetz zur Entlastung der Rechtspflege vom 11. Januar 1993[532] wurden die im OSchG zwingend gefassten Vorschriften des § 406d Abs. 3 und des § 406h StPO in eine Soll-Vorschrift umgewandelt. Die Bundesregierung begründete diesen Schritt mit dem unverhältnismäßigen Aufwand und den Kosten einer Belehrung zahlreicher Verletzter in Großverfahren.[533]

Mit dem Gesetz zur Reform des Markenrechts und zur Umsetzung der Ersten Richtlinie 89/104/EWG des Rates vom 21. Dezember 1988 zur Angleichung der Rechtsvorschriften der Mitgliedsstaaten über die Marken (Markenrechtsreformgesetz) vom 25. Oktober 1994[534] wurde eine akzessorische Anpassung des Katalogs der Anschlussberechtigten an die Änderung von Vorschriften über strafbare Verstöße gegen das Markenrecht erforderlich.

---

529 BGBl. I 1990, S. 422.

530 BT-Drucks. 11/4792, S. 25f.

531 A.a.O., S. 48; BT-Drucks. 11/5744, S. 28.

532 BGBl. I 1993, S. 50.

533 BT-Drucks. 12/1227, S. 42.

534 BGBl. I 1994, S. 3082.

Durch das dreiunddreißigsten Strafrechtsänderungsgesetz (33. StrÄG) vom 1. Juli 1997[535] wurde der Katalog der Anschlussberechtigten an das reformierte Sexualstrafrecht angepasst. Mit dem Sechsten Gesetz zur Reform des Strafrechts (6. StrRG) vom 26. Januar 1998[536] wurde der Katalog der Anschlussberechtigten neu gefasst.

J) Zeugenschutzgesetz

Das rechtspolitische Ziel einer Verbesserung des Opferschutzes fand Eingang in den Koalitionsvertrag zwischen CDU/CSU und FDP vom 11. November 1994.[537] Mitte der 1990er Jahre wandte sich die Reformdiskussion unter dem Eindruck einer Reihe von spektakulären Prozessen[538] vornehmlich dem Schutz kindlicher (Verletzten-)Zeugen zu. Während hierbei die Verwendung von Videogeräten bei der Vernehmung kindlicher Zeugen den Diskussionsschwerpunkt bildete, wurden die Nebenklage und insbesondere die Rechte des Verletzten in den Reformprozess einbezogen.

I. SPD-Entwurf eines Zeugenschutzgesetzes

Am 28. November 1995 brachte die SPD-Fraktion den Entwurf eines Gesetzes zur Verbesserung der Rechtsstellung von Deliktsopfern und zum Einsatz von Videogeräten bei Zeugenvernehmungen in der Hauptverhandlung in den Bundestag ein.[539] Nach Ansicht der SPD-Fraktion sollte das Opfer einer Straftat besser in die Lage versetzt werden, Restitution und Genugtuung zu erfahren. Weiterhin sollte der Schutz des Verletzten vor Verantwortungszuweisungen und psychischen Belastungen in seiner Position als Opferzeuge verbessert werden.[540] Der Entwurf sollte einen Befund *Baurmanns* umsetzen, der in einer für das BKA durchgeführten Untersuchung die hohe Bedeutung der „Opferautonomie" herausgestellt hatte.[541]

535 BGBl. 1997 I, S. 1607.

536 BGBl. 1998 I, S. 164.

537 BT-Drucks. 13/6899, S. 8.

538 *Rieß*, NJW 1998, S. 3240. Hierunter fielen die sog. „Wormser Prozesse" (*Pick* in: Sten. Protokolle des Bundestags – 13. Wp. – 89. Sitzung, Donnerstag, den 29. Februar 1996, S. 7901(C); *Caesar*, NJW 1998, S. 2314; *Schädler*, Opferschutz, S. 54) sowie der Fall *Dutroux* (*Geis* in: Sten. Protokolle des Bundestags – 13. Wp. – 163. Sitzung, Donnerstag, den 13. März 1997, S. 7901(C).

539 BT-Drucks. 13/3128, S. 1.

540 A.a.O., S. 5.

541 Ebd. unter Verweis auf *Baurmann*, Das Opfer nach der Straftat, S. 145.

Der Entwurf sah hierzu die Neuregelung des Rechts des Opfers auf Beteiligung eines Rechtsbeistands im Strafverfahren vor. Die aus Sicht der SPD-Fraktion nicht nachvollziehbare Differenzierung zwischen dem nebenklageberechtigten und sonstigen Verletzten sollte durch den Entwurf aufgehoben werden. Jedem Verletzten sollte auf Antrag ein Rechtsanwalt als Beistand beigeordnet werden, wenn die Sach- oder Rechtslage schwierig ist, der Verletzte seine Interessen selbst nicht ausreichend wahrnehmen kann oder wenn ihm dies nicht zuzumuten ist. Eine diesbezügliche Vermutung wurde bei Straftaten gegen die sexuelle Selbstbestimmung unterstellt. Das Beiordnungsverfahren wurde entsprechend der Regelungen über die notwendige Verteidigung konzipiert. Die Bestellung eines vom Verletzten selbst ausgewählten, „betreuenden" Opferanwalts sollte fakultativ erfolgen und wurde insofern „aus Gründen der Opferautonomie" von einem diesbezüglichen Antrag des Verletzten abhängig gemacht. Zeitlich sollte sich die Möglichkeit der Beiordnung auf das gesamte Strafverfahren erstrecken und insofern schon vor einer polizeilichen oder staatsanwaltschaftlichen Vernehmung möglich sein. Weiterhin sollte sich der Verletzte auch in Fällen „relativer Geringfügigkeit der Opferbelastung" eines Rechtsanwalts bedienen oder sich durch ihn vertreten lassen können. Der Verletzte sollte im Übrigen bei Vernehmungen auch weiterhin eine „sonstige Person seines Vertrauens" hinzuziehen können, wenn hierdurch der Untersuchungszweck nicht gefährdet wird. Über den bestehenden Rechtszustand hinaus sollte der Rechtsbeistand des Verletzten ein Erklärungsrecht entsprechend § 257 StPO und ein Fragerecht entsprechend § 168c StPO erhalten. Die aufgrund der Beiordnung entstandenen Kosten sollten bei Verurteilung und Einstellung des Verfahrens der Angeklagte, hilfsweise und in sonstigen Fällen aber die Staatskasse tragen, es sei denn, der Verletzte hat die Anklageerhebung durch Täuschung oder schuldhafte Säumnis veranlasst. Die Vergesellschaftung der Kosten des Opferanwalts wurde damit begründet, dass das Opfer durch die Hinzuziehung eines Beistands die Gesetzmäßigkeit des Prozessverlaufs mittrage und somit auch ein Allgemeininteresse realisiere.[542]

In der parlamentarischen Beratung warb *Mayer* für eine Überwindung einer täterzentrierten Kriminalpolitik und betonte die Bedeutung des Opferschutzes für die sozialdemokratische Rechtspolitik.[543] Für die Einführung eines allgemeinen Opferanwalts spreche, dass der Katalog der Nebenklagedelikte zu eng gefasst sei.[544] Nach Ansicht der CDU-Fraktion war die Einführung eines Op-

542 BT-Drucks. 13/3128, S. 3ff.

543 *Mayer* in: Sten. Protokolle des Bundestags – 13. Wp. – 89. Sitzung, Donnerstag, den 29. Februar 1996, S. 7891(D)f.

544 *Mayer* in: A.a.O., S. 7892(A)f.

feranwalts grundsätzlich erwünscht. Allerdings stellte sich der SPD-Entwurf als unausgegoren dar. Der Gedanke des Opferschutzes sei mit dem Erfordernis einer effektiven Verteidigung und auch mit den haushaltspolitischen Realitäten in Einklang zu bringen. Die Kostenregelung des Entwurfs sei zudem resozialisierungsfeindlich.[545] Vorzugswürdig stelle sich ein im Bundesrat gescheiterter Entwurf des CSU-geführten Freistaats Bayern[546] dar, sich der bereits am 30. Januar 1996 für die Einführung eines Opferanwalts ausgesprochen hatte.[547] Die Bestellung eines Opferanwalts auf Staatskosten sei nur in Verfahren wegen Sexualdelikten angezeigt. Hierbei blieben die Kosten überschaubar, während man zugleich dem Wunsch vieler Opferschutzverbände Rechnung tragen könne.[548] *Van Essen* sprach sich dafür aus, die Nebenklagebefugnis um die räuberische Erpressung zu erweitern und die grundsätzliche Unterscheidung zwischen dem nebenklageberechtigten und sonstigen Verletzten beizubehalten.[549] Namens der Fraktion der Grünen stellte *Beck* heraus, dass entgegen der Entwurfsbegründung nicht die Restitution und Genugtuung, sondern die Schutzbedürftigkeit des Opfers den entscheidenden Anknüpfungspunkt für die Ausformulierung bestimmter Opferrechte sein müsse.[550] Zudem wies er auf die Gefahr einer unbilligen Privilegierung nicht schutzbedürftiger Opfergruppen im Bereich der Vermögensdelikte und die verstärkte Tendenz zur Vorbereitung aufwändiger Zivilverfahren durch vorgeschaltete Strafverfahren hin.[551] Der Entwurf wurde an den Rechtsausschuss verwiesen.[552]

II. Bundesrats-Entwurf

Der niedersächsische Entwurf eines Zweiten Gesetzes zur Verbesserung der Stellung des Verletzten im Strafverfahren (2. Opferschutzgesetz) vom 4. Februar 1997[553] adressierte wiederum die Schutzbedürfnisse der Opfer von Vergewaltigungen und Kindesmissbrauchs und sah eine Erweiterung der Nebenklagebefugnis für die Opfer des einfachen Menschenhandels und des sexuellen

545 *Röttgen* in: A.a.O., S. 7898f.(A).

546 BR-Drucks. 741/96; sten. Berichte des Bundesrats – 707. Sitzung – 19. Dezember 1996, S. 686.

547 *Götzer* in: ten. Protokolle des Bundestags – 13. Wp. – 89. Sitzung, Donnerstag, den 29. Februar 1996, S. 7894(B).

548 *Götzer* in: A.a.O., S. 7894(B)f.

549 *Van Essen* in: A.a.O., S. 7896(B); zust. *Röttgen* in: A.a.O., S. 7899(B).

550 *Beck* in: A.a.O., S. 7895(A).

551 *Beck* in: A.a.O., S. 7895(B).

552 A.a.O., S. 7902(A).

553 BT-Drucks. 13/6899.

Missbrauchs von Jugendlichen sowie die erleichterte Beiordnung eines Rechtsanwalts für die Opfer von Straftaten gegen die sexuelle Selbstbestimmung und bei versuchten Tötungsdelikten vor.[554] Die Gewährung von Prozesskostenhilfe sollte unabhängig davon gewährleistet werden, ob die Sach- und Rechtslage schwierig ist, der Verletzte seine Interessen selbst nicht wahrnehmen kann oder ihm dies nicht zuzumuten ist.[555] Der Bundesrat brachte den Entwurf in den Bundestag ein.[556] Die Bundesregierung unterstützte die Erweiterung der Nebenklagebefugnis und widersprach der erleichterten Beiordnung eines Rechtsanwalts ausdrücklich nicht.[557]

III. Entwurf der Fraktionen der CSU/CSU und FDP eines Zeugenschutzgesetzes

Der Entwurf eines Gesetzes zur Änderung der Strafprozessordnung (Gesetz zum Schutz von Zeugen bei Vernehmungen im Strafverfahren; Zeugenschutzgesetz) der Fraktionen der CSU/CSU und FDP vom 11. März 1997[558] sah wiederum keine Änderungen des fünften Buches der StPO, sondern die Normierung eines jedem Zeugen für die Dauer seiner Vernehmung beizuordnenden Zeugenbeistandes vor.[559]

IV. Anrufung des Vermittlungsausschusses

Der Rechtsausschuss, der sich zugleich mit den Reformvorschlägen von SPD, Bundesrat und Regierungsparteien zu befassen hatte, empfahl, den Entwurf der Fraktionen der CSU/CSU und FDP leicht zu modifizieren und die Entwürfe des Bundesrats und der SPD-Fraktion für erledigt zu erklären.[560] Der Bundestag stimmte dem Entwurf der Regierungsfraktionen zu.[561] Der Bundesrat beschloss dann aber in seiner 720. Sitzung am 19. Dezember, zu der vom Bundestag verabschiedeten Gesetzesfassung den Vermittlungsausschuss ein-

---

554 A.a.O., S. 1, 5. Der vorangegangene Entwurf eines Gesetzes zur Änderung der Strafprozessordnung (Gesetz zum Schutz kindlicher Zeugen) vom 3. Mai 1996 (BT-Drucks. 13/4983) ließ das fünfte Buch der StPO unberücksichtigt.

555 BT-Drucks. 13/6899, S. 5.

556 Sten. Berichte des Bundesrats – 707. Sitzung – 19. Dezember 1996, S. 686.

557 BT-Drucks. 13/6899, S. 8.

558 BT-Drucks. 13/7165.

559 A.a.O., S. 3.

560 Ebd., S. 3.

561 Sten. Protokolle Deutscher Bundestag – 13. Wahlperiode – 204. Sitzung. Bonn, Freitag, den 14. November 1997, S. 18463(C).

zuberufen.[562] Der Bundesrat äußerte Vorbehalte gegen die Einführung des Zeugenbeistandes und verlangte die ersatzweise Einführung eines „Opferanwaltes" nach den Vorschlägen des SPD-Entwurfs. Es sei nicht einzusehen, weshalb z.B. ein anderweitig verfolgter Mittäter im Strafverfahren gegen seinen Komplizen einen Zeugenbeistand auf Staatskosten erhalten sollte, während das finanziell bedürftige Opfer mit dem Kostenrisiko der Nebenklage allein gelassen werde. In Zeiten knapper Kassen sollten die für einen verbesserten Opferschutz verfügbaren Haushaltsmittel gezielt eingesetzt werden. Mit einer erweiterten Nebenklageberechtigung für Opfer des einfachen Menschenhandels und des sexuellen Missbrauchs von Jugendlichen sowie der zugleich erleichterten Beiordnung anwaltlichen Beistandes für Opfer von Straftaten gegen die sexuelle Selbstbestimmung und bei versuchten Tötungsdelikten werde den berechtigten Interessen der besonders schutzwürdigen Opferzeugen in einem für die Länder gerade noch bezahlbaren Rahmen entsprochen.[563] Der Vermittlungsausschuss schlug daher ein verkompliziertes, nach dem Alter der Zeugen und der Schwere der an ihnen verübten Straftat abgestuftes System vor, durch das nur bestimmten Verletztengruppen für das gesamte Strafverfahren ein anwaltlicher Beistand auf Staatskosten bestellt werden konnte.[564] Für Verbrechen gegen die sexuelle Selbstbestimmung und versuchte Tötungsdelikte sollte auf Antrag des Verletzten stets ein Beistand bestellt werden.[565] Bei Minderjährigen sollte auf deren Antrag auch dann ein Beistand bestellt werden, wenn es sich bei einem Sexualdelikt um ein Vergehen handelt oder er durch eine rechtswidrige Tat gem. § 225 StGB a.F. verletzt ist.[566] Die einstweilige Bestellung des Verletztenbeistandes sollte möglich sein, wenn dies aus besonderen Gründen geboten, die Mitwirkung eines Beistands eilbedürftig ist und die Bewilligung von Prozesskostenhilfe möglich erscheint, eine rechtzeitige Entscheidung hierüber aber nicht zu erwarten ist.[567] Der Vorschlag des Vermittlungsausschusses fand die erforderliche Mehrheit im Bundestag.[568] Das Gesetz zur Änderung der Strafprozessordnung und der Bundesgebührenordnung für Rechtsanwälte (Gesetz zum Schutz von Zeugen bei Vernehmungen

---

562 BT-Drucks. 13/9542, S. 1.

563 A.a.O., S. 2.

564 *Griesbaum*, NStZ 1998, S. 439.

565 § 397a Abs. 1 Satz 1 StPO in der vom Vermittlungsausschuss vorgeschlagenen Fassung (BT-Drucks. 13/10001, S. 3).

566 § 397a Abs. 1 Satz 2 StPO in der vom Vermittlungsausschuss vorgeschlagenen Fassung (Ebd.).

567 § 406g StPO in der vom Vermittlungsausschuss vorgeschlagenen Fassung (Ebd.).

568 Sten. Berichte Deutscher Bundestag – 13. Wahlperiode – 221. Sitzung. Bonn, Mittwoch, den 4. März 1998, S. 20217(A).

im Strafverfahren und zur Verbesserung des Opferschutzes; Zeugenschutzgesetz –ZSchG) vom 30. April 1998 trat am 1. Dezember 1998 in Kraft.[569]

Im Schrifttum fanden die Regelungen über den Zeugenschutz eine hohe Beachtung, während die Ausdehnung des Anwendungsbereichs des auf Staatskosten zu tragenden Verletztenbeistandes eine vergleichsweise geringe Aufmerksamkeit erhielt.[570]

K) Gesetzgebung der 13. und 14. Legislaturperiode

Das nachfolgende StVÄG 1999 war das Ergebnis langer und mühsamer Verhandlungen zwischen Bund und Ländern, die sich über die 13. und 14. Wahlperiode erstreckten.[571] Während für den Bundesrat das Ziel einer effektiven Strafverfolgung im Vordergrund des Gesetzgebungsverfahrens stand, wollte die Bundesregierung den Datenschutz im Strafverfahren verbessern.[572] Die betroffenen Vorschriften über die Akteneinsicht des Verletzten erfuhren durch das StVÄG nur kleinere Änderungen.[573] Der Bundesrats-Entwurf eines Strafverfahrensänderungsgesetzes (StVÄG 1994) vom 12. Januar 1995[574] sah zunächst keine Anpassung des fünften Buches der StPO vor und wurde vom Bundestag an den Rechtsausschuss verwiesen.[575] Die nachfolgenden RegE eines Gesetzes zur Änderung und Ergänzung des Strafverfahrensrechts – Strafverfahrensänderungsgesetz 1996 – (StVÄG 1996) vom 29. Januar 1996[576] sowie eines Gesetzes zur Änderung und Ergänzung des Strafverfahrensrechts – Strafverfahrensänderungsgesetz 1999 (StVÄG 1999) vom 16. August 1999[577] sahen Änderungen der Erteilung von Auskünften an den Verletzten in Anlehnung an eine Zweckbindung der Akteneinsicht des Verteidigers vor.[578] Der von der CDU/CSU in den Bundestag eingebrachte Entwurf eines Gesetzes zur Beschleunigung von Strafverfahren (Strafverfahrensbeschleunigungsgesetz) vom

---

569 BGBl. 1998 I, S. 820.

570 *Griesbaum*, NStZ 1998, S. 439ff.; *Seitz*, JR 1998, S. 309f.; *Caesar*, NJW 1998, S. 2313ff.; *Rieß*, NJW 1998, S. 3241ff.

571 *Wollweber*, NJW 2000, S. 3623.

572 *Brodersen*, NJW 2000, S. 2536. Anlass der nachfolgenden Serie von Gesetzesentwürfen war das Urteil des BVerfG zum Volkszählungsgesetz 1983 (BVergfGE 65, S. 1f.).

573 *Brodersen*, NJW 2000, S. 2540.

574 BT-Drucks. 13/194.

575 Sten. Protokolle Deutscher Bundestag – 13. Wahlperiode – 81. Sitzung. Bonn, Freitag, den 19. Januar 1996, S. 7166(D).

576 BT-Drucks. 13/9718.

577 BT-Drucks. 14/1484.

578 BT-Drucks. 13/9718, S. 22.

5. Oktober 1999,[579] der eine Umsetzung der 70. Konferenz der Justizminister vom 7. bis 9. Juli 1999[580] für sich beanspruchte, war stärker nach Effektivierungsgesichtspunkten ausgerichtet und sah die Einschränkung der Rechtsmittel des Nebenklägers vor. Das Rechtsmittel des Nebenklägers sollte dahingehend eingeschränkt werden, dass er das Urteil nur dann anfechten kann, wenn der Angeklagte wegen der zum Anschluss als Nebenkläger berechtigten Tat nicht verurteilt wurde.[581] Die Bundesregierung und die Fraktion der FDP sprachen sich in der Plenardebatte vehement gegen die Einschränkung der Rechtsmittelbefugnis des Nebenklägers aus.[582] In diesem Zusammenhang forderte insbesondere *van Essen* keine Einschränkung, sondern „mehr Rechte für das Opfer".[583] Der Entwurf wurde an den Rechtsausschuss verwiesen.[584] Letztlich fand nur die vom RegE-StVÄG vorgesehene Änderung des Auskunftsrechts des Verletzten Eingang in das Gesetz zur Änderung und Ergänzung des Strafverfahrensrechts – Strafverfahrensänderungsgesetz 1999 (StVÄG 1999) vom 2. August 2000.[585]

Durch das Gesetz zur Regelung des Urheberrechts in der Informationsgesellschaft wurde der Katalog der Nebenklagedelikte an Änderungen im Bereich der strafbaren Urheberrechtsverletzungen angepasst.[586]

Der Gesetzentwurf der Fraktionen von SPD und Grünen eines Gesetzes zur Änderung der Vorschriften über die Straftaten gegen die sexuelle Selbstbestimmung und zur Änderung anderer Vorschriften[587] und der Gesetzentwurf der CDU/CSU-Fraktion eines Gesetzes zur Verbesserung des Schutzes der Bevölkerung vor Sexualverbrechen und anderen schweren Straftaten[588] sahen zunächst keine Änderung des fünften Buches der Strafprozessordnung vor. Erst der Rechtsausschuss empfahl die Einführung eines Opferanwalts auf Staatskosten für bestimmte Nebenklageberechtigte, denen aufgrund eines besonderen Schutzbedürfnisses die Wahrnehmung ihrer Interessen erleichtert

579 BT-Drucks. 14/1714.

580 *Stetten* in: Sten. Protokolle Deutscher Bundestag – 14. Wahlperiode – 63. Sitzung. Berlin, Donnerstag, den 28. Oktober 1999, S. 5675(D).

581 BT-Drucks. 14/1714, S. 19.

582 *Bachmeier* in: Sten. Protokolle Deutscher Bundestag – 14. Wahlperiode – 63. Sitzung. Berlin, Donnerstag, den 28. Oktober 1999, S. 5678(C).

583 *Van Essen* in: A.a.O., S. 5679(B)f.

584 A.a.O., S. 5681(A).

585 BGBl. 2000 I, S. 1253.

586 BGBl. I 2003, S. 1774.

587 BT-Drucks. 15/350.

588 BT-Drucks. 15/29.

werden sollte. Über den seit dem ZSchG bestehenden Rechtszustand[589] hinaus sollten nun auch Nebenklageberechtigte, die zwar älter als sechzehn Jahre sind, aber aufgrund ihrer psychischen oder physischen Situation ersichtlich nicht in der Lage sind, ihre Interessen ausreichend wahrzunehmen, rechtlich den unter Sechzehnjährigen gleichgestellt werden.[590] Die Umsetzung erfolgte durch Ergänzung von § 397a Abs. 1 Satz 2 StPO um die Wörter „oder kann er seine Interessen ersichtlich nicht selbst ausreichend wahrnehmen".[591] Das Gesetz zur Änderung der Vorschriften über die Straftaten gegen die sexuelle Selbstbestimmung und zur Änderung anderer Vorschriften vom 27. Dezember 2003[592] trat am 1. April 2004 in Kraft.

L) Opferrechtsreformgesetz

Bereits mit dem OSchG hatte der Gesetzgeber weitere, umfassende Reformen des Systems strafprozessualer Verletztenbeteiligung in Aussicht gestellt.[593] Der Rahmenbeschluss der Europäischen Union vom 15. März 2001 über die Stellung des Opfers im Strafverfahren setzte den Impuls zu einer weiteren Opferrechtsreform.[594] Aus einer Serie von Entwürfen eines Opferschutz-, bzw. Opferrechtsreformgesetzes von Seiten der Länder, der Regierung und der Opposition ging der RegE eines Gesetzes zur Verbesserung der Rechte von Verletzten im Strafverfahren (Opferrechtsreformgesetz – OpferRRG) vom 8. April 2003 hervor.[595]

---

589 D.h.: Die fakultative Bestellung eines Opferanwalts auf Staatskosten erfolgte für Verletzte eines Verbrechens gegen die sexuelle Selbstbestimmung bzw. versuchten Tötungsdelikts sowie für minderjährige Opfer eines Vergehens gegen die sexuelle Selbstbestimmung oder einer Straftat nach § 225 StGB.

590 BT-Drucks. 15/1311, S. 25.

591 A.a.O., S. 15.

592 BGBl. 2003 I, S. 3007.

593 Vgl. BT-Drucks. 10/5305, S. 8, 20; BT-Drucks. 10/6124, S. 11, 12, 13.

594 *Schädler*, Opferschutz, S. 55.

595 BR-Drucks. 829/03; BT-Drucks. 15/2536. Der RegE-ORRG griff dabei Teile des Bundesrats-Entwurfs eines Gesetzes zur Änderung der Strafprozessordnung (Gesetz zur Stärkung der Verletztenrechte) vom 16. November 2000 auf (BT-Drucks. 14/4661). Der Entwurf der Bundestagsfraktion der Grünen eines Gesetzes zur Verbesserung der Rechte von Verletzten im Strafverfahren (Opferrechtsreformgesetz – OpferRRG) vom 11. November 2003 entsprach dem Wortlaut des Regierungsentwurfs (BT-Drucks. 15/1976). Gegenstand des Beratungsverfahrens waren zudem der Antrag der FDP-Fraktion „Opferrechte stärken und verbessern" vom 7. Mai 2003 (BT-Drucks. 15/936) und ein Entwurf der CDU/CSU-Fraktion eines Gesetzes zur Stärkung der Rechte der Opfer im Strafprozess (2. Opferschutzgesetz) vom 8. April 2003 (BT-Drucks. 15/814).

I. Regierungsentwurf

Der Regierungsentwurf dehnte die Informationsrechte des Verletzten aus und vereinfachte die Hinzuziehung einer Vertrauensperson. Eine Vertrauensperson des Verletzten sollte künftig grundsätzlich das Recht haben, bei der Vernehmung anwesend zu sein und sollte nicht mehr ohne Begründung abgelehnt werden können. Eine Ablehnung sollte nur möglich sein, wenn der Untersuchungszweck gefährdet ist. Die Ablehnungsentscheidung sollte aktenkundig gemacht werden.[596] Der Verletzte sollte zudem umfassende, neue Informationsrechte erhalten. Auf Anfrage sollte der Verletzte in angemessenem Umfang Auskünfte über den Sachstand des Verfahrens erhalten, soweit sie ihn betreffen.[597] Fakultativ sollte auch die Einstellung des Verfahrens mitgeteilt werden.[598] Auf Antrag sollte dem Verletzten zudem auch die Entscheidung über die Eröffnung des Hauptverfahrens mitgeteilt werden.[599] Er sollte auf Antrag hin auch darüber informiert werden, ob sich der Beschuldigte in Haft befindet oder untergebracht ist, ob eine Entlassung bevorstehe oder nicht. Die Regelung sollte für Fälle der Untersuchungshaft, der vorläufigen Unterbringung und der Unterbringung oder Strafhaft nach Verurteilung gelten.[600] Zudem sollte der Verletzte auf Antrag erfahren, zu welchen Zeitpunkt erstmalig Vollzugslockerungen angeordnet werden. Denn ab diesem Zeitpunkt müsse er damit rechnen, dass er dem Gefangenen auf offener Straße begegnet.[601] Um auch den Interessen des Betroffenen Rechnung zu tragen, sollte eine Mitteilung grundsätzlich nur dann erfolgen, wenn der Verletzte ein berechtigtes Interesse darlegt und kein überwiegendes, schutzwürdiges Interesse des Betroffenen am Ausschluss der Mitteilung besteht.[602] Der Verletzte sollte zudem künftig zwingend auf seine Rechte nach §§ 406d, 406e, 406g, 395, 397a StPO a.F. hingewiesen werden. Außerdem sollte er Informationen über das Angebot von Opferhilfeeinrichtungen erhalten.[603]

---

596 BR-Drucks. 829/03, S. 14.

597 A.a.O., S. 40.

598 Über die Vorschrift des § 171 StPO erhalte diese Vorschrift dann einen über § 171 StPO hinausgehenden Gehalt, wenn der Verletzte nicht Antragsteller war, vgl. BR-Drucks. 829/03, S. 40.

599 BR-Drucks. 829/03, S. 40.

600 A.a.O., S. 41.

601 Ebd.

602 Diese Darlegungspflicht sollte jedoch wiederum bei den in § 395 Abs. 1 Nr. 1 und Nr. 2 StPO genannten Delikten entfallen, vgl. ebd.

603 A.a.O., S. 15, 42.

Für den nebenklageberechtigten Verletzten wurde eine Pflicht zur Benachrichtigung vom Termin der Hauptverhandlung normiert. Wer zur Teilnahme an der Hauptverhandlung berechtigt ist, sei auch vom Termin zu benachrichtigen.[604] Um Verzögerungen des Verfahrens und einen erhöhten Verwaltungsaufwand zu vermeiden, beschränkte sich die Pflicht zur Mitteilung auf nebenklageberechtigte Verletzte, deren Adressen aktenkundig sind.[605]

In Anlehnung an die neuere Rechtsprechung des BGH sollte die Zulässigkeit der Nebenklage auch für das Sicherungsverfahren ausdrücklich klargestellt werden.[606] Zudem wurde der Katalog der Nebenklagedelikte neu gefasst. Eine Anschlussberechtigung sollte den Opfern von Straftaten gegen „besonders gewichtige, höchstpersönliche Rechtsgüter" bestehen. Dem Entwurf lag ausdrücklich eine Genugtuungs- und Schutzfunktion der Nebenklage zugrunde.[607] Der Katalog der Anschlussberechtigten wurde entsprechend der Beschlüsse der Großen Strafrechtskommission des Deutschen Richterbundes auf dessen Sitzung vom 22. bis 27. Juli 2002 um §§ 180a, 181a StGB ergänzt.[608] Unter Zugrundelegung des vom Entwurf bestimmten Zwecks der Nebenklage und den Empfehlungen des Deutschen Juristentags 1994 in Münster sollten die Beleidigungs- und Staatsschutzdelikte aus dem Katalog gestrichen werden.[609] Durch die Einführung eines „Opferanwalts" auf Staatskosten für die Angehörigen von Getöteten sollte besonders schutzbedürftigen Opfern die Wahrnehmung ihrer Interessen erleichtert werden.[610]

II. Stellungnahme des Bundesrats

Der Bundesrat sprach sich gegen eine Erweiterung der Informationspflichten zugunsten des Verletzten aus und verwies auf die vorangegangene Einschränkung zwingender Informationsübermittlung durch das Entlastungsgesetz vom

604 A.a.O., S. 24.

605 Ebd. Sonstige Verletzte sollten eine Mitteilung fakultativ erhalten (A.a.O., S. 14.).

606 A.a.O., S. 29 unter Verweis auf BGH, Urt. vom 18. Dezember 2001, Az. 1 StR 268/01.

607 BR-Drucks. 829/03, S. 13, 30.

608 A.a.O., S. 13, 31.

609 A.a.O., S. 13, 30f. Mit der Streichung des § 239 Abs. 4 StGB wurde zudem ein Redaktionsversehen beseitigt. Denn bei Verwirklichung dieser Qualifikation – Tod des Opfers – lebe der Nebenklageberechtigte nicht mehr, vgl. A.a.O., S. 30.

610 A.a.O., S. 31. Durch die Beiordnung eines Beistands auf Staatskosten wurde das Risiko des nicht prozesskostenhilfeberechtigten Nebenklägers, später einen Kostenerstattungsanspruch gegen einen mittellosen Verurteilten nicht durchsetzen zu können oder im Falle des Freispruchs des Angeklagten nicht einmal zu erlangen, aus Opferschutzgründen vom Staat übernommen.

11. Januar 1993.[611] Informationen über wichtige Verfahrensereignisse sollten nach Ansicht des Bundesrats vor dem Hintergrund angespannter Länderhaushalte grundsätzlich nur fakultativ erteilt werden. Zudem schlug der Bundesrat eine Änderung der Regelung des RegE-ORRG über die Mitteilung von Vollzugslockerungen vor.[612] Dem hielt die Bundesregierung entgegen, der RegE setze den Rahmenbeschluss des Rates der Europäischen Union über die Stellung des Opfers im Strafverfahren vom 15. März 2001 um. Der befürchtete Mehraufwand könne durch die Entwicklung geeigneter Formblätter aufgefangen werden.[613]

Der Bundesrat wollte nicht nur dem Nebenkläger, sondern auch dem Nebenklageberechtigten ein Anwesenheitsrecht in der Hauptverhandlung einräumen. In Fällen, in denen der nebenklageberechtigte Verletzte trotz Ausschlusses der Öffentlichkeit schlicht als Zuhörer am Prozess teilnehmen wolle, müsse er gegebenenfalls „pro forma“ Nebenkläger werden. Diese Ungereimtheit sollte mit dem Entwurf beseitigt werden.[614] Weiterhin sollte die bereits herrschende Ansicht normiert werden, dass eine Revision des Angeklagten nicht darauf gestützt werden kann, dass dem nebenklageberechtigten Verletzten die Anwesenheit zu Unrecht gestattet worden ist.[615] Dem widersprach die Bundesregierung. Im Gegensatz zum Nebenkläger verfüge der bloß Nebenklageberechtigte über keine eigenen Mitwirkungsrechte, die ein ständiges Anwesenheitsrecht rechtfertigen könnten. Für ihn müsse es bei dem Grundsatz bleiben, dass Zeugen ihre Aussage ohne Kenntnis dessen machen, was andere Beweispersonen und Angeklagte bekunden. Die Anwesenheit auch vor seiner Aussage könnte in Widerspruch zur Wahrheitsfindung und zur Glaubwürdigkeit des Zeugen geraten, weil er seine Aussage nicht mehr unbefangen von dem bisherigen Prozessgeschehen abgeben könnte.[616]

Der Bundesrat sprach sich für eine Anschlussbefugnis des nach § 4 GewSchG[617] Verletzten aus. Den Schutzanordnungen nach § 4 GewSchG lägen dabei regelmäßig die bereits nebenklagefähigen Delikte gegen die sexuelle Selbstbestimmung zugrunde. Eine Beteiligung des Opfers bei Strafverfah-

611 BT-Drucks. 15/2536, S. 10, vgl. nochmals BGBl. I 1993, S. 50.

612 BT-Drucks. 15/2536, S. 12.

613 A.a.O., S. 16.

614 A.a.O., S. 6.

615 Ebd. unter Verweis auf BGH NStZ 1994, S. 26 und den gleichlautenden Bundesratsentwurf vom 16. November 2000 auf (BT-Drucks. 14/4661).

616 BT-Drucks. 15/2536, S. 14.

617 Vgl. BGBl. I 2001, S. 3513.

ren wegen Verstößen gegen die zu seinem Schutz erlangten Anordnungen seien demgegenüber derzeit nicht vorgesehen. Dieser Wertungswiderspruch werde durch die Ergänzung ausgeräumt. Eine entsprechende Erweiterung der Nebenklage trage der Genugtuungsfunktion der Nebenklage Rechnung.[618] Dem hielt die Bundesregierung entgegen, der Anwendungsbereich des § 4 GewSchG umfasse jedenfalls nicht ausschließlich Fälle erheblichen Unrechts, die den meisten im Katalog der Nebenklagedelikte enthaltenen Straftaten gegen höchstpersönliche Rechtsgüter vergleichbar wären und im Übrigen keine schwerwiegenden Verletzungen höchstpersönlicher Rechtsgüter. Nicht allen Schutzanordnungen nach dem GewSchG lägen Nebenklagedelikte zugrunde. Es erscheine nicht sachgerecht, die Nebenklagebefugnis bei einem Straftatbestand zu eröffnen, bei dem aufgrund des geringen Strafrahmens eine Verfolgung im Wege der Anklageerhebung mit gerichtlicher Hauptverhandlung jedenfalls nicht häufig sein werde.[619]

Der Bundesrat lehnte die Einführung eines Opferanwalts auf Staatskosten für die Angehörigen von Opfern eines Tötungsdelikts ab. Die schon nach bestehendem Recht zulässige Prozesskostenhilfe sei vor dem Hintergrund angespannter Landeshaushalte ausreichend.[620] Unter Verweis auf eine frühere, dem RegE-ORRG entsprechende Initiative des Bundesrats[621] argumentierte die Bundesregierung, es sei ein berechtigtes Anliegen der Hinterbliebenen, ebenso wie die überlebenden Opfer von Straftaten, aus der passiven Rolle herauszutreten und aktiv durch Wahrnehmung eigener Recht am Strafverfahren teilzunehmen.[622]

III. Rechtsausschuss des Bundestags

Der Rechtsausschuss des Deutschen Bundestags schlug mehrere, im Ergebnis geringfügige Änderungen des Regierungsentwurfs vor. Über die Vorschläge des RegE-ORRG hinaus sollte der Verletzte zudem über Fälle der erstmaligen Gewährung von Hafturlaub für den Gefangenen belehrt werden.[623] Der Rechtsausschuss sprach sich zudem mehrheitlich gegen die Beseitigung der Anschlussbefugnis für Beleidigungsdelikte aus, da Beleidigungen mitunter eine erhebliche Breitenwirkung entfalten könnten und es dem Verletzten daher weiterhin möglich sein solle, Rufschädigungen als Nebenkläger entgegenzuwir-

---

618 BT-Drucks. 15/2536, S. 10.

619 A.a.O., S. 15f.

620 A.a.O., S. 10.

621 BR-Drucks. 514/02.

622 BT-Drucks. 15/2536, S. 16.

623 BT-Drucks. 15/2609, S. 8, 15.

ken.[624] Der Bundestag nahm das ORRG in der vom Rechtsausschuss modifizierten Fassung an, berücksichtigte die Einwände des Bundesrats jedoch überwiegend nicht,[625] woraufhin der Bundesrat den Vermittlungsausschuss anrief.[626]

IV. Vermittlungsausschuss

Der Vermittlungsausschuss schlug eine Reduktion der Informationsrechte des Verletzten, eine Anschlussbefugnis für Verfahren wegen strafbaren Verstößen gegen das GewSchG und die Erweiterung des Anwesenheitsrechts der Vertrauensperson bei Vernehmungen vor.[627] Der Bundestag nahm die Vorschläge des Vermittlungsausschusses an. Der Bundesrat verzichtete auf einen Einspruch.[628] Das Gesetz zur Verbesserung der Rechte von Verletzten im Strafverfahren (Opferrechtsreformgesetz – OpferRRG) vom 24. Juni 2004[629] trat am 1. September 2004 in Kraft.

V. Rezeption

Das ORRG traf auf ein gemischtes Echo im Schrifttum. Weder das ORRG noch der Gegenentwurf der Opposition enthalte eine grundlegende Neukonzeption. Es handle sich lediglich um einen weiteren Schritt in der schon seit dem OSchG eingeschlagenen Richtung. Eine Stärkung der Stellung von Opfern sei offenbar nur durchsetzbar, soweit keine erheblichen Kosten damit verbunden seien und die Grundstrukturen des Verfahrens nicht verändert werden.[630] Mit dem ORRG habe der Gesetzgeber dem Gedanken, dass das Strafverfahren auch dem (Neben-)Zweck diene, dem Verletzten Genugtuung und Schadensausgleich zu verschaffen, abermals Nachdruck verliehen.[631] Eine dem Entwurf zugrunde gelegte Genugtuungsfunktion strafprozessualer Verletztenbeteiligung wurde insbesondere vom 28. Strafverteidigertag kritisiert.[632] *Galen* ordnete das ORRG als Ergebnis einer populistischen Debatte um die Rechts-

---

624 A.a.O., S. 6. 15.

625 BR-Drucks. 197/04.

626 Sten. Berichte Bundesrat – 798. Sitzung – 2. April 2004, S. 139(A); BR-Drucks. 197/04.

627 BT-Drucks. 15/3062, S. 2.

628 Sten. Berichte Deutscher Bundestag – 15. Wahlperiode – 108. Sitzung. Berlin, Donnerstag, den 6. Mai 2004, S. 9770(D); sten. Berichte Bundesrat – 799. Sitzung – 14. Mai 2004, S. 181(A).

629 BGBl. I 2004, S. 1354.

630 *Höynck / Jesionek*, MSchKrim 2006, S. 90.

631 *Neuhaus*, StV 2004, S. 620.

632 28. Strafverteidigertag, S. 320.

stellung des Verletzten im Strafverfahren auf Kosten der Rechtsstellung des Beschuldigten ein.[633] Wer die Emanzipation des „Verletzten" vom Beweismittel zum Verfahrensbeteiligten befürworte, müsse sich darüber im Klaren sein, dass dies ein Verfahren voraussetze, das auf einer Vorverurteilung des „Täters" beruhe.[634]

Die Erweiterung der Informationsrechte des Verletzten stießen insgesamt auf eine positive Resonanz. Die Informationspflichten seien geeignet, das Bewusstsein für die Subjektstellung des Verletzten zu schaffen.[635] Der Kompromiss von Ländern und Regierung zu den Auskunftsansprüchen sei durchaus vertretbar.[636] Mit der Neuregelung werde nicht nur dem Sicherheitsbedürfnis vieler Opfer Rechnung getragen, sondern auch einer Vorgabe des Rahmenbeschlusses der Europäischen Union vom 15. März 2001 entsprochen.[637]

Neuhaus kritisierte die Ausdehnung der Reglungen über die Hinzuziehung einer Vertrauensperson als Gefahr für die Wahrheitsfindung und Beeinträchtigung legitimer Verteidigungsinteressen. Wenn auch nicht ausschließlich, so doch insbesondere bei Kindern trete die typische Bereitschaft zur Übernahme einer Beschützerrolle als die Wahrheitsfindung massiv beeinträchtigender Umstand hinzu, wenn zugleich eine unkritische Identifikation mit dieser Rolle erfolge. In diesem Zusammenhang seien eigene Ermittlungen von Kinderschutzteams entsprechender Organisationen bzw. der Jugendämter höchst gefährlich. Die befragenden Erwachsenen seien nicht nur Autoritätspersonen, sondern oft auch Bezugspersonen in emotionaler und psychosozialer Hinsicht. Die führe zu einer zunehmenden Bereitschaft kindlicher Zeugen, suggestive Fragen so zu beantworten, wie es sich das Kind als erwünscht vorstelle, um so emotionale Zuwendung und Gunst der befragenden bzw. begleitenden Erwachsenen zu erlangen.[638]

Teile der Literatur ordneten das neue Anwesenheitsrecht des Nebenklageberechtigten als eine Gefahr für die Wahrheitsermittlung durch Erlangung ver-

---

633 *Galen*, Die Opferperspektive im Deutschen Strafprozess, S. 265; ähnl. 28. Strafverteidigertag, S. 320.

634 *Galen*, Die Opferperspektive im Deutschen Strafprozess, S. 269f.

635 A.a.O., S. 266, 270f.

636 *Ferber*, NJW 2004, S. 2563.

637 Ebd.

638 *Neuhaus*, StV 2004, S. 622. *Thielmann* beanstandete die zunehmende Praxis informeller, kollusiver Zusammenarbeit von Opferschutzorganisationen und Strafverfolgungsbehörden zu Lasten legitimer Verteidigungsinteressen und richterlicher Wahrheitsfindung im Kontext von Strafverfahren wegen Menschenhandels (*Thielmann*, StV 2006, S. 41ff.).

fahrensbezogener Erkenntnisse ein. Die Änderung fiel nach Ansicht von *Neuhaus* jedoch praktisch nicht wesentlich ins Gewicht.[639] Rechtspolitisch kritikwürdig sei aber die mit der Neuregelung einhergehende Überschreitung einer Schwelle im Hinblick auf etwaige nachfolgende Gesetzesänderungen.[640]

Heger begrüßte die Ausdehnung der Nebenklage auf das Sicherungsverfahren. Eine Anschlussberechtigung sei aber auch bei Raubdelikten einzuräumen. Eine über konkurrierende Körperverletzungsdelikte hergeleitete Anschlussbefugnis bestehe nicht, wenn als Nötigungsmittel „nur" eine Drohung mit Gewalt eingesetzt werde.[641] Nach Ansicht *Ferbers* stellte sich die fortbestehende Anschlussbefugnis bei Wettbewerbsdelikten als inkonsequent dar.[642] Mit der Einführung eines kostenlosen Opferanwalts auch für die Angehörigen Getöteter sei allerdings ein Wertungswiderspruch beseitigt und einer seit langem erhobenen Forderung der Opferhilfeverbände entsprochen worden.[643]

In der Rezeption des ORRG zeichnete sich die Tendenz zu einer neuen Debatte über die Stellung des Verletzten im Ermittlungs- und Zwischenverfahren ab.[644] Unter Zugrundelegung eines verfassungsrechtlich gebotenen Anspruchs des Deliktsopfers auf „rechtliches Gehör und ein faires Verfahren" plädierte insbesondere *Walther* für eine radikale Ausdehnung der Rechte des Verletzten und Nebenklageberechtigten insbesondere im Ermittlungs- und Zwischenverfahren.[645] In der Hauptverhandlung solle jedem Verletzten das Recht eingeräumt werden, vor Gericht frei zu sprechen und seine „eigene Geschichte erzählen" zu dürfen. Hierzu solle er, soweit er nicht bereits im Rahmen seiner Zeugenaussage dazu Gelegenheit hatte, eine Tatfolgenerklärung abgeben dürfen.[646] Als Gebot des Anspruchs des Verletzten auf ein faires Verfahren stellte sich nach Ansicht *Walthers* zudem das Recht dar, dass der Verletzte innerhalb möglichst kurzer Frist und in einer ihm verständlichen Sprache in allen Einzelheiten über Art und Grund der gegen den Verdächtigen erhobenen Beschuldigung unterrichtet werde. Denn eine solche Unterrichtung sei Voraussetzung dafür, dass der Verletzte

639 *Neuhaus*, StV 2004, S. 626; *Schork / König*, NJ 2004, S. 538.

640 *Neuhaus*, StV 2004, S. 626.

641 *Heger*, JA 2007, S. 246.

642 *Ferber*, NJW 2004, S. 2563.

643 A.a.O., S. 2563.

644 *Heger*, JA 2007, S. 248. Die beachtenswerte Ansicht *Galens*, der Konflikt zwischen Opferschutz und Subjektstellung sei zu vermeiden, wenn man den Opferschutz außerhalb des Strafverfahrens ansiedeln würde, blieb dagegen eine Randerscheinung (*Galen*, Die Opferperspektive im Deutschen Strafprozess, S. 274).

645 *Walther*, GA 2007, S. 615ff.

646 A.a.O., S. 623.

überhaupt sein Informations- und Akteneinsichtsrecht wahrnehmen könne. Die Staatsanwaltschaft solle den Verletzten bereits im Ermittlungsverfahren darüber informieren, welche Beschuldigung erhoben wird. Zudem solle der Verletzte ausreichend Zeit und Gelegenheit zur Vorbereitung seiner Rechtswahrnehmung erhalten.[647] Eine unentgeltliche Unterstützung durch einen Dolmetscher solle über den Kreis der Nebenklageberechtigten hinaus allen Verletzten eingeräumt werden.[648] De lege ferenda sei dem Nebenklageberechtigten wie dem Nebenkläger vor Einstellungen nach §§ 153, 153a StPO und Verständigungen ein Anhörungsrecht einzuräumen. Da der Nebenklageberechtigte ein Interesse daran habe, frühzeitig Einfluss auf Art und Umfang der Anklage sowie auf die zu berücksichtigenden Beweismittel zu erhalten, solle er nach einer Anschlusserklärung im Vorverfahren ein Recht auf Mitteilung der Anklageschrift entsprechend § 201 StPO erhalten. Im Zwischenverfahren solle der Nebenklageberechtigte die Möglichkeit erhalten, eine eigene Klageschrift einzureichen, um den Eröffnungsbeschluss über die Fassung der Anklage der Staatsanwaltschaft hinaus auf weitere Tatkomplexe zu erweitern. Gegen einen diesbezüglichen Nichteröffnungsbeschluss sei dem Nebenkläger zudem ein Rechtmittel einzuräumen.[649] Die Beiordnung eines Opferanwalts auf Staatskosten sei allen Nebenklageberechtigten einzuräumen.[650]

M) Gesetzgebung der 15. Legislaturperiode

Mit dem Siebenunddreißigsten Strafrechtsänderungsgesetz – §§ 180b, 181 StGB (37. StrÄndG) vom 11. Februar 2005[651] wurden die in §§ 395, 397a StPO vorhandenen Verweisungen redaktionell an die novellierten Strafvorschriften gegen Menschenhandel (§§ 180b, 181 StGB) angepasst.[652] Durch das Gesetz zur Strafbarkeit beharrlicher Nachstellungen (40. StrÄndG) vom 22. März 2007[653] wurde der Katalog der Anschlussberechtigten um den Tatbestand der Nachstellung gem. § 238 StGB erweitert. Anpassungen der Informationsrechte des Verletzten wurden zudem durch das Gesetz zur Reform der

647 A.a.O., S. 625.

648 A.a.O., S. 626.

649 A.a.O., S. 622f.

650 A.a.O., S. 625f.

651 BGBl. I 2005, S. 239.

652 BT-Drucks. 15/3045, S. 10; BT-Drucks. 15/4048, S. 8, 14.

653 BGBl. 2007 I, S. 354.

Führungsaufsicht und zur Änderung der Vorschriften über die nachträgliche Sicherungsverwahrung vom 13. April 2007 vorgenommen.[654]

N) Zweites Opferrechtsreformgesetz

Dem Zweiten Opferrechtsreformgesetz waren zwei Gesetzesinitiativen aus dem Bundesrat vorangegangen, die der Bundesregierung eine erhöhte Bereitschaft der Länder signalisierten, haushaltspolitische Erwägungen gegenüber dem Gedanken des Opferschutzes zurückzustellen. Der Bundesratsentwurf eines Gesetzes zur Stärkung des Opferschutzes im Strafprozess vom 19. Dezember 2007 sah die Einführung eines kostenlosen Opferanwalts für die Opfer einer schweren Körperverletzung, eines erpresserischen Menschenraubs und einer Geiselnahme vor.[655] Mit dem nachfolgenden Bundesratsentwurf eines Gesetzes zur Verbesserung des Schutzes der Opfer von Zwangsheirat und schwerem „Stalking“ vom 4. Juni 2008 sollte eine Anschlussbefugnis für mit dem 37. StrÄG eingeführten Straftatbestand der Zwangsheirat geschaffen und die Bestellung eines Opferanwalts auf Fälle von Zwangsheirat und schwerem „Stalking“ ausgedehnt werden.[656]

I. Entwurf der Fraktionen der CDU/CSU und SPD

Am 3. März 2009 brachten die Fraktionen der CDU/CSU und SPD einen gemeinsamen Entwurf eines Gesetzes zur Stärkung der Rechte von Verletzten und Zeugen im Strafverfahren (2. Opferrechtsreformgesetz) in den Bundestag ein.[657] Die Einzelregelungen des Entwurfs sollten den „berechtigten Forderungen von Opferschutzverbänden“ Rechnung tragen.[658]

1. Rechte des Verletzten

Der Entwurf sah erweiterte Informationspflichten gegenüber dem Verletzten vor.[659] Dieser sollte nicht nur wie bisher „so früh wie möglich“, sondern „mög-

---

654 BGBl. I 2007, S. 513.

655 BT-Drucks. 16/7617, S. 5.

656 BT-Drucks. 16/9448, S. 5.

657 BT-Drucks. 16/12098. Der gleichlautende RegE wurde dem Bundesrat als BR-Drucks. 178/09 vorgelegt.

658 S. z.B. BT-Drucks. 16/12098, S. 11, 29, 31, 32, 33, 34, 38, 39. Auf eine Wiedergabe der schematischen Begründung des überwiegenden Teils der Regelungsvorschläge mit den „berechtigten Forderungen von Opferschutzverbänden“ wird im Folgenden aus Gründen der Lesbarkeit verzichtet.

659 A.a.O., S. 10.

lichst frühzeitig, regelmäßig und soweit möglich in einer für ihn verständlichen Sprache" auf einen nochmals erweiterten Katalog von Rechten und Hilfseinrichtungen sowie auf seine Befugnisse hingewiesen werden.[660] Das Anwesenheitsrecht eines anwaltlichen Beistandes für den Verletzten wurde auf polizeiliche Vernehmungen ausgedehnt. Weiterhin wurde die Beschwerde des Verletzten gegen die Versagung der Akteneinsicht neu geregelt. Bisher konnte der Verletzte, dem die Staatsanwaltschaft im Ermittlungsverfahren die Akteneinsicht versagt hatte, hiergegen einen Antrag auf gerichtliche Entscheidung stellen, über den das Landgericht unanfechtbar entschied. Nach der Regelung des Entwurfs sollte die unanfechtbare Entscheidung über die Beschwerde dem Ermittlungsrichter beim Amtsgericht zustehen. Im Hauptverfahren sollte der Verletzte künftig die Ablehnung der Akteneinsicht durch das mit der Sache befasste Gericht Beschwerde nach §§ 304ff. StPO erheben können. Die Regelung wurde mit der Bedeutung der Akteneinsicht für die Geltendmachung etwaiger Schadensersatz- oder Schmerzensgeldansprüche begründet.[661]

2. Rechte des Nebenklageberechtigten

Dem Nebenklageberechtigten sollte ein Dispens von dem Erfordernis der Darlegung eines berechtigten Interesses an Informationen über freiheitsentziehende Maßnahmen gegen den Beschuldigten oder den Verurteilten, erstmalige Vollzugslockerungen oder Hafturlaub gem. § 406da Abs. 2 StPO erteilt werden. Da die Regelung an die besondere Schutzwürdigkeit des Verletzten anknüpfen sollte, wurden die wegen eines Beleidigungsdelikts Nebenklageberechtigten wiederum von dieser Regelung ausgenommen.[662] Durch einen neuen § 406e Abs. 2 Satz 2 StPO sollte für Nebenkläger bestimmt werden, dass ihnen vor Abschluss der Ermittlungen die Akteneinsicht aus denselben Gründen wie anderen Verletzten versagt werden kann, sie jedoch nach Erhebung der öffentlichen Klage ein dem Recht des Angeschuldigten entsprechendes

660 A.a.O., S. 38. Die Informationen sollten insbesondere umfassen: Für den Nebenklageberechtigten die Befugnis, sich der öffentlichen Klage mit der Nebenklage anzuschließen und hierfür einen Opferanwalt bzw. Prozesskostenhilfe beantragen zu können; einen aus der Straftat erwachsenen, vermögensrechtlichen Anspruch im Strafverfahren geltend machen zu können; Anspruche nach dem OEG geltend machen zu können; Anordnungen nach dem GewSchG beantragen zu können; Unterstützung und Hilfe durch Opferhilfeeinrichtungen erhalten zu können, etwa in Form einer Beratung oder einer psychosozialen Prozessbegleitung (A.a.O., S. 7).

661 Allerdings sollte der Rechtsanwalt bei Vernehmungen nicht für den Verletzten Fragen beantworten dürfen, die ihm in seiner Eigenschaft als Zeuge gestellt werden. Wohl aber sollte der Beistand sonstige Befugnisse des Verletzten ausüben dürfen, vgl. A.a.O., S. 36.

662 A.a.O., S. 34.

uneingeschränktes Akteneinsichtsrecht haben. Dies erscheine sachgerecht, weil die prozessuale Stellung des Nebenklägers im Vorverfahren der des Verletzten entspreche und die Anschlusserklärung erst mit Erhebung der öffentlichen Klage wirksam werde.[663] Insofern wurde der Nebenklagebefugte dem Nebenkläger gleichgestellt, ohne dass er einen entsprechenden Anschluss erklären muss. Der Nebenklageberechtigte sollte wie der Nebenkläger von der Hauptverhandlung benachrichtigt werden. Dies entspreche nicht nur den Interessen des Nebenklageberechtigten, sondern sollte auch die Arbeit des Gerichts vereinfachen, das sich bei der Prüfung der Benachrichtigungspflichten ohne die bisherigen Differenzierungen darauf beschränken können sollte, ob bei Personen, die einen Antrag auf Benachrichtigung gestellt haben, die Voraussetzungen des § 395 StPO vorliegen.[664]

3. Nebenklage

Der Entwurf bestimmte den Kreis der Anschlussberechtigten umfassend neu und nahm geringfügige Änderungen der Verfahrensrechte des Nebenklägers vor. Der Kreis der Anschlussberechtigten sollte vorrangig an die Schwere der Tatfolgen für das Tatopfer anknüpfen. Eine Berechtigung zur Nebenklage sollte vor allem dann eingeräumt werden, wenn das Opfer durch ein gegen höchstpersönliche Rechtsgüter gerichtetes Aggressionsdelikt verletzt wird und weil das Opfer bei derartigen Taten nach viktimologischen Erkenntnissen besonders schutzbedürftig sei.[665] Die Orientierung an der Schutzbedürftigkeit des Opfers sollte insbesondere an den Auswirkungen der Tat auf dessen Lebensführung festgemacht werden.[666] Dies entspreche auch den Erkenntnissen wissenschaftlicher Untersuchungen, in denen festgestellt wurde, dass es Opferzeugen mit zunehmender Schwere der Verletzung neben der Hilfen für die eigene Krisenbewältigung vor allem um die Möglichkeit des Einflusses auf den Gang der Dinge im Strafverfahren gehe.[667] Im Zuge dessen sollte die Anschlussbefugnis bei Verstößen gegen gewerbliche Schutzrechte mangels schwerer Tatfolgen und einer nach viktimologischen Erkenntnissen besonderer Schutzwürdigkeit entfallen. Die Anschlussbefugnis für Beleidigungsdelikte sollte aus „rechtspolitischen Erwägungen" unverändert beibehalten werden. Zusätzlich in den Katalog aufgenommen wurden entsprechend der Bundesrats-

663 A.a.O., S. 35.

664 A.a.O., S. 37.

665 A.a.O., S. 9.

666 A.a.O., S. 29.

667 Ebd. unter singulärem Verweis auf *Kilchling*, Opferinteresse und Strafverfolgung, S. 291.

initiativen die Delikte des Kinderhandels nach § 236 StGB und die Nötigung in besonders schweren Fällen gem. § 240 Abs. 4 StGB. Da die Nötigung zu sexuellen Handlungen einen Angriff auf den Kernbereich der Persönlichkeit in Gestalt der sexuellen Selbstbestimmung des Opfers zum Gegenstand habe, stehe sie zudem in unmittelbarer Nähe zum Straftatbestand der sexuellen Nötigung nach § 177 StGB, dessen Opfer nach § 395 Abs. 1 Nr. 1 lit. a StPO bereits nach bestehender Rechtslage zum Anschluss als Nebenkläger berechtigt seien. Auch die Nötigung zum Schwangerschaftsabbruch stelle ein gegenüber dem Grundtatbestand der Nötigung gesteigertes Unrecht dar, das im Hinblick auf die Folgen für das Tatopfer von vergleichbarer Schwere sei. Auch sei die Nötigung unter Missbrauch der Befugnisse oder der Stellung als Amtsträger für ein Tatopfer sehr belastend, da sie zu besonders nachhaltigen Verunsicherungen führen könne.[668] Daneben wurde der Tatbestand der Nötigung in schweren Fällen gem. § 240 Abs. 4 StGB in den Katalog der Nebenklagedelikte aufgenommen. Damit sollte insbesondere die Zwangsverheiratung erfasst werden, an deren Folgen die Opfer üblicherweise schwer und meist ein Leben lang zu tragen haben.[669]

Die bislang nur auf fahrlässige Körperverletzungen anwendbare Schwereklausel wurde in einen auf alle Straftaten anwendbaren Auffangtatbestand umgewandelt. Eine Anschlussbefugnis sollte damit allen Opfern von Straftaten eingeräumt werden, wenn dies aus besonderen Gründen zur Wahrnehmung ihrer Interessen geboten erscheint.[670] Besondere Gründe seien dann anzuerkennen, wenn schwere Folgen der Tat vorliegen. Schwere Folgen seien insbesondere dann gegeben, wenn beim Verletzten körperliche oder seelische Schäden mit einem gewissen Grad an Erheblichkeit bereits eingetreten oder zu erwarten seien. Exemplarisch wurden Gesundheitsschädigungen, Traumatisierungen oder erhebliche Schockerlebnisse genannt. Ein besonderer Grund solle zudem dann vorliegen, wenn das Opfer schwere Schuldzuweisungen abzuwehren habe. Ebenso werde durch die Verwendung des unbestimmten Rechtsbegriffs „aus besonderen Gründen zur Wahrnehmung der Interessen geboten" deutlich gemacht, dass bei der Beurteilung, ob eine Befugnis zur Nebenklage bestehe, auf die Gesamtsituation des Betroffenen abzustellen sei.[671]

Die in § 397 StPO normierte Auflistung der Verfahrensrechte des Nebenklägers wurde ohne gravierende Änderungen klarer und übersichtlicher gestaltet, um den

668 BT-Drucks. 16/12098, S. 9, 29f.

669 A.a.O., S. 9.

670 Ebd.

671 A.a.O., S. 31.

Regelungskomplex anwenderfreundlicher zu gestalten.[672] Weniger inhaltlich als symbolisch sollte die Rechtsfolgenverweisung auf die Befugnisse des Privatklägers aufgegeben werden, um der Trennung von Privat- und Nebenklage nachdrücklich Ausdruck zu verleihen.[673] Zudem wurde normiert, dass die Anklageschrift dem Nebenkläger ebenso zuzustellen ist wie dem Angeschuldigten.[674]

Der Anwendungsbereich für die Bestellung eines Beistands für besonders schutzbedürftige Nebenkläger wurde übersichtlicher gestaltet und auf weitere Opfer schwerwiegender Aggressionsdelikte für Fälle erweitert, in denen bereits eingetretene oder zu erwartende besonders schwere Folgen der Tat mit schweren körperlichen oder seelischen Schäden betroffen sind.[675] Die Regelung wurde zwar anhand des Leitbildes schwerer Körperverletzungen entworfen, umfasste aber auch die Verbrechen des Menschenraubs, der Verschleppung, der Entziehung Minderjähriger, der Freiheitsberaubung, des erpresserischen Menschenraubes oder der Geiselnahme. Weiterhin wurde der Katalog der Delikte erweitert, bei denen für Kinder und Jugendliche sowie solche Opfer, die ihre Interessen nicht ausreichend selbst wahrnehmen können oder denen dies nicht zuzumuten ist, die Bestellung eines kostenlosen Opferanwalts vorgesehen ist. Dies sollte insbesondere auch bei der Aussetzung nach § 221 StGB und der Nötigung im besonders schweren Fall gem. § 240 Abs. 4 StGB ermöglicht werden.[676]

Ein kostenloser Opferanwalt sollte nunmehr auch bei schweren Körperverletzungen bestellt werden können. Die Ausdehnung für Fälle des Menschenraubs, der Verschleppung und besonders schwerer Fälle der Entziehung Minderjähriger wurde mit der Intensität des Einwirkens auf das Opfer und der Vergleichbarkeit mit den bereits bestehenden Fällen der in § 232 Abs. 3, 233 Abs. 3 StGB genannten Tatbestände des Menschenhandels zum Zweck der sexuellen Ausbeutung und des Menschenhandels zum Zweck der Ausbeutung der Arbeitskraft begründet. Die Aufnahme des beharrlichen Nachstellens gem. § 238 Abs. 3 StGB entsprach dabei den vorangegangenen Bundesratsinitiativen. Die Aufnahme der Verbrechen der schweren Freiheitsberaubung, des erpresserischen Menschenraubs und der Geiselnahme lösten nach Ansicht der Regierung typischerweise bei den dadurch Verletzten ein erhöhtes Schutzbe-

672 A.a.O., S. 9.

673 A.a.O., S. 31.

674 A.a.O., S. 9.

675 Ebd. Künftig sollte auch Vertretern und Beiständen von Nebenklägern, soweit sie sich zur Akte legitimiert haben oder vom Gericht bestellt worden sind, eine Terminsnachricht übersandt werden (A.a.O., S. 32).

676 A.a.O., S. 9f.

dürfnis aus, da sie „oftmals besonders stark unter den Folgen der Tat zu leiden haben." Der Regelungsvorschlag entsprach zudem einem vorangegangenen Gesetzesvorschlag des Bundesrats. Die Aufnahme der Raubdelikte gem. §§ 249, 250, 252, 255 und 316a StGB entspreche dem Leitbild schwerwiegender Aggressionsdelikte, die typischerweise bei Opfern schwere Folgen auslösen und daher die Schutzbedürftigkeit erhöhen. Die Bestellung des Beistands sollte aber in diesen Fällen an die weitere Voraussetzung der besonders „qualifizierten Schutzbedürftigkeit" geknüpft werden, dass die Tat beim Nebenkläger zu schweren körperlichen oder seelischen Schäden geführt hat oder voraussichtlich führen wird. Die Regelung sollte sich vor allem am Schweregrad der in den §§ 226 und 239 Abs. 3 Nr. 2 StGB genannten Folgen der Tat orientieren, d.h. es sollte in körperlicher Hinsicht eine schwere bzw. erhebliche und dauerhafte Gesundheitsschädigung oder in psychischer Hinsicht eine erhebliche Schädigung von entsprechendem Gewicht eingetreten oder zu erwarten sein. Gleichzeitig sollte klargestellt werden, dass nicht auf die finanziellen Schäden der Tat abzustellen ist. Die bestehenden Regelungen für die Bestellung eines Beistands Minderjähriger wurde dahingehend geändert, dass die Schutzaltersgrenze von 16 Jahren auf 18 Jahre gesenkt wurde. Zudem wurde der korrespondierende Deliktskatalog um die Aussetzung und die Nötigung in besonders schweren Fällen ergänzt. Hierdurch sollte ein „deutliches Zeichen" zum Schutz von Kindern und Jugendlichen gesetzt werden.[677]

Die subsidiäre Gewährung von Prozesskostenhilfe sollte nicht mehr von einer „Schwierigkeit der Sach- und Rechtslage" abhängig sein. Allein entscheidend sollte sein, ob der Nebenkläger in der Lage ist, seine Interessen wahrzunehmen und ihm dies auch zuzumuten ist.[678]

II. Stellungnahme des Bundesrats

In seiner Stellungnahme[679] vom 24. März 2009 schlug der Bundesrat Modifikationen des Akteneinsichtsrechts des Verletzten, des Kreises der Nebenklageberechtigten und der Bestimmungen über die Beiordnung des Opferanwalts auf Staatskosten vor.

677 A.a.O., S. 32f.

678 A.a.O., S. 34.

679 BR-Drucks. 178/1/09.

1. Rechte des Verletzten

Die im Entwurf vorgesehenen Änderungen des Akteneinsichtsrechts sollten gestrichen werden. Die im Gesetzesentwurf vorgesehene Formulierung in § 406e Abs. 2 Satz 3 StPO-E lasse unberücksichtigt, dass es auch nach Abschluss der Ermittlungen durch die Staatsanwaltschaft zu Situationen kommen könne, in denen die Gewährung von Akteneinsicht den Untersuchungszweck gefährden könnte, wie zum Beispiel bei anstehenden Durchsuchungen und Festnahmen. Überwiegend schutzwürdige Interessen anderer Personen an der Versagung der Akteneinsicht würden auch durch den Abschluss der Ermittlungen nicht beseitigt. In diesen Fällen müsse weiterhin die Möglichkeit bestehen, die Einsichtnahme in die Akten zu versagen, was nach der im Gesetzesentwurf vorgesehenen Formulierung nicht zulässig wäre.[680] Die Bundesregierung hielt die Vorschläge des Bundesrats nur insoweit für erwägenswert, als dass eine Versagung der Akteneinsicht aufgrund überwiegender, schutzwürdiger Interessen anderer Personen ermöglicht werden könnte. Es sei nicht gerechtfertigt, dem Nebenkläger nach Erhebung der Anklage die Akteneinsicht auch unter Hinweis auf eine mögliche Gefährdung des Untersuchungszwecks versagen zu können. Der Entwurf verfolge die Konzeption, die Rechte von Nebenklägern und Beschuldigten möglichst gleich auszugestalten. Eine derartige Einschränkung der Akteneinsicht sei aber für den Angeklagten nicht vorgesehen.[681]

Zudem sollten die bisherigen Regelungen des § 406e Abs. 4 Satz 3 bzw. des § 478 Abs. 3 Satz 2 StPO, nach der die Entscheidung des Gerichts generell unanfechtbar sei, beibehalten werden. Der Bundesrat befürchtete Verfahrensverzögerungen durch Beschwerden des Verletzten.[682] Die Bundesregierung stimmte dem Vorschlag nicht zu.[683]

2. Kreis der Anschlussberechtigten

Nach Ansicht des Bundesrats sollte die Bestimmung der Nebenklageberechtigten konsequenter am Maßstab der besonderen Schutzbedürftigkeit ausgerichtet werden. Die Anschlussbefugnis bei Beleidigungsdelikten sei aus dem neu gefassten Katalog der Nebenklagedelikte zu streichen. Die einfache und die gefährliche Körperverletzung sollten der nach geltendem Recht für die fahrlässige Körperverletzung geltenden Schwereklausel unterworfen werden.[684]

680 A.a.O., S. 20.

681 BT-Drucks. 16/12812, S. 22.

682 BR-Drucks. 178/1/09, S. 21.

683 BT-Drucks. 16/12812, S. 22.

684 BR-Drucks. 178/1/09, S. 12, 15.

Demgegenüber vertrat die Bundesregierung die Ansicht, dass in bestimmten Konstellationen enger sozialer Beziehungen, insbesondere bei häuslicher Gewalt, einfache Körperverletzungsdelikte regelmäßig nicht als typische Bagatelldelikte zu qualifizieren seien, sondern unabhängig von manifesten schweren Tatfolgen in der Regel bereits einen schwerwiegenden Eingriff in die persönliche Integrität des Opfers bedeuten.[685]

Der Bundesrat lehnte die die Einführung eines Auffangtatbestands ab. Die erfassten Regelbeispiele seien in einen abgeschlossenen Katalog umzuwandeln. Andernfalls bestehe die Gefahr einer Ausuferung der Nebenklage. Der Regierungsentwurf ermögliche die Nebenklage schon bei geringfügigen Eigentumsverletzungen. Die Voraussetzung „schwerer Folgen" und einer Gebotenheit „zur Wahrnehmung der Interessen des Verletzten", sei zu unbestimmt. Eine Konkretisierung der der unbestimmten Rechtsbegriffe der Schwereklausel werde zu langwierigem Klärungsbedarf in der Rechtsprechung und Verfahrensverzögerungen führen. Durch Nebenklagen im Verfahren wegen Eigentums- und Vermögensdelikten würden zivilrechtliche Fragen in den Strafprozess verlagert.[686] Dem hielt die Bunderegierung entgegen, eine Begrenzung der Anschlussbefugnis auf eine begrenzte Zahl von Straftatbeständen erscheine nicht sachgerecht, weil die Schwere der Folgen der Tat nicht allein durch die Deliktsart präjudiziert werden könne. Die Befugnis des Gerichts, anhand der Regelbeispiele über die Anschlussbefugnis zu entscheiden, bilde ein ausreichendes Korrektiv gegen eine uferlose Anwendung des Auffangtatbestands. Prozessverzögerungen seien nicht zu erwarten, da die gerichtliche Entscheidung über die Anschlussbefugnis unanfechtbar sei.[687]

3. Opferanwalt auf Staatskosten

Systematische Bedenken äußerte der Bundesrat auch zu den geplanten Voraussetzungen für einen kostenlosen Opferanwalt.[688] Der Entwurf führe zu untragbaren Belastungen der Länderhaushalte.[689]

Der Menschenraub gem. § 334 StGB, die Verschleppung gem. § 234a StGB und die Entziehung Minderjähriger gem. § 235 StGB, die Nachstellung gem. § 238 StGB, die Freiheitsberaubung gem. § 239 StGB, der Raub gem. § 249 StGB, der schwere Raub gem. § 250 StGB, der räuberische Diebstahl

685 BT-Drucks. 16/12812, S. 20.

686 BR-Drucks. 178/1/09, S. 14.

687 BT-Drucks. 16/12812, S. 20.

688 BR-Drucks. 178/1/09, S. 17ff.

689 A.a.O., S. 15f.

gem. § 252 StGB, die räuberische Erpressung gem. § 255 StGB und der räuberische Angriff auf Kraftfahrer gem. § 316a StGB sollten aus dem Katalog der Delikte, die in Fällen eingetretener oder zu erwartender schwerer körperlicher oder seelischer Schäden zur Beiordnung eines kostenlosen Opferanwalts berechtigen, gestrichen werden. In Fällen des erpresserischen Menschenraubs gem. § 239a StGB, der Geiselnahme gem. § 239b StGB und der schweren Körperverletzungen gem. § 226 StGB sei es dagegen gerechtfertigt, diese in den Kreis der in ihrem höchstpersönlichen Lebensbereich besonders tangierten Personen aufzunehmen. Die schwere Körperverletzung gemäß § 226 StGB sei ein Verbrechen, das bei den Verletzten schwere physische Schäden verursacht, von denen sie oftmals ein Leben lang betroffen seien. Opfer eines erpresserischen Menschenraubes oder einer Geiselnahme hätten unter den Folgen der Tat oftmals stark zu leiden. Die Sondersituation dieser Opfer werde gerade auch durch die bei dieser Straftat zu verhängende Mindeststrafe von fünf Jahren hervorgehoben.[690]

Die Aussetzung gem. § 221 StGB und die Entziehung Minderjähriger gem. § 235 StGB seien aus dem Katalog der Delikte zu streichen, für die dem minderjährigen Nebenkläger oder einem Nebenkläger, der seine Interessen nicht selbst ausreichend wahrnehmen kann, ein kostenloser Opferanwalt zu bestellen ist. Die Beiordnung sei in Fällen des besonders schweren Falles einer Nötigung auf die Regelbeispiele der Nötigung zum Schwangerschaftsabbruch und des Missbrauchs der Befugnisse als Amtsträger zu beschränken. Hier sei es gerechtfertigt, die Möglichkeit, einen Opferanwalt zu erhalten, auf die Opfer von Zwangsheirat, von Nötigungen zu sexuellen Handlungen, von Nötigungen zum Schwangerschaftsabbruch und schweren Stalking auszudehnen, da diese Opfer erheblichen Angriffen auf ihre fundamentalen Persönlichkeitsrechte, namentlich ihren höchstpersönlichen Lebensbereich oder ihr Leben ausgesetzt waren, sodass sie regelmäßig besonders traumatisiert und daher in besonderem Maße schutzwürdig seien. Zudem sollte die Bundesregierung prüfen, ob Fälle der qualifizierten Nachstellung auch gem. § 238 Abs. 3 StGB in die Aufzählung aufzunehmen sind, da andernfalls eine wertungswidersprüchliche Schlechterstellung gegenüber den Opfern einer qualifizierten Nachstellung gem. § 238 Abs. 2 StGB vorgenommen würde.[691]

Die Bundesregierung wollte den vom Bundesrat vorgeschlagenen Einschränkungen des Anwendungsbereichs des § 397a StPO überwiegend nicht folgen. Einerseits betonte sie, bei den im Entwurf aufgeführten Delikten handle es sich

690 A.a.O., S. 16f.

691 A.a.O., S. 15ff.

um schwerwiegende Straftaten, sodass die Beiordnung eines kostenlosen Opferanwalts gerechtfertigt erscheine. Andererseits sei unter Kostengesichtspunkten darauf hinzuweisen, dass die notwendigen Auslagen letztlich vom Verurteilten zu tragen seien. Im Ergebnis führe die beabsichtigte Neuregelung daher zu keiner übermäßigen Belastung der Länderhaushalte, insbesondere zu keiner solchen, die in Relation zu der Bedeutung des kostenlosen Opferanwalts für die jeweiligen Nebenkläger stünde.[692]

III. Sachverständigenanhörung im Rechtsausschuss

Nach Ansicht *Schöchs*, des Weißen Rings, des Deutschen Juristinnenbundes, *Döllings*, *Arenhövels* und des Deutschen Richterbundes war der Entwurf insgesamt gelungen.[693] *Schöch* betonte, es gebe kein Recht des Beschuldigten, einem hilflosen, uninformierten oder verängstigten Verletzten gegenüberzutreten, der seine Interessen nicht in angemessener Form artikulieren kann.[694] Der Deutsche Richterbund und *Pollähne* bemängelten die geringen, zeitlichen Abstände zwischen einzelnen Opferschutzgesetzen. Die Praxis müsse sich auf Gesetzesänderungen einstellen und die praktischen Auswirkungen einzelner Opferschutzreformen evaluieren können. Andernfalls bestehe die Gefahr, dass Fehlentwicklungen fortgeschrieben oder vertieft werden.[695] Der punktuelle Hinweis auf allgemeine „viktimologische Erkenntnisse" liefere zudem keine Belege für das Erfordernis konkreter Regelungen.[696] Anhörpersonen aus der Richterschaft und Strafverteidigung prognostizierten zudem Mehrbelastungen der Justizhaushalte und eine Verlängerung der Verfahrensdauer durch die Novelle.[697] Einige Sachverständige lehnten eine Fortschreibung der Opferschutzgesetzgebung seit dem OSchG durch den Entwurf als Vertiefung einer verfahrensrechtliche Asymmetrie von Verletzten- und Beschuldigtenrechten ab. Der Entwurf reprivatisiere das Strafverfahren, erschwere dadurch eine rationale Konfliktverarbeitung und verschleiere die rechtsstaatlichen Grundlagen des Strafverfahrens.[698]

---

692 BT-Drucks. 16/12812, S. 21.

693 *Schöch*, Stellungnahme, S. 1; *Dölling*, Stellungahme, S. 1; *Arenhövel*, Stellungnahme, S. 1; DRiB, Stellungnahme, S. 1; Deutscher Juristinnenbund, Stellungnahme, S. 1.

694 *Schöch*, Stellungnahme, S. 1.

695 DRiB, Stellungnahme, S. 1.

696 *Pollähne*, Stellungnahme, S. 4.

697 DRiB, Stellungnahme, S. 1; *Schmidt-Sommerfeld*, Stellungnahme, S. 2; BRAK, Stellungnahme, S. 6.

698 *Jahn*, Stellungahme, S. 10f.; *Pollähne*, Stellungnahme, S. 1ff.; BRAK, Stellungnahme, S. 3.

1. Rechte des Verletzten

Der Deutsche Juristinnenbund wies darauf hin, dass die begleitende Vertrauensperson besonders bei traumatisierten oder kindlichen und jugendlichen Verletzten in besonderer Weise ausgebildet sein sollte. Hierfür seien Angebote psychosozialer Prozessbegleitung zu verbessern.[699] Nach Ansicht der BRAK verstärkte der Entwurf die Asymmetrie der Verfahrensbefugnisse von Verletzten und Beschuldigten. Während der Beschuldigte nach wie vor keinen Anspruch darauf habe, anlässlich seiner polizeilichen Vernehmung im Beistand eines Verteidigers zu erscheinen, sei einem Verletzten schon bei seiner polizeilichen Vernehmung die Anwesenheit eines anwaltlichen Beistandes zu gestatten.[700]

Der Deutsche Richterbund befürchtete eine unbillige Belastung der Rechtspflege durch die Erweiterung justizieller Informationspflichten gegenüber dem Verletzten. Der Wortlaut des Entwurfs lege nahe, dass die Strafverfolgungsbehörden Verletzte, die selbst leicht verständliche, schriftlich abgefasste Opfermerkblätter intellektuell nicht erfassen können, gegebenenfalls von Amts wegen in noch einfacheren Worten oder mündlich über ihre Rechte aufklären müssen.[701] Umstritten war zudem die ausdrückliche Benennung der psychosozialen Prozessbegleitung im Katalog der Hilfsangebote für Verletzte.[702] Gegen die Aufnahme der psychosozialen Prozessbegleitung in die Aufzählung von Hilfsangeboten für den Verletzten sprachen sich *Schöch*, *Böttcher*, *Arenhövel* und *Schmidt-Sommerfeld* aus.[703] Die Benennung der psychosozialen Prozessbegleitung schränke das breite Angebot der Opferhilfeeinrichtungen präsumtiv ein. Entsprechende Angebote seien nur vereinzelt vorhanden. Eine flächendeckende Einführung der psychosozialen Prozessbegleitung sei mit einem erheblichen Kostenaufwand verbunden.[704] Eine abschließende Definition der vom Begriff der psychosozialen Prozessbegleitung erfassten Maßnahmen sei noch nicht gefunden.[705]

Bei der Neuregelung der Akteneinsicht des Verletzten forderte *Schöch* eine weitergehende Gleichstellung des Verletzten mit dem Beschuldigten. Zumindest der qualifizierte Verletztenbeistand solle wie der Verteidiger das Recht

699 Deutscher Juristinnenbund, Stellungnahme, S. 4.

700 BRAK, Stellungnahme, S. 5.

701 DRiB, Stellungnahme, S. 5.

702 Positiv äußerte sich der Deutscher Juristinnenbund, Stellungnahme, S. 4f.

703 *Schöch* in: Protokolle des Rechtsausschusses des Deutschen Bundestags, 142. Sitzung vom 13. Mai 2009, S. 20.

704 *Schöch*, Stellungnahme, S. 3; ähnl. *Böttcher*, Stellungnahme, S. 5.

705 *Arenhövel*, Stellungnahme, S. 7.

erhalten, im Ermittlungsverfahren uneingeschränkt Einsicht in die Vernehmungsniederschriften des nebenklageberechtigten Verletzten zu nehmen.[706] Die BRAK lehnte die erweiterte Akteneinsicht als Vertiefung der Asymmetrie von Beschuldigten- und Verletztenrechten ab. Während der Beschuldigte mit Ausnahme der Sonderfälle des § 147 Abs. 5 S. 2 StPO keine Möglichkeit habe, die Verweigerung der Akteneinsicht durch die Staatsanwaltschaft einer gerichtlichen Überprüfung zu unterziehen, könne der Verletzte die Versagung der Akteneinsicht im Vorverfahren gerichtlich überprüfen lassen. Da nach § 406e Abs. 4 S. 2 StPO-E auch hierfür der Ermittlungsrichter zuständig sein solle, würde anders als nach der bisherigen Rechtslage gem. § 161a Abs. 3 S. 4 StPO für den Verletzten die zusätzliche Möglichkeit eröffnet, gegen eine ablehnende Entscheidung des Ermittlungsrichters Beschwerde einzulegen.[707]

2. Nebenklage

Jahn und *Pollähne* befürworteten die Beseitigung der Anschlussbefugnis für Beleidigungsdelikte.[708] Die Wiederaufnahme der Beleidigungsdelikte widerspreche der Gesetzesbegründung. Wertungswidersprüchlich sei die einfache Anschlussbefugnis für Beleidigungen auch gegenüber der erschwerten Anschlussbefugnis bei Raub- und Erpressungsdelikten.[709] Demgegenüber sprachen sich *Schöch, Dölling* und der Weiße Ring für einen Fortbestand der Anschlussbefugnis für einfache Körperverletzungs- und Beleidigungsdelikte aus.[710] Aktivbefugnisse des Verletzten seien insbesondere in Fällen von beleidigendem Mobbing oder Beleidigungen mit sexuellem Hintergrund erforderlich. Auch die einfache Körperverletzung stelle nicht nur im Ausnahmefall einen erheblichen Eingriff in die Persönlichkeitssphäre dar.[711] Der Anwendungsbereich der Nebenklage in Beleidigungs- und Körperverletzungsverfahren beschränke sich auf wenige, gravierende Fälle, in denen die Staatsanwaltschaft das Verfahren nicht nach §§ 153ff. StPO eingestellt oder den Verletzten

706 *Schöch*, Stellungnahme, S. 3. Daher sollte § 406e StPO-E wie folgt ergänzt werden: „Dem Beistand des (nebenklageberechtigten) Verletzten darf die Einsicht in die Vernehmungsniederschriften des Verletzten in keiner Lage des Verfahrens versagt werden."

707 BRAK, Stellungnahme, S. 6.

708 *Jahn*, Stellungahme, S. 27; *Schmidt-Sommerfeld*, Stellungnahme, S. 7.

709 *Schmidt-Sommerfeld*, Stellungnahme, S. 7.

710 *Dölling*, Stellungahme, S. 1f.; *Dölling* in: Protokolle des Rechtsausschusses des Deutschen Bundestags, 142. Sitzung vom 13. Mai 2009, S. 6.

711 *Böttcher*, Stellungnahme, S. 2; unter Hinweis auf Körperverletzungen im Zuge häuslicher Gewalt s. Deutscher Juristinnenbund, Stellungnahme, S. 3.

auf den Privatklageweg verwiesen habe. In allen anderen Fällen werde der Verletzte schon aus Gründen des Kostenrisikos vom Anschluss als Nebenkläger absehen.[712]

Abweichend vom Gesetzesentwurf sollten nach Ansicht *Schöchs* und des Weißen Rings der Raub, die räuberische Erpressung, der Wohnungseinbruchsdiebstahl und der räuberische Angriff auf Kraftfahrer in den obligatorischen Nebenklagekatalog aufgenommen werden.[713] Bei diesen Delikten werde die Verletzung der persönlichen Schutzsphäre von den meisten Opfern als überaus gravierend und nachhaltig erlebt, weshalb die in der Regel sehr restriktiv gehandhabte Zulassung aus besonderen Gründen nicht ausreiche.[714]

Gegen die Beseitigung der Anschlussberechtigung bei strafbaren Verstößen gegen gewerbliche Schutz- und Urheberrechte sprachen sich der Bundesverband Musikindustrie e.V., der Ausschuss Geistiges Eigentum des DAV und *Schmidt-Sommerfeld* aus.[715] Nicht jeder Patentinhaber sei in der Lage, seine persönlichen, wirtschaftlichen Interessen wahrzunehmen. Im Übrigen erscheine es nicht logisch, wenn „normale" Urheberrechtsverletzungen auf den Privatklageweg verwiesen werden, der Betroffene seine Rechte also selbst durchsetzen müsse, während er bei der gewerbsmäßigen Begehungsform hiervon ausgeschlossen sei, weil ein Offizialdelikt vorliege.[716] Der Bundesverband Musikindustrie e.V. warb für eine informatorische Unterstützung von Staatsanwaltschaft und Gericht durch die Nebenklage bei der Aufklärung und Erläuterung komplizierter Rechtsbeziehungen, Rechteketten und zivilrechtlicher Sondermaterien.[717] Die Relevanz der Nebenklage in diesem Bereich sei in der Praxis zwar gering. Jedoch seien gewerbliche Schutzrechte in zunehmendem Maß von Produktpiraterie bedroht. Die Anschlussbefugnis sei zudem nicht systemwidrig. Denn bei den Schutzgütern des „Urheberpersönlichkeitsrechts" und des „Erfinderpersönlichkeitsrechts" handle es sich um höchstpersönliche Rechtsgüter.[718]

---

712 *Schöch*, Stellungnahme, S. 2.

713 *Böttcher*, Stellungnahme, S. 3; *Dölling*, Stellungahme, S. 1f.; *Dölling* in: Protokolle des Rechtsausschusses des Deutschen Bundestags, 142. Sitzung vom 13. Mai 2009, S. 6.

714 *Schöch*, Stellungnahme, S. 2.

715 *DAV (Ausschuss Geistiges Eigentum)*, Stellungnahme, S. 1; *Schmidt-Sommerfeld*, Stellungnahme, S. 8; *Bundesverband Musikindustrie e.V.*, Stellungnahme, S. 1. A.A. dagegen *Jahn*, Stellungahme, S. 27.

716 *Schmidt-Sommerfeld*, Stellungnahme, S. 8.

717 *Bundesverband Musikindustrie e.V.*, Stellungnahme, S. 2ff.

718 *DAV (Ausschuss Geistiges Eigentum)*, Stellungnahme, S. 4.

Der Weiße Ring und *Dölling* befürworteten die Einführung eines Auffangtatbestands. Nach Ansicht des Weißen Rings sollte dem Verletzten zudem eine Beschwerdemöglichkeit gegen Nichtzulassungsbeschlüsse eröffnet werden.[719] *Jahn, Pollähne, Schmidt-Sommerfeld* und die BRAK lehnten die Umwandlung der Schwereklausel für fahrlässige Körperverletzungen in einen Auffangtatbestand ab.[720] Eine Nebenklageberechtigung für alle Delikte, die den Bagatellbereich überschreiten, sei unbillig. Die Anschlussbefugnis umfasse nach dem Entwurf auch das Massendelikt der Verkehrsunfallflucht unabhängig vom eingetretenen Sachschaden immer dann, wenn eine erhebliche Mitschuld des Fahrers des beschädigten PKW am Unfallgeschehen vom Beschuldigten geltend gemacht werde, das Massendelikt des einfachen Diebstahls dann, wenn das Affektionsinteresse des Eigentümers oder Gewahrsamsinhabers zu einem „Schockerlebnis“ nach dessen Verlust führe und die einfache Brandstiftung gem. § 306 Nr. 4 StGB schon dann, wenn der Anblick seines ausgebrannten KfZ beim Halter zu erheblichem psychischem Stress führe.[721] Der Vorschlag konterkariere damit die Zielsetzung des Entwurfs, die Nebenklagebefugnis bei manifesten und aggressiven Gewalthandlungen gegen den Verletzten zu erhalten und auszubauen.[722] Eine Anschlussbefugnis jedes Verletzten könne allenfalls aus einem Recht des Verletzten auf (Teilnahme an der) Bestrafung des Beschuldigten hergeleitet werden. Ein solcher Anspruch werde jedoch von Rechtsprechung und Literatur weiterhin einhellig abgelehnt.[723] Die gerichtliche Entscheidung über die tatbestandlichen Voraussetzungen des Auffangtatbestands eröffne insbesondere in Massenverfahren verfahrensverzögernde Nebenkriegsschauplätze.[724] Zudem erscheine die Bestimmung der Regelbeispiele willkürlich.[725]

Nach Ansicht *Schöchs, Döllings, Arenhövels* und des *Deutschen Juristinnenbundes* waren die Regelungen über die Bereitstellung eines kostenlosen Opferanwalts überzeugend gelungen.[726] *Dölling* sprach sich für eine weitergehende

---

719 *Böttcher*, Stellungnahme, S. 3; *Dölling*, Stellungahme, S. 2.

720 *Jahn*, Stellungahme, S. 26, 30; *Pollähne*, Stellungnahme, S. 8; *Polähne* in: Protokolle des Rechtsausschusses des Deutschen Bundestags, 142. Sitzung vom 13. Mai 2009, S. 15; *Schmidt-Sommerfeld*, Stellungnahme, S. 8; BRAK, Stellungnahme, S. 4.

721 *Jahn*, Stellungahme, S. 26.

722 A.a.O., S. 27.

723 A.a.O., S. 27f. unter Verweis auf BVerfGE 21, 245 (261); 51, 176 (187); BVerfG NStZ 2002, 211 (212); 1981, 320; NJW 1981, 1034 (1035) sowie *Schöch*, NStZ 1984, 387.

724 *Pollähne*, Stellungnahme, S. 8; *Polähne* in: Protokolle des Rechtsausschusses des Deutschen Bundestags, 142. Sitzung vom 13. Mai 2009, S. 15.

725 *Schmidt-Sommerfeld*, Stellungnahme, S. 9.

726 *Schöch*, Stellungnahme, S. 3.

Erleichterung der Bestellung eines kostenlosen Opferanwalts aus.[727] Nach Ansicht *Arenhövels* sollte bei § 397a Abs. 1 Nr. 3 StPO-E das Erfordernis körperlicher oder seelischer Schäden beseitigt werden. In den Vorschriften, in denen diese Schäden nicht ausdrücklich aufgeführt seien, ergäben sie sich aber in aller Regel aus der Schwere der Tathandlung und können deshalb zumindest prozessual im Rahmen der Beiordnung eines Opferanwalts zugunsten des Opfers vermutet werden.[728] Eine positive Feststellung der eingetretenen oder drohenden Schäden könne unter Umständen das Verfahren überfrachten.[729] Der Deutsche Juristinnenbund kritisierte, dass nach dem Entwurf die Beiordnung eines Opferanwalts bei Körperverletzungen nur dann zulässig sein sollte, wenn der Nebenkläger seine Interessen nicht selbst wahrnehmen kann.[730] Die BRAK und *Pollähne* lehnten die erleichterte Beiordnung eines Opferanwalts auf Staatskosten als Vertiefung des Gefälles von Beschuldigten- und Verletztenrechten ab. Während die Bestellung des Opferanwalts bzw. die Bewilligung der Prozesskostenhilfe zwecks Hinzuziehung eines Rechtsanwalts schon im Vorverfahren erfolgen könne, habe der Verletzte im Verhältnis zum Beschuldigten in diesem Verfahrensabschnitt eine wesentlich stärkere Verfahrensposition. Der Verletzte habe nicht nur einen Anspruch auf Beiordnung eines anwaltlichen Beistands, sondern auch auf Entscheidung hierüber durch den Ermittlungsrichter. Lehne der Ermittlungsrichter die Bestellung des Opferanwalts bzw. die Prozesskostenhilfebewilligung zwecks Hinzuziehung eines Rechtsanwalts ab, stehe dem Verletzten gegen diese Entscheidung das Rechtsmittel der Beschwerde zu. Demgegenüber habe ein Beschuldigter im Ermittlungsverfahren keine vergleichbare Möglichkeit, um die Bestellung des Pflichtverteidigers trotz Vorliegens der Voraussetzungen der notwendigen Verteidigung durchzusetzen.[731] Eine kompensatorische Ausdehnung der notwendigen Verteidigung sei zudem auf Fälle zu erstrecken, in denen dem Beschuldigten ein anwaltlich vertretener Nebenkläger gegenübersteht.[732]

IV. Beschlüsse des Rechtsausschusses und Verabschiedung

Der Rechtsausschuss fasste die Regelungen über die Versagung der Akteneinsicht des Nebenklageberechtigten neu. Die Akteneinsicht sollte versagt werden

727 *Dölling*, Stellungahme, S. 2; *Dölling* in: Protokolle des Rechtsausschusses des Deutschen Bundestags, 142. Sitzung vom 13. Mai 2009, S. 6.

728 *Arenhövel*, Stellungnahme, S. 6.

729 Ebd.

730 Deutscher Juristinnenbund, Stellungnahme, S. 3.

731 BRAK, Stellungnahme, S. 5f.

732 *Pollähne*, Stellungnahme, S. 9.

können, wenn durch sie das Verfahren erheblich verzögert würde, es sei denn, dass die Staatsanwaltschaft in den in § 395 genannten Fällen den Abschluss der Ermittlungen in den Akten vermerkt hat.[733] Weiterhin sollte eine Akteneinsicht aufgrund schutzwürdiger Belange des Angeschuldigten oder Dritter möglich sein. Die Akteneinsicht sei für den Nebenklagebefugten zur Wahrnehmung seiner Interessen nicht immer zwingend erforderlich. Als Beispiel für einen Anwendungsfall der Versagung der Akteneinsicht zählte der Rechtsausschuss die Einsicht in psychologische Gutachten über den Angeschuldigten oder Zeugen auf. Zudem sei nicht ausgeschlossen, dass durch die Akteneinsicht eines Nebenklagebefugten, z.B. eines möglicherweise selbst einer Tatbeteiligung verdächtigen Angehörigen eines Getöteten, der Ermittlungserfolg gefährdet werden könne.[734]

Der Rechtsausschuss empfahl, die Beleidigungsdelikte in den Auffangtatbestand aufzunehmen. Beleidigungsdelikte seien in der Regel nicht als besonders schwerwiegend einzustufen. Die Aufnahme der Beleidigungsdelikte in den Katalog des § 395 Abs. 1 StPO widerspräche damit dem Reformziel, die Nebenklage auf erhebliche (Aggressions-)Delikte zu begrenzen. Eine Zulassung des Verletzten als Nebenkläger solle jedoch weiterhin möglich sein, wenn sich der Verletzte beispielsweise gegen erhebliche Schuldzuweisungen zur Wehr zu setzen habe. Der Rechtsausschuss sprach sich gegen die Beseitigung der Anschlussbefugnis für strafbare Verletzungen gewerblicher Schutz- und Urheberrechte aus und begründete seine Entscheidung mit nicht näher benannten „rechtspolitischen Erwägungen“. Der Rechtsausschuss nahm minimale Modifikationen der Regelungen über die Beiordnung eines kostenlosen Opferanwalts für Minderjährige vor. Eine Beiordnung sollte nicht mehr an den Nachweis schwerer körperlicher oder seelischer Schäden geknüpft sein. Dies werde der besonderen Belastungssituation gerecht, in der sich Kinder, Jugendliche und Erwachsene, die ihre Interessen nicht ausreichend wahrnehmen können, befinden.[735]

Kurz vor dem Ende der Legislaturperiode fand der Entwurf eines 2. Opferrechtsreformgesetzes in der vom Rechtsausschusses beschlossenen Fassung die erforderlichen Mehrheiten im Bundestag und Bundesrat.[736] Das Gesetz zur Stärkung der Rechte von

733 BT-Drucks. 16/13671, S. 14.

734 A.a.O., S. 22.

735 Ebd.

736 Sten. Protokolle Deutscher Bundestag – 16. Wahlperiode – 230. Sitzung. Berlin, Donnerstag, den 2. Juli 2009, S. 25812(C); sten. Protokolle Bundesrat – 860. Sitzung – 10. Juli 2009, S. 320.

Verletzten und Zeugen im Strafverfahren (2. Opferrechtsreformgesetz) vom 29. Juli 2009 trat am 1. Oktober 2009 in Kraft.[737]

V. Rezeption

Einhellig ordnete das Schrifttum das 2. ORRG als erhebliche Stärkung der „Opferrechte“ und den vorläufigen Höhepunkt einer mit dem OSchG begonnenen Reformentwicklung ein.[738] Positiv äußerte sich *Böttcher*. Die Liste von Forderungen von Opferschutzverbänden sei durch das 2. ORRG „zusammengeschmolzen“, habe aber weiterhin einen beträchtlichen Umfang.[739] Auch die erhöhte Anwenderfreundlichkeit des fünften Buches durch zahlreiche redaktionelle Änderungen wurde insgesamt positiv gewürdigt. Allerdings überwogen kritische Stellungnahmen. Die Reform markiere einen Paradigmenwechsel hin zu einer verletztenzentrierten Betrachtungsweise des Strafverfahrens.[740] Die hektisch anmutende, serielle Opferschutzgesetzgebung sei nicht ausreichend evaluiert worden.[741] Das Gesetz sei Symptom einer populistischen Rechtspolitik.[742] Das Gesetz zeige den engen Schulterschluss von Rechtspolitik und „rechtspolitisch sehr mächtigen“[743] Opferschutzverbänden. Dabei gewinne man den Eindruck, dass Richtung, Inhalt und Tempo der Reformvorhaben maßgeblich durch die Verbände bestimmt worden seien.[744] Die vom Gesetzgeber wiederholt aufgestellte, „folkloristisch anmutende Behauptung einer stiefmütterlichen Behandlung des Opfers“ stehe im Widerspruch zu einer bereits sehr umfangreichen Opferschutzgesetzgebung in der Vergangenheit einerseits und dem fortbestehenden Evaluationsdefizit andererseits.[745] Die Vokabel des „Opferschutzes“ habe in der öffentlichen Debatte zu einem „inakzeptablen Reflexionsstop“ geführt.[746] Symptomatisch hierfür sei die Gesetzesbegrün-

---

737 BGBl. 2009 I, S. 2280.

738 *Schiemann*, KritV 2012, S. 163; *Schroth*, NJW 2009, S. 2917.

739 *Böttcher*, FS Schöch, S. 934.

740 *Schiemann*, KritV 2012, S. 162. Demgegenüber vermochte *Weigend* eine Grundlage für solche „Kassandra-Rufe“ nicht zu erkennen. Das 2. ORRG reihe sich in die lange Liste der strafrechtlichen und strafprozessrechtlichen Gesetzesnovellen der letzten beiden Jahrzehnte ein, die den Ehrgeiz zur technischen Perfektion mit manchmal „wolkiger Sprache“ und einem „deutlichen Mangel an theoretischer Fundierung“ verbinden (*Weigend*, FS Schöch, S. 961).

741 *Bung*, StV 2009, S. 434; *Barton*, JA 2009, S. 757; *Pollähne*, Opfer im Blickpunkt, S. 5.

742 *Schroth*, NJW 2009, S. 2918.

743 *Weigend*, FS Schöch, S. 961.

744 *Barton*, 40. Strafverteidigertag 2016, S. 53.

745 *Jahn*, FS Lüderssen, S. 150; *Pollähne*, Opfer im Blickpunkt, S. 10f.

746 *Bung*, StV 2009, S. 433.

dung, dem Opfer- und Zeugenschutz solle „die ihm gebührende Achtung zukommen".[747] Insgesamt sei die im Gesetzgebungsprozess verwendete „Viktimo-Terminologie" irreführend, da sie Opfer- und Verletztenvermutungen aufstelle.[748] Die neuere Opferschutzgesetzgebung bereite den Boden für einen punitive turn, d.h. ein wiedererstarkendes sanktions- und exklusionsorientiertes Strafrecht.[749] Die diskursive Opferzentrierung bedeute eine Abkehr vom klassischen Strafverfahren bedeute potentiell, den Bestrafungsbedürfnissen des Verletzten entgegenzukommen.[750] Der Gesetzgeber bediene sich eines moralisierend-psychologisierenden Vokabulars. Einer verletzten Person die Rolle als „aktives Prozesssubjekt zur Überwindung von Traumatisierungen einzuräumen sei ein „so über jeden humanitären Zweifel erhabenes und ehrenwertes Ziel, dass niemand dagegen einen Einwand vorbringen" wolle.[751] Dagegen werde in der politischen Debatte die Entprivatisierung des Strafverfahrens nur unzureichend gewürdigt.[752] Der Gedanke des Opferschutzes passe zudem sehr gut mit der Konzeption eines autoritären Staates zusammen.[753]

Der Gesetzgeber habe es insgesamt versäumt, die Nebenklage in das Gesamtgefüge des Strafverfahrens einzupassen und fortbestehende Unstimmigkeiten zu korrigieren.[754] *Weigend* vermutete, der Gesetzgeber habe durch die Reform die Zweckrichtung der Nebenklage stillschweigend geändert. Die Orientierung an der Schwere der Tat, insbesondere an den „schweren Folgen", deute darauf hin, dass der Katalog der Nebenklagebefugnisse nicht mehr

---

747 *Jahn*, FS Lüderssen, S. 150.

748 *Pollähne*, StV 2016, S. 674.

749 *Jahn / Bung*, StV 2012, S. 761.

750 *Barton*, StV 2012, S. 1.

751 *Bung*, StV 2009, S. 432.

752 Ebd.

753 Die wohlwollend-paternalistische Verletztenzuwendung durch *Henkel* lasse sich als Vorwegnahme dessen lesen, was heute unter dem Titel der Opferrechtsreform geschehe (ebd.).

754 *Barton*, JA 2009, S. 758; *Barton*, STRR 2009, S. 404. Die Anschlussbefugnis für unbenannte besonders schwere Fälle der Nötigung sei im Gesetzgebungsverfahren nicht thematisiert worden und entspreche wohl auch nicht dem Willen des Gesetzgebers. Die Prüfung, ob ein besonders schwerer Fall der Nötigung anzunehmen ist, verlange eine Gesamtwürdigung von Tat und Täter. Es gehe nicht allein um die formale Anschlussbefugnis, sondern um eine materielle Entscheidung. Unstimmigkeiten prognostizierte Barton zudem dadurch, dass die korrespondierenden Anhörungsvorschriften nicht geändert worden seien. Demnach werde die Staatsanwaltschaft im Zusammenhang mit Anschlusserklärungen stets gehört, der Angeschuldigte dagegen nur in Fällen des § 395 Abs. 3 StPO. Dies habe schon bisher nicht überzeugen können, dürfte aber in Fällen des Anschlussgrundes des § 240 Abs. 4 StGB noch weitere Unstimmigkeiten mit sich bringen (A.a.O., S. 404f.).

auf Verteidigungs-, sondern auf Angriffsbedürfnissen des Verletzten basiere. Der Grundgedanke der aktuellen Gesetzgebung bestehe darin, dass der schwer durch eine Straftat Betroffene einen berechtigten Anspruch darauf habe, durch seine Verfahrensbeteiligung dafür sorgen zu können, dass „sein" Täter verurteilt und ausreichend bestraft wird. Der Rekurs des Gesetzgebers auf die besondere Schutzbedürftigkeit des Verletzten deute damit nicht mehr zwingend die Schutzfunktion der Nebenklage hin. Der Nebenklage liege vielmehr ein proportional zur Beeinträchtigung durch die Tat zu bemessendes Genugtuungsbedürfnis des Verletzten zugrunde.[755]

Die fortbestehende Anschlussbefugnis für strafbare Verletzungen der gewerblichen Schutz- und Urheberrechte traf auf ein höchst gemischtes Echo. Teile der Literatur ordneten die gesetzgeberische Entscheidung als Ergebnis gut organisierter Lobbyarbeit der Rechtsinhaberverbände ein.[756] *Barton* bemängelte, durch die Beibehaltung der Anschlussbefugnis im Bereich des Ehr- und Urheberrechtsschutzes sei die inhaltliche Ausrichtung der Nebenklage an der Schutzbedürftigkeit des Opfers verloren gegangen.[757] Zudem seien strafbare Verstöße gegen gewerbliche Schutzrechte symbolisch aufgewertet worden.[758] Demgegenüber begrüßten *Kessler* und *Klinger* die gesetzgeberische Entscheidung. Eine Beseitigung der Anschlussbefugnis für gewerbliche Schutz- und Urheberrechterechte wäre allen Tendenzen zur Stärkung der Rechte geistigen Eigentums zuwidergelaufen.[759] Ein effektiver Schutz geistigen Eigentums liege auch im Allgemeininteresse, da Leib und Leben von Verbrauchern durch qualitativ minderwertige Fälschungen massiv gefährdet seien.[760] Nicht nur seien strafbare Verletzungen gewerblicher Schutzrechte potentiell existenzgefährdend für die jeweiligen Rechtsgutsinhaber. Sie lösten oftmals irreparable und in ihrem Ausmaß schwer feststellbare Folge- und Reputationsschäden sowie hohe Kosten der Rechtsverfolgung aus.[761] Insofern seien gravierende volkswirtschaftliche Nachteile für den Wirtschaftsstandort Deutschland abzuweh-

---

755 *Weigend*, FS Schöch, S. 958f.

756 *Jahn / Bung*, StV 2012, S. 755; *Jahn*, FS Lüderssen, S. 155.

757 *Barton*, JA 2009, S. 755. Ähnl. *Weigend*, der den Einwänden der betroffenen Interessengruppen allerdings eine Reihe plausibler Argumente zugutehielt (FS Schöch, S. 956).

758 *Barton*, JA 2009, S. 755.

759 *Kessler*, Probleme der Geschädigtenvertretung, S. 159f. Der gesetzgeberischen Entscheidung zugunsten eines effektiven Schutzes gewerblicher Schutzrechte sei zuletzt auch durch die sog. „Enforcement-Richtlinie" 2004/48/EG (Abl. EU L 157 vom 30. April 2004) Nachdruck verliehen worden (*Klinger*, NZWiSt 2013, S. 416.).

760 *Klinger*, NZWiSt 2013, S. 415.

761 A.a.O., S. 413.

ren, Arbeitsplätze zu sichern und Steuerausfälle zu vermeiden.[762] Die Anschlussbefugnis der Schutzrechtsinhaber diene auch der Sicherung des Legalitätsprinzips.[763] Die Justiz bremse Geschädigte allzu häufig durch eine geringe Ermittlungsintensität, Einstellungen gem. §§ 153ff. StPO und die Verweisung auf den Privatklageweg aus.[764] Die unzureichende Verfolgung entsprechender Strafnormen widerspreche aber dem Justizgewährleistungsanspruch der Schutzrechtsinhaber.[765] Eine konsequente Durchsetzung des staatlichen Strafanspruchs entfalte eine wünschenswerte, generalpräventive Wirkung.[766] Zudem könne der Geschädigte durch eine „engagierte Unterstützung der staatlichen Ermittlungsorgane“ auf eine Verurteilung hinwirken, indem er sein Sonderwissen in das Verfahren einbringe.[767] Dies sei in beiderseitigem Interesse. Denn eine bloß zivilrechtliche Abwehr von Wettbewerbsverstößen sei ineffizient. Der Geschädigte habe hier faktische und prozessuale Nachweishürden zu überwinden und das sich aus der Beweislast ergebende Prozess- und Kostenrisiko zu tragen. Die zivilrechtliche Rechtsverfolgung scheitere regelmäßig daran, dass relevante Informationen aus der betriebsinternen Sphäre des beklagten Wettbewerbers gar nicht oder nur schwer durch bloße Observation und die Auswertung äußerer Umstände zu erlangen seien. Strafprozessuale Zwangsmaßnahmen wie Durchsuchungen des Unternehmenssitzes, Finanzermittlungen oder polizeiliche Vernehmungen von Arbeitnehmern seien oft die einzige Möglichkeit, noch unbekannte oder für den Geschädigten unerreichbare Beweisquellen zu erschließen.[768] Erst als Verfahrensbeteiligter könne der Rechteinhaber durch das Frage- und Beweisantragsrecht das Ausmaß der Rechtsverletzung auszumachen, weitere Schutzrechtsverletzer identifizieren, ihre Vertriebsstrukturen offenlegen und Warenströme rechtsverletzender Waren aufdecken. Eine Beteiligung der Rechteinhaber sei unverzichtbar, um sicherzustellen, dass geldwerte Sanktionen an dem Verletzten und nicht etwa gemeinnützigen Einrichtungen zukommen. Als Verfahrensbeteiligter könne der Nebenkläger im Rahmen von Verständigungen darauf hinwirken, dass seine Ansprüche hinreichende Beachtung finden.[769] Der von Teilen der Literatur beworbenen Private Public Partnership von Strafverfolgungsbehörden und

---

762 A.a.O., S. 415.

763 *Kessler*, Probleme der Geschädigtenvertretung, S. 161.

764 *Klinger*, NZWiSt 2013, S. 415.

765 A.a.O., S. 416.

766 A.a.O., S. 414.

767 A.a.O., S. 412, 414f.

768 A.a.O., S. 412.

769 *Kessler*, Probleme der Geschädigtenvertretung, S. 162f.

Rechteinhabern hielt wiederum *Bung* entgegen, es sei gefährlich, eine Reprivatisierung des Strafverfahrens mit pragmatischen Argumenten der Verfahrens- oder Beweiserleichterung zu begründen.[770]

Der Schwerpunkt der Kritik am 2. ORRG galt der „besonders folgenreichen"[771] „Entfesselung" der Nebenklage durch die Einführung des Auffangtatbestands in § 395 Abs. 3 StPO.[772] Hierdurch sei der Telos der besonderen Schutzwürdigkeit des Verletzten bei schwerwiegenden Sexual- und Aggressionsdelikten zugunsten einer potentiell unbegrenzten Ausweitung der Anschlussbefugnis unter Inkaufnahme einer möglicherweise erneuten Zweckänderung des Instituts der Nebenklage aufgegeben worden.[773] Mit dem Auffangtatbestand sei der Nebenklage erstmals eine Tür in den bisher strikt verschlossenen Bereich der klassischen Eigentumsdelikte aufgestoßen worden.[774] Dem Opfer eines Vermögens- oder Eigentumsdelikts stehe nunmehr sowohl ein Angriffsmittel als auch ein Instrument zur Verfolgung genuin zivilrechtlicher, finanzieller Ziele zur Verfügung.[775] Die Kriterien des Auffangtatbestands seien zu unbestimmt.[776] Die aufgelisteten Regelbeispiele seien zu heterogen und lieferten keine brauchbare Auslegungshilfe.[777] Da die Bejahung der besonderen Gründe im Sinne von § 395 Abs. 3 StPO durch den Verweis auf „schwere Schuldzuweisungen" auch davon abhänge, wie der Beschuldigte sich inhaltlich verteidigt, müsse dies von Seiten der Verteidigung künftig berücksichtigt werden.[778] Die im Gesetzesentwurf in Aussicht gestellte Korrektur einer uferlosen Ausdehnung der Nebenklage durch die Gerichte beruhe letztlich auf einem dilatorischen Formelkompromiss. Die Regelung sei bewusst nebulös formuliert, um sie rechtspolitisch umfassend zustimmungsfähig zu machen.[779] Ausgewogen äußerte sich *Bock*. Selbst wenn man dem stetigen Ausbau der Nebenklageberechtigung durch Schaffung des Auffangtatbestands in § 395 Abs. 3 StPO für einen beträchtlichen Eingriff in das bisherige Gefüge

770 *Bung*, Strafprozessuale Fragen beim Schutz geistigen Eigentums, S. 146; vgl. *Rieß*, ZIS 2009, S. 477.

771 *Barton*, STRR 2009, S. 405.

772 *Bung*, StV 2009, S. 436; zust. *Schiemann*, KritV 2012, S. 166; *Jahn*, FS Lüderssen, S. 152.

773 *Anders*, ZStW 2013, S. 381; *Bung*, StV 2009, S. 435; *Hermann*, ZIS 2010, S. 241.

774 *Barton*, JA 2009, S. 755.

775 *Hermann*, ZIS 2010, S. 241.

776 *Bung*, StV 2009, S. 435; *Bock*, FS Wessing, S. 168ff.

777 *Barton*, STRR 2009, S. 405.

778 A.a.O., S. 406.

779 *Jahn / Bung*, StV 2012, S. 756.

des Strafverfahrens ansehe, sei doch zu konstatieren, dass der „demokratisch legitimierte Gesetzgeber" einem gewandelten öffentlichen Bild über die Schutzbedürftigkeit von Kriminalitätsopfern folge. Für eine stärkere Berücksichtigung sprächen auch verfassungsrechtliche Gründe.[780] Durch die gesetzgeberische Abwendung vom System enumerativer Kataloge nebenklageberechtigender Delikte seien sowohl die Vorteile als auch die Nachteile der Nebenklage verstärkt worden.[781] *Celebi* wertete die Aufzählung der Beleidigungsdelikte in der Schwereklausel als Beseitigung des „Rechts auf Nebenklage" für die Opfer rechter, rassistischer und antisemitischer Gewalt. In Fällen rassistischer Beleidigungen werde es für deren Opfer keine Sicherheit mehr geben, ob sie als Nebenkläger zugelassen werden. Ihnen werde auferlegt, schon vor Beginn des Gerichtsverfahrens klarzustellen, worin die Schwere der Tatfolgen besteht.[782] *Böttcher* äußerte sich positiv und ordnete die Schaffung des Auffangtatbestands als „wichtiges Signal" ein. Der Auffangtatbestand öffne die Tür zu einer Praxis, die offen ist für das Anliegen, dass alle Verletzten, die wegen ihrer besonderen Belastung durch die Straftat und das Strafverfahren die Schutzposition der Nebenklage benötigen, diese auch erhalten sollen.[783]

Celebi und *Weigend* begrüßten die erleichterte Beiordnung des kostenlosen Opferanwalts.[784] Der Nebenkläger sei zur Wahrnehmung seiner umfangreichen Verfahrensrechte in aller Regel auf sachkundige Unterstützung durch einen Rechtsanwalt angewiesen. Die Erweiterung des § 397a StPO mindere ökonomisch bedingte Ungleichheiten bei der Chance von Verletzten zur aktiven Verfahrensbeteiligung.[785] *Barton* prognostizierte eine zunehmende Bedeutung des Opferanwalts auf Staatskosten und hierdurch bedingt die Entstehung eines neuen Berufsbildes innerhalb der Anwaltschaft.[786] Der Begriff des Opferanwalts täusche dabei darüber hinweg, dass Akteure, die mit der vorläufigen Behauptung einer Opferstellung auftreten, nicht etwa „Täter-Anwälten" gegenüberstünden.[787] Demgegenüber äußerte sich *Bock* relativierend – angesichts des mittlerweile erheblichen Ausmaßes an strafrechtlichen Vorfeldberatungen

---

780 *Bock*, FS Wessing, S. 162.

781 A.a.O., S. 175.

782 *Celebi*, ZRP 2009, S. 111.

783 *Böttcher*, FS Schöch, S. 929f.

784 *Celebi*, ZRP 2009, S. 110.

785 *Weigend*, FS Schöch, S. 955.

786 *Barton*, STRR 2009, S. 408; *Barton*, JA 2009, S. 758; *Barton*, Opferanwälte im Strafverfahren, S. 22ff., 34f.

787 *Pollähne*, StV 2016, S. 674.

und der Mitwirkung bei Internal Investigations sei der anwaltliche Perspektivwechsel hin zur Seite des mutmaßlich Verletzten keineswegs revolutionär.[788]

Teile des Schrifttums beklagten weiterhin eine einseitige Verschiebung der Verfahrensbalance zu Lasten des Beschuldigten.[789] Durch den „schillernden" Begriff des Opferschutzes sei der Beschuldigte schon vor dem 2. ORRG in die Defensive geraten.[790] Der Nebenkläger sehe sich nicht nur der Staatsanwaltschaft und der Polizei, sondern zugleich einem weiteren Strafverfolger sui generis mit hoher affektiver Beteiligung, professioneller Rechtsvertretung und sehr weitgehenden Befugnissen gegenüber.[791] Durch die Kumulation der Rechte der Strafverfolgungsbehörden und des Verletzten werde der Verteidigungsaufwand erhöht, da der Verteidiger nicht nur auf die Anklage erwidern, sondern auch den Vortrag und die Anträge des Nebenklagevertreters in seine Strategie integrieren müsse.[792] Über die numerische Asymmetrie hinaus sei mit dem 2. ORRG jedoch auch eine verfahrensrechtliche Ungleichheit verstärkt worden. Während der Verletzte ein Anwesenheitsrecht bei der polizeilichen Vernehmung erhalten habe, bestehe ein korrespondierendes Anwesenheitsrecht des Verteidigers bei der polizeilichen Vernehmung des Beschuldigten nach herrschender Meinung nicht.[793] Während der Verletzte verpflichtend über seine Verfahrensrechte, die Möglichkeit der Unterstützung von Opferhilfeeinrichtungen und Ansprüche nach dem OEG sowie dem GewSchG hingewiesen werden müsse, gebe es keine korrespondierende Regelung für den Beschuldigten. Er werde nach § 136 StPO nur im Zusammenhang mit seiner Vernehmung belehrt. Ein darüberhinausgehender „Letter of Rights" sei mit § 114b StPO nur für den verhafteten Beschuldigten eingeführt worden. Eine allgemeine Hinweispflicht auf Beschuldigtenrechte zu einem möglichst frühen Zeitpunkt bestehe nach wie vor nicht.[794] Für den Beschuldigten seien Entscheidungen der Staatsanwaltschaft nur anfechtbar, wenn die Akteneinsicht nach Abschlussvermerk in den Akten, bezüglich der in Abs. 3 bezeichneten Abschriften und Gutachten erfolge oder wenn sich der Beschuldigte nicht auf freiem Fuß befin-

788 *Bock*, FS Wessing, S. 162.

789 *Schiemann*, KritV 2012, S. 171; *Pollähne*, StV 2016, S. 671; *Pollähne*, Opfer im Blickpunkt, S. 7; *Hermann*, ZIS 2010, S. 238; *Bung*, StV 2009, S. 435; vgl. *Safferling*, ZStW 2010, S. 98ff.

790 *Jahn*, FS Lüderssen, S. 161f.

791 *Bung*, StV 2009, S. 435.

792 *Jahn*, FS Lüderssen, S. 160f.

793 *Schiemann*, KritV 2012, S. 163; *Hermann*, ZIS 2010, S. 238; *Bung*, StV 2009, S. 435f.; *Barton*, STRR 2009, S. 407.

794 *Schiemann*, KritV 2012, S. 164; *Bung*, StV 2009, S. 435.

de. Von diesen Sonderfällen abgesehen habe der Beschuldigte keine Möglichkeit, die verweigerte Akteneinsicht gerichtlich überprüfen zu lassen. Vor Abschluss der staatsanwaltschaftlichen Ermittlungen habe der Verteidiger in der Regel keinen ausdrücklichen Rechtsbehelf. Der Rechtsbehelf des Verletztenbeistandes sei dagegen in § 406e Abs. 4 Satz 2 StPO verankert. Der Verletzte habe uneingeschränkt die Möglichkeit, die ablehnende Entscheidung der Staatsanwaltschaft im Ermittlungsverfahren gerichtlich überprüfen zu lassen. Der Beschuldigte und dessen Verteidiger hätten insgesamt im Ermittlungsverfahren weniger Rechte und Rechtsschutzmöglichkeiten als der Nebenklageberechtigte, der Verletzte und deren Beistände.[795] In der Hauptverhandlung sei kein Ausschluss des Nebenklägers oder Nebenklageberechtigten vorgesehen, während eine Ausschlussmöglichkeit hinsichtlich des Angeklagten gem. §§ 231a, 231b, 247 StPO bestehe.[796] Die großzügige Gewährung der Beiordnung eines kostenlosen „Opferanwalts" verschiebe das Verfahren stark zu Lasten des Beschuldigten.[797] Während die Bestellung des Verteidigers im Ermessen des Richters stehe, müsse die Beiordnung des Opferanwalts erfolgen, wenn die Voraussetzungen gegeben seien. Wie mit der Bestellung eines Verteidigers für den Beschuldigten zu verfahren sei, wenn das Opfer einen Rechtsanwalt auf eigene Kosten beauftragt hat, habe der Gesetzgeber völlig offengelassen.[798] Eine Schieflage zu Lasten des Beschuldigten sei auch in den Regelungen über die Rechtsanwaltsbeiordnung und die Kostenübernahme zu beklagen. In einfacher gelagerten Fällen werde bei fehlender Schwere der Tat ein Pflichtverteidiger nicht gestellt, während ein Rechtsbeistand für den Nebenkläger beigeordnet werden könne. Allerdings sei darüber hinaus für den Beschuldigten auch dann ein Fall notwendiger Verteidigung gegeben, wenn ersichtlich sei, dass er sich nicht selbst verteidigen kann.[799] Während dem Verletzten gegen die Versagung einer Beiordnung das Rechtsmittel der Beschwerde zustehe, habe der Beschuldigte einen entsprechenden Anspruch nur bei Vollstreckung von Untersuchungshaft oder einstweiliger Unterbringung.[800]

---

795 *Schiemann*, KritV 2012, S. 164f.; ähnl. *Jahn*, Festheft Tepperwien, S. 28.

796 *Schiemann*, KritV 2012, S. 167.

797 *Hermann*, ZIS 2010, S. 242.

798 Ebd.; ähnl. *Schiemann*, KritV 2012, S. 169.

799 *Schiemann*, KritV 2012, S. 169.

800 Ebd. Dementsprechend die Reformvorschläge *Schiemanns*: 1. Sei dem Verteidiger bei von der Staatsanwaltschaft verweigerter Akteneinsicht im Ermittlungsverfahren ein Rechtsmittel einzuräumen, das nicht auf die Ausnahmefälle in § 147 Abs. 5 StPO beschränkt ist; 2. Sei der Beschuldigte, ähnlich wie der Verletzte, möglichst frühzeitig über seine Rechts aufzuklären; 3. Sei dem Verteidiger bei polizeilicher Beschuldigtenvernehmung im Ermittlungsverfahren ein ausdrückliches Anwesenheitsrecht einzuräu-

Dem Vorwurf einer Verschlechterung der Beschuldigtenstellung durch das 2. ORRG trat *Böttcher* entgegen. Der Fair-Trial-Grundsatz sei nicht nur auf den Beschuldigten einzuengen, sondern zugleich auf den Verletzten anzuwenden. Er gebe keinen Verfassungsgrundsatz, der einen generellen Vorrang der Beschuldigteninteressen vor den Verletzteninteressen konstatiert. Vielmehr seien Lösungen zu suchen, die im Wege der praktischen Konkordanz beiden Interessenlagen möglichst gerecht werden. Im Konfliktfall sei das Ausmaß der Beeinträchtigungen festzustellen, die den so gewichteten Rechtspositionen drohen. Auf dieser Grundlage sei zu entscheiden, welches Interesse in welchem Umfang zurückstehen müsse. Hinsichtlich der Verteidigungsinteressen stünden allenfalls faktische Beeinträchtigungen in Rede. Wer mit Blick auf bloße Unbequemlichkeiten und den Mehraufwand für die Verteidigung das Fairnessgebot in Gefahr sehe, werde dem hohen Rang dieser verfassungsrechtlichen Gewährleistung nicht gerecht. Der Verweis auf einen möglichen Missbrauch der Verletztenstellung bleibe unergiebig. Gegen das Beweisantragsrecht des Angeklagten könne man schließlich auch nicht einwenden, es diene häufig dazu, den wahren Sachverhalt zu vernebeln und die Wahrheitsfindung zu beeinträchtigen.[801]

O) Gesetzgebung der 16. und 17. Legislaturperiode

Die Gesetzgebung auf dem Gebiet der Verletztenrechte und der Nebenklage zielte auf einen besseren Schutz der Opfer von Zwangsheirat, sexuellen Missbrauchs und von Genitalverstümmelungen ab.

I. Gesetz zur Regelung der Verständigung im Strafverfahren

Eine gesteigerte Aufmerksamkeit erfuhr die Nebenklage jedoch auch im Entstehungsprozess des Gesetzes zur Regelung der Verständigung im Strafverfahren

men, wie es dem Vertreter des Verletzten ebenfalls zustehe; 4. Sei dem Beschuldigten über die in § 395 Abs. 3 StPO genannten Fälle hinaus ein Anhörungsrecht vor Entscheidungen über die Nebenklagezulassung zugebilligt werden; 5. Sollte der Beschuldigte entweder die Möglichkeit erhalten, Rechtsmittel gegen den Eröffnungsbeschluss einzulegen oder dem Nebenkläger sei das Rechtsmittel gegen den Nichteröffnungsbeschluss zu entziehen; 6. Müssen gesetzliche Ausschlussgründe für den nebenklageberechtigten Verletzten, den Nebenkläger sowie deren anwaltliche Beistände geschaffen werden; 7. Seien die Fälle notwendiger Verteidigung im Ermittlungsverfahren auszudehnen, zudem sollten staatsanwaltschaftliche Entscheidungen über die Antragstellung oder Unterlassung eines Antrags auf Pflichtverteidigerbestellung überprüfbar zu machen A.a.O., S. 162).

801 *Böttcher*, FS Schöch, S. 937ff.

ren.[802] In Anlehnung an das Konzept des „partizipatorischen Strafverfahrens", den Diskussionsentwurf für eine Reform des Strafverfahrens der Fraktionen der SPD und der Grünen sowie des BMJ vom Februar 2004[803], die Entscheidung des BGH vom 3. März 2005 zur Zulässigkeit von und Praxis bei Urteilsabsprachen[804], einen Vorschlag der BRAK vom September 2005[805], einen Bundesratsentwurf eines Gesetzes zur Regelung von Absprachen im Strafverfahren vom 31. Januar 2007[806] und den Entwurf eines Opferrechtsreformgesetzes[807] sah der Regierungsentwurf eines Gesetzes zur Regelung der Verständigung im Strafverfahren vom 23. Januar 2009[808] die Normierung von „Kooperationsgesprächen" vor, durch die Gesprächsmöglichkeiten zwischen der Staatsanwaltschaft und den übrigen Verfahrensbeteiligten gefördert und damit ein „offener Verhandlungsstil" unterstützt werden sollten.[809] Dem Begriff der Verfahrensbeteiligten sollten auch nebenklageberechtigte Personen unterfallen, die ihre Anschlusserklärung bereits während des Ermittlungsverfahrens abgegeben haben.[810] Die Kooperationsgespräche sollten unter anderem dazu dienen, eine Verfahrensbeendigung nach § 153a StPO oder einen Täter-Opfer-Ausgleich vorzubereiten. Die Einbindung des Nebenklageberechtigten oder des Nebenklägers sollte jedoch nicht zwingend erforderlich sein.[811]

Das Kernstück des Entwurfs bildete die Normierung der Verständigung im Strafverfahren.[812] Inhalt einer solchen Verständigung sollten grundsätzlich alle Maßnahmen sein, die das erkennende Gericht verfügen kann.[813] Bestandteil

---

802 BGBl. I 2009, S. 2353.

803 § 257b StPO-E i.d.F.d. Diskussionsentwurfs 2004.

804 BGH, Beschluss vom 3. März 2005, Az. GSSt 1/04, BGHSt 50, S. 40–64 = BGH NJW 2005, 1440.

805 BRAK-Stellungnahme-Nr. 25/2005.

806 BT-Drucks. 16/4197.

807 BT-Drucks. 15/2536.

808 BR-Drucks. 65/09.

809 § 160b StPO-E; BR-Drucks. 65/09, S. 12. Durch das Gericht initiierte Kooperationsgespräche sollten zudem im Zwischenverfahren ermöglicht werden, vgl. § 202a StPO-E, A.a.O., S. 14.

810 A.a.O., S. 12. Andere Verletzte sollten dagegen nicht Verfahrensbeteiligte sein. Die allgemeine Verletztenstellung der §§ 406d bis 406h StPO a.F. räume dem Verletzten Informations- und Schutzrechte ein. Die Verfahrensbeteiligung beschränke sich jedoch auf eine Verfahrensbeteiligung durch Wissens-, nicht aber durch gestaltende Willensbekundungen (A.a.O., S. 13).

811 Ebd.

812 § 257c StPO-E, BR-Drucks. 65/09, S. 15.

813 BR-Drucks. 65/09, S. 16.

jeder Verständigung sollte ein einfaches, nicht aber ein qualifiziertes Geständnis sein.[814] Die Ausgestaltung der Regelung wurde auch mit Opferschutzerwägungen begründet. Ein Geständnis sollte dazu dienen, dass dem Opfer eine (erneute) Vernehmung im gerichtlichen Verfahren und damit die Gefahr einer Sekundärviktimisierung erspart bleibt.[815] Im Zuge des Verständigungsverfahrens sollte allen Verfahrensbeteiligten, so auch dem Nebenkläger, eine Gelegenheit zur Stellungnahme eingeräumt werden.[816] Eine Verständigung sollte zustande kommen, wenn Angeklagter und Staatsanwaltschaft den Vorstellungen des Gerichts zustimmen. Ein Widerspruch des Nebenklägers sollte das Zustandekommen einer Verständigung nicht hindern. Die Bundesregierung stellte sich auf den Standpunkt, dass der Nebenkläger im Strafprozess Rechte habe, die akzessorisch an die Anklageerhebung der Staatsanwaltschaft anknüpfen. Er sei nicht befugt, das Urteil wegen der Rechtsfolgen anzugreifen. Gerade die Strafzumessung sei aber der wesentliche Gegenstand der Verständigung, wohingegen die Verständigung über den Schuldspruch ausgeschlossen sei.[817]

In den Beratungen des Bundesrats über den Regierungsentwurf sah das Saarland den Gedanken des Opferschutzes nur unzureichend berücksichtigt und beantragte, die Verständigung von der Zustimmung des Nebenklägers abhängig zu machen, wenn ein Verbrechen gegen die körperliche Unversehrtheit, die persönliche Freiheit oder die sexuelle Selbstbestimmung Gegenstand des Verfahrens ist. Hierdurch sollte die Verfahrensstellung des Nebenklägers aufgewertet werden. Dem stehe auch nicht entgegen, dass der Nebenkläger eine Revision nicht auf die Strafzumessung stützen könne. Denn das Anfechtungsrecht beziehe sich auf die Durchführung einer „normalen“ Hauptverhandlung, die aber bei einer Verständigung unter Umständen gerade nicht zwingend stattgefunden haben müsse.[818] Der Vorschlag konterkariere auch nicht das prozessökonomische Anliegen des Regierungsentwurfs. Denn die Beschränkung auf höchstpersönliche Rechtsgüter begrenze die Anwendungsfälle des Zustimmungserfordernisses erheblich und spare gerade einschlägige, wirtschaftsstrafrechtliche Verfahren aus.[819] Demgegenüber argumentierte *Hartenbach*, der Vorschlag des Saarlandes räume dem Nebenkläger ein systemwidriges Vetorecht ein. Im Übrigen werde die Stellung des Nebenklägers bereits

---

814 § 257c Abs. 2 Satz 2 StPO-E; BR-Drucks. 65/09, S. 16.

815 BR-Drucks. 65/09, S. 16.

816 A.a.O., S. 17.§ 257c Abs. 3 Satz 3 StPO-E; BR-Drucks. 65/09, S. 17.

817 BR-Drucks. 65/09, S. 17.

818 BR-Drucks. 65/3/09, S. 1f.

819 *Müller* in: Sten. Berichte Bundesrat – 856. Sitzung – 6. März 2009, S. 69(B)f.

durch das Zweite Opferrechtsreformgesetz gestärkt.[820] Die Mehrheit des Bundesrats lehnte den Antrag des Saarlandes ab.[821]

Der Bundesrat schlug jedoch vor, höhere Anforderungen an das Geständnis des Angeklagten zu stellen. Voraussetzung jeder Verständigung sollte ein „der Nachprüfung zugängliches und zur Überzeugung des Gerichtes der Wahrheit entsprechendes Geständnis" sein.[822] Dem Verweis der Bundesregierung auf Opferschutzgesichtspunkte hielt der Bundesrat entgegen, dass das Gericht hinsichtlich der Art und Weise der Überprüfung des Geständnisses frei sei und neben den Verfahrensakten auch die Vernehmungspersonen des Opfers zum Zweck der Überprüfung herangezogen werden können, sodass eine erneute, womöglich sekundärtraumatisierende Vernehmung nicht erforderlich sei.[823] Die Bundesregierung stimmte dem Vorschlag nicht zu.[824]

Der Bundesrat wollte die Interessen des Nebenklägers auch im Prozess des Zustandekommens einer Verständigung stärker berücksichtigt sehen.[825] Er schlug vor, das in Fällen, in denen die Nebenklage gegen den mitgeteilten Strafrahmen Bedenken äußert, die Staatsanwaltschaft hierzu eine Erklärung abgeben solle, die den Vorbehalten der Nebenklage „gebührende Beachtung" schenke.[826] Eine befriedende Wirkung könne von einem Urteil nur ausgehen, wenn die Opferinteressen nicht völlig außer Acht gelassen werden.[827] Die Bundesregierung stimmte dem Vorschlag des Bundesrats nicht zu. Das im Regierungsentwurf vorgesehene Äußerungsrecht des Nebenklägers werde seinen Interessen bereits umfassend gerecht. Durch eine weitere Stellungnah-

820 *Hartenbach* in: Sten. Berichte Bundesrat – 856. Sitzung – 6. März 2009, S. 72(B)f.

821 Sten. Berichte Bundesrat – 856. Sitzung – 6. März 2009, S. 73(A).

822 BT-Drucks. 16/12310, S. 18.

823 BR-Drucks. 65/09, S. 19.

824 BT-Drucks. 16/12310, S. 21.

825 Die Regelung in dem vom Bundesrat eingebrachten Gesetzesentwurfs lautete: „Erhebt die Nebenklage gegen den mitgeteilten Strafrahmen Bedenken, gibt die Staatsanwaltschaft dazu eine Erklärung ab, die sich mit den geäußerten Vorbehalten der Nebenklage befasst." Vgl. BT-Drucks. 16/4197, S. 5.

826 § 257c Abs. 3 Satz 4 StPO-E, BT-Drucks. 16/12310, S. 19.

827 Der Bundesrat stimmte der Bundesregierung allerdings darin zu, dass dem Nebenkläger aus grundsätzlichen systematischen Erwägungen heraus kein Veto-Recht hinsichtlich des Zustandekommens der Verständigung einzuräumen sei. Auch bei anderen, auf die Verfahrenserledigung gerichteten Vorschriften wie §§ 153, 153a StPO sei keine Mitwirkung der Nebenklage vorgesehen. Es entspreche dem erklärten Willen des Gesetzgebers, dem Nebenkläger keinen auf unmittelbaren Einfluss auf die Rechtsfolgenentscheidung zu gewähren, vgl. A.a.O., S. 19.

me der Staatsanwaltschaft erhielte die Nebenklage im Übrigen auch keine weitere Gestaltungsmacht.[828]

Die Frage nach einer Berücksichtigung des Nebenklägers bei der Verständigung war auch während der Sachverständigenanhörung im Rechtsausschuss umstritten. Die Mehrheit der Sachverständigen schloss sich der Linie der Bundesregierung an und lehnte den Vorschlag einer begründeten Stellungnahme der Staatsanwaltschaft zu Vorbehalten des Nebenklägers gegenüber dem Inhalt der Verständigung ab.[829]

Es widerspreche der Konzeption der Nebenklage, Einfluss auf die Rechtsfolgenentscheidung zu nehmen.[830] Eine Zustimmung des Nebenklägers sei für die Verfahrenseinstellung nach §§ 153, 153a StPO nicht erforderlich.[831] Der Vorschlag des Bundesrats sei mit den unterschiedlichen Verfahrensrollen von Staatsanwaltschaft und Nebenklage unvereinbar.[832] Es könne nicht Aufgabe der Staatsanwaltschaft sein, den vom Gericht in Aussicht gestellten Strafrahmen und die dafür maßgeblichen Gründe zu erläutern. Die Verfahrensstellung der Staatsanwaltschaft bestehe auch nicht in der ausschließlichen Vertretung von Nebenklageinteressen. Bei ihren Vorstellungen von einer angemessenen Strafe müsse sich die Staatsanwaltschaft vielmehr an den Vorgaben des § 46 StGB orientieren. Hierzu gehörten auch die Art der Ausführung, die Tatfolgen und das Nachtatverhalten, insbesondere das Bemühen des Täters um Schadenswiedergutmachung und ein etwaiger Täter-Opfer-Ausgleich. Damit würden die Interessen des Nebenklägers ausreichend berücksichtigt.[833] *Grillmeister* und *Kempf* schlugen vor, ausdrücklich zu regeln, dass die Wirksamkeit der Verständigung nicht von der Zustimmung des Nebenklägers abhängen solle.[834] *König* und *Nack* regten an, den Vorschlag des Bundesrats in die RiStBV aufzunehmen.[835] *Nack* sprach sich dafür aus, dass Vorbehalte des Nebenklägers gegen das im Wege der Verständigung bestimmte Strafmaß eine

828 A.a.O., S. 21.

829 *Dierlamm*, Stellungnahme, S. 8; *Dierlamm* in: Sten. Protokolle des Rechtsausschusses, 134. Sitzung am 25. März 2009, S. 50.

830 *Dierlamm*, Stellungnahme, S. 9; DRiB, Stellungnahme, S. 3; *Grillmeister*, Stellungnahme, S. 11; BRAK, Stellungnahme, S. 9; *Kempf*, Stellungnahme, S. 12; *Grillmeister* in: Sten. Protokolle des Rechtsausschusses, 134. Sitzung am 25. März 2009, S. 39.

831 *Grillmeister*, Stellungnahme, S. 11; *Kempf*, Stellungnahme, S. 12; *Grillmeister* in: Sten. Protokolle des Rechtsausschusses, 134. Sitzung am 25. März 2009, S. 39.

832 BRAK, Stellungnahme, S. 8.

833 *Dierlamm*, Stellungnahme, S. 9; BRAK, Stellungnahme, S. 9.

834 *Grillmeister*, Stellungnahme, S. 11; *Kempf*, Stellungnahme, S. 12.

835 *König*, Stellungnahme, S. 7; *Nack*, Stellungnahme, S. 5.

Pflicht des Staatsanwalts auslösen solle, die Verständigung von seinem Vorgesetzten genehmigen zu lassen.[836]

Fischer äußerte Vorbehalte gegen die Begründung des Abspracheverfahrens mit Opferschutzerwägungen. In einer Vielzahl von Fällen seien die Verletzten von dem ohne ihre Mitwirkung ausgehandelten Ergebnis nicht erleichtert, sondern eher empört. Informelle „Vorgespräche", Vereinbarungen über erwünschte Geständnisse und als Gegenleistung dafür in Aussicht gestellte niedrige Strafmaße seien nicht geeignet, den Nebenkläger aus dem Zentrum des prozessualen Geschehens zu verdrängen.[837] Es gebe zahlreiche Opfer von Straftaten, deren Interesse gerade die Durchführung einer öffentlichen Hauptverhandlung und die erschöpfende Aufklärung des wahren Sachverhalts sei. Viele Tatopfer seien mit den „ausgehandelten" Ergebnissen abgesprochener Verfahren keineswegs einverstanden, sondern fühlten sich durch das informelle Vorgehen und die Ergebnisse geradezu missachtet. Die Annahme, eine Vernehmung im gerichtlichen Verfahren bedeute regelmäßig oder auch nur in der überwiegenden Zahl der Fälle eine Wiederholung der Traumatisierung, verzerre einseitig und unangemessen dramatisierend die Verfahrenswirklichkeit.[838]

Lange kritisierte die im RegE vorgesehene „Zuschauerrolle" des Nebenklägers beim Zustandekommen der Verständigung und befürwortete ein Veto-Recht des Nebenklägers im Verständigungsverfahren.[839] Der Entwurf stehe im Widerspruch zu der neuen Tendenz der Gesetzgebung, Opferinteressen verstärkt zu berücksichtigen und dem Verletzten eine Subjektstellung im Strafverfahren einzuräumen.[840] Bei Verständigungen gegen den Willen des Nebenklägers könne die Befriedungsfunktion des Strafverfahrens zudem nicht eintreten. Es entstehe ein für die Opfer und für die Öffentlichkeit verheerender Eindruck von der Justiz.[841] *Lange* schloss sich der Argumentation des saarländischen Antrags an und ergänzte, dass die Nebenklage durch ein Vetorecht auch die Funktion eines „Korrekturelementes zur Staatsanwaltschaft" einnehmen könnte, wenn bei der Verständigung dem Erledigungs- und Beschleunigungsinteresse im Einzelfall ein zu hohes Gewicht beigelegt werde.[842] Demgegenüber

836 *Nack* in: Sten. Protokolle des Rechtsausschusses, 134. Sitzung am 25. März 2009, S. 72.

837 *Fischer*, Stellungnahme, S. 13.

838 A.a.O., S. 20.

839 *Lange* in: Sten. Protokolle des Rechtsausschusses, 134. Sitzung am 25. März 2009, S. 24. Die Argumentation beruht im Wesentlichen auf *Landau / Bünger*, ZRP 2005, S. 271.

840 *Lange*, Stellungnahme, S. 10.

841 Ebd.

842 A.a.O., S. 11.

sah *Nescovic* die Nebenklage als ungeeignet zur Kontrolle des Verständigungsverfahrens an. Die Verständigung bilde prozessökonomisch ein Ventil, das durch ein Veto-Recht des Nebenklägers ausgebootet werde. *Ignor* bestritt eine Kontrollfunktion der Nebenklage. Der Nebenkläger sei lediglich Wächter der Einhaltung und der Berücksichtigung seiner eigenen Interessen. Das Genugtuungsinteresse des Nebenklägers sei zu dominant, als dass ihm eine objektive Strafzumessung als Gegenstand von Revision oder anderer Kontrolle in die Hand gegeben sein könne.[843]

Die Mehrheit des Rechtsausschusses wollte sich den Vorschlägen des Bundesrats, des Saarlandes und *Langes* nicht anschließen. Die Empfehlungen des Rechtsausschusses ließen den Regierungsentwurf hinsichtlich der Beteiligung des Nebenklägers am Verständigungsverfahren unberührt.[844] Das Gesetz zur Regelung der Verständigung im Strafverfahren vom 29. Juli 2009[845] fand die erforderlichen, parlamentarischen Mehrheiten.

Im Schrifttum wurde die Ausgestaltung der Stellung des Nebenklägers im Verständigungsverfahren unterschiedlich bewertet. *Böttcher* bemängelte die geringen Einflussmöglichkeiten des Nebenklägers auf die Verständigung. Dass es für das Opfer etwa einer Vergewaltigung oder einer schweren Körperverletzung außerordentlich frustrierend sein könne, wenn sich Gericht, Staatsanwaltschaft und Verteidigung auf ein „schlankes Geständnis mit nachfolgend milder Strafe“ einigen, oder die das Opfer betreffende Tat nach § 154 Abs. 2 StPO im Wege der Verständigung aus dem Verfahren ausgeschieden werden, finde im Gesetz keine Berücksichtigung. Man werde die Anwendung des Gesetzes in der Praxis jedoch eine Zeitlang beobachten müssen, bevor die Wiederaufnahme der Reformdebatte aussichtsreich sei.[846] Nach Ansicht *Jahns* und *Müllers* stellte sich die gesetzgeberische Entscheidung gegen ein Widerspruchs- oder Vetorecht des Nebenklägers hingegen als konsequent dar. Die Entscheidung entspreche dem bisherigen gesetzlichen Leitbild der Nebenklage, der, wie die §§ 153, 153a, 400 Abs. 1 Satz 1 StPO erkennen ließen, jedenfalls bislang noch keine als eigenständig konzipierte Rolle zukomme.[847]

---

843 *Ignor* in: Sten. Protokolle des Rechtsausschusses, 134. Sitzung am 25. März 2009, S. 67.

844 BT-Drucks. 16/13095.

845 BGBl. I 2009, S. 2353.

846 *Böttcher*, FS Schöch, S. 944.

847 *Jahn / Müller*, NJW 2009, S. 2630.

II. Gesetz zur Bekämpfung der Zwangsheirat und zum besseren Schutz der Opfer von Zwangsheirat

Durch das Gesetz zur Bekämpfung der Zwangsheirat und zum besseren Schutz der Opfer von Zwangsheirat sowie zur Änderung weiterer aufenthalts- und asylrechtlicher Vorschriften vom 23. Juni 2011[848] wurde die Bestellung eines kostenlosen Opferanwalts auf Staatskosten für die Opfer des neu eingeführten, nicht mehr nur als Regelbeispiel des besonders schweren Falles der Nötigung aufgeführten, Straftatbestands der Zwangsheirat gem. § 237 StGB normiert.[849]

III. Gesetz zur Stärkung der Rechte von Opfern sexuellen Missbrauchs

Durch das Gesetz zur Stärkung der Rechte von Opfern sexuellen Missbrauchs (StORMG) vom 26. Juni 2013[850] reagierte der Gesetzgeber auf jüngst bekannt gewordene Fälle sexuellen Missbrauchs von Kindern und Jugendlichen. Die Novelle sollte insbesondere Empfehlungen des Runden Tisches „Sexueller Kindesmissbrauch in Abhängigkeits- und Machtverhältnissen in privaten und öffentlichen Einrichtungen und im familiären Bereich" aufgreifen. Dort habe sich gezeigt, dass in den letzten Jahren bereits viel für den Opferschutz im Strafverfahren erreicht worden sei, aber gerade für die minderjährigen Opfer sexuellen Missbrauchs noch weitere gesetzliche Verbesserungen erforderlich seien.[851] Im Bereich der Verletzten- und Nebenklägerrechte wurden geringfügige Änderungen der Informations- und Beistandsrechte vorgenommen.

Gem. dem neuen § 69 Abs. 2 StPO sollte Verletztenzeugen eine Gelegenheit eingeräumt werden, sich zu den Auswirkungen zu äußern.[852] Insbesondere für Opfer sexuellen Missbrauchs sei es von besonderer Bedeutung, im Strafverfahren zu den Folgen der Tat gehört zu werden. Die verschuldeten Auswirkungen der Tat seien für die Strafzumessung relevant und insoweit bereits nach geltendem Recht regelmäßig Gegenstand der Vernehmung von Verletzten. Die Klarstellung solle dazu beitragen, dass in der Praxis dem Interesse von Verletzten, in Strafverfahren Gehör zu finden, entsprochen werde, soweit dies vom jeweiligen Untersuchungszweck abgedeckt ist. In geeigneten Fällen könne es sich darüber hinaus anbieten, die körperlichen und psychischen Folgen der Tat zum Gegenstand der Opferberichterstattung gemäß § 160 Absatz 3 Satz 2 StPO zu machen.[853]

---

848 BGBl. I 2011, S. 1266.

849 BT-Drucks. 17/4401, S. 13.

850 BGBl. I 2013, S. 1805.

851 BT-Drucks. 17/6261, S. 1.

852 Art. 1 Nr. 2 bzw. § 69 Abs. 2 StPO-E, BT-Drucks. 17/626, S. 5.

853 BT-Drucks. 17/626, S. 11. Zum Begriff der „Opferberichterstattung" s. *Hölscher / Trück / Hering*, NStZ 2008, S. 673ff.

Das StORMG erweiterte das Recht des Verletzten, auf Antrag darüber informiert zu werden, ob dem Verurteilten nicht mehr nur erste, sondern auch erneute Vollzugslockerungen oder Urlaube gewährt werden, sofern hierfür ein berechtigtes Interesse dargelegt wird oder ersichtlich sei und kein überwiegendes schutzwürdiges Interesse des Verurteilten vorliegt.[854] Das Gesetz erleichterte darüber hinaus die Beiordnung eines kostenlosen Opferanwalts für zum Zeitpunkt der Tat minderjährige Opfer von Sexualvergehen unter gleichzeitiger Erweiterung der notwendigen Verteidigung.[855] Die Schutzaltersgrenze von 18 Jahren für Verletzte einer rechtswidrigen Tat nach den §§ 174–182 und 225 StGB wurde hierzu auf den Zeitpunkt der Tat anstatt wie bisher auf den Zeitpunkt der Antragstellung rückverlagert. Die Regelung wurde damit begründet, dass Kinder und Jugendliche, die in Macht- oder Abhängigkeitsverhältnissen Opfer sexuellen Missbrauchs geworden sind, häufig unter psychischen Folgen der Tat zu leiden haben, die sie davon abhalten, sich frühzeitig einem Dritten zu offenbaren bzw. Anzeige zu erstatten und die ein Ermittlungs- und Strafverfahren auch noch Jahre später zu einer besonderen Belastung machen. Deshalb seien diese Personen besonders auf Beistand und Unterstützung durch einen Opferanwalt angewiesen, würden aber häufig nur schwer darlegen können, dass sie nicht in der Lage sind, ihre Interessen ausreichend wahrzunehmen.[856] Zudem wurde die Entscheidung über die Bereitstellung oder Ablehnung der Bestellung eines Opferanwalts mit einer Beschwerde anfechtbar gemacht.[857] Die Anfechtbarkeit verbessere den Rechtsschutz für den Verletzten und trage dazu bei, die Einheitlichkeit der Rechtsprechung zu den in der Vorschrift enthaltenen Auffangtatbeständen zu wahren.[858]

Nach Ansicht *Pollähnes* sei mit dem neuen § 69 Abs. 2 StPO lediglich eine längst praktizierte Selbstverständlichkeit normiert worden. Allerdings sei der Begriff des Verletzten zu bemängeln, da zum Zeitpunkt der Vernehmung noch nicht feststehe, ob der Zeuge auch tatsächlich verletzte wurde. Hierdurch werde die Unschuldsvermutung untergraben.[859] *Bittmann* wies darauf hin, dass erst kurz zuvor das 2. ORRG in Kraft getreten sei und keine ausreichenden Erfahrungen mit den jüngsten Neuregelungen gewonnen werden konnten. Eine weitere Novellierung sei insofern nur im Fall eines unabweisbaren Bedürfnisses ins Augen zu fassen. Einzelne Vorschläge des Gesetzes wirkten eher zufäl-

854 BT-Drucks. 17/6261, S. 13.

855 A.a.O., S. 11.

856 A.a.O., S. 12f.

857 Zu den diesbezügl. Bedenken des Bundesrats s. A.a.O., S. 23.

858 A.a.O., S. 13.

859 *Pollähne*, StV 1016, S. 675.

lig und nicht ausreichend durchdacht. Es entstehe der Eindruck aktionistischer und symbolischer Gesetzgebung.[860] Durch die Anfechtbarkeit der Ablehnung eines Antrags auf Bestellung eines Opferanwalts seien Verfahrensverzögerungen zu erwarten.[861]

IV. Siebenundvierzigstes Gesetz zur Änderung des Strafgesetzbuches

Mit dem siebenundvierzigsten Gesetz zur Änderung des Strafgesetzbuches – Strafbarkeit der Verstümmelung weiblicher Genitalien (47. Strafrechtsänderungsgesetz – 47. StrÄndG vom 24. September 2013[862] wurde eine Nebenklageberechtigung für den neuen Straftatbestand der Genitalverstümmelung gem. § 226a StGB geschaffen. Opfern einer Genitalverstümmelung sollte zudem fakultativ ein kostenloser Opferanwalt beigeordnet werden.[863]

P) Drittes Opferrechtsreformgesetz

Dem Regierungsentwurf eines Gesetzes zur Stärkung der Opferrechte im Strafverfahren (3. Opferrechtsreformgesetz)[864] ging ein nahezu inhaltsgleicher Referentenentwurf des BMJV eines Gesetzes zur Stärkung der Opferrechte im Strafverfahren (3. Opferrechtsreformgesetz) vom 11. September 2014 voraus. Mit dem Entwurf sollten Vorgaben der Opferschutzrichtlinie vom 25. Oktober 2012 umgesetzt werden.[865]

I. Inhalt

Der Entwurf sah die Implementierung der psychosozialen Prozessbegleitung in das Strafverfahrensrecht, die frühzeitige und individuelle Überprüfung der Schutzbedürftigkeit des Verletzten durch die Strafverfolgungsbehörden sowie eine Erweiterung von Informationsrechten des Verletzten und behördlichen Informationspflichten gegenüber dem Verletzten vor.

---

860 *Bittmann*, ZRP 2011, S. 72, 74.

861 A.a.O., S. 73.

862 BGBl. I 2013, S. 3671.

863 Art. 2 Nr. 1 und 2 bzw. §§ 395 Abs. 1 Nr. 3, 397a Abs. 1 Nr. 3 und 4 StPO-E, Drucksache 17/13707, S. 6.

864 BR-Drucks. 56/15 bzw. BT-Drucks. 18/4621.

865 BT-Drucks. 18/4621, S.1 unter Verweis auf Richtlinie 2012/29/EU des Europäischen Parlaments und des Rats vom 25. Oktober 2012 über Mindeststandards für die Rechte, die Unterstützung und den Schutz von Opfern von Straftaten sowie zur Ersetzung des Rahmenbeschlusses 2002/220/JI, ABl. L 315 vom 14.11.2012, S. 57 (Opferschutzrichtlinie 2012/29/EU).

1. Stellung des Verletzten

Mit dem neuen § 48 Abs. 3 StPO sollte eine zentrale Einstiegsnorm für die Feststellung einer Schutzbedürftigkeit und der daraus folgenden Notwendigkeit besonderer Schutzmaßnahmen zugunsten des Verletzten geschaffen werden.[866] Verhandlungen, Vernehmungen und sonstige Untersuchungshandlungen sollten stets unter Berücksichtigung der individuellen Schutzbedürftigkeit des Verletzten durchgeführt werden.[867] Die Prüfung der Schutzbedürftigkeit nach einem „ganzheitlichen Ansatz“ sollte beim ersten hoheitlichen Auftreten der Strafverfolgungsbehörden erfolgen.[868] Insbesondere sollte die individuelle Erforderlichkeit von (Zeugen-)Schutzmaßnahmen geprüft werden.[869] Hinweise auf eine besondere Schutzbedürftigkeit sollten sich aus der Stellungnahme einer Opferhilfeeinrichtung ergeben können.[870]

Der Entwurf erweiterte nochmals die fakultativen Informationsrechte des Verletzten. Dem Verletzten sollte auf dessen Antrag hin der Eingang seiner Anzeige schriftlich bestätigt werden. Die Bestätigung sollte eine kurze Zusammenfassung der Angaben des Verletzten zu Tatzeit, Tatort und angezeigter Tat enthalten. Die Bestätigung sollte versagt werden können, soweit der Untersuchungszweck, auch in einem anderen Strafverfahren, gefährdet erscheint. Die schriftliche Anzeigebestätigung sollte dem nicht der deutschen Sprache mächtigen Verletzten auf dessen Antrag hin in eine ihm verständliche Sprache übersetzt werden. Der Verletzte sollte nicht mehr nur über die Einstellung des Verfahrens und den Ausgang des gerichtlichen Verfahrens informiert, sondern – wie der Nebenkläger – auch über Ort und Zeitpunkt der Hauptverhandlung sowie die gegen den Angeklagten erhobenen Beschuldigungen. War der Verletzte der deutschen Sprache nicht mächtig, so sollten ihm fakultativ Ort und Zeitpunkt der Hauptverhandlung in einer ihm verständlichen Sprache mitgeteilt werden. Der Verletzte sollte auf seinen Antrag hin erfahren, wenn sich der Beschuldigte oder Verurteilte einer freiheitsentziehenden Maßnahme entzogen hat und welche Maßnahmen zu seinem Schutz getroffen worden sind. Zudem wurde die Zuständigkeit für die Mitteilungspflichten gegenüber dem Verletzten ausdrücklich geregelt. Adressat der jeweiligen Mitteilungspflicht sollte nunmehr grundsätzlich diejenige Stelle sein, die eine konkret in Rede stehende

---

866 BT-Drucks. 18/4621, S. 23.

867 Art. 1 Nr. 1 bzw. § 48 Abs. 3 Satz 1 StPO-E, BT-Drucks. 18/4621, S. 7.

868 Dies sollte im Bereich der staatsanwaltschaftlichen und polizeilichen Ermittlungsarbeit regelmäßig die Vernehmung des Verletzten als Zeuge sein. BT-Drucks. 18/4621, S. 23.

869 Art. 1 Nr. 1 bzw. § 48 Abs. 3 Satz 2 und 3 StPO-E, BT-Drucks. 18/4621, S. 7, 23.

870 BT-Drucks. 18/4621, S. 7.

Entscheidung gegenüber dem Beschuldigten oder Verurteilten getroffen hat. In Fällen der Flucht des Beschuldigten oder Verurteilten sollte die Information durch die zuständige Staatsanwaltschaft erfolgen.[871]

Der Entwurf sah eine erhebliche Ausweitung behördlicher Mitteilungspflichten gegenüber dem Verletzten vor. Der Verletzte sollte ab der ersten Kontaktaufnahme mit einer zuständigen Behörde unverzüglich auf die Möglichkeit der Strafantragsstellung und Anzeigeerstattung sowie deren Modalitäten hingewiesen werden. Er sollte darüber informiert werden, wie und unter welchen Voraussetzungen er Anspruch auf eine Dolmetschleistung und Übersetzung hat, dass die Möglichkeit einer Entschädigung nach Maßgabe des JVEG und einer Schadenswiedergutmachung im Wege eines Täter-Opfer-Ausgleichs besteht. In Fällen, in denen Anhaltspunkte für eine besondere Schutzbedürftigkeit des Verletzten vorliegen, sollte er im weiteren Verfahren an geeigneter Stelle auf seine Rechte hingewiesen werden, die sich aus §§ 68a Abs. 1, 247 und 247a StPO sowie aus den §§ 171b und 172 Nr. 1a GVG ergeben. Minderjährige Verletzte und ihre Vertreter sollten darüber hinaus im weiteren Verfahren an geeigneter Stelle auf ihre Rechte aus den §§ 58a und 225a Abs. 2 StPO und ggf. auf § 241a StPO hingewiesen werden. Zudem waren in § 406j StPO-E neue Belehrungspflichten über die Befugnisse des Verletzten außerhalb des Strafverfahrens vorgesehen. Der Verletzte sollte darüber informiert werden, dass er einen aus der Straftat erwachsenen vermögensrechtlichen Anspruch auf dem Zivilrechtsweg geltend machen und hierfür Prozesskostenhilfe beantragen kann. Er sollte auf die Möglichkeit einer Geltendmachung von Entschädigungsansprüchen entsprechend der Verwaltungsvorschriften des Bundes und der Länder hingewiesen werden. Weiterhin sollten Verletzte nicht mehr nur auf Opferhilfeeinrichtungen, sondern auch auf Therapieangebote und auf Schutzeinrichtungen hinzuweisen sein. Der bislang vollständige Wegfall der Hinweispflicht bei Verletzten, die ihre Anschrift nicht angegeben haben, wurde dahingehend modifiziert, dass in diesen Fällen künftig nur noch der schriftliche Hinweis entbehrlich sein sollte.[872]

2. Nebenklage

Geringere Änderungen wurden bei den Regelungen über die Nebenklage vorgenommen. Es wurde klargestellt, dass auch der Inhalt verfahrensbeendender Maßnahmen der Staatsanwaltschaft ohne Erhebung einer Anklage dem Nebenklageberechtigten in einer ihm verständlichen Sprache schriftlich nähergebracht

871 A.a.O., S. 8, 28f.

872 A.a.O., S. 33ff.

bracht werden soll, soweit dies für die Ausübung der Rechte als Nebenkläger erforderlich ist. Der sprachunkundige Nebenklageberechtigte sollte auf Antrag kostenlose Übersetzungen erhalten. Der Schutz des Nebenklägers sollte dadurch verbessert werden, dass abweichend von § 750 Abs. 1 Satz 1 ZPO die Angabe der vollständigen Anschrift zur Bezeichnung des Nebenklägers im Kostenfestsetzungsbeschlusses unterbleiben kann. Entsprechend wurden auch die Rechte des Nebenklägers auf Übersetzung schriftlicher Unterlagen erweitert. Ein nicht der deutschen Sprache mächtiger Nebenkläger sollte auf Antrag eine Übersetzung schriftlicher Unterlagen erhalten, soweit dies zur Ausübung seiner strafprozessualen Rechte erforderlich ist.[873]

3. Psychosoziale Prozessbegleitung

Das Kernstück des Entwurfs bildete die Verankerung der bislang nur beiläufig erwähnten psychosozialen Prozessbegleitung im Strafverfahrensrecht.[874] Von der Implementierung der psychosozialen Prozessbegleitung versprach sich die Bundesregierung eine Verbesserung des Opferschutzes, die Reduktion der individuellen Belastung und die Vermeidung einer Sekundärviktimisierung des Verletzten durch das Strafverfahren, die Schaffung von Rechtssicherheit für die übrigen Verfahrensbeteiligten und eine Steigerung der „Aussagetüchtigkeit" von Verletztenzeugen, die durch den Prozessbegleiter stabilisiert werden sollten.[875]

Der Entwurf definierte die psychosoziale Prozessbegleitung als eine besondere Form der nicht rechtlichen Begleitung für besonders schutzbedürftige Verletzte vor, während und nach der Hauptverhandlung. Dem Prozessbegleiter sollte die Anwesenheit bei Vernehmungen des Verletzten und während der Hauptverhandlung gestattet sein. Die dezidiert nicht rechtliche Unterstützung des Verletzten durch einen Prozessbegleiter sollte die genuin rechtlich geprägte Nebenklagevertretung ergänzen. Eine erfolgreiche Prozessbegleitung sollte ausweislich der Entwurfsbegründung voraussetzen, dass sich der Prozessbegleiter jeglicher rechtlichen Beratung des Verletzten enthält und keinerlei Aufklärung des der Tat zu Grunde liegenden Sachverhalts betreibt, jegliche

---

873 A.a.O., S. 26, 36.

874 Eine Normierung sollte auch der aktuellen Bedeutung der psychosozialen Prozessbegleitung in der Praxis und dem Erfordernis der in Art. 8 Abs. 1 der Opferschutzrichtlinie vorgesehenen Bereitstellung eines Opferschutzdienstes Rechnung tragen sowie den Beschluss der 85. Justizministerkonferenz vom 25./26. Juni 2014 umsetzen (a.a.O., S.1f., 13, 29.). Gleichzeitig wollte die Bundesregierung den Anforderungen des Art. 31 lit. a) des Übereinkommens des Europarats zum Schutz von Kindern vor sexueller Ausbeutung und sexuellem Missbrauch nachkommen (a.a.O., S. 2).

875 A,a,O., S. 9, 30.

bewusste oder unbewusste Beeinflussung oder Beeinträchtigung der Zeugenaussage ausgeschlossen ist und die Neutralität des Prozessbegleiters im Verfahren gewahrt wird. Ein unerwünschtes Gespräch zwischen dem Verletzten und seinem Begleiter über den Tathergang sollte dokumentiert werden, um eine etwaige Beeinflussung der Zeugenaussage durch das Gericht überprüfbar zu machen. Der Verletzte sollte zu Beginn der Prozessbegleitung über das fehlende Zeugnisverweigerungsrecht des Begleiters und die daraus folgende Möglichkeit einer Zeugenvernehmung des Prozessbegleiters aufgeklärt werden.[876]

Jeder Verletzte sollte sich des Beistands eines Prozessbegleiters bedienen dürfen.[877] Für besonders schutzbedürftige Verletzte war die Beiordnung eines kostenlosen Prozessbegleiters in Anlehnung an die Regelungen über die Beiordnung eines Opferanwalts auf Staatskosten gem. § 397a StPO vorgesehen.[878] In Fällen des § 397a Abs. 1 Nr. 4 und 5 StPO a.F. war eine obligatorische Beiordnung auf Antrag des Verletzten vorgesehen.[879] Unter den in § 397a Abs. 1 Nr. 1–3 StPO a.F. bezeichneten Voraussetzungen konnte dem Verletzten ein psychosozialer Prozessbegleiter nach gerichtlichem Ermessen und in entsprechender Anwendung des § 142 StPO beigeordnet werden, wenn die besondere Schutzbedürftigkeit des Verletzten dies erfordert.[880] Eine besondere Schutzbedürftigkeit sollte sich aus dem konkreten Fall aufgrund der tatsächlichen Belastung bzw. Beeinträchtigung des Betroffenen ergeben. Als besonders schutzbedürftige Verletzte zählte die Bundesregierung neben Kindern und Jugendlichen namentlich auch Menschen mit einer Behinderung oder psychischen Beeinträchtigungen, Betroffene von Sexualstraftaten und von Gewalttaten mit schweren physischen, psychischen oder finanziellen Folgen oder längerem Tatzeitraum wie häuslicher Gewalt oder Stalking, Betroffene von vorurteilsmotivierter Gewalt und sonstiger „Hasskriminalität“ sowie von Menschenhandel auf.[881] Die notwendigen Auslagen für einen psychosozialen

876 Ebd.

877 A.a.O., S. 9.

878 Ebd. Die Fallgruppe galt insofern für Verletzte einer Tat nach den §§ 174, 182 und 225 StGB, die zur Zeit der Tat minderjährig waren oder ihre Interessen selbst nicht ausreichend wahrnehmen können (Nr. 4) oder Verletzte einer Tat nach den §§ 221, 226, 226a, 232 bis 235, 237, 238 Absatz 2 und 3, §§ 239a, 239b, 240 Absatz 4, §§ 249, 250, 252, 255 und 316a StGB, die bei Antragstellung minderjährig sind oder ihre Interessen nicht ausreichend wahrnehmen können (Nr. 5).

879 Ebd.

880 Ebd. Im Vorverfahren sollte das nach § 162 StPO zuständige Gericht über einen Antrag des Verletzten auf Beiordnung entscheiden.

881 A.a.O., S. 32.

Prozessbegleiter sollten im Falle der Verurteilung grundsätzlich dem Angeklagten auferlegt werden.[882]

II. Stellungnahme des Bundesrats

Der Bundesrat hielt eine Belehrung des Verletzten über Informationsrechte bezüglich einer zu erwartenden Anordnung von Untersuchungshaft schon zum Zeitpunkt der Anzeigeerstattung für verfrüht. Vielmehr sollte der Verletzte über die die Anordnung der Untersuchungshaft erst dann belehrt werden, wenn sie tatsächlich vollzogen wird. Eine belastbare Einschätzung der Wahrscheinlichkeit einer späteren Untersuchungshaft bei Anzeigeerstattung sei nur in Ausnahmefällen möglich. Die Regelung nehme die Annahme eines dringenden Tatverdachts und eines Fluchtgrundes vorweg. Die maßgeblichen Tatsachen seien zu diesem Zeitpunkt noch nicht ausermittelt. Dem Opfer sei nicht gedient, wenn es falsch informiert werde. Unnötige Spekulationen und Nachfragen seien ebenso zu vermeiden wie absehbare Enttäuschungen und Verunsicherungen.[883] Dem hielt die Bundesregierung entgegen, der Verletzte solle lediglich informiert werden, dass er informiert werden kann. Eine Belehrung laufe ins Leere, wenn die Untersuchungshaft bereits vollzogen sei.[884]

Ein Anwesenheitsrecht des psychosozialen Prozessbegleiters sollte nach Ansicht des Bundesrats nur nach Maßgabe des § 406f Abs. 2 Satz 1 StPO gestattet sein. Der Entwurf sehe keine rechtliche Handhabe des Gerichts vor, einen ohne Beiordnung gewählten Prozessbegleiter abzulehnen, dessen Anwesenheit bei der Vernehmung des Verletzten etwa aufgrund einer Involvierung in das Tatgeschehen oder sonstiger persönlicher Verflechtungen untunlich ist. Insofern sei es erforderlich, die Anwesenheit der Begleitperson bei Gefährdung des Untersuchungszwecks untersagen zu können.[885] Die Bundesregierung stimmte dem Vorschlag des Bundesrats zu.[886]

---

882 A.a.O., S. 10, 36. Die notwendigen Auslagen für einen psychosozialen Prozessbegleiter sollten dabei nur bis zu der Höhe dem Angeklagten auferlegt werden können, in der er sie durch die Erhöhung der Gerichtsgebühren auch im Fall der Beiordnung des psychosozialen Prozessbegleiters zu tragen hätte. Hierdurch sollte erreicht werden, dass der Angeklagte nicht dadurch schlechter gestellt wird, dass bei dem Verletzten zwar die Voraussetzungen für die Zulassung zur Nebenklage, nicht aber die engeren Voraussetzungen für die Beiordnung eines psychosozialen Prozessbegleiters vorliegen.

883 A.a.O., S. 44.

884 A.a.O., S. 47.

885 A.a.O., S. 44.

886 A.a.O., S. 47.

Der Bundesrat regte eine genauere, gesetzliche Ausgestaltung der Handlungsbefugnisse des Prozessbegleiters an. Insbesondere sollte klargestellt werden, dass sich der Begleiter tatbezogener Gespräche und sonstiger Tätigkeiten zu enthalten hat, die eine Zeugenaussage des Verletzten inhaltlich beeinflussen können. Auch sollte eine Belehrungspflicht über eine mögliche Vernehmung des Begleiters als Zeuge sollte normiert werden.[887] Die Bundesregierung stellte sich auf den Standpunkt, eine entsprechende Klarstellung ergäbe sich bereits aus der Entwurfsbegründung.

III. Sachverständigenanhörung im Rechtsausschuss

In der Sachverständigenanhörung waren die Sozialpädagogin *Fastie*, die Nebenklägervertreterin und Strafverteidigerin *Clemm*, *Haverkamp* als Vertreterin der Wissenschaft, *Müller-Piepenkötter* als Bundesvorsitzende des Weißen Rings, der Rechtsanwalt und Mediator *Rohne* sowie *Stahlmann-Liebelt* und *Witt* als Vertreter der Strafrechtspflege geladen.[888] Der Regierungsentwurf wurde insgesamt von sämtlichen Anhörpersonen gebilligt. *Haverkamp* und *Clemm* bemängelten jedoch das Fehlen einer Evaluation der geltenden Opferschutzgesetzgebung. Nach wie vor herrsche weitgehende Unklarheit über die Auswirkungen früherer Opferschutzgesetze.[889] Nach Ansicht *Clemms* bestand allerdings weiterhin Gesetzgebungsbedarf, da „trotz Stärkung der Opferrechte in den letzten Jahren die Belastungsfaktoren für Verletzte in den Strafverfahren kaum merklich reduziert werden konnten."[890]

1. Stellung des Verletzten

Die überwiegende Zahl der Sachverständigen sprach sich für die Einführung einer Legaldefinition des Begriffs des Verletzten entsprechend § 65 der österreichischen Strafprozessordnung aus.[891] Zwar bereite der Begriff des Verletzten trotz seines vorläufigen Charakters in der Praxis keine Schwierigkeiten.[892] Die Einführung einer Legaldefinition hebe die Vorläufigkeit des Verletztenstatus bis zum rechtskräftigen Abschluss des Strafverfahrens aber hervor.[893] Durch eine Legaldefinition könnten zudem „unangenehme Situationen" für

887 A.a.O., S. 45.

888 Protokolle des Rechtsausschusses – 18. Wp. – 59. Sitzung, 17. Juni 2015, S. 10.

889 *Haverkamp* in: a.A.O., S. 14, 53; zust. *Clemm* in: a.A.O., S. 12.

890 *Clemm* in: a.A.O., S. 36.

891 *Clemm* in: a.A.O., S. 26, 37; *Haverkamp* in: a.A.O., S. 41.

892 *Haverkamp* in: a.A.O., S. 47; *Witt* in: a.A.O., S. 64.

893 *Haverkamp* in: a.A.O., S. 47.

den Verletzten vermieden werden. *Clemm* wies auf eine verbreitete Verteidigungsstrategie hin, Befangenheitsanträge wegen einer unbedachten Verwendung des Begriffs des Verletzten durch das Gericht anzudrohen. Eine Legaldefinition entziehe dem Vorwurf einer Verletzung der Unschuldsvermutung den Boden und erspare dem Verletzten herabwürdigende Auseinandersetzungen über Begriffe, die ihm „nicht selten das Gefühl vermitteln, als Person auf dem Prüfstand zu stehen."[894]

Nach Ansicht *Müller-Piepenkötters* war die Einführung des § 48 Abs. 3 StPO-E zwar nicht erforderlich. Denn die Norm verweise auf Rechte, die Zeugen nach dem geltenden Recht unabhängig von einer Verletzteneigenschaft bereits zustünden. Allerdings sei der konzentrierte Hinweis auf die verstreuten Zeugenschutzregelungen gerade für Verletzte nicht wertlos, weil er die Vernehmenden auf die Rechte von durch die Straftat besonders Betroffenen aufmerksam mache. Der Hinweis auf eine besondere Schutzbedürftigkeit von Verletzten stelle sich allerdings als verfehlt dar. Im Strafprozess gehe es in erster Linie um Achtung vor den Rechten und Interessen des Verletzten, nicht aber um Fürsorge und Schutz. Dieser sei grundsätzlich dem Sozialrecht vorbehalten und im Strafverfahren nur dahingehend zu berücksichtigen, dass dieses Verfahren den Verarbeitungsprozess bei den durch eine Straftat in seinen Persönlichkeitsrechten getroffenen Opfern möglichst wenig beeinträchtige. Auch diene § 406g StPO-E dem Opferschutz, während es bei § 48 StPO-E allein um die Achtung der Rechte des Opferzeugen gehe. Richtigerweise werde im österreichischen Recht daher zwischen Rechten auf Schonung und Ansprüchen auf Schutz unterschieden. In § 48 Abs. 3 StPO-E solle insofern nicht von besonderer Schutzbedürftigkeit, sondern von den Rechten und Interessen der Betroffenen gesprochen werden.[895] Nach Ansicht *Haverkamps* gestaltete sich die Überschrift des § 48 StPO „Zeugenpflichten" als irreführend, da es nunmehr nicht nur um allgemeine Zeugenpflichten, sondern um Zeugenrechte besonders schutzbedürftiger Verletzter gehe.[896]

Die Einbeziehung einer Stellungnahme von Opferhilfeeinrichtungen bei der Beurteilung der besonderen Schutzwürdigkeit stellte sich nach Ansicht von *Haverkamp*, *Müller-Piepenkötter* und *Stahlmann-Liebelt* als deplatziert dar. Die benannten Rechte stünden nicht nur dem Verletzten, sondern potentiell jedem Zeugen zu.[897] Soweit auf die Stellungnahmen von Opferhilfeeinrichtun-

894 *Clemm* in: a.A.O., S. 37.

895 *Müller-Piepenkötters* in: a.A.O., S. 55f.

896 *Haverkamp* in: a.A.O., S. 47.

897 *Müller-Piepenkötter* in: a.A.O., S. 56.

gen Bezug genommen werde, sei darauf zu achten, dass es sich um eine anerkannte Opferhilfeeinrichtung handelt. Ergänzend sollten ebenso Stellungnahmen von anderen Einrichtungen Berücksichtigung finden können, da nicht davon auszugehen sei, dass alle Betroffenen eine Opferhilfeeinrichtung aufsuchen. Um dem Selbstbestimmungsrecht der verletzten Zeugen Rechnung zu tragen, sei außerdem die Einführung eines Widerspruchsrechts gegen die besondere Schutzbedürftigkeit mit den dazu gehörigen Schutzmaßnahmen zu erwägen.[898] *Stahlmann-Liebelt* bezweifelte, ob die Einbeziehung von Stellungnahmen von Opferhilfeeinrichtungen im Interesse und im Sinne der betroffenen Zeugen sei. In Opferhilfeeinrichtungen werde regelmäßig über den eigentlichen Sachverhalt hinaus über besonders persönliche Umstände gesprochen, die mit dem Gegenstand des Strafverfahrens nichts zu tun hätten und für die Frage nach konkreten Opferschutzmaßnahmen irrelevant seien. Es sei zu befürchten, dass die Stellungnahmen Gegenstand der Akten und der Hauptverhandlung werden und damit unbeteiligten Personen zur Kenntnis gelangen. Ohne Zustimmung des Verletzten sei dies in keinem Fall möglich.[899]

Bei sämtlichen Dolmetschregelungen seien auch die Bedürfnisse von Menschen mit Beeinträchtigungen zu beachten.[900] Der Entwurf berücksichtige andere Verständigungsschwierigkeiten wie Analphabetismus und Sehbehinderungen nicht. Hier bedürfe es adäquater Verständigungshilfen anhand von Piktogrammen, Großschrift und ggf. mündlichen Erläuterungen in einer anderen Sprache. Unterrichtungspflichten sollten zudem die Rückgewinnungshilfen und die Beschwerdeverfahren für den Verletzten wie die Beschwerde gegen die Ablehnung der Nebenklagebefugnis sowie die Unterrichtung über Schutzmaßnahmen im Zusammenhang mit dem Familienrecht und über Ansprüche gegenüber der gesetzlichen Unfallversicherung beinhalten.[901]

Die erweiterten Mitteilungspflichten sollten nach Ansicht *Haverkamps, Rohnes* und *Stahlmann-Liebelts* durch eine kostenlose Erstberatung des Verletzten bereits vor der Anzeigeerstattung ergänzt werden.[902] Aufgrund der strikten Trennung von Rechtsberatung und anderer Opferunterstützung erscheine eine kostenfreie anwaltliche Erstberatung vor Anzeigeerstattung erforderlich, um den Vorgaben der Opferschutzrichtlinie zu entsprechen. Eine restriktivere Handhabung sei jedoch insofern geboten, als es nur um eine Kostenübernahme

898 *Haverkamp* in: a.A.O., S. 48.

899 *Stahlmann-Liebelt* in: a.A.O., S. 61.

900 *Clemm* in: a.A.O., S. 37.

901 *Haverkamp* in: a.A.O., S. 14, 51.

902 *Stahlmann-Liebelt* in: a.A.O., S. 62.

bei besonders schutzbedürftigen Verletzten entsprechend des Rechtsbeistandes im Rahmen der Nebenklage nach § 397a StPO gehen könnte.[903]

2. Psychosoziale Prozessbegleitung

Die gesetzliche Verankerung der psychosozialen Prozessbegleitung wurde einhellig begrüßt.[904] Dabei betonte *Witt* die Vorteile eines begleiteten Zeugen für die Gerichte. Bei der Befragung müsse der Vorsitzende mitunter „recht harte und unangenehme Fragen" stellen. Eine zu schonende Befragung könne ein Misstrauen des Angeklagten und somit die Besorgnis der Befangenheit begründen. Wenn ein Richter wisse, dass ein Zeuge vor und nach einer Befragung „in den Händen eines Prozessbegleiters sei und nach einer Befragung umfassend betreut werde", bestünden weniger Hemmungen vor einer „inquisitorischen" Befragung.[905]

Nach einhelliger Ansicht unter den Sachverständigen sollte die Trennung von rechtlicher Beratung und psychosozialer Begleitung deutlicher formuliert werden.[906] Die flankierende Einführung einfachgesetzlicher Regelungen zur Sicherstellung des Grundsatzes zur Wahrheitsforschung sollten ein Verbot rechtlicher Beratung, Dokumentationspflichten für die psychosoziale Prozessbegleitung wie auch eine Belehrung des Verletzten über eine mögliche Vernehmung des Begleiters als Zeuge beinhalten. Die Gefahr eines Zeugencoachings müsse vermieden werden.[907] Eine derartige Absicherung diene im Übrigen auch dem Interesse auch des Verletzten an der Ermittlung der materiellen Wahrheit.[908]

Der Spielraum für die Beiordnung eines kostenlosen Prozessbegleiters sollte erweitert werden. Der Weiße Ring befürwortete eine freie Auswahl des beizuordnenden Prozessbegleiters durch den Verletzten unter dem Gesichtspunkt der Opferautonomie.[909] *Clemm* schlug vor, die Beiordnung eines kostenlosen Prozessbegleiters für alle in § 397a Abs. 1 genannten Verletzten auf deren

---

903 *Haverkamp* in: a.A.O., S. 512; *Rohne* in: a.A.O., S. 17.

904 *Clemm* in: a.A.O., S. 38; *Fastie* in: a.A.O., S. 41; *Haverkamp* in: a.A.O., S. 14, 48f.; *Stahlmann-Liebelt* in: a.A.O., S. 61; *Witt* in: a.A.O., S. 64; *Müller-Piepenkötter* in: a.A.O., S. 15f.

905 *Witt* in: a.A.O., S. 20, 67; *Clemm* in: a.A.O., S. 12.

906 *Clemm* in: a.A.O., S. 12, 38; *Witt* in: a.A.O., S. 67; *Rohne* in: a.A.O., S. 17.

907 *Witt* in: a.A.O., S. 20.

908 *Haverkamp* in: a.A.O., S. 49; *Witt* in: a.A.O., S. 67; *Rohne* in: a.A.O., S. 17.

909 Weißer Ring in: a.A.O., S. 58f.; *Müller-Piepenkötter* in: a.A.O., S. 16.

Antrag hin zuzulassen.[910] Hilfsweise sei ein Katalog mit Regelbeispielen von Fällen besonderer Schutzbedürftigkeit zu erstellen.[911] Denn es bleibe unklar, wie der Verletzte eine besondere Schutzbedürftigkeit nachweisen solle. Für die „Genesung" eines Erwachsenen sei es geradezu kontraproduktiv, wenn er unter Aufzählung seiner besonderen Defizite darlegen müsse, weshalb er eine Begleitung benötige. Das Gericht müsse durch die Entscheidung über die besondere Schutzbedürftigkeit in die Persönlichkeit des Verletzten „eindringen".[912] Die Neuregelung ließ nach Ansicht *Haverkamps* die besonders schutzbedürftigen Angehörigen von Verletzten weitgehend außen vor. Die Beiordnung eines Prozessbegleiters sei insofern auch minderjährigen, nahestehenden Zeugen von Opfern schwerer Gewalt- und Sexualdelikte zu ermöglichen.[913]

Stahlmann-Liebelt wies darauf hin, dass es sich bei dem Begriff der „Aussagetüchtigkeit" um einen Fachbegriff aus der Aussagepsychologie handelt. Aussagetüchtigkeit bedeute „die Fähigkeit, den in Frage stehenden Sachverhalt zuverlässig wahrzunehmen, diesen Sachverhalt in der Zeit zwischen dem Geschehen und der Befragung wegen der Zeit im Gedächtnis zu bewahren, über ausreichende Sprachverständnis für die Befragung sowie über ausreichende sprachliche Ausdrucksfähigkeit für die Schilderung des Geschehnisses zu verfügen, ein ausreichendes Maß an Kontrollmöglichkeiten gegenüber Suggestiveinflüssen zur Verfügung zu haben sowie Erlebnis von Phantasievorstellung unterscheiden zu können."[914] Die Aussagetüchtigkeit könne somit nicht von der Prozessbegleitung beeinflusst werden. Mit der missglückten Formulierung solle ausgedrückt werden, dass begleitete Zeugen eine deutlich bessere Zeugenaussage abgeben, da sie insgesamt ruhiger sind, sich mehr Zeit

---

910 *Clemm* in: a.A.O., S. 26, 37; zust. *Stahlmann-Liebelt* in: a.A.O., S. 30.

911 Konkret lautete der hilfsweise vorgebrachte Vorschlag *Clemms*: „In Fällen des § 397a Abs. 1 Nummer 4 und 5 ist dem Verletzten auf seinen Antrag ein psychosozialer Prozessbegleiter beizuordnen. In den Fällen des § 397a Abs. 1 Nummer 1 bis 3 kann dem Verletzten ein psychosozialer Prozessbegleiter beigeordnet werden, wenn die besondere Schutzbedürftigkeit des Verletzten dies erfordert. Eine besondere Schutzbedürftigkeit ist in der Regel vorhanden bei Personen mit einer Behinderung, Personen mit einer psychischen Beeinträchtigung, Betroffenen von Sexualstraftaten, Betroffenen von Gewalttaten (mit schweren physischen, psychischen oder finanziellen Folgen oder längerem Tatzeitraum wie z.B. bei häuslicher Gewalt oder Stalking), Betroffenen von vorurteilsmotivierter Gewalt und sonstiger Hasskriminalität sowie Betroffenen von Menschenhandel. Für den Antrag gilt § 142 StPO entsprechen. Im Vorverfahren entscheidet das nach § 162 StPO zuständige Gericht." Vgl. *Clemm* in: a.A.O., S. 38.

912 *Clemm* in: a.A.O., S. 37.

913 *Haverkamp* in: a.A.O., S. 50.

914 *Stahlmann-Liebelt* in: a.A.O., S. 62.

lassen und einer Befragung längere Zeit ohne Beeinträchtigungen Stand halten können. Insofern solle eine korrekte Formulierung gewählt werden.[915]

3. Klageerzwingungsverfahren

Der Weiße Ring bemängelte eine unzureichende Umsetzung des Art. 11 der Opferschutzrichtlinie, nach der die Mitgliedsstaaten sicherstellen müssen, dass die Opfer im Einklang mit ihrer Stellung in der betreffenden Strafrechtsordnung das Recht auf Überprüfung einer Entscheidung über den Verzicht auf Strafverfolgung haben. Dies sei bei Einstellungen mangels hinreichenden Tatverdachts durch das Klageerzwingungsverfahren gewährleistet. Bei Opportunitätseinstellungen sei dies jedoch ausdrücklich ausgeschlossen. Der Intention des Opferschutzrichtlinie entspreche es, dem Opfer das Klageerzwingungsverfahren mit der Maßgabe zu eröffnen, dass nachgeprüft wird, ob die Opferbelange bei der Einstellung angemessen mitberücksichtigt wurden.[916]

IV. Beschlüsse des Rechtsausschusses und Verabschiedung

Die Beschlüsse des Rechtsausschusses sahen vorrangig Modifikationen der Regelungen über die psychosoziale Prozessbegleitung vor. Ein Antrag der Fraktion DIE LINKE, der eine weitgehende Umsetzung der Vorschläge der Sachverständigen vorsah, wurde abgelehnt.[917]

Der Rechtsausschuss votierte mehrheitlich gegen eine Legaldefinition des Verletztenbegriffs. Dieser sei durch die Rechtsprechung bereits ausreichend und umfassend definiert. Der Rechtsausschuss beschloss, die frühe Beurteilung der besonderen Schutzbedürftigkeit des Verletzten gem. § 48 Abs. 3 Satz 4 anhand einer Stellungnahme einer Opferhilfeeinrichtung aus dem Entwurf zu streichen. Zwar könne eine entsprechende Stellungnahme herangezogen werden. Um die Vorschriften der StPO „weiterhin übersichtlich und schlank zu halten", könne auf einen entsprechenden Verweis verzichtet werden.[918] Die Mehrheit des Rechtsausschusses empfahl eine nur rudimentäre Verankerung der psychosozialen Prozessbegleitung in der StPO, die durch ein eigenes Gesetz über die psychosoziale Prozessbegleitung im Strafverfahren (PsychPbG) konkretisiert werden sollte.[919] Der Rechtsausschuss beschloss entsprechend der

---

915 *Stahlmann-Liebelt* in: a.A.O., S. 62; *Rohne* in: a.A.O., S. 19; zust. *Clemm* in: a.A.O., S. 23.

916 Weißer Ring in: a.A.O., S. 57; *Müller-Piepenkötter* in: a.A.O., S. 15.

917 BT-Drucks. 18/6906, S. 21.

918 A.a.O., S. 22.

919 A.a.O., S. 24.

Vorschläge des Bundesrats, dass vernehmende Person die Anwesenheit eines nicht beigeordneten Prozessbegleiters bei Gefährdung des Untersuchungszwecks unanfechtbar, aber unter Aufführung der Gründe untersagen kann.[920]

Der Entwurf fand die erforderlichen parlamentarischen Mehrheiten in Bundestag und Bundesrat.[921] Das Gesetz zur Stärkung der Opferrechte im Strafverfahren (3. Opferrechtsreformgesetz) vom 21. Dezember 2015[922] trat am 31. Dezember 2015 in Kraft. Eine Ausnahme bildeten die Regelungen zur psychosozialen Prozessbegleitung, die erst am 1. Januar 2017 in Kraft traten, um den Bundesländern mehr Zeit zum Aufbau der erforderlichen Strukturen einzuräumen.[923]

V. Rezeption

Das 3. ORRG traf auf ein höchst gemischtes Echo in der Literatur. *Kett-Straub* kritisierte die fortbestehende Unübersichtlichkeit der Regelungen über die Stellung des Verletzten im Strafverfahren.[924] Teile der Literatur bemängelten den fortbestehenden Verzicht des Gesetzgebers auf eine Legaldefinition des Verletzten.[925]

Nach Ansicht *Ferbers* hatte der neue § 48 Abs. 3 StPO eher symbolischen Charakter, da die genannten Schutzrechte bereits zuvor bestanden und dementsprechend auch bei jeder Vernehmung oder sonstigen Untersuchungshandlungen zu beachten waren.[926] Irreführend sei zudem die amtliche Überschrift „Zeugenpflichten".[927] *Kett-Straub* hielt der Regelung zugute, dass die Behörden nunmehr auch wirklich daran gebunden seien, alle gesetzlichen Vorgaben verpflichtend auszuschöpfen.[928]

In § 48 Abs. 3 StPO setze sich allerdings das Problem der meisten der neuen Opferschutzrechte fort, dass zu einem möglichst frühen Zeitpunkt im Verfahren eine Aussage darüber getroffen werden muss, ob man es mit einem Verletzten zu tun hat und ob der Verletzte besonders schutzbedürftig ist. Der

---

920 A.a.O., S. 7, 23.

921 Sten. Protokolle Deutscher Bundestag – 18. Wahlperiode – 143. Sitzung. Berlin, Donnerstag, den 3. Dezember 2015, S. 14064C; sten. Protokolle Bundesrat – 940. Sitzung – 18. Dezember 2015, S. 514B.

922 BGBl. I 2015, S. 2525.

923 *Ferber*, NJW 2016, S. 279.

924 *Kett-Straub*, ZIS 2017, S. 341.

925 Ebd.; *Haverkamp*, ZRP 2015, S. 53; *Neuhaus*, StV 2017, S. 57. A.A. wohl *Kanz*, MSchkrim 2017, S. 242.

926 *Ferber*, NJW 2016, S. 279.

927 Ebd.; so schon *Haverkamp*, ZRP 2015, S. 55.

928 *Kett-Straub*, ZIS 2017, S. 343.

Wortlaut täusche aber über die Vorläufigkeit der Verletzteneigenschaft hinweg.[929] *Pollähne* wies darauf hin, dass die Gerichte durch eine verfrühte Zuschreibung der Verletzteneigenschaft in die Gefahr gebracht werden, die Besorgnis der Befangenheit zu begründen.[930] Denn die Unschuldsvermutung zwinge dazu, dass für die Zeugenaussage des Verletzten zunächst die Nullhypothese gelte. Die Aussage müsse so lange als unwahr gelten bis das Gegenteil bewiesen wird.[931]

Kett-Straub äußerte sich positiv über die Erweiterung der fakultativen Informationsrechte des Verletzten.[932] *Ferber* wies darauf hin, dass zahlreiche der mit dem 3. ORRG normierten opferfreundlichen Maßnahmen nicht etwa neu, sondern bereits nach bisherigem Recht zulässig waren.[933] *Pollähne* ordnete die schriftliche Bestätigung der Anzeige des Verletzten unter Angabe einer kurzen Zusammenfassung zu Tatzeit, Tatort und angezeigter Tat als „vorgezogene Aktenauskunft zum denkbar frühesten Zeitpunkt, jedenfalls aber vor dem Beschuldigten“ ein. Durch ein fakultatives Informationsrecht des Verletzten hinsichtlich der gegen den Angeklagten erhobenen Beschuldigungen werde der bedenkliche Trend geschärft, das mutmaßliche Opfer vor weiteren Vernehmungen und insbesondere vor der Hauptverhandlung zu informieren.[934]

Positiv würdigten *Ferber, Wenske* und *Kett-Straub* die Verankerung der psychosozialen Prozessbegleitung im Strafverfahrensrecht.[935] Nach Ansicht *Wenskes* habe der Gesetzgeber mit der Einführung der psychosozialen Prozessbegleitung ein strukturelles Defizit in den Möglichkeiten tatsächlichen fürsorgerischen gerichtlichen Umgangs mit dem besonders schutzwürdigen Verletzten erkannt und durch die Einführung der psychosozialen Prozessbegleitung zu beseitigen versucht. Durch die Vermittlung von Betreuungsangeboten könne dem Verletzten der Zugang zu sozialstaatlicher Unterstützung erleichtert werden. Auf diese Weise würden dem Verletzten tatsächliche Möglichkeiten für eine selbstbestimmte Distanz zum Beschuldigten nahegebracht. Der durch den Begleiter zum Gericht gehaltene Kontakt könne das notwendige Vertrauen in die schützenden staatlichen Strukturen herausbilden und stär-

929 Ebd.

930 *Pollähne*, StV 2016, S. 676; *Kett-Straub*, ZIS 2017, S. 344.

931 *Neuhaus*, StV 2017, S. 57.

932 *Kett-Straub*, ZIS 2017, S. 346.

933 *Ferber*, NJW 2016, S. 279ff.; zust. *Wannek*, jurisPR-StrafR 5/2016, Anm. 1.

934 *Pollähne*, StV 2016, S. 676.

935 *Ferber*, NJW 2016, S. 282; *Kett-Straub*, ZIS 2017, S. 346.

ken.[936] Ein über seine Rechte und Pflichten aufgeklärter, sich mit seinen Ängsten und Besorgnissen durch den Staat ernstgenommen fühlender und professionell betreuter Zeuge trage zur Wahrheitsfindung bei.[937] *Schwendener* begrüßte die Verankerung der psychosozialen Prozessbegleitung als „spannendes und zukunftsweisendes Tätigkeitsfeld für Systemische Coaches, Mediatoren und andere Professionen aus dem psychosozialen Kontext".[938] Die psychosoziale Prozessbegleitung ermögliche es, die bei Opfern „häufig anzutreffende Entmutigung in einen Prozess der Ermutigung umzuwandeln".[939] Sie befähige das Opfer, „erstens sich der Tat zu stellen, zweitens die dafür nötige innere Distanz aufzubauen und drittens an Selbstwirksamkeit und Bewusstseinsstärke zu gewinnen."[940]

Demgegenüber bezweifelte *Neuhaus*, ob das Strafverfahren überhaupt ein geeigneter Therapieort sei.[941] Der Einführung der psychosozialen Prozessbegleitung sei keine entsprechende Evaluation vorangegangen. Die Tatsache der Sekundärviktimisierung durch das Strafverfahren werde wie selbstverständlich vom Gesetzgeber unterstellt.[942] Tatsächlich fehle es an einer belastbaren empirischen Beschreibung der Wirklichkeit. Es bleibe unklar, ab welcher Schwelle eine sekundäre Viktimisierung anzunehmen sei. Es bestehe lediglich ein Konsens darüber, dass nicht jede Unannehmlichkeit genüge und als sekundäre Viktimisierung nur das erneute Opfer-Werden durch unangemessene Reaktionen des Umfelds und der Institutionen bezeichnet werde.[943] Ohne empirische Grundlage erweise sich eine derartige Kriminalpolitik nicht als Politik „für die Opfer", sondern als solche „mit dem Opfer".[944]

Bedenklich sei zudem die Regelung über das Anwesenheitsrecht des psychosozialen Prozessbegleiters. Aus der Regelung, dass dem nicht beigeordneten Prozessbegleiter die Anwesenheit bei einer Vernehmung des Verletzten untersagt werden kann, wenn dies den Untersuchungszweck gefährdet, könne im Umkehrschluss gefolgert werden, dass dem beigeordneten Prozessbegleiter die Anwesenheit selbst dann zu gestatten ist, wenn hierdurch der Untersu-

936 *Wenske*, JR 2017, S. 466.

937 A.a.O., S. 459.

938 *Schwendner*, ZKM 2016, S. 52.

939 A.a.O., S. 53.

940 A.a.O., S. 55.

941 *Neuhaus*, StV 2017, S. 63.

942 *Kett-Straub*, ZIS 2017, S. 341.

943 *Neuhaus*, StV 2017, S. 56; zust. *Kölbel / Bork*, Sekundäre Viktimisierung als Legitimationsformel, S. 40ff.; *Volbert*, Sekundäre Viktimisierung, S. 150ff.

944 *Neuhaus*, StV 2017, S. 57.

chungszweck gefährdet wird.[945] Als Grenze werde in diesen Fällen auf § 142 Abs. 1 Satz 2 StPO verwiesen, demzufolge die Beiordnung des gewünschten Begleiters nur abgelehnt werden könne, wenn ihr ein wichtiger Grund entgegensteht.[946]

Die ständige Präsenz des psychosozialen Prozessbegleiters bei Vernehmungen bedeute eine Bedrohung der Waffengleichheit. Es werde eine nicht nur numerische, sondern zugleich eine dramaturgische Asymmetrie verschärft. Dem Strafprozess drohe „die Verwandlung in eine Aufführung von Strafrecht".[947] Durch die Begleitung des Verletzten durch einen Nebenklägervertreter, eine Vertrauensperson und nunmehr auch einen psychosozialen Prozessbegleiter dränge sich das Bild einer „Opfer-Entourage" auf.[948] Hierdurch erhalte das Strafverfahren den Charakter eines asymmetrischen Parteiprozesses.[949]

Ähnlich wie bei der frühen Feststellung der Verletzteneigenschaft beruhe auch die Beiordnung eines kostenlosen psychosozialen Prozessbegleiters in Vorverfahren auf vorläufigen Feststellungen. Der Ermittlungsrichter sei durch das Beiordnungsverfahren dazu gezwungen, im Vorverfahren bindend festzustellen, ob ein Zeuge zugleich Verletzter und schutzbedürftig sei.[950]

Neuhaus wies auf mögliche Verstärkungen des Interia-Effektes durch die notwendige Auseinandersetzung mit den Voraussetzungen einer Beiordnung in der Verfahrensakte hin.[951] Der Ersteindruck des Richters durch die Aktenlektüre beeinflusse regelmäßig und mitunter maßgeblich den weiteren Verhandlungsverlauf. Werde im Vorfeld eine positive Verletztenvermutung aufgestellt, so würden Informationen, die sie stützten, schwerer gewichtet als später in das Verfahren eingeführte, konträre Informationen. Die ohnehin aufgrund der Struktur des geltenden Strafverfahrensrechts bestehende Gefahr für eine unvoreingenommene Würdigung der Beweise werde durch die Neuregelung weiter verschärft.[952]

Neuhaus zweifelte auch an der vom Gesetzgeber unterstellten „Neutralität" des Prozessbegleiters gegenüber dem verfahrensgegenständlichen Sachverhalt in

945 *Pollähne*, StV 2016, S. 677; ähnl. *Neuhaus*, StV 2017, S. 62.

946 *Pollähne*, StV 2016, S. 677.

947 *Neuhaus*, StV 2017, S. 60.

948 *Pollähne*, StV 2016, S. 677; zust. *Kett-Straub*, ZIS 2017, S. 343.

949 *Pollähne*, StV 2016, S. 677.

950 *Neuhaus*, StV 2017, S. 58.

951 A.a.O., S. 59 unter Verweis auf *Bandilla / Hassemer*, StV 1989, S. 551ff.

952 *Neuhaus*, StV 2017, S. 59ff.

der Praxis. Es sei naheliegend, dass sich der Prozessbegleiter bewusst oder unbewusst mit seinem Klienten solidarisiere und damit vorzeitig auf dessen Opferrolle festlege. Die Begleitung basiere auf der Prämisse, dass das Opfer noch unter dem Geschehenen leide und der Anerkennung seiner Ängste und Nöte bedürfe. Das gesetzgeberische Neutralitätsgebot stehe in einem natürlichen Konflikt mit dem zugleich erwünschten Vertrauensverhältnis des mutmaßlich Verletzten zu seinem Begleiter. Ein Vertrauensverhältnis in der Begleiter-Klienten-Beziehung setze Empathie, Verständnis und auch eine gewisse Parteilichkeit voraus. An der Herstellung emotionaler Nähe bestehe seitens des Begleiters ein wirtschaftliches Interesse. Sein beruflicher Erfolg hänge maßgeblich von der Klienten-Zufriedenheit und entsprechenden Weiterempfehlungen ab. Die Klienten-Zufriedenheit hänge ihrerseits davon ab, ob sich der Klient als „Opfer" angenommen fühlt. Ein Vertrauens- und Nähe-Verhältnis von Prozessbegleiter und Klienten erhöhe aber insofern die Bereitschaft des mutmaßlich Verletzten, einer falschen Aussage Nachdruck zu verleihen, um zu bewirken, dass sein Opferstatus anerkannt wird. Andererseits könne sich durch die Bestätigung auch die Abneigung und der Bestrafungswunsch gegenüber dem Täter vergrößern, sodass er bewusst oder unbewusst dazu neigt, eine übertriebene oder sonst wahrheitswidrige Aussage zu machen. Zudem werde die Selbstkorrektur des Verletztenzeugen erschwert. Die Begleitung des Zeugen erzeuge oder steigere einen Konformitätsdruck dahingehend, dass er das empfundene Vertrauen des Begleiters aus Angst um den Verlust der Zuwendung nicht enttäuschen will. Mit der Anwesenheit einer weiteren Person während der Zeugenaussage erhöhe sich die Schwelle, die im Falle einer Korrektur einer falschen Zeugenaussage überwunden werden müsste.[953]

Q) Gesetzgebung der 18. Legislaturperiode

Nach Verabschiedung des 3. ORRG konzentrierte sich die Gesetzgebung auf Ergänzungen des Nebenklagekatalogs und der korrespondierenden Regelungen über die Beiordnung eines kostenlosen Opferanwalts. Durch das Gesetz zur Verbesserung der Bekämpfung des Menschenhandels und zur Änderung des Bundeszentralregistergesetzes sowie des Achten Buches Sozialgesetzbuch vom 11. Oktober 2016[954] wurden aufgrund der Beschlussempfehlungen des Rechtsausschusses des Deutschen Bundesrats die neuen Regelungen der §§ 233, 233a StGB in den Katalog der Nebenklagedelikte aufgenommen. Zum Schutz von Kindern und Jugendlichen, die Opfer der neuen Straftatbestände „Ausbeutung der Arbeitskraft" und „Ausbeutung unter Ausnutzung einer Freiheitsberaubung" geworden sind, wurde der Anwendungsbereich der Beiordnung

953 Ebd.

954 BGBl. I 2016, S. 2226.

eines kostenlosen Opferanwalts entsprechend erweitert.[955] Durch das fünfzigste Gesetz zur Änderung des Strafgesetzbuches – Verbesserung des Schutzes der sexuellen Selbstbestimmung vom 4. November 2016[956] wurde auf Anraten des Rechtsausschusses des Deutschen Bundestags[957] eine Anschlussbefugnis für die neuen Straftatbestände der §§ 184i und 184j StGB eingeführt. In den benannten Fällen wurde die fakultative Beiordnung eines kostenlosen Opferanwalts ermöglicht.[958] Durch das fünfundfünfzigstes Gesetz zur Änderung des Strafgesetzbuchs – Wohnungseinbruchsdiebstahl[959] vom 17. Juli 2017 wurde die Aufzählung der Regelbeispiele im Auffangtatbestand des § 395 Abs. 3 StPO um den neu geschaffenen Straftatbestand des Einbruchs in eine dauerhaft genutzte Privatwohnung ergänzt.

R) Diskussion über eine Gruppenvertretung

Eine neue Entwicklung deutet auf die Möglichkeit einer künftigen Bündelung der Nebenklagevertretung hin. Vor dem Hintergrund des NSU Prozesses mit 96 Nebenklägern und 62 Nebenklägervertretern, des Love-Parade-Prozesses mit 60 Nebenklägern und 35 Nebenklägervertretern und des Verfahrens gegen den Krankenpfleger *Niels Högel* mit 126 Nebenklägern und 17 Nebenklägervertretern sprechen sich Teile der Literatur, der Strafrechtsausschuss des DAV, der Deutsche Juristinnenbund und die 2015 vom BMJV einberufene Expertenkommission zur effektiveren und praxistauglicheren Ausgestaltung des allgemeinen Strafverfahrens und des jugendgerichtlichen Verfahrens gegen das Prinzip uneingeschränkter Einzelvertretung von Nebenklägern aus.[960] Die Regierungsparteien haben eine Umsetzung des Vorschlags einer Gruppenvertretung mehrerer Nebenkläger im Koalitionsvertrag von 2018 in Aussicht gestellt.[961] Mit der Diskussion kündigt sich nach Ansicht *Altenhains* kein Paradigmenwechsel, wohl aber eine pragmatischere Sicht auf die Belange des Opferschutzes an.[962]

955 BT-Drucks. 18/9095, S. 45.

956 BGBl. I 2016, S. 2460.

957 Drucks. 18/9097, S. 14, 33f.

958 Hierzu wurden § 397a Abs. 1 um die neue Nr. 1a. und § 397a Nr. 4 StPO um §§ 182, 184i, 184j ergänzt (BT-Drucks. 18/9097, S. 15).

959 BGBl. I 2017, S. 2442.

960 *Pues*, StV 2014, S. 304, 309; *Altenhain*, KriPoZ 2019, S. 43; DAV 53/2017, S. 3; DJB, Policy Paper, S. 18; Expertenkommission 2015, S. 23.

961 Im Koalitionsvertrag heißt es: „Wir ermöglichen in besonders umfangreichen Strafverfahren die gebündelte Vertretung der Interessen von Nebenklägern durch das Gericht." (Koalitionsvertrag 2018, S. 123, Zeilen 5777–5779).

962 *Altenhain*, KriPoZ 2019, S. 42.

Gegen die bestehende Rechtslage wird vorgebracht, dass Strafverfahren mit hoher Anzahl von Nebenklägern und deren Vertretern Gefahr läuft, die numerische Ungleichheit zwischen der Vielfachbesetzung der Anklagebank und der Verteidigung zu vertiefen und damit die Waffengleichheit von Verteidigung und Anklage/Nebenklage zu gefährden, die unbewusste Bereitschaft zur Verurteilung in der Richterschaft zu erhöhen, die Resozialisierung des Verurteilten durch die Überbürdung der Auslagen der Nebenkläger zu erschweren, einen gravierenden Kostenaufwand für die Staatskasse zu verursachen, das Verfahren zu verzögern und damit dem Beschleunigungsgrundsatz zuwider zu laufen.[963]

Abhilfe soll eine Regelung schaffen, nach der es dem Vorsitzenden in Ausnahmefällen im Rahmen einer Ermessensvorschrift ermöglicht wird, Gruppen von Nebenklägern zu bilden und diesen für die Vertretung in der Hauptverhandlung einen Gruppenrechtsbeistand beizuordnen. Voraussetzung hierfür solle sein, dass eine solche Bündelung aufgrund des Umfangs des Verfahrens und der Anzahl der Nebenkläger zur Durchführung einer effizienten Hauptverhandlung notwendig ist.[964]

Hierfür spreche, dass Nebenklageinteressen konzentrierter vorgetragen werden könnten und die Überrepräsentation von Geschädigten entfiele. Aufgabe der Gruppenrechtsbeistände wäre die Vertretung der Opferinteressen während der Ermittlungen, bei der Vorbereitung und während der Hauptverhandlung. Nicht das Anwesenheitsrecht der Nebenkläger in der Hauptverhandlung werde dadurch eingeschränkt, sondern nur das Anwesenheitsrecht der individuellen Rechtsbeistände. Eine Pflicht zur Anhörung der Betroffenen vor der Entscheidung über die Beistandsbeiordnung könne sicherstellen, dass individuelle Interessen ausreichend berücksichtigt werden. Um zu gewährleisten, dass Nebenkläger in allen Fällen in der Lage sind, das Verfahrensprozedere nachzuvollziehen und ihre Verfahrensrechte effizient auszuüben, könne in besonderen Fällen neben dem gerichtlichen Gruppenbeistand ein außergerichtlicher Beistand bestellt werden.[965] In Sonderfällen sei zu erwägen, neben dem Gruppenvertreter einen außergerichtlichen Beistand auf Staatskosten zuzulassen.[966]

---

963 *Pues*, StV 2014, S. 304, 309; Expertenkommission 2015 Anl. I, S. 584.

964 So der einstimmige Beschluss der Expertenkommission 2015, S. 23; *Krauß* in: Expertenkommission 2015 Anl. I, S. 585.; ähnl. schon *Pues*, StV 2014, S. 309. Die gerichtliche Entscheidung über das Recht der Nebenklage auf einen beigeordneten Rechtsbeistand soll nach Ansicht *Kraußs* von § 142 StPO abgekoppelt und bei § 397a Abs. 3 StPO angesiedelt werden (*Krauß* in: Expertenkommission 2015 Anl. I, S. 585.).

965 *Krauß* in: Expertenkommission 2015 Anl. I, S. 585.

966 *Krauß* in: Expertenkommission 2015 Anl. II, S. 200.

Mit der Gruppenvertretung könne man auch dem Problem begegnen, dass einige Anwälte „lediglich die Gebühren absitzen würden."[967]

Bedenken wurden dahingehend geäußert, dass in Großverfahren mit eigentlich gleichgelagerten Interessen während des Verfahrens Interessenskonflikte entstehen können. Offen bleibe, ob ein Parteiverrat seitens der Nebenklägervertreter in Betracht kommen könne.[968] Probleme bereitete der Expertenkommission auch die Frage, ob ein abweichendes Einzelinteresse überhaupt schutzwürdig sei.[969] Als schutzwürdiges, abweichendes Einzelinteresse führte *Nestler* das besondere Vertrauensverhältnis zwischen Nebenkläger und Nebenklägervertreter auf.[970] *Jahn* wies darauf hin, dass die Frage nach einer Gruppenvertretung von der noch ungeklärten Frage nach der Funktion der Nebenklage abhänge. Nach Ansicht der Rechtsprechung diene die Nebenklage nicht zur Wahrung des öffentlichen Interesses an der Strafverfolgung. Der Nebenkläger nehme allein sein persönliches Genugtuungsinteresse wahr. Dadurch werde deutlich, dass man bei der Bündelung der Nebenklagevertretung nicht so zurückhaltend sein müsse wie bei anderen Verfahrenssubjekten. Es gehe primär um persönliche Interessen, die nicht so hochwertig seien, als dass sie nicht im öffentlichen Interesse gebündelt werden könnten.[971] Nach Ansicht *Königs* könne das Vertrauensverhältnis von Nebenkläger und Nebenklägervertreter durch die entsprechende Ausgestaltung einer gerichtlichen Ermessensvorschrift berücksichtigt werden.[972] *Mutzbauer* wies darauf hin, dass die Frage, inwiefern ein Anspruch jedes Nebenklägers auf einen Einzelbeistand auf Staatskosten haben solle, letztlich rechtspolitischer Natur sei.[973] Stelle man auf die Ansicht des BGH ab, nach der die Funktion der Nebenklage darin bestehe, dass der Nebenkläger sich vor Verantwortungszuweisungen schützen kann, sei jedenfalls nicht jedes Interesse an einer Einzelvertretung schutzwürdig.[974] *Nestler* stellte sich auf den Standpunkt, dass die Rechte des Nebenklägers in § 397 StPO mit den Rechten der Staatsanwaltschaft zu vergleichen seien und sehr weit reichten, so dass dies auf den ersten Blick gegen eine Beschränkung spreche. Allerdings sei es richtig, die staatlich finanzierte Nebenklagevertretung eingrenzen

967 *Nestler* in: A.a.O., S. 200.

968 Ebd.

969 Ebd.

970 *Nestler* in: A.a.O., S. 201; a.A. *Rönnau* in: A.a.O., S. 201.

971 *Jahn* in: A.a.O., S. 201.

972 *König* in: A.a.O., S. 201.

973 *Mutzbauer* in: A.a.O., S. 202.

974 Ebd.; zust. *Altenhain*, KriPoZ 2019, S. 43.

zu können.[975] *Ignor* wies auf eine mögliche Befriedungsfunktion der Nebenklage hin. Neben dem abstrakten Strafanspruch gebe es ein zu berücksichtigendes Bedürfnis der Menschen nach Befriedung des Konflikts. Das Problem unterschiedlicher Interessengruppen könne womöglich durch den Einsatz von Koordinatoren gelöst werden, denen in geeigneten Fällen die Aufgabe zugewiesen wird, die Wahrnehmung von Verfahrensrechten zu bündeln.[976] *Thiele* wies darauf hin, dass zwischen der Nebenklagevertretung während und außerhalb der Hauptverhandlung zu unterscheiden sei. Die Nebenklagevertretung außerhalb der Hauptverhandlung könne nicht zur Disposition stehen. In der Hauptverhandlung hingegen sei die Reduktion der Nebenklagevertretung auf einen oder mehrere Gruppenbeistände sinnvoll. Es bestehe die Möglichkeit, die Nebenklägervertreter nur in den Verhandlungsteilen zuzulassen, in denen sie tatsächlich betroffen seien. Auch könne dem Gericht die Befugnis eingeräumt werden, anzuordnen, dass sich die Nebenklägervertreter auf einen Sitzungsvertreter einigen müssen, ggf. unter Einschaltung eines externen Koordinators.[977] *Caspari* merkte an, dass bei Gruppenvertretungsregelungen auch die Adhäsionskläger zu berücksichtigen seien. Eine Effektivierung trete nicht ein, wenn es zwar nur zwei Nebenklägervertrete gebe, aber 50 Adhäsionskläger anwesend seien.[978] Demgegenüber wandte *Müller* ein, dass das Gericht die Durchführung eines Adhäsionsverfahrens auch ablehnen könne.[979]

Dem Vorschlag einer Gruppenvertretung trat *Özata* entgegen. Die Einzelvertretung sei auch in Verfahren mit einer hohen Zahl von Nebenklägervertretern nicht resozialisierungshemmend. Das Gericht könne nach eigenem Ermessen von der Auferlegung der Kosten unter Resozialisierungsgesichtspunkten absehen. Bei vermögenslosen Verurteilten könne im Einzelfall die Billigkeitsvorschrift des § 465 Abs. 2 StPO in entsprechender Weise zur Anwendung kommen. In diesen Fällen trage dann die Staatskasse die Kosten. Eine Schonung der Justizhaushalte dürfe nicht auf Kosten der Opfer geschehen. Angesichts divergierender Interessen verschiedener Nebenkläger widerspreche eine Gruppenvertretung der Subjektstellung des Nebenklägers. Der Nebenkläger werde sich zwangsläufig als Protzesssubjekt übergangen fühlen. Dieses Defizit werde auch ein rein beratend wirkender außergerichtlicher Beistand nicht kompensieren können. Eine Bündelung der Nebenklägervertretung gehe zudem perspektivisch zu Lasten der Qualität der Nebenklägervertretung. Eine hohe Qualität

975 *Nestler* in: Expertenkommission 2015 Anl. II, S. 202f.

976 *Ignor* in: A.a.O., S. 203.

977 *Thiele* in: Ebd.

978 *Caspari* in: Ebd.

979 *Müller* in: Ebd.

der Nebenklagevertretung sei aber gerade in umfangreichen Kapitalstraf- und Terrorismusverfahren notwendig.[980]

S) Zusammenfassung

Die Reformdiskussion über die Beteiligung des Verletzten am Strafverfahren wurde seit der Mitte der 1970er Jahre am deutlichsten durch die Viktimologie, die zivilgesellschaftliche Opferschutzbewegung und eine punitive Strömung der Frauenbewegung geprägt. Die Viktimologie lieferte dem rechtswissenschaftlichen und kriminalpolitischen Reformdiskurs Erkenntnisse über die hohe Bedeutung des Verletzten für eine effektive Strafrechtspflege, untermauerte Annahmen über seine Bedürfnisse durch das neue Forschungsinstrument der Opferbefragungen und popularisierte den Topos der sekundären Viktimisierung als Legitimationsformel opferbezogener Strafprozessgesetzgebung. Die zivilgesellschaftliche Opferhilfe avancierte zur wohl erfolgreichsten Bürgerrechtsbewegung der Bundesrepublik und trug zu einer gesamtgesellschaftlichen Sensibilisierung für Opferbelange bei. Im Fahrwasser der Opferschutzbewegung entstand ein neuer Wachstumsmarkt, der sich auf staatliche und private Dienstleistungen für Opfer von Straftaten spezialisierte und zunehmend professionalisierte. Eine punitive Teilströmung der Frauenbewegung bemühte sich um eine Politisierung von Vergewaltigungsprozessen und eine Funktionalisierung einer als Angriffsmittel verstandenen Nebenklage zur Stärkung der Stellung von Vergewaltigungsopfern in Strafverfahren. Feministische Impulse wurden erstmals im von den Fraktionen der SPD und der Grünen in den Bundestag eingebrachten Entwurf eines Gesetzes zum besseren Schutz der Opfer von Sexualstraftaten vom 9. November 1983 aufgegriffen.

Die wissenschaftliche Diskussion über die Stellung des Verletzten im Strafverfahren fand ihren Höhepunkt in den Verhandlungen des 55. Deutschen Juristentags. Hier konkurrierten die von Teilen des Schrifttums vertretene Einheitslösung, die eine Auflösung der historisch gewachsenen Institute strafprozessualer Verletztenbeteiligung und die Einführung einer einheitlichen Verletztenstellung vorsah und eine „Zwei-Klassen-Lösung“, die jedem Verletzten gewisse Mindestrechte einräumte, aber einer privilegierte Klasse von Verletzten die Befugnis zum Anschluss als Nebenkläger verleiht. Der 55. DJT sprach sich gegen die Einführung einer Einheitslösung, für die Einführung eines Grundbestands von Informations- und Beistandsrechten jedes Verletzten

980 *Özata*, HRRS 2017, S. 200f.

und für einen an den Schutzbedürfnissen von in ihren höchstpersönlichen Rechtsgütern Verletzten ausgerichteten Umbau der Nebenklage aus.

Mit dem Opferschutzgesetz vom 1. April 1987 wurden jedem Verletzten beschränkte Mindestrechte eingeräumt. Der nebenklageberechtigte Verletzte wurde durch gesonderte Regelungen gegenüber dem Verletzten „zweiter Klasse“ im Bereich des Akteneinsichts- und Beistandsrechts privilegiert. Die Bedeutung der Nebenklage verlagerte sich damit von einem auf die Hauptverhandlung zugeschnittenen Beteiligungsmodus in das Vorverfahren. Die Nebenklage selbst wurde umfassend neu konzipiert. Der Kreis der Anschlussberechtigten wurde, wenn auch im Detail inkohärent, am Leitbild besonders schutzbedürftiger in höchstpersönlichen Rechtsgütern Verletzter ausgerichtet. Die Globalverweisung auf die Privatklage wurde rechtstechnisch aufgegeben. Der Katalog der Nebenklageberechtigten wurde u.a. um Delikte gegen die sexuelle Selbstbestimmung und versuchte Tötungsdelikte ergänzt. Die während des Gesetzgebungsverfahrens umstrittene Anschlussbefugnis für gewerbliche Schutz- und Urheberrechtsinhaber und Beleidigungsdelikte fand Eingang in das OschG. Die Anschlussbefugnis bei fahrlässigen Körperverletzungen wurde einer Schwereklausel unterstellt. Die vom Gesetzgeber unterstellte Schutzfunktion der Nebenklage wurde durch das Beweisantragsrecht des Nebenklägers als typischem Angriffsmittel relativiert. Einschränkungen erfuhr die prozessuale Stellung des Nebenklägers vorrangig durch eine Begrenzung seiner Rechtsmittelbefugnis.

Nach Verabschiedung des OSchG setzte ein serieller, umfassender Ausbau von Verletztenrechten und Nebenklage ein. In der Vielzahl von opferbezogenen Einzelgesetzen wurden durch das Zeugenschutzgesetz und drei Opferrechtsreformgesetze besonders gravierende Änderungen vorgenommen.

Das Zeugenschutzgesetz vom 1. Dezember 1998 erweiterte den Katalog der Nebenklagedelikte um die Straftatbestände des einfachen Menschenhandels und des sexuellen Missbrauchs von Jugendlichen. Durch das Zeugenschutzgesetz wurde zudem erstmals für eine besondere, innerhalb des Kreises der Anschlussbefugten besonders schutzbedürftige Gruppe von Verletzten die fakultative Beiordnung eines „kostenlosen Opferanwalts“ ermöglicht.

Mit dem Opferrechtsreformgesetz vom 24. Juni 2004 wurden Änderungen der Verletzten- und Nebenklägerrechte vorgenommen. Informationsrechte des Verletzten und behördliche Mitteilungspflichten gegenüber dem Verletzten wurden erweitert. Die Hinzuziehung einer Vertrauensperson des Verletzten bei Vernehmungen wurde erleichtert. Der Nebenklage wurde neben der Schutz- auch eine Genugtuungsfunktion für die Opfer von Straftaten gegen besonders gewichtige, höchstpersönliche Rechtsgüter zugrunde gelegt. Der Katalog der Nebenklagedelikte wurde um Delikte gegen die sexuelle Selbstbestimmung und nach § 4 des GewSchG erweitert. Die Anschlussbefugnis bei Staatsschutzdelikten wurden beseitigt. Die Beiordnung eines Opferanwalts auf Staatskosten wurde für einige besonders schutzwürdige Verletztengruppen erleichtert.

Mit dem 2. ORRG wurde eine weitreichende Ausdehnung der Rechte des Verletzten und der Nebenklage vorgenommen. Die Informationsrechte des Verletzten und behördlichen Mitteilungspflichten gegenüber dem Verletzten wurden umfassend erweitert. Die Hinzuziehung einer Vertrauensperson bei Vernehmungen wurde erleichtert. Die Versagung der Akteneinsicht des Verletzten wurde an erschwerte Bedingungen geknüpft. Der Katalog der Anschlussberechtigten wurde ausgedehnt. Die Anschlussbefugnis sollte vorrangig an die Schwere der Tatfolgen für das Tatopfer anknüpfen. Leitbild des neu gefassten Katalogs der Anschlussbefugten sollte das Opfer eines gegen höchstpersönliche Schutzgüter gerichteten Aggressionsdelikts sein, das nach viktimologischen Erkenntnissen besonders schutzbedürftig ist. Der Katalog der Nebenklagedelikte wurde um die Delikte des Kinderhandels und der Nötigung in besonders schweren Fällen erweitert. Entgegen des ursprünglichen Vorhabens wurde die Anschlussbefugnis für strafbare Verletzungen gewerblicher Schutz- und Urheberrechte beibehalten. Das Gesetz wandelte die Schwereklausel für fahrlässige Körperverletzungsdelikte in einen Auffangtatbestand mit Regelbeispielen um. Eine Anschlussbefugnis sollte nunmehr für alle Delikte bestehen, wenn dies aus besonderen Gründen, insbesondere wegen der schweren Folgen der Tat, zur Wahrnehmung der Interessen des Verletzten geboten erscheint. Der Auffangtatbestand zählte als Regelbeispiele die Beleidigungsdelikte, die fahrlässige Körperverletzung, den Wohnungseinbruchsdiebstahl und Raubdelikte auf. Die Beiordnung eines Opferanwalts auf Staatskosten wurde nochmals auf einige aus Sicht des Gesetzgebers besonders schutzbedürftige Nebenklageberechtigte erweitert.

Das 3. ORRG dehnte den Bestand fakultativer Informationsrechte des Verletzten und behördlicher Informationspflichten gegenüber dem Verletzen nochmals umfassend aus. Mit dem neuen § 48 Abs. 3 StPO wurde eine zentrale Einstiegsnorm für die Feststellung einer Schutzbedürftigkeit und der daraus folgenden Notwendigkeit besonderer Schutzmaßnahmen zugunsten des Verletztenzeugen geschaffen. Daneben wurde die psychosoziale Prozessbegleitung gesetzlich verankert und die Beiordnung eines kostenlosen Prozessbegleiters für eine privilegierte Gruppe von Nebenklageberechtigten ermöglicht.

Neuntes Kapitel: Ergebnis und Ausblick

A) Einleitung

Die Nebenklage entstand als Satellit von Privatklage, Adhäsion und Klageerzwingung und gravitierte unversehens in das Zentrum des strafprozessualen Reformdiskurses. Diese Bewegung lässt sich grob in vier Phasen untergliedern: 1.) Vor Verabschiedung der Reichsstrafprozessordnung bestimmte die Idee einer Kontrolle staatsanwaltschaftlicher Strafverfolgungstätigkeit die strafprozessuale Verletztendiskussion. 2.) Mit dem Ende der liberal-rechtsstaatlichen Epoche wich die Verletztendiskussion vor dem Hintergrund der großen Krisen in der ersten Hälfte des 20. Jahrhunderts einem Ökonomisierungs- und Justizentlastungsdiskurs. Die Zeit des Nationalsozialismus markiert keinen Bruch, sondern nur eine Beschleunigung und Radikalisierung bereits vorhandener Tendenzen zu einer weitergehenden Neutralisierung des Verletzten. 3.) Seit den 1950er Jahren begrenzte auch die Humanisierung der Strafrechtspflege die verletztenbezogene Reformdiskussion. 4.) Mit der Renaissance des Opfers entstand in den 1980er Jahren ein neuer Vulnerabilitätsdiskurs über die Stellung des Verletzten im Strafverfahren. Diese Entwicklung wirkte sich in einer veränderten Bemessung eines durchgehend inkonsistenten Kreises der Nebenklageberechtigten und ihrer prozessualen Befugnisse sowie auf die Funktionsbestimmung der Nebenklage aus.

B) Entwicklung der Anschlussvarianten

Die RStPO sah zunächst eine Nebenklage des Privatklageberechtigten sowie des Privatklägers nach Übernahme der Verfolgung durch die Staatsanwaltschaft vor. Die Privatklageberechtigung war für Beleidigungsdelikte und vorsätzliche Körperverletzungen, deren Verfolgung nur auf Antrag eintritt, vorgesehen. Mit dem Entlastungsgesetz vom 11. März 1921 wurde die Anschlussbefugnis akzessorisch zu einer Ausdehnung der Privatklagebefugnis auf die gefährliche und fahrlässige Körperverletzung, die Bedrohung, Sachbeschädigung und strafbare Verletzungen gewerblicher Schutz- und Urheberrechte

https://doi.org/10.1515/9783110713299-009

ausgedehnt.[1] Der Gesetzgeber gab den Konnex von Privat- und Nebenklage 1986 mit der Verabschiedung des Opferschutzgesetzes auf.[2]

Die RStPO sah eine Nebenklage im Anschluss an das erfolgreich durchgeführte Klageerzwingungsverfahren vor. Die Anschlussvariante wurde mit der Vereinfachungsverordnung vom 13. August 1942 beseitigt und durch das Wiederherstellungsgesetz vom 9. Februar 1950 wiedereingeführt.[3] Seitdem blieb die Anschlussvariante im Wesentlichen unverändert.

Die RStPO sah die Geltendmachung materieller Bußansprüche mit den Mitteln der Nebenklage vor. Durch die Einführung einer Adhäsion ohne Nebenklage und die Angliederung der prozessualen Geltendmachung materieller Bußansprüche an das Adhäsionsverfahren durch die dritte Verordnung zur Vereinfachung der Strafrechtspflege vom 29. Mai 1943 verlor die Nebenklage ihre Bedeutung für die Geltendmachung von Buß- und Schadensersatzansprüchen.[4]

In der RStPO waren Finanzbehörden im Bereich des Abgabenstrafrechts zum Anschluss als Nebenkläger berechtigt. Durch die Reform des Abgabenstrafrechts vom 1. Dezember 1930 wurde die Anschlussbefugnis der Verwaltungsbehörde in ihrem Anwendungsbereich erheblich verkürzt[5] und durch das Gesetz zur Änderung strafrechtlicher Vorschriften der Reichsabgabenordnung und anderer Gesetze vom 10. August 1967 beseitigt.[6]

Mit dem Strafrechtsänderungsgesetz vom 30. August 1951 wurde dem Bundespräsidenten und den Mitgliedern der Gesetzgebungsorgane, der Regierung und der Verfassungsgerichte des Bundes und der Länder eine Befugnis zum Anschluss als Nebenkläger für strafbare Verunglimpfungen gem. §§ 95, 97 StGB a.F. eingeräumt.[7] Die Anschlussvariante wurde durch das Opferrechtsreformgesetz vom 24 Juni 2004 aufgehoben.

Durch das Dritte Strafrechtsänderungsgesetz vom 4. August 1953 erhielten Angehörige eines durch eine mit Strafe bedrohte Handlung Getöteten eine eigene Anschlussbefugnis, die seit ihrer Einführung nicht modifiziert wurde.[8]

1 Vgl. Kap. 5 D).
2 Vgl. Kap. 8 H) III. 3.
3 Vgl. Kap. 7 B).
4 Vgl. Kap. 6 F).
5 Vgl. Kap. 5 G).
6 Vgl. Kap. 7 C).
7 Vgl. Kap. 7 D).
8 Vgl. Kap. 7 E) I.

Durch das OSchG vom 18. Dezember 1986 entstand ein eigenständiger Katalog von Straftatbeständen, der einer privilegierten Gruppe von Verletzten eine unmittelbare Befugnis zum Anschluss als Nebenkläger einräumte. Das OSchG erhob den Anspruch, nach kriminologischen Erkenntnissen besonders schutzbedürftigen Verletztengruppen eine umfassende Beteiligungsbefugnis im gesamten Verfahren zu ermöglichen. Die Delikte sollten gegen höchstpersönliche Rechtsgüter gerichtet sein oder von ihrer Tatbestandsstruktur her typischerweise eine besondere Schutzwürdigkeit des Verletzten begründen.[9] Hierzu zählten vorwiegend versuchte Tötungsdelikte, Straftaten gegen die sexuelle Selbstbestimmung und gegen die persönliche Freiheit. Aus dem Bestand der Privatklagedelikte wurden die Beleidigungsdelikte und strafbare Verstöße gegen gewerbliche Schutz- und Urheberrechte übernommen. Die Anschlussbefugnis für fahrlässige Körperverletzungen wurde einer Schwereklausel unterstellt.[10] Der Katalog der Nebenklagedelikte wurde seitdem mehrfach anhand neuer Leitbilder modifiziert. Durch das 1. ORRG vom 24. Juni 2004 sollte der Katalog der Nebenklagedelikte anhand des Leitbildes besonders gewichtiger, gegen höchstpersönliche Rechtsgüter gerichteter Straftaten neu geordnet werden.[11] Die Reform der Nebenklagedelikte durch das 2. ORRG sollte dann vorrangig an die Schwere der Tatfolgen für das Tatopfer anknüpfen. Der Anschluss sollte bei gegen höchstpersönliche Rechtsgüter gerichteten Aggressionsdelikten möglich sein, wenn deren Opfer nach viktimologischen Erkenntnissen besonders schutzbedürftig seien.[12] Dabei gab der Gesetzgeber das System einer deliktsspezifischen Zulassungsbeschränkung durch die Einführung eines mit einer Schwereklausel und Regelbeispielen versehenen Auffangtatbestands auf.[13] Eine Anschlussbefugnis besteht seitdem grundsätzlich für alle Delikte mit individualisierbarem Verletzten. Für eine Reihe von Straftatbeständen ist lediglich der Nachweis einer Gebotenheit der Nebenklage wegen schwerer Tatfolgen nicht erforderlich.

Verschiedene Anschlussvarianten fanden nur in der Gesetzgebungsdiskussion mehr oder weniger große Beachtung, blieben aber Vaporware. Hierzu zählen die Nebenklage des subsidiären Privatklägers,[14] die Verbandsneben-

9 BT-Drucks. 10/5305, S. 11.

10 Vgl. Kap. 8 H) III.–VI.

11 BR-Drucks. 829/03, S. 13, 30.

12 BT-Drucks. 16/12098, S. 9.

13 Vgl. Kap. 8 N) I. 3.

14 Vgl. Kap. 3 C) II., D) III., F).

klage von Arbeiterverbänden[15] und Frauenschutzorganisationen[16], die unselbstständige Feststellungsnebenklage[17], die Nebenklage der Polizeibehörden[18] und die Popularnebenklage[19].

C) Entwicklung prozessualer Befugnisse

Vor dem OSchG leiteten sich die Befugnisse des Nebenklägers von den Befugnissen des Privatklägers ab. Dem Privatkläger standen wiederum die Befugnisse des Staatsanwalts zu, soweit sie nicht Folge seiner hoheitlichen Stellung waren. Dementsprechend umfassten die prozessualen Rechte des Nebenklägers vorwiegend Instrumente zur Herbeiführung der Verurteilung des Angeklagten. Die verfahrensrechtliche Stellung des Nebenklägers wurde durch das StVRG vom 9. Dezember 1974 unter dem Gesichtspunkt der Verfahrensökonomie leicht beschränkt.[20] Erst mit dem OSchG wurde die prozessuale Stellung des Nebenklägers erheblich umgestaltet. Die Globalverweisung auf die Rechte des Privatklägers wurde aufgegeben. Die Nebenklage wurde entsprechend der gesetzgeberischen Entscheidung für eine „Zwei-Klassen-Lösung"[21] in ein abgestuftes Beteiligungssystem eingebettet.[22] Die Verfahrensrechte des Nebenklägers bekamen dabei eine neue Prägung. Hierbei stand ein erheblicher Zuwachs von Defensivpositionen einer minimalen Einschränkung von Offensivpositionen gegenüber.[23] Die bedeutendste Einschränkung prozessualer Befugnisse erfuhr die Nebenklage durch die Beschränkung seines Rechtsmittelrechts auf freisprechende Urteile.[24] Insgesamt kann der Nebenkläger jedoch weiterhin auf ein umfassendes Arsenal von Offensivrechten zugreifen. Der Nebenkläger profitiert zudem erheblich vom Zuwachs allgemeiner, defensiv geprägter Verletztenrechte auf dem Gebiet des Akteneinsichtsrechts, behördlicher Informationspflichten gegenüber dem Verletzten und fakultativer Informationsrechte. Durch die neue Interims-Figur des nebenklagebefugten

15 Vgl. Kap. 4 F) II.

16 Vgl. Kap. 8 E).

17 Vgl. Kap. 5 H) IV.; Kap. 7 D), F).

18 Vgl. Kap. 4 E) V.

19 Vgl. Kap. 3 G) I. 5., H).

20 Vgl. Kap. 7 G) I.–III.

21 Vgl. Kap. 8 G) III.

22 Vgl. Kap. 8 H) III.–VI.

23 Offensiv- und Defensivpositionen sind allerdings nicht widerspruchslos zu trennen, verhalten sich reziprok zueinander und können sich wechselseitig verstärken.

24 Vgl. Kap. 8 H) III. 3.

Verletzten wurde der Nebenkläger insbesondere im Vorverfahren noch vor der Abgabe einer Anschlusserklärung gegenüber sonstigen Verletztengruppen privilegiert. Eine innerhalb der Nebenklageberechtigten bevorrechtigte, stetig wachsende Gruppe von besonders schutzwürdigen Verletzten profitiert darüber hinaus von dem Recht auf die Bestellung eines Opferanwalts und eines psychosozialen Prozessbegleiters auf Staatskosten. Demgegenüber ist der Bestand von Rechten zur Kontrolle staatlicher Strafverfolgungstätigkeit nicht merklich über den Bestand der RStPO hinausgewachsen.

D) Funktionswandel

Die Untersuchung hat ergeben, dass eine streng historische Auslegung für eine Schutz- und Genugtuungsfunktion sowie eine marginal ausgeprägte Kontrollfunktion der Nebenklage spricht. Eine historische Auslegung der §§ 395ff. StPO spricht gegen eine dezidierte Satisfaktions-, Entschädigungs-, Restitutions-, Unterstützungs- und Aufklärungsfunktion der Nebenklage.

In der zweiten Hälfte des 19. Jahrhunderts war die Funktionalisierung des Verletzten zur Kontrolle der Staatsanwaltschaft und zur Sicherung des Legalitätsprinzips der entscheidende Topos der strafprozessualen Verletztendiskussion.[25] Die Kontrolle der Staatsanwaltschaft durch den Verletzten war dabei bereits die „kleine Lösung" gegenüber dem Alternativmodell einer staatsbürgerlichen Kontrolle der Staatsanwaltschaft durch einen Vertreter der Allgemeinheit in Gestalt der subsidiären Popularklage. Während die subsidiäre Privatklage im Schrifttum des 19. Jahrhunderts überrepräsentiert war und die ersten Entwürfe einer Strafprozessordnung für den Norddeutschen Bund bzw. das Deutsche Reich eine subsidiäre Privatklage mit mehr oder minder großem Anwendungsbereich tatsächlich vorsahen, fand letztlich nur das eher symbolisch als praktisch bedeutsame Klageerzwingungsverfahren Eingang in die RStPO. Die Nebenklage entfaltet insofern bis heute nur in der Variante der Anschlussbefugnis des Beschwerdeführers nach erfolgreich durchgeführtem Klageerzwingungsverfahren eine historisch und dogmatisch verbürgte Kontrollfunktion. Ratio der Anschlussvariante ist die nebenklägerische Kontrolle einer Staatsanwaltschaft, die sich durch den Beschluss eines Oberlandesgerichts veranlasst sieht, trotz vorheriger Einstellung eines Strafverfahrens mangels hinreichenden Tatverdachts eine Anklage zu erheben.[26] Allen übrigen Bestrebungen seit Inkrafttreten der RStPO, der Nebenklage weitergehende Kontrollrechte einzuräumen, sind gescheitert. Der Gesetzgeber hat sich das

25 Vgl. Kap. 2 E) II.

26 Kap. 3 G) II.–III.

Postulat einer Kontrollfunktion der Nebenklage außerhalb der Anschlussvariante des § 395 Abs. 2 Nr. 2 StPO seit dem Inkrafttreten der RStPO nicht zu eigen gemacht.

Eng mit der Frage nach einer Kontrollfunktion der Nebenklage verknüpft ist das Verhältnis von Nebenklage und Opportunitätsprinzip. Bis in die Zeit der Weimarer Republik wurde darüber diskutiert, ob und wie der Verletzte als Sicherheitsventil für Aufweichungen des Legalitätsprinzips eingesetzt werden konnte. Mit den Opportunitätsvorschriften der Lex *Emminger* führte der Gesetzgeber dann staatsanwaltschaftliche und gerichtliche Ermessensspielräume ein, ohne ausgleichend den Anwendungsbereich der Privatklage und akzessorisch hierzu der Nebenklage zu erweitern.[27] Langfristig führte die Lex *Emminger* damit zu einem Verlust des bislang in der Gesetzgebungsdiskussion zugrunde gelegten Konnexes von Opportunitätsprinzip und Verletztenbeteiligung. Regelmäßige Forderungen des Schrifttums nach einer weitergehenden Einflussnahme des Nebenklägers auf staatsanwaltschaftliche und gerichtliche Ermessensentscheidungen fanden bislang kein Gehör in der Gesetzgebung.

Die Schutzfunktion der Nebenklage war bereits in der ursprünglichen Konzeption der RStPO angelegt. Die Idee einer Schutzfunktion der Nebenklage etablierte *Lasker* in der zweiten Lesung der Justizkommission des Reichstags.[28] Dabei bediente er sich einer Argumentation, die der Reformdiskussion der Gegenwart entlehnt sein könnte: Für den Verletzten bestehe die Gefahr, während seiner Vernehmung moralisch in die Rolle des Angeklagten zu geraten. Aus einer sozialen Nahbeziehung zwischen dem Angeklagten und dem Verletzten würden häufig Schlüsse zugunsten des Angeklagten gezogen. Der Verletzte müsse sich gegen diese Art der Täter-Opfer-Umkehr zur Wehr setzen können. Die umfassenden Beteiligungsbefugnisse der Nebenklage ermöglichten eine sachgerechte Verteidigung des Verletzten gegen Verantwortungszuweisungen durch den Angeklagten. Seit dem Inkrafttreten der RStPO fand diese Argumentation *Laskers* zunächst wenig Beachtung. Erst im Zuge der Einführung der Anschlussbefugnis der Angehörigen durch das Dritte Strafrechtsänderungsgesetz vom 4. August 1953 fand sie erstmals wieder Eingang in eine Gesetzesbegründung.[29] Mit dem Opferschutzgesetz wurde sie dann zum vorrangigen Zweck der Nebenklage.[30] Mit dem gesetzgeberischen Ziel eines verbesserten Schutzes vor sekundärer Viktimisierung fügte sich die

27 Kap. 5 E) II.

28 Vgl. Kap. 3 G) II.

29 Vgl. Kap. 7 E) I.

30 Vgl. Kap. 8 H) III. 3.

Schutzfunktion der Nebenklage nahtlos in den herrschenden Vulnerabilitätsdiskurs über die Stellung des Verletzten im Strafverfahren ein.

Die Frage nach einer legitimen Genugtuungsfunktion strafprozessualer Verletztenbeteiligung prägte die Diskussion über die Reform der Nebenklage durchgängig und maßgeblich. Der Nebenklage der RStPO lag zunächst eine vorrangige Genugtuungsfunktion zugrunde.[31] Diese Funktion verlor im Zuge der kriminalpolitischen Humanisierungsbewegung seit den 1950er Jahren zunehmend an Akzeptanz in der Gesetzgebung und im Schrifttum.[32] Die Krise des Genugtuungsgedankens im Strafprozessrecht ließ eine vom herrschenden Schrifttum befürwortete Beseitigung der Nebenklage erwarten. Der Gesetzgeber schränkte die Nebenklage mit dem 1. StVRG vom 9. Dezember 1974 unter Verweis auf ihre resozialisierungsfeindliche und verfahrensverzögernde Wirkung ein und stellte eine Grundsatzdebatte über eine künftige Beseitigung der Nebenklage in Aussicht.[33] Diese Debatte fand im Zuge der Renaissance des Verletzten ihr abruptes Ende. Mit der Neuregelung der Nebenklage durch das OschG musste die Frage nach dem Fortbestehen ihrer Genugtuungsfunktion neu gestellt werden.[34] Grund hierfür ist, dass dem Nebenkläger trotz der gesetzgeberischen Betonung der Schutzfunktion der Nebenklage insbesondere mit dem Beweisantragsrecht ein klassisches Angriffsmittel zusteht. Der Gesetzgeber hat sich seit dem OSchG nicht mehr eindeutig positioniert. Der RegE des 1. ORRG nannte die Genugtuung jedenfalls noch ausdrücklich.[35] In seiner Stellungnahme forderte der Bundesrat die Einführung einer Anschlussbefugnis bei Verstößen gegen das GewSchG unter Hinweis auf die Genugtuungsfunktion der Nebenklage.[36] In der Entstehung des 2. und 3. ORRG wurde die Genugtuungsfunktion trotz erheblicher Änderungen der Regelungen über die Nebenklage nicht mehr in Frage gestellt oder bestätigt. Das Genugtuungsbedürfnis des Nebenklägers wird jedoch weiterhin in das rechtspolitische Kalkül einbezogen.[37] Und aus einer auch noch so nachdrücklichen Betonung der Schutzfunktion der Nebenklage lässt sich jedenfalls keine Absage an das Fortbestehen einer Genugtuungsfunktion der Nebenklage ableiten. Die Schutz- und Genugtuungsfunktion der Nebenklage sind nicht nur kompatibel. Sie verhalten sich komplementär zueinander. Die Konfrontation mit dem Täter kann Teil einer Bewälti-

31 Vgl. Kap. 3 D) III.

32 Vgl. Kap. 7 I) II. 4.

33 Vgl. Kap. 7 G) I.

34 Vgl. Kap. 8 H) VII.

35 Vgl. Kap. 8 L) I.

36 Vgl. Kap. 8 L) IV.

37 Vgl. Kap. 8 R).

gungsstrategie sein.[38] Der aktive Beitrag des ehemaligen Opfers zur Verurteilung des Täters kann womöglich traumatische Folgen der Tat lindern:

> „Bei Kränkungen, die krank machen, ist Rache doch die beste Therapie"[39]

Die Satisfaktionsfunktion der Nebenklage ist ein Sonderfall ihrer Genugtuungsfunktion, der sich auf das Interesse des Verletzten an der Wiederherstellung seiner Ehre beschränkt. Die Nebenklage der RStPO war als Residuum der prinzipalen Privatklage konzipiert. Die prinzipale Privatklage der RStPO entwickelte sich historisch als eine Injurienklage mit den Mitteln des Strafrechts. Der enge Anwendungsbereich der Anschlussbefugnis des Privatklageberechtigten bei Injurien verdeutlicht die ursprüngliche Ehrschutzfunktion der Nebenklage. Die Erweiterung des Privatklagekatalogs durch das Entlastungsgesetz vom 11. März 1921 relativierte allerdings das Gewicht der Ehrschutzfunktion der Privatklage im Verhältnis zu ihrem verfahrensökonomischen Zweck einer weitergehenden Perforation des Legalitätsprinzips.[40] In der zu Beginn des 20. Jahrhunderts einsetzenden Diskussion über die Einführung eines strafverfahrensrechtlichen Informativprozesses kündigte sich eine Renaissance der Satisfaktionsfunktion der Nebenklage als sog. unselbstständige Feststellungsnebenklage an.[41] Die Rufwiederherstellung mit den Mitteln des Strafverfahrensrechts verlor durch eine Verbesserung des zivilprozessualen Ehrschutzes in den 1960er Jahren jedoch an Bedeutung.[42] Die Anschlussbefugnis bei Beleidigungsdelikten blieb zunächst unberührt. Sie fand trotz erheblicher Bedenken Eingang in den 1986 durch das OSchG neugefassten Katalog der Nebenklagedelikte. Erst mit dem 2. ORRG wurde die unmittelbare Anschlussbefugnis bei Beleidigungsdelikten beseitigt und als erstes Regelbeispiel des Auffangtatbestandes des § 395 Abs. 3 StPO erschwert.[43] Damit besteht gegenwärtig die Möglichkeit der Rufwiederherstellung durch den Anschluss des Verletzten an das Strafverfahren, ohne dass die §§ 395ff. StPO in ihrer gegenwärtigen Prägung auf eine spezifische Satisfaktionsfunktion schließen ließen.

Die historische Entwicklung der Nebenklage spricht zudem gegen eine Entschädigungs- bzw. Wiedergutmachungsfunktion derselben. In der Reformdiskussion des 19. und 20. Jahrhunderts zeichnet sich ein natürlicher Konnex von

38 *Hagemann*, Viktimologische Perspektive, S. 73.

39 *Sloterdijk*, Zorn und Zeit, S. 84.

40 Vgl. Kap. 5 D).

41 Vgl. Kap. 5 H) IV.

42 Vgl. Kap. 7 F).

43 Vgl. Kap. 8 N) I. 3.

Nebenklage und Adhäsion ab. In den ersten Entwürfen der RStPO bestand phänomenologisch kein Unterschied zwischen dem Adhärenten und dem Nebenkläger.[44] Das Adhäsionsverfahren mit den Mitteln der Nebenklage fand jedoch letztlich wegen der unterschiedlichen Rechtsmittelsysteme des Straf- und Zivilprozessrechts keinen Eingang in die RStPO. Die Entschädigung des Verletzten wurde jedoch durch die Geltendmachung materiell-rechtlicher Ansprüche auf Zahlung einer Buße alternativ zur zivilrechtlichen Rechtsverfolgung mit den Mitteln der Nebenklage ermöglicht. Mit der Dritten Verordnung zur Vereinfachung der Strafrechtspflege vom 29. Mai 1943 wurde dann eine Adhäsion ohne Nebenklage eingeführt.[45] Die Geltendmachung von Bußansprüchen wurde in den Regelungskomplex über das Adhäsionsverfahren überführt. Spätestens die Trennung von Nebenklage und Adhäsion führte insofern zu einem Wegfall der Entschädigungsfunktion der Nebenklage.

Im Zuge der Funktionalisierung der Nebenklage im Bereich des Straßenverkehrsrechts zur Vorbereitung einer anschließenden, zivilrechtlichen Rechtsverfolgung wurde von Teilen des Schrifttums seit den 1920er Jahren eine sog. Restitutionsfunktion der Nebenklage behauptet.[46] Das Interesse an der straßenverkehrsrechtlichen Nebenklage verebbte mit der Einführung einer Schwereklausel für die Anschlussbefugnis bei fahrlässigen Körperverletzungen. Die Behauptung einer Restitutionsfunktion wurde dann seit Mitte der 1980er Jahre durch ein gesteigertes Interesse an der Anschlussbefugnis im Bereich strafbarer Verletzungen gewerblicher Schutz- und Urheberrechte wiederbelebt.[47] Der Gesetzgeber hat sich die Behauptung einer Restitutionsfunktion der Nebenklage nie zu eigen gemacht. Andererseits hat er sie auch nicht bestritten und die Anschlussbefugnis im Bereich des Wirtschaftsstrafrechts nicht beseitigt.

Ähnlich verhält es sich mit der Unterstützungs- und Aufklärungsfunktion der Nebenklage.[48] Seit den 1920er Jahren warben Vertreter anwaltlicher Partialinteressen für eine Ausdehnung bzw. argumentierten gegen eine Einschränkung der Nebenklage mit dem Argument, der Verletzte könne durch eine aktive Verfahrensbeteiligung zur Ermittlung der materiellen Wahrheit beitragen und die Staatsanwaltschaft durch eigene Expertise unterstützen.[49] Eine Förderung

44 Vgl. Kap. 3 D) IV.; Kap. 2 C).

45 Vgl. Kap. 6 F).

46 Vgl. Kap. 5 F); Kap. 7 G) IV., Kap. 7 I) I. 2.; Kap. 7 I) II. 2.

47 Vgl. Kap. 8 N) V.

48 Die Idee selbst lässt sich bis in die Mitte des 19. Jahrhunderts zurückverfolgen., vgl. Kap. 2 E) VII. 2.

49 Vgl. Kap. 5 F); Kap. 7 I) II. 2.; Kap. 8 N) V.

der Wahrheitsfindung versprach sich der Gesetzgeber durch die Einführung der Anschlussbefugnis der Angehörigen von durch strafbare Handlung Getöteten.[50] Ähnliche Überlegungen äußerten der Rechtsausschuss und der Vermittlungsausschuss bei den Beratungen über das 1. StVRG.[51] Auch die Nebenklage der Verwaltungsbehörden hatte eine Unterstützungsfunktion,[52] die mit ihrer sukzessiven Beseitigung in der zweiten Hälfte des 20. Jahrhunderts hinfällig wurde.[53] Im Bereich des Straßenverkehrsstrafrechts und gewerblicher Schutz- und Urheberrechte hat sich der Gesetzgeber nach Inkrafttreten des OSchG die Behauptung einer Aufklärungs- und Unterstützungsfunktion nicht zu eigen gemacht, sie aber auch nicht ausdrücklich bestritten.

E) Ausblick

Das 3. ORRG wird nur als „vorläufiger Schlusspunkt" der seriellen Opferschutzgesetzgebung der vergangenen Jahrzehnte eingeordnet.[54] Zum Zeitpunkt der Fertigstellung dieser Untersuchung war kein weiteres Opferrechtsreformgesetz angekündigt. Ein solches ließe sich jedoch ohne weiteres nach dem Strickmuster der drei Opferrechtsreformgesetze entwerfen. Ohne grundsätzliche Bedeutung wäre dabei ein Ensemble aus neuen, fakultativen Informationsrechten des Verletzten und behördlichen Informationspflichten gegenüber dem Verletzten. Eine Ausdehnung des § 397a StPO auf weitere Straftatbestände oder ein Dispens einzelner Delikte von den erschwerten Voraussetzungen der Ziff. 3 bis 5 sind jederzeit möglich. Dabei ist die Entscheidung des Gesetzgebers, die Bestellung eines Opferanwalts gem. § 397a StPO auf neue Verletztengruppen auszudehnen, nicht prinzipieller, sondern vorwiegend haushaltspolitischer Natur. Daneben lässt sich der Anwendungsbereich des § 395 Abs. 1 StPO beliebig um weitere, mehr oder minder schwere Delikte und Deliktstypen ergänzen. Die Hemmschwelle, die Nebenklage für Eigentums- und Vermögensdelikte zu öffnen, ist mit der Einführung des Auffangtatbestandes in § 395 Abs. 3 StPO durch das 2. ORRG gefallen. Der Gesetzgeber hat seine Bereitschaft, die Nebenklage im Bereich der Eigentumsdelikte zu öffnen, zuletzt durch die symbolistische Erweiterung der Regelbeispiele des Auffangtatbestands des § 395 Abs. 3 StPO um den neu geschaffenen Straftatbestand des Einbruchs in eine dauerhaft genutzte Privatwohnung durch das

50 Vgl. Kap. 7 E) I.

51 Vgl. Kap. 7 G) II. III.

52 Vgl. Kap. 3 E) V.

53 Vgl. Kap. 7 C).

54 *Kanz*, MSchkrim 2017, S. 231, 235; *Böttcher*, FS Schöch, S. 942.

fünfundfünfzigste Gesetz zur Änderung des Strafgesetzbuchs vom 17. Juli 2017 signalisiert.[55] Hinzu müsste jedoch ein gut zu vermarktendes Leuchtturmprojekt kommen, dessen konkrete Konturen sich noch nicht abzeichnen.[56] Als Legitimationsfiguren eines weiteren Opferrechtsreformgesetzes ließen sich aber weiterhin der Schutz von mehr oder weniger virtuellen Opfern und Co-Opfern[57] vor sekundärer Viktimisierung, der Topos der Opferautonomie, das Bedürfnis nach einer Herstellung prozessualer Waffengleichheit von Nebenkläger und Beschuldigtem sowie die Umsetzung neuer, europäischer Mindeststandards im nationalen Recht heranziehen.

In den letzten drei Jahrzehnten zeichnet sich darüber hinaus eine neue, im Schrifttum wenig beachtete Gesetzgebungstechnik ab. Der Gesetzgeber modifizierte die §§ 395, 397a StPO nicht allein im Zuge genuin opferbezogener Strafprozessgesetzgebung. Neue Strafnormen und -verschärfungen wurden zuletzt durch eine Ausdehnung der Anschlussbefugnis und der Möglichkeiten der Bestellung eines Opferanwalts auf Staatskosten flankiert, um Strafandrohungen unter dem Gesichtspunkt des Opferschutzes auch im Verfahrensrecht Nachdruck zu verleihen.[58]

Die Aussicht auf eine Fortsetzung der Strafprozessgesetzgebung der „viktimären Gesellschaft" ist allerdings nicht alternativlos. Eine Krise des Opferschutzgedankens, aber auch eine Ernüchterung angesichts der ambivalenten Folgen opferzentrierter Gesetzgebung könnten den Weg für einen neuen Ansatz bereiten, für den gegenwärtig so gut wie keine wissenschaftlichen Vorarbeiten vorhanden sind. Zumindest *Barton* zeichnet die Grobskizze einer „postviktimären Gesellschaft", die den Vulnerabilitätsdiskurs zugunsten eines Resilienzdiskurses überwindet. Diese neue Perspektive würde sich vornehmlich an der Erforschung opferschutz-unabhängiger sozialer Widerstandsfaktoren orientieren, die primäre, sekundäre und tertiäre Viktimisierungen verhindern sollen.[59] Ein solcher Resilienzdiskurs wäre allerdings an die Voraussetzung gebunden, dass die Kluft zwischen den vom Gesetzgeber adressierten, virtuellen Opfern und den realen Opfern durch eine evidenzbasierte Strafprozessgesetzgebung überwunden wird, wirksame Schutzpositionen gefestigt und die „ungesunden

55 Vgl. Kap 8 Q).

56 Die Einführung einer verbindlichen Gruppenvertretung nach gerichtlichem Ermessen in doppelten Umfangsverfahren ist wenig geeignet, da es sich um eine vorwiegend justizökonomische Anpassung der Nebenklage handelt.

57 *Hagemann*, Viktimologische Perspektive, S. 67.

58 Vgl. Kap. 8 O) II.–IV., Q).

59 *Barton*, 40. Strafverteidigertag 2016, S. 56.

Anteile"[60] strafprozessualer Opferzuwendung identifiziert und korrigiert werden. Die Chancen für einen resilienzorientierten Ansatz stehen nicht schlecht. Das Evaluationsdefizit im Bereich opferbezogener Strafprozessgesetzgebung wird selbst von ihren Fürsprechern beklagt.[61] Die Resilienzperspektive könnte zudem einen Raum schaffen, in dem die Frage nach der Integration des Verletzten in das Strafverfahren neu gestellt wird. Perspektivisch bietet die unterrepräsentierte Kontrollfunktion der Nebenklage passende Anknüpfungspunkte. Ein mit Kontrollmacht ausgestatteter Nebenkläger wäre dabei nicht mehr nur Objekt staatlicher Fürsorge, sondern ein Staatsbürger, dessen Auftreten das Interesse der Allgemeinheit an einem strengformalen Strafprozess absichert.[62] Das seit dem 19. Jahrhundert vernachlässigte Projekt einer Kontrollfunktion der Nebenklage könnte das gemeinsame Interesse von Nebenklage und Verteidigung an einem rechtsstaatlichen Verfahren aktivieren, das Vertrauen der Öffentlichkeit in die Funktionsfähigkeit der Strafrechtspflege stärken und dazu beitragen, den Staat als präsumtiven Gegner bürgerlicher Freiheit wiederzuentdecken.

60 So beklagt beispielsweise *Fattah* in einem 2000 erschienenen Aufsatz, dass Opfer von Opferhilfediensten abhängig werden könnten, dass bestimmte Formen der Opferhilfe sie sogar schwächen oder zur Festschreibung einer „Opfermentalität" beitragen können (*Fattah*, Criminologie 2000, S. 17ff.; zust. *Hagemann*, Viktimologische Perspektive, S. 80ff.; ähnl. *Kröber*, Forens. Psychiatr Psychol Kriminol 2018, S. 83f.).

61 Vgl. Kap. 8 P) III.

62 Vgl. *Arnold*, 40. Strafverteidigertag, S. 167.

ANHANG

Quellenverzeichnis

A) Unveröffentlichte Quellen

1. BArch R 1401, Nr. 569: Strafprozeßordnung für den Norddeutschen Bund bzw. Deutsche Reich, Bd. 1: April 1868 – Februar 1873.

2. BArch R 1401, Nr. 573: Strafprozeßordnung für den Norddeutschen Bund. – Erster Entwurf.

3. BArch R 1401, Nr. 574: Strafprozeßordnung für den Norddeutschen Bund. – Revidierter Entwurf.

4. BArch R 1401, Nr. 575: Strafprozeßordnung für den Norddeutschen Bund. – Revidierter Entwurf: Zweite Lesung.

B) Veröffentlichte Quellen

Deutsche Partikularstaaten

1. Quellensammlungen

1.1 *Bibliothek des Finanz-Ministeriums:* Kurfürstlich Badische Landes-Organisation in 13 Edicten sammt Beylagen & Anhang. Carlsruhe 1803.

1.2 *Häberlin, Carl Franz Wilhelm Jerome:* Sammlung der neuen deutschen Strafprozessordnungen mit Einschluss der französischen und belgischen so wie der Gesetze über Einführung des mündlichen und öffentlichen Strafverfahrens mit Schwurgerichten. Greifswald 1852.

1.3 *Sundelin, Paul:* Sammlung der neuern deutschen Gesetze über Gerichtsverfassung und Strafverfahren. Berlin 1861.

2. Einzelquellen

2.1 Frankreich

2.1.1 Code d'Instructions Criminelle, mit den neueren Abänderungen in Frankreich und Belgien. Von 1808 (1.2, S. 1ff.). Übersetzt in: Daniels, Heinrich Gottfried Wilhelm: Criminal-Gesetzbuch Frankreichs. 2. Aufl. Cöln 1812.

2.2 Preußen

2.2.1 Verordnung vom 2. Januar 1849 über die Aufhebung der Privatgerichtsbarkeit und des eximirten Gerichtsstandes, sowie über die anderweitige Organisation der Gerichte (1.2, S. 185ff.).

2.2.2 Verordnung vom 3. Januar 1849 über die Einführung des mündlichen und öffentlichen Verfahrens mit Geschwornen in Untersuchungssachen (1.2, S. 194ff.).

https://doi.org/10.1515/9783110713299-010

2.2.3 Gesetz über die Einführung des Strafgesetzbuchs für die Preussischen Staaten vom 14. April 1851 (1.2, S. 230ff.).

2.2.4 Gesetz, betreffend die Zusätze zu der Verordnung vom 3. Januar 1849 über die Einführung des mündlichen und öffentlichen Verfahrens mit Geschworenen in Untersuchungssachen. Vom 3. Mai 1852 (1.2, S. 232ff.).

2.2.5 Entwurf eines Gesetzes, betreffend die Anklagebefugnis des Verletzten im Strafverfahren (abgedr. mitsamt Motiven in GA 1862, S. 148ff.).

2.2.6 Entwurf einer Strafprozeß-Ordnung für den Preußischen Staat. Nebst motivierenden Anmerkungen. Berlin 1865.

2.2.7 Verordnung, betreffend das Strafrecht und das Strafverfahren in den durch das Gesetz vom 20. September 1866. und die beiden Gesetze vom 24. Dezember 1866 mit der Monarchie vereinigten Landestheilen, mit Ausnahme des vormaligen Oberamtsbezirks Weisenheim und der Enklave Kaulsdorf. Vom 25. Juni 1867 (Gesetzessammlung für die Königlichen Preußischen Staaten 1867, S. 921ff.).

2.3 Baden

2.3.1 Strafprocessordnung für das Großherzogthum Baden nebst den Gesetzen über die Gerichtsverfassung, die privatrechtlichen Folgen von Verbrechen und den Strafvollzug im neuen Männerzuchthaus Bruchsal. Amtliche Handausgabe. Carlsruhe 1845. Bad. Reg.Bl. 1845, S. 135 (abgedr. zugl. in: 1.2, S. 422ff.).

2.3.2 Gesetz vom 5. Februar 1851, die Einführung des Strafgesetzbuchs, des neuen Strafverfahrensrechts und die Schwurgerichte betreffend, Karlsruhe 1851 (1.2, S. 422ff.).

2.3.3 Strafprozessordnung vom 18. März 1864. In: Die neue Strafgesetzgebung des Großherzogtums Baden. Vollständige Sammlung sämmtlicher Gesetze und Verordnungen über Strafrecht und Strafverfahren. Mannheim 1867, S. 203ff.

2.4 Sachsen

2.4.1 Strafprocess-Ordnung mit Einführungsgesetz vom 13. August 1855 (1.3, S. 637ff.).

2.4.2 Revidierte Strafprozeßordnung für das Königreich Sachsen vom 9. Oktober 1868; in: Gesetzes- und Verordnungsblatt für das Königreich Sachsen. 26. Stück vom Jahre 1868. Leipzig 1868.

Deutsches Reich

3. Quellensammlungen

3.1 *Hahn, C:* Die gesammten Materialien zu den Reichsjustizgesetzen. Auf Veranlassung des Kaiserlichen Reichs-Justizamtes. Dritter Band: Die gesammten Materialien zur Strafprozeß-Ordnung und dem Einführungsgesetz zu derselben vom 1. Februar 1887. Erste Abtheilung (2. Teilbände). Berlin 1880.

3.2 *Hahn, C:* Die gesamten Materialien zu den Reichs-Justizgesetzen. Auf Veranlassung des Kaiserlichen Reichs-Justizamtes. Band 3. Materialien zur Strafprozeßordnung. Abteilung 2. 2. Aufl. Darmstadt 1983.

3.3 Motive zu dem Entwurf einer Deutschen Strafprozeß-Ordnung. Berlin 1872. (Zitiert: RStPOE1873/1 Motive, S.).

3.4 Anlagen zu den Motiven des Entwurfs einer Deutschen Strafprozeß-Ordnung. Berlin 1872. (Zitiert: RStPOE1873/1 Anlagen, S.).

3.5 Motive zu dem Entwurf einer deutschen Strafprozeßordnung nach den Beschlüssen der von dem Bundesrath eingesetzten Kommission. Berlin 1873. (Zitiert: RStPOE1873/2 Motive, S.).

3.6 Entwurf eines Gesetzes betreffend Änderungen und Ergänzungen des Gerichtsverfassungsgesetzes und der Strafprozeßordnung: nebst Begründung. Berlin 1895.

3.7 *Schubert, Werner:* Entwürfe einer Strafprozessordnung und Novelle zum Gerichtsverfassungsgesetz nebst Begründung. Bundesratsvorlage von 1908 (einschließlich der vom Bundesrat beschlossenen Änderungen). Reichstagsvorlage von 1909. Berlin 1908–1909. Frankfurt a.M. 1991.

3.8 *Schubert, Werner:* Protokolle der Reichstagsverhandlungen. Bericht der 7. Kommission des Reichstags (1910–1911) zur Beratung der Entwürfe einer Strafprozeßordnung und eines Gesetzes, betreffend Änderungen des Gerichtsverfassungsgesetzes. Frankfurt a.M. 1991.

3.9 *Schubert, Werner / Regge, Jürgen / Rieß, Peter / Schmid, Werner [Hrsg.]:* Quellen zur Reform des Straf- und Strafprozeßrechts. I. Abteilung. Weimarer Republik (1918–1932). Band 4. Von dem Entwurf eines Gesetzes über den Rechtsgang in Strafsachen (1919/20) bis zu der Verordnung über Gerichtsverfassung und Strafrechtspflege (lex Emminger) vom 4. Januar 1924. Berlin 1999.

3.10 *Schubert, Werner / Regge, Jürgen / Rieß, Peter / Schmid, Werner [Hrsg.]:* Quellen zur Reform des Straf- und Strafprozeßrechts. I. Abteilung. Weimarer Republik (1918–1932. Band 5. Entwürfe zu einem Strafvollzugsgesetz (1927–1932) und zu einem Einführungsgesetz zum Allgemeinen Deutschen Strafgesetzbuch und zum Strafvollzugsgesetz (1929–1930). Nachtrag zu Band III 2,3 (Strafverfahrensrecht). Berlin / New York 1999.

3.11 *Schubert, Werner [Hrsg.] / Regge, Jürgen / Rieß, Peter / Schmid, Werner:* Quellen zur Reform des Straf- und Strafprozeßrechts. III. Abteilung. NS-Zeit (1933–1939) – Strafverfahrensrecht. Band 1. Entwürfe zu einer Strafverfahrensordnung und einer Friedens- und Schiedsrichterordnung (1936–1939). Berlin 1991.

3.12 *Schubert, Werner [Hrsg.] / Regge, Jürgen / Rieß, Peter / Schmid, Werner:* Quellen zur Reform des Straf- und Strafprozeßrechts. III. Abteilung. NS-Zeit (1933–1939) – Strafverfahrensrecht. Band 2. Protokolle der Großen Strafprozeßkommission des Reichsjustizministeriums (1936–1938). 1. Teil. Erste Lesung: Leitsätze. – Vorverfahren. Hauptverfahren. Gemeinsame Verfahrensvorschriften (Richter, Staatsanwalt, Beteiligte. – Mittel der Wahrheitsforschung. Zwangsmittel). – Rechtsbehelfe (Allgemeine Vorschriften. Beschwerde. Berufung). Berlin 1991.

3.13 *Schubert, Werner [Hrsg.] / Regge, Jürgen / Rieß, Peter / Schmid, Werner:* Quellen zur Reform des Straf- und Strafprozeßrechts. III. Abteilung. NS-Zeit (1933–1939) – Strafverfahrensrecht. Band 2. Protokolle der Großen Strafprozeßkommission des Reichsjustizministeriums (1936–1938). 2. Teil. Abschluß der 1. Lesung (Urteilsrüge, Wahrung der Rechtseinheit. Wiederaufnahme des Verfahrens. Besondere Verfahrensarten. Verfahren mit besonderen Zwecken. Kosten. Richterliches Eröffnungsverfahren). – Beginn der zweiten Lesung: Vorverfahren. Berlin 1992.

3.14 *Schubert, Werner [Hrsg.] / Regge, Jürgen / Rieß, Peter / Schmid, Werner:* Quellen zur Reform des Straf- und Strafprozeßrechts. III. Abteilung. NS-Zeit (1933-1939) – Strafverfahrensrecht. Band 2. Protokolle der Großen Strafprozeßkommission des Reichsjustizministeriums (1936-1938). 3. Teil. 2. Lesung des Entwurfs einer Strafverfahrensordnung (mit Ausnahme des Vorverfahrens). Berlin 1991.

Einzelquellen

4. Kaiserreich

4.1 Gesetz, betreffend das Urheberrecht an Schriftwerken, Abbildungen, musikalischen Kompositionen und dramatischen Werken. Vom 11. Juni 1870. Bundes-Gesetzblatt des Norddeutschen Bundes 1870, S. 339.

4.2 Gesetz über Markenschutz. Vom 30. November 1874. RGBl. 1874, S. 143.

4.3 Gesetz, betreffend das Urheberrecht an Werken der bildenden Künste. Vom 9. Januar 1876. RGBl. 1876, S. 4.

4.4 Gesetz, betreffend den Schutz der Photographieen gegen unbefugte Nachbildung. Vom 10. Januar 1876. RGBl. 1876, S. 8.

4.5 Gesetz, betreffend das Urheberrecht an Mustern und Modellen. Vom 11. Januar 1876. RGBl. 1876, S. 11.

4.6 Bekanntmachung, betreffend die Redaktion des Strafgesetzbuchs für das Deutsche Reich. Vom 26. Februar 1876. RGBl. I 1876, S. 39.

4.6 Patentgesetz. Vom 25. Mai 1877. RGBl. I 1877, S. 501.

4.7 Entwurf eines Gesetzes betreffend Änderungen und Ergänzungen des Gerichtsverfassungsgesetzes und der Strafprozeßordnung, nebst Begründung. RT-Drucks. 1985/97, Nr. 73.

4.8 Patentgesetz. Vom 7. April 1891. RGBl. 1891, S. 79.

4.9 Gesetz, betreffend den Schutz von Gebrauchsmustern. Vom 1. Juni 1891. RGBl. 1891, S. 290.

4.10 Gesetz zum Schutz der Waarenbezeichnungen. Vom 12. Mai 1894. RGBl. 1894, S. 441.

4.11 Gesetz zur Bekämpfung des unlauteren Wettbewerbs. Vom 27. Mai 1896. RGBl. I 1896, S. 145.

4.12 Bericht der 7. Kommission zur Vorberatung der Entwürfe 1. eines Gesetzes, betreffend Änderungen des Gerichtsverfassungsgesetzes, 2. einer Strafprozeßordnung, 3. Eines zu beiden Gesetzen gehörenden Einführungsgesetzes. RT-Drucks. 1909/1911, Nr. 638.

4.13 Gesetz zur Vereinfachung der Strafrechtspflege. Vom 21. Oktober 1917. RGBl. 1917, S. 1037.

5. Weimarer Republik

5.1 Reichsabgabenordnung. Vom 13. Dezember 1919. RGBl. 1919, S. 1993.

5.2 Gesetz zur Verfolgung von Kriegsverbrechen und Kriegsvergehen. Vom 18. Dezember 1919. RGBl. I 1919, S. 2125.

5.3 Gesetz zur Ergänzung des Gesetzes zur Verfolgung von Kriegsverbrechen und Kriegsvergehen. Vom 24. März 1920. RGBl. I 1920, S. 341.

5.4 Gesetz zur Entlastung der Gerichte. Vom 11. März 1921. RGBl. I 1921, S. 229.

5.5 Gesetz zur weiteren Ergänzung des Gesetzes zur Verfolgung von Kriegsverbrechen. Vom 12. Mai 1921. RGBl. I 1921, S. 508.

5.6 Ermächtigungsgesetz. Vom 13. Oktober 1923. RGBl. I 1923, S. 943.

5.7 Verordnung über Gerichtsverfassung und Strafrechtspflege. Vom 4. Januar 1924. RGBl. I 1924, S. 15.

5.8 Bekanntmachung der Texte des Gerichtsverfassungsgesetzes und der Strafprozeßordnung. Vom 22. März 1924. RGBl. I 1924, S. 299.

5.9 Verordnung des Reichspräsidenten zur Sicherung von Wirtschaft und Finanzen. Vom 1. Dezember 1930. RGBl. I 1930, S. 517.

5.10 Amtlicher Entwurf eines Einführungsgesetzes zum Allgemeinen Deutschen Strafgesetzbuch und zum Strafvollzugsgesetz (Reichstagsvorlage). RT-Drucks. 1929, Nr. 45.

5.11 Entwurf eines Einführungsgesetzes zum Allgemeinen Deutschen Strafgesetzbuch und zum Strafvollzugsgesetz (Reichstagsvorlage). RT-Drucks. 1930, Nr. 2070.

5.12 Dritte Verordnung des Reichspräsidenten zur Sicherung von Wirtschaft und Finanzen und zur Bekämpfung politischer Ausschreitungen. Vom 6. Oktober 1931. RGBl. I 1931, S. 537.

5.13 Vierte Verordnung des Reichspräsidenten zur Sicherung von Wirtschaft und Finanzen und zum Schutze des inneren Friedens. Vom 8. Dezember 1931. RGBl. I 1931, S. 743.

5.14 Verordnung des Reichspräsidenten über Maßnahmen auf dem Gebiete der Rechtspflege und Verwaltung. Vom 14. Juni 1932. RGBl. I 1932, S. 285.

6. Nationalsozialismus

6.1 Verordnung zur Änderung der Strafvorschriften über fahrlässige Tötung, Körperverletzung und Flucht bei Verkehrsunfällen. Vom 2. April 1940. RGBl. I 1940, S. 606.

6.2 Verordnung zur weiteren Vereinfachung der Strafrechtspflege. Vom 13. August 1942. RGBl. 1942, S. 508.

6.3 Erlass des Führers über die Vereinfachung der Rechtspflege vom 21. März 1942. RGBl. I 1942, S. 139.

6.4 Dritte Verordnung zur Vereinfachung der Strafrechtspflege. Vom 29. Mai 1943. RGBl. I 1943, S. 342.

7. Bundesrepublik

7.1 Gesetz über die Gewährung von Straffreiheit. Vom 31. Dezember 1949. BGBl. I 1949 S. 37.

7.2 Entwurf eines Gesetzes zur Wiederherstellung der Rechtseinheit auf dem Gebiete der Gerichtsverfassung, der bürgerlichen Rechtspflege, des Strafverfahrens und des Kostenrechts. Vom 9. Februar 1950. BT-Drucks. Nr. 530.

7.3 Gesetz zur Wiederherstellung der Rechtseinheit auf dem Gebiete der Gerichtsverfassung, der bürgerlichen Rechtspflege, des Strafverfahrens und des Kostenrechts. Vom 12. September 1950. BGBl. 1950, S. 455.

7.4 WStG1949. BGBl. I 1949, S. 193.

7.5 Entwurf eines Gesetzes zur Änderung des Strafgesetzbuches (Strafrechtsänderungsgesetz 1950). Vom 4. September 1950. BT-Drucks. I/1307.

7.6 E-WStG1949. Vom 28. März 1951. BT-Drucks. Nr. 2100.

7.7 Entwurf eines Gesetzes über Ordnungswidrigkeiten. Vom 28. März 1951. BT-Drucks. Nr. 2100.

7.8 Strafrechtsänderungsgesetz. Vom 30. August 1951. BGBl. I 1951, S. 739.

7.9 Gesetz über Ordnungswidrigkeiten. Vom 25. März 1952. BGBl. I 1952, S. 177.

7.10 Drittes Strafrechtsänderungsgesetz. Vom 4. August 1953. BGBl. I 1953, S. 735.

7.11 E-WStG1954. Vom 24. April 1954. BT-Drucks. Nr. 478.

7.12 Niederschriften über die Sitzungen der Großen Strafrechtskommission. 5. Band. Allgemeine Fragen zum Besonderen Teil. 53. bis 58. Sitzung. Bonn 1958.

7.13 Niederschriften über die Sitzungen der Großen Strafrechtskommission. 9. Band. Besonderer Teil. 91. bis 103. Sitzung. Bonn 1959.

7.14 Niederschriften über die Sitzungen der Großen Strafrechtskommission. 12. Band. Zweite Lesung des Entwurfs. Allgemeiner Teil. Bonn 1959.

7.15 Entwurf eines Ersten Gesetzes zur Reform des Strafverfahrensrechts (StVRG). BT-Drucks. 7/551.

7.16 StPÄG. Vom 19. Dezember 1964. BGBl. 1964, S. 1067.

7.17 Urheberrechtsgesetz. Vom 9. September 1965. BGBl. I 1965, S. 1273.

7.18 Gesetz zur Änderung strafrechtlicher Vorschriften der Reichsabgabenordnung und anderer Gesetze. Vom 10. August 1967. BGBl. I 1967, S. 877.

7.19 Sortenschutzgesetz. Vom 20. Mai 1968. BGBl. I 1968. S. 429.

7.20 Achtes Strafrechtsänderungsgesetz. Vom 25. Juni 1968. BGBl. I 1968, S. 741.

7.21 1. StrRG. Vom 25. Juni 1969. BGBl. I 1969, S. 645.

7.22 Gesetz zur Änderung der Strafprozeßordnung. Vom 7. August 1972. BGBl. I 1972, S. 1361.

7.23 EGStGB. Vom 2. März 1974. BGBl. I 1974, S. 469.

7.24 1. StVRG. Vom 9. Dezember 1974. BGBl. I 1974, S. 3393.

7.25 Gesetz zur Ergänzung des Ersten Gesetzes zur Reform des Strafverfahrensrechts. Vom 20. Dezember 1974. BGBl. I 1974, S. 3686.

7.26 Entwurf eines Gesetzes über die Hilfe für die Opfer von Straftaten. BT-Drucks. VI/2420.

7.27 Entwurf eines Bayrischen Gesetzes über staatliche Entschädigung für Verbrechensopfer. Bayr. LT, Drucks. 7/1412.

7.28 OEG. Vom 11. Mai 1976. BGBl. I 1976, S 1181.

7.29 Gesetz zum besseren Schutz der Opfer von Sexualdelikten. Vom 9. November 1983. BT-Drucks. 10/585.

7.30 Entwurf eines Strafverfahrensänderungsgesetzes 1984 (StVÄG 1984). Vom 13. April 1984. BT-Drucks. 10/1313.

7.31 Der Bundesminister der Justiz: Der Verletzte im Strafverfahren (Diskussionsentwurf eines Ersten Gesetzes zur Verbesserung der Rechte des Verletzten im Strafverfahren). Stand: Mai 1985.

7.32 Entwurf eines Gesetzes zur Stärkung der Rechte des Verletzten im Strafprozeß (Opferschutzgesetz). Vom 10. Juli 1985. BT-Drucks. 10/3636.

7.33 Entwurf eines Ersten Gesetzes zur Verbesserung der Stellung des Verletzten im Strafverfahren. Vom 10. April 1986. BT-Drucks. 10/5305.

7.34 Gesetz zur Änderung des Gebrauchsmustergesetzes. Vom 15. September 1986. BGBl. I 1986, S. 1146.

7.35 Opferschutzgesetz. Vom 18. Dezember 1986. BGBl. I 1986, S. 2496.

7.36 PrPG. Vom 7. März 1990. BGBl. I 1990, S. 422.

7.37 Gesetz zur Entlastung der Rechtspflege. Vom 11. Januar 1993. BGBl. I 1993, S. 50.

7.38 Markenrechtsreformgesetz. Vom 25. Oktober 1994. BGBl. I 1994, S. 3082.

7.39 StVÄG 1994. Vom 12. Januar 1995. BT-Drucks. 13/194.

7.40 Entwurf eines Gesetzes zur Verbesserung der Rechtsstellung von Deliktsopfern und zum Einsatz von Videogeräten bei Zeugenvernehmungen in der Hauptverhandlung. Vom 28. November 1995. BT-Drucks. 13/3128.

7.41 Entwurf eines Gesetzes zur Änderung und Ergänzung des Strafverfahrensrechts – Strafverfahrensänderungsgesetz 1996 – (StVÄG 1996). Vom 29. Januar 1996. BT-Drucks. 13/9718.

7.42 Entwurf eines Gesetzes zur Verbesserung des Opferschutzes. Vom 30. Januar 1996. BR-Drucks. 741/96.

7.43 Entwurf eines Zweiten Gesetzes zur Verbesserung der Stellung des Verletzten im Strafverfahren (2. Opferschutzgesetz). Vom 4. Februar 1997. BT-Drucks. 13/6899.

7.44 Entwurf eines Gesetzes zur Änderung der Strafprozessordnung (Gesetz zum Schutz von Zeugen bei Vernehmungen im Strafverfahren; Zeugenschutzgesetz). Vom 11. März 1997. BT-Drucks. 13/7165.

7.45 33. StrÄndG. Vom 1. Juli 1997. BGBl. 1997 I, S. 1607.

7.46 6. StrRG. Vom 26. Januar 1998. BGBl. 1998 I, S. 164.

7.47 ZSchG. Vom 30. April 1998. BGBl. 1998 I, S. 820.

7.48 StVÄG 1999. Vom 16. August 1999. BT-Drucks. 14/1484.

7.49 Strafverfahrensbeschleunigungsgesetz. Vom 5. Oktober 1999. BT-Drucks. 14/1714.

7.50 StVÄG 1999. Vom 2. August 2000. BGBl. 2000 I, S. 1253.

7.51 Gesetz zur Stärkung der Verletztenrechte. Vom 16. November 2000. BT-Drucks. 14/4661.

7.52 Gesetz zur Verbesserung des zivilgerichtlichen Schutzes bei Gewalttaten und Nachstellungen sowie zur Erleichterung der Überlassung der Ehewohnung bei Trennung. Vom 11. Dezember 2001. BGBl. I 2001, S. 3513.

7.53 Entwurf eines Gesetzes zur Verbesserung des Schutzes der Bevölkerung vor Sexualverbrechen und anderen schweren Straftaten. Vom 5. November 2002. BT-Drucks. 15/29.

7.54 Entwurf eines Gesetzes zur Änderung der Vorschriften über die Straftaten gegen die sexuelle Selbstbestimmung und zur Änderung anderer Vorschriften. Vom 28. Januar 2003. BT-Drucks. 15/350.

7.55 Opferrechtsreformgesetz – OpferRRG. Vom 8. April 2003. BR-Drucks. 829/03; BT-Drucks. 15/2536.

7.56 2. Opferschutzgesetz. Vom 8. April 2003. BT-Drucks. 15/814.

7.57 Gesetz zur Regelung des Urheberrechts in der Informationsgesellschaft. Vom 10. September 2003. BGBl. I 2003, S. 1774.

7.58 Opferrechtsreformgesetz – OpferRRG. Vom 11. November 2003. BT-Drucks. 15/1976.

7.59 Gesetz zur Änderung der Vorschriften über die Straftaten gegen die sexuelle Selbstbestimmung und zur Änderung anderer Vorschriften. Vom 27. Dezember 2003. BGBl. 2003 I, S. 3007.

7.60 Bundesministerium der Justiz: Diskussionsentwurf für eine Reform des Strafverfahrens. Stand: Februar 2004.

7.61 OpferRRG. Vom 24. Juni 2004. BGBl. I 2004, S. 1354.

7.62 37. StrÄndG. Vom 11. Februar 2005. BGBl. I 2005, S. 239.

7.63 Bundesrechtsanwaltskammer (Strafrechtsausschuss): Vorschlag einer gesetzlichen Regelung der Urteilsabsprache im Strafverfahren vorgelegt vom Strafrechtsausschuss der Bundesrechtsanwaltskammer. September 2005. BRAK-Stellungnahme-Nr. 25/2005.

7.6 Entwurf eines Gesetzes zur Regelung von Absprachen im Strafverfahren. Vom 31. Januar 2007. BT-Drucks. 16/4197.

7.65 40. StrÄndG. Vom 22. März 2007. BGBl. 2007 I, S. 354.

7.66 Gesetz zur Reform der Führungsaufsicht und zur Änderung der Vorschriften über die nachträgliche Sicherungsverwahrung. Vom 13. April 2007. BGBl. I 2007, S. 513.

7.6 Entwurf eines Gesetzes zur Stärkung des Opferschutzes im Strafprozess. Vom 19. Dezember 2007. BT-Drucks. 16/7617.

7.68 Entwurf eines Gesetzes zur Verbesserung des Schutzes der Opfer von Zwangsheirat und schwerem „Stalking". Vom 4. Juni 2008. BT-Drucks. 16/9448.

7.69 Entwurf eines Gesetzes zur Regelung der Verständigung im Strafverfahren. Vom 23. Januar 2009. BR-Drucks. 65/09.

7.70 Entwurf eines Gesetzes zur Stärkung der Rechte von Verletzten und Zeugen im Strafverfahren (2. Opferrechtsreformgesetz). Vom 3. März 2009. BT-Drucks. 16/12098. BR-Drucks. 178/09.

7.71 Entwurf eines Gesetzes zur Regelung der Verständigung im Strafverfahren. Vom 4. März 2009. BR-Drucks. 65/3/09.

7.72 *Dierlamm, Alfred:* Anhörung im Rechtsausschuss des Deutschen Bundestags am 25. März 2009 zu dem Gesetzentwurf der Fraktionen der CDU/CSU und SPD zur Regelung der Verständigung im Strafverfahren (BT-Drucks. 16/11736) und zum Gesetzentwurf des Bundesrates zur Regelung von Absprachen im Strafverfahren (BT-Drucksache 16/4197). 24. März 2009.

7.73 *Fischer, Thomas:* Betr.: Öffentliche Anhörung des Rechtsausschusses des Deutschen Bundestags am 25. Mai zu dem a) Gesetzentwurf der Fraktionen der CSU/CSU und SPD. Entwurf eines Gesetzes zur Regelung der Verständigung im Strafverfahren. BT-Drucksache 16/117736. b) Gesetzentwurf des Bundesrats. Entwurf eines Gesetzes zur Regelung von Absprachen im Strafverfahren. BT-Drucksache 16/4197. Vom 22. März 2009.

7.74 Deutscher Richterbund: Stellungnahme des Vorsitzenden des Deutschen Richterbundes, Oberstaatsanwalt Christoph Frank, zur Vorbereitung der Anhörung des Rechtsausschusses des Deutschen Bundestages am 25. März 2009. Öffentliche Anhörung zu dem a) Gesetzentwurf der Fraktionen der CDU/CSU und SPD. Entwurf eines Gesetzes zur Regelung der Verständigung im Strafverfahren – BT-Drucksache 16/11736. b) Gesetzentwurf des Bundesrates. Entwurf eines Gesetzes zur Regelung von Absprachen im Strafverfahren – BT-Drucksache 16/4197.

7.75 *Grillmeister, Ferdinand:* Gutachterliche Äußerungen. Drucksache 16/11736 (27.1.2009). Gesetzentwurf der Fraktion der CDU/CSU und SPR. Entwurf eines Gesetzes zur Regelung der Verständigung im Strafverfahren.

7.76 Strafrechtsausschuss der BRAK: Stellungnahme der Bundesrechtsanwaltskammer zum Gesetzentwurf der Bundesregierung zur Regelung der Verständigung im Strafverfahren (BT-Drucks. 16/11736). Und zum Beschluss des Bundesrats vom 6. März 2009 (BR-Drucks. 65/09(B)). März 2009. BRAK-Stellungnahme-Nr. 8/9009.

7.77 *Kempf, Eberhard:* Stellungnahme zum „Entwurf eines Gesetzes zur Regelung der Verständigung im Strafverfahren" – BT-Drs. 16/11736 vom 27. Januar 2009.

7.78 *König, Stefan:* Stellungnahme – zum Entwurf der Fraktionen der CDU/CSU und der SPD für ein „Gesetz zur Regelung der Verständigung im Strafverfahren" (BT-Drs. 16/11736). – sowie zum Entwurf des Bunderates für ein „Gesetz zur Regelung von Absprachen im Strafverfahren" (BT-Drs. 16/4197). Vom 23. März 2009.

7.79 *Lange, Jerome:* Stellungnahme zum Entwurf eines Gesetzes zur Regelung der Verständigung im Strafverfahren. Vom 23. März 2009.

7.80 *Nack, Armin:* Stellungnahme zur öffentlichen Anhörung des Rechtsausschusses des Deutschen Bundestages am 25. März 2009 zum Gesetzentwurf der Fraktionen der CDU/CSU und SPD. Entwurf eines Gesetzes zur Regelung der Verständigung im Strafverfahren – BT-Drucksache 16/11736. Gesetzentwurf des Bundesrates. Entwurf eines Gesetzes zur Regelung von Absprachen im Strafverfahren – BT-Drucksache 16/4197. Vom 23. März 2009.

7.81 *Jahn, Matthias:* Schriftliche Stellungnahme im Rahmen der öffentlichen Anhörung des Rechtsausschusses des Deutschen Bundestags zu den Gesetzesentwürfen a) der Fraktionen der CDU/CSU und SPD zur Stärkung der Rechte von Verletzten und Zeugen im Strafverfahren (2. Opferrechtsreformgesetz = BT-Ds. 16/12098 vom 3. März 2009 b) der Bundesregierung zur Stärkung der Rechte von Verletzten und Zeugen im Strafverfahren BRats-Ds. 178/09 vom 20. Februar 2009 c) des Bundesrats zur Stärkung des Opferschutzes im Strafprozess BT-Ds 16/7617 vom 19. Dezember 2007 d) des Bundesrats zur Verbesserung des Schutzes der Opfer von Zwangsheirat und schwerem „Stalking“, BT-Ds 16/9488 vom 4. Juni 2008 am 13. Mai 2009.

7.82 *Schöch, Heinz:* Schriftliche Stellungnahme für die öffentliche Anhörung des Rechtsausschusses des Deutschen Bundestags am 13. Mai 2009 zum Entwurf eines Gesetzes zur Stärkung der Rechte von Verletzten und Zeugen im Strafverfahren (2. Opferrechtsreformgesetz) – BT-Drucksache. 16/12098.

7.83 *Böttcher, Reinhard:* Öffentliche Anhörung zu den Gesetzesentwürfen der Koalitionsfraktionen und der Bundesregierung für ein 2. Opferrechtsreformgesetz (BT-Drs. 16/ 12098 und BR-Drs. 178/09) sowie zu den Gesetzesentwürfen des Bundesrats BT-DRs 16/7617 und BT-Drs. 16/9448 am Mittwoch, den 13. Mai 2009.

7.84 *Dölling, Dieter:* Stellungnahme im Rahmen der öffentlichen Anhörung des Rechtsausschusses des Deutschen Bundestags zu dem Gesetzesentwurf der Fraktionen der CDU/CSU und SPD zur Stärkung der Rechte von Verletzten und Zeugen im Strafverfahren (2. Opferrechtsreformgesetz= BT-Ds. 16/12098, dem Gesetzesentwurf der Bundesregierung zur Stärkung der Rechte von Verletzten und Zeugen im Strafverfahren BR-Ds. 178/09,) dem Gesetzesentwurf des Bundesrats zur Stärkung des Opferschutzes im Strafprozess BT-Ds 16/7617, dem Gesetzesentwurf des Bundesrats zur Verbesserung des Schutzes der Opfer von Zwangsheirat und schwerem „Stalking“, BT-Ds 16/9488.

7.85 *Schmidt-Sommerfeld, Christian:* Schriftliche Stellungnahme im Rahmen der öffentlichen Anhörung des Rechtsausschusses des Deutschen Bundestags am 13. Mai 2009.

7.86 *Arenhövel, Wolfgang:* Stellungnahme zum Gesetzesentwurf zur Stärkung der Rechte von Verletzten und Zeugen im Strafverfahren (2. Opferrechtsreformgesetz) – Gesetzesentwurf der DU/CSU und SPD.

7.87 Bundesverband Musikindustrie e.V.: Stellungnahme des Bundesverbandes Musikindustrie e.V. zum Regierungsentwurf für ein Gesetz zur Stärkung der Rechte von Verletzten und Zeugen im Strafverfahren (2. Opferrechtsreformgesetz).

7.88 DAV (Ausschuss Geistiges Eigentum): Stellungnahme des Deutschen Anwaltsvereins durch den Ausschuss Geistiges Eigentum zum Gesetzesentwurf der Bundesregierung zur Stärkung der Rechte von Verletzten und Zeugen im Strafverfahren (2. Opferrechtsreformgesetz). Stand: 18. Februar 2009.

7.89 Deutscher Richterbund: Stellungnahme des Deutschen Richterbundes zum Regierungsentwurf eines Gesetzes zur Stärkung der Rechte von Verletzten und Zeugen im Strafverfahren (2. Opferrechtsreformgesetz).

7.90 *Wagner, Jutta / Freudenberg, Dagmar:* Stellungnahme zum Entwurf eines Gesetzes zur Stärkung der Rechte von Verletzten und Zeigen im Strafverfahren (2. Opferrechtsreformgesetz) anlässlich der öffentlichen Anhörung im Rechtsausschuss des Deutschen Bundestages am Mittwoch, den 13. Mai 2009.

7.91 Bundesrechtsanwaltskammer: Stellungnahme der Bundesrechtsanwaltskammer zum Gesetzesentwurf der Bundesregierung zur Stärkung der Rechte von Verletzten und Zeugen im Strafverfahren (2. Opferrechtsreformgesetz).

7.92 Strafverteidigervereinigungen: Stellungnahme der Strafverteidigervereinigungen zum Entwurf eines Gesetzes zur Stärkung der Rechte von Verletzten und Zeugen im Strafverfahren (2. Opferrechtsreformgesetz) – BR-Drs. 178/09, Bt-Drs. 16/12812 und 16/12098.

7.93 *Pollähne, Helmut:* 2. Opferrechtsreformgesetz (BT-Drs 16/12098 = BR Drs 178/09 zzgl. BT-Drs 16/7617 und 9448. Anhörung des Rechtsausschusses des Bundesrats am 13. Mai 2009. Stellungnahme.

7.94 2. Opferrechtsreformgesetz. Vom 29. Juli 2009. BGBl. 2009 I, S. 2280.

7.95 Gesetz zur Regelung der Verständigung im Strafverfahren. Vom 29. Juni 2009. BGBl. I 2009, S. 2353.

7.96 Gesetz zur Bekämpfung der Zwangsheirat und zum besseren Schutz der Opfer von Zwangsheirat sowie zur Änderung weiterer aufenthalts- und asylrechtlicher Vorschriften. Vom 23. Juni 2011. BGBl. I 2011, S. 1266.

7.97 StORMG. Vom 26. Juni 2013. BGBl. I 2013, S. 1805.

7.98 47. StrÄndG. Vom 24. September 2013. BGBl. I 2013, S. 3671.

7.99 3. Opferrechtsreformgesetz. Vom 11. September 2014.

7.100 BMJV [Hrsg.]: Bericht der Expertenkommission zur effektiveren und praxistauglicheren Ausgestaltung des allgemeinen Strafverfahrens und des jugendgerichtlichen Verfahrens. Berlin 2015.

7.101 BMJV [Hrsg.]: Bericht der Expertenkommission zur effektiveren und praxistauglicheren Ausgestaltung des allgemeinen Strafverfahrens und des jugendgerichtlichen Verfahrens. Anlagenband I – Gutachten. Berlin 2015.

7.102 BMJV [Hrsg.]: Bericht der Expertenkommission zur effektiveren und praxistauglicheren Ausgestaltung des allgemeinen Strafverfahrens und des jugendgerichtlichen Verfahrens. Anlagenband II – Protokolle. Berlin 2015.

7.103 3. Opferrechtsreformgesetz. BR-Drucks. 56/15 bzw. BT-Drucks. 18/4621.

7.104 3. Opferrechtsreformgesetz. Vom 21. Dezember 2015. BGBl. I 2015, S. 2525.

7.105 Gesetz zur Verbesserung der Bekämpfung des Menschenhandels und zur Änderung des Bundeszentralregistergesetzes sowie des Achten Buches Sozialgesetzbuch. Vom 11. Oktober 2016. BGBl. I 2016, S. 2226.

7.106 Fünfzigstes Gesetz zur Änderung des Strafgesetzbuches – Verbesserung des Schutzes der sexuellen Selbstbestimmung. Vom 4. November 2016. BGBl. I 2016, S. 2460.

7.107 Fünfundfünfzigstes Gesetz zur Änderung des Strafgesetzbuchs – Wohnungseinbruchsdiebstahl· Vom 17. Juli 2017. BGBl. I 2017, S. 2442.

7.108 Ein neuer Aufbruch für Europa. Eine neue Dynamik für Deutschland. Ein neuer Zusammenhalt für unser Land. Koalitionsvertrag zwischen CDU, CSU und SPD 19. Legislaturperiode. Berlin, 7. Februar 2018. (Zitiert: Koalitionsvertrag 2018, S.)

Literaturverzeichnis

ABEGG, Julius, Friedrich Heinrich: Der Entwurf einer Strafprozeß-Ordnung für den Preußischen Staat vom Jahre 1865. Leipzig 1865.

ALBRECHT, Peter-Alexis: Der Weg in die Sicherheitsgesellschaft. Auf der Suche nach staatskritischen Absolutheitsregeln. Studienausgabe. Berlin 2010.

ALPERS: Einschränkung der Nebenklage würde zur Mehrbelastung der Zivilgerichte führen; in: AnwBl 1973, S. 140.

ALTENHAIN, Karsten: Strafprozessrechtliche Vorhaben im Koalitionsvertrag; in: KriPoZ 2019, S. 41–46.

AMBROSIUS: Für und wider das Adhäsionsverfahren; in: GS 1936, S. 143–165.

AMELUNXEN, Clemens: Der Nebenkläger im Strafverfahren. Lübeck 1980.

- Die Entschädigung des durch eine Straftat Verletzten; in: ZStW 1974, S. 457–470.

ANDERS, Ralf Peter: Straftheoretische Anmerkungen zur Verletztenorientierung im Strafverfahren; in: ZStW 2013, S. 374–410.

ANONYMUS: Das Institut der Staatsanwaltschaft in Deutschland. Preußische Jahrbücher 1859, S. 22–42.

- Das Princip der Strafverfolgung; in: Deutsche Vierteljahrs-Schrift 1859, S. 71–149.

- Das Princip der Strafverfolgung; in: Deutsche Vierteljahrs-Schrift 1860, S. 250–295.

- Dokumentation. Vorschläge zu gesetzlichen Maßnahmen zur Entlastung der Gerichte und Staatsanwaltschaften in der Strafgerichtsbarkeit; in: StV 1982, S. 325–334.

ARNOLD, Jörg: Zur Kritikgeschichte opferperspektivischer Wandlungen im Strafrecht und im Strafverfahren. In: Straverteidigervereinigungen [Hrsg.]: Bild und Selbstbild der Strafverteidigung. Texte und Ergebnisse des 40. Strafverteidigertags. Frankfurt a.M., 4.–6. März 2016. Berlin 2016, S. 109–167.

ASCHROTT, P.F.: Das Legalitätsprinzip und die Stellung der Staatsanwaltschaft sowie ihrer Hilfsorgane im Strafverfahren; in: Aschrott, P.F. [Hrsg.]: Reform des Strafprozesses. Berlin 1906. S. 74–85.

ASHOLT, Martin: Straßenverkehrsstrafrecht. Reformdiskussion und Gesetzgebung seit dem Ausgang des 19. Jahrhunderts. Diss. Berlin 2007.

BANDILLA, Wolfgang / HASSEMER, Raimund: Zur Abhängigkeit strafrichterlicher Beweiswürdigung vom Zeitpunkt der Zeugenvernehmung im Hauptverfahren; in: StV 1989, S. 551–554.

BAR, Ludwig von: Kritik der Principien des Entwurfs einer Strafprocessordnung vom Januar 1873. Berlin 1873.

BARTELMANN: Gegen die Einschränkung der Nebenklage; in: AnwBl 1973, S. 14.

Barton, Stephan / Kölbel, Ralf: Einführung in den Band; in: Barton, Stephan / Kölbel, Ralf [Hrsg.]: Ambivalenzen der Opferzuwendung des Strafrechts. 2012. S. 1–25.

Barton, Stephan / Krawcyk, Lucian: Fehler und Versäumnisse in Nebenklageverfahren; in: STRR 2009, S. 164–168.

Barton, Stephan: Die Reform der Nebenklage: Opferschutz als Herausforderung für das Strafverfahren; in: JA 2009, S. 753–759.

- Opferschutz und Verteidigung: Die Ambivalenz der Opferzuwendung des Strafrechts, in: Strafverteidigervereinigungen (Hrsg.), 36. Strafverteidigertag, 2013, S. 49–67.

- Strafjustiz und Opfergerechtigkeit; in: StV 2012, S. 1.

- Strafrechtspflege und Kriminalpolitik in der viktimären Gesellschaft. Effekte, Ambivalenzen und Paradoxien; in: Organisationsbüro der Strafverteidigervereinigungen (Hrsg.): Materialheft zum 40. Strafverteidigertag, 2016, S. 45–56.

- Wie wirkt sich das 2. Opferrechtsreformgesetz auf die Nebenklage aus? In: STRR 2009, S. 404–408.

Baumhöfener, Jens: Aktenkenntnis des Nebenklägers – Gefährdung des Untersuchungszwecks bei der Konstellation Aussage-gegen-Aussage; in: NStZ 2014, S. 135–138.

Baurmann, Michael C.: Das Opfer nach der Straftat. Wiesbaden 1991.

Beck, Wolf-Dieter: Ist die Einschränkung der Nebenklagebefugnis aus Gründen der Praxis zu rechtfertigen? In: DAR 1973, S. 134f.

Bekk, Johann B.: Die Großherzoglich Badische Strafprozessordnung. Band 1. Mannheim 1847.

- Mündliche Vorträge über die Großherzoglich Badischen Strafgerichte, einschließlich der Schwurgerichte, und das Verfahren derselben. Karlsruhe 1851.

Beling, Ernst L. von: Deutsches Reichsstrafprozeßrecht: mit Einschluß des Strafgerichtsverfassungsrechts. Berlin 1928.

- Informationsprozesse; in: Festschrift für die juristische Fakultät Gießen zum Universitätsjubiläum, S. 317–367. Gießen 1907.

Bender, Biggi: Die Feministinnen und das Strafrecht – eine Replik; in: KJ 1987, S. 449–543.

Bender: Zur Wertung der VO vom 24. Januar 1924; in: JW 1924, S. 1651f.

Bennecke, Hans: Lehrbuch des Deutschen Reichs-Strafprozeßrechts. Breslau 1895.

Berz, Ulrich: Zur Reform der Nebenklage; in: DAR 1978, S. 1–5.

- Neugestaltung der Nebenklage im Verkehrsrecht? in: Deutsche Akademie für Verkehrswissenschaft: 15. Deutscher Verkehrsgerichtstag. 1977. Veröffentlichung der auf dem 15. Deutschen Verkehrsgerichtstag am 27. und 28. Januar 1977 in Goslar gehaltenen Referate und erarbeiteten Entschließungen. Hamburg 1977. S. 180–191.

Betzold, Ernst: Entwurf einer deutschen Strafprozeß-Ordnung; in: Zeitschrift für die deutsche Gesetzgebung und für einheitliches deutsches Recht 1874, S. 304–327.

- Entwurf einer deutschen Strafprozeß-Ordnung; in: Zeitschrift für die deutsche Gesetzgebung und für einheitliches deutsches Recht 1874, S. 628–642.

Beulke, Werner: Die Neuregelung der Nebenklage; in: DAR 1988, S. 114–120.

Binding, Karl: Die drei Grundfragen der Organisation des Strafgerichts für Juristen und Nichtjuristen gestellt und beantwortet. Leipzig 1876.

Bittmann, Folker: Referentenentwurf für ein Gesetz zur Stärkung der Rechte von Opfern sexuellen Missbrauchs (StORMG); in: ZRP 2011, S. 72–74.

Blasius, Dirk: Geschichte der politischen Kriminalität in Deutschland (1800–1980). Eine Studie zu Justiz und Staatsverbrechen. Frankfurt a.M. 1983.

Bock, Dennis: Nebenklage im Wirtschafts- und Unternehmensstrafrecht? – zur Reichweite des § 395 Abs. 3; in: Ahlbrecht, Heiko / Dann, Matthias / Wessing, Helga / Frister, Helmut / Bock, Dennis: Unternehmensstrafrecht. Festschrift für Jürgen Wessing zum 65. Geburtstag. München 2015, S. 159–176.

Bock, Stefanie: Internationale Perspektiven: Einflüsse des Europarats und der Europäischen Union; in: Pollähne, Helmut / Rode, Irmgard [Hrsg.]: Opfer im Blickpunkt – Angeklagte im Abseits? Probleme und Chancen zunehmender Orientierung auf die Verletzten in Prozess, Therapie und Vollzug. Berlin 2012, S. 43–62.

Bolder, Otto Paul: Der Versuch einer Reform des Strafverfahrens und der Strafgerichtsverfassung in den Jahren 1885, 1894 und 1895. Diss. Bottrop 1934.

Böttcher, Reinhard: Das neue Opferschutzgesetz; in: JR 1987, S. 133–141.

- Der gefährdete Zeuge im Strafverfahren; in: Albrecht, Peter-Alexis / Ehlers, Alexander P. F. / Lamott, Franziska / Pfeiffer, Christian / Schwind, Hans-Dieter / Walter, Michael [Hrsg.]: Festschrift für Horst Schüler-Springorum zum 65. Geburtstag. Köln / Berlin / Bonn / München 1993. S. 541–553.

- Wie viel Opferschutz verträgt der rechtsstaatliche Strafprozess? In: Dölling, Dieter / Götting, Bert / Meier, Bernd-Dieter / Verrel, Torsten [Hrsg.]: Verbrechen – Strafe – Resozialisierung. Festschrift für Heinz Schöch zum 70. Geburtstag am 20. August 2010. Berlin / New York 2010, S. 929–945.

Böttger, Lutz: Die Entwicklung des Strafprozessrechts in den 60er und 70er Jahren des 20. Jahrhunderts. Zugl. Diss. Berlin 2016.

Brandt, Arthur: Die Nebenklage in Automobilstrafsachen; in: Autorechtliche Rundschau: Zeitschrift für das gesamte Kraftfahrrecht 1929, S. 1f. (Zitiert: *Brandt*, Autorechtl. Rundschau 1929, S.)

- Die verletzte Partei im Strafprozeß; in: JW 1930, S. 891–894.

Brandt-Jancyk, Ursula: Jurafrauentreffen in Hamburg vom 9.–11. März 1984; in: STREIT 1984, S. 67–69.

Braun, A.C.H.: Hauptstücke des öffentlich-mündlichen Strafverfahrens mit Staatsanwaltschaft nach französischer und holländischer Gesetzgebung. Leipzig 1845.

BRINGEWAT, Peter: Die Nebenklage – ein wirksames Verfahren zur „privaten Kontrolle“ staatsanwaltschaftlicher Strafverfolgung? In: GA 1972, S. 289–302.

BRODERSEN, Kilian: Das Strafverfahrensänderungsgesetz 1999; in: NJW 2000, S. 2536–2542.

BROWNMILLER, Susan: Against Our Will. Men, Women and Rape. New York 1975.

BRUCK, Ernst: Zur Reform der Privatklage; in: ZStrW 1906, S. 677–692.

BRÜGGEMANN, Johannes A.J.: Entwicklung und Wandel des Sexualstrafrechts in der Geschichte unseres StGB. Baden-Baden 2013.

BUMKE, Erwin: Verordnung über Gerichtsverfassung und Strafrechtspflege vom 4. Januar 1924. Zweite Aufl. Berlin 1924.

BUNDESMINISTERIUM DER JUSTIZ: Niederschriften der Arbeitsgruppe „Strafverfahrensreform“ der Justizverwaltungen. Einsetzung, Erörterungen, Ergebnisse. Bonn 1970–1971.

BUNG, Jochen: Strafprozessuale Fragen beim Schutz geistigen Eigentums. Beweiserleichterungen, Nebenklage und verstärkte Beteiligung Privater in europäischen Ermittlungsverfahren; in: Bosch, Nikolaus / Bung, Jochen / Klippel, Diethelm: Geistiges Eigentum und Strafrecht. Tübingen 2011, S. 139–154.

- Zweites Opferrechtsreformgesetz: Vom Opferschutz zur Opferermächtigung; in: StV 2009, S. 430–437.

BURGHARDT, Angelika: Glaubwürdigkeitsbegutachtung als Frauendiskriminierung; in: STREIT 1985, S. 3–7.

BURGSMÜLLER, Claudia / HÜBNER, Doris / GOY, Alexandra / LOHSTÖTER, Ingrid / ORSCHEL, Laetitia / SELIG, Felicitas: Stellungnahme zu den Entwürfen eines „Gesetzes zum besseren Schutz der Opfer von Sexualdelikten; in: STREIT 1984, S. 48–50.

BURGSMÜLLER, Claudia / GOY, Alexandra: Stellungnahme zu dem Diskussionsentwurf eines Gesetzes zur Verbesserung der Rechte des Verletzten im Strafverfahren des Bundesministers der Justiz (Stand Mai 1985); in: STREIT 1985, S. 108–110.

- Der subjektive Faktor – Ein Beitrag zur drohenden Abschaffung der Nebenklage; in: STREIT 1/1983, S. 8–12.

- Die Beiordnung der Nebenklagevertreterin im Vergewaltigungsverfahren; in: STREIT 1/1983, S. 13. (Zitiert: *Burgsmüller*, STREIT 1/1983, S.)

- Gerichtsbericht: Impressionen aus dem Berliner Gynäkologenprozeß; in: STREIT 1986, S. 40–47.

- Strafmilderung für Freier? In: STREIT 1985, S. 50–53.

- Vom Mythos einer feministischen Rechtsanwältin; in: STREIT 1984, S. 3–7.

BUTTEL, VON: Erörterung praktisch-wichtiger Fragen. Die Stellung der Staatsanwaltschaft; in: Schwurgerichtszeitung 1857, S. 14–15.

CAESAR, Peter: Noch stärkerer Schutz für Zeugen und andere nicht beschuldigte Personen im Strafprozeß? In: NJW 1998, S. 2313–2318.

CARSTEN, Ernst Sigismund / RAUTENBERG, Erardo Cristoforo: Die Geschichte der Staatsanwaltschaft in Deutschland bis zur Gegenwart. Ein Beitrag zur Beseitigung ihrer Weisungsabhängigkeit von der Regierung im Strafverfahren. 3. Aufl. Baden-Baden 2015.

CELEBI, Gülsen: Kritische Würdigung des Opferrechtsreformgesetzes; in: ZRP 2009, S. 110f.

CHRISTIE, Nils: Conflicts as Property; in: The British Journal of Criminology 1977, Vol. 17, Nr. 1, S. 1–15.

- The Ideal Victim; in: Fattah, Ezzat A. [Hrsg.]: From Crime Policy to Victim Policy. Reorienting the Justice System. Houndmills / Basingstoke / Hampshire / London 1986, S. 17–30.

CLAUSNITZER: Kein zureichender Grund für die vorgeschlagene Einschränkung der Nebenklage; in: AnwBl 1973, S. 74f.

COLLIN, Peter: Die Geburt der Staatsanwaltschaft in Preußen; in: fhi 2001.

- „Wächter der Gesetze" oder „Organ der Staatsregierung"? Konzipierung, Einrichtung und Anleitung der Staatsanwaltschaft durch das preußische Justizministerium. Von den Anfängen bis 1860. Frankfurt a.M. 2000.

COSTA, H.L.: Die gerichtsverfassungsrechtlichen und verfahrensrechtlichen Vorschriften des Dritten Strafrechtsänderungsgesetzes (mit Ausnahme der Strafaussetzung zur Bewährung und der bedingten Entlassung); in: MDR 1953, S. 577–581.

CREMER-SCHÄFER, Helga / STEINERT, Heinz: Straflust und Repression. Zur Kritik der populistischen Kriminologie. Münster 1998.

CÜPPERS, Josef: Bemerkungen zum Entwurf des 3. Strafrechtsänderungsgesetzes (Strafrechtsbereinigungsgesetz); in: NJW 1952, S. 993–997.

DAHM, Georg / SCHAFFSTEIN, Friedrich: Liberales oder autoritäres Strafrecht? Hamburg 1933.

- Der Staatsanwalt im neuen Strafverfahren; in: Deutsches Strafrecht 1935, S. 257–267.

- Ehrenkränkung; in: Gürtner, Franz: Das kommende deutsche Strafrecht. Besonderer Teil. Bericht über die Arbeit der amtlichen Strafrechtskommission. 2. Aufl. Berlin 1936. S. 397–419.

DAHS, Hans: Anmerkung zu OLG Bamberg, Beschluss vom 24. Juni 1952 – Wr/52; in: NJW 1952, S. 1270.

DALCKE: Einzelne Bemerkungen über den neuesten Entwurf einer Strafproceßordnung für den Preußischen Staat; in: GS 1865, S. 209–222.

DAMM, Renate: Opferschutz im Strafverfahren; in: BRAK-Mitt. 1986, S. 3.

DANIELS, Alexander von: Grundsätze des rheinischen und französischen Strafverfahrens mit vergleichender Berücksichtigung der auf Mündlichkeit, Öffentlichkeit und Schwurgericht gegründeten neuesten Gesetze und Gesetzesentwürfe. Berlin 1849.

DANIELS, Heinrich Gottfried Wilhelm: Criminal-Gesetzbuch Frankreichs. Erster Theil. 2. Aufl. Köln 1812.

DAV: Stellungnahme des Deutschen Anwaltvereins durch den Ausschuss Strafrecht zum Appell des Strafkammertags. Stellungnahme 53/2017. Berlin, im Oktober 2017.

DEIMLING, Otto von: Die Stellung des Verletzten am künftigen Strafprozeß. Diss jur. 1938.

DETTMAR, Juliane Sophia: Legalität und Opportunität im Strafprozess. Reformdiskussion und Gesetzgebung von 1877 bis 1933. Berlin 2008.

DEUTSCHE AKADEMIE FÜR VERKEHRSWISSENSCHAFT: 14. Deutscher Verkehrsgerichtstag. 1976. Veröffentlichung der auf dem 14. Deutschen Verkehrsgerichtstag am 29. und 30. Januar 1976 in Goslar gehaltenen Referate und erarbeiteten Entschließungen. Hamburg 1977.

- 15. Deutscher Verkehrsgerichtstag. 1977. Veröffentlichung der auf dem 15. Deutschen Verkehrsgerichtstag am 27. und 28. Januar 1977 in Goslar gehaltenen Referate und erarbeiteten Entschließungen. Hamburg 1977.

DEUTSCHER ANWALTVEREIN: Zur VO vom 4. Januar 1924 über Gerichtsverfassung und Strafrechtspflege. A. Entschließungen des Deutschen Anwaltvereins zur Reform des materiellen Strafrechts und des Strafprozesses; in: JW 1924, S. 1641–1646.

DEUTSCHER JURISTENTAG: Verhandlungen der Deutschen Juristentage. Herausgegeben von dem Schriftführer-Amt der ständigen Deputation.Verhandlungen des Ersten Deutschen Juristentages Berlin 1860. Berlin 1860; Verhandlungen des Zweiten Deutschen Juristentages Dresden 1861. Band 1. Berlin 1861; Verhandlungen des Zweiten Deutschen Juristentages Dresden 1861. Band 2. Berlin 1862. Verhandlungen der Deutschen Juristentage. Herausgegeben von dem Schriftführer-Amt der ständigen Deputation.-Verhandlungen des Neunundzwanzigsten Deutschen Juristentages Berlin 1909. Berlin 1909. Verhandlungen des fünfundfünfzigsten Deutschen Juristentages. Hamburg 1984. Band II (Sitzungsberichte). München 1984. Verhandlungen des fünfzigsten Deutschen Juristentages. Hamburg 1974. Band II (Sitzungsberichte). München 1974. Verhandlungen des neunundvierzigsten Deutschen Juristentages. Düsseldorf 1972. Band II (Sitzungsberichte). München 1972.

DEUTSCHER JURISTINNENBUND E.V.: Policy Paper. Opferrechte im Strafverfahren wegen geschlechtsbezogener Gewalt. Berlin 2018.

DIETZ: Gutachten über die Frage: Bedarf das Legalitätsprinzip im Strafverfahren einer Einschränkung und bejahendenfalls in welche Richtung? in: Verhandlungen des Neunundzwanzigsten Deutschen Juristentages. 1908. Herausgegeben von dem Schriftführer-Amt der ständigen Deputation. Dritter Band. Berlin 1908. S. 51–91.

DITTENBERGER: Die Strafrechtsgruppe des Deutschen Anwaltvereins zur Reform des Strafprozesses und des materiellen Strafrechts; in: JW 1924, S. 1653–1655.

DOCHOW, Adolf: Die Busse im Strafrecht und Strafprocess. Ein Beitrag zur Kritik der Entwürfe einer deutschen Strafprocessordnung. Jena 1875.

- Die deutsche Strafprozessordnung vom 1. Februar 1877; in: Holtzendorff, Franz von: Handbuch des deutschen Strafprozeßrechts. 1. Band. Berlin 1879.

- Über den juristischen Charakter der im Reichsstrafrecht vorkommenden Buße. Halle 1875.

- Die Betheiligung des Verletzten am Strafverfahren; in: Holtzendorff, Franz von: Handbuch des deutschen Strafverfahrens. Zweiter Band. Berlin 1879. S. 351–374.

DOHNA, Alexander Graf von: Neue Mittel des Ehrenschutzes; in: ZStW 1938, S. 158–166.

DÖLLING, Dieter / DUTTGE, Gunnar / RÖSSNER, Dieter / KÖNIG, Stefan [Hrsg.]: Gesamtes Strafrecht. Handkommentar. StGB – StPO – Nebengesetze. 4. Aufl. Baden-Baden 2017.

DREYER: Bemerkungen zu den Beschlüssen der Reichtags-Commission, betreffend die Berathungen des Entwurfs einer Strafprocessordnung für das Deutsche Reich. Leipzig 1875.

EBERMAYER: Entwurf eines ersten Gesetzes zur Vereinfachung des Rechtswesens; in: JW 1924, S. 249–251.

EICHARDT, Rudolf: Das Rechtsmittel des Nebenklägers. Diss jur. Zeulenroda 1936.

ELLING, Karl: Die Einführung der Staatsanwaltschaft in Deutschland. Breslau 1911.

ENGEL, Katharina: „Neues“ Verletztenschutzgesetz? In: STREIT 1/1987, S. 27f.

- Warum eine Reform des §§ 177, 178 StGB und der dazu gehörenden Vorschriften der StPO? In: STREIT 1984, S. 50–54.

ESER, Albin: Funktionswandel strafrechtlicher Prozeßmaximen: Auf dem Weg zur „Reprivatisierung“ des Strafverfahrens; in: ZStW 1992, S. 361–397.

- Zur Renaissance des Opfers im Strafverfahren. Nationale und internationale Tendenzen; in: Dornseifer, Gerhard / Horn, Eckhard / Schilling, Georg / Schöne, Wolfgang / Struensee, Eberhard / Zielinski, Diethard: Gedächtnisschrift für Armin Kaufmann. Köln / Berlin / Bonn / München 1989, S. 723–747.

EWE, Petra / PÖTZ-NEUBURGER, Susanne: Wie wir wurden, was wir sind. Zur Geschichte der Jurafrauentreffen. Teil 1: Bis 1978; in: STREIT 1/1983, S. 36–39.

EXNER, Franz: Richter, Staatsanwalt und Beschuldiger im Strafprozeß des neuen Staates; in: ZStW 1935, S. 1–43.

FABRICIUS, Dirk: Die Stellung des Nebenklagevertreters; in: NStZ 1994, S. 257–263.

FATTAH, Ezzat A.: Victimology: past, present and future; in: Criminologie 2000, S. 17–46.

FEISENBERGER: Die Verfolgung der Kriegsverbrechen und –Vergehen; in: Deutsche Strafrechts-Zeitung 1920, S. 20ff.

FERBER, Sabine: Das Opferrechtsreformgesetz; in: NJW 2004, S. 2562–2565,

- Stärkung der Opferrechte im Strafverfahren – Das 3. Opferrechtsreformgesetz; in: NJW 2016, S. 279–282.

FLACKE: Die Rechtsstellung der Finanzverwaltung als Nebenklägerin im gerichtlichen Steuerstrafverfahren. Diss. Köln 1955.

FLEMM, Robert: Strafzumessung und Wiedergutmachung – aus Sicht des Opfers; in: Evangelische Akademie Hofgeismar: Das Tatopfer als Subjekt. Tagung. 28. bis 30. November 1980. S. 65–68.

Fliegel, F.W.: Das Preußische Bagatell- und Injurien-Prozeß-Verfahren nach Gesetzgebung, Wissenschaft und Rechtsanwendung. Berlin 1854.

Frederking, Gisela / Friedrichs, Gisela: Schritt aus der Abhängigkeit – Nebenklagevertretung von Prostituierten in Zuhälterverfahren; in: STREIT 1985, S. 46–49.

Freisler, Roland: Die Vereinfachungsverordnung als Mittel der Schlagkraftsteigerung und ihr Stand in der Strafverfahrenserneuerung; in: DJ 1939, S. 1537–1545.

- Grundzüge des kommenden Strafverfahrensrechts; in: GA 1935, S. 228–247.

Freudenstein, Carl Gustav: System des Rechtes der Ehrenkränkungen nach Theorie und Praxis des Strafgesetzbuches und der Strafprozeßordnung. 1880.

Frey, Ludwig de: Die Staatsanwaltschaft in Deutschland und Frankreich. Erlangen 1850.

- Frankreichs Civil- und Criminal-Verfassung. Mannheim 1842.

Friedersdorff: Auslegung und Auswirkung des § 153 StPO; in: JW 1929, S. 2694.

Friedländer, Adolph: Gestaltung des Privatklageverfahrens. Kritische Besprechungen; in: Aschrott, P.F. [Hrsg.]: Reform des Strafprozesses. . Berlin 1906. S. 578–600.

Friedmann, Otto: Das Recht der Wahrheit und der Schutz des guten Namens vom legislativen Standpunkt. Leipzig 1901.

Fuchs, Karl: Probleme aus dem Nebenklagerecht des Finanzamts. Diss. Köln 1958.

Fuld, Ludwig: Gestaltung des Privatklageverfahrens. Kritische Besprechungen; in: Aschrott, P.F. [Hrsg.]: Reform des Strafprozesses. Berlin 1906. S. 601–623.

Galen, Margarete von: Die Opferperspektive im Deutschen Strafprozess. Eine kritische Bestandsaufnahme aktueller Gesetzgebungsvorhaben; in: Strafverteidigervereinigungen. Organisationsbüro [Hrsg.]: Opferschutz. Richterrecht. Strafprozessreform. 28. Strafverteidigertag. Karlsruhe, 5.–7. März 2004. Berlin 2005, S. 265–276.

Gallas, Wilhelm: Zur Struktur des kommenden Strafverfahrens. Bemerkungen zu dem Bericht der amtlichen Strafprozeßkommission; in: ZStW 1939, S. 624–657.

Garland, David: The Culture of Control. Crime and Social Order in Contemporary Society. Chicago 2001.

Gazola, Carlo / Klein, Ernst Ferdinand / Konopak, Christian Gottlieb: Entwurf der Strafproceß-Ordnung nebst Motiven (Hessen). Darmstadt 1860.

Gebhardt, Christoph: Die Entwicklung des Opferschutzes in Deutschland; in: Walsh, Maria / Pniewski, Benjamin / Kober, Marcus / Armborst, Andreas [Hrsg.]: Evidenzorientierte Kriminalprävention in Deutschland. 2018. S. 59–75.

Gelbert, Karl: Die Nebenklage bei der fahrlässigen Tötung; in: DJ 1937, S. 970–972.

Gemmingen, H. D. Freiherr von: Aussprache; in: ZStW 1937, S. 250–254.

Gerland, Heinrich: Der Deutsche Strafprozess: eine systematische Darstellung. 1927.

- Die systematische Stellung des Privatklageverfahrens im Strafproceß. Eine kritische Studie; in: GS 1902, S. 157–228.

- Strafprozß und Gerichtsverfassung; in: ZStW 1937, S. 388–430.

GEYER, August: Bemerkungen zum Entwurf einer deutschen Strafprozeßordnung; in: KritV 1873, S. 481–531.

- Bemerkungen zum revidirten Entwurf einer deutschen Strafprozeßordnung; in: KritV 1874, S. 322–363.

GIESE, Frank Paul: Abgabenordnung im Dritten Reich. Rechtsentwicklung und –entartung im Steuerstrafverfahrens- und allgemeinen Steuerrecht. Diss. Frankfurt a.M. 1998.

GIGLIOLI, Daniele: Die Opferfalle. Wie die Vegangenheit die Zukunft fesselt. Berlin 2016.

GLASER, Julius: Das Princip der Strafverfolgung.; in: AÖGZ 1860, S. 345f.

- Handbuch des Strafprozesses. Erster Band. Leipzig 1883.

- Replik auf den Aufsatz des Herausgebers dieser Zeitschrift: „das Princip der Strafverfolgung“ im 5. Heft des vorigen Jahrgangs. Strafrechtspflege in Deutschland 1861, S. 29–47.

GLÄSSER, Wolfgang: Indiskretionstatbestand, Wahrnehmung berechtigter öffentlicher Interessen sowie die Einführung eines Feststellungsverfahrens im Rahmen des Ehrenschutzes in der deutschen Strafrechtsreform. Trier 1934.

GLEISPACH, W.: Der deutsche Entwurf eines Gesetzes über den Rechtsgang in Strafsachen; in: Schweizerische Zeitschrift für Strafrecht 1920, S. 215–290.

GNEIST, Rudolf von: Vier Fragen zur Deutschen Strafprozeßordnung mit einem Schlußwort über die Schöffengerichte. Berlin 1874.

- Das heutige englische Verfassungs- und Verwaltungsrecht. I. Theil: Die Königliche Prärogarive. Die Aemter. Berlin 1857.

GOLDSCHMIDT, James: Das deutsche und das österreichische Strafverfahren und die Aussichten für eine Vereinheitlichung; in: ZStW 1922, S. 409–444.

- Zur Reform des Strafverfahrens. Tübingen 1919.

GÖRGEN, Thomas: Viktomologie; in: Görgen, Thomas / Kröber, Hans-Ludwig / Dölling, Dieter / Leygraf, Norbert / Sass, Henning [Hrsg.]: Handbuch der Forensischen Psychiatrie. Bd. 4. Darmstadt 2009, S. 236–265.

GOY, Alexandra: Der Berliner Gynäkologenprozeß; in: KJ 1987, S. 313–321.

- Die Inszenierung des Freispruchs durch das Gericht; in: STREIT 1986, S: 35–39.

GRAF, Jürgen-Peter [Hrsg.]: BeckOK StPO mit RiStBV und MiStra. 33. Edition. Stand: 1. April 2019.

GRAU: Die Verordnung zur weiteren Vereinfachung der Strafrechtspflege; in: DJ 1942, S. 597–603.

GRIESBAUM, Rainer: Der gefährdete Zeuge. Überlegungen zur aktuellen Lage des Zeugenschutzes im Strafverfahren; in: NStZ 1998, S. 433–441.

GROß, Rudolph Gabriel von: Das Princip der Strafverfolgung. (Zweiter Artikel, unter Beziehung auf die Berathungen des deutschen Juristentags.); in: Strafrechtspflege in Deutschland 1860, S. 385–410.

- Die sogenannten französischen Ideen im deutschen Strafprozeß; in: Strafrechtspflege in Deutschland 1860, S. 413–421.

- Gutachten über den Antrag des Rechtsanwalts Lewald und die dazu gestellten Nebenanträge; in: Verhandlungen des Zweiten Deutschen Juristentages Dresden 1861. Herausgegeben von dem Schriftführer-Amt der ständigen Deputation. Band 1. Berlin 1861. S. 129–174.

GRUCHMANN, Lothar: Justiz im Dritten Reich. 1933–1940. Anpassung und Unterwerfung in der Ära Gürtner. 2. Aufl. München 1990.

GRÜNHUT, Max: Stichwort Kriminalpolitik; in: Stier-Somlo/Elster (Hrsg.): Handwörterbuch der Rechtswissenschaft Band III. Berlin, Leipzig 1928.

GRÜNWALD, Gerald: Empfiehlt es sich, strafprozessuale Vorschriften für Großverfahren einzuführen? Gutachten für den 50. Deutschen Juristentag; in: Verhandlungen des fünfzigsten Deutschen Juristentages. Hamburg 1974. Band I (Gutachten). München 1974. S. C1–C92.

HAAGER: Das Institut der Privatanklage nach badischem Recht; in: Strafrechtspflege in Deutschland 1861. S. 232–240.

- Die Initiative der strafgerichtlichen Verfolgung; in: Strafrechtspflege in Deutschland 1861, S. 510–539.

- Ueber die Stellung und Aufgaben des Staatsanwalts im Strafverfahren; in: GS 1869, S. 350–373.

HAGEMANN: Kriminal-Archiv; in: DJZ 1931, S. 1440–1442.

HAMM: Der Strafprozeß; in: Körte, G. / Loebell, F. W. von / Rheinbaben, G. Freiherr von; Schwerin-Löwitz, H. Graf von / Wagner, Ad.: Deutschland unter Kaiser Wilhelm II. Drei Bände. Erster Band. Deutsche Politik. Staat und Verwaltung / Entwicklung des Rechts / Die deutsche Wehrmacht / Die Kolonien. S. 301–316. Berlin 1914.

HAMMERSTEIN, Gerhard: Die Stellung des Verletzten im Strafverfahren; in: BRAK-Mitt. 1986, S. 2–6.

HANKEL, Gerd: Die Leipziger Prozesse. Deutsche Kriegsverbrechen und ihre strafrechtliche Verfolgung nach dem ersten Weltkrieg. Hamburg 2003.

HANNICH, Rolf [Hrsg.]: Karlruher Kommentar zur Strafprozessordnung mit GVG, EGGVG und EMRK. 8. Aufl. München 2019.

HASSEMER, Winfried / REEMTSMA, Jan Philipp: Verbrechensopfer. Gesetz und Gerechtigkeit. München 2002.

HASSEMER, Winfried: Einführung in die Grundlagen des Strafrechts. München 1981.

- Einführung in die Grundlagen des Strafrechts. 2. Aufl. München 1990.

- Rücksichten auf das Verbrechensopfer; in: Kohlmann, Günter [Hrsg.]: Festschrift für Ulrich Klug zum 70. Geburtstag. Band II. Strafrecht. Prozeßrecht. Kriminologie. Strafvollzugsrecht. Köln 1983. S. 217–234.

HAVERKAMP, Rita: Im Labyrinth des Opferschutzes – Zum Entwurf eines Dritten Opferrechtsreformgesetzes; in: ZRP 2015, S. 53.

Heger, Martin: Die Rolle des Opfers im Strafverfahren; in: JA 2007, S. 244–248.

Heidemeier, Jochen: Sinn und Zweck der Nebenklage. Ein Beitrag zu den Funktionen und den Folgerungen im geltenden Strafverfahrensrecht. Diss. Passau 1985.

Heinemann, Hugo: Vergleichende Gegenüberstellung des Entwurfs einer Strafprozeßordnung und Novelle zum GVG., der entsprechenden geltenden Gesetzesbestimmungen und der Beschlüsse der Kommission zur Reform des Strafprozesses; in: DJZ 1908, S. 1049–1072 (Teil 1), S. 1139–1146 (Teil 2). Zugl. abgedruckt in *Schubert*, Entwürfe einer Strafprozessordnung, S. 205–222.

Heinze, Rudolf: Beilageheft zum Gerichtssaal Band XXVII. Strafprocessuale Erörterungen. Beitrag zur Kritik der dem Reichstage vorliegenden Entwürfe einer Strafprozeßordnung und eines Gerichtsverfassungsgesetzes. Stuttgart 1877.

- Bemerkungen zu den dem Reichstag vorliegenden Entwürfen eines Gerichtsverfassungsgesetzes und einer Strafprozeßordnung; in: GA 1875, S.253–267.

Helmken, Dierk: Zur Zulässigkeit von Fragen zur sexuellen Vergangenheit von Vergewaltigungsopfern; in: StV 1983, S. 81–87.

Henkel, Heinrich: Aussprache; in: ZStW 1935, S. 35–44.

- Der Parteigedanke im Strafverfahren; in: DJ 1935, S. 129–145.

- Die Beteiligung des Verletzten am künftigen Strafverfahren; in: ZStW 1937, S. 227–250.

Henry, Christine / **Beyer**, Johanna I.: „Blaming the victim". Die „Schuldumkehr" in Vergewaltigungsprozessen; in: MSchKrim 1985, S. 340–347.

Hentig, H. von: The Criminal And His Victim. New Haven / Conn 1948.

Herrmann, Joachim: Die Entwicklung des Opferschutzes im deutschen Strafrecht und Strafprozessrecht – Eine unendliche Geschichte; in: ZIS 2010, S. 236–244.

Hettinger, Michael: Das Fragerecht der Verteidigung im reformierten Inquisitionsprozeß dargestellt am badischen Strafverfahrensrecht von 1845/51 im Vergleich mit anderen Partikulargesetzen. Berlin 1985.

Hillenkamp, Thomas: Vorsatztat und Opferverhalten. Göttingen 1981.

- Was macht eigentlich die Viktimodogmatik? – Eine Zwischenbilanz zur „viktimologischen Maxime" als Gesetzgebungs-, Auslegungs-, Zurechnungs- und Strafzumessungsprinzip; in: ZStW 2017, S. 596–628.

Hinz, Werner: Opferschutz, Genugtuung, Wiedergutmachung. Überlegungen zum Ausbau der Nebenklage; in: DRiZ 2001, S. 321–334.

Hinze: Ist das Privatklageverfahren änderungsbedürftig? in; Deutsches Strafrecht 1941, S. 163–167.

Hippel, R. von: Der Entwurf eines Gesetzes über den Rechtsgang in Strafsachen; in: ZStW 1923, S. 326–327.

Hirsch, Joachim: Zur Stellung des Verletzten im Straf- und Strafverfahrensrecht. Über die Grenzen strafrechtlicher Aufgaben; in: Dornseifer, Gerhard / Horn, Eckhard / Schilling, Georg / Schöne, Wolfgang / Struensee, Eberhard / Zielinski, Diethard: Gedächtnisschrift für Armin Kaufmann. Köln/Berlin/Bonn/München 1989, S. 699–721.

HODENBERG, von: Verkehrsrechtliche Probleme bei der Reform des Strafrechts und Strafprozesses; in: JW 1929, S. 2793.

HOFMANN, Gerhard: Die Stellung des Verletzten nach dem § 153 StPO im geltenden Recht und nach dem Entwurf des ADStGB; in: JR 1930, S. 140–142

HÖLSCHER, Rotraud / TRÜCK, Thomas / HERING, Rainer-Dieter: Opferberichterstattung im Strafverfahren; in: NStZ 2008, S. 673–766.

HOLTZENDORFF, Franz von: Die Reform der Staatsanwaltschaft in Deutschland. Berlin 1864.

- Gutachten über die Frage: Kann die Privatklage im weiteren Umfange als für Beleidigungen in das Deutsche Strafverfahren eingeführt werden?; in: Verhandlungen des Zwölften Deutschen Juristentages Nürnberg 1875. Band 1. Berlin 1874. S. 64–78.

HÖLZEL, Ursula: Das Institut der Nebenklage: eine Betrachtung unter rechtshistorischen, rechtsdogmatischen und rechtspolitischen Gesichtspunkten. Univ. diss. Erlangen-Nürnberg 1980.

HÖYNCK, Theresia / JESIONEK, Udo: Die Rolle des Opfers im Strafverfahren in Deutschland und Österreich nach den jüngsten opferbezogenen Reformen des Strafverfahrensrechts: Österreich als Modell? In: MSchKrim 2006, S. 88–106.

HUNTGEBURTH, Christa Maria: „Weißer Ring – Gemeinnütziger Verein zur Unterstützung von Kriminalitätsopfern und zur Verhütung von Straftaten e.V.; in: Evangelische Akademie Hofgeismar: Das Tatopfer als Subjekt. Tagung. 28. bis 30. November 1980. S. 110–114.

HYE-GLUNEK, Anton von: Die leitenden Grundsätze der österreichischen Strafprozeßordnung vom 29. Juli 1853. Wien, 1854.

IGNOR, Alexander: Geschichte des Strafprozesses in Deutschland 1532–1846. Von der Carolina Karls V. bis zu den Reformen des Vormärz. Paderborn / München / Wien / Zürich 2002.

INTRATOR, Gerhard: Inhalt, Zweck und Schicksale des gescheiterten Strafprozeßentwurfs von 1908 unter besonderer Berücksichtigung der Strafgerichtsverfassung. Diss. Freiburg 1934.

JACOBY, Gustav: Die Stellung des Verletzten nach StPO. § 153 Abs. 3; in: JR 1930, S. 21f.

JAHN, Matthias / BUNG, Jochen: Die Grenzen der Nebenklagebefugnis – Zugleich Anmerkungen zu BGH, Beschluss v. 9. Mai 2012 – 5 Str 523/11; in: StV 2012, S. 754–761.

JAHN, Matthias / MÜLLER, Martin: Das Gesetz zur Regelung der Verständigung im Strafverfahren – Legitimation und Reglementierung der Absprachenpraxis; in: NJW 2009, S. 2625–2631.

JAHN, Matthias: „Aus der grauen Zone zwischen staatlichen und individuellen Interessen“: Das Bild vom Strafverfahren im Spiegel neuster und allerneuester Verletztenrechte; in: Prittwitz, Cornelius/ Baurmann, Michael / Günther, Klaus / Jahn, Matthias / Kuhlen, Lothar / Merkel, Reinhard / Nestler, Cornelius / Schulz, Lorenz [Hrsg.]: Rationalität und Empathie: kriminalwissenschaftliches Symposium für Klaus Lüderssen zum 80. Geburtstag. Baden-Baden 2014, S. 143–164.

- Die Änderungen im Recht der Strafverteidigung durch das 2. Opferrechtsreformgesetz; in: NJW, Festheft zum 65. Geburtstag von Ingeborg Tepperwien, S. 25–28.

JANKA, Karl: Staatliches Klagemonopol oder subsidiäres Strafklagerecht. Eine strafprocessuale Abhandlung. Erlangen 1879.

JESCHECK, Hans-Heinrich / WEIGEND, Thomas: Lehrbuch des Strafrechts. Allgemeiner Teil. 5. Aufl. Berlin 1996.

JOECKS, Wolfgang / JÄGER, Markus / RANDT, Karsten / EBNER, Markus / LIPSKY, Anne: Steuerstrafrecht mit Zoll- und Verbrauchssteuerstrafrecht. Kommentar. §§ 369–412 AO; § 32 ZollVG. 8. Aufl. München 2015.

JOHN, Richard Ed.: Beiträge zur Beurtheilung des Entwurfs einer deutschen Strafproceß-Ordnung; in: Allgemeine Deutsche Strafrechtszeitung 1873, S. 193–235.

JUNG, Heike: Bilanz der Reform des Strafverfahrensrechts zum 1.1.1975; in: JuS 1975, S. 261–265.

- Das Opferschutzgesetz; in: JuS 1987, S. 157–160.

- Das Vierte Internationale Symposium für Viktimologie. Ein Tagungsbericht; in: MSchKrim 1984, S. 125–134.

- Der Entwurf eines ersten Gesetzes zur Reform des Strafverfahrensrechts; in: JuS 1974, S. 195–198.

- Der Strafprozeß und der Verletzte – eine Zwischenbilanz; in: JA 1987, S. 281–291.

- Die Stellung des Verletzten im Strafprozeß; in: ZStW 1981, S. 1147–1176.

- Entschädigung des Opfers; in: Kirchhoff, Gerd Ferdinand/Sessar, Klaus: Das Verbrechensopfer. Bochum 1979. S. 379–395

- Gesetz über die Entschädigung für Opfer von Straftaten; in: JuS 1976, S. 478f.

- Zur Rechtsstellung des Verletzten im Strafverfahren; in: JR 1984, S. 309–312.

JUNGER, Ilka: Die Begutachtung der Glaubwürdigkeit von Opferzeugen – rechtliche Grundlagen; in: STREIT 1985, S. 7–10.

KAISER, Günter: Viktimologie; in: Albrecht, Peter-Alexis / Ehlers, Alexander P. F. / Lamott, Franziska / Pfeiffer, Christian / Schwind, Hans-Dieter / Walter, Michael [Hrsg.]: Festschrift für Horst Schüler-Springorum zum 65. Geburtstag. Köln / Berlin / Bonn / München 1993.

- Die Fortentwicklung der Methoden und Mittel des Strafrechts; in: ZStW 1974, S. 349–375.

- Viktimologie an der Schwelle der 80er Jahre. Ein kritisches Resümee; in: Kirchhoff, Gerd Ferdinand/Sessar, Klaus: Das Verbrechensopfer. Bochum 1979. S. 481–493.

- Wo steht die Kriminologie, und wohin geht sie? In: Obergfell-Fuchs, Joachim / Brandenstein, Martin [Hrsg.]: Nationale und internationale Entwicklungen in der Kriminologie. Festschrift für Helmut Kury zum 65. Geburtstag. Frankfurt a.M. 2006, S. 19–34.

Kaiser, Michael: Die Stellung des Verletzten im Strafverfahren. Implementation und Evaluation des „Opferschutzgesetzes". Diss. Freiburg i.Br. 1992.

Kanz, Kristina-Maria: Alles im Interesse der Opfer?! Eine kritische Bestandsaufnahme rechtlicher Veränderungen, politischer Motivationen und empirischer Erkenntnisse der letzten 30 Jahre; in: MSchKrim 2017, S. 228–249.

Keller, Gustav: Die Staatsanwaltschaft in Deutschland. Ihre Geschichte, Gegenwart und Zukunft. Wien 1866.

Kempf, Eberhard: Opferschutzgesetz und Strafverfahrensänderungsgesetz 1987. Gegenreform durch Teilgesetze; in: StV 1987, S. 215–223.

Kempfler, Herbert: Der Nebenkläger im geltenden und künftigen Strafrecht. Diss. München 1956.

Kern: Der Einfluß der Strafrechtsreform auf Gerichtsverfassung und Strafverfahren; in: JW 1929, S. 2670–2672.

Kerner, H.J.: Soziale Dienste der Justiz im Konfliktfeld der Institutionen und Handlungserwartungen; in: BewHi 1980, S. 75ff.

Kessler, Clemens: Probleme der Geschädigtenvertretung in Strafverfahren gegen Schutzrechtsverletzer; in: Bosch, Nikolaus / Bung, Jochen / Klippel, Diethelm: Geistiges Eigentum und Strafrecht. Tübingen 2011, S. 155–168.

Kett-Straub, Gabriele: Wieviel Opferschutz verträgt das Strafverfahren; in: ZIS 2017, S. 341–347.

Kiesow: Das Gesetz zur Entlastung der Gerichte vom 11. März 1921; in: JW 1921, S. 376–379.

Kilchling, Michael: Opferinteresse und Strafverfolgung. Freiburg 1995.

- Veränderte Perspektiven auf die Rolle des Opfers im gesellschaftlichen, sozialwissenschaftlichen und rechtspolitischen Diskurs; in: Hartmann, Jutta (Hrsg.): Perspektiven professioneller Opferhilfe. Theorie und Praxis eines interdisziplinären Handlungsfelds. Wiesbaden 2010, S. 39–50.

Kirchhoff, Gerd Ferdinand / Sessar, Klaus: Das Verbrechensopfer. Bochum 1979.

Klann: Soll die Anklagepflicht der Staatsanwaltschaft aufgegeben werden?; in: DJZ 1930, S. 1006–1011.

Klinger, Max: Die Nebenklage bei strafbaren Wettbewerbsverstößen – strategisches Rüstzeug oder „stumpfes Schwert"? in: NZWiSt 2013, S. 412–418.

Knauer, Christoph / Kundlich, Hans / Schneider, Hartmut [Hrsg.]: Münchener Kommentar zur StPO. 1. Aufl. München 2019.

Knötzinger, Anton: Das Rechtsmittel des Nebenklägers. Diss. Erlangen 1933.

Knudten, Richard D. / Knudten, Mary S.: Opfer- und Zeugenprogramme in den Vereinigten Staaten. Notwendigkeiten, alternative Modelle und das Projekt „Turnaround"; in: Kirchhoff, Gerd Ferdinand/Sessar, Klaus: Das Verbrechensopfer. Bochum 1979. S. 459–478.

Koch, Walter: Die Staatsanwaltschaft und der Nebenkläger. Diss. Erlangen 1933.

KOCH, Wolf-Peter: Die Reform des Strafverfahrensrechts im Dritten Reich unter besonderer Berücksichtigung des StVO-Entwurfs 1939. Ein Beitrag zur Strafrechtsgeschichte. Diss. Erlangen-Nürnberg 1972.

KOEWIUS, Rüdiger: Die Rechtswirklichkeit der Privatklage. Berlin 1974.

KÖLBEL, Ralf / BORK, Lena: Sekundäre Viktimisierung als Legitimationsformel. Berlin 2012.

KÖLBEL, Ralf: Kriminalpolitische Instrumentalisierung der „Gefahr sekundärer Viktimisierung"? in: Barton, Stephan / Kölbel, Ralf [Hrsg.]: Ambivalenzen der Opferzuwendung des Strafrechts. 2012. S. 213–232.

KRAUß, Detlef: Täter und Opfer im Rechtsstaat; in: Prittwitz, Cornelius / Baurmann, Michael / Günther, Klaus / Kuhlen, Lothar / Merkel, Reinhard / Nestler, Cornelius / Schulz, Lorenz [Hrsg.]: Festschrift für Klaus Lüderssen. Zum 70. Geburtstag am 2. Mai 2002. Baden-Baden 2002, S. 269–278.

- Subjekt im Strafverfahren? In: Evangelische Akademie Hofgeismar: Das Tatopfer als Subjekt. Tagung. 28. bis 30. November 1980. S. 44–59.

KRIES, August von: Lehrbuch des Deutschen Strafprozeßrechts. Freiburg 1892.

KRÖBER, Hans-Ludwig: Opferstatus und Erwähltheit; in: Forens. Psychiatr Psychol Kriminol 2018, S. 83f.

KROPP, Christian: Das Opfer im Strafverfahren; in: JA 2002, S. 328–334.

KRÜCK, Ursula: Die Situation des Tatopfers im Strafverfahren unter psychologischem Aspekt; in: In: Evangelische Akademie Hofgeismar: Das Tatopfer als Subjekt. Tagung. 28. bis 30. November 1980. S. 60–64.

KUHLMANN, Götz-Joachim: Die Nebenklage – eine Sinekure der Anwaltschaft; in: DRiZ 1982, S. 311f.

KÜHNE, Hans-Heiner: Einl. F; in: v. Erb, Volker/Esser, Robert/Franke, Ulrich/Graalmann-Scheerer, Kirsten/Hilger, Hans/Ignor, Alexander [Hrsg.]: Löwe-Rosenberg StPO Online. 27. Aufl. / Version 2. Berlin / Boston 2016.

KUNZ, Karl-Ludwig / SINGELNSTEIN, Tobias: Kriminologie. Eine Grundlegung. 7. Aufl. Bern 2016.

KÜNZEL, Christine: Vergewaltigungslektüren. Zur Codierung sexueller Gewalt in Literatur und Recht. Frankfurt/New York 2003.

KURY, Helmut: Entwicklungslinien und zentrale Befunde der Viktimologie; in: Hartmann Jutta / ado e.V. [Hrsg.]: Perspektiven professioneller Opferhilfe. Theorie und Praxis eines interdisziplinären Handlungsfelds. Wiesbaden 2010, S. 51–72.

LANDAU, Herbert / BÜNGER, Ralph: Urteilsabsprache im Strafverfahren (Erwiderung zu ZRP 2005, 235); in: ZRP 2005, S. 268–273.

LANDAU, Peter: Die Reichsjustizgesetze von 1879 und die deutsche Rechtseinheit; in: Bundesministerium der Justiz (Hrsg.): Vom Reichsjustizamt zum Bundesministerium der Justiz. Festschrift zum 100jaärigen Gründungstag des Reichsjustizamtes am 1. Januar 1877. Köln 1977.

LATZ, Johannes: Kritik der Nebenklage; in: Strafverteidigervereinigungen [Hrsg.]: Sicherheit durch Strafe? Öffentlicher Strafanspruch zwischen Legalitätsprinzip und Opferinteresse. 26. Strafverteidigertag. Mainz 8.–10. März 2003, S. 22–39.

LEBRECHT: Die Nebenklage im Verkehrsunfallprozeß; in: Verkehrsrechtliche Rundschau 1930, S. 487f.

LEWALD: Die Civilpartei im Strafprozeß und die Beschränkung der Vertheidigung; in: PrGZ 1860, S. 165–166.

LIEPE, HORST: Nebenklageanschluß bei fahrlässigen Körperverletzungen im Straßenverkehr nach dem neuen Opferschutzgesetz: in: VersR 1987, S. 344.

LIEPMANN: Abbitte, Widerruf und Ehrenerklärung; in: DJZ 1906, S. 931–936.

LILIENTHAL, Karl von: Der Entwurf einer Strafprozeßordnung und Novelle zum Gerichtsverfassungsgesetze nebst Begründung. Eine kritische Besprechung; in: ZStrW 1909, S. 1–32 (Teil 1), 188–220 (Teil 2), 778–780 (Teil 3).

LISZT, Franz von: Das Prinzip der Strafverfolgung nach dem österreichischen Strafgesetzentwurfe; in: Ders., Strafrechtliche Aufsätze und Vorträge. Bd. 1 (1875–1891). Berlin 1905. S. 8–35.

- Die Privatklage in Oesterreich.; in: GS 1877, S. 187–214.

- Die Reform des Strafverfahrens. Berlin 1906.

LOBE, Adolf: Zur Reform des Strafprozesses; in: GS 1928, S. 37–48.

LOENING, O.: Einige Bemerkungen zu § 153 StPO; in: JR 1925, S. 340–350.

LÜDERSSEN, Klaus: Opfer im Zwielicht; in: Weigend, Thomas / Küpper, Georg [Hrsg.]: Festschrift für Hans Joachim Hirsch zum 70. Geburtstag am 11. April 1999. Berlin / New York 1999. S. 879–895.

LUTHER, Horst: Die Rechtsstellung des Geschädigten (Verletzten) im Strafverfahren der DDR; in: JR 1984, S. 312–314.

MANNHEIM: Der strafprozessuale Gehalt des „Einführungsgesetzes zum Allgemeinen Deutschen Strafgesetzbuch und zum Strafvollzugsgesetz“; in: JW 1929, S. 2673–2678.

- Die Durchbrechung des Legalitätsgrundsatzes; in: JW 1924, S. 1646–1650.

MARQUA, Peter: Bundesvorstandssitzung und Bundesvertreterversammlung in Essen; in: DRiZ 1979, S. 351f.

MAUZ, Gerhard: Die großen Prozesse der Bundesrepublik Deutschland. Springe 2005.

MAY: Der Anschluß des Verletzten als Nebenkläger; in: DAR 1928, S. 4.

MAYENBURG, David von: „Geborene Opfer“. Bausteine für eine Geschichte der Viktimologie. Das Beispiel Hans von Hentig; in: Rechtsgeschichte 2009, S. 122–147.

MAYER, Salomon: Der Entwurf einer deutschen Strafprocessordnung, mit besonderer Berücksichtigung ihrer praktischen Gestaltung in den wesentlichsten Bestimmungen beurtheilt. Frankfurt a.M. 1874.

MEISTERERNST, Klaus: Neugestaltung der Nebenklage im Verkehrsrecht? in: Deutsche Akademie für Verkehrswissenschaft: 15. Deutscher Verkehrsgerichtstag. Hamburg 1977. S. 192–202.

MENZEL: Die Privatklage nach dem Reichsstrafprozessrecht. Erlangen 1880.

METZ, Jochen: Nebenklage und Adhäsionsantrag im Strafbefehlsverfahren; in: JR 2019, S. 67–75.

METZ-GÖCKEL, Sigrid: Strukturelle und personale Gewalt gegen Frauen und die Schwierigkeiten ihrer Aufhebung; in: Kirchhoff, Gerd Ferdinand/Sessar, Klaus: Das Verbrechensopfer. Bochum 1979. S. 415–434.

MEYER, Hugo: Die Mitwirkung der Parteien im Strafproceß. Ein Beitrag zur Beurtheilung des Entwurfs einer Deutschen Strafproceßordnung. Erlangen 1873.

MEYER-GOßNER, Lutz: Die Rechtsstellung des Verletzten im Strafprozeß; in: ZRP 1984, S. 228–233.

MITTELSTÄDT: Der deutsche Juristentag und die deutsche Staatsanwaltschaft.; in: Allgemeine Deutsche Strafrechtszeitung 1861, S. 737–741 (1. Teil), S. 49–52 (2. Teil).

MITTERMAIER, Carl Josef Anton: Das englische, schottische und nordamerikanische Strafverfahren im Zusammenhange mit den politischen, sittlichen und socialen Zuständen in den Einzelheiten der Rechtsübung. Erlangen 1851.

- Der Grundsatz der Gleichheit der Waffen der Anklage und der Vertheidigung im Strafverfahren mit Beziehung auf die Schrift: le ministére public et le barreau.; in: Allgemeine Deutsche Strafrechtszeitung 1861, S. 37–43.

- Die Gesetzgebung und Rechtsübung über das Strafverfahren nach ihrer neuesten Fortbildung. Erlangen 1856.

- Die Staatsanwaltschaft, der gegenwärtige Standpunkt der Erfahrungen und Ansichten über ihre Stellung, und die Hauptpunkte auf welche die Sicherung der besten Wirksamkeit der Anstalt gerichtet sein muß; in: GS 1858, S. 161–196 (Erster Beitrag), S. 267–306 (Zweiter Beitrag).

MITTERMAIER, Wolfgang: Legalitätsprinzip und Ausdehnung der Privatklage. Kritische Besprechungen; in: Aschrott, P.F. [Hrsg.]: Reform des Strafprozesses. Berlin 1906. S. 148–161.

MÜLLER, C.F.: Die Preußische Straf-Proceß-Ordnung in ihrer jetzigen Gestalt. Berlin 1852.

MÜLLER, Egon: „Schutz des Beschuldigten / Schutz des Opfers“; in: DRiZ 1987, S. 469–474.

MÜLLER, Elmar: Vom Nutzen der Nebenklage. Zu Dr. Mehle, AnwBl 83, 381; in: AnwBl 1983, S. 507f.

MÜLLER-MEININGEN: Ein Nachwort zum Scheitern der Strafprozeßordnung; in: DJZ 1911, S. 1528–1532.

NAGLER, Joh.: Die Protokolle der Strafprozeßkommission unter Berücksichtigung ihres Einflusses auf den Entwurf zur Strafprozeßordnung und die geplante Novelle zum Gerichtsverfassungsgesetz; in: GS 1909, S. 97–237.

- Zur Einführung der Verordnung über Gerichtsverfassung und Strafrechtspflege vom 4. Januar 1924; in: GS 1924, S. 398–440.

NATIONAL-SOZIALISTISCHER RECHTSWAHRERBUND: Neuordnung des Strafverfahrensrechts. Denkschrift des NS.-Rechtswahrerbundes zum Entwurf einer Strafverfahrensordnung, einer Friedensrichter- und Schiedsmannsordnung und eines Gerichtsverfassungsgesetzes der amtlichen Strafprozeßkommission des Reichsjustizministeriums. Berlin 1937.

NELLES, Ursula / OBERLIES, Dagmar: Reform der Nebenklage und anderer Verletztenrechte. Baden-Baden 1998.

NEUHAUS, Ralf: Das Opferrechtsreformgesetz 2004; in: StV 2004, S. 620–627.

- Die Psychosoziale Prozessbegleitung nach dem 3. ORRG: Ein verhängnisvoller Irrweg; in: StV 2017, S. 55–63.

NICKEL, Horst: Besonderheiten der fahrlässigen Körperverletzung im Verkehrsrecht; in: Deutsche Akademie für Verkehrswissenschaft: 14. Deutscher Verkehrsgerichtstag. 1976. Veröffentlichung der auf dem 14. Deutschen Verkehrsgerichtstag am 29. und 30. Januar 1976 in Goslar gehaltenen Referate und erarbeiteten Entschließungen. Hamburg 1977. S. 59–72.

NIEDERREUTHER: Die Beteiligung des Verletzten am künftigen Strafverfahren; in: GA 1935, S. 311–321.

- Zur Strafverfahrenserneuerung; in: GS 1939, S. 169–221.

NIETHAMMER, Emil: Der Einfluß der Arbeit der amtlichen Strafprozeßkommission auf Rechtsprechung und Gesetzgebung; in: SüdDJZ 1948, S.196.

NISSEN, Adolf: Bemerkungen zum Entwurf einer deutschen Strafprocessordnung. Nach den Beschlüssen der vom Bundesrath eingesetzten Commission. Leipzig 1874.

NOBIS, Frank: Strafprozeßgesetzgebung der späten Weimarer Republik (1930–1932). Insbesondere die Notverordnung vom 14. Juni 1932. Diss. Baden-Baden 2000.

OETKER: Die Nebenklage; in: Der Rechtsgang. Zeitschrift für alle Zweige der Justiz 1922, S. 241.

- Legalität, Opportunität, Klageerzwingung; in: GS 1935, S. 370–382.

- Nebenklage und Adhäsionsprozeß; in: GS 1935, S. 177–197.

OPPENHEIM, Lassa Francis Lawrence: Die Nebenklage des Deutschen Strafprozesses. Eine Studie. Altwasser 1889.

ORTLOFF, Hermann: Der Adhäsionsprozeß in der künftigen Deutschen Strafprozeß-Ordnung; in: Goltdammers Archiv für Strafrecht 22, S. 471–489.

- Der Adhäsionsprozeß. Dogmatisch-systematisch dargestellt. Leipzig 1864.

OSTERRIETH, Armin: Der Nebenkläger als Zeuge. Diss. jur. Göttingen 1897.

OTTO, Gustav: Die Preußische Staatsanwaltschaft. Aus Anlaß ihres 50-jährigen Bestehens als historisch-kritische Studie nach amtlichen Quellen bearbeitet. Berlin 1899.

ÖZATA, Onur U.: Gruppenvertretung als zulässiges Mittel gegen die Hypertrophie in der Nebenklage; in: HRRS 2017, S. 197–201.

Pahl: Keine Einschränkung der Nebenklage! Zu dem RegEntwurf AnwBl 72, 343; in: AnwBl 1973, S. 14.

Pestalozza, Anton Graf von: Die Verordnung über Gerichtsverfassung und Strafrechtspflege vom 4. Januar 1924; in: JW 1924, S. 286f.

Peters, Karl: Zur Neuordnung des Strafverfahrens. Eine kritische Stellungnahme zu den Vorschlägen der Abhandlungen über das kommende Strafverfahren im „Deutschen Strafrecht" 1935, Heft 8–11; in: ZStW 1937, S. 34–68.

Planck, Julius Wilhelm: Systematische Darstellung des deutschen Strafverfahrens auf Grundlage der neueren Strafprozeßordnungen seit 1848. Göttingen 1857.

Pollähne, Helmut: „Opfer" im Blickpunkt – „Täter" im toten Winkel? In: Pollähne, Helmut / Rode, Irmgard [Hrsg.]: Opfer im Blickpunkt – Angeklagte im Abseits? Probleme und Chancen zunehmender Orientierung auf die Verletzten in Prozess, Therapie und Vollzug. Berlin 2012, S. 5–20.

Pollähne, Helmut: Zu viel geopfert? Eine Kritik der Viktimisierung von Kriminalpolitik und Strafjustiz; in: StV 2016, S. 671–678.

Pötz-Neuburger, Susanne: Wie wir wurden, was wir sind. Zur Geschichte der Jurafrauentreffen. Teil 2; in: STREIT 1/1983, S. 42–45.

Preiser, Friedrich: Die Stellung der Staatsanwaltschaft in den Entwürfen zur Neuordnung unseres Strafverfahrens; in: ZStW 1920, S. 373–394.

Prinz, Heinz-J.: Die Nebenklage – ein überholtes Rechtsinstitut; in: ZRP 1971, S. 128f.

Prittwitz, Cornelius: Strafrecht und Risiko. Untersuchungen zur Krise von Strafrecht und Kriminalpolitik in der Risikogesellschaft. Frankfurt a.M. 1993.

- The Resurrection oft he Victim in Penal Theory; in: Buffalo Criminal Law Review 1999, S. 109–129.

Proskauer: Verkehrsrechtliche Probleme bei der Reform des Strafrechts und Strafprozesses; in: JW 1929, S. 2793–2796.

Pues, Anni: Gruppenvertretung der Nebenklage im Strafprozess? Eine rechtsvergleichende Studie zum prozessualen Umgang mit einer besonderen Verfahrenssituation; in: StV 2014, S. 304–309.

Reichs-Justizamt: Protokolle der Kommission für die Reform des Strafprozesses. Erster Band. Erste Lesung. Berlin 1905.

- Protokolle der Kommission für die Reform des Strafprozesses. Zweiter Band. Zweite Lesung und Zusammenstellung der Beschlüsse. Berlin 1905.

Reinke, Herbert: Kriminalpolitik im Kaiserreich; in: Lange, Hans-Jürgen (Hrsg.): Kriminalpolitik. Göttingen 2008, S. 15–24.

Rentzel-Rothe, Wolfgang: Der „Goldschmidt-Entwurf". Inhalt, reformgeschichtlicher Hintergrund und Schicksal des Entwurfs eines Gesetzes über den Rechtsgang in Strafsachen 1919/1920. Pfaffenweiler 1995.

Riemann, Carl: Die Nebenklage im Deutschen Strafverfahren. Diss. Leipzig 1936.

Rieß, Peter / Hilger, Hans: Das neue Strafverfahrensrecht – Opferschutzgesetz und Strafverfahrensänderungsgesetz 1987; in: NStZ 1987, S. 145–157.

Rieß, Peter: Der Hauptinhalt des Ersten Gesetzes zur Reform des Strafverfahrensrechts (1. StVRG); in: NJW 1975, S. 81–94.

- Der Strafprozeß und der Verletzte – eine Zwischenbilanz; in: Jura 1987, S. 281–291.

- Die Änderungen im Strafverfahrensrecht zum 1. April 1987; in: StV 1987, S. 212f.

- Die Rechtsstellung des Verletzten im Strafverfahren; in: Verhandlungen des fünfundfünfzigsten Deutschen Juristenages. Hamburg 1984. Bd. I (Gutachten). Teil C. München 1984.

- Entwicklungstendenzen in der deutschen Strafprozessgesetzgebung seit 1950; in: ZIS 2009, S. 466–483.

- Prolegomena zu einer Gesamtreform des Strafverfahrensrechts; in: Hassenpflug, Helwig [Hrsg.]: Festschrift für Karl Schäfer zum 80. Geburtstag am 11. Dezember 1979. Berlin / New York 1980. S. 155–223.

- Zeugenschutz bei Vernehmungen im Strafverfahren. Das neue Zeugenschutzgesetz vom 30. April 1998; in: NJW 1998, S. 3240–3243.

Röhl, Sabine / Röhl, Klaus F.: Alternativen zur Justiz? In: DRiZ 1979, S. 33–38.

Rosenberg, Werner: Die Strafprozeßreform in der Sitzung des Berliner Anwaltvereins vom 6. März 1924; in: JW 1924, S. 1655–1660.

Rosenfeld, Ernst Heinrich: Die Nebenklage des Reichsstrafprozesses. Berlin 1900.

Rothbarth, Otto: Die Angehörigen von Getöteten als Nebenkläger; in: DJZ 1929, S. 1048f.

Roxin, Claus: Pflichtwidrigkeit und Erfolg bei fahrlässigen Delikten; in: ZStW 1962, S. 411–444.

- Sinn und Grenzen staatlicher Strafe; in: JuS 1966, S. 377–387.

- Strafrecht. Allgemeiner Teil. Band I. Grundlagen. 4. Aufl. München 2006.

Rubo, Ernst Traugott: Ein Beitrag zur Abfassung einer deutschen Strafprozeßordnung, unter besonderer Berücksichtigung des neuesten Preußischen Strafprozeßordnungs-Entwurfes; in: GS 1866, S. 322–378.

Rüfner, Wolfgang: Empfiehlt es sich, die soziale Sicherung für den Fall von Personenschäden, für welche die Allgemeinheit eine gesteigerte Verantwortung trägt, neu zu regeln? Gutachten für den 49. Deutschen Juristentag; in: Deutscher Juristentag: Verhandlungen des neunundvierzigsten Deutschen Juristentags. Düsseldorf 1972. Band I (Gutachten). München 1972. S. E1–E59.

Rumpelt: Zur Frage über die Beseitigung des sogenannten Anklagemonopols der Staatsanwaltschaft; in: Strafrechtspflege in Deutschland 1861, S. 48–55.

Rüping, Hinrich / Jerouschek, Günter: Grundriß der Strafrechtsgeschichte. 4. Aufl. München 2002.

Rüping, Hinrich: Strafjustiz im Führerstaat; in: GA 1984, S. 297–307.

RÜTH, Karl: Ist die Nebenklage noch zeitgemäß; in: JR 1982, S. 265–269.

- Neugestaltung der Nebenklage im Verkehrsrecht? in: Deutsche Akademie für Verkehrswissenschaft: 15. Deutscher Verkehrsgerichtstag. 1977. Hamburg 1977. S. 203–217.

SAFFERLING, Christoph: Die Rolle des Opfers im Strafverfahren – Paradigmenwechsel im nationalen und internationalen Recht? In: ZStW 2010, S. 87–116.

SAVIGNY, Friedrich Karl von: Ueber das Institut der Staatsanwaltschaft; in: GA 1859, S. 577–587.

SCHÄDLER, Wolfram: Opferschutz in der deutschen straf- und strafprozessrechtlichen Gesetzgebung und dessen Umsetzung in die Judikatur; in: Barton, Stephan / Kölbel, Ralf [Hrsg.]: Ambivalenzen der Opferzuwendung des Strafrechts. 2012. S. 51–65.

SCHÄFER, Ernst: Beteiligung des Verletzten am Strafverfahren. Friedensrichterliches Verfahren; in: Gürtner, Franz: Das kommende deutsche Strafrecht. Besonderer Teil. 2. Aufl. Berlin 1936. S. 560–570.

- Die Auflockerung des Verfahrens im künftigen Strafprozeß und der Gedanke der materiellen Gerechtigkeit; in; Deutsches Strafrecht 1935, S. 247–257.

- Die Wiederherstellung der Ehre des Verletzten im künftigen Strafverfahren und friedensrichterlichen Verfahren. Das Problem eines selbstständigen Feststellungsverfahrens; in: Freisler, Roland [Hrsg.]: Der Ehrschutz im neuen deutschen Strafverfahren. Berlin 1937. S. 26–42.

SCHÄFER, Karl: Einl. Kap. 4; in: Rieß, Peter [Hrsg.]: Löwe-Rosenberg. Die Strafprozeßordnung und das Gerichtsverfassungsgesetz. Großkommentar. 24. Aufl. Berlin/New York 1988.

SCHÄTZLER, Johann-Georg: Die Entschädigung des durch eine Straftat Verletzten; in: ZStW 1974, S. 471–486.

- Versuche gesellschaftlicher Hilfe: Gesetz über Entschädigung für Opfer von Gewalttaten; in: Evangelische Akademie Hofgeismar: Das Tatopfer als Subjekt. Tagung. 28.–30. November 1980. S. 84–94.

SCHIEMANN, Anja: Macht des Opfers – Ohnmacht des Beschuldigten; in: KritV 2012, S. 161–173.

SCHIMMACK: Preußischer Richterverein; in: JW 1924, S. 1660–1663.

SCHLOTHAUER, Reinhold: Das Akteneinsichtsrecht des Verletzten nach dem Opferschutzgesetz vom 18. Dezember 1986 und die Rechte des Beschuldigten; in: StV 1987, S. 356–360.

SCHMID, Hans-Jörg: Strafzumessung und Wiedergutmachung – aus der Sicht des Richters; in: Evangelische Akademie Hofgeismar: Das Tatopfer als Subjekt. Tagung. 28.–30. November 1980. S. 73–75.

SCHMIDT, Eberhard: Einführung in die Geschichte der deutschen Strafrechtspflege. 3. Aufl. Göttingen 1995.

- Lehrkommentar zur Strafprozeßordnung und zum Gerichtsverfassungsgesetz. Teil II: Erläuterungen zur Strafprozeßordnung und zum Einführungsgesetz zur Strafprozeßordnung. Göttingen 1957.

- Strafzweck und Strafzumessung in einem künftigen Strafgesetzbuch. Materialien zur Strafrechtsreform. 1. Bd. Bonn 1954.

- Staatsanwalt und Privatkläger. Zur Gesetzgebungskritik. Leipzig 1891.

SCHMIDT, Richard: Strafgerichtsverfassung und Strafverfahren nach dem Entwurf des Einführungsgesetzes zum Strafgesetzbuch (April 1929); in: GS 1930, S. 1–35.

SCHMIDT-ERNSTHAUSEN, R.: Legalitätsprinzip und Ausdehnung der Privatklage. Kritische Besprechungen; in: Aschrott, P.F. [Hrsg.]: Reform des Strafprozesses. Berlin 1906. S. 162–201.

SCHMITT, Carl: Staat, Bewegung, Volk. Die Dreigliederung der politischen Einheit. 2. Aufl. Hamburg 1933.

- Stellungnahme der Wissenschaftlichen Abteilung des NS.-Rechtswahrerbundes zum Entwurf einer Strafverfahrensordnung (abgeschlossen am 15. September 1936) – im Auszug -; in: National-Sozialistischer Rechtswahrerbund: Neuordnung des Strafverfahrensrechts. Berlin 1937, S. 81–112.

- Über die neuen Aufgaben der Verfassungsgeschichte; in: JbAkDR 1936, S. 11.

- Die Staatsanwaltschaft im französischen Strafprocesse; in: GS 1849, S. 276–298.

SCHNEIDER, Bernd: Die „verteidigende“ Nebenklage – eine Antwort auf die „angreifende“ Verteidigung; in: StV 1998, S. 456–461.

SCHNEIDER, Herbert: Zur Neugestaltung des Verfahrensrechts; in: Deutsche Rechtswissenschaft 1936, S. 157–169.

SCHNEIDER, Joachim [Hrsg.]: Das Verbrechensopfer in der Strafrechtspflege. Berlin / New York 1982.

- Die Rechtsstellung des Verbrechensopfers im Strafrecht und im Strafverfahren – Neuere Entwicklungen in der Kriminalpolitik der Vereinigten Staaten, der Bundesrepublik Deutschland, des Europarates und der Vereinten Nationen; in: Jura 1989, S. 72–81.

- Opferschaden, Wiedergutmachung und Opferbehandlung; in: Kirchhoff, Gerd Ferdinand / Sessar, Klaus: Das Verbrechensopfer. Bochum 1979. S. 365–378.

SCHÖCH, Heinz: Die Rechtsstellung des Verletzten im Strafverfahren; in: NStZ 1984, S. 385–391.

- Persönlichkeitsschutz des Zeugen im Strafverfahren; in: Zöller, Mark A. / Hilger, Hans / Küper, Wilfried / Roxin, Claus: Gesamte Strafrechtswissenschaft in internationaler Dimension. Festschrift für Jürgen Wolter zum 70. Geburtstag am 7. September 2013. Berlin 2013, S. 1093–1106.

SCHÖNKE, Adolf: Bemerkungen über einen Adhäsionsprozeß im künftigen Strafverfahren; in: Deutsches Strafrecht 1935, S. 483–490.

- Die Änderungen des Strafrechts und des Strafverfahrensrechts durch die Novellen vom 29. Mai 1943; in: Deutsches Recht 1943, S. 721–732.

- Die weitere Vereinfachung der Strafrechtspflege; in: ZAkDR 9 (1942), S. 259–262.

SCHOREIT, Armin / DÜSSELDORF, Theodor: Gesetz über die Entschädigung für Opfer von Straftaten. Kommentar. Berlin 1977.

SCHOREIT, Armin: Entschädigung der Verbrechensopfer als öffentliche Aufgabe. Einige kriminologische, soziologische und juristische Grundlagen. Berlin 1973.

SCHORK, Stefanie / KÖNIG, Stefan: Das Opferrechtsreformgesetz; in: NJ 2004, S. 537–541.

SCHROTH, Klaus / SCHROTH, Marvin: Die Rechte des Verletzten im Strafprozess. 3. Aufl. München 2018.

SCHROTH, Klaus: 2. Opferrechtsreformgesetz – Das Strafverfahren auf dem Weg zum Parteienprozess? In: NJW 2009, S. 2916–2919.

SCHUBERT, Werner [Hrsg.]: Akademie für Deutsches Recht. 1933–1945. Protokolle der Ausschüsse. Band VII. Ausschüsse für Strafprozeßrecht und Strafrechtsangleichung (1934–1941). Frankfurt a.M. 1998.

SCHULZ, Jan: Beiträge zur Nebenklage. Konstanz, Berlin 1982.

SCHÜNEMANN, Bernd: Zur Stellung des Opfers im System der Strafrechtspflege; in: NStZ 1986, S. 193–200.

SCHWARZE, Friedrich Oskar von: Bericht des Referenten der ständigen Deputation über die vom Herrn Rechtsanwalt Lewald zu Berlin eingebrachten und dazu gestellten Nebenanträge; in: Verhandlungen des Zweiten Deutschen Juristentages in Dresden 1861. Band 1. Berlin 1861. S. 239–275.

- Commentar zur Strafproceßordnung für das Königreich Sachsen vom 11. August 1955. Erster Band. Leipzig 1855.

- Der Antrag des Verletzten auf gerichtliche Entscheidung bei Ablehnung des Antrags auf strafgerichtliche Verfolgung; in: GS 1879, S. 284–310.

-Die bevorstehenden Änderungen in dem Strafverfahren; in: Allgemeine Gerichtszeitung für das Königreich Sachsen und die Großherzoglich und Herzoglich sächsischen Länder 1868, S. 253–264 (Teil 1), 265–281 (Teil 2).

- Die Reform der Staatsanwaltschaft. Eine Replik; in: Allgemeine Deutsche Strafrechtszeitung 1866, S. 177–196.

- Die Reform der Staatsanwaltschaft; in: GS 1864, S. 401–458.

- Die Revidierte Strafprozeßordnung; in: Allgemeine Gerichtszeitung für das Königreich Sachsen und die Großherzoglich und Herzoglich sächsischen Länder 1868, S. 321–336.

- Die Stellung und Aufgabe der Staatsanwaltschaft; in: GS 1859, S. 3–31.

SCHWENDNER, Raimund: Psychosozialer Prozessbegleiter im Strafprozess. Ein neues Berufs- und Arbeitsfeld; in: ZKM 2016, S. 52–55.

SECKENDORFF, von: Gutachten über den Antrag des Rechtsanwalts Lewald und die dazu gestellten Nebenanträge; in: Verhandlungen des Zweiten Deutschen Juristentages Dresden 1861. Band 1. Berlin 1861. S. 175–223.

SEELMANN: Strafzwecke und Wiedergutmachung; in: Zeitschrift für evangelische Ethik 1981, S. 44.

SEITZ, Helmut: Das Zeugenschutzgesetz –ZSchG; in: JR 1998, S. 309–313.

SELIG, Felicitas: Opferschutzgesetz – Verbesserung für Geschädigte in Sexualstrafverfahren? In: StV 1988, S. 498–500.

SELLERT, Wolfgang / RÜPING, Hinrich: Studien- und Quellenbuch zur Geschichte der deutschen Strafrechspflege. In 2 Bänden. Band 2. Von der Aufklärung bis zur doppelten Staatsgründung. Aalen 1994.

SESSAR, Klaus: Rolle und Behandlung des Opfers im Strafverfahren – Gegenwärtiger Stand und Überlegungen zur Reform; in: BewHi 1980, S. 328–339.

SIEGERT, Karl: Nationalsozialistischer Strafprozeß; in: ZStW 1935, S. 14–34.

SINGELNSTEIN, Tobias / STOLLE, Peer: Die Sicherheitsgesellschaft. Soziale Kontrolle im 21. Jahrhundert. 3. Aufl. Wiesbaden 2012.

SLOTERDIJK, Peter: Zorn und Zeit. Frankfurt a.M. 2006.

SONTAG: Zum Entwurf eines Gesetzes über den Rechtsgang in Strafsachen; in: GA 68, S. 321–340.

SPRINGMANN: Ausdehnung der Nebenklage; in: DJZ 1931, S. 1077–1079.

STAIGER-ALLROGGEN, Peony: Auswirkungen des Opferschutzgesetzes auf die Stellung des Verletzten im Strafverfahren. Diss. Göttingen 1992.

STECHOW, Henning von: Das Gesetz zur Bekämpfung des unlauteren Wettbewerbs vom 27. Mai 1896. Entstehungsgeschichte und Wirkung. Diss. jur. Berlin 2002.

STEMANN, C. von: Die ausschließliche Anklagebefugniß der Staatsanwaltschaft; in: GA 1863, S. 533–540.

STENGLEIN, Melchior: Die Nebenklage; in: GS 1883, S. 271–326.

- Die Nebenklage; in: GS 1889, S. 161–174.

- Die Reform des Strafprozesses; in: Deutsche Juristenzeitung 1903, S. 10–13.

- Gutachten über die Frage: Erscheint es angemessen, die principale Privatklage auf die Körperverletzungen des § 223a StGB, sowie auf Sachbeschädigung und Hausfriedensbruch auszudehnen? in: Verhandlungen des Neunzehnten Deutschen Juristentages. 1861. Zweiter Band. Berlin und Leipzig 1888. S. 250–258.

STRAFVERTEIDIGERVEREINIGUNGEN [Hrsg.]: Opferschutz. Richterrecht. Strafprozessreform. 28. Strafverteidigertag. Karlsruhe, 5.–7. März 2004. Berlin 2005.

STÜCKLER, ANDREAS: Die Feminissierung des Opfers als diskursive Strategie im Kampf um Opferrechte; in: Zeitschrift für Rechtssoziologie 2014, S. 183–203.

SUNDELIN, Paul: Der „ideale" Staatsanwalt und der preußische Gesetzentwurf, die subsidiäre Privatanklage betreffend; in: Allgemeine Deutsche Strafrechtszeitung 1862, S. 129–136.

- Der Verzicht des Staatsanwalts resp. Privatanklägers auf eine bereits eingeleitete Anklage und in der Hauptverhandlung; in: Allgemeine Deutsche Strafrechtszeitung 1862, S. 701–710.

- Die angebliche Gefährlichkeit der Staatsanwaltschaft für die Strafrechtspflege und für die bürgerliche Freiheit. Schwurgerichtszeitung 1859. S. 241–254.

- Die Beschlüsse der ständigen Deputation des deutschen Juristentags betreffend den Lewald'schen Antrag und die Zusatzanträge zu diesem; in: Allgemeine Deutsche Strafrechtszeitung 1861, S. 449–456 (Teil 1) 465–472 (Teil 2).

- Die Deutsche Staatsanwaltschaft in: Allgemeine Deutsche Strafrechtszeitung 1861, S. 297–300 (1. Teil), S. 305–308 (2. Teil).

- Die Entwürfe von Straf-Prozeß-Ordnungen für Lübeck vom 26. November 1862 und für Baden vom 9. Februar 1863; in: Allgemeine Deutsche Strafrechtszeitung 1863, S. 300–316 (Teil 1), 346–358 (Teil 2).

- Die Praktischen Fälle, wo das sonst begründete Einschreiten des Staatsanwalts aus Nützlichkeitsgründen unterbleiben kann; in: GS 1862, S. 357–379.

- Die Staats-Anwaltschaft in Deutschland. Anclam 1860.

- Ministerwillkür und Staatsanwaltschaft; in: Allgemeine Deutsche Strafrechtszeitung 1862, S. 193–200 (1. Teil), S. 209–212 (2. Teil).

SÜß, Emil: Die Stellung der Parteien im modernen Strafprocess: Eine strafprocessuale Abhandlung in rechtsvergleichender Darstellung. 1898.

TEMME, Jodocus Donatus Hubertus: Grundzüge eines deutschen Strafverfahrens. Arnsberg und Hamm 1859.

THIELMANN, Jochen: Die Grenze des Opferschutzes; in: StV 2006, S. 41–51.

THIERACK: Grundzüge eines nationalsozialistischen Strafprozesses unter Berücksichtigung des Ergebnisses der Arbeiten des Ausschusses für Strafprozeßrecht der Akademie für deutsches Recht; in: Zeitschrift für Deutsches Recht 1935, S. 94ff.

THIERSCH, F.: Legalitätsprinzip und Ausdehnung der Privatklage. Kritische Besprechungen; in: Aschrott, P.F. [Hrsg.]: Reform des Strafprozesses. Berlin 1906. S. 202–221.

THILO, Wilhelm: Die Strafgesetzgebung des Grossherzogthums Baden nebst dem Gesetze über die Gerichtsverfassung mit den Motiven der Regierung und den Resultaten der Ständeverhandlungen im Zusammenhange dargestellt. Zweite Abtheilung. Die Strafprozeßordnung und die Gesetze über die privatrechtlichen Folgen von Verbrechen, die Gerichtsverfassung und den Strafvollzug im neuen Männerzuchthause zu Bruchsal enthaltend. Karlsruhe 1845.

THOMAS, Sven: Der Diskussionsentwurf zur Verbesserung der Rechte des Verletzten im Strafverfahren – ein Stück Teilreform? In: StV 1985, S. 431–436.

TIEDEMANN, Klaus: Die Fortentwicklung der Methoden und Mittel des Strafrechts unter besonderer Berücksichtigung der Strafgesetzgebung; in: ZStW 1974, S. 303–348.

TIPPELSKIRCH, August Wilhelm Ferdinand von: Beiträge zur künftigen Strafprozeß-Ordnung für Preußen; in: GA 1854, S. 23–39.

- Das Princip der Strafverfolgung. Schwurgerichtszeitung 1860, S. 1–11.

- Ueber das Verhältniß der öffentlichen zur Privatanklage; mit besonderer Beziehung auf die neueren Strafgesetzgebungen Deutschlands; in: GS 1859, S. 183–196 (Teil 1), S. 241–290 (Teil 2).

TÖWE: Das Klageerzwingungsverfahren; in: GS 1936, S. 262–279.

TREIBEL, Angelika: Opferforschung; in: Hermann, Dieter / Pöge, Andreas [Hrsg.]: Kriminalsoziologie. Handbuch für Wissenschaft und Praxis. Baden-Baden 2018, S. 441–457.

TRENCZEK, Thomas / HARTMANN, Arthur: Kriminalprävention durch Restorative Justice – Evidenz aus der empirischen Forschung; in: Walsh, Maria / Pniewski, Benjamin / Kober, Marcus / Armborst, Andreas [Hrsg.]: Evidenzorientierte Kriminalprävention in Deutschland. Ein Leitfaden für Politik und Praxis. Wiesbaden 2018. S. 859–886.

TRÖNDLE, Herbert: Abschaffung der Strafbarkeit der fahrlässigen Tötung und fahrlässigen Körperverletzung bei leichtem Verschulden? In: Deutsche Akademie für Verkehrswissenschaft: 14. Deutscher Verkehrsgerichtstag. 1976. Hamburg 1977. S. 81–94.

ULLMANN, Emanuel von: Bemerkungen zu dem Entwurfe einer deutschen Strafproceß-Ordnung; in: Allgemeine Deutsche Strafrechtszeitung 1873, S. 289–309.

- Lehrbuch des deutschen Strafprocessrechts. Band II. München 1893.

- Gutachten über die Frage: Inwieweit bedarf das Legalitätsprinzip einer Beschränkung? in: Verhandlungen des Neunundzwanzigsten Deutschen Juristentages. 1908. Erster Band. Berlin 1908. S. 63–81.

VILLMOW, Bernhard / SAVINSKY, Alescha Lara: Staatliche Opferentschädigung nach der Jahrtausendwende. Statistische Daten, methodische Probleme und einige Anmerkungen zur gegenwärtigen Praxis des OEG; in: Zöller, Mark A. / Hilger, Hans / Küper, Wilfried / Roxin, Claus: Gesamte Strafrechtswissenschaft in internationaler Dimension. Festschrift für Jürgen Wolter zum 70. Geburtstag am 7. September 2013. Berlin 2013, S. 1243–1270.

VOITUS, C. A.: Kommentar zu der Strafprozeßordnung für das Deutsche Reich und den dieselbe ergänzenden Vorschriften des Gerichtsverfassungsgesetzes. Berlin 1877.

VOLBERT, Renate: Sekundäre Viktimisierung: Alte Klagen – neue Erkenntnisse? in: Pollähne, Helmut / Rode, Irmgard [Hrsg.]: Opfer im Blickpunkt – Angeklagte im Abseits? Probleme und Chancen zunehmender Orientierung auf die Verletzten in Prozess, Therapie und Vollzug. Berlin 2012, S. 149–163.

VORMBAUM, Thomas: Die Lex Emminger vom 4. Januar 1924. Vorgeschichte, Inhalt und Auswirkungen. Berlin 1988.

- Einführung in die moderne Strafrechtsgeschichte. 3. Aufl. Berlin/Heidelberg 2016.

WACH, Adolf: Die Reform der Strafjustiz; in: Deutsche Strafrechtszeitung 1920, S. 71–94.

- Die Vorbereitung einer Revision des Strafprozeßrechts; in: ZStrW 1903, S. 344–351.

WAHLBERG, V. E.: Kritik des Entwurfs einer Strafprocessordnung für das Deutsche Reich. Wien 1873.

WALDOW, Jörg Ernst August: Der strafrechtliche Ehrenschutz in der NS-Zeit. Diss. Baden-Baden 2000.

WALTHER, Susanne: Zum Anspruch des Deliktsopfers auf rechtliches Gehör und auf ein faires Verfahren; in: GA 2007, S. 615–627.

WANNEK, Felicitas: Das 3. Opferrechtsreformgesetz – Umsetzung der Opferschutzrichtlinie 2012/29/EU und gesetzlicher Verankerung der psychosozialen Prozessbegleitung; in: jurisPR-StrafR5/2016 Anm.1.

WASSERMANN, Rudolf [Hrsg.]: Reihe Alternativkommentare. Kommentar zur Strafprozeßordnung in drei Bänden. Bd. 3. §§ 276–477. München 1996.

WEEBER, August: Die Grundprinzipien des Strafprozeßes nebst dem Entwurfe einer Prozeßordnung mit Rücksicht auf die in Österreich und in den übrigen Staaten des deutschen Bundes bestehenden Vorschriften über das Strafverfahren behufs Anbahnung einer gemeinschaftlichen Prozeßordnung. Weißkirchen 1861.

WEHLER, Hans-Ulrich: Das Deutsche Kaiserreich. 1871–1918. 3. Aufl. Göttingen 1977.

WEIGEND, Thomas: Das Opfer als Prozesspartei? Bemerkungen zum 2. Opferrechtsreformgesetz 2009. In: Dölling, Dieter/Götting, Bert/Meier, Bernd-Dieter / Verrel, Torsten [Hrsg.]: Verbrechen – Strafe – Resozialisierung. Festschrift für Heinz Schöch zum 70. Geburtstag am 20. August 2010. Berlin/New York 2010, S. 947–961.

- Das Opferschutzgesetz – kleine Schritte zu welchem Ziel? In: NJW 1987, S. 1170–1177.

- Deliktsopfer und Strafverfahren. Berlin 1989, Zugl.: Freiburg (Breisgau), Univ., Habil.-Schr., 1985/86.

- Internationale Entwicklungen bei der Stellung des Verletzten im Strafverfahren; in: Barton, Stephan / Kölbel, Ralf [Hrsg.]: Ambivalenzen der Opferzuwendung des Strafrechts. 2012. S. 29–50.

- Viktimologische und kriminalpolitische Überlegungen zur Stellung des Verletzten im Strafverfahren; in: ZStW 1984, S. 761–793.

WEIS, Kurt: Viktimologie: Wissenschaft oder Perspektive; in: Kirchhoff, Gerd Ferdinand / Sessar, Klaus: Das Verbrechensopfer. Bochum 1979. S. 15–39.

WENSKE, Marc: Der Psychosoziale Prozessbegleiter (§ 406g StPO) – ein Prozessgehilfe sui generis; in: JR 2017, S. 457–466.

WEY: Zur Strafprozeßnovelle des Entwurfs eines Einführungsgesetzes zum Allgemeinen Deutschen Strafgesetzbuch; in: JW 1930, S. 886–891.

WIGGENHORN, H.: Verliererjustiz. Baden-Baden 2005.

WOLFF, Erik: Die Beteiligung des Verletzten am Strafverfahren; in: DJZ 1936, S. 1257–1266.

- Rechts- und Staatsphilosophie. Sammelbericht; in: ZStW 1939, S. 193–219.

WOLFFING: Die rechtliche Stellung des Nebenklägers im deutschen Strafverfahren. Breslau 1900.

WOLLWEBER, Harald: Nochmals: Das Strafverfahrensänderungsgesetz 1999; in: NJW 2000, S. 3623–3625.

WÜRTH, Josef von: Die Österreichische Strafproceßordnung vom 17. Jänner 1850 erläutert und in Vergleichung mit der Gesetzgebung des Auslandes dargestellt. Wien 1851.

XANKE: Kein Anlaß zur Einschränkung der Nebenklage. Zu dem RegEntw AnwBl972, 343; in: AnwBl 1974, S. 38.

ZACHARIAE, Heinrich Albert: Die Gebrechen und die Reform des deutschen Strafverfahrens, dargestellt auf der Basis einer consequenten Entwicklung des inquisitorischen und accusatorischen Prinzips. Göttingen 1847.

- Handbuch des deutschen Strafprocesses. Göttingen 1861.

ZACHARIAS, Hans: Die amtlichen Reformversuche zur Strafgerichtsverfassung seit Entstehung der S.t.P.O. Diss. Hamburg 1921.

ZECHMANN, Günther: Setzt die Nebenklagebefugnis einen Strafantrag voraus? Aachen 1996.

ZENTNER, J.: Die Privatanklage und ihre Eigenthümlichkeiten nach dem Strafgesetz und Einf.-Gesetz von 1851; in: Magazin für badische Rechtspflege und Verwaltung 1859, S. 247–274.

ZIMMERMANN, Friedrich: Zur Lehre von der Nebenklage; in: GS 1919, S. 497–519.

ZIPF, Heinz: Kriminalpolitik. Eine Einführung in die Grundlagen. Karlsruhe 1973.

Juristische Zeitgeschichte

Herausgeber: Prof. Dr. Dr. Dr. h.c. Thomas Vormbaum, FernUniversität in Hagen

Abteilung 1: Allgemeine Reihe

1 *Thomas Vormbaum (Hrsg.):* Die Sozialdemokratie und die Entstehung des Bürgerlichen Gesetzbuchs. Quellen aus der sozialdemokratischen Partei und Presse (1997)
2 *Heiko Ahlbrecht:* Geschichte der völkerrechtlichen Strafgerichtsbarkeit im 20. Jahrhundert (1999)
3 *Dominik Westerkamp:* Pressefreiheit und Zensur im Sachsen des Vormärz (1999)
4 *Wolfgang Naucke:* Über die Zerbrechlichkeit des rechtsstaatlichen Strafrechts. Gesammelte Aufsätze zur Strafrechtsgeschichte (2000)
5 *Jörg Ernst August Waldow:* Der strafrechtliche Ehrenschutz in der NS-Zeit (2000)
6 *Bernhard Diestelkamp:* Rechtsgeschichte als Zeitgeschichte. Beiträge zur Rechtsgeschichte des 20. Jahrhunderts (2001)
7 *Michael Damnitz:* Bürgerliches Recht zwischen Staat und Kirche. Mitwirkung der Zentrumspartei am Bürgerlichen Gesetzbuch (2001)
8 *Massimo Nobili:* Die freie richterliche Überzeugungsbildung. Reformdiskussion und Gesetzgebung in Italien, Frankreich und Deutschland seit dem Ausgang des 18. Jahrhunderts (2001)
9 *Diemut Majer:* Nationalsozialismus im Lichte der Juristischen Zeitgeschichte (2002)
10 *Bianca Vieregge:* Die Gerichtsbarkeit einer „Elite“. Nationalsozialistische Rechtsprechung am Beispiel der SS- und Polizeigerichtsbarkeit (2002)
11 *Norbert Berthold Wagner:* Die deutschen Schutzgebiete (2002)
12 *Miloš Vec:* Die Spur des Täters. Methoden der Identifikation in der Kriminalistik (1879–1933), (2002)
13 *Christian Amann:* Ordentliche Jugendgerichtsbarkeit und Justizalltag im OLG-Bezirk Hamm von 1939 bis 1945 (2003)
14 *Günter Gribbohm:* Das Reichskriegsgericht (2004)
15 *Martin M. Arnold:* Pressefreiheit und Zensur im Baden des Vormärz. Im Spannungsfeld zwischen Bundestreue und Liberalismus (2003)
16 *Ettore Dezza:* Beiträge zur Geschichte des modernen italienischen Strafrechts (2004)
17 *Thomas Vormbaum (Hrsg.):* „Euthanasie“ vor Gericht. Die Anklageschrift des Generalstaatsanwalts beim OLG Frankfurt/M. gegen Werner Heyde u. a. vom 22. Mai 1962 (2005)
18 *Kai Cornelius:* Vom spurlosen Verschwindenlassen zur Benachrichtigungspflicht bei Festnahmen (2006)
19 *Kristina Brümmer-Pauly:* Desertion im Recht des Nationalsozialismus (2006)
20 *Hanns-Jürgen Wiegand:* Direktdemokratische Elemente in der deutschen Verfassungsgeschichte (2006)
21 *Hans-Peter Marutschke (Hrsg.):* Beiträge zur modernen japanischen Rechtsgeschichte (2006)
22 *Katrin Stoll:* Die Herstellung der Wahrheit (2011)

23 *Thorsten Kurtz:* Das Oberste Rückerstattungsgericht in Herford (2014)
24 *Sebastian Schermaul:* Die Umsetzung der Karlsbader Beschlüsse an der Universität Leipzig 1819–1848 (2013)
25 *Minoru Honda:* Beiträge zur Geschichte des japanischen Strafrechts (2020)
26 *Michael Seiters:* Das strafrechtliche Schuldprinzip. Im Spannungsfeld zwischen philosophischem, theologischem und juridischem Verständnis von Schuld (2020)

Abteilung 2: Forum Juristische Zeitgeschichte

1 *Franz-Josef Düwell / Thomas Vormbaum (Hrsg.):* Themen juristischer Zeitgeschichte (1) – Schwerpunktthema: Recht und Nationalsozialismus (1998)
2 *Karl-Heinz Keldungs:* Das Sondergericht Duisburg 1943–1945 (1998)
3 *Franz-Josef Düwell / Thomas Vormbaum (Hrsg.):* Themen juristischer Zeitgeschichte (2) – Schwerpunktthema: Recht und Juristen in der Revolution von 1848/49 (1998)
4 *Thomas Vormbaum:* Beiträge zur juristischen Zeitgeschichte (1999)
5 *Franz-Josef Düwell / Thomas Vormbaum:* Themen juristischer Zeitgeschichte (3), (1999)
6 *Thomas Vormbaum (Hrsg.):* Themen juristischer Zeitgeschichte (4), (2000)
7 *Frank Roeser:* Das Sondergericht Essen 1942–1945 (2000)
8 *Heinz Müller-Dietz:* Recht und Nationalsozialismus – Gesammelte Beiträge (2000)
9 *Franz-Josef Düwell (Hrsg.):* Licht und Schatten. Der 9. November in der deutschen Geschichte und Rechtsgeschichte – Symposium der Arnold-Freymuth-Gesellschaft, Hamm (2000)
10 *Bernd-Rüdiger Kern / Klaus-Peter Schroeder (Hrsg.):* Eduard von Simson (1810–1899). „Chorführer der Deutschen" und erster Präsident des Reichsgerichts (2001)
11 *Norbert Haase / Bert Pampel (Hrsg.):* Die Waldheimer „Prozesse" – fünfzig Jahre danach. Dokumentation der Tagung der Stiftung Sächsische Gedenkstätten am 28. und 29. September in Waldheim (2001)
12 *Wolfgang Form (Hrsg.):* Literatur- und Urteilsverzeichnis zum politischen NS-Strafrecht (2001)
13 *Sabine Hain:* Die Individualverfassungsbeschwerde nach Bundesrecht (2002)
14 *Gerhard Pauli / Thomas Vormbaum (Hrsg.):* Justiz und Nationalsozialismus – Kontinuität und Diskontinuität. Fachtagung in der Justizakademie des Landes NRW, Recklinghausen, am 19. und 20. November 2001 (2003)
15 *Mario Da Passano (Hrsg.):* Europäische Strafkolonien im 19. Jahrhundert. Internationaler Kongreß des Dipartimento di Storia der Universität Sassari und des Parco nazionale di Asinara, Porto Torres, 25. Mai 2001 (2006)
16 *Sylvia Kesper-Biermann / Petra Overath (Hrsg.):* Die Internationalisierung von Strafrechtswissenschaft und Kriminalpolitik (1870–1930). Deutschland im Vergleich (2007)
17 *Hermann Weber (Hrsg.):* Literatur, Recht und Musik. Tagung im Nordkolleg Rendsburg vom 16. bis 18. September 2005 (2007)
18 *Hermann Weber (Hrsg.):* Literatur, Recht und (bildende) Kunst. Tagung im Nordkolleg Rendsburg vom 21. bis 23. September 2007 (2008)
19 *Francisco Muñoz Conde / Thomas Vormbaum (Hrsg.):* Transformation von Diktaturen in Demokratien und Aufarbeitung der Vergangenheit (2010)

20 *Kirsten Scheiwe / Johanna Krawietz* (Hrsg.): (K)Eine Arbeit wie jede andere? Die Regulierung von Arbeit im Privathaushalt (2014)
21 *Helmut Irmen:* Das Sondergericht Aachen 1941–1945 (2018)

Abteilung 3: Beiträge zur modernen deutschen Strafgesetzgebung. Materialien zu einem historischen Kommentar

1 *Thomas Vormbaum / Jürgen Welp (Hrsg.):* Das Strafgesetzbuch seit 1870. Sammlung der Änderungen und Neubekanntmachungen; fünf Textbände (1999–2017) und drei Supplementbände (2005, 2006)
2 *Christian Müller:* Das Gewohnheitsverbrechergesetz vom 24. November 1933. Kriminalpolitik als Rassenpolitik (1998)
3 *Maria Meyer-Höger:* Der Jugendarrest. Entstehung und Weiterentwicklung einer Sanktion (1998)
4 *Kirsten Gieseler:* Unterlassene Hilfeleistung – § 323c StGB. Reformdiskussion und Gesetzgebung seit 1870. (1999)
5 *Robert Weber:* Die Entwicklung des Nebenstrafrechts 1871–1914 (1999)
6 *Frank Nobis:* Die Strafprozeßgesetzgebung der späten Weimarer Republik (2000)
7 *Karsten Felske:* Kriminelle und terroristische Vereinigungen – §§ 129, 129a StGB (2002)
8 *Ralf Baumgarten:* Zweikampf – §§ 201–210 a.F. StGB (2003)
9 *Felix Prinz:* Diebstahl – §§ 242 ff. StGB (2003)
10 *Werner Schubert / Thomas Vormbaum (Hrsg.):* Entstehung des Strafgesetzbuchs. Kommissionsprotokolle und Entwürfe. Band 1: 1869 (2002); Band 2: 1870 (2004)
11 *Lars Bernhard:* Falsche Verdächtigung (§§ 164, 165 StGB) und Vortäuschen einer Straftat (§ 145d StGB), (2003)
12 *Frank Korn:* Körperverletzungsdelikte – §§ 223 ff., 340 StGB. Reformdiskussion und Gesetzgebung von 1870 bis 1933 (2003)
13 *Christian Gröning:* Körperverletzungsdelikte – §§ 223 ff., 340 StGB. Reformdiskussion und Gesetzgebung seit 1933 (2004)
14 *Sabine Putzke:* Die Strafbarkeit der Abtreibung in der Kaiserzeit und in der Weimarer Zeit. Eine Analyse der Reformdiskussion und der Straftatbestände in den Reformentwürfen (1908–1931), (2003)
15 *Eckard Voßiek:* Strafbare Veröffentlichung amtlicher Schriftstücke (§ 353d Nr. 3 StGB). Gesetzgebung und Rechtsanwendung seit 1851 (2004)
16 *Stefan Lindenberg:* Brandstiftungsdelikte – §§ 306 ff. StGB. Reformdiskussion und Gesetzgebung seit 1870 (2004)
17 *Ninette Barreneche †:* Materialien zu einer Strafrechtsgeschichte der Münchener Räterepublik 1918/1919 (2004)
18 *Carsten Thiel:* Rechtsbeugung – § 339 StGB. Reformdiskussion und Gesetzgebung seit 1870 (2005)
19 *Vera Große-Vehne:* Tötung auf Verlangen (§ 216 StGB), „Euthanasie" und Sterbehilfe. Reformdiskussion und Gesetzgebung seit 1870 (2005)
20 *Thomas Vormbaum / Kathrin Rentrop (Hrsg.):* Reform des Strafgesetzbuchs. Sammlung der Reformentwürfe. Band 1: 1909 bis 1919. Band 2: 1922 bis 1939. Band 3: 1959 bis 1996 (2008)

21 *Dietmar Prechtel:* Urkundendelikte (§§ 267 ff. StGB). Reformdiskussion und Gesetzgebung seit 1870 (2005)
22 *Ilya Hartmann:* Prostitution, Kuppelei, Zuhälterei. Reformdiskussion und Gesetzgebung seit 1870 (2006)
23 *Ralf Seemann:* Strafbare Vereitelung von Gläubigerrechten (§§ 283 ff., 288 StGB). Reformdiskussion und Gesetzgebung seit 1870 (2006)
24 *Andrea Hartmann:* Majestätsbeleidigung (§§ 94 ff. StGB a.F.) und Verunglimpfung des Staatsoberhauptes (§ 90 StGB). Reformdiskussion und Gesetzgebung seit dem 19. Jahrhundert (2006)
25 *Christina Rampf:* Hausfriedensbruch (§ 123 StGB). Reformdiskussion und Gesetzgebung seit 1870 (2006)
26 *Christian Schäfer:* „Widernatürliche Unzucht" (§§ 175, 175a, 175b, 182, a.F. StGB). Reformdiskussion und Gesetzgebung seit 1945 (2006)
27 *Kathrin Rentrop:* Untreue und Unterschlagung (§§ 266 und 246 StGB). Reformdiskussion und Gesetzgebung seit dem 19. Jahrhundert (2007)
28 *Martin Asholt:* Straßenverkehrsstrafrecht. Reformdiskussion und Gesetzgebung seit dem Ausgang des 19. Jahrhunderts (2007)
29 *Katharina Linka:* Mord und Totschlag (§§ 211–213 StGB). Reformdiskussion und Gesetzgebung seit 1870 (2008)
30 *Juliane Sophia Dettmar:* Legalität und Opportunität im Strafprozess. Reformdiskussion und Gesetzgebung von 1877 bis 1933 (2008)
31 *Jürgen Durynek:* Korruptionsdelikte (§§ 331 ff. StGB). Reformdiskussion und Gesetzgebung seit dem 19. Jahrhundert (2008)
32 *Judith Weber:* Das sächsische Strafrecht im 19. Jahrhundert bis zum Reichsstrafgesetzbuch (2009)
33 *Denis Matthies:* Exemplifikationen und Regelbeispiele. Eine Untersuchung zum 100-jährigen Beitrag von Adolf Wach zur „Legislativen Technik" (2009)
34 *Benedikt Rohrßen:* Von der „Anreizung zum Klassenkampf" zur „Volksverhetzung" (§ 130 StGB). Reformdiskussion und Gesetzgebung seit dem 19. Jahrhundert (2009)
35 *Friederike Goltsche:* Der Entwurf eines Allgemeinen Deutschen Strafgesetzbuches von 1922 (Entwurf Radbruch) (2010)
36 *Tarig Elobied:* Die Entwicklung des Strafbefehlsverfahrens von 1846 bis in die Gegenwart (2010)
37 *Christina Müting:* Sexuelle Nötigung; Vergewaltigung (§ 177 StGB) (2010)
38 *Nadeschda Wilkitzki:* Entstehung des Gesetzes über Internationale Rechtshilfe in Strafsachen (IRG) (2010)
39 *André Brambring:* Kindestötung (§ 217 a.F. StGB). Reformdiskussion und Gesetzgebung seit 1870 (2010)
40 *Wilhelm Rettler:* Der strafrechtliche Schutz des sozialistischen Eigentums in der DDR (2010)
41 *Yvonne Hötzel:* Debatten um die Todesstrafe in der Bundesrepublik Deutschland von 1949 bis 1990 (2010)
42 *Dagmar Kolbe:* Strafbarkeit im Vorfeld und im Umfeld der Teilnahme (§§ 88a, 110, 111, 130a und 140 StGB). Reformdiskussion und Gesetzgebung seit dem 19. Jahrhundert (2011)
43 *Sami Bdeiwi:* Beischlaf zwischen Verwandten (§ 173 StGB). Reform und Gesetzgebung seit 1870 (2014)

44 *Michaela Arnold:* Verfall, Einziehung und Unbrauchbarmachung (§§ 73 bis 76a StGB). Reformdiskussion und Gesetzgebung seit dem 19. Jahrhundert (2015)
45 *Andrea Schurig:* „Republikflucht" (§§ 213, 214 StGB/DDR). Gesetzgeberische Entwicklung, Einfluss des MfS und Gerichtspraxis am Beispiel von Sachsen (2016)
46 *Sandra Knaudt:* Das Strafrecht im Großherzogtum Hessen im 19. Jahrhundert bis zum Reichsstrafgesetzbuch (2017)
47 *Michael Rudlof:* Das Gesetz zur Strafbarkeit der geschäftsmäßigen Förderung der Selbsttötung (§ 217 StGB nF.) (2018)
48 *Karl Müller:* Steuerhinterziehung (§§ 370, 371 AO). Gesetzgebung und Reformdiskussion seit dem 19. Jahrhundert (2018)
49 *Katharina Kühne:* Die Entwicklung des Internetstrafrechts unter besonderer Berücksichtigung der §§ 202a–202c StGB sowie § 303a und § 303b StGB (2018)
50 *Benedikt Beßmann:* Das Strafrecht des Herzogtums Braunschweig im 19. Jahrhundert bis zum Reichsstrafgesetzbuch (2019)
51 *Josef Roth:* Die Entwicklung des Weinstrafrechts seit 1871 (2020)
52 *Arne Fischer*: Die Legitimität des Sportwettbetrugs (§ 265c StGB). Unter besonderer Berücksichtigung des „Rechtsguts" Integrität des Sports (2020)
53 *Julius Hagen:* Die Nebenklage im Gefüge strafprozessualer Verletztenbeteiligung. Der Weg in die viktimäre Gesellschaft. Gesetzgebung und Reformdiskurs seit 1870 (2021)

Abteilung 4: Leben und Werk. Biographien und Werkanalysen

1 *Mario A. Cattaneo:* Karl Grolmans strafrechtlicher Humanismus (1998)
2 *Gerit Thulfaut:* Kriminalpolitik und Strafrechtstheorie bei Edmund Mezger (2000)
3 *Adolf Laufs:* Persönlichkeit und Recht. Gesammelte Aufsätze (2001)
4 *Hanno Durth:* Der Kampf gegen das Unrecht. Gustav Radbruchs Theorie eines Kulturverfassungsrechts (2001)
5 *Volker Tausch:* Max Güde (1902–1984). Generalbundesanwalt und Rechtspolitiker (2002)
6 *Bernd Schmalhausen:* Josef Neuberger (1902–1977). Ein Leben für eine menschliche Justiz (2002)
7 *Wolf Christian von Arnswald:* Savigny als Strafrechtspraktiker. Ministerium für die Gesetzesrevision (1842–1848), (2003)
8 *Thilo Ramm:* Ferdinand Lassalle. Der Revolutionär und das Recht (2004)
9 *Martin D. Klein:* Demokratisches Denken bei Gustav Radbruch (2007)
10 *Francisco Muñoz Conde:* Edmund Mezger – Beiträge zu einem Juristenleben (2007)
11 *Whitney R. Harris:* Tyrannen vor Gericht. Das Verfahren gegen die deutschen Hauptkriegsverbrecher nach dem Zweiten Weltkrieg in Nürnberg 1945–1946 (2008)
12 *Eric Hilgendorf (Hrsg.):* Die deutschsprachige Strafrechtswissenschaft in Selbstdarstellungen (2010)
13 *Tamara Cipolla:* Friedrich Karl von Strombeck. Leben und Werk – Unter besonderer Berücksichtigung des Entwurfes eines Strafgesetzbuches für ein Nord-

deutsches Staatsgebiet (2010)

14 *Karoline Peters:* J.D.H. Temme und das preußische Strafverfahren in der Mitte des 19. Jahrhunderts (2010)

15 *Eric Hilgendorf (Hrsg.):* Die ausländische Strafrechtswissenschaft in Selbstdarstellungen. Die internationale Rezeption des deutschen Strafrechts (2019)

16 *Hannes Ludyga:* Otto Kahn-Freund (1900–1979). Ein Arbeitsrechtler in der Weimarer Zeit (2016)

17 *Rudolf Bastuck:* Rudolf Wassermann. Vision und Umsetzung einer inneren Justizreform (2020)

18 *Eric Hilgendorf (Hrsg.)*: Die deutschsprachige Strafrechtswissenschaft in Selbstdarstellungen II (2021)

Abteilung 5: Juristisches Zeitgeschehen.
Rechtspolitik und Justiz aus zeitgenössischer Perspektive

Mitherausgegeben von Gisela Friedrichsen („Der Spiegel")
und RA Prof. Dr. Franz Salditt

1 *Diether Posser:* Anwalt im Kalten Krieg. Ein Stück deutscher Geschichte in politischen Prozessen 1951–1968. 3. Auflage (1999)

2 *Jörg Arnold (Hrsg.):* Strafrechtliche Auseinandersetzung mit Systemvergangenheit am Beispiel der DDR (2000)

3 *Thomas Vormbaum (Hrsg.):* Vichy vor Gericht: Der Papon-Prozeß (2000)

4 *Heiko Ahlbrecht / Kai Ambos (Hrsg.):* Der Fall Pinochet(s). Auslieferung wegen staatsverstärkter Kriminalität? (1999)

5 *Oliver Franz:* Ausgehverbot für Jugendliche („Juvenile Curfew") in den USA. Reformdiskussion und Gesetzgebung seit dem 19. Jahrhundert (2000)

6 *Gabriele Zwiehoff (Hrsg.):* „Großer Lauschangriff". Die Entstehung des Gesetzes zur Änderung des Grundgesetzes vom 26. März 1998 und des Gesetzes zur Änderung der Strafprozeßordnung vom 4. Mai 1998 in der Presseberichterstattung 1997/98 (2000)

7 *Mario A. Cattaneo:* Strafrechtstotalitarismus. Terrorismus und Willkür (2001)

8 *Gisela Friedrichsen / Gerhard Mauz:* Er oder sie? Der Strafprozeß Böttcher/Weimar. Prozeßberichte 1987 bis 1999 (2001)

9 *Heribert Prantl / Thomas Vormbaum (Hrsg.):* Juristisches Zeitgeschehen 2000 in der Süddeutschen Zeitung (2001)

10 *Helmut Kreicker:* Art. 7 EMRK und die Gewalttaten an der deutsch-deutschen Grenze (2002)

11 *Heribert Prantl / Thomas Vormbaum (Hrsg.):* Juristisches Zeitgeschehen 2001 in der Süddeutschen Zeitung (2002)

12 *Henning Floto:* Der Rechtsstatus des Johanniterordens. Eine rechtsgeschichtliche und rechtsdogmatische Untersuchung zum Rechtsstatus der Balley Brandenburg des ritterlichen Ordens St. Johannis vom Spital zu Jerusalem (2003)

13 *Heribert Prantl / Thomas Vormbaum (Hrsg.):* Juristisches Zeitgeschehen 2002 in der Süddeutschen Zeitung (2003)

14 *Kai Ambos / Jörg Arnold (Hrsg.):* Der Irak-Krieg und das Völkerrecht (2004)

15 *Heribert Prantl / Thomas Vormbaum (Hrsg.)*: Juristisches Zeitgeschehen 2003 in

der Süddeutschen Zeitung (2004)

16 *Sascha Rolf Lüder:* Völkerrechtliche Verantwortlichkeit bei Teilnahme an „Peacekeeping"-Missionen der Vereinten Nationen (2004)

17 *Heribert Prantl / Thomas Vormbaum (Hrsg.)*: Juristisches Zeitgeschehen 2004 in der Süddeutschen Zeitung (2005)

18 *Christian Haumann:* Die „gewichtende Arbeitsweise" der Finanzverwaltung. Eine Untersuchung über die Aufgabenerfüllung der Finanzverwaltung bei der Festsetzung der Veranlagungssteuern (2008)

19 *Asmerom Ogbamichael:* Das neue deutsche Geldwäscherecht (2011)

20 *Lars Chr. Barnewitz:* Die Entschädigung der Freimaurerlogen nach 1945 und nach 1989 (2011)

21 *Ralf Gnüchtel:* Jugendschutztatbestände im 13. Abschnitt des StGB (2013)

22 *Helmut Irmen:* Stasi und DDR-Militärjustiz. Der Einfluss des MfS auf Militärjustiz und Militärstrafvollzug in der DDR (2014)

23 *Pascal Johann:* Möglichkeiten und Grenzen des neuen Vermögenschabschöpfungsrechts. Eine Untersuchung zur vorläufigen Sicherstellung und der Einziehung von Vermögen unklarer Herkunft (2019)

24 *Zekai Dağaşan:* Das Ansehen des Staates im türkischen und deutschen Strafrecht (2015)

25 *Camilla Bertheau:* Politisch unwürdig? Entschädigung von Kommunisten für nationalsozialistische Gewaltmaßnahmen. Bundesdeutsche Gesetzgebung und Rechtsprechung der 50er Jahre (2016)

Abteilung 6: Recht in der Kunst – Kunst im Recht

Mitherausgegeben von Prof. Dr. Gunter Reiß
und Prof. Dr. Anja Schiemann

1 *Heinz Müller-Dietz:* Recht und Kriminalität im literarischen Widerschein. Gesammelte Aufsätze (1999)

2 *Klaus Lüderssen (Hrsg.):* »Die wahre Liberalität ist Anerkennung«. Goethe und die Juris prudenz (1999)

3 *Bertolt Brecht:* Die Dreigroschenoper (1928) / Dreigroschenroman (1934). Mit Kommentaren von Iring Fetscher und Bodo Plachta (2001)

4 *Annette von Droste-Hülshoff:* Die Judenbuche (1842) / Die Vergeltung (1841). Mit Kommentaren von Heinz Holzhauer und Winfried Woesler (2000)

5 *Theodor Fontane:* Unterm Birnbaum (1885). Mit Kommentaren von Hugo Aust und Klaus Lüderssen (2001)

6 *Heinrich von Kleist:* Michael Kohlhaas (1810). Mit Kommentaren von Wolfgang Naucke und Joachim Linder (2000)

7 *Anja Sya:* Literatur und juristisches Erkenntnisinteresse. Joachim Maass' Roman „Der Fall Gouffé" und sein Verhältnis zu der historischen Vorlage (2001)

8 *Heiner Mückenberger:* Theodor Storm – Dichter und Richter. Eine rechtsgeschichtliche Lebensbeschreibung (2001)

9 *Hermann Weber (Hrsg.):* Annäherung an das Thema „Recht und Literatur". Recht, Literatur und Kunst in der NJW (1), (2002)

10 *Hermann Weber (Hrsg.):* Juristen als Dichter. Recht, Literatur und Kunst in der

NJW (2), (2002)

11 *Hermann Weber (Hrsg.):* Prozesse und Rechtsstreitigkeiten um Recht, Literatur und Kunst. Recht, Literatur und Kunst in der NJW (3), (2002)

12 *Klaus Lüderssen:* Produktive Spiegelungen. 2., erweiterte Auflage (2002)

13 *Lion Feuchtwanger:* Erfolg. Drei Jahre Geschichte einer Provinz. Roman (1929). Mit Kommentaren von Theo Rasehorn und Ernst Ribbat (2002)

14 *Jakob Wassermann:* Der Fall Maurizius. Roman (1928). Mit Kommentaren von Thomas Vormbaum und Regina Schäfer (2003)

15 *Hermann Weber (Hrsg.):* Recht, Staat und Politik im Bild der Dichtung. Recht, Literatur und Kunst in der Neuen Juristischen Wochenschrift (4), (2003)

16 *Hermann Weber (Hrsg.):* Reale und fiktive Kriminalfälle als Gegenstand der Literatur. Recht, Literatur und Kunst in der Neuen Juristischen Wochenschrift (5), (2003)

17 *Karl Kraus:* Sittlichkeit und Kriminalität. (1908). Mit Kommentaren von Helmut Arntzen und Heinz Müller-Dietz (2004)

18 *Hermann Weber (Hrsg.):* Dichter als Juristen. Recht, Literatur und Kunst in der Neuen Juristischen Wochenschrift (6), (2004)

19 *Hermann Weber (Hrsg.):* Recht und Juristen im Bild der Literatur. Recht, Literatur und Kunst in der Neuen Juristischen Wochenschrift (7), (2005)

20 *Heinrich von Kleist:* Der zerbrochne Krug. Ein Lustspiel (1811). Mit Kommentaren von Michael Walter und Regina Schäfer (2005)

21 *Francisco Muñoz Conde / Marta Muñoz Aunión:* „Das Urteil von Nürnberg". Juristischer und filmwissenschaftlicher Kommentar zum Film von Stanley Kramer (1961), (2006)

22 *Fjodor Dostojewski:* Aufzeichnungen aus einem Totenhaus (1860). Mit Kommentaren von Heinz Müller-Dietz und Dunja Brötz (2005)

23 *Thomas Vormbaum (Hrsg.):* Anton Matthias Sprickmann. Dichter und Jurist. Mit Kommentaren von Walter Gödden, Jörg Löffler und Thomas Vormbaum (2006)

24 *Friedrich Schiller:* Verbrecher aus Infamie (1786). Mit Kommentaren von Heinz Müller-Dietz und Martin Huber (2006)

25 *Franz Kafka:* Der Proceß. Roman (1925). Mit Kommentaren von Detlef Kremer und Jörg Tenckhoff (2006)

26 *Heinrich Heine:* Deutschland. Ein Wintermährchen. Geschrieben im Januar 1844. Mit Kommentaren von Winfried Woesler und Thomas Vormbaum (2006)

27 *Thomas Vormbaum (Hrsg.):* Recht, Rechtswissenschaft und Juristen im Werk Heinrich Heines (2006)

28 *Heinz Müller-Dietz:* Recht und Kriminalität in literarischen Spiegelungen (2007)

29 *Alexander Puschkin:* Pique Dame (1834). Mit Kommentaren von Barbara Aufschnaiter/Dunja Brötz und Friedrich-Christian Schroeder (2007)

30 *Georg Büchner:* Danton's Tod. Dramatische Bilder aus Frankreichs Schreckensherrschaft. Mit Kommentaren von Sven Kramer und Bodo Pieroth (2007)

31 *Daniel Halft:* Die Szene wird zum Tribunal! Eine Studie zu den Beziehungen von Recht und Literatur am Beispiel des Schauspiels „Cyankali" von Friedrich Wolf (2007)

32 *Erich Wulffen:* Kriminalpsychologie und Psychopathologie in Schillers Räubern (1907). Herausgegeben von Jürgen Seul (2007)

33 *Klaus Lüderssen:* Produktive Spiegelungen: Recht in Literatur, Theater und Film.

Band II (2007)

34 *Albert Camus:* Der Fall. Roman (1956). Mit Kommentaren von Brigitte Sändig und Sven Grotendiek (2008)

35 *Thomas Vormbaum (Hrsg.):* Pest, Folter und Schandsäule. Der Mailänder Prozess wegen „Pestschmierereien" in Rechtskritik und Literatur. Mit Kommentaren von Ezequiel Malarino und Helmut C. Jacobs (2008)

36 *E. T. A. Hoffmann:* Das Fräulein von Scuderi – Erzählung aus dem Zeitalter Ludwigs des Vierzehnten (1819). Mit Kommentaren von Heinz Müller-Dietz und Marion Bönnighausen (2010)

37 *Leonardo Sciascia:* Der Tag der Eule. Mit Kommentaren von Gisela Schlüter und Daniele Negri (2010)

38 *Franz Werfel:* Eine blaßblaue Frauenschrift. Novelle (1941). Mit Kommentaren von Matthias Pape und Wilhelm Brauneder (2011)

39 *Thomas Mann:* Das Gesetz. Novelle (1944). Mit Kommentaren von Volker Ladenthin und Thomas Vormbaum (2013)

40 *Theodor Storm:* Ein Doppelgänger. Novelle (1886) (2013)

41 *Dorothea Peters:* Der Kriminalrechtsfall ‚Kaspar Hauser' und seine Rezeption in Jakob Wassermanns Caspar-Hauser-Roman (2014)

42 *Jörg Schönert:* Kriminalität erzählen (2015)

43 *Klaus Lüderssen:* Produktive Spiegelungen. Recht im künstlerischen Kontext. Band 3 (2014)

44 *Franz Kafka:* In der Strafkolonie. Erzählung (1919) (2015)

45 *Heinz Müller-Dietz:* Recht und Kriminalität in literarischen Brechungen (2016)

46 *Hermann Weber (Hrsg.):* Das Recht als Rahmen für Literatur und Kunst. Tagung im Nordkolleg Rendsburg vom 4. bis 6. September 2015 (2017)

47 *Walter Müller-Seidel:* Rechtsdenken im literarischen Text. Deutsche Literatur von der Weimarer Klassik zur Weimarer Republik (2017)

48 *Honoré de Balzac:* Eine dunkle Geschichte. Roman (1841). Mit Kommentaren von Luigi Lacchè und Christian von Tschilschke (2018)

49 *Anja Schiemann:* Der Kriminalfall Woyzeck. Der historische Fall und Büchners Drama (2018)

50 *E. T. A. Hoffmann:* Meister Floh. Ein Mährchen in sieben Abentheuern zweier Freunde (1822). Mit Kommentaren von Michael Niehaus und Thomas Vormbaum (2018)

51 *Bodo Pieroth:* Deutsche Schriftsteller als angehende Juristen (2018)

52 *Theodor Fontane:* Grete Minde. Nach einer altmärkischen Chronik (1880). Mit Kommentaren von Anja Schiemann und Walter Zimorski (2018)

53 *Britta Lange / Martin Roeber / Christoph Schmitz-Scholemann (Hrsg.):* Grenzüberschreitungen: Recht, Normen, Literatur und Musik. Tagung im Nordkolleg Rendsburg vom 8. bis 10. September 2017 (2019)

54 *Wolfgang Schild*: Richard Wagner *recht* betrachtet (2020)

55 *Uwe Scheffler u.a. (Hrsg.)*: Musik und Strafrecht. Ein Streifzug durch eine tönende Welt (2021)

56 *Britta Lange / Martin Roeber / Christoph Schmitz-Scholemann (Hrsg.)*: Verbrechen und Sprache. Tagung im Nordkolleg Rendsburg vom 13. bis 15. September 2019 (2021)

57 *Dirk Falkner*: Straftheorie von Leo Tolstoi (2021)

Abteilung 7: Beiträge zur Anwaltsgeschichte

Mitherausgegeben von RA Dr. Dieter Finzel (†), RA Dr. Tilman Krach; RA Dr. Thomas Röth; RA Dr. Ulrich Wessels; Prof. Dr. Gabriele Zwiehoff

1 *Babette Tondorf:* Strafverteidigung in der Frühphase des reformierten Strafprozesses. Das Hochverratsverfahren gegen die badischen Aufständischen Gustav Struve und Karl Blind (1848/49), (2006)

2 *Hinrich Rüping:* Rechtsanwälte im Bezirk Celle während des Nationalsozialismus (2007)

3 *Dieter Finzel:* Geschichte der Rechtsanwaltskammer Hamm (2018)

Abteilung 8: Judaica

1 *Hannes Ludyga:* Philipp Auerbach (1906–1952). „Staatskommissar für rassisch, religiös und politisch Verfolgte“ (2005)

2 *Thomas Vormbaum:* Der Judeneid im 19. Jahrhundert, vornehmlich in Preußen. Ein Beitrag zur juristischen Zeitgeschichte (2006)

3 *Hannes Ludyga:* Die Rechtsstellung der Juden in Bayern von 1819 bis 1918. Studie im Spiegel der Verhandlungen der Kammer der Abgeordneten des bayerischen Landtags (2007)

4 *Michele Sarfatti:* Die Juden im faschistischen Italien. Geschichte, Identität, Verfolgung (2014)

Abteilung 9: Beiträge zur modernen Verfassungsgeschichte

1 *Olaf Kroon: Die Verfassung von Cádiz (1812). Spaniens Sprung in die Moderne, gespiegelt an der Verfassung Kurhessens von 1831 (2019)*